SCHÄFFER
POESCHEL

Karl Born

Bilanzanalyse international

Deutsche und ausländische Jahresabschlüsse
lesen und beurteilen

3., aktualisierte und überarbeitete Auflage

2008
Schäffer-Poeschel Verlag Stuttgart

Bibliografische Information Der Deutschen Nationalbibliothek

Die Deutsche Nationalbibliothek verzeichnet diese Publikation in der Deutschen
Nationalbibliografie; detaillierte bibliografische Daten sind im Internet über
<http://dnb.d-nb.de> abrufbar.

Gedruckt auf chlorfrei gebleichtem, säurefreiem und alterungsbeständigem Papier.

ISBN 978-3-7910-2655-8

© 2008 Schäffer-Poeschel Verlag für Wirtschaft · Steuern · Recht GmbH
www.schaeffer-poeschel.de
info@schaeffer-poeschel.de
Satz: Dörr + Schiller GmbH, Stuttgart
Druck: Kösel Krugzell · www.koeselbuch.de
Printed in Germany
Juni 2008

Schäffer-Poeschel Verlag, Stuttgart
Ein Tochterunternehmen der Verlagsgruppe Handelsblatt GmbH

Vorwort zur 3. Auflage

Das Bilanzrechtsreformgesetz vom 4. Dezember 2004 verpflichtet kapitalmarktorientierte Mutterunternehmen, für ab dem 1. Januar 2005 beginnende Geschäftsjahre Konzernabschlüsse nach IAS/IFRS zu erstellen, und erlaubt nicht kapitalmarktorientierten Unternehmen, anstatt eines HGB-Konzernabschlusses einen Konzernabschluß nach IAS/IFRS zu erstellen. In der Praxis dürfte der größte Teil der nicht kapitalmarktorientierten Unternehmen in Deutschland weiterhin nach dem HGB bilanzieren.

Vergleichbare Vorschriften gelten in allen EU-Mitgliedstaaten. Zwischenzeitlich ist auch in vielen anderen Ländern – wesentliche Ausnahme sind die USA – die Anwendung der IAS/IFRS Pflicht.

Um Erkenntnisse aus einer Bilanzanalyse gewinnen zu können, muß man die Rechnungslegungsvorschriften kennen. Es werden deshalb sowohl die Vorschriften des HGB als auch die IAS/IFRS und US-GAAP dargestellt. Da das HGB keine expliziten Ziele der Rechnungslegung nennt und die Vorschriften des HGB für einen Bilanzleser nicht logisch erklärbar sind und betriebswirtschaftlichen Erfordernissen nicht genügen und somit für Entscheidungen wenig nützlich sind, werden sie relativ ausführlich dargestellt, um den in ihnen liegenden geringen Erkenntniswert bei einer Bilanzanalyse möglichst weitgehend ausschöpfen zu können.

Bilanzanalyse besteht zu einem großen Teil aus der Ermittlung von sinnvollen Kennzahlen, die Aussagen über die mögliche oder wahrscheinliche zukünftige Entwicklung eines Unternehmens machen und die helfen, Entscheidungen zu treffen. Die Darstellung von gleichen Sachverhalten in HGB-Abschlüssen, die aus Sicht von Bilanzanalytiker oft als falsch bezeichnet werden können, und in IAS/IFRS-Abschlüssen sollte bei einer sinnvollen Analyse nicht zu unterschiedlichen Kennzahlen führen. Um das zu vermeiden, sind HGB-Abschlüsse aufzubereiten und zu bereinigen, besser noch so gut wie möglich auf IAS/IFRS-Abschlüsse überzuleiten. Eine solche Überleitung ist aufgrund von Auskünften des bilanzierenden Unternehmens und durch Schätzungen aufgrund von Erkenntnissen aus den HGB-Abschlüssen oder anderen Informationen vorzunehmen. Durch das in Vorbereitung befindliche Bilanzrechtsmodernisierungsgesetz (siehe Abschnitt C VIII 4), das für Abschlüsse gelten soll, die nach dem 31. 12. 2008 beginnen, und das die Vorschriften des HGB an die internationale Rechnungslegung annähert, dürfte die Beschaffung von Informationen für eine Überleitung wesentlich erleichtern. Ein übergeleiteter evtl. noch mit Mängeln behafteter IAS/IFRS-Abschluß ist auf jeden Fall informativer als ein betriebswirtschaftlichen Erfordernissen nicht genügender HGB-Abschluß. Zu diesem Zweck wird in Abschnitt I dargestellt, welche Unterschiede bei welchen Posten des Jahresabschlusses bei einer Überleitung eines HGB-Abschlusses auf einen IAS/IFRS-Abschluß möglich sind.

Leverkusen, im April 2008   Karl Born

Vorwort zur 2. Auflage

Der große Erfolg der 1. Auflage, das Fehlen eines vergleichbaren Buches im deutsch-sprachigen Raum, das Chaos im deutschen Bilanzwesen und die Vorschriften des KonTraG sind die Gründe, eine 2., aktualisierte und verbesserte Auflage von »Bilanzanalyse international« herauszubringen.

Die 1. Auflage dieses Buches erschien bereits Anfang 1994. Bis zu diesem Zeitpunkt spielte das Thema Internationale Rechnungslegung in Deutschland in der Praxis und in der Literatur kaum eine Rolle. Die Analyse von nach internationalen bzw. ausländischen Grundsätzen erstellten Jahresabschlüssen wurde in der deutschen Literatur gar nicht be-handelt, und für die Analyse von deutschen Jahresabschlüssen wurde bis dahin durchweg nur ein reiner Kennzahlenvergleich vorgeschlagen.

Was das Thema Internationale Rechnungslegung angeht, so hat sich in Deutschland inzwischen vieles geändert, da

- 11 große deutsche Unternehmen ihre Aktien an der New Yorker Börse (NYSE) einge-führt haben und deshalb Überleitungen der Rechnungslegung vom HGB auf US-GAAP machen oder nur nach US-GAAP bilanzieren,
- viele deutsche Unternehmen freiwillig nach IAS statt nach dem HGB bilanzieren und
- die über 300 am Neuen Markt der Frankfurter Börse notierten Unternehmen nach IAS oder US-GAAP bilanzieren müssen.

Was das Thema Bilanzanalyse angeht, und zwar die Analyse von nach unterschiedlichen Grundsätzen (HGB, IAS, US-GAAP) erstellten deutschen Jahresabschlüssen sowie die Analyse von ausländischen Jahresabschlüssen, hat sich in der deutschen Literatur über Bilanzanalyse praktisch nichts getan. Wie wichtig das Thema allerdings ist, kann man daran erkennen, daß die Daimler Benz AG im Jahre 1993, d.h. im Jahr der Börsenein-führung in New York, aufgrund bilanzpolitischer Möglichkeiten nach dem HGB einen Gewinn von 615 Mio. DM und nach US-GAAP einen Verlust von 1839 Mio. DM auswies. Bei der Analyse von nach unterschiedlichen Grundsätzen erstellten Jahresabschlüssen desselben Unternehmens, die auf einem reinen Kennzahlenvergleich beruht, muß man zwangsläufig zu ganz verschiedenen Ergebnissen kommen. Da es das Ziel einer Bilanz-analyse sein sollte, Hilfe für Entscheidungen zu geben, wäre mindestens eine der Analysen – in diesem Falle die Analyse des Jahresabschlusses nach dem HGB – falsch und könnte zu einer Fehlentscheidung führen. Der oben geschilderte Skandal, d.h. der Ausweis von 615 Mio. DM Gewinn im Jahresabschluß nach HGB statt eines tatsächlich entstandenen Verlustes von 1839 Mio. DM sowie die in den Vorjahren vorgenommenen Bilanzfrisuren (siehe Statt eines Vorwortes zur 1. Auflage) der Daimler Benz AG, beweist allen Bilanzle-sern die Notwendigkeit einer fundierten und qualitativ hochwertigen Bilanzanalyse, die auf einer mehr oder weniger umfangreichen Unternehmensanalyse und nicht nur auf einem reinen Kennzahlenvergleich beruhen sollte. Dieses Buch soll dabei eine wertvolle Hilfe sein.

Des weiteren soll das Buch bei der Anwendung des am 1. Mai 1998 in Kraft getretenen Gesetzes zur Kontrolle und Transparenz im Unternehmensbereich (KonTraG) helfen. Wirt-schaftsprüfer werden in Zukunft ihren im KonTraG enthaltenen Pflichten nur nachkommen können, wenn sie u.a. eine fundierte und qualitativ hochwertige und nicht nur auf Kenn-zahlenvergleichen beruhende Bilanzanalyse vornehmen. Der Aufsichtsrat hat in Zukunft aufgrund des durch das KonTraG geänderten § 171 AktG sowohl den Jahresabschluß und den Lagebericht als auch den Konzernabschluß und den Konzernlagebericht zu prüfen, und der Abschlußprüfer hat an den Verhandlungen des Aufsichtsrates oder eines Ausschusses über diese Vorlage teilzunehmen und über die wesentlichen Ergebnisse seiner Prüfung zu berichten. In Zukunft dürfte deshalb kein Aufsichtsrat mehr bei einer »Schieflage« des Unternehmens sagen können, er sei ahnungslos gewesen, und es habe keinen Anlaß zu weiteren Nachforschungen gegeben. Der Holzmann-Skandal im November 1999 zeigt den Bedarf an fundierten und qualitativ hochwertigen Bilanzanalysen.

Leverkusen, im September 2000   Karl Born

Statt eines Vorwortes zur 1. Auflage

Im Jahre 1929 schrieb Friedrich Leitner in der achten und neunten, neu bearbeiteten Auflage seines Buches »Bilanztechnik und Bilanzkritik«, Berlin und Leipzig, auf Seite 241:

> Die Bilanz ist ein Geschäftsbericht in Zahlen, ein Bericht, der mit Willen und Wissen des Berichterstatters gefärbt, geschönt, frisiert sein kann, wichtige wirtschaftliche Verhältnisse verdecken, verheimlichen, verschleiern, die Vermögensverhältnisse falsch darstellen kann oder fälscht.

Das Buch erschien, zwei Jahre bevor die Pflichtprüfungen der Jahresabschlüsse für Aktiengesellschaften, Kreditinstitute und Versicherungen eingeführt und die ersten Wirtschaftsprüfer bestellt wurden.

Ob das Zitat von Leitner heute noch zutrifft, möge der Leser nach der folgenden Lektüre und aufgrund seiner persönlichen Erfahrungen selbst entscheiden.

Im Geschäftsbericht für das Geschäftsjahr 1989 von Daimler-Benz steht auf Seite 74 im Anhang des Konzernabschlusses 1989:

Bilanzierung und Bewertung
Mit der Umstrukturierung zu einem weltweit tätigen integrierten Technologiekonzern hat Daimler-Benz im Hinblick auf die sich daraus ergebenden Anforderungen die Bilanzierung stärker an der nationalen und internationalen Praxis ausgerichtet. Als Automobilunternehmen wurde eine konservative Bilanzierungs- und Bewertungspolitik betrieben, die jedoch dazu geführt hat, daß der neu strukturierte Daimler-Benz-Konzern im internationalen Vergleich nicht mehr zutreffend zu beurteilen war. Daher haben wir im einzelnen folgende Bewertungsänderungen vorgenommen:
...

– Erzeugnisse
Die Bewertung der Erzeugnisse erfolgt zu den nach deutschen steuerrechtlichen Vorschriften aktivierungspflichtigen Herstellungskosten. Bisher wurden innerhalb der Herstellungskosten nur die Einzelkosten aktiviert. Aus der Bewertungsänderung ergibt sich ein Ertrag in der Größenordnung von rd. 1,3 Mrd. DM, der den GuV-Posten »Bestandserhöhung und andere aktivierte Eigenleistungen« entsprechend erhöht hat.

– Pensionsrückstellungen
Die Rückstellungen für Pensionen und ähnliche Verpflichtungen werden gemäß der steuerlichen Regelung des § 6a EStG versicherungsmathematisch nach dem Teilwertverfahren und mit einem Rechnungszinsfuß von 6% ermittelt. Bisher wurde ein Zinsfuß von 3,5% angewandt. Insbesondere durch den Ansatz des höheren Zinsfußes entsteht ein Auflösungsertrag von rd. 4,9 Mrd. DM, der in dem GuV-Posten »Sonstige betriebliche Erträge« enthalten ist. Darüber hinaus verringert sich der Altersversorgungsaufwand durch diese Maßnahmen um rd. 0,3 Mrd. DM. Im Einzelabschluß der Daimler-Benz AG werden die Pensionsrückstellungen mit dem Zinssatz von 3,5% ermittelt.
...

Man hat diese Umstellung nur im Konzernabschluß vorgenommen. Im Einzelabschluß hat man von einer Bewertungskorrektur abgesehen und sich nicht an den »steuerrechtlichen Vorschriften ausgerichtet«, obwohl der Einzelabschluß und nicht der Konzernabschluß maßgeblich für die Steuerbilanz ist. Man gibt somit im Einzelabschluß der Daimler-Benz AG und im Abschluß der Mercedes-Benz AG dem Bilanzleser nicht die Möglichkeit,

»eine zutreffende Einschätzung der Ertrags- und Finanzkraft«, wie es auf Seite 17 des Geschäftsberichts heißt, vorzunehmen.

Eine solche Verdummung des Bilanzlesers, insbesondere des Aktionärs, d.h. im Konzernabschluß einen hohen Gewinn und im Einzelabschluß einen niedrigen Gewinn, der Basis für die Ausschüttung ist, zu zeigen, ist nach deutschem Bilanzrecht legal. In den USA wäre eine solche wenig glaubwürdige Informationspolitik allerdings nicht möglich, da dort für den Einzel- und Konzernabschluß dieselben Bilanzierungs- und Bewertungsprinzipien gelten und somit in beiden Abschlüssen derselbe Gewinn ausgewiesen wird.

Heinz Blüthmann schrieb zu diesem Fall am 17.8.1990 in »Die Zeit«:

> Der riesenhafte Profit stammt nicht aus besonders gut gehenden Geschäften mit den Mercedes-Automobilen. Die liefen sogar schlechter. Auch die neuen Töchter AEG und Deutsche Aerospace mit MBB, Dornier und MTU haben keine Supergewinne abgeliefert. Der gewaltige Jahresüberschuß ist auf dem Schreibtisch des Finanzvorstands produziert worden. Gerhard Liener zog nämlich kurzerhand 6,5 Milliarden Mark stiller Reserven aus diversen Schubladen – Gewinne, die er sowie sein Vorgänger und jetziger Konzernchef Edzard Reuter in früheren Jahren geräuschlos hatten verschwinden lassen, bevor die Aktionäre sie zu Gesicht bekommen konnten.
>
> …
>
> Lieners feinsinnige Bemerkungen dazu sollen eine Einsicht vernebeln, die jeden Aktionär auf die Palme bringen müßte: Mindestens in Höhe der nun aufgelösten stillen Reserven von 6,5 Milliarden Mark, das ist damit bewiesen, waren die Jahresabschlüsse von Daimler-Benz vor 1989 irreführend, man könnte auch sagen falsch. Damals wußten es nur das Management des Unternehmens, die Aufsichtsräte und die Wirtschaftsprüfer. Heute kann es jeder nachlesen.

Zwei Jahre vorher klang es von Daimler-Benz-Finanzvorstand Gerhard Liener noch ganz anders. Er wurde von Manfred Gburek in der Wirtschaftswoche Nr. 30 von Juli 1988, Seite 30–38, in dem Artikel »Reigen der Rechner« unter dem Stichwort »Manövriermasse« noch mit folgenden Worten zitiert:

> So hätten wir die Pensionsrückstellungen – und zwar nur im Konzernabschluß – anstatt mit 3,5 auch einheitlich mit sechs Prozent ermitteln können. Allein dadurch wären unsere Gewinnrücklagen um gut vier Milliarden Mark höher. Und anstelle der Verrechnung des aktiven Unterschiedsbetrags in einem Schritt hätten wir diesen auch zum Beispiel über fünf Jahre planmäßig zu Lasten späterer Jahre abschreiben können. Dies hätte ebenfalls eine Erhöhung der Rücklagen um rund eine Milliarden Mark zur Folge gehabt. Unsere Eigenkapitalquote wäre dann nicht von 26 auf 21 Prozent zurückgegangen, sondern vielmehr auf etwa 32 Prozent der Bilanzsumme gestiegen. Der Wegfall des Maßgeblichkeitsprinzips zum Aufpolieren der Bilanz zu nutzen war für uns jedoch kein gangbarer Weg. Denn seit jeher gilt bei uns der Grundsatz, erkennbare künftige Belastungen sofort zu buchen.

Der Vorsitzende des Vorstands der Daimler-Benz AG sagte zu diesem Thema 1988 noch folgendes (zitiert aus dem Artikel: Küting, Karlheinz: Abschied von der bloßen Kennzahlen-Arithmetik, in: Blick durch die Wirtschaft vom 24.4.1991):

> Bilanzierung, auch Konzernbilanzierung, sollte stets zugleich eine betriebswirtschaftliche Basis haben. Diese kann für den Einzel- und Konzernabschluß m.E. aber nicht unterschiedlich sein; denn beide dokumentieren und informieren. Nur die Ausschüttungsbemessung gilt nicht für den Konzernabschluß. Neben der Einbuße an betriebswirtschaftlicher Glaubwürdigkeit muß noch gesehen werden, daß im Zweifel Begehrlichkeiten geweckt werden können, die den Unternehmensbestand gefährden. Dies alles sollte eher dazu neigen lassen, von der Abkopplung nur mäßigen Gebrauch zu machen.

Wie man sieht, hat auch Herr Reuter seine Ansicht über die betriebswirtschaftliche Basis der Bilanzierung und ihre Glaubwürdigkeit innerhalb von 2 Jahren erheblich geändert.

Für einen Bilanzleser ist auch erstaunlich, was Hans Georg Bruns von der Daimler-Benz AG im Jahre 1989 ganz naiv sagte, wenn man für die bisherige Verschleierungspolitik kein Verständnis hatte:

> ..., wobei ein sich Armrechnen, das eigentlich Ertragsstärke zeigen sollte, von einer Vielzahl von Bilanzempfängern nicht verstanden wird. Gerade Ende des Jahres und Anfang dieses Jahres haben wir erfahren, daß in der internationalen Investment Community in der Tat auf Unverständnis stößt, warum wir uns ärmer rechnen, als wir sind. (zitiert aus Küting, s. o.)

1992 hat die Daimler-Benz AG nunmehr auch die Bilanzierung im Einzelabschluß und im Einzelabschluß der Mercedes-Benz AG geändert. Karlheinz Küting schrieb dazu in »Blick durch die Wirtschaft« vom 23.4.1993 unter dem Titel »Bilanzierung nach den Vorschriften von Wall Street«:

> Einen neuen Akzent setzt nunmehr die teilweise in den Einzelabschlüssen des Daimler-Konzerns im Jahre 1992 gewählte Bilanzpolitik, die in einem Geschäftsjahr angewandt wurde, in der es in der Automobil-Industrie nicht gerade eine Hochkonjunktur zu vermelden gilt. 1992 hat die Umbewertung von Pensionsrückstellungen und Vorräten bei der Daimler-Benz AG zu einem außerordentlichen Ertrag in Höhe von rund 4,5 Milliarden DM geführt, und weitere Anpassungen an die amerikanische Rechnungslegung werden im Jahre 1993 voraussichtlich das Eigenkapital um weitere 4 Milliarden DM steigen lassen. Geplant ist, daß 1993 »Rückstellungen wie solche für Garantien und Großreparaturen auf das steuerlich anerkannte Maß zurückgeschnitten und der Rest in Eigenkapital umgewandelt wird. Darüber hinaus sollen bei Akquisitionen erworbene Firmenwerte (Goodwill) wie derjenige bei Messerschmidt-Bölkow-Blohm nicht mehr mit dem Eigenkapital direkt verrechnet werden, sondern über mehrere Jahre abgeschrieben werden.«
> Mit diesen im Jahr 1992 vorgenommenen und für das Jahr 1993 noch zu erwartenden Änderungen nimmt die Daimler-Gruppe zum vierten Mal grundlegende Änderungen der angewendeten Bilanzierungs- und Bewertungsmethoden innerhalb weniger Jahre vor – dies trotz eines bestehenden Stetigkeitsgebots, das »nur in begründeten Ausnahmefällen« (Paragraph 252 Absatz 2 HGB) durchbrochen werden darf. Interessant wäre zu wissen, mit welchen Argumenten die Daimler-Gruppe die mehrmalige Durchbrechung des Stetigkeitsgrundsatzes gerechtfertigt hat. Immerhin haben die Testate der Wirtschaftsprüfer offen nach außen dokumentiert, daß die jeweiligen Jahresabschlüsse mit den geltenden GoB in Einklang standen und damit deutsches Bilanzrecht nicht verletzt wurde. Letztlich bedeutet dies, daß innerhalb weniger Jahre drei »begründete Ausnahmefälle« vorgelegen haben müssen. Der vierte Ausnahmefall wird bereits im Jahresabschluß von 1992 angekündigt.

Am 28.7.1993 konnte man schließlich in der Zeitung lesen, daß die Daimler-Benz AG als erstes deutsches Unternehmen ihre Aktien an der New Yorker Börse einführen wird. Bis zur Aufnahme des Handels in New York will Daimler-Benz eine »Überleitung seiner Rechnungslegung auf amerikanische Usancen durchführen«.

Einen weiteren Fall »kreativer Bilanzierungskunst« kommentiert Blüthmann in »Die Zeit« vom 17.8.1990 wie folgt:

> Shell und Esso
> Beide Öltöchter hatten von ihren Muttergesellschaften offenbar Order, einen Verlust in zweistelliger Millionenhöhe auszuweisen. Sie schafften das, indem sie einen identischen Vorgang höchst unterschiedlich bewerteten. Wegen der Höhe nach noch unbekannter Rückzahlungsverpflichtungen ihrer gemeinsamen Tochter BEB – Esso und Shell halten jeweils fünfzig Prozent daran – bildeten beide in ihrer Bilanz eine Rückstellung. Aufgrund übereinstimmender Informa-

tionen von BEB kam Esso zum Ergebnis, daß dafür 350 Millionen Mark erforderlich seien. Shell dagegen bilanziert die gleiche Verbindlichkeit mit 900 Millionen Mark.

Aber auch bei ausländischen Gesellschaften gibt es Überraschungen.

Zum Beispiel:

Großbritannien

In Großbritannien werden teilweise selbst geschaffene Markennamen aktiviert. Eine planmäßige Abschreibung erfolgt nicht. Wertberichtigungen erfolgen nach Belieben des Managements und werden als außerordentliche Posten betrachtet. Jahresabschlüsse von Markenartikelunternehmen sind somit nicht mehr vergleichbar. Die Firma Grand Metropolitan wies z.B. zum 30.9.1990 bei einem Eigenkapital von 3,427 Mio. £ aktivierte Markennamen in Höhe von 2.317 Mio. £ aus.

USA

In den USA ist aufgrund eines Statements des Financial Accounting Standards Board (FASB) für die nach dem 15.12.1992 beginnenden Geschäftsjahre eine Rückstellung für die Krankheitskosten der Rentner zu bilden. Diese Rückstellung kann sofort gebildet werden, oder ihre Bildung kann über 20 Jahre verteilt werden. Die Verpflichtung für Krankheitskosten der Rentner ist nicht neu entstanden, sondern sie besteht schon seit langem. Die Krankheitskosten der Rentner wurden bisher zu Lasten des laufenden Ergebnisses bezahlt. Aufgrund obigen Statements hat General Motors Co z.B. 1992 eine Rückstellung in Höhe von 20,8 Milliarden US$ gebildet.

Ziel der Darstellung obiger Beispiele war es, zu zeigen

welche Ausmaße bilanzpolitische Möglichkeiten haben können und

daß die Analyse von Jahresabschlüssen eine gewisse Kenntnis der Rechnungslegungsgrundsätze und des Bilanzrechts erfordert, und eine Bilanzanalyse, die nur auf der Ermittlung von Kennzahlen beruht, wenig aussagefähig ist und zu falschen Schlüssen führen kann.

Im Jahre 1991 schreibt Carl Zimmerer, seit 1959 geschäftsführender Gesellschafter der Interfinanz GmbH in Düsseldorf, eine Gesellschaft, die sich mit dem Kauf und Verkauf von Unternehmen beschäftigt, in der 7., neubearbeiteten Auflage seines Buches »Industriebilanzen lesen und beurteilen«, Landsberg/Lech, auf Seite 9:

Unser Bilanzwesen gerät immer mehr in Unordnung. Die Bilanzdelikte häufen sich. Nicht nur hier, sondern auch im Ausland. Bisweilen hat man den Eindruck, als ob die Bilanziers bei den Friseuren in die Lehre gegangen sind: Da wird eine Locke abgeschnitten, dort ein falsches Haarteil aufgesetzt, hier wird gefärbt, da rasiert. Geschriebenes Bilanzrecht und Bilanzwahrheit fallen immer stärker auseinander.

Die Worte klingen fast ähnlich wie das Zitat von Leitner aus dem Jahre 1929.

Abschließend soll dem Leser noch ein Zitat aus dem bereits erwähnten Artikel »Reigen der Rechner« der Wirtschaftswoche Nr. 30 vom Juli 1988 zur Kenntnis gebracht werden:

Carl Zimmerer, der um entlarvenden Spott nicht gerade verlegene Düsseldorfer Unternehmensmakler (Interfinanz) und intime Kenner von Rechnungslegungstricks, weiß denn auch zum Thema Bilanzschleier zu berichten: ›Ich habe noch nie einen Vorstand getroffen, der an einer Entschleierung interessiert war, und noch nie einen Steuerberater oder Wirtschaftsprüfer, der ihm nicht dabei geholfen hätte, die echten Sachverhalte zu verdunkeln.‹

Falls der Leser jetzt etwas verwirrt ist, und glaubt, kein Urteil über das Zitat von Leitner abgeben zu können, sollte er mindestens noch den Abschnitt A dieses Buches lesen.

Einleitung

Der Verfasser hat sich viele Jahre aus unterschiedlichen Gründen mit Bilanzanalysen befaßt. Dieses Buch ist aus Ärger darüber entstanden, daß er im deutschen Sprachraum kein Buch über Bilanzanalyse gefunden hat, das ihm eine große Hilfe in der Praxis gewesen wäre.

Er fand im wesentlichen Publikationen, die

- nur eine Einführung in die Bilanzanalyse darstellten oder in denen Bilanzanalyse nur ein Teilgebiet des Themas Jahresabschluß darstellte,
- sich nur mit Bilanzen befaßten, die nach den Bestimmungen des HGB für Kapitalgesellschaften oder nach dem Aktiengesetz von 1965 erstellt wurden,
- sehr allgemein gehalten waren und die üblichen oder weniger üblichen Kennzahlen erläuterten, aber kaum etwas darüber aussagten, daß die Kennzahlen wegen verschiedener Bewertungsmöglichkeiten auf verfälschten Basisdaten beruhen können und somit keine große Hilfe sind, wirtschaftliche Entscheidungen vorzubereiten oder zu treffen,
- im wesentlichen aus mit Hilfe der EDV ausgedruckten Zahlenfriedhöfen bestanden, deren Aussagewert offen blieb,
- Bilanzanalyse nur unter Kreditwürdigkeitsgesichtspunkten betrachteten und teilweise Erläuterungen von EDV-Programmen für maschinelle Bilanzanalysen enthielten oder
- wissenschaftliche Abhandlungen über Diskriminanzanalyse waren und Selbstverständliches und Altbekanntes in ausführlicher Form darstellten.

Er fand kaum Publikationen, die

- den Inhalt und die verschiedenen Bewertungsmöglichkeiten der einzelnen Posten des Jahresabschlusses erläuterten und die daraus folgenden Konsequenzen für die Bilanzanalyse zeigten,
- sich ausführlich mit stark durch das Steuerrecht geprägten Bilanzen von Einzelkaufleuten, Personengesellschaften und Gesellschaften mit beschränkter Haftung befaßten,
- Hinweise zu weiteren Recherchen im Hinblick auf eine Unternehmensanalyse gaben,
- klar auf die beschränkten Möglichkeiten und die Grenzen der Bilanzanalyse und der Kennzahlen hinwiesen,
- auf die Problematik der Inflation und somit der Scheingewinne eingingen,
- die Analyse von Konzernabschlüssen – die zur Beurteilung der wirtschaftlichen Lage aussagefähiger als Einzelabschlüsse sind – zum Inhalt hatten,
- Informationen über Bilanzen von Unternehmen aus den neuen Bundesländern (D-Markeröffnungsbilanz und Folgebilanzen) gaben,
- ausländische Abschlüsse beschrieben und
- sich mit Bilanzanalyse nicht nur aus der Sicht von Kreditgebern, sondern auch aus anderer Warte (z.B. potentielle Käufer von Unternehmen, Finanzanalysten, Aufsichtsorgane von Unternehmen) befaßten.

Der Verfasser hat seinen langjährigen Ärger im Laufe der Zeit produktiv in dieses Buch umgesetzt.

Möge es allen Lesern zum Nutzen gereichen.

Das Buch ist geschrieben für alle, die in irgendeiner Form Bilanzen analysieren wollen oder müssen.

Obwohl das Buch viele Einzelheiten darstellt, verschafft es einen schnellen Durchblick für das Wesentliche. Es verlangt von dem Leser wirtschaftlichen Sachverstand, aber keine speziellen Buchhaltungs- und Bilanzkenntnisse.

Es wendet sich sowohl an »Bilanzsachverständige«, die sich umfassend mit Bilanzanalyse befassen wollen, als auch an in leitender Stellung in der Wirtschaft tätige Personen und andere Interessierte, die sich gezielt über einzelne Themen der Bilanzanalyse informieren wollen oder müssen.

Für Leser, die glauben, nicht die notwendigen Vorkenntnisse zum Verständnis dieses Buches zu besitzen, enthält der Anhang A in kompakter Form eine ausführliche und verständliche »Einführung in die Bilanzierung und die doppelte Buchführung«.

Herrn Dipl.-Kfm. Thomas Schmitz, meiner Frau Ingrid und meinen Söhnen, Dipl.-Kfm. Andreas Born und Dipl.-Kfm. Matthias Born, danke ich für die kritische Durchsicht des Textes. Hervorheben möchte ich auch die angenehme Zusammenarbeit mit Frau Claudia Dreiseitel und Herrn Volker Dabelstein vom Schäffer-Poeschel Verlag.

Über Anregungen und Verbesserungsvorschläge aus dem Leserkreis würde sich der Verfasser freuen.

Inhaltsübersicht

Inhaltsverzeichnis

Teil 1

Allgemeines und gesetzliche Vorschriften

A. Jahresabschluß und Bilanzanalyse

I. Allgemeines

Im Jahresabschluß sind die finanziellen Auswirkungen des Lebens eines Unternehmens während eines Geschäftsjahres verdichtet dargestellt.
Aus diesem Grunde eignen sich Jahresabschlüsse und darauf beruhende Bilanzanalysen gut dazu, schnell erste Vorstellungen für finanzielle Entscheidungen (z. B. Gewährung von Krediten, Kauf oder Verkauf von Unternehmen, Unternehmensanteilen oder Aktien) durch eine Kreditwürdigkeitsprüfung, durch Ermittlung eines überschlägigen Unternehmenswertes oder durch eine Aktienanalyse zu erhalten. Bilanzanalysen können darüber hinaus Gesellschaftern und dem Aufsichtsrat helfen, das Management zu beurteilen, sowie Hinweise für Maßnahmen zur Verbesserung der wirtschaftlichen Lage des Unternehmens geben. Nicht nur Entscheidungsträgern, sondern auch jedem Interessierten bieten Bilanzanalysen einen besseren Einblick in die wirtschaftlichen Verhältnisse von Unternehmen. Für eine fundierte und qualitativ hochwertige Bilanzanalyse sind jedoch weitere Informationen erforderlich. Nach Auswertung aller übrigen Informationen und Daten über das Unternehmen und seine Umwelt kann das endgültige Urteil über das Unternehmen jedoch mehr oder weniger von dem ersten Urteil abweichen. Das gilt ganz besonders bei der Ermittlung von Unternehmenswerten und Aktienanalysen, da sie durch die erwarteten ausschüttungsfähigen Ergebnisse bestimmt werden, die von den vergangenen Ergebnissen abweichen können.

Um eine Unternehmensbeurteilung aus finanzieller Sicht, d. h. um Aussagen über die Ertragskraft und die statische und dynamische Liquidität eines Unternehmens machen zu können, sind die Jahresabschlüsse und die Zwischenabschlüsse zu analysieren. Hierfür hat sich der Begriff Bilanzanalyse eingebürgert.
Richtiger müßte es heißen Jahresabschlußanalyse, Abschlußanalyse oder Analyse der finanziellen Berichterstattung. Es müßte nicht zuletzt deshalb Analyse der finanziellen Berichterstattung heißen, weil der Erfolg heutiger Unternehmen immer weniger von den in der Bilanz ausgewiesenen materiellen Vermögensgegenständen, sondern immer stärker von immateriellen Werten abhängt, die in einer »nackten« Bilanz nicht erscheinen. Außerdem kann man aus den Ergebnissen der Vergangenheit immer weniger die wahrscheinlichen zukünftigen Ergebnisse eines Unternehmens entnehmen, vielmehr sagen die Informationen über die Unternehmensstrategie, die Reaktionsfähigkeit eines Unternehmens auf Veränderungen im Markt und die Chancen und Risiken eines Unternehmens, neben den vorhandenen und entstehenden immateriellen Werten im weitesten Sinne des Wortes, immer mehr etwas über die wahrscheinlichen zukünftigen Erfolge eines Unternehmens aus. Dadurch gewinnt die finanzielle Unternehmensberichterstattung in Form zusätzlicher Angaben und Informationen im Jahresabschluß und im Geschäftsbericht gegenüber der Bilanz und der Gewinn- und Verlustrechnung eine immer größere Bedeutung.
Nur eine fundierte und qualitativ hochwertige Bilanzanalyse erlaubt es, im Zusammenhang mit den in Abschnitt A III 2 genannten Informationen und Daten und den

daraus gezogenen Schlüssen vorhandene Planungen auf Plausibilität zu prüfen bzw. glaubwürdige Planungen aufzustellen und somit die Kreditwürdigkeit eines Unternehmens oder einen Unternehmenswert zu ermitteln.

Da das Risiko bei haftendem Kapital wesentlich höher ist als bei einem gewährten Kredit, sind auch an die Qualität einer Bilanzanalyse im Hinblick auf eine Unternehmensbewertung oder eine Aktienanalyse wesentlich höhere Ansprüche zu stellen als bei einer im Rahmen einer Kreditwürdigkeitsprüfung vorgenommenen Bilanzanalyse.

Dieses Werk wendet sich in besonderem Maße an den Personenkreis, der die höchsten Ansprüche an eine Bilanzanalyse stellt, nämlich potentielle Erwerber von Unternehmen, Finanzanalysten, Gesellschafter sowie Aufsichtsräte.

Dieses Buch beschäftigt sich mit der Analyse von Jahresabschlüssen von Industrie-, Handels- und Dienstleistungsunternehmen. Nicht behandelt werden die Besonderheiten von Banken und Versicherungen.

II. Begriffsbestimmung, Zweck und Ziel der Bilanzanalyse

Bilanzanalyse ist die Darstellung und Beurteilung der gegenwärtigen und vergangenen Vermögens-, Finanz- und Ertragslage eines Unternehmens durch

- die Auswertung der in den Jahresabschlüssen enthaltenen und anderer zur Verfügung stehenden Informationen und Daten,
- die Aufbereitung und Bereinigung der Jahresabschlüsse und
- die Bildung von Kennzahlen.

Zweck einer Bilanzanalyse ist es zu erkennen, welche aus den Jahresabschlüssen ersichtlichen Faktoren die wirtschaftliche Entwicklung des Unternehmens beeinflußten.

Ziel einer Bilanzanalyse ist es, Aussagen über die mögliche oder wahrscheinliche zukünftige finanzielle Entwicklung des Unternehmens zu machen, um dadurch Hilfen für Kredit-, Investitions-, Personal- und Rationalisierungsentscheidungen zu geben.

Aussagen über die zukünftige finanzielle Entwicklung eines Unternehmens beinhalten

- die Beurteilung der Finanzkraft, d.h. der statischen und dynamischen Liquidität, und
- die Beurteilung der Ertragskraft, d.h. der Fähigkeit, in Zukunft Erträge erzielen zu können.

Sie ermöglichen die Feststellung, ob das Unternehmen Ertrags- und Wachstumschancen durch Investitionen oder andere Vorleistungen (z.B. Forschung, Einführungsphase von Produkten) tatsächlich nutzen und ggf. kritische Situationen überwinden kann.

Außer bei einer Bilanzanalyse zum Zwecke der Kreditvergabe hat die Beurteilung der Finanzkraft nur eine Hilfsfunktion für die Beurteilung der Ertragskraft. Anders ausgedrückt: Wer Erfolg hat, hat auch Kredit.

Um das obengenannte Ziel einer Bilanzanalyse mit einem möglichst hohen Qualitätsanspruch zu erreichen, sollte der Bilanzanalysten zunächst ein Zwischenziel ansteuern.

Zwischenziel einer Bilanzanalyse sollte es sein, mit Hilfe der im Laufe einer Bilanzanalyse aufkommenden Fragen zu versuchen, gezielter weitere Informationen zu erhalten. Hierbei ist daran zu denken, daß nur kleine Anzeichen einer Veränderung, insbesondere einer Verschlechterung der Finanz- und Ertragslage, gewichtige Ursachen haben können, weil es dem Bilanzersteller gelungen ist, durch bilanzpolitische Maßnahmen die veränderte Finanz- und Ertragslage in hohem Maße zu vertuschen.

Endziel einer Bilanzanalyse ist es, aufgrund der Beurteilung der Finanz- und Ertragskraft Konsequenzen zu ziehen, d.h. wirksame Entscheidungen besser treffen zu können, um z.B.

– Krediturteile für kurz- oder langfristige, gesicherte oder ungesicherte Kredite abzugeben,
– Entscheidungen über den Kauf oder Verkauf von Unternehmen, Unternehmensanteilen oder Aktien vorzubereiten,
– das Management zu beurteilen und über seine Entlastung und Weiteranstellung zu entscheiden oder
– interne Maßnahmen zur Verbesserung der wirtschaftlichen Lage des Unternehmens zu ergreifen.

Mit Hilfe einer Bilanzanalyse lassen sich niemals die langfristigen Ursachen des Unternehmenserfolges (z.B. Technologie, Produkte, Markt, Management) ermitteln. Somit kann es auch niemals Ziel einer Bilanzanalyse sein, Trendextrapolationen zu erstellen. Insbesondere für eine früher oder später einsetzende Trendwende enthalten Jahresabschlüsse keine Hinweise.

III. Informationsmaterial

1. Jahresabschlüsse

Die wesentliche Informationsquelle ist bei Kapitalgesellschaften der aus Bilanz, Gewinn- und Verlustrechnung, Kapitalflußrechnung (vorgeschrieben ab 1999 nur für börsennotierte Unternehmen) und Anhang bestehende Jahresabschluß sowie der Lagebericht.

Für Einzelunternehmen und Personengesellschaften sind kein Anhang und Lagebericht im Handelsgesetzbuch (HGB) vorgeschrieben.

Die Qualität dieser Informationen ist eingeschränkt, wenn die Jahresabschlüsse nicht durch einen Wirtschaftsprüfer geprüft und testiert wurden.

Von vielen Kapitalgesellschaften wird weiterhin ein Geschäftsbericht herausgegeben, in dem der Jahresabschluß, der Lagebericht, darüber hinausgehende freiwillige Angaben der Gesellschaft sowie ein Bericht des Vorstands und ein Bericht des Aufsichtsrats enthalten sind.

Insbesondere bei börsennotierten Gesellschaften enthalten die Geschäftsberichte oft weit über die gesetzlichen Vorschriften hinausgehende freiwillige Informationen.

Erhöht wird der Informationswert der Jahresabschlüsse, wenn dem Bilanzanalytiker die Erläuterungsberichte des Wirtschaftsprüfers zur Verfügung gestellt werden, insbesondere wenn die darin enthaltenen Informationen über das gesetzliche Mindestmaß hinausgehen.

Nach IAS/IFRS und US-GAAP erstellte Jahresabschlüsse enthalten darüber hinaus noch Zusatzinformationen (notes) und eine Eigenkapitalveränderungsrechnung mit Angabe des ergebnisneutralen Erfolges (comprehensive income) sowie eine Kapitalflußrechnung und eine Segmentberichterstattung (für deutsche börsennotierte Unternehmen sind erst ab 1999 eine Kapitalflußrechnung und eine Segmentberichterstattung vorgeschrieben, deren Einzelheiten im Gesetz jedoch nicht geregelt sind; bisher war für Kapitalgesellschaften nur eine Aufgliederung der Umsatzerlöse vorgeschrieben). In den USA börsennotierte Unternehmen müssen außerdem noch umfangreiche Angaben in den Forms (z. B. Form 10-K und Form 20-F) machen.

Bei einem einzelnen Jahresabschluß gibt es wenig zu analysieren, da er für sich selbst spricht. Bei einem einzelnen Jahresabschluß können es allenfalls die sehr aus dem üblichen Rahmen fallende Höhe eines Einzelpostens des Jahresabschlusses, eine sehr aus dem üblichen Rahmen fallende Zusammensetzung der Aktiva und Passiva und/oder einzelne Kennzahlen sein, deren Aussagekraft jedoch durch die Bilanzpolitik des Bilanzerstellers oder durch Zufall (z. B. Zahlungseingänge von Großkunden kurz vor Ende des Geschäftsjahres) erheblich eingeschränkt sein kann. Es werden deshalb mehrere Jahresabschlüsse benötigt.

Da man durch den Vergleich mit anderen Unternehmen derselben Branche, insbesondere mit dem Branchenführer und dem Branchendurchschnitt, einen zusätzlichen Beurteilungsmaßstab erhält und dadurch der Informationswert der Bilanzanalyse gesteigert wird, sollten möglichst auch Jahresabschlüsse ähnlicher Unternehmen und Brancheninformationen beschafft werden. Ein Vergleich der Entwicklung des zu analysierenden Unternehmens mit der Entwicklung von ähnlichen Unternehmen oder der Branche können nämlich wertvolle Informationen geben (z. B. Wachstum, Cash-flow, Rentabilität, Steuerquote).

2. Zusätzliche Informationen

Um bei einer Bilanzanalyse die Finanz- und Ertragskraft eines Unternehmens als Basis für finanziell wirksame Entscheidungen besser einschätzen zu können, sollten über die erläuterten Jahresabschlüsse hinaus zusätzliche Informationen über das Unternehmen vorliegen.

Nachstehend wird in Stichworten das Minimum von Informationen über das Unternehmen und seine Umwelt, das für eine fundierte und qualitativ hochwertige Bilanzanalyse benötigt wird, aufgeführt:

– Geschichtliche Entwicklung des Unternehmens (Gründung, Änderung des Namens und der Rechtsform, Wechsel der Anteilseigner, neue Produkte, wesentliche Forschungsergebnisse, Stillegungen, Errichtung neuer Werke oder Niederlassungen, Akquisitionen),
– Angaben über die Gesellschafter und das Management, insbesondere über die geschäftsführenden Gesellschafter (Alter, Betriebszugehörigkeit, Qualifikation, Vertrauenswürdigkeit, Lebensstil, Zusammenarbeit, Nachfolger, Unternehmenspolitik), sowie über die Fähigkeit des Managements, negative Geschäftsentwicklungen und Krisensituationen zu meistern,
– Umfang und Aussagefähigkeit des innerbetrieblichen Informationswesens,
– wichtige zur Beurteilung der Geschäftstätigkeit notwendige Informationen des innerbetrieblichen Informationswesens (z. B. kurzfristige Erfolgsrechnungen nach Geschäftsfeldern und Regionen, Deckungsbeitragsrechnungen),
– Beschreibung der Informationstechnologie, notwendige und geplante Änderungen,

- eventuell vorliegende Berichte von Unternehmensberatern,
- Unternehmensplanung,
- Umsatz- und Ertragserwartungen aufgrund der geplanten Investitionen und Akquisitionen,
- notwendige Ersatz-, Rationalisierungs- und Erweiterungsinvestitionen sowie Investitionen für den Umweltschutz und Investitionen im Verwaltungs- und Sozialbereich,
- Betriebsstätten (Anzahl, Standort, Betriebszweck), Produktionsanteil der einzelnen Regionen,
- Kapazitätsauslastung und Stand der Technik der Produktionsanlagen,
- Entwicklung des Auftragsbestandes,
- Beschreibung des Verkaufssortiments mit Angaben über dessen zukünftige Wettbewerbsfähigkeit und den bisherigen und erwarteten Produktlebenszyklus,
- Forschungs- und Entwicklungstätigkeit, Produkte in der Forschungs- und Entwicklungs-Pipeline, auslaufender Patentschutz,
- Beschreibung der Kundenstruktur und der Großkunden, Umsatz/Absatz nach Regionen, Angabe der Exportquote des Mutterunternehmens (Exportanteil der wichtigsten Länder),
- Wettbewerbsverhältnisse, Marktanteile, regulatorisches Umfeld,
- Branchenentwicklung,
- Betriebsvergleiche und Branchenkennzahlen,
- Informationen über die Rohstoff- und Energieversorgung mit Informationen über die Abhängigkeit von einzelnen Lieferanten,
- Personalstandsentwicklung, Personalplanung,
- Einzelheiten zu den Leasingverträgen (Laufzeiten, Leasingraten, Optionsrechte),
- Verkehrswerte der Immobilien,
- Auswirkungen von getroffenen oder geplanten wichtigen Unternehmensentscheidungen,
- wirtschaftliche Lage der Beteiligungen,
- behördliche Auflagen, Umweltaltlasten, Haftungsrisiken,
- wichtige Verträge, Rechtsstreitigkeiten.

Ferner sollte ein zeitnaher Zwischenabschluß vorliegen mit Angaben über Bilanzierungs- und Bewertungsmethoden und die Art der Ermittlung des Materialaufwands (körperliche oder permanente Inventur, Erfahrungssatz Materialaufwandsquote oder Wareneinkauf).

Weitere zusätzliche Informationen kann man durch ein Bilanzgespräch, d.h. ein Gespräch mit dem im Unternehmen für die Abschlußerstellung Verantwortlichen und dem Abschlußprüfer oder ggf. dem Steuerberater, erhalten.

Ziel eines solchen Bilanzgespräches sollte es sein, neben Informationen über das Unternehmen und seine Umwelt (siehe oben), soweit sie noch nicht vorliegen, Informationen über die Bilanzpolitik, d.h. über

- die angewendeten Bilanzierungs- und Bewertungsmethoden,
- die ausgenutzten, insbesondere die in der Vergangenheit unterschiedlich ausgenutzten Ermessensspielräume (Berechnung der Abschreibungen, Änderung der Nutzungsdauer, Zuschreibungen, Wertberichtigungen, Entwicklung der einzelnen Rückstellungen, Rechnungszinsfuß Pensionsrückstellungen, Bemessung der Herstellungskosten, Berücksichtigung der Leerkosten bei den Herstellungskosten, Abgrenzung Reparaturaufwendungen zu aktivierten Eigenleistungen, Bewertung und eventuell nachträgliche Aktivierung von aktivierten Eigenleistungen),
- in Anspruch genommene Wahlrechte und Bilanzierungshilfen,

- die Einhaltung des Grundsatzes der Bewertungsstetigkeit,
- aus bilanzpolitischen Gründen vorgenommene Sachverhaltsgestaltungen (siehe Abschnitt A VI 5) und über nicht bilanzierungspflichtige Tatbestände (siehe Abschnitt A VI 8),

zu erhalten, soweit diese Informationen nicht oder nur ungenau aus den vorgelegten Jahresabschlüssen hervorgehen. Den ausgenutzten Ermessensspielräumen sollte besonderes Augenmerk gewidmet werden, da sie für Außenstehende nicht oder sehr schwer erkennbar sind, aber bedeutende bilanzpolitische Möglichkeiten bieten.

Des weiteren dient das Bilanzgespräch dazu,

- Antworten auf die während der bisherigen Analyse der Jahresabschlüsse aufgekommenen Fragen zu erhalten,
- einen evtl. vom Abschlußprüfer an die Unternehmensleitung adressierten Management Letter, der nicht im Prüfungsbericht enthaltene Feststellungen und Verbesserungsvorschläge beinhaltet, zu verlangen und zu besprechen,
- Informationen über die Abweichungen der Handels- von der Steuerbilanz sowie über das Ergebnis der letzten steuerlichen Außenprüfung zu erhalten,
- die Zusammensetzung der sonstigen betrieblichen Aufwendungen und der sonstigen betrieblichen Erträge zu diskutieren. Hier ist besonders darauf zu achten, aus welchem Grund Rückstellungen oder Wertberichtigungen aufgelöst oder herabgesetzt wurden (Risiko tatsächlich weggefallen oder Risiko grundsätzlich noch vorhanden, aber nach Ansicht der Unternehmensleitung vermindert) und inwieweit andere außerordentliche oder periodenfremde Posten darin enthalten sind. Ferner sollten eventuelle Sale and lease back-Geschäfte genau analysiert werden (Vertragspartner, Konditionen, Auswirkungen auf die Zukunft),
- die Gründe für die Abweichung des Istergebnisses vom Planergebnis zu diskutieren,
- kürzlich erfolgte oder bevorstehende Veränderungen in der Unternehmensleitung und ihre Auswirkungen auf die Unternehmensstrategie zu erfahren,
- bilanzpolitische Maßnahmen aufgrund einer Veränderung in der Unternehmensleitung zu diskutieren (ausscheidende Manager stellen gern das letzte Geschäftsjahr sehr günstig dar, neue Manager stellen gern das erste Geschäftsjahr sehr schlecht dar, um der alten Unternehmensleitung das schlechte Ergebnis anzulasten und selbst in Zukunft möglichst hohe Ergebnissteigerungen vorweisen zu können),
- bevorstehende Veränderungen in der Zusammensetzung der Anteilseigner zu erfahren und Informationen über beabsichtigte Beteiligungen o. ä. zu erhalten,
- die Geschäftsentwicklung in der jüngsten Zeit und der nächsten Zukunft und erkennbare Veränderungen in der Branche (z. B. E-Commerce, neue Produkte, Wettbewerbsverhältnisse) sowie den Vergleich mit der Unternehmensplanung zu diskutieren,
- zu klären, ob in absehbarer Zeit möglicherweise Betriebsstillegungen erforderlich werden, und dadurch die Bewertung unter Annahme der Fortführung der Unternehmenstätigkeit in Frage zu stellen ist,
- zusätzliche Angaben und Informationen (notes), wie sie bei einer Bilanzierung nach IAS/IFRS oder US-GAAP vorgeschrieben und für eine Überleitung auf einen aufbereiteten Jahresabschluß auf Basis IAS/IFRS sowie dessen Beurteilung von Bedeutung sind, zu erhalten (Hinweise dazu können aus dem Buch: Born, Karl: Rechnungslegung international. 5. Aufl., Stuttgart 2007, entnommen werden),
- das Honorar des Wirtschaftsprüfers für die Prüfungstätigkeit und das Honorar für eventuelle Beratungstätigkeit zu erfragen (um zu klären, inwieweit der Wirtschafts-

prüfer wegen einer lukrativen Beratungstätigkeit möglicherweise geneigt ist, bei der Prüfung ein Auge zuzudrücken),
– den Beginn der erstmaligen Tätigkeit des Wirtschaftsprüfers bzw. seines Prüfungsleiters und seiner Assistenten in dem Unternehmen festzustellen (um zu klären, inwieweit ein Freundschaftsverhältnis bestehen oder Betriebsblindheit oder Nachlässigkeit vorliegen können),
– bei Gesellschaften mit beschränkter Haftung die Bezüge der Gesellschafter-Geschäftsführer in Erfahrung zu bringen,
– bei Personengesellschaften und Einzelunternehmen sich zusätzliche Angaben, wie sie im Anhang von Kapitalgesellschaften zu machen sind, zu beschaffen, sofern sie materiell von Bedeutung sind, sowie andere notwendige Informationen zu erfragen (siehe Abschnitt G X).

Zu den zusätzlichen Informationen gehört auch eine Betriebsbesichtigung.

Ein Vergleich zwischen den vom Unternehmen und den aus dritter Quelle erhaltenen Informationen sowie das Hinterfragen von Tatbeständen, die dem Bilanzanalytiker bereits bekannt sind, lassen Schlüsse auf die Zuverlässigkeit der Informationen und auf die Bilanzpolitik des Unternehmens zu.

Hinweise für eine weitere Informationssammlung, insbesondere bei einer Unternehmensbewertung, enthält das vom Autor verfaßte Buch »Unternehmensanalyse und Unternehmensbewertung«, 2. Auflage, Stuttgart 2003.

Sofern von dem Unternehmen außer den Jahresabschlüssen keine weiteren Informationen zur Verfügung gestellt werden, können Informationen aus dem Internet, Berichte aus Lokal-, Wirtschafts- und Branchenzeitungen und -zeitschriften, Hauptversammlungsansprachen, Pressekonferenzen, Emissionsprospekte, Zwischenberichte, Aktionärsbriefe, Werkszeitungen und ähnliche allgemein zugängliche Informationen für die Bilanzanalyse von Wert sein.

IV. Aussagegrenzen des Jahresabschlusses

Der Aussagewert von Jahresabschlüssen und somit auch von Bilanzanalysen wird durch folgende Tatbestände eingeschränkt:

– Die in den Jahresabschlüssen enthaltenen Informationen sind vergangenheitsbezogen und oft nicht mehr aktuell.
– Ausreichende unterjährige Informationen sind oft nicht vorhanden.
– Bei den Jahresabschlüssen handelt es sich um Nominalwertrechnungen. Zusätzliche Angaben über reale Werte (z.B. Abschreibungen auf Basis von Wiederbeschaffungswerten) fehlen.
– Die Informationen sind zu global, d.h. Jahresabschlüsse enthalten keine Mengen- und Preisangaben, keine Informationen über schwebende Geschäfte (z.B. Auftragsbestand), bedingte Verpflichtungen (z.B. Pensionsgeschäfte) und selbstgeschaffene oder verbrauchte immaterielle Vermögensgegenstände und in der Regel keine Angaben über die Kapazitätsauslastung. Ebenso fehlen Angaben über Kreditmöglichkeiten (Kreditlinien) und Informationen über finanzielle Auswirkungen von Umweltproblemen.

- Jahresabschlüsse zeigen nur Ergebnisse, geben aber keine oder kaum Informationen über ihre Ursachen (z. B. Forschungsergebnisse, Know-how, Produktionsverfahren, Verkaufssortiment, Marktanteile, Organisation, Personal, Management, Kooperationen/Allianzen).
- Die Angaben im Jahresabschluß können durch bilanzpolitische Maßnahmen und in vielen Ländern, insbesondere in Deutschland, durch steuerrechtliche Vorschriften beeinflußt sein.

Die Bedeutung der in der Bilanz dargestellten physischen, d. h. materiellen Werte gegenüber den nicht direkt aus dem Jahresabschluß ersichtlichen immateriellen Werten nimmt immer mehr ab. Dadurch und durch den schnellen technologischen Wandel und die damit einhergehende schnelle Veränderung der Wettbewerbsverhältnisse, die die Finanz- und Ertragslage eines Unternehmens kurzfristig beeinträchtigen können, gewinnen die zusätzlichen Angaben und Informationen im Jahresabschluß und die sonstige Unternehmensberichterstattung gegenüber der Bilanz und der Gewinn- und Verlustrechnung eine größere Bedeutung.

Jahresabschlüsse nach dem HGB enthalten wesentlich weniger zusätzliche Angaben und Informationen als Jahresabschlüsse nach IAS und US-GAAP.

Neben den obigen generellen Aussagegrenzen ist der Aussagewert besonders deutscher Jahresabschlüsse durch unzureichende Erläuterungen stark eingeschränkt, z. B.

- wenig Informationen über die Ausübung von Wahlrechten und ihre Auswirkung auf die Darstellung der Vermögens-, Finanz- und Ertragslage,
- unzureichende Erläuterungen bei Änderung von Bilanzierungs- und Bewertungsmethoden (kein vergleichbarer Abschluß) und mögliche stille Änderung von Bewertungsmethoden (z. B. andere Abschreibungssätze für neu angeschaffte Vermögensgegenstände),
- keine Darstellung und Erläuterung der Entwicklung von Rückstellungen,
- keine Angaben über Höhe der Fremdwährungsforderungen und -verbindlichkeiten, der Währungsumrechnungsgewinne oder -verluste und der derivativen Finanzinstrumente,
- keine oder eingeschränkte Informationen über »Finanzierung außerhalb der Bilanz« (Leasing, Factoring, Forfaitierung),
- keine oder unzureichende Angaben zu aperiodischen und einmaligen Aufwendungen und Erträgen,
- die wenig transparenten Sammelposten sonstige betriebliche Aufwendungen und sonstige betriebliche Erträge werden nicht erläutert,
- keine Angaben über die kurzfristig stark beeinflußbaren Aufwendungen (Instandhaltungs- und Reparaturaufwendungen, Forschungs- und Entwicklungsaufwendungen, Werbeaufwendungen und Aufwendungen für Personalaus- und -weiterbildung),
- Kapitalflußrechnung und Segmentberichterstattung sind bei nicht börsennotierten deutschen Gesellschaften kein Bestandteil des Jahresabschlusses,
- keine Angaben zur Fristigkeit von Gesellschafterdarlehen, bei Nichtkapitalgesellschaften keine Angaben über Entnahmeregelungen, Steuerzahlungen, sonstiges Vermögen und sonstige Verpflichtungen (z. B. Fremdfinanzierung des Eigenkapitals),
- unzureichende Angaben zu den latenten Steuern, keine Information oder Überleitung zur Steuerbilanz und keine Angaben über die steuerliche Gliederung des Eigenkapitals bei Kapitalgesellschaften,
- Prognoseangaben im Lagebericht sind in der Regel wenig aussagefähig.

Die Aussagegrenzen des Jahresabschlusses legen es deshalb nahe, Bilanzanalyse möglichst als Bestandteil einer Unternehmensanalyse durchzuführen oder verfügbare zusätzliche Informationen mit einzubeziehen, um dadurch alle vorhandenen Informationen optimal auszuwerten (siehe auch Abschnitt A III 2).

V. Analyseinstrumente

Die Instrumente für eine Bilanzanalyse könnte man wie folgt aufgliedern:

1. Analyse der einzelnen Posten der Jahresabschlüsse und Analyse der Bilanzpolitik.
2. Vergleich der Bilanzen und Gewinn- und Verlustrechnungen im
   a) Zeitvergleich
   b) Betriebsvergleich und/oder Branchenvergleich
   c) Normenvergleich (z.B. »goldene Bankregel« oder »goldene Bilanzregel«, Diskriminanzanalyse, Vereinbarungen bei Kreditverträgen, Plan-Zahlen) verbunden mit einer Kombination obiger Vergleiche.
   Der Vergleich der Bilanzen und Gewinn- und Verlustrechnungen erfolgt mittels der nachstehend erwähnten Verhältniskennzahlen. Durch den Vergleich der Verhältniskennzahlen lassen sich Entwicklungen besser erkennen, die Anlaß zu Fragen geben können. Kennzahlen sollten somit nicht nur das Ergebnis einer Bilanzanalyse sein, sondern eine Analyse der Verhältniskennzahlen sollte auch der Ausgangspunkt für weitere Recherchen sein.
3. Bildung von Verhältniskennzahlen
   a) Gliederungskennzahlen
      Bei Gliederungskennzahlen wird eine Teilmenge zu einer Gesamtmenge in Beziehung gesetzt. Die Gesamtmenge wird meistens gleich 100 gesetzt, so daß die Gliederungskennzahl den prozentualen Anteil der Teilmenge an der Gesamtmenge angibt. Zum Beispiel:
      – Sachanlagen in % der Bilanzsumme
      – Eigenkapital in % des Gesamtkapitals.
      Gliederungskennzahlen machen Strukturverhältnisse besser als absolute Zahlen durchschaubar.
      Gliederungskennzahlen geben bei einer Bilanzanalyse schnell einen ersten Einblick in ein Unternehmen und eine Branche und eignen sich gut für Betriebsvergleiche.
   b) Indexreihen
      Bei Indexreihen werden zwei gleichartige Größen zu unterschiedlichen Zeitpunkten ins Verhältnis gesetzt. Eine Indexzahl gibt an, um wieviel Prozent sich ein bestimmter Vergleichswert gegenüber dem Wert des Basisjahres, der gleich 100 gesetzt wird, verändert hat. Zum Beispiel:
      – Verhältnis des Eigenkapitals verschiedener Jahre zum Eigenkapital des Basisjahres.
      Indexreihen finden bei Zeitvergleichen Verwendung.

c) Beziehungskennzahlen

Bei Beziehungskennzahlen werden zwei wesensverschiedene, jedoch betriebswirt-schaftlich miteinander in Verbindung stehende Größen zueinander in Beziehung gesetzt. Zum Beispiel:

– Verhältnis Anlagevermögen zu Eigenkapital,
– Verhältnis Forderungen zu Umsatzerlöse.

Beziehungskennzahlen, die Zusammenhänge und Entwicklungen deutlich machen können, haben daher einen größeren Erkenntniswert als Gliederungskennzahlen, die nur Strukturen zeigen.

4. Zusätzliche Kennzahlen und Analysen

a) durch andere Art der Zusammenstellung der Zahlen der Bilanz, der Gewinn- und Verlustrechnung und evtl. zusätzlicher Zahlen, nämlich

– Cash-flow,
– Kapitalflußrechnung,
– Break-even-Punkt,
– Wertschöpfung;

b) durch Einbeziehen zusätzlicher nicht unmittelbar aus dem Jahresabschluß hervor-gehender Daten und Informationen (z.B. Arbeitsstunden, Verkaufsfläche, Absatz-mengen, Auslastung der Sitzplätze, Betten o.ä.), z.B.

– branchenspezifische Kennzahlen,
– Vergleich mit Marktdaten,
– Kurs/Gewinn-Verhältnis (price-earnings ratio);

c) aufgrund von Schätzungen oder durch die Änderung einzelner Posten des Jahresab-schlusses mit Hilfe vorliegender Informationen, z.B.

– Schätzung Steuerbilanzgewinn,
– bereinigtes Ergebnis,
– Ergebnis nach DVFA/SG.

Zu dem unter 3. und 4. genannten Analyseinstrument Kennzahlen ist folgendes zu sagen:

> Durch Kennzahlen lassen sich quantifizierbare betriebswirtschaftliche Sachverhalte in einer Zahl darstellen, wobei manchmal allerdings durch diese Vereinfachung der komplexen Realität nicht genügend Rechnung getragen wird (z.B. bei einigen Bezie-hungskennzahlen).

Eine einzelne Kennzahl gibt keine Antwort auf die Angemessenheit und die Ursache der Kennzahl. Nur der Vergleich mit anderen Kennzahlen und die Zerlegung der Kennzahlen mittels weiterer Kennzahlen in ihre Einflußfaktoren sowie der Zeit- und/oder Betriebsver-gleich ermöglichen Aussagen über Angemessenheit und Ursachen der Kennzahlenhöhe und Kennzahlenveränderung.

Durch die Zerlegung von Kennzahlen entstehen Kennzahlensysteme, bei denen die einzelnen Kennzahlen und die ihnen zugrundeliegenden absoluten Zahlen untereinander in einem sachlogischen Beziehungszusammenhang stehen. Das heißt bei Kennzahlensyste-men wird versucht, ausgehend von einer Spitzenkennzahl, die ursächlichen Zusammen-hänge und ihre Wirkungen stufenweise durch rechnerische Zerlegung zu zeigen.

Bei der Analyse von Kennzahlensystemen lassen sich auch zufällige Werte besser erklären. Bilanzpolitische Maßnahmen, die der Bilanzersteller getroffen hat, weil er glaubt, daß der Bilanzanalytiker auf gewisse Kennzahlen besonderen Wert legt, verlieren bei der Analyse von Kennzahlensystemen oder einer Reihe von Kennzahlen an Bedeutung.

Als Beispiel für ein Kennzahlensystem wird auf den Return on Investment im Abschnitt N hingewiesen. Es handelt sich hierbei um das von E. I. Du Pont de Nemours and Company, Wilmington, Delaware, bereits 1919 verwendete System of Financial Control. Spitzenkennzahl ist hier die Gesamtkapitalrentabilität.

Ein weiteres Kennzahlensystem ist das vom Zentralverband Elektrotechnik- und Elektronikindustrie e. V. herausgegebene »ZVEI-Kennzahlensystem«, das umfangreicher und tiefer gegliedert ist – es umfaßt 88 empfohlene Kennzahlen und zur mathematischen Verknüpfung weitere 122 Hilfsgrößen, die ebenfalls als Kennzahlen aufgebaut sind – und zur innerbetrieblichen Steuerung von Unternehmen sowie für Betriebsvergleiche gedacht ist. Spitzenkennzahl bei der Strukturanalyse des ZVEI-Kennzahlensystems ist die Eigenkapitalrentabilität. Daneben beinhaltet das ZVEI-Kennzahlensystem noch eine Wachstumsanalyse.

Ein Kennzahlensystem mit zwei Spitzenkennzahlen ist das Rentabilitäts-Liquiditäts-Kennzahlensystem (RL-Kennzahlensystem), das von Reichmann und Lachnit zur Steuerung von Unternehmen entwickelt wurde (Reichmann, Thomas/Lachnit, Laurenz: Planung, Steuerung und Kontrolle mit Hilfe von Kennzahlen. In: ZfbF, 28. Jg. [1976], S. 705–723). Es enthält sowohl einen Rentabilitätsteil als auch einen Liquiditätsteil und somit zwei Spitzenkennzahlen, die nicht miteinander verbunden sind. Die Spitzenkennzahl des Rentabilitätsteils ist das ordentliche Ergebnis und die Spitzenkennzahl des Liquiditätsteils sind die liquiden Mittel.

Die vorgestellten Kennzahlensysteme entstanden, wie bereits gesagt, als innerbetriebliche Steuerungsinstrumente und nicht als Instrumente der Bilanzanalyse. Während der innerbetriebliche Analytiker (z. B. Controller) das zu analysierende Unternehmen genau kennt und ihm alle Informationen vorliegen, kennt der externe Bilanzanalytiker das Unternehmen kaum und ihm liegen die zur Erstellung eines Kennzahlensystems notwendigen Informationen nicht in der gleichen Form vor. Er kann sich erst durch die Analyse der vorliegenden Informationen ein Bild über das Unternehmen verschaffen und muß versuchen, sich aufgrund der durch die Auswertung der vorhandenen Informationen ergebenden Fragen weitere Informationen zu beschaffen. Diese notwendige andere Vorgehensweise läßt den Einsatz von Kennzahlensystemen bei der externen Bilanzanalyse nur bedingt zu.

Ziel eines Kennzahlensystems oder von zerlegten Kennzahlen sollte es sein, daß die daraus gewonnene Gesamtaussage mehr bietet als die Summe der Einzelaussagen. Es versteht sich, daß tunlichst nur solche Kennzahlen bei einer Bilanzanalyse benutzt werden sollten, denen eine Aussagefähigkeit beigemessen wird.

Aussagefähig sind Kennzahlen dann, wenn sie

- die Ursachen-/Wirkungszusammenhänge der Vergangenheit erhellen,
- die Abschätzung von Maßnahmen, Einflußfaktoren oder Entwicklungen in der Vergangenheit und Zukunft erleichtern,
- die Beurteilung von anderen Informationen (z. B. Erläuterung der Unternehmensleitung zur Geschäftsentwicklung) ermöglichen sowie
- Hinweise für gezielte Fragen an die Unternehmensleitung geben.

Wenig aussagefähig sind dagegen Kennzahlen, die kurzfristig beeinflußbare Größen (z. B. flüssige Mittel) enthalten.

Entsprechend dem Zweck und Ziel der Bilanzanalyse lassen sich die Kennzahlen in folgende Gruppen zusammenfassen:

– Analyse der kurzfristigen Liquidität einschl. Vermögensumschlag (Umschlagskoeffizienten),
– Analyse der langfristigen Liquidität einschl. Vermögens- und Kapitalstruktur,
– Analyse des Erfolges und der Rentabilität (Return on Investment),
– Analyse der Rendite und Börsenbewertung.

VI. Bilanzpolitik, insbesondere bei HGB-Jahresabschlüssen, und die Notwendigkeit der Bilanzanalyse

1. Begriff und Ziel der Bilanzpolitik

Bilanzpolitik – manchmal auch Bilanzlifting genannt – bedeutet, durch gesetzlich zulässige Maßnahmen bei der Aufstellung des Jahresabschlusses zu versuchen, das Urteil des Bilanzlesers im Sinne des Bilanzerstellers zu beeinflussen. Man kann es auch härter wie folgt ausdrücken: Bilanzpolitik bedeutet, legal die Unwahrheit zu sagen.

Ziel der Bilanzpolitik ist es, daß

– die tatsächliche wirtschaftliche Lage auch durch einen Experten nicht oder zumindest nicht in vollem Umfang erkannt wird (Ergebnisbeeinflussung insbesondere durch Ergebnisglättung) und
– die steuerliche Belastung möglichst gering gehalten wird (Steueraufwandminimierung).

Bei eigentümerkontrollierten Unternehmen dürfte die Steueraufwandminimierung gegenüber der Ergebnisglättung größere Bedeutung haben als bei durch Manager geführten Unternehmen. Falls das Management jedoch in hohem Maße eine ergebnisabhängige Vergütung und/oder Aktien, Aktienoptionen (stock options) erhält, kann man davon ausgehen, daß das Management weniger Interesse an einer Ergebnisglättung hat, als vielmehr versucht, alle bilanzpolitischen Möglichkeiten auszunutzen, um möglichst gute Ergebnisse ausweisen zu können.

Dies bedeutet, daß das Management

– in guten Jahren das Ergebnis eher schlechter darstellt, um Ausschüttungen und steuerliche Belastung möglichst gering zu halten und stille Reserven für schlechte Zeiten anzusammeln, und
– in schlechten Jahren das Ergebnis eher besser darstellt, d.h. stille Reserven ohne Kommentar auflöst, um die Kritik am Management möglichst gering zu halten, eine möglichst hohe ertragsabhängige Vergütung und/oder Aktien, Aktienoptionen (stock options) zu bekommen, keinen Bonitätsverlust bei den Kreditgebern zu erleiden und steuerliche Nachteile (z.B. Verfall der Anrechenbarkeit des steuerrechtlichen Verlustvortrages) zu vermeiden.

Ein Grund für eine Ergebnisglättung könnte auch ein Abweichen des Istergebnisses von den veröffentlichten Ergebniserwartungen sein.

Daraus ergibt sich der bekannte Satz:

Gute Bilanzen sind oft besser und schlechte Bilanzen sind oft schlechter als sie scheinen.

Diese Vermutung darf jedoch nicht zum Vorurteil werden, sondern nur als Hinweis dienen, in eine gewisse Richtung verstärkt zu recherchieren.

Es gibt noch andere Gründe für Bilanzpolitik, z. B. wenn Manager

– im ersten Jahr der Übernahme der Unternehmensleitung ein »Großreinemachen« veranstalten und ein möglichst schlechtes Ergebnis ausweisen, um stille Reserven für die von ihnen in Zukunft zu verantwortenden Ergebnisse zu schaffen,
– Restrukturierungskosten zu hoch ansetzen, um stille Reserven für die Zukunft zu schaffen,
– bei Unternehmensübernahmen einen Teil des Kaufpreises nicht aktivieren, sondern ihn als Forschungs- und Entwicklungskosten ausweisen und mit dem Ergebnis des laufenden Geschäftsjahres verrechnen, um in Zukunft die Abschreibung auf den Geschäfts- oder Firmenwert (Goodwill) reduzieren zu können.

Bilanzpolitik ist aus der Sicht des Bilanzlesers Bilanzkosmetik oder Ergebnisverschleierung.

Durch Bilanzanalyse sollte versucht werden, die Bilanzpolitik des Bilanzerstellers weitgehend zu enttarnen.

Bilanzpolitik wird begrenzt durch die sogenannte Zweischneidigkeit der Bilanz. Zweischneidigkeit der Bilanz bedeutet: das Legen von stillen Reserven (Ergebnisverminderung) in dem einen Jahr hat zwangsläufig eine Ergebnisverlagerung ins nächste Jahr (durch Legen und Auflösen von stillen Reserven beim Umlaufvermögen) oder in die folgenden Jahre (durch Legen und Auflösen von stillen Reserven beim Anlagevermögen) zur Folge. Weniger zweischneidig sind dagegen die Rückstellungen, da ihre Auflösung stärker im Belieben des Bilanzerstellers liegt.

Nicht zuletzt aus diesem Grunde ist es angebracht, bei einer Bilanzanalyse möglichst viele Jahre zu vergleichen.

Wie die Ausführungen in den folgenden Abschnitten sowie das Beispiel Daimler-Benz AG (siehe Vorwort zur 2. Auflage und »Statt eines Vorwortes zur 1. Auflage«) zeigen, lassen die Rechnungslegungsvorschriften des HGB Bilanzpolitik in erheblichem Maße zu. In Deutschland nimmt Bilanzpolitik manchmal sogar Formen an, die man als nicht strafbare Wirtschaftskriminalität bezeichnen könnte.

2. Grundsätze ordnungsmäßiger Buchführung (GoB) sowie Generalnorm

a) Grundsätze ordnungsmäßiger Buchführung (GoB)

Jahresabschlüsse sind in Deutschland gemäß § 243 HGB unter Beachtung der Grundsätze ordnungsmäßiger Buchführung (GoB) zu erstellen, die aber nirgendwo zusammengefaßt definiert sind. Sie sind ein unbestimmter Rechtsbegriff.

Das Wirtschaftsprüfer-Handbuch 2006, Seite 253, sagt zur Ermittlung der GoB folgendes:

»Die Frage, wie die **GoB** *zu* **ermitteln** *sind, war in der Vergangenheit umstritten. Nach der* **induktiven Methode** *sollte die Anschauung ordentlicher, ehrenwerter Kaufleute festzustellen sein, wobei es nicht entscheidend darauf ankam, ob die tatsächlichen Gepflogenheiten mit diesen Anschauungen übereinstimmten. Die induktive Methode kann nach der h. M. nicht als alleinige Ermittlungsmethode für die GoB angesehen werden. Nach der* **deduktiven Methode***, die lange Zeit als h. M. angesehen wurde, sind die GoB aus den Zwecken der Rechnungslegung (z. B. Information, Gläubigerschutz) abzuleiten, wobei als Entscheidungshilfen in Frage kommen: Gesetz und die zugrundeliegenden EG-Richtlinien, Rechtsprechung des BGH (RG), des EuGH, des BFH, der Spruchstelle (§ 324 HGB), die Stellungnahmen des IDW zur Rechnungslegung (St/HFA, IDW RS u. a.) einschließlich der zugehörigen Hinweise (IDW RH), gutachtliche Stellungnahmen des DIHT und der Industrie- und Handelskammern, die gesicherten Erkenntnisse der Betriebswirtschaftslehre, die Fachliteratur sowie die Bilanzierungspraxis ordentlicher Kaufleute. Im Hinblick auf die Konzernrechnungslegung sind im Übrigen die vom Deutschen Standardisierungsrat (DSR) beim Deutschen Rechnungslegungs Standards Committee (DRSC) entwickelten Standards (***DRS***) grds. als GoB zu beachten (vgl. dazu § 342 HGB sowie Abschn. M Tz. 724 f., 776), soweit sie nicht gesetzliche Wahlrechte einschränken oder den HGB-Vorschriften widersprechen. Die Regelung des § 342 Abs. 2 HGB (GoB-Vermutung) gilt nicht für den handelsrechtlichen JA. Daher kommt den DRS für den JA nicht die gleiche Bedeutung zu wie für den KA, auch wenn die Anwendung der Standards für den JA ausdrücklich empfohlen wird. Die deduktive Methode wird vor allem wegen der mangelnden Eindeutigkeit der Ableitungsbasis für die GoB kritisiert. Zunehmende Bedeutung erlangt die sog.* **hermeneutische Methode***, nach der alle Einflusselemente auf die Rechnungslegung Berücksichtigung bei der Auslegung kodifizierter und der Ableitung nicht kodifizierter GoB finden sollen und sich die Ergebnisse in das Gesamtsystem der GoB sowie in das System der übrigen kodifizierten Vorschriften einfügen müssen. Dabei sind als Kernelemente insb. Wortlaut und Wortsinn, Bedeutungszusammenhang und Entstehungsgeschichte von gesetzlichen Vorschriften sowie vom Gesetzgeber oder mit der Berichterstattung verfolgte Zwecke von Bedeutung. Auch die hermeneutische Methode wird in der Literatur kritisiert.*

*Auch die internationalen Rechnungslegungsgrundsätze (***International Financial Reporting Standards – IFRS***) des IASB können Anhaltspunkte bei der Ermittlung von GoB und bei der Auslegung des Gesetzes bieten. Der EuGH vertritt die Auffassung, dass die dem deutschen Handelsbilanzrecht zu Grunde liegenden EG-Richtlinien auch unter Berücksichtigung der jeweils geltenden IFRS auszulegen seien.«*

Je nachdem, ob die induktive, deduktive oder hermeneutische Methode der Auslegung des § 243 HGB in Mode ist, können sich die GoB ändern. Nach der deduktiven Methode, die lange Zeit als herrschende Meinung angesehen wurde, bildet das Gemenge der Erkenntnisse aus

- Handels- und Steuergesetzen,
- zum Teil Jahrzehnte alten Urteilen von Finanzgerichten, die unter steuerlichen Gesichtspunkten urteilen,
- Stellungnahmen des IDW, die teilweise verschiedene Bilanzierungsmöglichkeiten zulassen,
- nicht definierten Stellungnahmen des DIHT und der Industrie- und Handelskammern,
- nicht genau definierten gesicherten Erkenntnissen der Betriebswirtschaftslehre,

– der Fachliteratur, die nicht selten unterschiedliche Meinungen vertritt,
– der Bilanzierungspraxis von Kaufleuten, die zwar ordentlich sein mögen, die aber keinen Grund haben, ihre Geschäftslage zu offenbaren,

die Grundsätze ordnungsmäßiger Buchführung.

§ 243 HGB kann folglich nicht für Jahresabschlußersteller (ausgenommen Bilanzakrobaten, die die Jahresabschlußleser durch bilanzpolitische Maßnahmen täuschen wollen) und erst recht nicht für Jahresabschlußleser als praktische Hilfe angesehen werden.

b) Generalnorm der 4. EG-Richtlinie

In Art. 2 Abs. 3, 4 und 5 der 4. gesellschaftsrechtlichen EG-Richtlinie vom 25.7.1978, deren Umsetzung in Deutschland durch das Bilanzrichtlinien-Gesetz vom 19.12.1985 erfolgte (weitere Einzelheiten siehe Abschnitt C I), heißt es:

(3) Der Jahresabschluß hat ein den tatsächlichen Verhältnissen entsprechendes Bild der Vermögens-, Finanz- und Ertragslage der Gesellschaft zu vermitteln.

(4) Reicht die Anwendung dieser Richtlinie nicht aus, um ein den tatsächlichen Verhältnissen entsprechendes Bild im Sinne des Absatzes 3 zu vermitteln, so sind zusätzliche Angaben zu machen.

(5) Ist in Ausnahmefällen die Anwendung einer Vorschrift dieser Richtlinie mit der in Absatz 3 vorgesehenen Verpflichtung unvereinbar, so muß von der betreffenden Vorschrift abgewichen werden, um sicherzustellen, daß ein den tatsächlichen Verhältnissen entsprechendes Bild im Sinne des Absatzes 3 vermittelt wird. Die Abweichung ist im Anhang anzugeben und hinreichend zu begründen, ihr Einfluß auf die Vermögens-, Finanz- und Ertragslage ist darzulegen. Die Mitgliedstaaten können die Ausnahmefälle bezeichnen und die entsprechende Ausnahmeregelung festlegen.

Außerdem ist die Generalnorm in der Präambel der 4. EG-Richtlinie mit folgendem Text enthalten:

Der Jahresabschluß muß ein den tatsächlichen Verhältnissen entsprechendes Bild der Vermögens-, Finanz- und Ertragslage der Gesellschaft vermitteln.

Neben der Wiederholung der Generalnorm in der 4. EG-Richtlinie kann man auch aus der Entwicklungsgeschichte der Richtlinie auf die herausragende Bedeutung der Generalnorm schließen.

Sinn dieser Generalnorm ist, daß der Bilanzleser eine richtige Darstellung des Gesamtbildes erhält. Der Bilanzersteller sollte sich nicht hinter einzelnen Bilanzierungsvorschriften, -wahlrechten oder Ermessensspielräumen verstecken können.

c) Generalnorm für Kapitalgesellschaften laut Bilanzrichtlinien-Gesetz vom 19.12.1985

Wie aus dem nachstehend aufgeführten § 264 Abs. 2 des HGB zu entnehmen ist, wurde in Deutschland anders als in den anderen Mitgliedstaaten der Art. 2 Abs. 3 mit dem Zusatz »unter Beachtung der Grundsätze ordnungsmäßiger Buchführung« versehen und Art. 2 Abs. 5 der 4. EG-Richtlinie überhaupt nicht in nationales Recht transformiert:

Der Jahresabschluß der Kapitalgesellschaft hat unter Beachtung der Grundsätze ordnungsmäßiger Buchführung ein den tatsächlichen Verhältnissen entsprechendes Bild der Vermögens-, Finanz- und Ertragslage der Kapitalgesellschaft zu vermitteln. Führen besondere Umstände dazu, daß der Jahresabschluß ein den tatsächlichen Verhältnissen entsprechendes Bild im Sinne des Satzes 1 nicht vermittelt, so sind im Anhang zusätzliche Angaben zu machen.

Der Zusatz »unter Beachtung der Grundsätze ordnungsmäßiger Buchführung« geschah nicht zuletzt auf Betreiben der Wirtschaftsprüferkammer (WPK) und des Instituts der Wirtschaftsprüfer (IDW) (siehe Gemeinsame Stellungnahme der WPK und des IDW zum Vorentwurf eines Bilanzrichtlinien-Gesetzes, in: WPg 1980, S. 501–504).

Die Verknüpfung der Generalnorm mit den Grundsätzen ordnungsmäßiger Buchführung und die Nichtumsetzung des Art. 2 Abs. 5 der 4. EG-Richtlinie in deutsches Recht haben die Generalnorm in Deutschland erheblich verwässert. Der oben zitierte § 264 Abs. 2 des HGB bedeutet nämlich, daß – falls wegen der Grundsätze ordnungsmäßiger Buchführung der Jahresabschluß kein den tatsächlichen Verhältnissen entsprechendes Bild der Vermögens-, Finanz- und Ertragslage der Kapitalgesellschaft vermittelt – die Abweichungen nur im Anhang anzugeben sind, nicht aber der Jahresabschluß entsprechend zu korrigieren ist.

d) Auslegung der Generalnorm in Deutschland, Versäumnisse und Folgen

Im Wirtschaftsprüfer-Handbuch 2006, Seite 444, findet man zu § 264 Abs. 2 HGB folgende Kommentierung:

> Mit der auf Art. 2 Abs. 3 und 4 der 4. EG-Richtlinie zurückgehenden Fassung der Generalnorm sollten, wie in der Reg.Begr. betont ist, »trotz der anspruchsvolleren Formulierung« keine grds. Änderungen gegenüber der vormaligen aktienrechtlichen Bilanzierung bewirkt werden. Inhalt und Umfang des JA sind in erster Linie aus den Einzelvorschriften herzuleiten. Die Generalnorm ist nur heranzuziehen, wenn Zweifel bei Auslegung und Anwendung entstehen oder Lücken zu schließen sind. Ein Außerkraftsetzen von Einzelvorschriften mit Verweis auf die Generalnorm (»overriding«) ist im deutschen Bilanzrecht nicht zulässig. Aus der Generalnorm können auch nicht ganz allgemein zusätzliche Anforderungen (z.B. bei Schätzungen oder der Ausübung von Wahlrechten) abgeleitet werden.

Die deutsche Literatur über Bilanzen ist sehr bilanzersteller- und nicht bilanzleserfreundlich. Sie beschäftigt sich zu sehr mit Bilanzpolitik, d.h. welche Möglichkeiten es für den Bilanzersteller gibt, sich nach seinen Wünschen darzustellen, sowie damit, wie man den ersten Satz der unter Abschnitt A VI 1c zitierten Generalnorm des deutschen Bilanzrechts deuten kann, damit dem Leser möglichst nicht einfach und klar die Vermögens-, Finanz- und Ertragslage dargestellt wird.

Leider ist es durch eine nur eingeschränkte Umsetzung der EG-Richtlinien in deutsches Recht versäumt worden, der »*true and fair view*« in Deutschland zum Durchbruch zu verhelfen. Somit kann das Ergebnis weiterhin bei formaler Einhaltung der Vorschriften in erheblichem Umfang verzerrt werden, und Unternehmen können den Jahresabschluß in einem gewissen Rahmen zu einer wunschgemäßen Selbstdarstellung nutzen.

Die Leser von deutschen Bilanzen genießen nicht den Schutz einer Gewerkschaft und haben auch keine Lobby. Wollen sie Erkenntnisse aus Jahresabschlüssen ziehen, dann müssen sie die unnötigerweise mühsam gemachte Arbeit der Bilanzanalyse auf sich nehmen und bei den bilanzierenden Unternehmen nach weiteren Informationen bohren.

Die logisch kaum erklärbare und nicht betriebswirtschaftlichen Erfordernissen entsprechende Rechnungslegung nach den sogenannten deutschen Grundsätzen ordnungsmäßiger Buchführung (GoB) ist auch der Grund, warum im Ausland die Rechnungslegung deutscher Unternehmen auf totales Unverständnis stößt und viele international tätige deutsche Unternehmen bereits vor der Verabschiedung des Kapitalaufnahmeerleichterungsgesetzes (KapAEG) im Jahre 1998 neben einer Rechnungslegung nach dem HGB auch eine Rechnungslegung nach IAS oder US-GAAP praktizierten.

3. Einschränkung der Aussagefähigkeit des Jahresabschlusses aus verschiedenen Gründen

Die gemäß obiger Kommentierung (Wirtschaftsprüfer Handbuch 2006, Seite 444) schon nicht »anspruchsvoll« ausgelegte Generalnorm wird aus einer Reihe von Gründen, die im folgenden aufgeführt sind, noch zusätzlich eingeschränkt:

a) Nicht eindeutige Rechnungslegungsvorschriften

Die Rechnungslegungsvorschriften des HGB sind nicht eindeutig. Der Inhalt mancher Posten des Jahresabschlusses und manche Begriffe werden unterschiedlich ausgelegt und nicht genügend erläutert.
Hierzu gehören:

- sonstige betriebliche Aufwendungen,
- sonstige betriebliche Erträge,
- außerordentliche Aufwendungen,
- außerordentliche Erträge,
- Identität des Herstellungskostenbegriffs in Bilanz und Gewinn- und Verlustrechnung.

An dieser Stelle ist auch zu erwähnen, daß periodenfremde Posten nur im Anhang zu erläutern sind, soweit sie für die Beurteilung der Ertragslage nicht von untergeordneter Bedeutung sind.

Der Bilanzanalytiker darf auch seltene Auslegungsmöglichkeiten nicht ausschließen. Er muß berücksichtigen, was sein könnte, und nicht, was herrschende Meinung ist und somit sein sollte.

b) Bilanzierungs- und Bewertungswahlrechte, Bilanzierungshilfen

In den Bewertungsvorschriften des HGB sind auch Bilanzierungs- und Bewertungswahlrechte sowie Bilanzierungshilfen (Ansatz grundsätzlich nicht bilanzierungsfähiger Posten) enthalten. Ihre verwirrende Vielfalt wird im folgenden aufgeführt:

Bilanzierungswahlrechte (Ansatzwahlrechte)

Aktivierungswahlrechte
- Aufwendungen für die Ingangsetzung und Erweiterung des Geschäftsbetriebs (§ 269 HGB)*),
- entgeltlich erworbener Geschäfts- oder Firmenwert (§ 255 Abs. 4 Satz 1 HGB),
- Geschäfts- oder Firmenwert aus der Konsolidierung (§ 309 Abs. 1 Satz 3 HGB),
- Unterschied (Disagio) zwischen Ausgabe- und höherem Rückzahlungsbetrag einer Verbindlichkeit (§ 250 Abs. 3 HGB),
- aktive Abgrenzung von gezahlten Zöllen und Verbrauchsteuern (statt Ausweis unter Vorräten) und von Umsatzsteuer auf erhaltene Anzahlungen (§ 250 Abs. 1 Satz 2 HGB),
- aktive Abgrenzung latenter Steuern (§ 274 Abs. 2 HGB)*).

*) Bilanzierungshilfen

Passivierungswahlrechte
- Bildung von Sonderposten mit Rücklageanteil (§ 247 Abs. 3 HGB),
- Bildung von Rückstellungen für vor dem 1.1.1987 entstandene unmittelbare Pensionsverpflichtungen (laufende Pensionen und Anwartschaften) einschließlich der Erhöhungen auf diese Altzusagen (Art. 28 Abs. 1 Satz 1 EGHGB),
- Bildung von Rückstellungen für alle mittelbaren Pensionsverpflichtungen, z.B. Zusagen von Pensions- und Unterstützungskassen (Art. 28 Abs. 1 Satz 2 EGHGB),
- Bildung von Rückstellungen für unterlassene Aufwendungen für Instandhaltung, die im folgenden Geschäftsjahr innerhalb von 4–12 Monaten nachgeholt werden (§ 249 Abs. 1 Satz 3 HGB),
- Bildung von Aufwandsrückstellungen, z.B. für Großreparaturen (§ 249 Abs. 2 HGB).

Bewertungswahlrechte bei Kapitalgesellschaften und Nicht-Kapitalgesellschaften

- Ansatz von Gemeinkosten, Abschreibungen, Verwaltungskosten und ggf. Fremdkapitalzinsen bei der Ermittlung der Herstellungskosten (§ 255 Abs. 2 und 3 HGB),
- Sammelbewertung mittels Festwert, Durchschnittsbewertung und Verbrauchsfolgeverfahren (§§ 240 Abs. 3 und 4, 256 HGB),
- Abschreibung Geschäfts- oder Firmenwert aus der Konsolidierung (§ 309 Abs. 1 Satz 1 und 2 HGB),
- Abschreibung entgeltlich erworbener Geschäfts- oder Firmenwert (§ 255 Abs. 4 Satz 2 und 3 HGB),
- Bestimmung der Abschreibungsmethode zur Ermittlung planmäßiger Abschreibungen, z.B. linear oder degressiv (§ 253 Abs. 2 Satz 2 HGB), Sofort-Abschreibung geringwertiger Wirtschaftsgüter (§ 6 Abs. 2 EStG),
- außerplanmäßige Abschreibungen auf Finanzanlagen bei voraussichtlich vorübergehender Wertminderung (§ 253 Abs. 2 Satz 3 i.V.m. § 279 Abs. 1 Satz 2 HGB),
- außerplanmäßige Abschreibungen auf Vermögensgegenstände des Umlaufvermögens, falls nach vernünftiger kaufmännischer Beurteilung in der nächsten Zukunft der Wertansatz aufgrund von Wertschwankungen geändert werden muß (§ 253 Abs. 3 Satz 3 HGB),
- außerplanmäßige Abschreibungen auf das Anlage- oder Umlaufvermögen aufgrund steuerrechtlicher Vorschriften (§ 254 HGB),
- Bestimmung des versicherungsmathematischen Verfahrens zur Bewertung der Rückstellungen für Pensionen und des Kapitalisierungszinsfußes (§ 253 Abs. 1 Satz 2 HGB),

– Investitionszuschüsse werden sofort vereinnahmt oder bei den Anschaffungs- oder Herstellungskosten gekürzt (R 34 EStR),

– Übertragung stiller Reserven auf neu angeschaffte oder hergestellte Anlagen (§ 6 b EStG).

Bewertungswahlrechte bei Nicht-Kapitalgesellschaften

– außerplanmäßige Abschreibungen auf Sachanlagen bei voraussichtlich vorübergehender Wertminderung (§ 253 Abs. 2 Satz 3 HGB),

– außerplanmäßige Abschreibungen im Rahmen vernünftiger kaufmännischer Beurteilung, d. h. das Legen stiller Reserven im Anlage- und Umlaufvermögen (§ 253 Abs. 4 HGB),

– Beibehaltungswahlrecht bei Fortfall des Grundes für eine niedrigere Bewertung (§ 253 Abs. 5 HGB).

Auf sämtliche Stichworte wird bei der Analyse der einzelnen Posten des Jahresabschlusses noch eingegangen.

Im Steuerrecht sind diese Wahlrechte teilweise eingeschränkt. Deshalb können Steuerbilanzen aussagefähiger sein.

Die Bilanzierungswahlrechte (Ansatzwahlrechte) und die Bewertungswahlrechte können im Konzernabschluß neu ausgeübt werden.

Daneben wirken sich noch Wahlrechte für die Benennung, den Darstellungsort (Anhang, Bilanz oder Gewinn- und Verlustrechnung) und das Darstellungsschema von Jahresabschlußinformationen sowie die Wahlrechte beim Konzernabschluß nachteilig aus.

Was **Wahlrechte** bei der Bilanzierung tatsächlich sind, geht aus folgendem Zitat deutlich hervor.

> Wer Rechnungslegung im Interesse der Empfänger der Rechnungslegung wünscht, muß logisch haltbare Messungen verlangen. Wer Rechnungslegung im Interesse der rechenschaftspflichtigen Unternehmen begrenzen will, muß den Mut haben zu verordnen, daß über vieles nicht zu berichten ist. Dem Gesetzgeber fehlt dieser Mut. Deshalb verordnet er einerseits eine detaillierte Rechnungslegung und gewährt andererseits Wahlrechte, mit denen die Rechnungslegenden selbst entscheiden können, wie weit sie sich der Rechenschaft entziehen wollen. Die Folge davon ist ein Bilanzrecht, das in Teilen zum öffentlich-rechtlich sanktionierten Schwindel mit Eichstempeln wird (Schneider, Dieter: »Wozu eine Reform des Jahresabschlusses?«, in: Baetge, Jörg (Hrsg.): Der Jahresabschluß im Widerstreit der Interessen. Düsseldorf 1983, S. 152).

Vergleichbare explizite Bilanzierungs- und Bewertungswahlrechte gibt es bei den IAS/IFRS nicht.

c) Steuerrechtliche Vorschriften

> Steuerrechtliche Vorschriften, insbesondere wenn sie aus wirtschaftspolitischen Gründen erlassen wurden (z. B. Sonderabschreibungen, steuerbegünstigte Rücklagen), haben auch in der Handelsbilanz entsprechende Auswirkungen und verfälschen die richtige Darstellung der wirtschaftlichen Lage (Umkehrung des Maßgeblichkeitsprin-

zips). Schließlich beeinträchtigen die Ergebnisse der steuerlichen Außenprüfung (Zuschreibungen, Steuernachzahlungen) die richtige Darstellung der Vermögens- und Ertragslage im Jahresabschluß.

Nach § 285 Nr. 5 HGB sind zwar im Anhang Angaben über das Ausmaß des Einflusses der steuerlich bedingten Maßnahmen zu machen, was aber nach Ansicht der meisten Kommentatoren nur eine Umschreibung der Größenordnung, nicht aber die Angabe von Beträgen bedeutet.

d) Vorsichtsprinzip

Die Grundsätze ordnungsmäßiger Buchführung (siehe auch Anhang A, Abschnitt V) werden vom Vorsichtsprinzip (die Vermögenslage darf auf keinen Fall zu günstig dargestellt werden) beherrscht, das seinerseits wieder

– das Realisationsprinzip (Erfolg ist erst bei der Realisation und nicht bei der Verursachung zu erfassen), zu dem das Anschaffungs- und Herstellungsprinzip gehört,
– sowie das Imparitätsprinzip (Ausweis nicht realisierter Verluste, kein Ausweis nicht realisierter Gewinne), zu dem das Niederstwertprinzip (bei der Bewertung von Aktiva ist von mehreren in Frage kommenden Werten der niedrigste anzusetzen) gehört,

umfaßt.

Das Vorsichtsprinzip ist auf einen am Gläubigerschutz orientierten Jahresabschluß zurückzuführen. Gläubigerschutz läßt sich aber nicht durch eine zusätzliche Verfälschung der Informationen des Jahresabschlusses – neben der Verfälschung durch Bilanzierung nach Steuergesetzen und durch die Bilanzierungs- und Bewertungswahlrechte im HGB – durchsetzen, sondern durch Vorschriften zur Begrenzung der Ausschüttung auf tatsächlich realisierte Gewinne. Gläubigerschutz besteht auch nicht darin, daß Bilanzersteller weitgehend nach eigenem Belieben unterschiedlich vorsichtig rechnen, was in der Praxis in kritischen Situationen wenig vorsichtig bedeutet, sondern Gläubigerschutz sollte bedeuten, daß der Gläubiger weiß, wie gerechnet wird.

Das in der deutschen Bilanzliteratur so hochgepriesene Vorsichtsprinzip ist weniger ein Gläubigerschutz als eher ein Managerschutz, denn durch die Möglichkeit, in kritischen Situationen etwas weniger vorsichtig zu bilanzieren, kann die Unternehmensleitung dem Aufsichtsrat und den Anteilseignern die schlechte Lage verbergen, mit der Folge, daß notwendige Restrukturierungen nicht rechtzeitig vorgenommen werden und das Insolvenzrisiko sogar steigt.

Bemerkenswert sind dem Verfasser in diesem Zusammenhang die folgenden Äußerungen von Herbert Biener, seinerzeit Ministerialrat im Bundesministerium der Justiz, in seinem Aufsatz: Die negativen Aspekte der Harmonisierung. In: Rechnungslegung und Prüfung – Perspektiven für die neunziger Jahre, hrsg. von Jörg Baetge, Düsseldorf 1993, S. 183:

Ohne den Gesetzgeber und die damit verbundenen steuerlichen Vorteile wäre das Vorsichtsprinzip in dieser Form in Deutschland nicht durchgesetzt worden. Auch wäre es kaum möglich gewesen, dem Gläubigerschutz einen derartigen Vorrang einzuräumen, daß mit

> dem Imparitätsprinzip auch betriebswirtschaftlich überzeugende Grundsätze der Ergebniser-
> mittlung durchbrochen werden.
>
> ...
>
> In anglo-amerikanischen Systemen werden die Ergebnisse, unter betriebswirtschaftlichen
> Gesichtspunkten gesehen, vermutlich richtiger ermittelt.

e) Notwendige Schätzungen

Der Jahresabschluß beinhaltet die Summe der Geschäftsvorfälle eines Jahres sowie die
Abgrenzung der zum Jahresabschlußtermin noch nicht abgeschlossenen Geschäftsvorfälle.
Eine solche Abgrenzung erfordert Schätzungen. Zum Beispiel:

- die wahrscheinliche Nutzungsdauer der Anlagegegenstände,
- die Angemessenheit der Rückstellungen für ungewisse Verbindlichkeiten und drohende
  Verluste aus schwebenden Geschäften sowie Rückstellungen für Gewährleistungen,
- die Höhe der voraussichtlichen Forderungsausfälle,
- die künftigen Verkaufspreise für eine verlustfreie Bewertung der Vorräte.

Erwähnt sei in diesem Zusammenhang auch die Problematik des Gewinnausweises bei
langfristiger Auftragsfertigung.

Wegen der relativ geringen Angabepflichten bei HGB-Jahresabschlüssen werden die
notwendigen Schätzungen bei HGB-Jahresabschlüssen stärker als bei IAS/IFRS- und US-
GAAP-Jahresabschlüssen zum Zwecke der Bilanzpolitik mißbraucht.

f) Geldentwertung

Durch die laufende Geldentwertung wird die Aussagefähigkeit des Jahresabschlusses verzerrt (z. B. Abschreibungen werden auf Anschaffungswerte vorgenommen und nicht auf
Basis der Wiederbeschaffungswerte des Geschäftsjahres).

g) Verquickung mit der Privatsphäre

Bei Einzelunternehmen und Personengesellschaften beeinträchtigt die starke Verquickung
der geschäftlichen Tätigkeit mit der Privatsphäre die Aussagefähigkeit des Jahresabschlusses.
Hierzu gehören:

- das Privatvermögen, falls vorhanden, haftet für die geschäftlichen Schulden (Erhöhung
  der Kreditwürdigkeit, evtl. Verringerung der Kreditkosten),
- die persönliche Leistung des Unternehmers und evtl. seiner Familienangehörigen ist
  schwer zu beurteilen (Frage der Angemessenheit des Unternehmerlohnes),
- geschäftlicher Aufwand und Lebenshaltungskosten sind nicht klar genug getrennt,
- private Schulden, z. B. aus Steuerzahlungen für andere Einkünfte, aus Erbschaft oder
  Ehescheidung, können das Eigenkapital in naher Zukunft stark mindern. (Bei einer
  Bilanzanalyse im Hinblick auf eine Unternehmensbewertung kann dieses Problem ausgeklammert werden.)

4. Ermessensspielräume

Es versteht sich, daß nicht nur die Bilanzierungs- und Bewertungswahlrechte, sondern auch die steuerlichen Vorschriften, die verschiedenen Bewertungsprinzipien und die notwendigen Schätzungen sowie die Gestaltung des Anhangs einen großen Ermessensspielraum bieten.

Das bewußte Ausnutzen dieses Ermessensspielraums, das einerseits den Bilanzleser zu Fehlschlüssen verleiten soll, das aber andererseits nicht gesetzeswidrig ist, bedeutet Bilanzpolitik. Erst eine übertriebene Ausnutzung dieses Ermessensspielraums, wobei die Grenze objektiv nicht eindeutig festlegbar ist, würde Bilanzierungswillkür bedeuten. Davon zu unterscheiden sind die Bilanzverschleierung (unklare Angaben) und die Bilanzfälschung (unwahre Angaben), die strafbar sind.

5. Sachverhaltsgestaltung

Schließlich gibt es Maßnahmen, die zwar im Jahresabschluß erfaßt werden, oft aber nur aus bilanzpolitischen Gründen durchgeführt werden (Sachverhaltsgestaltung). Hierzu gehören:

- verstärkte Finanzierung über Leasing (nur HGB),
- Sachanlagen werden verkauft und anschließend geleast (HGB),
- der Anschaffungszeitpunkt von Sachanlagen wird bewußt vor den Abschlußzeitpunkt (Inanspruchnahme von steuerlich wirksamen Abschreibungen) oder nach dem Abschlußzeitpunkt (Ausweis höherer Liquidität, niedrige Abschreibungen) gelegt,
- sofortige ergebniswirksame Vereinnahmung von Investitionszuschüssen,
- nicht betriebsnotwendige Vermögensgegenstände des Anlagevermögens werden zwecks Gewinnrealisierung veräußert,
- Forschungs- und Entwicklungsarbeiten werden auf Beteiligungsgesellschaften zur Umgehung des Aktivierungsverbotes übertragen,
- Wertpapiere werden vom Umlaufvermögen in das Anlagevermögen umgebucht (im HGB gilt für das Anlagevermögen nur das gemilderte Niederstwertprinzip und nicht das strenge Niederstwertprinzip),
- die Bestände an Erzeugnissen werden zwecks günstigerer Verteilung der Fixkosten erhöht,
- die Bestände an Roh-, Hilfs- und Betriebsstoffen sowie Waren werden am Jahresende aus Liquiditätsgründen bewußt niedrig gehalten,
- für Forderungen aus Lieferungen und Leistungen wird Factoring eingeführt,
- kurzfristig stark beeinflußbare Aufwendungen (z.B. Instandhaltungs- und Reparaturaufwendungen, Werbeaufwendungen) werden in ein anderes Geschäftsjahr verlagert,
- die Auslieferung von Waren, die Fertigstellung oder Teilabrechnung von Aufträgen erfolgt bewußt kurz vor oder nach dem Bilanzstichtag.

6. Bilanzfälschungen und Grenzen einer legalen Bilanzpolitik

Auf plumpe Bilanzfälschungen (z.B. wertlose Sacheinbringungen, fiktive Forderungen, nicht gebuchte Verbindlichkeiten, unterlassene eindeutig notwendige Abschreibungen und Wertberichtigungen, doppelte Aufnahme oder Nichtaufnahme von Waren und absichtliche

Rechenfehler in den Inventuren) wird hier im einzelnen nicht eingegangen. Durch eine intensive Bilanzanalyse kann man möglicherweise auch auf die Spur von solchen Bilanzfälschungen kommen.

Aufmerksam gemacht werden soll in diesem Zusammenhang noch auf gelegentlich anzutreffende Praktiken, die oft die Grenzen der legalen Bilanzpolitik überschreiten:

– am Jahresende werden besonders hohe Umsätze getätigt, da den Kunden längere Zahlungsziele oder besondere Rückgaberechte gewährt werden,
– Vorräte oder Anlagegüter für deren Verkauf keine wirtschaftliche Notwendigkeit besteht, werden an verbundene Unternehmen verkauft,
– Umsätze der letzten Tage des Geschäftsjahres werden erst im neuen Geschäftsjahr fakturiert,
– Reparaturen werden als aktivierte Eigenleistung behandelt,
– Aufwendungen werden ins alte Jahr vorgezogen (z. B. Werbeaufwendungen) oder ins neue Jahr verlagert (z. B. Reparaturaufwendungen),
– Abgrenzungen werden versehentlich oder bewußt nicht so genau oder besonders genau genommen, d. h. sie werden anders behandelt als in den Vorjahren.

Hinweise auf solche Praktiken ergeben sich evtl., wenn man das Bruttoergebnis vom Umsatz im Zwischenabschluß des laufenden Jahres mit dem für den gleichen Zeitraum des Vorjahres oder mehrerer Jahre sowie mit den Bruttoergebnissen vom Umsatz in den Jahresabschlüssen vergleicht.

7. Nicht bilanzierungspflichtige Tatbestände

Erwähnt werden soll schließlich noch, daß es wirtschaftliche Tatbestände gibt, die beim Jahresabschlußstichtag bekannt sind und bis zur Erstellung des Jahresabschlusses finanzielle Auswirkungen auf das Unternehmen haben können, aber – da sie nicht in der Buchführung erfaßt werden – nicht Bestandteil des Jahresabschlusses sind. Es handelt sich z. B. um Bestellungen an Lieferanten, vorliegende Kundenaufträge, langfristige Verträge, Preisänderungen, Eigentumsvorbehalte und Sicherungsübereignungen, Leasing, Fälligkeit von Krediten, selbst erstellte immaterielle Vermögensgegenstände, Patronatserklärungen (Bürgschaften sind vermerkpflichtig), Verträge mit Handelsvertretern (§ 89 b HGB) und latente Verpflichtungen aus noch nicht ausgehandelten Sozialplänen.

8. Jahresabschluß und Bestätigungsvermerk des Wirtschaftsprüfers

Eine durch einen Wirtschaftsprüfer geprüfte und testierte Bilanz schließt eine starke Inanspruchnahme des Ermessensspielraums durch den Bilanzierenden nicht aus.

Von deutschen Wirtschaftsprüfern geprüfte HGB-Jahresabschlüsse können gröbste Täuschungen (z. B. stille Auflösung stiller Reserven) für den Bilanzleser enthalten, da solche Täuschungen in Deutschland nicht verboten und somit nicht strafbar sind.

Ein Bestätigungsvermerk eines Wirtschaftsprüfers gibt auch keine absolute Sicherheit, daß der Wirtschaftsprüfer sorgfältig gearbeitet und Überbewertungen oder dubiose Bilanzierungspraktiken nicht übersehen hat, wie viele Beispiele in Deutschland (Balsam/Procedo, Bremer Vulkan, Holzmann, Flowtex, Schneider) und Entschädigungsforderungen an Wirtschaftsprüfungs-Gesellschaften im Ausland zeigen.

Seit dem Inkrafttreten des Bilanzrichtlinien-Gesetzes lautete der uneingeschränkte Bestätigungsvermerk wie folgt:

> Die Buchführung und der Jahresabschluß entsprechen nach meiner (unserer) pflichtgemäßen Prüfung den gesetzlichen Vorschriften. Der Jahresabschluß vermittelt unter Beachtung der Grundsätze ordnungsmäßiger Buchführung ein den tatsächlichen Verhältnissen entsprechendes Bild der Vermögens-, Finanz- und Ertragslage der Kapitalgesellschaft. Der Lagebericht steht im Einklang mit dem Jahresabschluß.

Trotz dieser neuen Formulierung des Bestätigungsvermerkes wurde in der Literatur (Wirtschaftsprüfer-Handbuch 1985/86, Band II, S. 552 ff. und S. 558 ff.) der neue Wortlaut sehr eingeschränkt ausgelegt. Auf Seite 559 des Wirtschaftsprüfer-Handbuches heißt es: *»Mit Satz 2 des Bestätigungsvermerks wird daher keine neue Feststellung getroffen, sondern eine bereits in Satz 1 mit enthaltene Aussage wiederholt und besonders hervorgehoben.«*

Im Wirtschaftsprüfer-Handbuch 2006, Seite 1754–1760, wird über mehrere Seiten gesagt und mit Literaturhinweisen belegt, welche geringe Bedeutung der Bestätigungsvermerk des Wirtschaftsprüfers im Hinblick auf die Generalnorm für den Bilanzleser hat.

Durch das Gesetz zur Kontrolle und Transparenz im Unternehmensbereich (KonTraG) vom 27. April 1998 wurde in das HGB § 322 Abs. 2 noch folgender Satz 2 eingefügt: *»Auf Risiken, die den Fortbestand des Unternehmens gefährden, ist* (im Bestätigungsvermerk) *gesondert einzugehen.«* Durch das KonTraG wurde auch § 322 Abs. 3 in das HGB aufgenommen, der wie folgt lautet: *»Im Bestätigungsvermerk ist auch darauf einzugehen, ob der Lagebericht und der Konzernlagebericht insgesamt nach der Beurteilung des Abschlußprüfers eine zutreffende Vorstellung von der Lage des Unternehmens oder des Konzerns vermittelt. Dabei ist auch darauf einzugehen, ob die Risiken der künftigen Entwicklung zutreffend dargestellt sind.«* **Diese Vorschriften des KonTraG erweitern zwar die Pflichten des Prüfers, schließen aber weiterhin die oben erwähnte mögliche starke Inanspruchnahme des Ermessensspielraumes, die den Bilanzleser zu Fehlschlüssen verleiten soll, nicht aus.**

Auch nach Verabschiedung des KonTraG heißt es im Bestätigungsvermerk *»vermittelt der Jahresabschluß unter Beachtung der Grundsätze ordnungsmäßiger Buchführung ein den tatsächlichen Verhältnissen entsprechendes Bild der Vermögens-, Finanz- und Ertragslage der Gesellschaft.«*

In Deutschland können somit weiterhin Jahresabschlüsse im Rahmen der hier üblichen sehr weiten Ermessensspielräume erstellt werden, und solche Jahresabschlüsse erhalten weiterhin den uneingeschränkten Bestätigungsvermerk eines Wirtschaftsprüfers. Durch den Zusatz *»unter Beachtung der Grundsätze ordnungsmäßiger Buchführung«* wird dem Bilanzleser von deutschen Jahresabschlüssen weiterhin eine gewisse Wahrhaftigkeit vorgetäuscht, in Wirklichkeit kann dieser Zusatz Willkür bei der Rechenschaftslegung und eine Ausrede für schlechte Leistungen des Wirtschaftsprüfers bedeuten.

Auch bei einer Bilanzierung nach IAS/IFRS oder US-GAAP statt nach dem HGB sollte man gegenüber von deutschen Wirtschaftsprüfern testierten Jahresabschlüssen deutscher Unternehmen, die nicht an einer amerikanischen Börse notiert werden und somit nicht den Vorschriften der amerikanischen Börsenaufsichtsbehörde (Securities and Exchange Commission – SEC) unterliegen, mißtrauisch sein, da in Deutschland keine mit der SEC vergleichbare Institution existiert und die Tätigkeit der deutschen Wirtschaftsprüfer nicht überwacht wird.

Somit bedeutet auch der neue Wortlaut »*den tatsächlichen Verhältnissen entsprechendes Bild der Vermögens-, Finanz- und Ertragslage*« keine »*fair presentation*« (ein den tatsächlichen Verhältnissen entsprechendes Bild) wie in den IAS/IFRS, keine »*fair presentation*« wie in den USA und keine »*true and fair view*« wie in Großbritannien.

Für eine von einem Wirtschaftsprüfer lediglich nur erstellte (d.h. nicht geprüfte) oder laut Prüfungsbescheinigung nur in eingeschränktem Umfang geprüfte oder mit eingeschränktem Bestätigungsvermerk versehene Bilanz gilt obige Aussage über eine mögliche starke Inanspruchnahme des Ermessensspielraumes um so mehr.

9. Ergebnis nach DVFA bzw. DVFA/SG

Wie wenig ein von einem Wirtschaftsprüfer testierter nach dem HGB erstellter Jahresabschluß über die Ertragslage aussagt, ergibt sich daraus, daß die Deutsche Vereinigung für Finanzanalyse und Anlageberatung e.V. (DVFA) sich genötigt sah, ein Arbeitsschema zur Ermittlung des »Ergebnisses nach DVFA« zu entwickeln (Deutsche Vereinigung für Finanzanalyse und Anlageberatung e.V.: Beiträge zur Wertpapieranalyse. Heft 24/II, Arbeitsschema und Erläuterungen zur Ermittlung des Ergebnisses nach DVFA, fünfte aktualisierte Fassung, Darmstadt 1988).

Im Jahre 1990 wurde von der Kommission für Methodik der Finanzanalyse der Deutschen Vereinigung für Finanzanalyse und Anlageberatung e.V. (DVFA) und dem Arbeitskreis »Externe Unternehmensrechnung« der Schmalenbach-Gesellschaft – Deutsche Gesellschaft für Betriebswirtschaft (SG) eine gemeinsame Empfehlung »Ergebnis nach DVFA/SG« herausgegeben. 1999 wurde diese gemeinsame Empfehlung in einer dritten, grundlegend überarbeiteten Auflage veröffentlicht.

Dieses »Ergebnis nach DVFA/SG« wird ermittelt, indem der handelsrechtliche Gewinn um sogenannten Sondereinflüsse, wie es die DVFA/SG zurückhaltend ausdrückt, bereinigt wird.

Viele börsennotierte Gesellschaften gaben in der Vergangenheit ein »Ergebnis nach DVFA/SG« bekannt. Es wurden aber in aller Regel weder die Art und Höhe der einzelnen Sondereinflüsse mitgeteilt noch ist das »Ergebnis nach DVFA/SG« von einem Wirtschaftsprüfer testiert worden.

So begrüßenswert solche Zusatzinformationen einerseits sind, so bedauerlich ist es andererseits, daß weder der Bilanzleser die wichtigste Information des Jahresabschlusses, nämlich das den tatsächlichen Verhältnissen entsprechende Bild der Ertragslage, d.h. das »Ergebnis nach DVFA/SG« im Jahresabschluß, nachvollziehen kann noch diese Information durch einen Wirtschaftsprüfer testiert wird.

Die als notwendig angesehene Existenz des »Ergebnis nach DVFA/SG« ist die Bankrotterklärung der oben zitierten Generalnorm des § 264 Abs. 2 HGB und des uneingeschränkten Bestätigungsvermerkes der Wirtschaftsprüfer gemäß § 322 Abs. 1 HGB. Diese Bankrotterklärung wird noch untermauert durch eine weitere deutsche Spezialität, nämlich die in Abschnitt E III 3s beschriebene Schätzung des Steuerbilanzgewinns.

Weitere Einzelheiten zum »Ergebnis nach DVFA/SG« enthält Abschnitt M V.

Da seit dem 1. Januar 2005 kapitalmarktorientierte Mutterunternehmen verpflichtet sind, Konzernabschlüsse nach IAS/IFRS zu erstellen, hat das Ergebnis nach DVFA/SG keine große Bedeutung mehr. Lediglich bei nicht kapitalmarktorientierten Unternehmen, die weiterhin nach dem HGB bilanzieren, wäre es eine kleine Zusatzinformation.

10. Möglichkeiten der Bilanzpolitik bei Anwendung der IAS/IFRS

Soweit Bilanzpolitik bei Anwendung der IAS/IFRS möglich ist, einschließlich der Ausnutzung von Schätzungen, Ermessensspielräumen und Sachverhaltsgestaltung, kann sie aufgrund der umfangreichen Angabepflichten (notes) vom Bilanzleser bei einer Bilanzanalyse gut erkannt werden.

Eine wesentliche Möglichkeit der Bilanzpolitik ist die Ausnutzung der in einem Rechnungslegungssystem enthaltenen Wahlrechte. Die meisten der ursprünglich in den IAS enthaltenen Wahlrechte wurden in den letzten Jahren jedoch weitgehend abgeschafft. Ein wesentliches Wahlrecht, nämlich Fremdkapitalkosten bei einem qualifizierten Vermögenswert entweder bei den Anschaffungs- oder Herstellungskosten zu aktivieren oder als Aufwand des Geschäftsjahres zu behandeln, darf nur noch bis Ende 2008 angewandt werden.

Das einzige noch verbliebene, ausdrücklich genannte, wesentliche Wahlrecht betrifft Sachanlagen und immaterielle Vermögenswerte, die in der Folgebewertung entweder zu Anschaffungs- bzw. Herstellungskosten oder zu Wiederbeschaffungskosten anzusetzen sind. Dieses Wahlrecht hat aber keine große Bedeutung, da in der Praxis die Bewertung zu Wiederbeschaffungskosten so gut wie nicht angewandt wird. Im übrigen ist die Anwendung der Neubewertungsmethode sofort in der Bilanz zu erkennen, da die erfolgsunwirksame Zeitwertanpassung offen in einer Neubewertungsrücklage auszuweisen ist. Bei als Finanzinvestition gehaltenen Immobilien dagegen sind die Gewinne und Verluste aus der Anwendung der Neubewertungsmethode erfolgswirksam, und zwar offen, auszuweisen.

Ein Wahlrecht ist bei den Rückstellungen für Pensionen die Möglichkeit der unterschiedlichen Behandlung versicherungsmathematischer Gewinne und Verluste bei leistungsorientierten Versorgungsplänen. Die versicherungsmathematischen Gewinne und Verluste können sofort in der Gewinn- und Verlustrechnung verrechnet werden (geschieht meistens nicht), oder es können die versicherungsmathematischen Gewinne und Verluste, die über dem höheren Betrag von 10 % des Barwertes der Verpflichtungen oder 10 % des Barwertes des Planvermögens liegen (d.h. Korridoransatz), entweder über die erwartete durchschnittliche Restdienstzeit oder einen kürzeren Zeitraum verrechnet werden. Versicherungsmathematische Gewinne und Verluste können auch nach Abzug latenter Steuern im Eigenkapital verrechnet werden, d.h. sie werden niemals in einer Gewinn- und Verlustrechnung erfaßt. Sofern die versicherungsmathematischen Gewinne und Verluste nicht sofort erfolgswirksam verrechnet werden, ist der nicht verrechnete Gewinn oder Verlust im Jahresabschluß anzugeben. Hierbei handelt es sich um stille Reserven bzw. stille Lasten.

Ein Ermessensspielraum besteht für die Bestimmung des Abzinsungssatzes, der erwarteten Rendite des Fondsvermögens, der erwarteten Entgeltsteigerung und der erwarteten Rentensteigerung bei der Ermittlung der Rückstellungen für Pensionen. Aus bilanzpolitischen Gründen ist eine exzessive Ausnutzung des Ermessenspielraumes nicht auszuschließen. Bei einer Bilanzanalyse sollten deshalb die Annahmen des bilanzierenden Unternehmens mit den Annahmen anderer Unternehmen verglichen werden.

Das Wahlrecht, Gemeinschaftsunternehmen entweder anteilmäßig zu konsolidieren oder die Equity-Methode anzuwenden, hat bei der Bilanzanalyse keine große Bedeutung, da bei beiden Methoden das Ergebnis gleich ist. Da das Ergebnis des Gemeinschaftsunternehmens bei Anwendung der anteilmäßigen Konsolidierung dem Betriebsergebnis und bei Anwendung der Equity-Methode dem Finanzergebnis zugerechnet wird, ergeben sich jedoch bei der Erfolgsquellenanalyse unterschiedliche Kennzahlen.

Unterschiedlich kann – ähnlich wie beim HGB-Jahresabschluß – der Zinsaufwand für Altersversorgungspläne ausgewiesen werden, nämlich unter den Personalaufwendungen oder unter den Zinsaufwendungen, was bei der Erfolgsquellenanalyse ebenfalls zu unterschiedlichen Kennzahlen führt. Da die einzelnen Komponenten des Altersversorgungsaufwandes offenzulegen sind, läßt sich die Darstellung vom Bilanzleser ändern.

Ein aus der Entwicklung (oder der Entwicklungsphase eines internen Projektes) entstandener immaterieller Vermögenswert ist zu aktivieren, wenn ein Unternehmen alle folgenden Voraussetzungen nachweisen kann:

– technische Realisierbarkeit des Projektes,
– Absicht, das Projekt zu vollenden,
– Fähigkeit, den Vermögenswert zu nutzen oder zu verkaufen,
– Darstellung des künftigen Nutzens,
– Verfügbarkeit hinreichender Ressourcen und
– Fähigkeit, die Kosten verläßlich zu ermitteln.

Bei der Beurteilung der oben genannten sechs Voraussetzungen besteht ein so erheblicher Ermessensspielraum, daß deren Auslegung einem faktischen Wahlrecht gleichkommt. Von allen Wahlrechten dürfte dieses faktische Wahlrecht bei einer Bilanzanalyse die größte Bedeutung haben, und es lohnt sich, alle Angaben zu den Entwicklungskosten zu studieren und Vergleiche mit Unternehmen derselben Branche vorzunehmen.

Bei dem Ansatz von aktiven latenten Steuern für steuerlich abzugsfähige temporäre Unterschiede und für einen steuerlichen Verlustvortrag besteht ein erheblicher Ermessensspielraum bei der Beurteilung, ob und in welcher Höhe es wahrscheinlich ist, daß in Zukunft ein steuerlicher Gewinn anfallen wird, der gegen die abzugsfähigen temporären Unterschiede und den steuerlichen Verlustvortrag verrechnet werden kann. Diesen erheblichen Ermessensspielraum kann man ebenfalls als faktisches Wahlrecht ansehen.

VII. Profil der Bilanzpolitik

Um sich trotz der im obigen Abschnitt A VI gezeigten verwirrenden Vielfalt der in einem nach dem HGB aufgestellten Jahresabschluß möglicherweise enthaltenen bilanzpolitischen Maßnahmen schnell einen Überblick über die Bilanzpolitik des zu analysierenden Unternehmens zu verschaffen, ist es zweckmäßig, ein Profil der Bilanzpolitik des zu analysierenden Unternehmens zu erstellen. Hierbei sind neben der Bilanz und der Gewinn- und Verlustrechnung insbesondere der Anhang (siehe Abschnitt C IV) und – sofern vorhanden – der Erläuterungsbericht des Wirtschaftsprüfers zu durchleuchten.

Grundsätzlich ist festzustellen, daß bei fehlender Trennung von Handels- und Steuerbilanz die bilanzpolitischen Möglichkeiten eingeschränkt sind. Steuerbilanzen sind in Deutschland zwar ebenso wie Handelsbilanzen durch steuerrechtliche Vorschriften verzerrt, können aber weniger als Handelsbilanzen durch exzessive Ausnutzung des Ermessensspielraums frisiert werden.

Zur Feststellung des Profils der Bilanzpolitik aus der Bilanz, der Gewinn- und Verlustrechnung, dem Anhang und dem Erläuterungsbericht des Wirtschaftsprüfers kann nachstehende Tabelle hilfreich sein. Es sollte für sämtliche analysierten Jahresabschlüsse sowohl für den Einzelabschluß als auch den Konzernabschluß eine Wertung erfolgen, um dadurch die Abweichungen zwischen dem Einzelabschluß und dem Konzernabschluß und insbesondere die Veränderungen des Profils der Bilanzpolitik der einzelnen Geschäftsjahre deutlich herausstellen zu können. **Die Veränderung der Bilanzpolitik ist eine wichtige Quelle bei der Bilanzanalyse.**

Bei der Analyse des Profils der Bilanzpolitik ist folgendes zu beachten:

– eine einzelne Veränderung muß nicht viel aussagen, jedoch mehrere in eine Richtung gehende vermutete oder tatsächliche bilanzpolitische Maßnahmen sind kritisch zu untersuchen,
– oft sind die Ergebnisse weniger durch die extern eindeutig erkennbaren Änderungen der Bilanzpolitik (z. B. Ausnutzung von Aktivierungswahlrechten) beeinflußt worden als vielmehr durch weniger eindeutig erkennbare bilanzpolitische Maßnahmen, wie z. B. unterschiedliche Ausnutzung des Ermessensspielraums,
– die Ermessensspielräume und Wahlrechte bei der Bewertung der Vorräte und Rückstellungen sind die bedeutendsten Maßnahmen, die Ergebnisse zu beeinflussen,
– die von dem Bilanzersteller vermutlich ausgenutzten Ermessensspielräume können in jedem Jahr unterschiedlich und in anderer Richtung genutzt werden,
– Bewertungsmaßnahmen, die jetzt oder in späteren Jahren negative steuerliche Folgen haben oder haben können (Zuschreibungen, vorzeitige Auflösung von Sonderposten mit Rücklageanteil, sale and lease back), sind besonders kritisch zu betrachten.

Grundsätzlich dürfte unterstellt werden, daß die Vermögens-, Finanz- und insbesondere die Ertragslage von Unternehmen, deren Profil der Bilanzpolitik eher positiv ist, eher besser als ausgewiesen ist, während sie bei Unternehmen mit einem eher negativen Profil der Bilanzpolitik eher schlechter als ausgewiesen ist.

Die im Einzelfall tatsächlich erkennbaren oder wegen fehlender quantitativer Angaben nur grob schätzbaren Beträge sollten bei einer späteren Bereinigung der Gewinn- und Verlustrechnungen (siehe Abschnitt M IV) berücksichtigt werden. Inwieweit betragsmäßige Angabepflichten für den Anhang gegeben sind, kann deshalb zusätzlich aus Abschnitt M I 3 entnommen werden.

Zur Analyse des Profils der Bilanzpolitik gehört auch eine Bemerkung über den Umfang (nur Mindestinformationen oder zusätzlich brauchbare freiwillige Informationen) und die Art der verbalen Berichterstattung des analysierten Unternehmens im Laufe des Analysezeitraums.

Profil der Bilanzpolitik

Sachverhalt	Wertung		
	eher negativ (= ergebnis- verbessernd)	eher normal (= Steuer- bilanz)	eher positiv (= ergebnis- vermindernd)
Inanspruchnahme von Aktivierungswahl-rechten			
Aufwendungen für die Ingangsetzung und Erweiterung des Geschäftsbetriebs	x		
derivativer Geschäfts- oder Firmenwert		x	
Disagio	x	x	
planmäßige Abschreibung des aktivierten Geschäfts- oder Firmenwerts länger als 4 Jahre	x	x	
branchenunübliche kurze Nutzungsdauer der Sachanlagen			x
branchenunübliche lange Nutzungsdauer der Sachanlagen	x		
überwiegend lineare Abschreibungen	x	x	
überwiegend degressive Abschreibungen		x	x
volle Ausnutzung steuerrechtlicher Sonderabschreibungen		x	
mehrjährige Abschreibung gering-wertiger Wirtschaftsgüter	x		
Investitionszuschüsse/Investitionszulagen werden sofort vereinnahmt	x		
Investitionszuschüsse werden von den Anschaffungs- und Herstellungskosten gekürzt		x	
Investitionszuschüsse/Investitionszulagen werden passiviert und über die Nutzungsdauer verteilt		x	
vorgenommene Zuschreibungen	x		
Verzicht auf Zuschreibungen aus steuer-rechtlichen Gründen			x
außerplanmäßige Abschreibung auf Vermögensgegenstände des Anlage-vermögens bei voraussichtlich nur vorübergehender Wertminderung			x
Umgliederung von Wertpapieren des Umlaufvermögens in das Anlage-vermögen (zur Vermeidung außerplan-mäßiger Abschreibungen)	x		

▶

Sachverhalt	Wertung		
	eher negativ (= ergebnis-verbessernd)	eher normal (= Steuer-bilanz)	eher positiv (= ergebnis-vermindernd)
Rückstellungen für mittelbare Pensionszusagen			x
Bewertung der Roh-, Hilfs- und Betriebsstoffe sowie Waren (bei steigenden Preisen)			
nach der Durchschnittsmethode		x	
nach der Lifo-Methode			x
nach der Fifo-Methode	x		
Aktivierung von Großreparaturen statt Verrechnung als Instandhaltungs- und Reparaturaufwendungen	x	x	
Aktivierung von Entwicklungskosten bei Tochterunternehmen	x		
Anwendung der percentage-of-completion method bei langfristigen Fertigungsaufträgen	x	x	
Anwendung der completed-contract method bei langfristigen Fertigungsaufträgen (aufgrund des Vorsichtsprinzips in Deutschland die Regel)		x	x
Bemessung der Herstellungskosten (bei Bestandserhöhungen)			
zu Einzelkosten			x
zu steuerlichem Mindestansatz		x	
zu handelsrechtlicher und steuerlicher Wertobergrenze (einschließlich anteilige Verwaltungskosten, anteilige Kosten für soziale Einrichtungen und zurechenbare Fremdkapitalzinsen)	x	x	
Bemessung der Herstellungskosten (bei Bestandsminderungen)			
zu Einzelkosten	x		
zu steuerlichem Mindestansatz		x	
zu handelsrechtlicher und steuerlicher Wertobergrenze (einschließlich anteilige Verwaltungskosten, anteilige Kosten für soziale Einrichtungen und Fremd-kapitalzinsen)		x	x
Bemessung der Herstellungskosten von selbsterstellten Anlagen			
zu Einzelkosten			x
zu steuerlichem Mindestansatz		x	

▶

Sachverhalt	Wertung		
	eher negativ (= ergebnis-verbessernd)	eher normal (= Steuer-bilanz)	eher positiv (= ergebnis-vermindernd)
zu handelsrechtlicher und steuerlicher Wertobergrenze (einschließlich anteilige Verwaltungskosten, anteilige Kosten für soziale Einrichtungen und zurechenbare Fremdkapitalzinsen)	x	x	
steuerlich nicht anerkannte Vorwegnahme zukünftiger Wertschwankungen (z.B. Reichweitenabschläge bei Vorräten, Einzel- und Pauschalwertberichtigungen auf Forderungen)			x
Einstellung in Sonderposten mit Rücklageanteil			x
keine Inanspruchnahme von Sonderposten mit Rücklageanteil	x		
vorzeitige Auflösung von Sonderposten mit Rücklageanteil	x		
Übertragung steuerfreier Rücklagen			x
Pensionsrückstellungen nicht voll dotiert (Altzusagen)	x		
Pensionsrückstellungen höher als gemäß § 6a EStG dotiert (z.B. niedrigerer Rechnungszinsfuß als 6%)			x
Notwendigkeit der Rückstellungen für passive latente Steuern	x		
Bildung von Aufwandsrückstellungen			x
Herabsetzung des Pauschalsatzes für Gewährleistungs- und Kulanzrückstellungen	x		
Heraufsetzung des Pauschalsatzes für Gewährleistungs- und Kulanzrückstellungen			x
Vom Geschäftsumfang abweichende überproportionale Zunahme der anderen Rückstellungen, die nicht auf bekannte außergewöhnliche Umstände, wie z.B. beabsichtigte Umstrukturierungen, zurückzuführen sind			x
Vom Geschäftsumfang abweichende unterproportionale Zunahme der anderen Rückstellungen, die nicht auf bekannte außergewöhnliche Umstände, wie z.B. beabsichtigte Umstrukturierungen, zurückzuführen sind	x		

▶

Sachverhalt	Wertung		
	eher negativ (= ergebnis- verbessernd)	eher normal (= Steuer- bilanz)	eher positiv (= ergebnis- vermindernd)
Übergang zu unvorsichtigeren Bewertungsmethoden Aufgabe der Lifo-Bewertung (bei Preissteigerungen) Wechsel von Einzelkosten- zu Voll- kostenbewertung Wechsel von degressiver auf lineare Abschreibung	x		
Übergang zu vorsichtigeren Bewertungs- methoden Übergang zu Lifo-Bewertung (bei Preissteigerungen) Wechsel von Vollkosten- zu Einzel- kostenbewertung Wechsel von linearer auf degressive Abschreibung			x
Abschreibungen, die nur steuerrechtlich begründet sind (§ 254 HGB)		x	x
Ansteigen der sonstigen betrieblichen Erträge und der außerordentlichen Erträge, insbesondere bei sinkendem ordentlichem Betriebserfolg	x		
Verkauf von Sachanlagen mit Buch- gewinn und anschließendes Leasing der Sachanlagen (sale and lease back)	x		
andere Sachverhaltsgestaltung (je nach Fall)	x		x
Umfang und Art der verbalen Bericht- erstattung nur Mindestanforderungen zusätzlich brauchbare freiwillige Informationen widersprüchliche Informationen im Bilanzgespräch	x x		x

Anzeichen für eine Änderung des Profils der Bilanzpolitik kann eine Änderung des Verhältnisses der sonstigen Aufwendungen zu den sonstigen Erträgen im Laufe der Jahre sein.
Eine Erhöhung der sonstigen Erträge im Verhältnis zu den sonstigen Aufwendungen kann
auf die Auflösung von stillen Reserven (z. B. Auflösung von Rückstellungen) hindeuten.

Das Profil der Bilanzpolitik sollte um die nachstehenden zusätzlichen Informationen zum Konzernabschluß ergänzt werden (Zutreffendes ankreuzen x):

1. Konzerneinheitliche Bilanzierung und Bewertung

Abweichungen von den auf den Jahresabschluß des Mutterunternehmens angewandten Bewertungsmethoden (§ 308 Abs. 1 Satz 3 HGB)   —

Abweichungen vom Abschlußstichtag des Mutterunternehmens (§ 299 HGB)   —

Abweichungen von der konzerneinheitlichen Bewertung in Ausnahmefällen (§ 308 Abs. 2 Satz 3 und 4 HGB)   —

2. Konsolidierungsmethoden

2.1 Kapitalkonsolidierung

Buchwertmethode   —

Neubewertungsmethode   —

Erläuterung zum Unterschiedsbetrag (§ 301 Abs. 3 HGB) ....

Geschäfts- oder Firmenwert oder passiver Unterschiedsbetrag
    Abschreibung _____ %
    sofortige Verrechnung mit den Rücklagen   —
    Verrechnung mit den Rücklagen über mehrere Jahre   —

Konzerninterne Zwischenergebnisse eliminiert   —

Konzerninterne Zwischenergebnisse nicht eliminiert   —

Erläuterungen ....

2.2 Equity-Konsolidierung

Buchwertmethode   —

Kapitalanteilsmethode   —

Geschäfts- oder Firmenwert   —

Passiver Unterschiedsbetrag   —

Geschäfts- oder Firmenwert oder passiver Unterschiedsbetrag
    Abschreibung _____ %
    Verrechnung mit den Rücklagen   —
    Angaben über Auflösung passiver Unterschiedsbetrag ....

Keine Anpassung an konzerneinheitliche Bewertung (§ 312 Abs. 5 HGB)   —

Konzerninterne Zwischenergebnisse eliminiert   —

Konzerninterne Zwischenergebnisse nicht eliminiert   —

Erläuterungen ....

3. Währungsumrechnung

Angewandte Methode der Währungsumrechnung ....

Umrechnungskurs

	Bilanzstich-tagskurs	Jahresdurch-schnittskurs	historische Kurse
Sachanlagen	—	—	—
Finanzanlagen (ohne Ausleihungen)	—	—	—
Vorräte	—	—	—
Forderungen	—	—	—
Eigenkapital	—	—	—
Abschreibungen	—	—	—
übrige G.u.V.-Posten	—	—	—
Jahresergebnis	—	—	—

Abweichende Behandlung bei Abschlüssen aus Hochinflationsländern ....

Behandlung der Währungsumrechnungsdifferenzen
    sonstige betriebliche Aufwendungen und Erträge (erfolgswirksam)   —
    Verrechnung mit den Rücklagen (erfolgsneutral)   —
    unterschiedlich ....

B. An einer Bilanzanalyse interessierte Gruppen

Die an einer Bilanzanalyse interessierten Personenkreise lassen sich aufgrund ihrer Informationsansprüche und Informationsmöglichkeiten grob in folgende Gruppen einteilen:

- Kreditgeber,
- die Öffentlichkeit, d.h. Wirtschaftsjournalisten, Aktionäre, Arbeitnehmer, Betriebsräte, Gewerkschaften, Lieferanten, Kunden, Wettbewerber, Marktforscher,
- Unternehmensleitung, Gesellschafter, Überwachungsorgane (Aufsichtsrat, Beirat, Konzernleitung), Controller,
- potentielle Erwerber eines Unternehmens oder von Unternehmensanteilen, Mergers & Akquisitions-Berater, Finanzanalysten,
- Wirtschaftsprüfer, vereidigte Buchprüfer, Steuerberater, Unternehmensberater, Steuerbehörden.

Kreditgeber

Die erste Gruppe, die Kreditgeber, interessiert sich in erster Linie für die finanzielle Stabilität des Unternehmens, d.h. ob der Kreditnehmer in der Lage sein wird, den vereinbarten Zins- und Tilgungsverpflichtungen pünktlich nachzukommen, und ob die Ansprüche bei Zahlungsrückständen oder Zahlungsunfähigkeit aus der Vermögensmasse befriedigt werden können.

Hieraus folgt, daß der Geber eines kurzfristigen Kredites in erster Linie an der Vermögens- und Finanzlage, dem Umsatz, dem Cash-flow und der aktuellen Ertragslage interessiert ist. Die Geber von langfristigen Krediten benötigen zusätzlich Informationen über die wahrscheinliche langfristige Finanz- und Ertragslage.

Für eine Kreditwürdigkeitsprüfung kann eine übliche Bilanzanalyse, nämlich die Erstellung eines Zeitvergleiches und evtl. eines Betriebsvergleiches sowie die Ermittlung von Kennzahlen, wertvolle Informationen liefern. Banken und andere Großkreditgeber könnten gegebenenfalls noch zusätzliche Informationen verlangen. Ratingagenturen (z.B. Moody's Investors Service und Standard & Poor's), die Bonitätsbeurteilungen für Kreditgeber vornehmen, haben besonders hohe Anforderungen an die Informationen.

Die Ansprüche an eine Bilanzanalyse für eine Kreditwürdigkeitsprüfung sind im Grunde genommen relativ bescheiden, da nur die Sicherheit des Kredites und weniger das Unternehmen und der Risikoträger Eigenkapital zu beurteilen sind. Je nach der im Verhältnis zum Eigenkapital relativen Höhe des Kredites, der Laufzeit, dem Verwendungszweck und den gewährten Sicherheiten sind jedoch unterschiedliche Anforderungen an die Bilanzanalyse zu stellen.

Öffentlichkeit, d.h. Wirtschaftsjournalisten, Aktionäre, Arbeitnehmer, Betriebsräte, Gewerkschaften, Lieferanten, Kunden, Wettbewerber, Marktforscher

Hierbei handelt es sich um eine sehr heterogene Gruppe, die noch mehrmals unterteilt werden könnte. Gemeinsam ist ihr aber, daß sie auf die Informationen angewiesen ist, die ihr das Unternehmen aufgrund gesetzlicher Vorschriften oder freiwillig gewährt.

Für die meisten dürfte das genügen, weil es für eine übliche Bilanzanalyse ausreicht. Sie sind nur an sicheren Informationen über die vergangene und gegenwärtige Finanz- und Ertragslage, allgemeinen Informationen über die Geschäftslage sowie gesicherten Informationen über die Zukunft (z. B. wesentliche Investitionen, Betriebsstillegungen) interessiert, da alle anderen Aussagen über die Zukunft (Schätzungen, Prognosen) für sie als Außenstehende zu spekulativ sind.

Da bei einem Teil dieser Gruppe das eigene wirtschaftliche Wohlergehen sehr eng mit dem Schicksal des Unternehmens verbunden ist, können Wünsche nach weiteren Informationen entstehen. Inwieweit sie zu erhalten sind, dürfte nicht zuletzt davon abhängen, ob die Interessierten die vorhandenen Informationen durch eine Bilanzanalyse auszunutzen verstehen und ob sie, darauf aufbauend, gezielte sachkundige Fragen stellen können.

Unternehmensleitung, Gesellschafter, Überwachungsorgane (Aufsichtsrat, Beirat, Konzernleitung), Controller

Der dritten Gruppe stehen über den Jahresabschluß hinaus mehr oder weniger sämtliche und somit bessere Informationen über das Unternehmen zur Verfügung. Es erübrigt sich in diesem Falle, Worte über den Wert einer Bilanzanalyse zu verlieren.

Für die Unternehmensleitung dürfte es jedoch von Interesse sein zu wissen, welche Schlüsse die Empfänger der Jahresabschlüsse aufgrund einer Bilanzanalyse wahrscheinlich ziehen.

Von den Gesellschaftern und den Überwachungsorganen werden die vorhin erwähnten umfangreichen Informationsmöglichkeiten oft ungenügend genutzt. Sie begnügen sich oft nur mit dem Jahresabschluß, der mit der Bestätigung des Abschlußprüfers versehen ist, daß er Gesetz und Satzung entspricht sowie evtl. einigen dürftigen Kommentaren. Zur Wahrung ihrer Rechte und Ausübung ihrer Funktionen haben die Gesellschafter und die Überwachungsorgane aber ein ähnliches Informationsbedürfnis wie die vierte Gruppe, und eine Bilanzanalyse hat deshalb für sie eine ähnliche Bedeutung wie für die vierte Gruppe.

Die aufgrund des KonTraG im Aktiengesetz (§ 170 Abs. 3 Satz 2, § 171 Abs. 1 Satz 1 und 2) eingeführten neuen Rechte und Pflichten des Aufsichtsrates dürfte dieser nur wahrnehmen können, wenn ihm der Abschlußprüfer eine fundierte und qualitativ hochwertige Bilanzanalyse unter Einbeziehung aller verfügbaren zusätzlichen Informationen über das Unternehmen und seine Umwelt vorlegt. In diesem Zusammenhang sind auch die bisherigen und insbesondere die neuen in § 90 AktG aufgeführten Berichtpflichten des Vorstandes an den Aufsichtsrat über die beabsichtigte Geschäftspolitik und andere grundsätzliche Fragen der Unternehmensplanung (insbesondere die Finanz-, Investitions- und Personalplanung) zu sehen.

Potentielle Erwerber eines Unternehmens oder von Unternehmensanteilen, Mergers & Akquisitions-Berater, Finanzanalysten

Bei der vierten Gruppe, die in diesem Buch besonders angesprochen wird und aus potentiellen Erwerbern eines Unternehmens oder von Unternehmensanteilen, Mergers & Akquisitions-Beratern sowie Finanzanalysten besteht, ist alles anders. Sie interessiert in erster Linie die zu erwartenden Erfolge, d. h. die Ertragskraft eines Unternehmens, wobei die finanzielle Stabilität eine notwendige Voraussetzung dafür ist. Bilanzanalyse ist hier Teil einer Unternehmensanalyse und dient der Unternehmensbewertung.

Das Informationsbedürfnis dieser Gruppe ist ähnlich groß wie das der Unternehmensleitung, und wie man es bei den Gesellschaftern und den Überwachungsorganen erwarten dürfte. Die zur Verfügung stehenden Informationen sind zu Beginn manchmal nicht umfangreicher als bei der Gruppe, die die wenigsten Unterlagen erhält, nämlich der zweiten Gruppe.

Potentielle Erwerber von Unternehmen oder von Unternehmensanteilen, Mergers & Akquisitions-Berater und Finanzanalysten sind an Informationen interessiert, die helfen, Aussagen über die zukünftigen ausschüttungsfähigen Gewinne zu machen. Wie sollen darüber Schätzungen angestellt werden, wenn aus den Jahresabschlüssen der Vergangenheit in Anbetracht der oben aufgeführten bilanzpolitischen Maßnahmen noch nicht einmal Auskunft über den betriebswirtschaftlichen Gewinn zu erhalten ist? Eine Bilanzanalyse muß deshalb in diesem Falle anders aussehen als üblicherweise. Sie darf nicht nur eine Zusammenstellung oder Verdichtung der im Jahresabschluß enthaltenen Zahlen, versehen mit Prozentsätzen, sein, sondern soll bereinigte Gewinne der Vergangenheit zeigen, Informationen geben, die dem Jahresabschluß nicht direkt entnommen werden können, und ggf. Vermutungen aussprechen und Fragen aufwerfen, um dadurch möglichst weitere Informationen zu dem Jahresabschluß und über das Unternehmen zu erhalten. Der Informationswert einer solchen Bilanzanalyse sollte somit in allen Punkten immer über den von der Gruppe eins und zwei benötigten oder erwarteten Bilanzanalysen liegen.

Letztlich ist eine solche Bilanzanalyse ein wesentliches Hilfsmittel, um die von dem zu analysierenden Unternehmen erstellten Planergebnisrechnungen auf ihre Plausibilität zu prüfen oder um selbst – zusammen mit anderen Informationen über das Unternehmen – Planungsrechnungen erstellen zu können.

Wirtschaftsprüfer, vereidigte Buchprüfer, Steuerberater, Unternehmensberater, Steuerbehörden

Die fünfte Gruppe kann Bilanzanalysen zu Plausibilitätsprüfungen nutzen und dadurch Prüfungshinweise erhalten, oder sie kann Bilanzanalysen als Grundlage für eine Beratung und damit verbundene weitere Recherchen verwenden.

Wirtschaftsprüfer und vereidigte Buchprüfer müssen eine Bilanzanalyse vornehmen, um ihren Pflichten aufgrund des Gesetzes zur Kontrolle und Transparenz im Unternehmensbereich (KonTraG) nachzukommen. Nach § 321 Abs. 2 Satz 3 des aufgrund des KonTraG geänderten HGB hat der Abschlußprüfer »*die Posten des Jahres- und des Konzernabschlusses aufzugliedern und ausreichend zu erläutern, soweit dadurch die Darstellung der Vermögens-, Finanz- und Ertragslage wesentlich verbessert wird und diese Angaben im Anhang nicht enthalten sind*«. Nach § 321 Abs. 1 des aufgrund des KonTraG geänderten HGB hat der Abschlußprüfer »*über Art und Umfang sowie über das Ergebnis der Prüfung schriftlich und mit der gebotenen Klarheit zu berichten. In dem Bericht ist vorweg zu der Beurteilung der Lage des Unternehmens oder Konzerns durch die gesetzlichen Vertreter Stellung zu nehmen, wobei insbesondere auf die Beurteilung des Fortbestandes und der künftigen Entwicklung des Unternehmens unter Berücksichtigung des Lageberichts… einzugehen ist…*« Nach § 317 Abs. 2 des geänderten HGB hat der Abschlußprüfer den Lagebericht/Konzernlagebericht »*darauf zu prüfen,… ob er insgesamt eine zutreffende Vorstellung von der Lage des Unternehmens… Konzerns vermittelt. Dabei ist auch zu prüfen, ob die Risiken der künftigen Entwicklung zutreffend dargestellt sind*«. **Wirtschaftsprüfer und vereidigte Buchprüfer können diese neue Aufgabe nur erfüllen, indem sie eine fundierte und qualitativ hochwertige Bilanzanalyse unter Einbeziehung aller verfügbaren zusätzlichen Informationen über das Unternehmen und seine Umwelt erstellen.**

C. Gesetzliche Vorschriften für die Bilanzierung

I. Allgemeines

Eine fundierte und qualitativ hochwertige Bilanzanalyse läßt sich nur durchführen, wenn man die Möglichkeiten und Grenzen kennt, Bilanzpolitik zu betreiben. Diese Möglichkeiten wurden in den Abschnitten A VI und A VII geschildert. Die Grenzen werden durch die zu beachtenden gesetzlichen Bilanzierungsvorschriften und die darin enthaltenen Bilanzierungs- und Bewertungswahlrechte sowie durch eine nicht mehr vertretbare Ausnutzung von Ermessensspielräumen gezogen.

In Deutschland ist für die Jahresabschlüsse der nach dem 31. 12. 1986 beginnenden Geschäftsjahre das Bilanzrichtlinien-Gesetz vom 19. 12. 1985 anzuwenden, wobei die darin enthaltenen Vorschriften über den Konzernabschluß erst für die nach dem 31. 12. 1989 beginnenden Geschäftsjahre anzuwenden sind. Bei dem Bilanzrichtlinien-Gesetz handelt es sich um die Umsetzung der 4. gesellschaftsrechtlichen EG-Richtlinie (Einzelabschluß) vom 25. 7. 1978 sowie der 7. EG-Richtlinie (Konzernabschluß) vom 13. 6. 1983 und der 8. EG-Richtlinie (Prüferqualifikation) vom 10. 4. 1984 in deutsches Recht.

Die Umsetzung der EG-Richtlinien geschah dergestalt, daß durch die Ausnutzung der nationalen Wahlrechte die vor der Umsetzung der EG-Richtlinien bestehende Rechtslage wenig geändert wurde. Gleichzeitig wurde der Grundsatz der Maßgeblichkeit der Handels- für die Steuerbilanz beibehalten, und es wurde bei der Umsetzung angestrebt, daß sich keine Änderung der Steuerbelastung für die Unternehmen ergibt.

Die Umsetzung erfolgte schwerpunktmäßig in dem neu eingefügten Dritten Buch »Handelsbücher« des HGB (§§ 238–339) aufgrund des Bilanzrichtlinien-Gesetzes. Das Dritte Buch enthält im 1. Abschnitt (§§ 242–256) Vorschriften über den Jahresabschluß für alle Kaufleute, im 2. Abschnitt (§§ 264–335) ergänzende Vorschriften für Kapitalgesellschaften und im 3. Abschnitt (§§ 336–339) ergänzende Vorschriften für eingetragene Genossenschaften.

Aufgrund der 4. und 7. EG-Richtlinie wurden in den anderen EG-Staaten entsprechende Gesetze verabschiedet. Da die 4. und 7. EG-Richtlinie viele Wahlrechte sowohl für die nationalen Gesetzgeber als auch für die Unternehmen enthielt, konnte eine Harmonisierung der Rechnungslegung nur teilweise erreicht werden.

Kennzeichnend für das Bilanzrichtlinien-Gesetz ist, daß es neben Vorschriften für alle Kaufleute ergänzende Vorschriften für alle Kapitalgesellschaften (AG, KGaA, GmbH) enthält, wobei die Vorschriften für kleine, mittelgroße und große Kapitalgesellschaften unterschiedlich sind.

Aufgrund des Kapitalaufnahmeerleichterungsgesetzes (KapAEG) vom 20. April 1998 wurde § 292a in das HGB aufgenommen. Er wurde durch das nachstehend erwähnte KapCoRiLiG geändert. § 292a HGB ermöglichte einem Mutterunternehmen, das einen organisierten Markt im Sinne des § 2 Abs. 5 des Wertpapierhandelsgesetzes durch von ihm oder einem seiner Tochterunternehmen ausgegebene Wertpapiere im Sinne des § 2 Abs. 1 Satz 1 des Wertpapierhandelsgesetzes in Anspruch nahm, eine Befreiung von der Aufstellungspflicht nach dem HGB, wenn es einen Konzernabschluß nach IAS oder US-

GAAP erstellte. § 292 a trat am 31. 12. 2004 außer Kraft (Art. 5 KapAEG) und war somit nur eine Übergangslösung.

Am 9. 3. 2000 ist das Kapitalgesellschaften- und Co.-Richtlinie-Gesetz (KapCoRiLiG) in Kraft getreten. Danach sind die im HGB enthaltenen Vorschriften für Kapitalgesellschaften durch Einfügung eines § 264 a HGB für nach dem 31. 12. 1999 endende Geschäftsjahre auch auf GmbH & Co. OHGs und GmbH & Co. KGs anzuwenden. Art. 48 EGHGB enthält Übergangsvorschriften zum KapCoRiLiG.

Durch das Bilanzrechtsreformgesetz (BilReG) vom 4. 12. 2004 wurden kapitalmarktorientierte Mutterunternehmen verpflichtet, für ab dem 1. Januar 2005 beginnende Geschäftsjahre Konzernabschlüsse nach IAS/IFRS zu erstellen, und es wurde nicht kapitalmarktorientierten Unternehmen erlaubt, anstelle eines HGB-Konzernabschlusses einen Konzernabschluß nach IAS/IFRS zu erstellen.

Damit der Leser beim Durcharbeiten des Buches keine Zeit mit dem Nachschlagen von zitierten Gesetzestexten verliert, wurden die Gesetzestexte in anderer Schriftgröße in die einzelnen Abschnitte aufgenommen. Es wurde beim Verfassen des Buches auch darauf geachtet, daß für den eiligen Leser der Inhalt auch ohne oder nur durch diagonales Lesen des Gesetzestextes verständlich ist.

II. Gliederungsvorschriften des HGB

Einzelkaufleuten und Personengesellschaften ist keine bestimmte Gliederung des Jahresabschlusses vorgeschrieben. Für sie gilt:

§ 247. Inhalt der Bilanz. (1) In der Bilanz sind das Anlage- und das Umlaufvermögen, das Eigenkapital, die Schulden sowie die Rechnungsabgrenzungsposten gesondert auszuweisen und hinreichend aufzugliedern.

(2) Beim Anlagevermögen sind nur die Gegenstände auszuweisen, die bestimmt sind, dauernd dem Geschäftsbetrieb zu dienen.

(3) Passivposten, die für Zwecke der Steuern vom Einkommen und vom Ertrag zulässig sind, dürfen in der Bilanz gebildet werden. Sie sind als Sonderposten mit Rücklageanteil auszuweisen und nach Maßgabe des Steuerrechts aufzulösen. Einer Rückstellung bedarf es insoweit nicht.

Für die Gliederung der Bilanz und der Gewinn- und Verlustrechnung des Einzelabschlusses von großen und mittelgroßen Kapitalgesellschaften gelten folgende Vorschriften:

§ 266. Gliederung der Bilanz. (1) Die Bilanz ist in Kontoform aufzustellen. Dabei haben große und mittelgroße Kapitalgesellschaften (§ 267 Abs. 3, 2) auf der Aktivseite die in Absatz 2 und auf der Passivseite die in Absatz 3 bezeichneten Posten gesondert und in der vorgeschriebenen Reihenfolge auszuweisen. Kleine Kapitalgesellschaften (§ 267 Abs. 1) brauchen nur eine verkürzte Bilanz aufzustellen, in die nur die in den Absätzen 2 und 3 mit Buchstaben und römischen Zahlen bezeichneten Posten gesondert und in der vorgeschriebenen Reihenfolge aufgenommen werden.

(2) Aktivseite

A. Anlagevermögen:
    I. Immaterielle Vermögensgegenstände:
        1. Konzessionen, gewerbliche Schutzrechte und ähnliche Rechte und Werte sowie Lizenzen an solchen Rechten und Werten;
        2. Geschäfts- oder Firmenwert;
        3. geleistete Anzahlungen;
    II. Sachanlagen:
        1. Grundstücke, grundstücksgleiche Rechte und Bauten einschließlich der Bauten auf fremden Grundstücken;
        2. technische Anlagen und Maschinen;
        3. andere Anlagen, Betriebs- und Geschäftsausstattung;
        4. geleistete Anzahlungen und Anlagen im Bau;
    III. Finanzanlagen:
        1. Anteile an verbundenen Unternehmen;
        2. Ausleihungen an verbundene Unternehmen;
        3. Beteiligungen;
        4. Ausleihungen an Unternehmen, mit denen ein Beteiligungsverhältnis besteht;
        5. Wertpapiere des Anlagevermögens;
        6. sonstige Ausleihungen.

B. Umlaufvermögen:
    I. Vorräte:
        1. Roh-, Hilfs- und Betriebsstoffe;
        2. unfertige Erzeugnisse, unfertige Leistungen;
        3. fertige Erzeugnisse und Waren;
        4. geleistete Anzahlungen;
    II. Forderungen und sonstige Vermögensgegenstände:
        1. Forderungen aus Lieferungen und Leistungen;
        2. Forderungen gegen verbundene Unternehmen;
        3. Forderungen gegen Unternehmen, mit denen ein Beteiligungsverhältnis besteht;
        4. sonstige Vermögensgegenstände;
    III. Wertpapiere:
        1. Anteile an verbundenen Unternehmen;
        2. eigene Anteile;
        3. sonstige Wertpapiere;
    IV. Kassenbestand, Bundesbankguthaben, Guthaben bei Kreditinstituten und Schecks.

C. Rechnungsabgrenzungsposten.

(3) Passivseite

A. Eigenkapital:
    I. Gezeichnetes Kapital;
    II. Kapitalrücklage;
    III. Gewinnrücklagen:
        1. gesetzliche Rücklage;
        2. Rücklage für eigene Anteile;
        3. satzungsmäßige Rücklagen;
        4. andere Gewinnrücklagen;
    IV. Gewinnvortrag/Verlustvortrag;
    V. Jahresüberschuß/Jahresfehlbetrag.

B. Rückstellungen:
1. Rückstellungen für Pensionen und ähnliche Verpflichtungen;
2. Steuerrückstellungen;
3. sonstige Rückstellungen.

C. Verbindlichkeiten:
1. Anleihen,
   davon konvertibel;
2. Verbindlichkeiten gegenüber Kreditinstituten;
3. erhaltene Anzahlungen auf Bestellungen;
4. Verbindlichkeiten aus Lieferungen und Leistungen;
5. Verbindlichkeiten aus der Annahme gezogener Wechsel und der Ausstellung eigener Wechsel;
6. Verbindlichkeiten gegenüber verbundenen Unternehmen;
7. Verbindlichkeiten gegenüber Unternehmen, mit denen ein Beteiligungsverhältnis besteht;
8. sonstige Verbindlichkeiten,
   davon aus Steuern,
   davon im Rahmen der sozialen Sicherheit.

D. Rechnungsabgrenzungsposten.

§ 275. Gliederung der Gewinn- und Verlustrechnung. (1) Die Gewinn- und Verlustrechnung ist in Staffelform nach dem Gesamtkostenverfahren oder dem Umsatzkostenverfahren aufzustellen. Dabei sind die in Absatz 2 und 3 bezeichneten Posten in der angegebenen Reihenfolge gesondert auszuweisen.

(2) Bei Anwendung des Gesamtkostenverfahrens sind auszuweisen:

1. Umsatzerlöse
2. Erhöhung oder Verminderung des Bestands an fertigen und unfertigen Erzeugnissen
3. andere aktivierte Eigenleistungen
4. sonstige betriebliche Erträge
5. Materialaufwand:
   a) Aufwendungen für Roh-, Hilfs- und Betriebsstoffe und für bezogene Waren
   b) Aufwendungen für bezogene Leistungen
6. Personalaufwand:
   a) Löhne und Gehälter
   b) soziale Abgaben und Aufwendungen für Altersversorgung und für Unterstützung,
      davon für Altersversorgung
7. Abschreibungen:
   a) auf immaterielle Vermögensgegenstände des Anlagevermögens und Sachanlagen sowie auf aktivierte Aufwendungen für die Ingangsetzung und Erweiterung des Geschäftsbetriebs
   b) auf Vermögensgegenstände des Umlaufvermögens, soweit diese die in der Kapitalgesellschaft üblichen Abschreibungen überschreiten
8. sonstige betriebliche Aufwendungen
9. Erträge aus Beteiligungen,
   davon aus verbundenen Unternehmen
10. Erträge aus anderen Wertpapieren und Ausleihungen des Finanzanlagevermögens,
    davon aus verbundenen Unternehmen
11. sonstige Zinsen und ähnliche Erträge,
    davon aus verbundenen Unternehmen

12. Abschreibungen auf Finanzanlagen und auf Wertpapiere des Umlaufvermögens
13. Zinsen und ähnliche Aufwendungen,
    davon an verbundene Unternehmen
14. Ergebnis der gewöhnlichen Geschäftstätigkeit
15. außerordentliche Erträge
16. außerordentliche Aufwendungen
17. außerordentliches Ergebnis
18. Steuern vom Einkommen und vom Ertrag
19. sonstige Steuern
20. Jahresüberschuß/Jahresfehlbetrag.

(3) Bei Anwendung des Umsatzkostenverfahrens sind auszuweisen:

1. Umsatzerlöse
2. Herstellungskosten der zur Erzielung der Umsatzerlöse erbrachten Leistungen
3. Bruttoergebnis vom Umsatz
4. Vertriebskosten
5. allgemeine Verwaltungskosten
6. sonstige betriebliche Erträge
7. sonstige betriebliche Aufwendungen
8. Erträge aus Beteiligungen,
   davon aus verbundenen Unternehmen
9. Erträge aus anderen Wertpapieren und Ausleihungen des Finanzanlagevermögens
   davon aus verbundenen Unternehmen
10. sonstige Zinsen und ähnliche Erträge,
    davon aus verbundenen Unternehmen
11. Abschreibungen auf Finanzanlagen und auf Wertpapiere des Umlaufvermögens
12. Zinsen und ähnliche Aufwendungen,
    davon an verbundene Unternehmen
13. Ergebnis der gewöhnlichen Geschäftstätigkeit
14. außerordentliche Erträge
15. außerordentliche Aufwendungen
16. außerordentliches Ergebnis
17. Steuern vom Einkommen und vom Ertrag
18. sonstige Steuern
19. Jahresüberschuß/Jahresfehlbetrag.

(4) Veränderungen der Kapital- und Gewinnrücklagen dürfen in der Gewinn- und Verlustrechnung erst nach dem Posten »Jahresüberschuß/Jahresfehlbetrag« ausgewiesen werden.

§ 276. Größenabhängige Erleichterungen. Kleine und mittelgroße Kapitalgesellschaften (§ 267 Abs. 1, 2) dürfen die Posten § 275 Abs. 2 Nr. 1 bis 5 oder Abs. 3 Nr. 1 bis 3 und 6 zu einem Posten unter der Bezeichnung »Rohergebnis« zusammenfassen.

§ 267 HGB enthält nach der Änderung aufgrund des KapCoRiLiG folgende Einteilung nach Größenklassen (gültig für Kapitalgesellschaften für nach dem 31. 12. 1998 beginnende Geschäftsjahre):

	Kleine Kapitalgesellschaft	**Mittelgroße Kapitalgesellschaft**	**Große Kapitalgesellschaft**
Bilanzsumme	bis 4.015 T€	bis 16.060 T€	über 16.060 T€
Umsatzerlöse	bis 8.030 T€	bis 32.120 T€	über 32.120 T€
Arbeitnehmer	∅ bis 50	∅ bis 250	∅ über 250

Kleine bzw. mittelgroße Kapitalgesellschaften sind solche, die mindestens an zwei aufeinanderfolgenden Stichtagen zwei der drei genannten Merkmale nicht überschreiten.

Die größenabhängigen Erleichterungen gemäß § 276 HGB lassen kaum noch eine Bilanzanalyse zu.

III. Bewertungsvorschriften des HGB

Für die Bewertung enthält § 252 folgende allgemeine Bewertungsgrundsätze:

(1) Bei der Bewertung der im Jahresabschluß ausgewiesenen Vermögensgegenstände und Schulden gilt insbesondere folgendes:
1. Die Wertansätze in der Eröffnungsbilanz des Geschäftsjahrs müssen mit denen der Schlußbilanz des vorhergehenden Geschäftsjahrs übereinstimmen.
2. Bei der Bewertung ist von der Fortführung der Unternehmenstätigkeit auszugehen, sofern dem nicht tatsächliche oder rechtliche Gegebenheiten entgegenstehen.
3. Die Vermögensgegenstände und Schulden sind zum Abschlußstichtag einzeln zu bewerten.
4. Es ist vorsichtig zu bewerten, namentlich sind alle vorhersehbaren Risiken und Verluste, die bis zum Abschlußstichtag entstanden sind, zu berücksichtigen, selbst wenn diese erst zwischen dem Abschlußstichtag und dem Tag der Aufstellung des Jahresabschlusses bekanntgeworden sind; Gewinne sind nur zu berücksichtigen, wenn sie am Abschlußstichtag realisiert sind.
5. Aufwendungen und Erträge des Geschäftsjahrs sind unabhängig von den Zeitpunkten der entsprechenden Zahlungen im Jahresabschluß zu berücksichtigen.
6. Die auf den vorhergehenden Jahresabschluß angewandten Bewertungsmethoden sollen beibehalten werden.

(2) Von den Grundsätzen des Absatzes 1 darf nur in begründeten Ausnahmefällen abgewichen werden.

Diese allgemeinen Bewertungsgrundsätze des Bilanzrichtlinien-Gesetzes sagen wenig aus. Viel wichtiger jedoch sind die einzelnen Ansatz- und Bewertungsvorschriften. Auf sie wird bei den einzelnen Posten eingegangen. Auf die darin liegenden Bewertungsmöglichkeiten und die daraus resultierende Ergebnisbeeinflussung wird bei den einzelnen Posten des Jahresabschlusses hingewiesen.

In den §§ 253–256 sind weitere Einzelheiten der Bewertung, in den §§ 246–251 Ansatzvorschriften und in den §§ 279–283 Bewertungsvorschriften für Kapitalgesellschaften geregelt.

Die für eine Bilanzanalyse besonders wichtigen gesetzlichen Vorschriften über Abschreibungen und Wertaufholung (Zuschreibung) werden nachstehend in einer Tabelle, sortiert nach Bilanzposten, aufgeführt und anschließend zitiert:

Gesetzliche Vorschriften über Abschreibungen und Wertaufholung (Zuschreibung) sortiert nach Bilanzposten

	Kapitalgesellschaften	Nicht-Kapitalgesellschaften
Sachanlagen		
planmäßige Abschreibungen	Abschreibungspflicht § 253 Abs. 2 Satz 1 und 2	
außerplanmäßige Abschreibungen wegen dauernder Wertminderung	Abschreibungspflicht § 253 Abs. 2 Satz 3 (gesonderter Ausweis oder Anhanginformation gemäß § 277 Abs. 3 Satz 1 und Wertaufholungsgebot gemäß § 280 bei Kapitalgesellschaften)	
außerplanmäßige Abschreibungen wegen vorübergehender Wertminderung		Abschreibungswahlrecht § 253 Abs. 2 Satz 3 (gesonderter Ausweis oder Anfangsinformation gemäß § 277 Abs. 3 Satz 1 und Wertaufholungsgebot gemäß § 280 bei Kapitalgesellschaften)
Finanzanlagen		
außerplanmäßige Abschreibungen wegen vorübergehender Wertminderung	Abschreibungswahlrecht § 253 Abs. 2 Satz 3 i. V. m. § 279 Abs. 1 Satz 2 (gesonderter Ausweis oder Anhanginformation gemäß § 277 Abs. 3 Satz 1 und Wertaufholungsgebot gemäß § 280)	
Umlaufvermögen		
Börsen- oder Marktpreis niedrigerer beizulegender Wert	Abschreibungspflicht § 253 Abs. 3 Satz 1 und 2	
Vorwegnahme zukünftiger Wertschwankungen	Abschreibungswahlrecht § 253 Abs. 3 Satz 3 (gesonderter Ausweis oder Anhanginformation gemäß § 277 Abs. 3 Satz 1 und Wertaufholungsgebot gemäß § 280 bei Kapitalgesellschaften)	

▶

	Kapitalgesellschaften	Nicht-Kapitalgesellschaften
Anlage- und Umlaufvermögen Abschreibungen auf den steuerlich zulässigen niedrigeren Wert	Abschreibungswahlrecht § 254 i. V. m. § 279 Abs. 2 (umgekehrte Maßgeblichkeit) (gesonderter Ausweis oder Anhanginformation gemäß § 281 Abs. 2 Satz 1 und § 285 Nr. 5) (Einstellung in Sonderposten mit Rücklageanteil und gesonderter Ausweis oder Anhanginformation gemäß § 281 Abs. 1)	§ 254
Bildung und Auflösung stiller Reserven	§ 279 Abs. 1 Satz 1: »§ 253 Abs. 4 ist nicht anzuwenden«	Möglichkeit § 253 Abs. 4
Wertaufholung (Zuschreibung) bei Wegfall früherer Wertminderung	Wertaufholungsgebot § 280	Wertaufholungswahlrecht § 253 Abs. 5, § 254 Satz 2
Rückzahlungsdisagio für Verbindlichkeiten planmäßige Abschreibungen	Abschreibungspflicht § 250 Abs. 3 Satz 2	
Geschäfts- oder Firmenwert planmäßige Abschreibungen	Abschreibungspflicht § 255 Abs. 4 Satz 2 und 3 § 7 Abs. 1 Satz 3 EStG	
Aufwendungen für die Ingangsetzung und Erweiterung des Geschäftsbetriebs planmäßige Abschreibungen	§ 282	–

Der Gesetzestext der in obiger Tabelle zitierten Vorschriften lautet wie folgt:

Handelsgesetzbuch

§ 250. Rechnungsabgrenzungsposten. (3) Ist der Rückzahlungsbetrag einer Verbindlichkeit höher als der Ausgabebetrag, so darf der Unterschiedsbetrag in den Rechnungsabgrenzungsposten auf der Aktivseite aufgenommen werden. Der Unterschiedsbetrag ist durch planmäßige jährliche Abschreibungen zu tilgen, die auf die gesamte Laufzeit der Verbindlichkeit verteilt werden können.

§ 253. Wertansätze der Vermögensgegenstände und Schulden. (1) Vermögensgegenstände sind höchstens mit den Anschaffungs- oder Herstellungskosten, vermindert um Abschreibungen nach den Absätzen 2 und 3 anzusetzen. Verbindlichkeiten sind zu ihrem Rückzahlungsbetrag, Rentenverpflichtungen, für die eine Gegenleistung nicht mehr zu erwarten ist, zu ihrem Barwert und Rückstellungen nur in Höhe des Betrags anzusetzen, der nach vernünftiger kaufmännischer Beurteilung notwendig ist; Rückstellungen dürfen nur abgezinst werden, soweit die ihnen zugrundeliegenden Verbindlichkeiten einen Zinsanteil enthalten.

(2) Bei Vermögensgegenständen des Anlagevermögens, deren Nutzung zeitlich begrenzt ist, sind die Anschaffungs- oder Herstellungskosten um planmäßige Abschreibungen zu vermindern. Der Plan muß die Anschaffungs- oder Herstellungskosten auf die Geschäftsjahre verteilen, in denen der Vermögensgegenstand voraussichtlich genutzt werden kann. Ohne Rücksicht darauf, ob ihre Nutzung zeitlich begrenzt ist, können bei Vermögensgegenständen des Anlagevermögens außerplanmäßige Abschreibungen vorgenommen werden, um die Vermögensgegenstände mit dem niedrigeren Wert anzusetzen, der ihnen am Abschlußstichtag beizulegen ist; sie sind vorzunehmen bei einer voraussichtlich dauernden Wertminderung.

(3) Bei Vermögensgegenständen des Umlaufvermögens sind Abschreibungen vorzunehmen, um diese mit einem niedrigeren Wert anzusetzen, der sich aus einem Börsen- oder Marktpreis am Abschlußstichtag ergibt. Ist ein Börsen- oder Marktpreis nicht festzustellen und übersteigen die Anschaffungs- oder Herstellungskosten den Wert, der den Vermögensgegenständen am Abschlußstichtag beizulegen ist, so ist auf diesen Wert abzuschreiben. Außerdem dürfen Abschreibungen vorgenommen werden, soweit diese nach vernünftiger kaufmännischer Beurteilung notwendig sind, um zu verhindern, daß in der nächsten Zukunft der Wertansatz dieser Vermögensgegenstände aufgrund von Wertschwankungen geändert werden muß.

(4) Abschreibungen sind außerdem im Rahmen vernünftiger kaufmännischer Beurteilung zulässig.

(5) Ein niedrigerer Wertansatz nach Absatz 2 Satz 3, Absatz 3 oder 4 darf beibehalten werden, auch wenn die Gründe dafür nicht mehr bestehen.

§ 254. Steuerrechtliche Abschreibungen. Abschreibungen können auch vorgenommen werden, um Vermögensgegenstände des Anlage- oder Umlaufvermögens mit dem niedrigeren Wert anzusetzen, der auf einer nur steuerrechtlich zulässigen Abschreibung beruht. § 253 Abs. 5 ist entsprechend anzuwenden.

§ 255. Anschaffungs- und Herstellungskosten. (4) Als Geschäfts- oder Firmenwert darf der Unterschiedsbetrag angesetzt werden, um den die für die Übernahme eines Unternehmens bewirkte Gegenleistung den Wert der einzelnen Vermögensgegenstände des Unternehmens abzüglich der Schulden im Zeitpunkt der Übernahme übersteigt. Der Betrag ist in jedem folgenden Geschäftsjahr zu mindestens einem Viertel durch Abschreibungen zu tilgen. Die Abschreibung des Geschäfts- oder Firmenwerts kann aber auch planmäßig auf die Geschäftsjahre verteilt werden, in denen er voraussichtlich genutzt wird.

§ 279. Nichtanwendung von Vorschriften. Abschreibungen. (1) § 253 Abs. 4 ist nicht anzuwenden. § 253 Abs. 2 Satz 3 darf, wenn es sich nicht um eine voraussichtlich dauernde Wertminderung handelt, nur auf Vermögensgegenstände, die Finanzanlagen sind, angewendet werden.

(2) Abschreibungen nach § 254 dürfen nur insoweit vorgenommen werden, als das Steuerrecht ihre Anerkennung bei der steuerrechtlichen Gewinnermittlung davon abhängig macht, daß sie sich aus der Bilanz ergeben.

§ 280. Wertaufholungsgebot. (1) Wird bei einem Vermögensgegenstand eine Abschreibung nach § 253 Abs. 2 Satz 3 oder Abs. 3 oder § 254 Satz 1 vorgenommen und stellt sich in einem späteren Geschäftsjahr heraus, daß die Gründe dafür nicht mehr bestehen, so ist der Betrag dieser Abschreibung im Umfang der Werterhöhung unter Berücksichtigung der Abschreibungen, die inzwischen vorzunehmen gewesen wären, zuzuschreiben. § 253 Abs. 5, § 254 Satz 2 sind insoweit nicht anzuwenden.

(2) Von der Zuschreibung nach Absatz 1 kann abgesehen werden, wenn der niedrigere Wertansatz bei der steuerrechtlichen Gewinnermittlung beibehalten werden kann und wenn Voraussetzung für die Beibehaltung ist, daß der niedrigere Wertansatz auch in der Bilanz beibehalten wird.

(3) Im Anhang ist der Betrag der im Geschäftsjahr aus steuerrechtlichen Gründen unterlassenen Zuschreibungen anzugeben und hinreichend zu begründen.

§ 281. Berücksichtigung steuerrechtlicher Vorschriften. (1) Die nach § 254 zulässigen Abschreibungen dürfen auch in der Weise vorgenommen werden, daß der Unterschiedsbetrag zwischen der nach § 253 in Verbindung mit § 279 und der nach § 254 zulässigen Bewertung in den Sonderposten mit Rücklageanteil eingestellt wird. In der Bilanz oder im Anhang sind die Vorschriften anzugeben, nach denen die Wertberichtigung gebildet worden ist. Unbeschadet steuerrechtlicher Vorschriften über die Auflösung ist die Wertberichtigung insoweit aufzulösen, als die Vermögensgegenstände, für die sie gebildet worden ist, aus dem Vermögen ausscheiden oder die steuerrechtliche Wertberichtigung durch handelsrechtliche Abschreibungen ersetzt wird.

§ 282. Abschreibung der Aufwendungen für die Ingangsetzung und Erweiterung des Geschäftsbetriebs. Für die Ingangsetzung und Erweiterung des Geschäftsbetriebs ausgewiesene Beträge sind in jedem folgenden Geschäftsjahr zumindestens einem Viertel durch Abschreibungen zu tilgen.

Einkommensteuergesetz

§ 7. Abs. 1 Satz 3. Absetzung für Abnutzung oder Substanzverringerung. Als betriebsgewöhnliche Nutzungsdauer des Geschäfts- oder Firmenwerts eines Gewerbebetriebs oder eines Betriebs der Land- und Forstwirtschaft gilt ein Zeitraum von 15 Jahren.

IV. Gesetzliche Vorschriften über den Anhang

Der Jahresabschluß einer Kapitalgesellschaft besteht gemäß § 264 Abs. 1 HGB aus der Bilanz, der Gewinn- und Verlustrechnung, der Kapitalflußrechnung (nur bei börsennotierten Unternehmen) und dem Anhang. Sie bilden eine Einheit. Der Anhang ist somit gleichwertiger Bestandteil des Jahresabschlusses und der Bestätigungsvermerk des Wirtschaftsprüfers gilt somit auch für den Anhang. Zusätzlich ist ein Lagebericht aufzustellen.
    Der Anhang hat in erster Linie eine Erläuterungs- oder Interpretations- und eine Ergänzungs- oder Zusatzinformationsfunktion.
    Die Erläuterungs- oder Interpretationsfunktion besteht in der Angabe von Bilanzierungs- und Bewertungsmethoden und in der Angabe und Begründung von Methodenänderungen.
    Unter der Ergänzungs- oder Zusatzinformationsfunktion sind die im Anhang zu machenden Informationen zu verstehen, die sich nicht auf bilanzierungspflichtige Sachverhalte beziehen (z. B. sonstige finanzielle Verpflichtungen).
    Darüber hinaus kommt dem Anhang noch eine Entlastungsfunktion zu, da gewisse Informationen gemäß HGB wahlweise in der Bilanz bzw. Gewinn- und Verlustrechnung oder im Anhang gemacht werden können.

Im Verhältnis zu den in einem IAS/IFRS- oder US-GAAP-Abschluß enthaltenen zusätzlichen detaillierten Informationen sind die im Anhang eines nach dem HGB erstellten Abschlusses gegebenen Informationen allerdings nur sehr allgemein gehalten und inhaltlich sehr dürftig.

Eine Gliederungsvorschrift besteht für den Anhang nicht. Dies verlangt eine sorgfältige Durchsicht der Angaben im Anhang, da manchmal die Gefahr besteht, daß der Bilanzleser durch Formulierungskünste des Bilanzerstellers wichtige Informationen nicht klar erkennt.

Die gesetzlichen Regelungen über den Anhang sind in verschiedenen Vorschriften enthalten. Um einen schnellen Überblick zu erhalten, welche Informationen der Bilanzanalytiker im Anhang erwarten kann, wird nachstehend eine Zusammenstellung sämtlicher Vorschriften hinsichtlich des Anhangs des Einzelabschlusses gebracht.

Die Vorschriften wurden wie folgt sortiert:

– Bilanzierungs- und Bewertungsmethoden sowie allgemeine Grundsätze,
– Erläuterungen zur Bilanz,
– Erläuterungen zur Gewinn- und Verlustrechnung,
– sonstige Angaben.

In den Vorschriften sind auch spezielle rechtsformabhängige Vorschriften enthalten.

In zwei weiteren Spalten wurden Hinweise gegeben, ob

– Angaben wahlweise im Anhang oder in der Bilanz bzw. in der Gewinn- und Verlustrechnung möglich sind,
– Vorschriften auch für den Konzernabschluß Geltung haben (= K),
– größenabhängige Erleichterungen gemäß § 288 HGB
  für kleine (= *)
  und für mittelgroße (= **)
  Kapitalgesellschaften bestehen.

Zum besseren Verständnis notwendige weitere Vorschriften wurden darüber hinaus in Klammern hinzugefügt.

Die speziellen gesetzlichen Vorschriften über den Anhang des Konzernabschlusses sind in Abschnitt C VI 3 aufgeführt.

Gesetzliche Vorschriften über den Anhang

Bilanzierungs- und Bewertungsmethoden sowie allgemeine Grundsätze

Text Soweit Gesetzestexte zum besseren Verständnis notwendig sind und über die angegebenen Vorschriften hinausgehen, sind sie in Klammern hinzugefügt.	Vorschrift HGB (sofern nicht anders angegeben) AktG gilt nur für AG und KGaA GmbHG gilt nur für GmbH	Angabe wahlweise in	K * **
In den Anhang sind diejenige Angaben aufzunehmen, die zu den einzelnen Posten der Bilanz oder der Gewinn- und Verlustrechnung vorgeschrieben oder die im Anhang zu machen sind, weil sie in Ausübung eines Wahlrechts nicht in die Gewinn- und Verlustrechnung aufgenommen wurden.	§ 284 Abs. 1	–	
Im Anhang müssen			
– die auf die Posten der Bilanz und der Gewinn- und Verlustrechnung angewandten Bilanzierungs- und Bewertungsmethoden angegeben werden;	§ 284 Abs. 2 Nr. 1	–	
– die Grundlagen für die Umrechnung in Euro angegeben werden, soweit der Jahresabschluß Posten enthält, denen Beträge zugrunde liegen, die auf fremde Währung lauten oder ursprünglich auf fremde Währung lauteten;	§ 284 Abs. 2 Nr. 2	–	
– Abweichungen von Bilanzierungs- und Bewertungsmethoden angegeben und begründet werden; deren Einfluß auf die Vermögens-, Finanz- und Ertragslage ist gesondert darzustellen;	§ 284 Abs. 2 Nr. 3	–	
– Angaben über die Einbeziehung von Zinsen für Fremdkapital in die Herstellungskosten gemacht werden.	§ 284 Abs. 2 Nr. 5	–	
(§ 264 Abs. 2 Satz 1: Der Jahresabschluß der Kapitalgesellschaft hat unter Beachtung der Grundsätze ordnungsmäßiger Buchführung ein den tatsächlichen Verhältnissen entsprechendes Bild der Vermögens-, Finanz- und Ertragslage der Kapitalgesellschaft zu vermitteln.)			
Führen besondere Umstände dazu, daß der Jahresabschluß ein den tatsächlichen Verhältnissen entsprechendes Bild im Sinne des Satzes 1 nicht vermittelt, so sind im Anhang zusätzliche Angaben zu machen.	§ 264 Abs. 2 Satz 2	–	

Text	Vorschrift	Angabe wahlweise in	K * **
(§ 265 Abs. 1 Satz 1: Die Form der Darstellung, insbesondere die Gliederung der aufeinanderfolgenden Bilanzen und Gewinn- und Verlustrechnungen, ist beizubehalten, soweit nicht in Ausnahmefällen wegen besonderer Umstände Abweichungen erforderlich sind.) Die Abweichungen sind im Anhang anzugeben und zu begründen.	§ 265 Abs. 1 Satz 2	–	K
(§ 265 Abs. 2 Satz 1: In der Bilanz sowie in der Gewinn- und Verlustrechnung ist zu jedem Posten der entsprechende Betrag des vorhergehenden Geschäftsjahrs anzugeben.) Sind die Beträge nicht vergleichbar, so ist dies im Anhang anzugeben und zu erläutern.	§ 265 Abs. 2 Satz 2	–	K
Wird der Vorjahresbetrag angepaßt, so ist auch dies im Anhang anzugeben und zu erläutern.	§ 265 Abs. 2 Satz 3	–	K
(§ 265 Abs. 4 Satz 1: Sind mehrere Geschäftszweige vorhanden und bedingt dies die Gliederung des Jahresabschlusses nach verschiedenen Gliederungsvorschriften, so ist der Jahresabschluß nach der für einen Geschäftszweig vorgeschriebenen Gliederung aufzustellen und nach der für die anderen Geschäftszweige vorgeschriebenen Gliederung zu ergänzen.) Die Ergänzung ist im Anhang anzugeben und zu begründen.	§ 265 Abs. 4 Satz 2	–	K
(§ 265 Abs. 7 Satz 1: Die mit arabischen Zahlen versehenen Posten der Bilanz und der Gewinn- und Verlustrechnung können, wenn nicht besondere Formblätter vorgeschrieben sind, zusammengefaßt ausgewiesen werden, wenn – sie einen Betrag enthalten, der für die Vermittlung eines den tatsächlichen Verhältnissen entsprechenden Bildes im Sinne des § 264 Abs. 2 nicht erheblich ist, oder) – dadurch die Klarheit der Darstellung vergrößert wird; in diesem Falle müssen die zusammengefaßten Posten jedoch im Anhang gesondert ausgewiesen werden.	§ 265 Abs. 7 Nr. 2	–	K

Erläuterungen zur Bilanz

Text	Vorschrift	Angabe wahl- weise in	K * **
Allgemeine Angaben			
Fällt ein Vermögensgegenstand oder eine Schuld unter mehrere Posten der Bilanz, so ist die Mitzugehörigkeit zu anderen Posten bei dem Posten, unter dem der Ausweis erfolgt ist, zu vermerken oder im Anhang anzugeben, wenn dies zur Aufstellung eines klaren und übersichtlichen Jahresabschlusses erforderlich ist.	§ 265 Abs. 3 Satz 1	Bilanz	K
Ingangsetzung und Erweiterung des Geschäftsbetriebs sowie Anlagevermögen			
Die Aufwendungen für die Ingangsetzung des Geschäftsbetriebs und dessen Erweiterung dürfen, soweit sie nicht bilanzierungsfähig sind, als Bilanzierungshilfe aktiviert werden; der Posten ist in der Bilanz unter der Bezeichnung »Aufwendungen für die Ingangsetzung und Erweiterung des Geschäftsbetriebs« vor dem Anlagevermögen auszuweisen und im Anhang zu erläutern.	§ 269 Satz 1	–	K
In der Bilanz oder im Anhang ist die Entwicklung der einzelnen Posten des Anlagevermögens und des Postens »Aufwendungen für die Ingangsetzung und Erweiterung des Geschäftsbetriebs« darzustellen. (§ 268 Abs. 2 Satz 2: Dabei sind, ausgehend von den gesamten Anschaffungs- und Herstellungskosten, die Zugänge, Abgänge, Umbuchungen und Zuschreibungen des Geschäftsjahrs sowie die Abschreibungen in ihrer gesamten Höhe gesondert aufzuführen.)	§ 268 Abs. 2 Satz 1	Bilanz	K
Die Abschreibungen des Geschäftsjahrs sind entweder in der Bilanz bei dem betreffenden Posten zu vermerken oder im Anhang in einer der Gliederung des Anlagevermögens entsprechenden Aufgliederung anzugeben.	§ 268 Abs. 2 Satz 3	Bilanz	K
Im Anhang ist der Betrag der im Geschäftsjahr aus steuerrechtlichen Gründen unterlassenen Zuschreibungen anzugeben und hinreichend zu begründen.	§ 280 Abs. 3	–	K

Text	Vorschrift	Angabe wahl- weise in	K * **
Sonstige Ausleihungen Für die Mitglieder des Geschäftsfüh- rungsorgans, eines Aufsichtsrats, eines Beirats oder einer ähnlichen Einrich- tung jeweils für jede Personengruppe sind im Anhang anzugeben c) die gewährten Vorschüsse und Kre- dite unter Angabe der Zinssätze, der wesentlichen Bedingungen und der gegebenenfalls im Geschäftsjahr zu- rückgezahlten Beträge (sowie die zugunsten dieser Personen eingegan- genen Haftungsverhältnisse).	§ 285 Nr. 9 c	–	
Umlaufvermögen Im Anhang ist der Betrag der im Ge- schäftsjahr aus steuerrechtlichen Grün- den unterlassenen Zuschreibungen an- zugeben und hinreichend zu begründen.	§ 280 Abs. 3	–	K
Vorräte Im Anhang müssen bei 4. Anwendung einer Bewertungsme- thode nach § 240 Abs. 4, § 256 Satz 1 die Unterschiedsbeträge pau- schal für die jeweilige Gruppe aus- gewiesen werden, wenn die Bewer- tung im Vergleich zu einer Bewer- tung auf der Grundlage des letzten vor dem Abschlußstichtag bekannten Börsenkurses oder Marktpreises ei- nen erheblichen Unterschied auf- weist. (§ 240 Abs. 4: Gleichartige Vermögens- gegenstände des Vorratsvermögens so- wie andere gleichartige oder annähernd gleichwertige bewegliche Vermögens- gegenstände und Schulden können je- weils zu einer Gruppe zusammengefaßt und mit dem gewogenen Durch- schnittswert angesetzt werden. § 256 Satz 1: Soweit es den Grundsät- zen ordnungsmäßiger Buchführung ent- spricht, kann für den Wertansatz gleichartiger Vermögensgegenstände des Vorratsvermögens unterstellt wer- den, daß die zuerst oder daß die zuletzt	§ 284 Abs. 2 Nr. 4		

Text	Vorschrift	Angabe wahl- weise in	K * **
angeschafften oder hergestellten Vermögensgegenstände zuerst oder in einer sonstigen bestimmten Folge verbraucht oder veräußert worden sind.)			
Forderungen und sonstige Vermögensgegenstände			
Werden unter dem Posten »sonstige Vermögensgegenstände« Beträge für Vermögensgegenstände ausgewiesen, die erst nach dem Abschlußstichtag rechtlich entstehen, so müssen Beträge, die einen größeren Umfang haben, im Anhang erläutert werden.	§ 268 Abs. 4 Satz 2	–	K
Wertpapiere			
Den Bestand und den Zugang an Aktien, die ein Aktionär für Rechnung der Gesellschaft oder eines abhängigen oder eines im Mehrheitsbesitz der Gesellschaft stehenden Unternehmens oder ein abhängiges oder im Mehrheitsbesitz der Gesellschaft stehendes Unternehmen als Gründer oder Zeichner oder in Ausübung eines bei einer bedingten Kapitalerhöhung eingeräumten Umtausch- oder Bezugsrechts übernommen hat; sind solche Aktien im Geschäftsjahr verwertet worden, so ist auch über die Verwertung unter Angabe des Erlöses und die Verwendung des Erlöses zu berichten; (siehe auch unter Eigenkapital)	§ 160 Abs. 1 Nr. 1 AktG	–	K
Den Bestand an eigenen Aktien der Gesellschaft, die sie, ein abhängiges oder im Mehrheitsbesitz der Gesellschaft stehendes Unternehmen oder ein anderer für Rechnung der Gesellschaft oder eines abhängigen oder eines im Mehrheitsbesitz der Gesellschaft stehenden Unternehmens erworben oder als Pfand genommen hat; dabei sind die Zahl und der auf sie entfallende Betrag des Grundkapitals dieser Aktien sowie deren Anteil am Grundkapital, für erworbene Aktien ferner der Zeitpunkt des Erwerbs und die Gründe für den Erwerb anzugeben. Sind solche Aktien im Geschäftsjahr erworben oder ver-	§ 160 Abs. 1 Nr. 2 AktG	–	K

Text	Vorschrift	Angabe wahl-weise in	K * **
äußert worden, so ist auch über den Erwerb oder die Veräußerung unter Angabe der Zahl dieser Aktien, des auf sie entfallenden Betrags des Grundkapitals, des Anteils am Grundkapital und des Erwerbs- oder Veräußerungspreises, sowie über die Verwendung des Erlöses zu berichten. (siehe auch unter Eigenkapital)			
Rechnungsabgrenzungsposten			
Ein nach § 250 Abs. 3 in den Rechnungsabgrenzungsposten auf der Aktivseite aufgenommener Unterschiedsbetrag ist in der Bilanz gesondert auszuweisen oder im Anhang anzugeben.	§ 268 Abs. 6	Bilanz	K
(§ 250 Abs. 3: Ist der Rückzahlungsbetrag einer Verbindlichkeit höher als der Ausgabebetrag, so darf der Unterschiedsbetrag in den Rechnungsabgrenzungsposten auf der Aktivseite aufgenommen werden. Der Unterschiedsbetrag ist durch planmäßige jährliche Abschreibungen zu tilgen, die auf die gesamte Laufzeit der Verbindlichkeit verteilt werden können.)			
(§ 274 Abs. 2 Satz 1: Ist der dem Geschäftsjahr und früheren Geschäftsjahren zuzurechnende Steueraufwand zu hoch, weil der nach den steuerrechtlichen Vorschriften zu versteuernde Gewinn höher als das handelsrechtliche Ergebnis ist, und gleicht sich der zu hohe Steueraufwand des Geschäftsjahrs und früherer Geschäftsjahre in späteren Geschäftsjahren voraussichtlich aus, so darf in Höhe der voraussichtlichen Steuerentlastung nachfolgender Geschäftsjahre ein Abgrenzungsposten als Bilanzierungshilfe auf der Aktivseite der Bilanz gebildet werden.) Dieser Posten ist unter entsprechender Bezeichnung gesondert auszuweisen und im Anhang zu erläutern. (§ 274 Abs. 2 Satz 3 und 4: Wird ein solcher Posten ausgewiesen, so dürfen Gewinne nur ausgeschüttet werden, wenn die nach der Ausschüttung verbleibenden jeder-	§ 274 Abs. 2 Satz 2	–	K

Text	Vorschrift	Angabe wahl- weise in	K * **
zeit auflösbaren Gewinnrücklagen zuzüglich eines Gewinnvortrags und abzüglich eines Verlustvortrags dem angesetzten Betrag mindestens entsprechen. Der Betrag ist aufzulösen, sobald die Steuerentlastung eintritt oder mit ihr voraussichtlich nicht mehr zu rechnen ist.)			
Eigenkapital			
Den Bestand und den Zugang an Aktien, die ein Aktionär für Rechnung der Gesellschaft oder eines abhängigen oder eines im Mehrheitsbesitz der Gesellschaft stehenden Unternehmens oder ein abhängiges oder im Mehrheitsbesitz der Gesellschaft stehendes Unternehmen als Gründer oder Zeichner oder in Ausübung eines bei einer bedingten Kapitalerhöhung eingeräumten Umtausch- oder Bezugsrechts übernommen hat; sind solche Aktien im Geschäftsjahr verwertet worden, so ist auch über die Verwertung unter Angabe des Erlöses und die Verwendung des Erlöses zu berichten. (siehe auch unter Wertpapiere)	§ 160 Abs. 1 Nr. 1 AktG	–	K
Den Bestand an eigenen Aktien der Gesellschaft, die sie, ein abhängiges oder im Mehrheitsbesitz der Gesellschaft stehendes Unternehmen oder ein anderer für Rechnung der Gesellschaft oder eines abhängigen oder eines im Mehrheitsbesitz der Gesellschaft stehenden Unternehmens erworben oder als Pfand genommen hat; dabei sind die Zahl dieser Aktien und der auf sie entfallende Betrag des Grundkapitals sowie deren Anteil am Grundkapital, für erworbene Aktien ferner der Zeitpunkt des Erwerbs und die Gründe für den Erwerb anzugeben. Sind solche Aktien im Geschäftsjahr erworben oder veräußert worden, so ist auch über den Erwerb oder die Veräußerung unter Angabe der Zahl dieser Aktien, des auf sie entfallenden Betrags des Grundkapitals, des Anteils am Grundkapital und	§ 160 Abs. 1 Nr. 2 AktG	–	K

Text	Vorschrift	Angabe wahlweise in	K * **
des Erwerbs- oder Veräußerungspreises, sowie über die Verwendung des Erlöses zu berichten. (siehe auch unter Wertpapiere)			
Die Zahl und bei Nennbetragsaktien den Nennbetrag der Aktien jeder Gattung, sofern sich diese Angaben nicht aus der Bilanz ergeben; davon sind Aktien, die bei einer bedingten Kapitalerhöhung oder einem genehmigten Kapital im Geschäftsjahr gezeichnet wurden, jeweils gesondert anzugeben.	§ 160 Abs. 1 Nr. 3 AktG	Bilanz	K
Das genehmigte Kapital;	§ 160 Abs. 1 Nr. 4 AktG	–	K
Zu dem Posten »Kapitalrücklage« sind in der Bilanz oder im Anhang gesondert anzugeben – der Betrag, der während des Geschäftsjahres eingestellt wurde; der Betrag, der für das Geschäftsjahr entnommen wird.	§ 152 Abs. 2 AktG	Bilanz	K
Zu den einzelnen Posten der Gewinnrücklagen sind in der Bilanz oder im Anhang jeweils gesondert anzugeben – die Beträge, die die Hauptversammlung aus dem Bilanzgewinn des Vorjahres eingestellt hat; – die Beträge, die aus dem Jahresüberschuß des Geschäftsjahrs eingestellt werden; – die Beträge, die für das Geschäftsjahr entnommen werden.	§ 152 Abs. 3 AktG	Bilanz	K
Unbeschadet der Absätze 1 und 2 können Vorstand und Aufsichtsrat den Eigenkapitalanteil von Wertaufholungen bei Vermögensgegenständen des Anlage- und Umlaufvermögens und von bei der steuerrechtlichen Gewinnermittlung gebildeten Passivposten, die nicht im Sonderposten mit Rücklageanteil ausgewiesen werden dürfen, in andere Gewinnrücklagen einstellen. Der Betrag dieser Rücklagen ist entweder in der Bilanz gesondert auszuweisen oder im Anhang anzugeben.	§ 58 Abs. 2a AktG	Bilanz	

Text	Vorschrift	Angabe wahlweise in	K * **
Unbeschadet der Absätze 1 und 2 und abweichender Gewinnverteilungsabreden nach Abs. 3 Satz 2 können die Geschäftsführer mit Zustimmung des Aufsichtsrats oder der Gesellschafter den Eigenkapitalanteil von Wertaufholungen bei Vermögensgegenständen des Anlage- und Umlaufvermögens und von bei der steuerrechtlichen Gewinnermittlung gebildeten Passivposten, die nicht im Sonderposten mit Rücklageanteil ausgewiesen werden dürfen, in andere Gewinnrücklagen einstellen. Der Betrag dieser Rücklagen ist entweder in der Bilanz gesondert auszuweisen oder im Anhang anzugeben.	§ 29 Abs. 4 GmbHG	Bilanz	K
Ausleihungen, Forderungen und Verbindlichkeiten gegenüber Gesellschaftern sind in der Regel als solche jeweils gesondert auszuweisen oder im Anhang anzugeben; werden sie unter anderen Posten ausgewiesen, so muß diese Eigenschaft vermerkt werden.	§ 42 Abs. 3 GmbHG	Bilanz	K
In jedem Anhang sind auch Angaben zu machen über			
das Bestehen einer wechselseitigen Beteiligung unter Angabe des Unternehmens;	§ 160 Abs. 1 Nr. 7 AktG	–	K
das Bestehen einer Beteiligung, die nach § 20 Abs. 1 oder Abs. 4 dieses Gesetzes oder nach § 21 Abs. 1 oder Abs. 1 a des Wertpapierhandelsgesetzes mitgeteilt worden ist; dabei ist der nach § 20 Abs. 6 dieses Gesetzes oder der nach § 26 Abs. 1 des Wertpapierhandelsgesetzes veröffentlichte Inhalt der Mitteilung anzugeben.	§ 160 Abs. 1 Nr. 8 AktG	–	K
Bilanzgewinn/Bilanzverlust			
Die Bilanz darf auch unter Berücksichtigung der vollständigen oder teilweisen Verwendung des Jahresergebnisses aufgestellt werden. Wird die Bilanz unter Berücksichtigung der teilweisen Verwendung des Jahresergebnisses aufgestellt, so tritt an die Stelle der Posten »Jahresüberschuß/Jahresfehlbetrag« und	§ 268 Abs. 1	Bilanz	K

Text	Vorschrift	Angabe wahl- weise in	K * **
»Gewinnvortrag/Verlustvortrag« der Posten »Bilanzgewinn/Bilanzverlust«; ein vorhandener Gewinn- oder Verlustvortrag ist in den Posten »Bilanzgewinn/Bilanzverlust« einzubeziehen und in der Bilanz oder im Anhang gesondert anzugeben.			
Sonderposten mit Rücklageanteil			
(§ 273 Satz 1: Der Sonderposten mit Rücklageanteil (§ 247 Abs. 3) darf nur insoweit gebildet werden, als das Steuerrecht die Anerkennung des Wertansatzes bei der steuerrechtlichen Gewinnermittlung davon abhängig macht, daß der Sonderposten in der Bilanz gebildet wird.) Er ist auf der Passivseite vor den Rückstellungen auszuweisen; die Vorschriften, nach denen er gebildet worden ist, sind in der Bilanz oder im Anhang anzugeben.	§ 273 Satz 2	Bilanz	
(§ 281 Abs. 1, Satz 1: Die nach § 254 zulässigen Abschreibungen dürfen auch in der Weise vorgenommen werden, daß der Unterschiedsbetrag zwischen der nach § 253 in Verbindung mit § 279 und der nach § 254 zulässigen Bewertung in den Sonderposten mit Rücklageanteil eingestellt wird.) In der Bilanz oder im Anhang sind die Vorschriften anzugeben, nach denen die Wertberichtigung gebildet worden ist. (§ 281 Abs. 1 Satz 3: Unbeschadet steuerrechtlicher Vorschriften über die Auflösung ist die Wertberichtigung insoweit aufzulösen, als die Vermögensgegenstände, für die sie gebildet worden ist, aus dem Vermögen ausscheiden oder die steuerrechtliche Wertberichtigung durch handelsrechtliche Abschreibungen ersetzt wird.)	§ 281 Abs. 1 Satz 2	Bilanz	
(§ 254: Abschreibungen können auch vorgenommen werden, um Vermögensgegenstände des Anlage- oder Umlaufvermögens mit dem niedrigeren Wert anzusetzen, der auf einer nur steuerrechtlich zulässigen Abschreibung beruht. § 253 Abs. 5 ist entsprechend anzuwenden.)			

Text	Vorschrift	Angabe wahl- weise in	K * **
Erträge aus der Auflösung des Sonderpostens mit Rücklageanteil sind in dem Posten »sonstige betriebliche Erträge«, Einstellungen in den Sonderposten mit Rücklageanteil sind in dem Posten »sonstige betriebliche Aufwendungen« der Gewinn- und Verlustrechnung gesondert auszuweisen oder im Anhang anzugeben. (siehe auch unter sonstige betriebliche Erträge/sonstige betriebliche Aufwendungen)	§ 281 Abs. 2 Satz 2	GuV	
Rückstellungen für Pensionen und ähnliche Verpflichtungen (Art. 28 Abs. 1 EGHGB: Für eine laufende Pension oder eine Anwartschaft auf eine Pension auf Grund einer unmittelbaren Zusage braucht eine Rückstellung nach § 249 Abs. 1 Satz 1 des Handelsgesetzbuchs nicht gebildet zu werden, wenn der Pensionsberechtigte seinen Rechtsanspruch vor dem 1. Januar 1987 erworben hat oder sich ein vor diesem Zeitpunkt erworbener Rechtsanspruch nach dem 31. Dezember 1986 erhöht. Für eine mittelbare Verpflichtung aus einer Zusage für eine laufende Pension oder eine Anwartschaft auf eine Pension sowie für eine ähnliche unmittelbare oder mittelbare Verpflichtung braucht eine Rückstellung in keinem Fall gebildet zu werden.)			
Bei Anwendung des Absatzes 1 müssen Kapitalgesellschaften die in der Bilanz nicht ausgewiesenen Rückstellungen für laufende Pensionen, Anwartschaften auf Pensionen und ähnliche Verpflichtungen jeweils im Anhang und im Konzernanhang in einem Betrag angeben.	Art. 28 Abs. 2 EGHGB	–	K
Übrige Rückstellungen Ist der dem Geschäftsjahr und früheren Geschäftsjahren zuzurechnende Steueraufwand zu niedrig, weil der nach den steuerrechtlichen Vorschriften zu versteuernde Gewinn niedriger als das handelsrechtliche Ergebnis ist, und gleicht	§ 274 Abs. 1	Bilanz	K

Text	Vorschrift	Angabe wahlweise in	K * **
sich der zu niedrige Steueraufwand des Geschäftsjahrs und früherer Geschäftsjahre in späteren Geschäftsjahren voraussichtlich aus, so ist in Höhe der voraussichtlichen Steuerbelastung nachfolgender Geschäftsjahre eine Rückstellung nach § 249 Abs. 1 Satz 1 zu bilden und in der Bilanz oder im Anhang gesondert anzugeben. Die Rückstellung ist aufzulösen, sobald die höhere Steuerbelastung eintritt oder mit ihr voraussichtlich nicht mehr zu rechnen ist.			
Rückstellungen, die in der Bilanz unter dem Posten »sonstige Rückstellungen« nicht gesondert ausgewiesen werden, sind zu erläutern, wenn sie einen nicht unerheblichen Umfang haben.	§ 285 Nr. 12	Bilanz	*
Verbindlichkeiten *Allgemeines*			
Ferner sind im Anhang anzugeben: 1. zu den in der Bilanz ausgewiesenen Verbindlichkeiten a) der Gesamtbetrag der Verbindlichkeiten mit einer Restlaufzeit von mehr als fünf Jahren,	§ 285 Nr. 1 a	–	
b) der Gesamtbetrag der Verbindlichkeiten, die durch Pfandrechte oder ähnliche Rechte gesichert sind, unter Angabe von Art und Form der Sicherheiten;	§ 285 Nr. 1 b	–	
2. die Aufgliederung der in Nummer 1 verlangten Angaben für jeden Posten der Verbindlichkeiten nach dem vorgeschriebenen Gliederungsschema, sofern sich diese Angaben nicht aus der Bilanz ergeben.	§ 285 Nr. 2	–	*
Genußrechte, Rechte aus Besserungsscheinen und ähnliche Rechte unter Angabe der Art und Zahl der jeweiligen Rechte sowie der im Geschäftsjahr neu entstandenen Rechte.	§ 160 Abs. 1 Nr. 6 AktG		K
Wandelschuldverschreibungen			
Die Zahl der Bezugsrechte gemäß § 192 Abs. 2 Nr. 3, der Wandelschuldverschreibungen und vergleichbaren Wert-	§ 160 Abs. 1 Nr. 5 AktG	–	K

Text	Vorschrift	Angabe wahl- weise in	K * **
papiere unter Angabe der Rechte, die sie verbriefen.			
Sonstige Verbindlichkeiten			
Sind unter dem Posten »Verbindlich-keiten« Beträge für Verbindlichkeiten ausgewiesen, die erst nach dem Ab-schlußstichtag rechtlich entstehen, so müssen Beträge, die einen größeren Umfang haben, im Anhang erläutert werden.	§ 268 Abs. 5 Satz 3	–	K
Derivative und nicht-derivative Finanz-instrumente			
Ferner sind im Anhang anzugeben: für jede Kategorie derivativer Finanz-instrumente a) Art und Umfang der Finanzinstru-mente, b) der beizulegende Zeitwert der be-treffenden Finanzinstrumente, soweit sich dieser gemäß den Sätzen 3 bis 5 verlässlich ermitteln lässt, unter An-gabe der angewandten Bewertungs-methode sowie eines gegebenenfalls vorhandenen Buchwerts und des Bi-lanzpostens, in welchem der Buch-wert erfasst ist;	§ 285 Nr. 18		
für zu den Finanzanlagen (§ 266 Abs. 2 A. III.) gehörende Finanzinstrumente, die über ihrem beizulegenden Zeitwert ausgewiesen werden, da insoweit eine außerplanmäßige Abschreibung gemäß § 253 Abs. 2 Satz 3 unterblieben ist: a) der Buchwert und der beizulegende Zeitwert der einzelnen Vermögens-gegenstände oder angemessener Gruppierungen sowie b) die Gründe für das Unterlassen einer Abschreibung gemäß § 253 Abs. 2 Satz 3 einschließlich der Anhalts-punkte, die darauf hindeuten, dass die Wertminderung voraussichtlich nicht von Dauer ist. Als derivative Finanzinstrumente im Sinne des Satzes 1 Nr. 18 gelten auch Verträge über den Erwerb oder die Ver-äußerung von Waren, bei denen jede der	§ 285 Nr. 19		

Text	Vorschrift	Angabe wahlweise in	K * **
Vertragsparteien zur Abgeltung in bar oder durch ein anderes Finanzinstrument berechtigt ist, es sei denn, der Vertrag wurde geschlossen, um einen für den Erwerb, die Veräußerung oder den eigenen Gebrauch erwarteten Bedarf abzusichern, sofern diese Zweckwidmung von Anfang an bestand und nach wie vor besteht und der Vertrag mit der Lieferung der Ware als erfüllt gilt. Der beizulegende Zeitwert im Sinne des Satzes 1 Nr. 18 Buchstabe b, Nr. 19 entspricht dem Marktwert, sofern ein solcher ohne weiteres verlässlich feststellbar ist. Ist dies nicht der Fall, so ist der beizulegende Zeitwert, sofern dies möglich ist, aus den Marktwerten der einzelnen Bestandteile des Finanzinstruments oder aus dem Marktwert eines gleichwertigen Finanzinstruments abzuleiten, anderenfalls mit Hilfe allgemein anerkannter Bewertungsmodelle und -methoden zu bestimmen, sofern diese eine angemessene Annäherung an den Marktwert gewährleisten. Bei der Anwendung allgemein anerkannter Bewertungsmodelle und -methoden sind die tragenden Annahmen anzugeben, die jeweils der Bestimmung des beizulegenden Zeitwerts zugrunde gelegt wurden. Kann der beizulegende Zeitwert nicht bestimmt werden, sind die Gründe dafür anzugeben.			
Haftungsverhältnisse und sonstige finanzielle Verpflichtungen			
Die in § 251 bezeichneten Haftungsverhältnisse sind jeweils gesondert unter der Bilanz oder im Anhang unter Angabe der gewährten Pfandrechte und sonstigen Sicherheiten anzugeben; bestehen solche Verpflichtungen gegenüber verbundenen Unternehmen, so sind sie gesondert anzugeben.	§ 268 Abs. 7	Bilanz	K
(§ 251: Unter der Bilanz sind, sofern sie nicht auf der Passivseite auszuweisen sind, Verbindlichkeiten aus der Begebung und Übertragung von Wechseln, aus Bürgschaften, Wechsel- und			

Text	Vorschrift	Angabe wahl- weise in	K * **
Scheckbürgschaften und aus Gewähr-leistungsverträgen sowie Haftungsver-hältnisse aus der Bestellung von Si-cherheiten für fremde Verbindlichkeiten zu vermerken; sie dürfen in einem Be-trag angegeben werden. Haftungsver-hältnisse sind auch anzugeben, wenn ihnen gleichwertige Rückgriffsforde-rungen gegenüberstehen.)			
Der Gesamtbetrag der sonstigen finan-ziellen Verpflichtungen, die nicht in der Bilanz erscheinen und auch nicht nach § 251 anzugeben sind, sofern diese An-gabe für die Beurteilung der Finanzlage von Bedeutung ist; davon sind Ver-pflichtungen gegenüber verbundenen Unternehmen gesondert anzugeben.	§ 285 Nr. 3	–	*

Erläuterungen zur Gewinn- und Verlustrechnung

Text	Vorschrift	Angabe wahl- weise in	K * **
Allgemeine Angaben			
Bei Anwendung des Umsatzkostenver- fahrens (§ 275 Abs. 3) a) der Materialaufwand des Geschäfts- jahrs, gegliedert nach § 275 Abs. 2 Nr. 5,	§ 285 Nr. 8 a	–	*
b) der Personalaufwand des Geschäfts- jahrs, gegliedert nach § 275 Abs. 2 Nr. 6.	§ 285 Nr. 8 b	–	
Umsatzerlöse			
Die Aufgliederung der Umsatzerlöse nach Tätigkeitsbereichen sowie nach geographisch bestimmten Märkten, so- weit sich, unter Berücksichtigung der Organisation des Verkaufs von für die gewöhnliche Geschäftstätigkeit der Ka- pitalgesellschaft typischen Erzeugnissen und der für die gewöhnliche Geschäfts- tätigkeit der Kapitalgesellschaft typi- schen Dienstleistungen, die Tätigkeits- bereiche und geographisch bestimmten Märkte untereinander erheblich unter- scheiden.	§ 285 Nr. 4	–	**
Die Aufgliederung der Umsatzerlöse nach § 285 Nr. 4 kann unterbleiben, so- weit die Aufgliederung nach vernünfti- ger kaufmännischer Beurteilung geeig- net ist, der Kapitalgesellschaft oder ei- nem Unternehmen, von dem die Kapi- talgesellschaft mindestens den fünften Teil der Anteile besitzt, einen erhebli- chen Nachteil zuzufügen.	§ 286 Abs. 2	–	
Sonstige betriebliche Erträge/ sonstige betriebliche Aufwendungen			
Erträge aus der Auflösung des Sonder- postens mit Rücklageanteil sind in dem Posten »sonstige betriebliche Erträge«, Einstellungen in den Sonderposten mit Rücklageanteil sind in dem Posten »son- stige betriebliche Aufwendungen« der Gewinn- und Verlustrechnung gesondert auszuweisen oder im Anhang anzugeben. (siehe auch unter Eigenkapital)	§ 281 Abs. 2 Satz 2	GuV	

Text	Vorschrift	Angabe wahl- weise in	K * **
Außerordentliche Erträge/ Außerordentliche Aufwendungen			
(§ 277 Abs. 4 Satz 1: Unter den Posten »außerordentliche Erträge« und »außer- ordentliche Aufwendungen« sind Erträ- ge und Aufwendungen auszuweisen, die außerhalb der gewöhnlichen Geschäfts- tätigkeit der Kapitalgesellschaft anfal- len.) Die Posten sind hinsichtlich ihres Betrages und ihrer Art im Anhang zu erläutern, soweit die ausgewiesenen Beträge für die Beurteilung der Er- tragslage nicht von untergeordneter Be- deutung sind. Satz 2 gilt auch für Er- träge und Aufwendungen, die einem anderen Geschäftsjahr zuzurechnen sind.	§ 277 Abs. 4 Satz 2 und 3	–	K
Steuern vom Einkommen und vom Ertrag			
In welchem Umfang die Steuern vom Einkommen und vom Ertrag das Er- gebnis der gewöhnlichen Geschäftstä- tigkeit und das außerordentliche Ergeb- nis belasten.	§ 285 Nr. 6	–	
Abschreibungen			
(siehe unter Ingangsetzung und Erwei- terung des Geschäftsbetriebs sowie An- lagevermögen)	§ 268 Abs. 2 Satz 3	Bilanz	K
Im Anhang ist der Betrag der im Ge- schäftsjahr allein nach steuerrechtlichen Vorschriften vorgenommenen Abschrei- bungen, getrennt nach Anlage- und Umlaufvermögen, anzugeben, soweit er sich nicht aus der Bilanz oder der Ge- winn- und Verlustrechnung ergibt, und hinreichend zu begründen.	§ 281 Abs. 2 Satz 1	Bilanz GuV	
Bei Anwendung des § 255 Abs. 4 Satz 3 die Gründe für die planmäßige Ab- schreibung des Geschäfts- oder Fir- menwerts.	§ 285 Nr. 13	–	
(§ 255 Abs. 4: Als Geschäfts- oder Fir- menwert darf der Unterschiedsbetrag angesetzt werden, um den die für die Übernahme eines Unternehmens be- wirkte Gegenleistung den Wert der ein-			

Text	Vorschrift	Angabe wahlweise in	K * **
zelnen Vermögensgegenstände des Unternehmens abzüglich der Schulden im Zeitpunkt der Übernahme übersteigt. Der Betrag ist in jedem folgenden Geschäftsjahr zu mindestens einem Viertel durch Abschreibungen zu tilgen. Die Abschreibung des Geschäfts- oder Firmenwerts kann aber auch planmäßig auf die Geschäftsjahre verteilt werden, in denen er voraussichtlich genutzt wird.)			
Das Ausmaß, in dem das Jahresergebnis dadurch beeinflußt wurde, daß bei Vermögensgegenständen im Geschäftsjahr oder in früheren Geschäftsjahren Abschreibungen nach §§ 254, 280 Abs. 2 auf Grund steuerrechtlicher Vorschriften vorgenommen oder beibehalten wurden oder ein Sonderposten nach § 273 gebildet wurde; ferner das Ausmaß erheblicher künftiger Belastungen, die sich aus einer solchen Bewertung ergeben.	§ 285 Nr. 5	–	*
(§ 254: Abschreibungen können auch vorgenommen werden, um Vermögensgegenstände des Anlage- oder Umlaufvermögens mit dem niedrigeren Wert anzusetzen, der auf einer nur steuerrechtlich zulässigen Abschreibung beruht. § 253 Abs. 5 ist entsprechend anzuwenden.)			
(§ 280:			
(1) Wird bei einem Vermögensgegenstand eine Abschreibung nach § 253 Abs. 2 Satz 3 oder Abs. 3 oder § 254 Satz 1 vorgenommen und stellt sich in einem späteren Geschäftsjahr heraus, daß die Gründe dafür nicht mehr bestehen, so ist der Betrag dieser Abschreibung im Umfang der Werterhöhung unter Berücksichtigung der Abschreibungen, die inzwischen vorzunehmen gewesen wären, zuzuschreiben. § 253 Abs. 5, § 254 Satz 2 sind insoweit nicht anzuwenden. (2) Von der Zuschreibung nach Absatz 1 kann abgesehen werden, wenn der niedrigere Wertansatz bei der steuer-			

Text	Vorschrift	Angabe wahl- weise in	K * **
rechtlichen Gewinnermittlung beibehalten werden kann und wenn Voraussetzung für die Beibehaltung ist, daß der niedrigere Wertansatz auch in der Bilanz beibehalten wird. (3) Im Anhang ist der Betrag der im Geschäftsjahr aus steuerrechtlichen Gründen unterlassenen Zuschreibungen anzugeben und hinreichend zu begründen.)			
Außerplanmäßige Abschreibungen nach § 253 Abs. 2 Satz 3 sowie Abschreibungen nach § 253 Abs. 3 Satz 3 sind jeweils gesondert auszuweisen oder im Anhang anzugeben.	§ 277 Abs. 3 Satz 1	GuV	K
(§ 253 Abs. 2 Satz 3: Ohne Rücksicht darauf, ob ihre Nutzung zeitlich begrenzt ist, können bei Vermögensgegenständen des Anlagevermögens außerplanmäßige Abschreibungen vorgenommen werden, um die Vermögensgegenstände mit dem niedrigeren Wert anzusetzen, der ihnen am Abschlußstichtag beizulegen ist; sie sind vorzunehmen bei einer voraussichtlich dauernden Wertminderung.)			
(§ 253 Abs. 3 Satz 3: Außerdem dürfen Abschreibungen vorgenommen werden, soweit diese nach vernünftiger kaufmännischer Beurteilung notwendig sind, um zu verhindern, daß in der nächsten Zukunft der Wertansatz dieser Vermögensgegenstände auf Grund von Wertschwankungen geändert werden muß.)			
Ergänzende Angaben			

(§ 158 Abs. 1 Satz 1 AktG: Die Gewinn- und Verlustrechnung ist nach dem Posten »Jahresüberschuß/Jahresfehlbetrag« in Fortführung der Numerierung um die folgenden Posten zu ergänzen:
1. Gewinnvortrag/Verlustvortrag aus dem Vorjahr
2. Entnahmen aus der Kapitalrücklage
3. Entnahmen aus Gewinrücklagen
    a) aus der gesetzlichen Rücklage
    b) aus der Rücklage für eigene Aktien			

Text	Vorschrift	Angabe wahl-weise in	K * **

c) aus satzungsmäßigen Rücklagen
d) aus anderen Gewinnrücklagen
4. Einstellungen in Gewinnrücklagen
  a) in die gesetzliche Rücklage
  b) in die Rücklage für eigene Aktien
  c) in satzungsmäßige Rücklagen
  d) in andere Gewinnrücklagen
5. Bilanzgewinn/Bilanzverlust).			

Die Angaben nach Satz 1 können auch im Anhang gemacht werden.	§ 158 Abs. 1 Satz 2 AktG	GuV	K
(§ 240 Satz 1 und 2 AktG: Der aus der Kapitalherabsetzung gewonnene Betrag ist in der Gewinn- und Verlustrechnung als »Ertrag aus der Kapitalherabsetzung« gesondert, und zwar hinter dem Posten »Entnahmen aus Gewinnrücklagen«, auszuweisen. Eine Einstellung in die Kapitalrücklage nach § 229 Abs. 1 und § 232 ist als »Einstellung in die Kapitalrücklage nach den Vorschriften über die vereinfachte Kapitalherabsetzung« gesondert auszuweisen.) Im Anhang ist zu erläutern, ob und in welcher Höhe die aus der Kapitalherabsetzung und aus der Auflösung von Gewinnrücklagen gewonnenen Beträge 1. zum Ausgleich von Wertminderungen 2. zur Deckung von sonstigen Verlusten oder 3. zur Einstellung in die Kapitalrücklage verwandt werden.	§ 240 Satz 3 AktG	–	K
(§ 261 Abs. 1 Satz 1 und 2 AktG: Haben die Sonderprüfer in ihrer abschließenden Feststellung erklärt, daß Posten unterbewertet sind, und ist gegen diese Feststellung nicht innerhalb der in § 260 Abs. 1 bestimmten Frist der Antrag auf gerichtliche Entscheidung gestellt worden, so sind die Posten in dem ersten Jahresabschluß, der nach Ablauf dieser Frist aufgestellt wird, mit den von den Sonderprüfern festgestellten Werten oder Beträgen anzusetzen. Dies gilt nicht, soweit auf Grund veränderter Verhältnisse, namentlich bei Gegenständen, die der Abnutzung unterliegen, auf Grund der Abnutzung, nach §§ 253			

Text	Vorschrift	Angabe wahl- weise in	K * **
bis 256 des Handelsgesetzbuchs in Verbindung mit §§ 279 bis 283 des Handelsgesetzbuchs oder nach den Grundsätzen ordnungsmäßiger Buchführung für Aktivposten ein niedrigerer Wert oder für Passivposten ein höherer Betrag anzusetzen ist.) In diesem Fall sind im Anhang die Gründe anzugeben und in einer Sonderrechnung die Entwicklung des von den Sonderprüfern festgestellten Wertes oder Betrags auf den nach Satz 2 angesetzten Wert oder Betrag darzustellen. Sind die Gegenstände nicht mehr vorhanden, so ist darüber und über die Verwendung des Ertrags aus dem Abgang der Gegenstände im Anhang zu berichten. (§ 261 Abs. 1 Satz 5 und 6: Bei den einzelnen Posten der Jahresbilanz sind die Unterschiedsbeträge zu vermerken, um die auf Grund von Satz 1 und 2 Aktivposten zu einem höheren Wert oder Passivposten mit einem niedrigeren Betrag angesetzt worden sind. Die Summe der Unterschiedsbeträge ist auf der Passivseite der Bilanz und in der Gewinn- und Verlustrechnung als »Ertrag auf Grund höherer Bewertung gemäß dem Ergebnis der Sonderprüfung« gesondert auszuweisen.)	§ 261 Abs. 1 Satz 3 und 4 AktG	–	K

Sonstige Angaben

Text	Vorschrift	Angabe wahl- weise in	K * **
Ferner sind im Anhang anzugeben:		–	*
Die durchschnittliche Zahl der während des Geschäftsjahrs beschäftigten Arbeitnehmer getrennt nach Gruppen.	§ 285 Nr. 7		
Für die Mitglieder des Geschäftsführungsorgans, eines Aufsichtsrats, eines Beirats oder einer ähnlichen Einrichtung jeweils für jede Personengruppe			
a) die für die Tätigkeit im Geschäftsjahr gewährten Gesamtbezüge (Gehälter, Gewinnbeteiligungen, Bezugsrechte und sonstige aktienbasierte Vergütungen, Aufwandsentschädigungen, Versicherungsentgelte, Provisionen und Nebenleistungen jeder Art). In die Gesamtbezüge sind auch Bezüge einzurechnen, die nicht ausgezahlt, sondern in Ansprüche anderer Art umgewandelt oder zur Erhöhung anderer Ansprüche verwendet werden. Außer den Bezügen für das Geschäftsjahr sind die weiteren Bezüge anzugeben, die im Geschäftsjahr gewährt, bisher aber in keinem Jahresabschluss angegeben worden sind. Bezugsrechte und sonstige aktienbasierte Vergütungen sind mit ihrer Anzahl und dem beizulegenden Zeitwert zum Zeitpunkt ihrer Gewährung anzugeben; spätere Wertveränderungen, die auf einer Änderung der Ausübungsbedingungen beruhen, sind zu berücksichtigen. Bei einer börsennotierten Aktiengesellschaft sind zusätzlich unter Namensnennung die Bezüge jedes einzelnen Vorstandsmitglieds, aufgeteilt nach erfolgsunabhängigen und erfolgsbezogenen Komponenten sowie Komponenten mit langfristiger Anreizwirkung, gesondert anzugeben. Dies gilt auch für Leistungen, die dem Vorstandsmitglied für den Fall der Beendigung seiner Tätigkeit zugesagt worden sind. Hierbei ist der wesentliche Inhalt der Zusagen dar-	§ 285 Nr. 9 a	–	*

Text	Vorschrift	Angabe wahl- weise in	K * **
zustellen, wenn sie in ihrer rechtlichen Ausgestaltung von den den Arbeitnehmern erteilten Zusagen nicht unerheblich abweichen. Leistungen, die dem einzelnen Vorstandsmitglied von einem Dritten im Hinblick auf seine Tätigkeit als Vorstandsmitglied zugesagt oder im Geschäftsjahr gewährt worden sind, sind ebenfalls anzugeben. Enthält der Jahresabschluss weitergehende Angaben zu bestimmten Bezügen, sind auch diese zusätzlich einzelnen anzugeben;			
b) die Gesamtbezüge (Abfindungen, Ruhegehälter, Hinterbliebenenbezüge und Leistungen verwandter Art) der früheren Mitglieder der bezeichneten Organe und ihrer Hinterbliebenen. Buchstabe a Satz 2 und 3 ist entsprechend anzuwenden. Ferner ist der Betrag der für diese Personengruppe gebildeten Rückstellungen für laufende Pensionen und Anwartschaften auf Pensionen und der Betrag der für diese Verpflichtungen nicht gebildeten Rückstellungen anzugeben.	§ 285 Nr. 9 b	–	*
c) (siehe unter sonstige Ausleihungen und Haftungsverhältnisse)	(§ 285 Nr. 9 c)	–	
Alle Mitglieder des Geschäftsführungsorgans und eines Aufsichtsrats, auch wenn sie im Geschäftsjahr oder später ausgeschieden sind, mit dem Familiennamen und mindestens einem ausgeschriebenen Vornamen, einschließlich des ausgeübten Berufs und bei börsennotierten Gesellschaften auch der Mitgliedschaft in Aufsichtsräten und anderen Kontrollgremien im Sinne des § 125 Abs. 1 Satz 3 des Aktiengesetzes. Der Vorsitzende eines Aufsichtsrats, seine Stellvertreter und ein etwaiger Vorsitzender des Geschäftsführungsorgans sind als solche zu bezeichnen.	§ 285 Nr. 10	–	
Name und Sitz anderer Unternehmen, von denen die Kapitalgesellschaft oder eine für Rechnung der Kapitalgesellschaft handelnde Person mindestens den	§ 285 Nr. 11	–	

Text	Vorschrift	Angabe wahl- weise in	K * **
fünften Teil der Anteile besitzt; außerdem sind die Höhe des Anteils am Kapital, das Eigenkapital und das Ergebnis des letzten Geschäftsjahrs dieser Unternehmen anzugeben, für das ein Jahresabschluß vorliegt; auf die Berechnung der Anteile ist § 16 Abs. 2 und 4 des Aktiengesetzes entsprechend anzuwenden; ferner sind von börsennotierten Kapitalgesellschaften zusätzlich alle Beteiligungen an großen Kapitalgesellschaften anzugeben, die fünf vom Hundert der Stimmrechte überschreiten.			
Die in § 285 Nr. 11 und 11 a verlangten Angaben dürfen statt im Anhang auch in einer Aufstellung des Anteilsbesitzes gesondert gemacht werden. Die Aufstellung ist Bestandteil des Anhangs. Auf die besondere Aufstellung nach Satz 1 und den Ort ihrer Hinterlegung ist im Anhang hinzuweisen.	§ 287	–	
(§ 286 Abs. 3 Satz 1 und 2: Die Angaben nach § 285 Satz 1 Nr. 11 und 11 a können unterbleiben, soweit sie			
1. für die Darstellung der Vermögens-, Finanz- und Ertragslage der Kapitalgesellschaft nach § 264 Abs. 2 von untergeordneter Bedeutung sind oder 2. nach vernünftiger kaufmännischer Beurteilung geeignet sind, der Kapitalgesellschaft oder dem anderen Unternehmen einen erheblichen Nachteil zuzufügen.			
Die Angabe des Eigenkapitals und des Jahresergebnisses kann unterbleiben, wenn das Unternehmen, über das zu berichten ist, seinen Jahresabschluß nicht offenzulegen hat und die berichtende Kapitalgesellschaft weniger als die Hälfte der Anteile besitzt.) Satz 1 Nr. 2 findet keine Anwendung, wenn eine Kapitalgesellschaft einen organisierten Markt im Sinne des § 2 Abs. 5 des Wertpapierhandelsgesetzes durch von ihr oder einem ihrer Tochterunternehmen (§ 290 Abs. 1, 2) ausgegebene Wertpapiere im Sinne des § 2 Abs. 1	§ 286 Abs. 3 Satz 3 und 4	–	

Text	Vorschrift	Angabe wahl- weise in	K * **
Satz 1 des Wertpapierhandelsgesetzes in Anspruch nimmt oder wenn die Zulassung solcher Wertpapiere zum Handel an einem organisierten Markt beantragt worden ist. Im Übrigen ist die Anwendung der Ausnahmeregelung nach Satz 1 Nr. 2 im Anhang anzugeben.			
Name und Sitz des Mutterunternehmens der Kapitalgesellschaft, das den Konzernabschluß für den größten Kreis von Unternehmen aufstellt, und ihres Mutterunternehmens, das den Konzernabschluß für den kleinsten Kreis von Unternehmen aufstellt, sowie im Falle der Offenlegung der von diesen Mutterunternehmen aufgestellten Konzernabschlüsse der Ort, wo diese erhältlich sind.	§ 285 Nr. 14	–	
Die Berichterstattung hat insoweit zu unterbleiben, als es für das Wohl der Bundesrepublik Deutschland oder eines ihrer Länder erforderlich ist. (Auf die Anwendung dieser Vorschrift braucht nicht hingewiesen zu werden.)	§ 286 Abs. 1 und § 160 Abs. 1 Nr. 8 AktG	–	

V. Lagebericht

§ 289 HGB sagt zu dem Lagebericht folgendes:

(1) Im Lagebericht sind der Geschäftsverlauf einschließlich des Geschäftsergebnisses und die Lage der Kapitalgesellschaft so darzustellen, dass ein den tatsächlichen Verhältnissen entsprechendes Bild vermittelt wird. Er hat eine ausgewogene und umfassende, dem Umfang und der Komplexität der Geschäftstätigkeit entsprechende Analyse des Geschäftsverlaufs und der Lage der Gesellschaft zu enthalten. In die Analyse sind die für die Geschäftstätigkeit bedeutsamsten finanziellen Leistungsindikatoren einzubeziehen und unter Bezugnahme auf die im Jahresabschluss ausgewiesenen Beträge und Angaben zu erläutern. Ferner ist im Lagebericht die voraussichtliche Entwicklung mit ihren wesentlichen Chancen und Risiken zu beurteilen und zu erläutern; zugrunde liegende Annahmen sind anzugeben. Die gesetzlichen Vertreter einer Kapitalgesellschaft im Sinne des § 264 Abs. 2 Satz 3 haben zu versichern, dass nach bestem Wissen im Lagebericht der Geschäftsverlauf einschließlich des Geschäftsergebnisses und die Lage der Kapitalgesellschaft so dargestellt sind, dass ein den tatsächlichen Verhältnissen entsprechendes Bild vermittelt wird, und dass die wesentlichen Chancen und Risiken im Sinne des Satzes 4 beschrieben sind.

(2) Der Lagebericht soll auch eingehen auf:

1. Vorgänge von besonderer Bedeutung, die nach dem Schluß des Geschäftsjahrs eingetreten sind;

2. a) die Risikomanagementziele und -methoden der Gesellschaft einschließlich ihrer Methoden zur Absicherung aller wichtigen Arten von Transaktionen, die im Rahmen der Bilanzierung von Sicherungsgeschäften erfaßt werden, sowie

   b) die Preisänderungs-, Ausfall und Liquiditätsrisiken sowie die Risiken aus Zahlungsstromschwankungen, denen die Gesellschaft ausgesetzt ist,

   jeweils in Bezug auf die Verwendung von Finanzinstrumenten durch die Gesellschaft und sofern dies für die Beurteilung der Lage oder der voraussichtlichen Entwicklung von Belang ist;

3. den Bereich Forschung und Entwicklung;

4. bestehende Zweigniederlassungen der Gesellschaft;

5. die Grundzüge des Vergütungssystems der Gesellschaft für die in § 285 Satz 1 Nr. 9 genannten Gesamtbezüge, soweit es sich um eine börsennotierte Aktiengesellschaft handelt. Werden dabei auch Angaben entsprechend § 285 Satz 1 Nr. 9 Buchstabe a Satz 5 bis 9 gemacht, können diese im Anhang unterbleiben.

(3) Bei einer großen Kapitalgesellschaft (§ 267 Abs. 3) gilt Absatz 1 Satz 3 entsprechend für nichtfinanzielle Leistungsindikatoren, wie Informationen über Umwelt- und Arbeitnehmerbelange, soweit sie für das Verständnis des Geschäftsverlaufs oder der Lage von Bedeutung sind.

(4) Aktiengesellschaften und Kommanditgesellschaften auf Aktien, die einen organisierten Markt im Sinne des § 2 Abs. 7 des Wertpapiererwerbs- und Übernahmegesetzes durch von ihnen ausgegebene stimmberechtigte Aktien in Anspruch nehmen, haben im Lagebericht anzugeben:

1. die Zusammensetzung des gezeichneten Kapitals; bei verschiedenen Aktiengattungen sind für jede Gattung die damit verbundenen Rechte und Pflichten und der Anteil am Gesellschaftskapital anzugeben;

2. Beschränkungen, die Stimmrechte oder die Übertragung von Aktien betreffen, auch wenn sie sich aus Vereinbarungen zwischen Gesellschaftern ergeben können, soweit sie dem Vorstand der Gesellschaft bekannt sind;

3. direkte oder indirekte Beteiligungen am Kapital, die 10 vom Hundert der Stimmrechte überschreiten;

4. die Inhaber von Aktien mit Sonderrechten, die Kontrollbefugnisse verleihen; die Sonderrechte sind zu beschreiben;

5. die Art der Stimmrechtskontrolle, wenn Arbeitnehmer am Kapital beteiligt sind und ihre Kontrollrechte nicht unmittelbar ausüben;

6. die gesetzlichen Vorschriften und Bestimmungen der Satzung über die Ernennung und Abberufung der Mitglieder des Vorstands und über die Änderung der Satzung;

7. die Befugnisse des Vorstands insbesondere hinsichtlich der Möglichkeit, Aktien auszugeben oder zurückzukaufen;

8. wesentliche Vereinbarungen der Gesellschaft, die unter der Bedingung eines Kontrollwechsels infolge eines Übernahmeangebots stehen, und die hieraus folgenden Wirkungen; die Angabe kann unterbleiben, soweit sie geeignet ist, der Gesellschaft einen erheblichen Nachteil zuzufügen; die Angabepflicht nach anderen gesetzlichen Vorschriften bleibt unberührt;

9. Entschädigungsvereinbarungen der Gesellschaft, die für den Fall eines Übernahmeangebots mit den Mitgliedern des Vorstands oder Arbeitnehmern getroffen sind.

Kapitalgesellschaften (§ 264 Abs. 1 HGB) und eingetragene Genossenschaften (§ 336 Abs. 1 HGB) sind verpflichtet, einen Lagebericht aufzustellen.

Der Lagebericht ist kein Teil des Jahresabschlusses. Er soll Informationen enthalten, die nicht unmittelbar den Jahresabschluß betreffen, sondern der Gesamtbeurteilung der gegenwärtigen und zukünftigen wirtschaftlichen Lage des Unternehmens dienen. Der Lagebericht hat somit eine zusätzliche Informationsfunktion.

Der Lagebericht – soweit es sich nicht um den Lagebericht einer kleinen Kapitalgesellschaft handelt – ist prüfungspflichtig.

Der Bilanzanalytiker wird bei der Durchsicht des Lageberichtes in vielen Fällen zwischen den Zeilen lesen müssen.

VI. Konzernabschluß gemäß HGB

Gemäß dem Bilanzrichtlinien-Gesetz sind in Deutschland für nach dem 31. 12. 1989 beginnende Geschäftsjahre von Kapitalgesellschaften Konzernabschlüsse zu erstellen, die gemäß § 294 Abs. 1 HGB auch die ausländischen Tochtergesellschaften enthalten müssen. Die Vorschriften über den Konzernabschluß in dem Bilanzrichtlinien-Gesetz ergaben sich aus der Pflicht, aufgrund der 7. EG-Richtlinie über den konsolidierten Abschluß (Konzernrichtlinie) ein solches Gesetz zu erlassen.

Noch weniger als beim Einzelabschluß konnte beim Konzernabschluß wegen der vielen Wahlrechte, die die 7. EG-Richtlinie sowohl für den nationalen Gesetzgeber als auch für die Unternehmen enthielt, eine Harmonisierung der Konzernrechnungslegung in der Europäischen Gemeinschaft erreicht werden. Besonders gravierend ist hierbei, daß sich diese Wahlrechte auch auf Konsolidierungstechniken beziehen und daß die Währungsumrechnung ausländischer Abschlüsse überhaupt nicht geregelt wurde.

1. Wirtschaftliche Einheit und Stetigkeit der Konsolidierungs-methoden und -maßnahmen

Während das AktG 1965 wichtige Anforderungen an einen Konzernabschluß nicht erfüllte (einheitliche Bewertung, Vollständigkeit), hat sich das durch das Bilanzrichtlinien-Gesetz geändert. Zum Inhalt des Konzernabschlusses heißt es in § 297 HGB:

(1) Der Konzernabschluss besteht aus der Konzernbilanz, der Konzern-Gewinn- und Verlustrechnung, dem Konzernanhang, der Kapitalflussrechnung und dem Eigenkapitalspiegel. Er kann um eine Segmentberichterstattung erweitert werden.

(2) Der Konzernabschluß ist klar und übersichtlich aufzustellen. Er hat unter Beachtung der Grundsätze ordnungsmäßiger Buchführung ein den tatsächlichen Verhältnissen entsprechendes Bild der Vermögens-, Finanz- und Ertragslage des Konzerns zu vermitteln. Führen besondere Umstände dazu, daß der Konzernabschluß ein den tatsächlichen Verhältnissen entsprechendes Bild im Sinne des Satzes 2 nicht vermittelt, so sind im Konzernanhang zusätzliche Angaben zu machen.

(3) Im Konzernabschluß ist die Vermögens-, Finanz- und Ertragslage der einbezogenen Unternehmen so darzustellen, als ob diese Unternehmen insgesamt ein einziges Unternehmen wären. Die auf den vorhergehenden Konzernabschluß angewandten Konsolidierungsmethoden sollen beibehalten werden. Abweichungen von Satz 2 sind in Ausnahmefällen zulässig. Sie sind im Konzernanhang anzugeben und zu begründen. Ihr Einfluß auf die Vermögens-, Finanz- und Ertragslage des Konzerns ist anzugeben.

Gemäß dem Wortlaut des Gesetzes wären somit grundsätzlich die Ansprüche, die ein Bilanzleser an einen Konzernabschluß stellt, erfüllt. Auf Mängel und Ausnahmen (Übergangsvorschriften, Wahlrechte, Quotenkonsolidierung, Währungsumrechnung) wird bei den einzelnen Abschnitten noch eingegangen.

2. Einheitliche Bewertung

Zur einheitlichen Bewertung im Konzernabschluß sagt § 308 HGB folgendes:

(1) Die in den Konzernabschluß nach § 300 Abs. 2 übernommenen Vermögensgegenstände und Schulden der in den Konzernabschluß einbezogenen Unternehmen sind nach den auf den Jahresabschluß des Mutterunternehmens anwendbaren Bewertungsmethoden einheitlich zu bewerten. Nach dem Recht des Mutterunternehmens zulässige Bewertungswahlrechte können im Konzernabschluß unabhängig von ihrer Ausübung in den Jahresabschlüssen der in den Konzernabschluß einbezogenen Unternehmen ausgeübt werden. Abweichungen von den auf den Jahresabschluß des Mutterunternehmens angewandten Bewertungsmethoden sind im Konzernanhang anzugeben und zu begründen.

(2) Sind in den Konzernabschluß aufzunehmende Vermögensgegenstände oder Schulden des Mutterunternehmens oder der Tochterunternehmen in den Jahresabschlüssen dieser Unternehmen nach Methoden bewertet worden, die sich von denen unterscheiden, die auf den Konzernabschluß anzuwenden sind oder die von den gesetzlichen Vertretern des Mutterunternehmens in Ausübung von Bewertungswahlrechten auf den Konzernabschluß angewendet werden, so sind die abweichend bewerteten Vermögensgegenstände oder Schulden nach den auf den Konzernabschluß angewandten Bewertungsmethoden neu zu bewerten und mit den neuen Wertansätzen in den Konzernabschluß zu übernehmen. Wertansätze, die auf der Anwendung von für Kreditinstitute oder Versicherungsunternehmen wegen der Besonderheiten des Geschäftszweigs geltenden Vorschriften beruhen, dürfen beibehalten werden; auf die Anwendung dieser Ausnahme ist im Konzernanhang hinzuweisen. Eine einheitliche Bewertung nach Satz 1 braucht nicht vorgenommen zu werden, wenn ihre Auswirkungen für die Vermittlung eines den tatsächlichen Verhältnissen entsprechenden Bildes der Vermögens-, Finanz- und Ertragslage des Konzerns nur von untergeordneter Bedeutung sind. Darüber hinaus sind Abweichungen in Ausnahmefällen zulässig; sie sind im Konzernanhang anzugeben und zu begründen.

Die Bewertung in den Einzelbilanzen ist somit *nicht* maßgebend für die Konzernbilanz. Alle Vermögensgegenstände, Schulden und Rechnungsabgrenzungsposten können im Rahmen der gesetzlichen Möglichkeiten neu bewertet werden, ebenfalls leben Bilanzierungswahlrechte (Ansatzwahlrechte) wieder auf.

Der Bewertung im Konzernabschluß sind nicht die tatsächlich angewandten, sondern die *anwendbaren* Bewertungsmethoden des Mutterunternehmens, und zwar einheitlich, zugrunde zu legen.

Bei den Bilanzierungswahlrechten (Ansatzwahlrechten) besteht – anders als bei den Bewertungswahlrechten – kein direkter gesetzlicher Zwang für die einheitliche Ausübung und Stetigkeit. Im Gesetz (§ 313 Abs. 1 HGB) steht lediglich, daß Abweichungen von Bilanzierungsmethoden im Konzernanhang angegeben und begründet werden müssen und deren Einfluß auf die Vermögens-, Finanz- und Ertragslage gesondert darzustellen ist.

Die Neubewertung in der Konzernbilanz ermöglicht somit eine eigenständige Konzern-bilanzpolitik und erlaubt den einzelnen Tochterunternehmen eine unterschiedliche Bilanz-politik. Bilanzierungs- und Bewertungswahlrechte der einzelnen Unternehmen des Kon-zerns können somit unterschiedlich ausgeübt werden und müssen nicht mit den einheit-lichen Bewertungsmethoden der Konzernbilanz übereinstimmen. Der Konzernabschluß kann sich somit auch vollkommen von den steuerlichen Wertansätzen in den Einzelab-schlüssen lösen. So kann es sein, daß im Einzelabschluß, z. B. wegen des in Deutschland bestehenden Maßgeblichkeitsprinzips der Handelsbilanz für die Steuerbilanz, ein möglichst ungünstiges Ergebnis ausgewiesen wird, im Konzernabschluß die Bewertung aber so erfolgt, daß ein möglichst günstiges Ergebnis gezeigt werden kann.

Wegen der möglichen Neubewertung kann die Summe der in den Einzelabschlüssen genannten Beträge der einzelnen Posten der Bilanz und der Gewinn- und Verlust-rechnung deshalb erheblich von den entsprechenden Posten des Konzernabschlusses abweichen.

Somit kann man aus zusätzlich vorliegenden Einzelabschlüssen kaum Folgerungen auf den Anteil der einzelnen Posten, einschließlich des Jahresergebnisses, im Konzern-abschluß ziehen.

Soweit keine zahlenmäßigen Informationen über die bilanzpolitischen Maßnahmen vorliegen, können die im Anhang gemachten Angaben sowie evtl. der Erläuterungs-bericht des Wirtschaftsprüfers zumindest tendenzielle Aussagen über die Bilanzpolitik ermöglichen, die man wie beim Einzelabschluß (siehe Abschnitt A VII) zu einem Profil der Bilanzpolitik zusammenfassen kann.

3. Gesetzliche Vorschriften über den Anhang

Die speziellen gesetzlichen Vorschriften über den Anhang des Konzernabschlusses sind im Gesetz in vielen Paragraphen verstreut dargestellt. Deshalb werden sie nachstehend des besseren Verständnisses wegen vollständig aufgeführt und mit Überschriften versehen. Außerdem erfolgte ein Vermerk, falls die Angaben wahlweise in der Bilanz oder in der Gewinn- und Verlustrechnung gemacht werden können.

Soweit die Vorschriften über den Anhang des Einzelabschlusses auch für den Konzern-abschluß anzuwenden sind (§ 298 Abs. 1 HGB), sind sie im Abschnitt C IV aufgeführt und besonders vermerkt.

Spezielle gesetzliche Vorschriften über den Anhang des Konzernabschlusses

Konsolidierungs- und Assoziierungskreis

Angabe
wahlweise
in

Wesentliche Änderung des Konsolidierungskreises

§ 294. Einzubeziehende Unternehmen. Vorlage- und Auskunftspflichten. (1) In
den Konzernabschluß sind das Mutterunternehmen und alle Tochterunternehmen
ohne Rücksicht auf den Sitz der Tochterunternehmen einzubeziehen, sofern die
Einbeziehung nicht nach § 296 unterbleibt.

(2) Hat sich die Zusammensetzung der in den Konzerabschluß einbezogenen
Unternehmen im Laufe des Geschäftsjahrs wesentlich geändert, so sind in den
Konzernabschluß Angaben aufzunehmen, die es ermöglichen, die aufeinanderfolgenden Konzernabschlüsse sinnvoll zu vergleichen. Dieser Verpflichtung kann
auch dadurch entsprochen werden, daß die entsprechenden Beträge des vorhergehenden Konzernabschlusses an die Änderung angepaßt werden.

(3) Die Tochterunternehmen haben dem Mutterunternehmen ihre Jahresabschlüsse,
Einzelabschlüsse nach § 325 Abs. 2 a, Lageberichte, Konzernabschlüsse, Kon-
zernlageberichte und, wenn eine Abschlussprüfung stattgefunden hat, die Prü-
fungsberichte sowie, wenn ein Zwischenabschluß aufzustellen ist, einen auf den
Stichtag des Konzernabschlusses aufgestellten Abschluß unverzüglich einzureichen. Das Mutterunternehmen kann von jedem Tochterunternehmen alle Aufklä-
rungen und Nachweise verlangen, welche die Aufstellung des Konzernabschlusses
und des Konzernlageberichts erfordert.

Angabe der nicht im Konzernabschluß vollkonsolidierten Unternehmen wegen
Verzichts auf die Einbeziehung mit Begründung der Nichteinbeziehung

§ 296. Verzicht auf die Einbeziehung. (1) Ein Tochterunternehmen braucht in den
Konzernabschluß nicht einbezogen zu werden, wenn

1. erhebliche und andauernde Beschränkungen die Ausübung der Rechte des
   Mutterunternehmens in bezug auf das Vermögen oder die Geschäftsführung
   dieses Unternehmens nachhaltig beeinträchtigen,
2. die für die Aufstellung des Konzernabschlusses erforderlichen Angaben nicht
   ohne unverhältnismäßig hohe Kosten oder Verzögerungen zu erhalten sind oder
3. die Anteile des Tochterunternehmens ausschließlich zum Zwecke ihrer Weiterveräußerung gehalten werden.

(2) Ein Tochterunternehmen braucht in den Konzernabschluß nicht einbezogen zu
werden, wenn es für die Verpflichtung, ein den tatsächlichen Verhältnissen entsprechendes Bild der Vermögens-, Finanz- und Ertragslage des Konzerns zu vermitteln,
von untergeordneter Bedeutung ist. Entsprechen mehrere Tochterunternehmen der
Voraussetzung des Satzes 1, so sind diese Unternehmen in den Konzernabschluß
einzubeziehen, wenn sie zusammen nicht von untergeordneter Bedeutung sind.

(3) Die Anwendung der Absätze 1 und 2 ist im Konzernanhang zu begründen.

Angabe der angewandten Bilanzierungs- und Bewertungsmethoden
Angabe der angewandten Methoden der Währungsumrechnung
Angabe und Begründung bei Abweichung von den Bilanzierungs-, Bewertungs-
und Konsolidierungsmethoden

§ 313. Erläuterung der Konzernbilanz und der Konzern-Gewinn- und Ver-
lustrechnung. Angaben zum Beteiligungsbesitz. (1) In den Konzernanhang sind

Angabe
wahlweise
in

diejenigen Angaben aufzunehmen, die zu einzelnen Posten der Konzernbilanz und der Konzern-Gewinn- und Verlustrechnung vorgeschrieben oder die im Konzernanhang zu machen sind, weil sie in Ausübung eines Wahlrechts nicht in die Konzernbilanz oder in die Konzern-Gewinn- und Verlustrechnung aufgenommen wurden. Im Konzernanhang müssen

1. die auf die Posten der Konzernbilanz und der Konzern-Gewinn- und Verlustrechnung angewandten Bilanzierungs- und Bewertungsmethoden angegeben werden;
2. die Grundlagen für die Umrechnung in Euro angegeben werden, sofern der Konzernabschluß Posten enthält, denen Beträge zugrunde liegen, die auf fremde Währung lauten oder ursprünglich auf fremde Währung lauteten;
3. Abweichungen von Bilanzierungs-, Bewertungs- und Konsolidierungsmethoden angegeben und begründet werden; deren Einfluß auf die Vermögens-, Finanz- und Ertragslage des Konzerns ist gesondert darzustellen.

Angabe der vollkonsolidierten Unternehmen, ggf. mit Angabe des für die quotale Einbeziehung verpflichtenden Sachverhalts mit Name, Sitz und Kapitalanteil
Angabe der nicht in dem Konzernabschluß vollkonsolidierten Unternehmen mit Name, Sitz und Kapitalanteil
Angabe der equitykonsolidierten Unternehmen mit Name, Sitz und Kapitalanteil
Angabe der nicht im Konzernabschluß equitykonsolidierten assoziierten Unternehmen mit Name, Sitz und Kapitalanteil
Angabe der quotenkonsolidierten Gemeinschaftsunternehmen und des Tatbestands für die Anwendung dieser Vorschrift mit Name, Sitz und Kapitalanteil
Andere Beteiligungen mit einem Anteilsbesitz von mindestens 20 % mit Name, Sitz, Kapitalanteil, Höhe des Eigenkapitals und des Ergebnisses des letzten Geschäftsjahres, falls nicht von untergeordneter Bedeutung. Falls Beteiligung nicht publizitätspflichtig und Kapitalanteil unter 50 % liegt, keine Angabe von Eigenkapital und Ergebnis

(2) Im Konzernanhang sind außerdem anzugeben:
1. Name und Sitz der in den Konzernabschluß einbezogenen Unternehmen, der Anteil am Kapital der Tochterunternehmen, der dem Mutterunternehmen und den in den Konzernabschluß einbezogenen Tochterunternehmen gehört oder von einer für Rechnung dieser Unternehmen handelnden Person gehalten wird, sowie der zur Einbeziehung in den Konzernabschluß verpflichtende Sachverhalt, sofern die Einbeziehung nicht auf einer der Kapitalbeteiligung entsprechenden Mehrheit der Stimmrechte beruht. Diese Angaben sind auch für Tochterunternehmen zu machen, die nach § 296 nicht einbezogen werden sind;
2. Name und Sitz der assoziierten Unternehmen, der Anteil am Kapital der assoziierten Unternehmen, der dem Mutterunternehmen und den in den Konzernabschluß einbezogenen Tochterunternehmen gehört oder von einer für Rechnung dieser Unternehmen handelnden Person gehalten wird. Die Anwendung des § 311 Abs. 2 ist jeweils anzugeben und zu begründen;
3. Name und Sitz der Unternehmen, die nach § 310 nur anteilmäßig in den Konzernabschluß einbezogen worden sind, der Tatbestand, aus dem sich die Anwendung dieser Vorschrift ergibt, sowie der Anteil am Kapital dieser Unternehmen, der dem Mutterunternehmen und den in den Konzernabschluß einbezogenen Tochterunternehmen gehört oder von einer für Rechnung dieser Unternehmen handelnden Person gehalten wird;

4. Name und Sitz anderer als der unter den Nummern 1 bis 3 bezeichneten Unternehmen, bei denen das Mutterunternehmen, ein Tochterunternehmen oder eine für Rechnung eines dieser Unternehmen handelnde Person mindestens den fünften Teil der Anteile besitzt, unter Angabe des Anteils am Kapital sowie der Höhe des Eigenkapitals und des Ergebnisses des letzten Geschäftsjahrs, für das ein Abschluß aufgestellt worden ist. Ferner sind anzugeben alle Beteiligungen an großen Kapitalgesellschaften, die andere als die in Nummer 1 bis 3 bezeichneten Unternehmen sind, wenn sie von einem börsennotierten Mutterunternehmen, einem börsennotierten Tochterunternehmen oder einer für Rechnung eines dieser Unternehmen handelnden Person gehalten werden und fünf vom Hundert der Stimmrechte überschreiten. Diese Angaben brauchen nicht gemacht zu werden, wenn sie für die Vermittlung eines den tatsächlichen Verhältnissen entsprechenden Bildes der Vermögens-, Finanz- und Ertragslage des Konzerns von untergeordneter Bedeutung sind. Das Eigenkapital und das Ergebnis brauchen nicht angegeben zu werden, wenn das in Anteilsbesitz stehende Unternehmen seinen Jahresabschluß nicht offenzulegen hat und das Mutterunternehmen, das Tochterunternehmen oder die Person weniger als die Hälfte der Anteile an diesem Unternehmen besitzt.

Angabe der Schutzklauselanwendung für die Unterlassung der Angaben zum Beteiligungsbesitz

(3) Die in Absatz 2 verlangten Angaben brauchen insoweit nicht gemacht zu werden, als nach vernünftiger kaufmännischer Beurteilung damit gerechnet werden muß, daß durch die Angaben dem Mutterunternehmen, einem Tochterunternehmen oder einem anderen in Absatz 2 bezeichneten Unternehmen erhebliche Nachteile entstehen können. Die Anwendung der Ausnahmeregelung ist im Konzernanhang anzugeben. Satz 1 gilt nicht, wenn ein Mutterunternehmen einen organisierten Markt im Sinne des § 2 Abs. 5 des Wertpapierhandelsgesetzes durch von ihm oder einem seiner Tochterunternehmen ausgegebene Wertpapiere im Sinne des § 2 Abs. 1 Satz 1 des Wertpapierhandelsgesetzes in Anspruch nimmt oder wenn die Zulassung solcher Wertpapiere zum Handel an einem organisierten Markt beantragt worden ist.

Hinweis auf eine gesonderte Aufstellung des Anteilsbesitzes (Beteiligungsliste) und den Ort der Hinterlegung

(4) Die in Absatz 2 verlangten Angaben dürfen statt im Anhang auch in einer Aufstellung des Anteilsbesitzes gesondert gemacht werden. Die Aufstellung ist Bestandteil des Anhangs. Auf die besondere Aufstellung des Anteilsbesitzes und den Ort ihrer Hinterlegung ist im Anhang hinzuweisen.

Bilanzierungs- und Bewertungsmethoden

Zusätzliche Angaben, falls der Konzernabschluß nicht ein den tatsächlichen Verhältnissen entsprechendes Bild der Konzernlage vermittelt

§ 297. Inhalt. (1) Der Konzernabschluß besteht aus der Konzernbilanz, der Konzern-Gewinn- und Verlustrechnung und dem Konzernanhang.

(2) Der Konzernabschluß ist klar und übersichtlich aufzustellen. Er hat unter Beachtung der Grundsätze ordnungsmäßiger Buchführung ein den tatsächlichen Verhältnissen entsprechendes Bild der Vermögens-, Finanz- und Ertragslage des Kon-

Angabe
wahlweise
in

zerns zu vermitteln. Führen besondere Umstände dazu, daß der Konzernabschluß ein den tatsächlichen Verhältnissen entsprechendes Bild im Sinne des Satzes 2 nicht vermittelt, so sind im Konzernanhang zusätzliche Angaben zu machen.

Angabe und Begründung bei Abweichungen von den beim Mutterunternehmen angewandten Bewertungsmethoden

§ 308. Einheitliche Bewertung. (1) Die in den Konzernabschluß nach § 300 Abs. 2 übernommenen Vermögensgegenstände und Schulden der in den Konzernabschluß einbezogenen Unternehmen sind nach den auf den Jahresabschluß des Mutterunternehmens anwendbaren Bewertungsmethoden einheitlich zu bewerten. Nach dem Recht des Mutterunternehmens zulässige Bewertungswahlrechte können im Konzernabschluß unabhängig von ihrer Ausübung in den Jahresabschlüssen der in den Konzernabschluß einbezogenen Unternehmen ausgeübt werden. Abweichungen von den auf den Jahresabschluß des Mutterunternehmens angewandten Bewertungsmethoden sind im Konzernanhang anzugeben und zu begründen.

Hinweis auf Beibehaltung von Wertansätzen bei Kreditinstituten oder Versicherungsunternehmen
Angabe und Begründung von nicht einheitlicher Bewertung in Ausnahmefällen

(2) Sind in den Konzernabschluß aufzunehmende Vermögensgegenstände oder Schulden des Mutterunternehmens oder der Tochterunternehmen in den Jahresabschlüssen dieser Unternehmen nach Methoden bewertet worden, die sich von denen unterscheiden, die auf den Konzernabschluß anzuwenden sind oder die von den gesetzlichen Vertretern des Mutterunternehmens in Ausübung von Bewertungswahlrechten auf den Konzernabschluß angewendet werden, so sind die abweichend bewerteten Vermögensgegenstände oder Schulden nach den auf den Konzernabschluß angewandten Bewertungsmethoden neu zu bewerten und mit den neuen Wertansätzen in den Konzernabschluß zu übernehmen. Wertansätze, die auf der Anwendung von für Kreditinstitute oder Versicherungsunternehmen wegen der Besonderheiten des Geschäftszweigs geltenden Vorschriften beruhen, dürfen beibehalten werden; auf die Anwendung dieser Ausnahme ist im Konzernanhang hinzuweisen. Eine einheitliche Bewertung nach Satz 1 braucht nicht vorgenommen zu werden, wenn ihre Auswirkungen für die Vermittlung eines den tatsächlichen Verhältnissen entsprechenden Bildes der Vermögens-, Finanz- und Ertragslage des Konzerns nur von untergeordneter Bedeutung sind. Darüber hinaus sind Abweichungen in Ausnahmefällen zulässig; sie sind im Konzernanhang anzugeben und zu begründen.

Konsolidierungsgrundsätze

Angabe und Begründung der Abweichung von vorjährigen Konsolidierungsmethoden und die Angabe ihres Einflusses auf die Konzernlage

§ 297. (3) Im Konzernabschluß ist die Vermögens-, Finanz- und Ertragslage der einbezogenen Unternehmen so darzustellen, als ob diese Unternehmen insgesamt ein einziges Unternehmen wären. Die auf den vorhergehenden Konzernabschluß angewandten Konsolidierungsmethoden sollen beibehalten werden. Abweichungen von Satz 2 sind in Ausnahmefällen zulässig. Sie sind im Konzernanhang anzugeben und zu begründen. Ihr Einfluß auf die Vermögens-, Finanz- und Ertragslage des Konzerns ist anzugeben.

Angabe und Begründung der Abweichung vom Stichtag des Mutterunternehmens

§ 299. Stichtag für die Aufstellung. (1) Der Konzernabschluß ist auf den Stichtag des Jahresabschlusses des Mutterunternehmens aufzustellen.

(2) Die Jahresabschlüsse der in den Konzernabschluß einbezogenen Unternehmen sollen auf den Stichtag des Konzernabschlusses aufgestellt werden. Liegt der Abschlußstichtag eines Unternehmens um mehr als drei Monate vor dem Stichtag des Konzernabschlusses, so ist dieses Unternehmen auf Grund eines auf den Stichtag und den Zeitraum des Konzernabschlusses aufgestellten Zwischenabschlusses in den Konzernabschluß einzubeziehen.

Angabe von Vorgängen von besonderer Bedeutung bei abweichendem Stichtag Einzelabschluß

(3) Wird bei abweichenden Abschlußstichtagen ein Unternehmen nicht auf der Grundlage eines auf den Stichtag und den Zeitraum des Konzernabschlusses aufgestellten Zwischenabschlusses in den Konzernabschluß einbezogen, so sind Vorgänge von besonderer Bedeutung für die Vermögens-, Finanz- und Ertragslage eines in den Konzernabschluß einbezogenen Unternehmens, die zwischen dem Abschlußstichtag dieses Unternehmens und dem Abschlußstichtag des Konzernabschlusses eingetreten sind, in der Konzernbilanz und der Konzern-Gewinn- und Verlustrechnung zu berücksichtigen oder im Konzernanhang anzugeben.

Angabe der Konsolidierungsmethode (Buchwert- oder Neubewertungsmethode)

§ 301. Kapitalkonsolidierung. (1) Der Wertansatz der dem Mutterunternehmen gehörenden Anteile an einem in den Konzernabschluß einbezogenen Tochterunternehmen wird mit dem auf diese Anteile entfallenden Betrag des Eigenkapitals des Tochterunternehmens verrechnet. Das Eigenkapital ist anzusetzen

1. entweder mit dem Betrag, der dem Buchwert der in den Konzernabschluß aufzunehmenden Vermögensgegenstände, Schulden, Rechnungsabgrenzungsposten, Bilanzierungshilfen und Sonderposten, gegebenenfalls nach Anpassung der Wertansätze nach § 308 Abs. 2, entspricht, oder
2. mit dem Betrag, der dem Wert der in den Konzernabschluß aufzunehmenden Vermögensgegenstände, Schulden, Rechnungsabgrenzungsposten, Bilanzierungshilfen und Sonderposten entspricht, der diesen an dem für die Verrechnung nach Absatz 2 gewählten Zeitpunkt beizulegen ist.

Bei Ansatz mit dem Buchwert nach Satz 2 Nr. 1 ist ein sich ergebender Unterschiedsbetrag den Wertansätzen von in der Konzernbilanz anzusetzenden Vermögensgegenständen und Schulden des jeweiligen Tochterunternehmens insoweit zuzuschreiben oder mit diesen zu verrechnen, als deren Wert höher oder niedriger ist als der bisherige Wertansatz.

Angabe des erstmaligen Zeitpunkts der Kapitalkonsolidierung

(2) Die Verrechnung nach Absatz 1 wird auf der Grundlage der Wertansätze zum Zeitpunkt des Erwerbs der Anteile oder der erstmaligen Einbeziehung des Tochterunternehmens in den Konzernabschluß oder, beim Erwerb der Anteile zu verschiedenen Zeitpunkten, zu dem Zeitpunkt, zu dem das Unternehmen Tochterunternehmen geworden ist, durchgeführt. Der gewählte Zeitpunkt ist im Konzernanhang anzugeben.

(Marginalien rechts:)

Angabe
wahlweise
in

Bilanz
GuV

Angabe
wahlweise
in

Erläuterung des Unterschiedsbetrages und der wesentlichen Änderungen gegen-
über dem Vorjahr
Angabe der verrechneten Unterschiedsbeträge der Aktivseite mit der Passivseite

(3) Ein bei der Verrechnung nach Absatz 1 Satz 2 Nr. 2 entstehender oder ein nach
Zuschreibung oder Verrechnung nach Absatz 1 Satz 3 verbleibender Unterschiedsbetrag ist in der Konzernbilanz, wenn er auf der Aktivseite entsteht, als
Geschäfts- oder Firmenwert und, wenn er auf der Passivseite entsteht, als Unterschiedsbetrag aus der Kapitalkonsolidierung auszuweisen. Der Posten und wesentliche Änderungen gegenüber dem Vorjahr sind im Anhang zu erläutern. Werden Unterschiedsbeträge der Aktivseite mit solchen der Passivseite verrechnet, so
sind die verrechneten Beträge im Anhang anzugeben.

(4) Absatz 1 ist nicht auf Anteile an dem Mutterunternehmen anzuwenden, die
dem Mutterunternehmen oder einem in den Konzernabschluß einbezogenen
Tochterunternehmen gehören. Solche Anteile sind in der Konzernbilanz als eigene
Anteile im Umlaufvermögen gesondert auszuweisen.

Angabe der angewandten Methode, die sich daraus ergebenden Rücklagenver-
änderungen und Name und Sitz des Unternehmens

§ 302. Kapitalkonsolidierung bei Interessenzusammenführung. (1) Ein Mutterunternehmen darf die in § 301 Abs. 1 vorgeschriebene Verrechnung der Anteile
unter den folgenden Voraussetzungen auf das gezeichnete Kapital des Tochterunternehmens beschränken:

1. die zu verrechnenden Anteile betragen mindestens neunzig vom Hundert des
   Nennbetrags oder, falls ein Nennbetrag nicht vorhanden ist, des rechnerischen
   Wertes der Anteile des Tochterunternehmens, die nicht eigene Anteile sind,
2. die Anteile sind auf Grund einer Vereinbarung erworben worden, die die Ausgabe von Anteilen eines in den Konzernabschluß einbezogenen Unternehmens
   vorsieht, und
3. eine in der Vereinbarung vorgesehene Barzahlung übersteigt nicht zehn vom
   Hundert des Nennbetrags oder, falls ein Nennbetrag nicht vorhanden ist, des
   rechnerischen Wertes der ausgegebenen Anteile.

(2) Ein sich nach Absatz 1 ergebender Unterschiedsbetrag ist, wenn er auf der
Aktivseite entsteht, mit den Rücklagen zu verrechnen oder, wenn er auf der
Passivseite entsteht, den Rücklagen hinzuzurechnen.

(3) Die Anwendung der Methode nach Absatz 1 und die sich daraus ergebenden
Veränderungen der Rücklagen sowie Name und Sitz des Unternehmens sind im
Konzernanhang anzugeben.

Nicht vorgenommene Ausschaltung von Zwischenergebnissen und Erläuterung bei
wesentlichem Einfluß auf Konzernlage

§ 304. Behandlung der Zwischenergebnisse. (1) In den Konzernabschluß zu
übernehmende Vermögensgegenstände, die ganz oder teilweise auf Lieferungen
oder Leistungen zwischen in den Konzernabschluß einbezogenen Unternehmen
beruhen, sind in der Konzernbilanz mit einem Betrag anzusetzen, zu dem sie in der
auf den Stichtag des Konzernabschlusses aufgestellten Jahresbilanz dieses Unternehmens angesetzt werden könnten, wenn die in den Konzernabschluß einbezogenen Unternehmen auch rechtlich ein einziges Unternehmen bilden würden.

(2) Absatz 1 braucht außerdem nicht angewendet zu werden, wenn die Behandlung der Zwischenergebnisse nach Absatz 1 für die Vermittlung eines den tatsächlichen Verhältnissen entsprechenden Bildes der Vermögens-, Finanz- und Ertragslage des Konzerns nur von untergeordneter Bedeutung ist.

Bei Equity-Bilanzierung
– nach der Buchwertmethode
  Angabe des Unterschiedsbetrages zwischen Buchwert und anteiligem Eigen-
  kapital bei erstmaliger Anwendung
– nach der Neubewertungsmethode
  Angabe des Unterschiedsbetrages zwischen anteiligem Eigenkapital und Buch-
  wert bei erstmaliger Anwendung

Angabe der Konsolidierungsmethode (Buchwert- oder Neubewertungsmethode).

§ 312. Wertansatz der Beteiligung und Behandlung des Unterschiedsbetrags.

(1) Eine Beteiligung an einem assoziierten Unternehmen ist in der Konzernbilanz
1. entweder mit dem Buchwert oder
2. mit dem Betrag, der dem anteiligen Eigenkapital des assoziierten Unternehmens entspricht,

anzusetzen. Bei Ansatz mit dem Buchwert nach Satz 1 Nr. 1 ist der Unterschiedsbetrag zwischen diesem Wert und dem anteiligen Eigenkapital des assoziierten Unternehmens bei erstmaliger Anwendung in der Konzernbilanz zu vermerken oder im Konzernanhang anzugeben. Bei Ansatz mit dem anteiligen Eigenkapital nach Satz 1 Nr. 2 ist das Eigenkapital mit dem Betrag anzusetzen, der sich ergibt, wenn die Vermögensgegenstände, Schulden, Rechnungsabgrenzungsposten, Bilanzierungshilfen und Sonderposten des assoziierten Unternehmens mit dem Wert angesetzt werden, der ihnen an dem nach Absatz 3 gewählten Zeitpunkt beizulegen ist, jedoch darf dieser Betrag die Anschaffungskosten für die Anteile an dem assoziierten Unternehmen nicht überschreiten; der Unterschiedsbetrag zwischen diesem Wertansatz und dem Buchwert der Beteiligung ist bei erstmaliger Anwendung in der Konzernbilanz gesondert auszuweisen oder im Konzernanhang anzugeben. Die angewandte Methode ist im Konzernanhang anzugeben.

(2) Der Unterschiedsbetrag nach Absatz 1 Satz 2 ist den Wertansätzen von Vermögensgegenständen und Schulden des assoziierten Unternehmens insoweit zuzuordnen, als deren Wert höher oder niedriger ist als der bisherige Wertansatz. Der nach Satz 1 zugeordnete oder der sich nach Absatz 1 Satz 1 Nr. 2 ergebende Betrag ist entsprechend der Behandlung der Wertansätze dieser Vermögensgegenstände und Schulden im Jahresabschluß des assoziierten Unternehmens im Konzernabschluß fortzuführen, abzuschreiben oder aufzulösen. Auf einen nach Zuordnung nach Satz 1 verbleibenden Unterschiedsbetrag und einen Unterschiedsbetrag nach Absatz 1 Satz 3 zweiter Halbsatz ist § 309 entsprechend anzuwenden.

Angabe des Zeitpunkts für Wertansatz der Beteiligung und für Unterschiedsbeträge

(3) Der Wertansatz der Beteiligung und die Unterschiedsbeträge werden auf der Grundlage der Wertansätze zum Zeitpunkt des Erwerbs der Anteile oder der erstmaligen Einbeziehung des assoziierten Unternehmens in den Konzernabschluß oder beim Erwerb der Anteile zu verschiedenen Zeitpunkten zu dem Zeitpunkt, zu dem das Unternehmen assoziiertes Unternehmen geworden ist, ermittelt. Der gewählte Zeitpunkt ist im Konzernanhang anzugeben.

(4) Der nach Absatz 1 ermittelte Wertansatz einer Beteiligung ist in den Folge-jahren um den Betrag der Eigenkapitalveränderungen, die den dem Mutterunter-nehmen gehörenden Anteilen am Kapital des assoziierten Unternehmens entspre-chen, zu erhöhen oder zu vermindern; auf die Beteiligung entfallende Gewinn-ausschüttungen sind abzusetzen. In der Konzern-Gewinn- und Verlustrechnung ist das auf assoziierte Beteiligungen entfallende Ergebnis unter einem gesonderten Posten auszuweisen.

Angabe nicht vorgenommener Neubewertung bei abweichenden Bewertungs-methoden
nicht vorgenommene Ausschaltung von Zwischenergebnissen und Erläuterung bei wesentlichem Einfluß auf Konzernlage

(5) Wendet das assoziierte Unternehmen in seinem Jahresabschluß vom Konzern-abschluß abweichende Bewertungsmethoden an, so können abweichend bewertete Vermögensgegenstände oder Schulden für die Zwecke der Absätze 1 bis 4 nach den auf den Konzernabschluß angewandten Bewertungsmethoden bewertet wer-den. Wird die Bewertung nicht angepaßt, so ist dies im Konzernanhang anzugeben. § 304 über die Behandlung der Zwischenergebnisse ist entsprechend anzuwenden, soweit die für die Beurteilung maßgeblichen Sachverhalte bekannt oder zugänglich sind. Die Zwischenergebnisse dürfen auch anteilig entsprechend den dem Mutter-unternehmen gehörenden Anteilen am Kapital des assoziierten Unternehmens weglassen werden.

(6) Es ist jeweils der letzte Jahresabschluß des assoziierten Unternehmens zu-grunde zu legen. Stellt das assoziierte Unternehmen einen Konzernabschluß auf, so ist von diesem und nicht vom Jahresabschluß des assoziierten Unternehmens auszugehen.

Erläuterungen zur Konzernbilanz

Gesonderte Angabe aktiver oder passiver latenter Steuern

§ 306. Steuerabgrenzung. Ist das im Konzernabschluß ausgewiesene Jahresergebnis auf Grund von Maßnahmen, die nach den Vorschriften dieses Titels durchgeführt worden sind, niedriger oder höher als die Summe der Einzelergebnisse der in den Konzernabschluß einbezogenen Unternehmen, so ist der sich für das Geschäftsjahr und frühere Geschäftsjahre ergebende Steueraufwand, wenn er im Verhältnis zum Jahresergebnis zu hoch ist, durch Bildung eines Abgrenzungspostens auf der Aktiv-seite oder, wenn er im Verhältnis zum Jahresergebnis zu niedrig ist, durch Bildung einer Rückstellung nach § 249 Abs. 1 Satz 1 anzupassen, soweit sich der zu hohe oder der zu niedrige Steueraufwand in späteren Geschäftsjahren voraussichtlich ausgleicht. Der Posten ist in der Konzernbilanz oder im Konzernanhang gesondert anzugeben. Er darf mit den Posten nach § 274 zusammengefaßt werden.

Gesamtbetrag der Verbindlichkeiten mit einer Restlaufzeit von mehr als 5 Jahren
Gesamtbetrag der Verbindlichkeiten, die durch Pfandrechte oder ähnliche Rechte gesichert sind mit Art und Form der Sicherheiten

§ 314. Sonstige Pflichtangaben. (1) Im Konzernanhang sind ferner anzugeben:
1. der Gesamtbetrag der in der Konzernbilanz ausgewiesenen Verbindlichkeiten
   mit einer Restlaufzeit von mehr als fünf Jahren sowie der Gesamtbetrag der in

der Konzernbilanz ausgewiesenen Verbindlichkeiten, die von in den Konzernabschluß einbezogenen Unternehmen durch Pfandrechte oder ähnliche Rechte gesichert sind, unter Angabe von Art und Form der Sicherheiten;

Gesamtbetrag der sonstigen finanziellen Verpflichtungen, sofern bedeutsam, gesonderte Angabe der finanziellen Verpflichtungen und der Haftungsverhältnisse gegenüber nicht konsolidierten Konzernunternehmen

2. der Gesamtbetrag der sonstigen finanziellen Verpflichtungen, die nicht in der Konzernbilanz erscheinen oder nicht nach § 298 Abs. 1 in Verbindung mit § 251 anzugeben sind, sofern diese Angabe für die Beurteilung der Finanzlage des Konzerns von Bedeutung ist; davon und von den Haftungsverhältnissen nach § 251 sind Verpflichtungen gegenüber Tochterunternehmen, die nicht in den Konzernabschluß einbezogen werden, jeweils gesondert anzugeben;

Zahl, Nennbetrag und Anteil am Kapital des Mutterunternehmens

7. der Bestand an Anteilen an dem Mutterunternehmen, die das Mutterunternehmen oder ein Tochterunternehmen oder ein anderer für Rechnung eines in den Konzernabschluß einbezogenen Unternehmens erworben oder als Pfand genommen hat; dabei sind die Zahl und der Nennbetrag oder rechnerische Wert dieser Anteile sowie deren Anteil am Kapital anzugeben.

Erläuterungen zur Konzern-Gewinn- und Verlustrechnung

Aufgliederung der Umsatzerlöse nach Tätigkeitsbereichen und Märkten

3. die Aufgliederung der Umsatzerlöse nach Tätigkeitsbereichen sowie nach geographisch bestimmten Märkten, soweit sich, unter Berücksichtigung der Organisation des Verkaufs von für die gewöhnliche Geschäftstätigkeit des Konzerns typischen Erzeugnissen und der für die gewöhnliche Geschäftstätigkeit des Konzerns typischen Dienstleistungen, die Tätigkeitsbereiche und geographisch bestimmten Märkte untereinander erheblich unterscheiden;

(2) Mutterunternehmen, die den Konzernabschluss um eine Segmentberichterstattung erweitern (§ 297 Abs. 1 Satz 2), sind von der Angabepflicht gemäß Absatz 1 Nr. 3 befreit.

Sonstige Angaben

Angabe der durchschnittlichen Zahl der Arbeitnehmer nach Gruppen (quotenkonsolidierte Gemeinschaftsunternehmen gesondert) und Angabe des Personalaufwands beim Umsatzkostenverfahren

4. die durchschnittliche Zahl der Arbeitnehmer der in den Konzernabschluß einbezogenen Unternehmen während des Geschäftsjahrs, getrennt nach Gruppen, sowie der in dem Geschäftsjahr verursachte Personalaufwand, sofern er nicht gesondert in der Konzern-Gewinn- und Verlustrechnung ausgewiesen ist; die durchschnittliche Zahl der Arbeitnehmer von nach § 310 nur anteilmäßig einbezogenen Unternehmen ist gesondert anzugeben;

**Angabe
wahlweise
in**

*Angabe der Bezüge, Pensionsrückstellungen und Kredite an Organmitglieder
und frühere Organmitglieder und Zahl, Nennbetrag und Anteil am Kapital
des Mutterunternehmens*

6. für die Mitglieder des Geschäftsführungsorgans, eines Aufsichtsrats, eines Beirats oder einer ähnlichen Einrichtung des Mutterunternehmens, jeweils für jede
   Personengruppe:
   a) die für die Wahrnehmung ihrer Aufgaben im Mutterunternehmen und den
      Tochterunternehmen im Geschäftsjahr gewährten Gesamtbezüge (Gehälter,
      Gewinnbeteiligungen, Bezugsrechte und sonstige aktienbasierte Vergütun-
      gen, Aufwandsentschädigungen, Versicherungsentgelte, Provisionen und
      Nebenleistungen jeder Art). In die Gesamtbezüge sind auch Bezüge einzu-
      rechnen, die nicht ausgezahlt, sondern in Ansprüche anderer Art umgewan-
      delt oder zur Erhöhung anderer Ansprüche verwendet werden. Außer den
      Bezügen für das Geschäftsjahr sind die weiteren Bezüge anzugeben, die im
      Geschäftsjahr gewährt, bisher aber in keinem Konzernabschluß angegeben
      worden sind. Bezugsrechte und sonstige aktienbasierte Vergütungen sind mit
      ihrer Anzahl und dem beizulegenden Zeitwert zum Zeitpunkt ihrer Gewäh-
      rung anzugeben; spätere Wertveränderungen, die auf einer Änderung der
      Ausübungsbedingungen beruhen, sind zu berücksichtigen. Ist das Mutter-
      unternehmen eine börsennotierte Aktiengesellschaft, sind zusätzlich unter
      Namensnennen die Bezüge jedes einzelnen Vorstandsmitglieds, aufgeteilt
      nach erfolgsunabhängigen und erfolgsbezogenen Komponenten sowie
      Komponenten mit langfristiger Anreizwirkung, gesondert anzugeben. Dies
      gilt auch für Leistungen, die dem Vorstandsmitglied für den Fall der Be-
      endigung seiner Tätigkeit zugesagt worden sind. Hierbei ist der wesentliche
      Inhalt der Zusagen darzustellen, wenn sie in ihrer rechtlichen Ausgestaltung
      von den den Arbeitnehmern erteilten Zusagen nicht unerheblich abweichen.
      Leistungen, die dem einzelnen Vorstandsmitglied von einem Dritten im
      Hinblick auf seine Tätigkeit als Vorstandsmitglied zugesagt oder im Ge-
      schäftsjahr gewährt worden sind, sind ebenfalls anzugeben. Enthält der
      Konzernabschluß weitergehende Angaben zu bestimmten Bezügen, sind
      auch diese zusätzlich einzeln anzugeben;
   b) die für die Wahrnehmung ihrer Aufgaben im Mutterunternehmen und den
      Tochterunternehmen gewährten Gesamtbezüge (Abfindungen, Ruhegehälter,
      Hinterbliebenenbezüge und Leistungen verwandter Art) der früheren Mit-
      glieder der bezeichneten Organe und ihrer Hinterbliebenen; Buchstabe a
      Satz 2 und 3 ist entsprechend anzuwenden. Ferner ist der Betrag der für diese
      Personengruppe gebildeten Rückstellungen für laufende Pensionen und An-
      wartschaften auf Pensionen und der Betrag der für diese Verpflichtungen
      nicht gebildeten Rückstellungen anzugeben;
   c) die vom Mutterunternehmen und den Tochterunternehmen gewährten Vor-
      schüsse und Kredite unter Angabe der Zinssätze, der wesentlichen Bedingun-
      gen und der gegebenenfalls im Geschäftsjahr zurückgezahlten Beträge sowie
      die zugunsten dieser Personengruppen eingegangenen Haftungsverhältnisse;

Derivative und nicht-derivative Finanzinstrumente

10. für jede Kategorie derivativer Finanzinstrumente, wobei § 285 Satz 2 anzu-
    wenden ist:
    a) Art und Umfang der Finanzinstrumente,

Angabe
wahlweise
in

b) der beizulegenden Zeitwert der betreffenden Finanzinstrumente, soweit sich
dieser gemäß § 285 Satz 3 bis 6 verlässlich ermitteln läßt, unter Angabe der
angewandten Bewertungsmethode sowie eines gegebenenfalls vorhandenen
Buchwerts und des Bilanzpostens, in welchem der Buchwert erfaßt ist;

11. für zu den Finanzanlagen (§ 266 Abs. 2 A. III.) gehörende Finanzinstrumente,
die gemäß § 285 Satz 1 Nr. 19 über ihrem beizulegenden Zeitwert ausgewiesen
werden, da insoweit eine außerplanmäßige Abschreibung gemäß § 253 Abs. 2
Satz 3 unterblieben ist, wobei § 285 Satz 2 bis 6 entsprechend anzuwenden ist:

a) der Buchwert und der beizulegende Zeitwert der einzelnen Vermögensgegenstände oder angemessener Gruppierungen sowie

b) die Gründe für das Unterlassen einer Abschreibung gemäß § 253 Abs. 2
Satz 3 einschließlich der Anhaltspunkte, die darauf hindeuten, dass die
Wertminderung voraussichtlich nicht von Dauer ist.

Gemeinsame Vorschriften für Einzelabschluß und Konzernabschluß

*Vorschriften über den Anhang des Einzelabschlusses, die auch für den Konzer-
nabschluß gelten (siehe Abschnitt C V)*

§ 298. Anzuwendende Vorschriften. Erleichterungen. (1) Auf den Konzernabschluß sind, soweit seine Eigenart keine Abweichung bedingt oder in den folgenden Vorschriften nichts anderes bestimmt ist, die §§ 244 bis 247 Abs. 1 und 2,
§§ 248 bis 253, 255, 256, 265, 266, 268 bis 272, 274, 275, 277 bis 279 Abs. 1,
§ 280 Abs. 1, §§ 282 und 283 über den Jahresabschluß und die für die Rechtsform
und den Geschäftszweig der in den Konzernabschluß einbezogenen Unternehmen
mit Sitz im Geltungsbereich dieses Gesetzes geltenden Vorschriften, soweit sie für
große Kapitalgesellschaften gelten, entsprechend anzuwenden.

*Zusammenfassung des Anhangs des Einzelabschlusses mit dem des Konzern-
abschlusses*

(3) Der Konzernanhang und der Anhang des Jahresabschlusses des Mutterunternehmens dürfen zusammengefaßt werden. In diesem Falle müssen der Konzernabschluß
und der Jahresabschluß des Mutterunternehmens gemeinsam offengelegt werden.

4. Konzernlagebericht

§ 315 HGB sagt zu dem Konzernlagebericht folgendes:

(1) Im Konzernlagebericht sind der Geschäftsverlauf einschließlich des Geschäftsergebnisses und
die Lage des Konzerns so darzustellen, dass ein den tatsächlichen Verhältnissen entsprechendes Bild
vermittelt wird. Er hat eine ausgewogene und umfassende, dem Umfang und der Komplexität der
Geschäftstätigkeit entsprechende Analyse des Geschäftsverlaufs und der Lage des Konzerns zu
enthalten. In die Analyse sind die für die Geschäftstätigkeit bedeutsamsten finanziellen Leistungsindikatoren einzubeziehen und unter Bezugnahme auf die im Konzernabschluss ausgewiesenen
Beträge und Angaben zu erläutern. Satz 3 gilt entsprechend für nichtfinanzielle Leistungsindikatoren, wie Informationen über Umwelt- und Arbeitnehmerbelange, soweit sie für das Verständnis des
Geschäftsverlaufs oder der Lage von Bedeutung sind. Ferner ist im Konzernlagebericht die voraussichtliche Entwicklung mit ihren wesentlichen Chancen und Risiken zu beurteilen und zu erläutern;

zugrunde liegende Annahmen sind anzugeben. Die gesetzlichen Vertreter eines Mutterunternehmens im Sinne des § 297 Abs. 2 Satz 4 haben zu versichern, dass nach bestem Wissen im Konzernlagebericht der Geschäftsverlauf einschließlich des Geschäftsergebnisses und die Lage des Konzerns so dargestellt sind, dass ein den tatsächlichen Verhältnissen entsprechendes Bild vermittelt wird, und dass die wesentlichen Chancen und Risiken im Sinne des Satzes 5 beschrieben sind.

(2) Der Konzernlagebericht soll auch eingehen auf:

1. Vorgänge von besonderer Bedeutung, die nach dem Schluß des Konzerngeschäftsjahrs eingetreten sind;
2. a) die Risikomanagementziele und -methoden des Konzerns einschließlich seiner Methoden zur Absicherung aller wichtigen Arten von Transaktionen, die im Rahmen der Bilanzierung von Sicherungsgeschäften erfaßt werden, sowie
   b) die Preisänderungs-, Ausfall- und Liquiditätsrisiken sowie die Risiken aus Zahlungsstromschwankungen, denen der Konzern ausgesetzt ist,
   jeweils in Bezug auf die Verwendung von Finanzinstrumenten durch den Konzern und sofern dies für die Beurteilung der Lage oder der voraussichtlichen Entwicklung von Belang ist;
3. den Bereich Forschung und Entwicklung des Konzerns;
4. die Grundzüge des Vergütungssystems für die in § 314 Abs. 1 Nr. 6 genannten Gesamtbezüge, soweit das Mutterunternehmen eine börsennotierte Aktiengesellschaft ist. Werden dabei auch Angaben entsprechend § 314 Abs. 1 Nr. 6 Buchstabe a Satz 5 bis 9 gemacht, können diese im Konzernanhang unterbleiben.

(3) § 298 Abs. 3 über die Zusammenfassung von Konzernanhang und Anhang ist entsprechend anzuwenden.

(4) Mutterunternehmen, die einen organisierten Markt im Sinne des § 2 Abs. 7 des Wertpapiererwerbs- und Übernahmegesetzes durch von ihnen ausgegebene stimmberechtigte Aktien in Anspruch nehmen, haben im Konzernlagebericht anzugeben:

1. die Zusammensetzung des gezeichneten Kapitals; bei verschiedenen Aktiengattungen sind für jede Gattung die damit verbundenen Rechte und Pflichten und der Anteil am Gesellschaftskapital anzugeben;
2. Beschränkungen, die Stimmrechte oder die Übertragung von Aktien betreffen, auch wenn sie sich aus Vereinbarungen zwischen Gesellschaftern ergeben können, soweit sie dem Vorstand des Mutterunternehmens bekannt sind;
3. direkte oder indirekte Beteiligungen am Kapital, die 10 vom Hundert der Stimmrechte überschreiten;
4. die Inhaber von Aktien mit Sonderrechten, die Kontrollbefugnisse verleihen; die Sonderrechte sind zu beschreiben;
5. die Art der Stimmrechtskontrolle, wenn Arbeitnehmer am Kapital beteiligt sind und ihre Kontrollrechte nicht unmittelbar ausüben;
6. die gesetzlichen Vorschriften und Bestimmungen der Satzung über die Ernennung und Abberufung der Mitglieder des Vorstands und über die Änderung der Satzung;
7. die Befugnisse des Vorstands insbesondere hinsichtlich der Möglichkeit, Aktien auszugeben oder zurückzukaufen;
8. wesentliche Vereinbarungen des Mutterunternehmens, die unter der Bedingung eines Kontrollwechsels infolge eines Übernahmeangebots stehen; die Angabe kann unterbleiben, soweit sie geeignet ist, dem Mutterunternehmen einen erheblichen Nachteil zuzufügen; die Angabepflicht nach anderen gesetzlichen Vorschriften bleibt unberührt;
9. Entschädigungsvereinbarungen des Mutterunternehmens, die für den Fall eines Übernahmegebots mit den Mitgliedern des Vorstands oder Arbeitnehmern getroffen sind.

Die unter Abschnitt C V gemachten Ausführungen gelten sinngemäß auch für den Konzernlagebericht:

VII. Aufstellung, Prüfung und Offenlegung der Jahresabschlüsse

1. Aufstellung

Jeder Kaufmann ist verpflichtet, einen Jahresabschluß aufzustellen (§ 242 HGB). Der Jahresabschluß ist innerhalb der einem ordnungsmäßigen Geschäftsgang entsprechenden Zeit aufzustellen (§ 243 Abs. 3 HGB). Kapitalgesellschaften haben den Jahresabschluß innerhalb von drei Monaten (kleine Kapitalgesellschaften spätestens innerhalb von sechs Monaten) aufzustellen (§ 264 Abs. 1 HGB).

Der Jahresabschluß ist durch die dazu berufenen Organe – bei der GmbH durch die Gesellschafter (§ 42 a GmbHG), bei der AG durch Vorstand und Aufsichtsrat, ausnahmsweise Hauptversammlung (§§ 172, 173 AktG) – festzustellen, d. h. zu billigen oder zu genehmigen. Durch die Feststellung wird der Jahresabschluß rechtsverbindlich. Prüfungspflichtige Jahresabschlüsse können erst nach erfolgter Prüfung festgestellt werden.

Konzernabschlüsse werden nicht festgestellt, sondern nur vorgelegt.

2. Prüfungspflicht

Der Jahresabschluß und der Lagebericht der großen und mittelgroßen Kapitalgesellschaften und der Konzernabschluß und der Konzernlagebericht sind durch einen Abschlußprüfer zu prüfen (§ 316 HGB).

Gegenstand der Prüfungspflicht ist die Buchführung und ob Jahresabschluß und Lagebericht im Hinblick auf Gesetz, Gesellschaftsvertrag und Satzung ordnungsgemäß erstellt wurden (§ 317 HGB).

Der Prüfungsbericht schließt mit einem Bestätigungsvermerk (Testat) des Abschlußprüfers ab.

Die Pflichtprüfungen haben durch einen Wirtschaftsprüfer zu erfolgen. Mittelgroße Gesellschaften können auch durch einen vereidigten Buchprüfer geprüft werden.

3. Offenlegung

Kapitalgesellschaften unterliegen der Publizitätspflicht (§ 325 HGB). Große Kapitalgesellschaften sind verpflichtet, spätestens zwölf Monate nach dem Abschlußstichtag

- den Jahresabschluß und den Konzernabschluß mit dem Bestätigungsvermerk des Wirtschaftsprüfers oder dem Vermerk über die Versagung des Bestätigungsvermerks,
- den Lagebericht,
- den Bericht des Aufsichtsrats und
- den Vorschlag für die Verwendung des Ergebnisses und den Beschluß über seine Verwendung

im Bundesanzeiger bekanntzumachen und anschließend diese Unterlagen und die Bekanntmachung im Bundesanzeiger beim Handelsregister einzureichen. Dem Handelsregister ist zusätzlich noch die Aufstellung über den Anteilsbesitz einzureichen. Bei der Offenlegung kann an die Stelle des Jahresabschlusses ein Einzelabschluß treten, der nach den IAS/IFRS aufgestellt worden ist.

Mittelgroße Kapitalgesellschaften müssen den Jahresabschluß und den Lagebericht nur beim Handelsregister einreichen und einen entsprechenden Hinweis im Bundesanzeiger veröffentlichen. Der Jahresabschluß kann in verkürzter Form publiziert werden (Zusammenfassung von Posten der Bilanz gem. § 327 Nr. 1 HGB, Zusammenfassung der Posten 1–5 beim Gesamtkostenverfahren bzw. 1–3 und 6 beim Umsatzkostenverfahren zu einem Posten »Rohergebnis« gemäß § 276 HGB, Anhang in verkürzter Form gemäß § 327 Nr. 2 HGB).

Für kleine Kapitalgesellschaften gelten noch weitere Erleichterungen (Bilanz und Anhang in stark verkürzter Form und keine Veröffentlichung der Gewinn- und Verlustrechnung und des Lageberichts gemäß § 326 HGB).

Der Jahresabschluß und der Lagebericht von Nicht-Kapitalgesellschaften, die die im § 1 Abs. 1 des Publizitätsgesetzes (PublG) festgelegten Größenmerkmale überschreiten, sind ebenfalls publizitätspflichtig.

4. Straf- und Bußgeldvorschriften, Zwangs- und Ordnungsgeld

In den §§ 331–335b des HGB sind die Folgen von Rechtsverstößen gegen die Rechnungslegungsvorschriften geregelt.

Mit einer Freiheitsstrafe bis zu drei Jahren oder mit Geldstrafe werden die unrichtige Wiedergabe oder Verschleierung der Verhältnisse der Kapitalgesellschaft in der Eröffnungsbilanz, im Jahresabschluß, im Lagebericht oder im Zwischenabschluß und unrichtige Angaben gegenüber dem Abschlußprüfer durch ein Mitglied des vertretungsberechtigten Organs oder des Aufsichtsrats einer Kapitalgesellschaft bestraft (§ 331 HGB). Die Verletzung der Berichts- und Geheimhaltungspflicht durch den Abschlußprüfer (§§ 332–333 HGB) ist ebenfalls ein Straftatbestand.

Sonstige Verstöße gegen Vorschriften über Form, Inhalt, Bewertung, Gliederungs- und Informationspflichten im Einzel- und Konzernabschluß und -lagebericht und gegen Offenlegungs- und Veröffentlichungsvorschriften galten bis zum Inkrafttreten des Gesetzes über elektronische Handelsregister und Genossenschaftsregister sowie das Unternehmensregister (EHUG) lediglich als Ordnungswidrigkeit und konnten nur mit einer Geldbuße bis zu Euro 50.000 geahndet werden (§ 334 HGB).

Mitglieder des vertretungsberechtigten Organs einer Kapitalgesellschaft, die die gesetzlichen Pflichten zur Aufstellung und Prüfung des Jahresabschlusses bzw. Offenlegung des Jahresabschlusses nicht befolgten, konnten durch das Registergericht auf Antrag einer beliebigen Person durch Festsetzung eines Zwangsgeldes bis zu Euro 5.000 (§ 335 a HGB) zur Pflichterfüllung angehalten werden.

Aufgrund des durch das KapCoRiLiG in das HGB eingefügten § 335 b galten die obigen Vorschriften auch für GmbH & Co. OHGs und GmbH & Co. KGs.

5. Publizierte Jahresabschlüsse und Datenbanken

Die Pflicht zur Offenlegung der Jahresabschlüsse aller Kapitalgesellschaften gibt im Prinzip die Möglichkeit, bei der Analyse eines Jahresabschlusses einen Branchenvergleich vorzunehmen.

Die in obigem Abschnitt erwähnten, in der Vergangenheit geltenden unzureichenden Sanktionsmöglichkeiten bei der Verletzung der Offenlegungspflicht (nur auf Antrag Androhung oder Festsetzung eines Zwangsgeldes durch das Registergericht, jedoch keine Erzwingung der Offenlegungspflicht) hatten dazu geführt, daß in Deutschland die Offenlegungspflicht, insbesondere von kleinen Gesellschaften, oft nicht befolgt wurde. Branchenvergleiche wurden somit in Deutschland nicht nur durch die Vielzahl der Wahlrechte, sondern auch durch die geringe Zahl der publizierten Jahresabschlüsse stark beeinträchtigt.

6. Das Gesetz über elektronische Handelsregister und Genossenschaftsregister sowie das Unternehmensregister (EHUG)

Am 1.1.2007 trat das Gesetz über elektronische Handelsregister und Genossenschaftsregister sowie das Unternehmensregister (EHUG) in Kraft. Durch dieses Gesetz werden die Handelsregister vollständig auf elektronischen Betrieb umgestellt.

Die Jahresabschlußpublizität wird ganz neu geregelt. Für Jahresabschlüsse von Geschäftsjahren, die nach dem 31.12.2005 beginnen, ist zentral der elektronische Bundesanzeiger (www.ebundesanzeiger.de) für Einreichung, Bekanntmachung und Online-Einsicht zuständig. Die Offenlegungsfrist beträgt für kapitalmarktorientierte Unternehmen vier Monate und für nicht kapitalmarktorientierte Unternehmen zwölf Monate. Der Kreis der offenlegungspflichtigen Unternehmen sowie Art und Umfang der einzureichenden Unterlagen sind unverändert geblieben. Für die Durchsetzung der Offenlegungspflicht sind nicht mehr die Registergerichte, die nur auf Antrag tätig wurden, sondern das neue Bundesamt für Justiz zuständig, das von Amts wegen tätig wird. Wenn ein Unternehmen sechs Wochen nach einer Mahnung der Offenlegungspflicht nicht nachgekommen ist, setzt das Bundesamt für Justiz ein Ordnungsgeld zwischen Euro 2.500 – 25.000 fest.

Das EHUG führt ein zentrales deutsches Unternehmensregister ein, das außer dem Handelsregister noch andere Unternehmensdaten aus öffentlichen Registern und Datenbanken zugänglich macht (www.unternehmensregister.de).

Durch das EHUG dürfte sich die Unternehmenspublizität erheblich verbessern.

VIII. Rechnungslegung nach IAS/IFRS und US-GAAP

1. Rechnungslegung nach IAS/IFRS

Gemäß dem Bilanzrechtsreformgesetz (BilReG) vom 4. Dezember 2004 sind kapitalmarktorientierte Mutterunternehmen verpflichtet, für ab dem 1. Januar 2005 beginnende Geschäftsjahre Konzernabschlüsse nach IAS/IFRS zu erstellen, und es erlaubt nicht kapital-

marktorientierten Unternehmen, anstelle eines HGB-Konzernabschlusses einen Konzernabschluß nach IAS/IFRS zu erstellen. Vergleichbare Vorschriften gelten in allen EU-Mitgliedstaaten.

Die IFRS werden seit 2001 von dem International Accounting Standards Board (IASB)
in London erlassen. Der IASB wird von der gemeinnützigen Stiftung International Accounting Standards Committee Foundation (IASCF) überwacht. Vorgängerorganisation der
IASCF und des IASB war das 1973 gegründete International Accounting Standards
Committee (IASC). Es erließ die IAS.

Der IASB hat u. a. das Ziel, im öffentlichen Interesse einen einzigen gültigen Satz an
hochwertigen, verständlichen und durchsetzbaren globalen Standards der Rechnungslegung
zu entwickeln, die hochwertige, transparente und vergleichbare Informationen in Abschlüssen und sonstigen Finanzberichten erfordern, um die Teilnehmer in den Kapitalmärkten der
Welt und andere Nutzer beim Treffen von wirtschaftlichen Entscheidungen zu unterstützen.

Die IAS/IFRS sind in Born, Karl: Rechnungslegung international – IAS/IFRS im Vergleich mit HGB und US-GAAP, 5., aktualisierte und erweiterte Auflage, Stuttgart 2007,
ausführlich dargestellt.

2. Rechnungslegung nach US-GAAP

Durch das Kapitalaufnahmeerleichterungsgesetz (KapAEG) vom 24. April 1998 war es
börsennotierten Unternehmen erlaubt, Konzernabschlüsse nach IAS oder US-GAAP zu
erstellen. Mit Inkrafttreten des Bilanzrechtsreformgesetzes ist das nicht mehr möglich. Eine
Ausnahme wurde für Unternehmen gemacht, die zum Zwecke der Börsennotierung in
einem Drittstaat (d.h. den USA) international anerkannte Rechnungslegungsstandards
(d.h. US-GAAP) anwenden oder die nur Fremdkapitaltitel emittiert haben. Sie müssen
ihren Konzernabschluß erst ab dem Geschäftsjahr nach IAS/IFRS erstellen, das nach dem
31. 12. 2006 beginnt.

US-amerikanische Unternehmen, die an einer US-Börse notiert werden, dürfen IAS/
IFRS nicht anwenden. Ausländische an einer US-Börse notierte Unternehmen brauchen für
nach dem 15. 11. 2007 endende Geschäftsjahre ihren Konzernabschluß nicht mehr auf US-
GAAP überzuleiten, wenn der IAS/IFRS-Konzernabschluß in Übereinstimmung mit der
vom IASB herausgegebenen Originalfassung der IAS/IFRS aufgestellt wurde.

Für die Analyse der oben genannten Konzernabschlüsse ist deshalb die Kenntnis der US-
GAAP wichtig. Weitere Informationen zu den US-GAAP sind in dem oben genannten
Buch »Rechnungslegung international« enthalten.

3. IAS/IFRS, US-GAAP und HGB im Vergleich

Im folgenden werden die wesentlichen Unterschiede der Rechnungslegung nach IAS/IFRS,
US-GAAP und HGB zusammengefaßt dargestellt:

Sachverhalt bzw. Bilanzierungsproblem	IAS/IFRS	US-GAAP	HGB

Allgemeine Informationen

Rechnungslegungsvorschriften	Vom IASB entwickelte Rechnungslegungsgrundsätze. Der IASB wird von der gemeinnützigen Stiftung IASCF überwacht.	Die mit Unterstützung der SEC erlassenen detaillierten Statements des FASB und andere Verlautbarungen haben gesetzesähnlichen Charakter.	Wenige allgemeine Vorschriften im HGB und Hinweise im HGB auf nicht definierte Grundsätze ordnungsmäßiger Buchführung
	Die Rechnungslegungsvorschriften sind rechtsform- und größenunabhängig.	US-GAAP gelten für der staatlichen Börsenaufsicht unterliegende Unternehmen. Sie können freiwillig von anderen Unternehmen angewandt werden. Wirtschaftsprüfer dürfen nur Jahresabschlüsse nach US-GAAP testieren.	Es gibt rechtsform- und größenabhängige Vorschriften.
	Materiell bedeutende Angabepflichten (notes)	Materiell bedeutende Angabepflichten (notes)	Geringe Angabepflichten im Anhang
Wahlrechte	Sehr geringe Wahlrechte	Grundsätzlich keine expliziten Wahlrechte	Viele Wahlrechte und großer Gestaltungsspielraum
Steuerliche Einflüsse	Keine steuerlichen Einflüsse	Keine steuerlichen Einflüsse (Ausnahme Lifo)	Maßgeblichkeit der Handelsbilanz für die Steuerbilanz und umgekehrte Maßgeblichkeit
Aussagefähigkeit des Jahresabschlusses	Die IAS/IFRS haben eine hohe Regelungsdichte, sind übersichtlich aufgebaut und bieten wenig Gestaltungsmöglichkeiten. Soweit mögliche Ermessensspielräume zu stark genutzt werden, sind sie für die Abschlußleser aufgrund umfangreicher Angabepflichten meistens durchschaubar.	Die US-GAAP haben eine sehr hohe Regelungsdichte, sind sehr komplex und bieten praktisch keine Gestaltungsmöglichkeiten. Soweit mögliche Ermessensspielräume zu stark genutzt werden, sind sie für die Abschlußleser aufgrund umfangreicher Angabepflichten meistens durchschaubar.	Die wenigen Vorschriften des HGB und die nicht definierten Grundsätze ordnungsmäßiger Buchführung bieten viele Gestaltungsmöglichkeiten, die auch durch die wenig aussagefähigen Anhangdaten für den Abschlußleser schwer durchschaubar bleiben.

Sachverhalt bzw. Bilanzierungsproblem	IAS/IFRS	US-GAAP	HGB
	Die IAS/IFRS sind betriebswirtschaftlich sinnvoll und somit auch für das interne Rechnungswesen geeignet.	Die US-GAAP sind betriebswirtschaftlich sinnvoll und somit auch für das interne Rechnungswesen geeignet.	Da die Rechnungslegung nach dem HGB aufgrund des Maßgeblichkeitsprinzips und der umgekehrten Maßgeblichkeit stark durch steuerliche Vorschriften und Urteile des Bundesfinanzhofes geprägt ist, ist sie betriebswirtschaftlich nicht sinnvoll und für das interne Rechnungswesen ohne Änderungen nicht brauchbar.

Ziele der Rechnungslegung

	IAS/IFRS	US-GAAP	HGB
	Vermittlung von Informationen für wirtschaftliche Entscheidungen	Vermittlung von Informationen für wirtschaftliche Entscheidungen	Keine expliziten Ziele

Grundsätze der Rechnungslegung

Sachverhalt bzw. Bilanzierungsproblem	IAS/IFRS	US-GAAP	HGB
Annahme der Fortführung der Unternehmenstätigkeit	Ja	Ja	Ja Die Anwendung des Vorsichtsprinzips als übergeordnetes Prinzip kann der Annahme der Fortführung der Unternehmenstätigkeit widersprechen.
Dominierende Rechnungslegungsgrundsätze (periodengerechte Erfolgsermittlung bei IAS/IFRS und US-GAAP bzw. Vorsichtsprinzip beim HGB)	Es gilt der Grundsatz der periodengerechten Erfolgsermittlung; Vorsicht bedeutet lediglich ein gewisses Maß an Sorgfalt bei der für Schätzungen erforderlichen Ermessensausübung.	Es gilt der Grundsatz der periodengerechten Erfolgsermittlung. Das Vorsichtsprinzip ist nur bei der Beurteilung unsicherer und zweifelhafter zukünftiger Ereignisse anzuwenden.	Das Vorsichtsprinzip bei Ansatz der Vermögensgegenstände und Verbindlichkeiten/ Rückstellungen (nicht bei der Erfolgsermittlung!) wird als übergeordnetes Prinzip aufgefaßt; dadurch werden das Realisationsprinzip und das Imparitätsprinzip sehr weit ausgelegt; durch Überbetonung des Vorsichtsprinzips und lasche Handhabung

Sachverhalt bzw. Bilanzierungsproblem	IAS/IFRS	US-GAAP	HGB
			des Stetigkeitsgebotes ist die periodengerechte Erfolgsermittlung sehr beeinträchtigt. Aufgrund des dominierenden Vorsichtsprinzips sowie der vielen Wahlrechte und großen Gestaltungsspielräume können in erheblichem Maße stille Reserven gebildet und stille Reserven still aufgelöst werden. Das Vorsichtsprinzip wird sehr willkürlich angewandt, so daß in der Praxis auch ein zu hoher Ergebnisausweis möglich ist.
Bewertungsstetigkeit	Änderung der Bilanzierungs- und Bewertungsmethoden darf nur vorgenommen werden, wenn ein Standard oder eine Interpretation sie verlangt oder wenn die Änderung zu einer aussagefähigeren Darstellung führt.	Änderung der Bilanzierungs- und Bewertungsmethoden muß begründet werden (z. B. neuer Standard).	Bewertungsmethoden sollen beibehalten werden; in der Praxis gibt es viele Ausnahmen. Kein Stetigkeitsgebot bei den Bilanzierungsmethoden
	Die veröffentlichten Vergleichszahlen der Vorjahre sind anzupassen und die Art und die Gründe der Änderung sind anzugeben.	Die Änderung ist je nach Art der Änderung im laufenden Geschäftsjahr gesondert auszuweisen, oder die Vorjahresabschlüsse sind zu ändern.	Bei Änderung der Bilanzierungs- und Bewertungsmethoden erfolgt meistens nur eine verbale Berichterstattung.
Wirtschaftliche Betrachtungsweise	Geschäftsvorfälle und Ereignisse sind nach ihrem tatsächlichen wirtschaftlichen Gehalt und nicht nach der rechtlichen Gestaltung zu bilanzieren und darzustellen.	Der Grundsatz der wirtschaftlichen Betrachtungsweise ergibt sich aus den Grundsätzen der Verläßlichkeit und der glaubwürdigen Darstellung.	Dieser Grundsatz ist nicht im HGB kodifiziert und wird auch in wichtigen Fällen nicht angewandt (Leasing, Sale and lease back).

Sachverhalt bzw. Bilanzierungsproblem	IAS/IFRS	US-GAAP	HGB
Wesentlichkeit	Der Grundsatz der Wesentlichkeit ist zu berücksichtigen.	Der Grundsatz der Wesentlichkeit ist zu berücksichtigen.	Der Grundsatz der Wesentlichkeit ist nicht im HGB kodifiziert. Er ist in einigen Vorschriften enthalten.
Sonstige Grundsätze der Rechnungslegung	Verständlichkeit, Relevanz, Verläßlichkeit (glaubwürdige Darstellung, Neutralität, Vollständigkeit) und Vergleichbarkeit	Verständlichkeit, Relevanz (Voraussagetauglichkeit, Erwartungsüberprüfung, zeitnahe Berichterstattung), Verläßlichkeit, (Nachprüfbarkeit, Neutralität, glaubwürdige Darstellung) und Vergleichbarkeit	Klarheit, Übersichtlichkeit und Vollständigkeit

Die Grundsätze der IAS/IFRS und US-GAAP sind ausführlicher. Selbst die wenigen Grundsätze im HGB werden nur eingeschränkt praktiziert.

Sachverhalt bzw. Bilanzierungsproblem	IAS/IFRS	US-GAAP	HGB
Ansatzvorschriften	Der Begriff asset (Vermögenswert), der sich am künftigen wirtschaftlichen Nutzen orientiert, geht über den Begriff Vermögensgegenstand hinaus, der Begriff liability wird enger als Verbindlichkeit und Rückstellung gesehen.	Der Begriff asset (Vermögenswert), der sich am künftigen wirtschaftlichen Nutzen orientiert, geht über den Begriff Vermögensgegenstand hinaus, der Begriff liability wird enger als Verbindlichkeit und Rückstellung gesehen.	Die Begriffe Vermögensgegenstand und Schulden (Verbindlichkeiten und Rückstellungen) sind im HGB nicht definiert. Wegen der fehlenden Definition des Begriffes Vermögensgegenstand im Sinne von asset kennt man den Begriff Bilanzierungshilfe.
Anschaffungs- oder Herstellungskosten	Keine Wahlrechte bei den Herstellungskosten	Keine Wahlrechte bei den Herstellungskosten	Das HGB kennt bei den Herstellungskosten Pflicht- und Wahlbestandteile.
	Neben den Anschaffungs- oder Herstellungskosten sind bei der Folgebewertung andere Bewertungsansätze möglich (Neubewertung, fair value).	Andere Wertkonzeptionen sind in gewissen Fällen möglich (fair value).	Anschaffungs- und Herstellungskosten sind Bewertungsobergrenze.

Anmerkung: Fair value (beizulegender Zeitwert) ist der Betrag, zu dem zwischen sachverständigen, vertragswilligen und voneinander unabhängigen Geschäftspartnern ein Vermögenswert ge-

Sachverhalt bzw. Bilanzierungsproblem	IAS/IFRS	US-GAAP	HGB
	tauscht oder eine Schuld beglichen werden könnte. Bei liquiden Finanzmärkten ist es der Börsen- oder Marktpreis.		
Generalnorm und fair presentation	Es wird davon ausgegangen, daß die angemessene Anwendung der IAS/IFRS eine fair presentation, d. h. ein den tatsächlichen Verhältnissen entsprechendes Bild, vermittelt.	Der Grundsatz der fair presentation, d. h. angemessene Darstellung der wirtschaftlichen Verhältnisse, ist eine Art Generalnorm, da der Wirtschaftsprüfer in seinem Testat die fair presentation bestätigen muß.	Nach § 264 Abs. 2 HGB hat der Jahresabschluß unter Beachtung der Grundsätze ordnungsmäßiger Buchführung ein den tatsächlichen Verhältnissen entsprechendes Bild der Vermögens-, Finanz- und Ertragslage zu vermitteln. Durch den nicht in der 4. EG-Richtlinie enthaltenen Zusatz »unter Beachtung der Grundsätze ordnungsmäßiger Buchführung«, der auch im Testat des Wirtschaftsprüfers steht, vermittelt ein nach dem HGB aufgestellter Jahresabschluß oft kein den tatsächlichen Verhältnissen entsprechendes Bild, d. h. eine fair presentation. Daran ändert auch eine Richtigstellung im Anhang nichts.

Bestandteile und Gliederung des Jahresabschlusses

| Bestandteile | – Bilanz
– Gewinn- und Verlustrechnung
– Kapitalflußrechnung
– Eigenkapitalveränderungsrechnung, die entweder sämtliche Veränderungen des Eigenkapitals oder Veränderungen des Eigenkapitals, die nicht durch Kapitaltransaktionen mit Eigentümern | – Bilanz
– Gewinn- und Verlustrechnung mit Eigenkapitalveränderungsrechnung
– Kapitalflußrechnung
– Zusatzinformationen (notes)
Im Jahresabschluß ist der Gesamtgewinn (comprehensive income) in Ergebnis (net income) und erfolgsunwirksame Rückla- | – Bilanz
– Gewinn- und Verlustrechnung
– Anhang (Ergänzung und Richtigstellung des Jahresabschlusses)
– Kapitalflußrechnung
– Eigenkapitalspiegel |

Sachverhalt bzw. Bilanzierungsproblem	IAS/IFRS	US-GAAP	HGB
	und Ausschüttungen an Eigentümer entstehen, darstellt – Zusatzinformationen (notes), die die Zusammenfassung der maßgeblichen Bilanzierungs- und Bewertungsmethoden und andere erläuternde Informationen enthalten	genveränderungen (other components of comprehensive income), wie z. B. Gewinne und Verluste aus der Umrechnung von ausländischen Abschlüssen, unrealisierte Gewinne und Verluste aus der Neubewertung von Finanzinstrumenten, aufzugliedern.	
Gliederung	Mindestgliederung vorgeschrieben	Genaue Gliederungsvorschriften gibt es nur für börsennotierte Gesellschaften. Von den anderen Gesellschaften werden diese Gliederungsvorschriften weitgehend befolgt.	Detailliertes Gliederungsschema für Kapitalgesellschaften

Posten der Bilanz und Gewinn- und Verlustrechnung

Sachverhalt bzw. Bilanzierungsproblem	IAS/IFRS	US-GAAP	HGB
Immaterielle Vermögensgegenstände	Anschaffungs- oder Herstellungskosten; Neubewertung möglich	Anschaffungs- oder Herstellungskosten	Anschaffungs- oder Herstellungskosten
– erworbene	Aktivierungsgebot	Aktivierungsgebot	Aktivierungsgebot
– selbstgeschaffene	Aktivierungsgebot (z. B. Entwicklungskosten), sofern gewisse Voraussetzungen erfüllt sind.	Aktivierungsfähig (z. B. Kosten zur Erlangung und Sicherung der selbstgeschaffenen immateriellen Vermögensgegenstände), sofern strenge Voraussetzungen erfüllt sind.	Aktivierungsverbot
– derivativer Geschäfts- oder Firmenwert	Der Geschäfts- oder Firmenwert bei einem asset deal ist zu aktivieren.	Der Geschäfts- oder Firmenwert bei einem asset deal ist zu aktivieren.	Ein bei einem durch Unternehmenskauf in Form von Vermögensgegenständen (asset deal) entstandener Geschäfts- oder Firmenwert darf aktiviert oder sofort als Aufwand verrechnet werden.

Sachverhalt bzw. Bilanzierungsproblem	IAS/IFRS	US-GAAP	HGB
	(Bei share deal: Equity-Bewertung im Einzelabschluß)	(Bei share deal: Equity-Bewertung im Einzelabschluß)	(Bei einem Unternehmenskauf in Form von Anteilen [share deal] ist der gesamte Kaufpreis im Einzelabschluß als Anteile an verbundenen Unternehmen bzw. Beteiligungen zu Anschaffungskosten auszuweisen.)
	Immaterielle Vermögenswerte mit unbestimmbarer Nutzungsdauer sind nicht planmäßig abzuschreiben. Es ist jährlich und wenn ein Hinweis auf Wertminderung vorliegt ein Werthaltigkeitstest und ggf. eine außerordentliche Abschreibung vorzunehmen.	Immaterielle Vermögenswerte mit unbestimmbarer Nutzungsdauer sind nicht planmäßig abzuschreiben. Es ist jährlich und wenn ein Hinweis auf Wertminderung vorliegt ein Werthaltigkeitstest und ggf. eine außerordentliche Abschreibung vorzunehmen.	Abschreibung über die voraussichtliche wirtschaftliche Nutzung. Bei voraussichtlich dauernder Wertminderung ist eine außerordentliche Abschreibung vorzunehmen.
– Aufwendungen für die Unternehmensgründung und die Eigenkapitalbeschaffung	Aktivierungsverbot Notwendige Transaktionskosten bei einer Eigenkapitalaufnahme kürzen die Kapitalrücklage unter Berücksichtigung des Ertragsteuereffekts.	Aktivierungsverbot Notwendige Transaktionskosten bei einer Eigenkapitalaufnahme kürzen die Kapitalrücklage unter Berücksichtigung des Ertragsteuereffekts.	Aktivierungsverbot Notwendige Transaktionskosten bei einer Eigenkapitalaufnahme sind erfolgswirksam auszuweisen.
– Aufwendungen für die Ingangsetzung und Erweiterung des Geschäftsbetriebs	Aktivierungsverbot	Aktivierungsverbot	Aktivierungswahlrecht (Ausschüttungssperre)
			Abschreibung in jedem folgenden Geschäftsjahr zu mindestens einem Viertel
Sachanlagen	Anschaffungs- oder Herstellungskosten; Neubewertung möglich	Anschaffungs- oder Herstellungskosten	Anschaffungs- oder Herstellungskosten
	Abschreibung entsprechend der erwarteten wirtschaftlichen Nutzung. Abschreibungsdauer und Abschrei-	Abschreibung über die voraussichtliche wirtschaftliche Nutzung	In der Regel werden steuerrechtliche Abschreibungstabellen angewandt.

Sachverhalt bzw. Bilanzierungsproblem	IAS/IFRS	US-GAAP	HGB
	bungsmethode sind regelmäßig zu überprüfen und ggf. anzupassen.		Zusätzliche steuerrechtliche Abschreibungen möglich
	Außerplanmäßige Abschreibungen auf den erzielbaren Betrag, d.h. den Wert, der durch die künftige Nutzung eines Vermögenswertes einschl. des Restwertes bei dessen Abgang erzielt werden kann	Außerplanmäßige Abschreibungen, wenn der Netto Cash-flow eines Vermögenswertes seinen Buchwert unterschreitet.	Außerplanmäßige Abschreibungen auf den niedrigeren beizulegenden Wert Die Ermittlung des niedrigeren beizulegenden Wertes ist im HGB nicht geregelt; in der Regel orientiert man sich am Wiederbeschaffungswert.
	Wertaufholungsgebot	Wertaufholungsverbot	Wertaufholungsgebot
Finanzanlagen/ Wertpapiere des Umlaufvermögens	Neben den erfolgswirksam zum beizulegenden Zeitwert bewerteten Vermögenswerten sind jederzeit veräußerbare Vermögenswerte bei der Folgebewertung mit dem beizulegenden Zeitwert zu bewerten.	Zu Handelszwecken gehaltene Vermögenswerte (trading securities) und jederzeit veräußerbare Vermögenswerte (available for sale securities) sind bei der Folgebewertung mit dem beizulegenden Zeitwert zu bewerten.	Bei Finanzanlagen Abschreibungspflicht bei dauernder Wertminderung und Abschreibungswahlrecht bei vorübergehender Wertminderung (gemildertes Niederstwertprinzip) Bei Wertpapieren des Umlaufvermögens Abschreibungspflicht bei Wertminderung (strenges Niederstwertprinzip)
	Bis zur Endfälligkeit zu haltende Finanzinvestitionen (held-to-maturity investments) sind mit den fortgeführten Anschaffungskosten zu bewerten.	Bis zur Endfälligkeit zu haltende Finanzinvestitionen (held-to-maturity investments) sind mit den fortgeführten Anschaffungskosten zu bewerten.	
	Gewinne oder Verluste aus der Neubewertung sind direkt im Eigenkapital durch die Eigenkapitalveränderungsrechnung zu erfassen.	Unrealisierte Gewinne und Verluste bei den jederzeit veräußerbaren Vermögenswerten sind in einem gesonderten Eigenkapitalposten (other comprehensive income) zu erfassen.	

Sachverhalt bzw. Bilanzierungsproblem	IAS/IFRS	US-GAAP	HGB
Vorräte	Vollkostenbewertung	Vollkostenbewertung	Teilkostenbewertung möglich
	Das Lifo-Verfahren ist nicht zulässig.	SEC-berichtspflichtige Unternehmen müssen Lifo-Reserven sowie Auflösung der Lifo-Reserven angeben.	Fifo, Lifo und gewogene Durchschnittsmethode
	Nicht unmittelbar fertigungsbezogene Kosten der allgemeinen Verwaltung dürfen nicht aktiviert werden.	Nicht unmittelbar fertigungsbezogene Kosten der allgemeinen Verwaltung dürfen nicht aktiviert werden.	Nicht unmittelbar fertigungsbezogene Kosten der allgemeinen Verwaltung dürfen aktiviert werden.
	Die Bestimmung des Niederstwertes richtet sich nach dem Absatzmarkt.	Die Bestimmung des Niederstwertes richtet sich nach den Wiederbeschaffungskosten und orientiert sich zusätzlich an einem modifizierten Verkaufspreis.	Die Bestimmung des Niederstwertes ist nicht eindeutig geregelt.
		In besonderen Fällen dürfen Vorräte über die Anschaffungskosten bewertet werden (z. B. Edelmetalle).	
			Abschreibungen aufgrund steuerrechtlicher Vorschriften sind möglich.
Langfristige Fertigungsaufträge	Bei Vorliegen der Voraussetzungen ist die Percentage-of-Completion-Methode (Umsätze und die dazugehörigen Aufwendungen sind entsprechend dem Grad der Fertigstellung zum Abschlußstichtag erfolgswirksam zu erfassen) anzuwenden. Bei Unmöglichkeit verläßlicher Ergebnisschätzungen dürfen Umsatzerlöse bis zur Höhe der angefallenen oder	Bei Vorliegen der Voraussetzungen ist die Percentage-of-Completion-Methode anzuwenden. Gegebenenfalls ist auch die Completed-Contract-Methode zulässig.	Im HGB sind keine Vorschriften über die langfristige Auftragsfertigung enthalten. Wegen des Realisationsprinzips ist die Zulässigkeit der Percentage-of-Completion-Methode fraglich.

Sachverhalt bzw. Bilanzierungsproblem	IAS/IFRS	US-GAAP	HGB
	wahrscheinlich absehbaren Kosten erfolgswirksam erfaßt werden. Die Completed-Contract-Methode (Ausweis des Umsatzes erst, wenn Auftrag abgeschlossen ist, vorher Ausweis der Herstellungskosten unter den unfertigen Erzeugnissen) wird in den IAS/IFRS nicht explizit erwähnt.		
	Erwartete Verluste sind sofort erfolgswirksam zu erfassen.	Erwartete Verluste sind sofort erfolgswirksam zu erfassen.	
Forderungen	Für eine Gruppe von Forderungen mit gleichwertigen Risikomerkmalen ist eine Wertberichtigung auf Portfoliobasis möglich.	Üblich sind pauschale Einzelwertberichtigungen nach der percentage-of-credit-sale method.	Pauschalwertberichtigungen ohne konkrete Berechnungsmethode sind üblich.
	Fremdwährungsumrechnung zum Stichtagskurs	Fremdwährungsumrechnung zum Stichtagskurs	Fremdwährungsumrechnung zum Kurs der Erstverbuchung oder zum niedrigeren Stichtagskurs
Eigenkapital	Eigene Aktien sind vom Eigenkapital abzusetzen.	Eigene Aktien sind vom Eigenkapital abzusetzen.	Eigene Aktien sind unter den Wertpapieren gesondert auszuweisen.
	Vorzugsaktien sind, soweit sie Verbindlichkeiten darstellen, als Fremdkapital auszuweisen.	Vorzugsaktien mit Kündigungsrecht sind nicht als Eigenkapital, sondern gesondert auszuweisen.	Keine speziellen Vorschriften über Vorzugsaktien
Sonderposten mit Rücklageanteil	Die in einer Bilanz nach HGB im Sonderposten mit Rücklageanteil enthaltene Steuerbelastung ist unter den latenten Steuern auszuweisen, da die IAS/IFRS das	Die in einer Bilanz nach HGB im Sonderposten mit Rücklageanteil enthaltene Steuerbelastung ist unter den latenten Steuern auszuweisen, da die US-GAAP das	Dieser Posten kann sich nur aufgrund des Maßgeblichkeitsprinzips bzw. der umgekehrten Maßgeblichkeit ergeben (nur Einzelabschluß).

Sachverhalt bzw. Bilanzierungsproblem	IAS/IFRS	US-GAAP	HGB
	Maßgeblichkeitsprinzip und die umgekehrte Maßgeblichkeit nicht kennen.	Maßgeblichkeitsprinzip und die umgekehrte Maßgeblichkeit nicht kennen.	
Rückstellungen für Pensionen	Passivierungspflicht	Passivierungspflicht	Passivierungspflicht für Neuzusagen ab 1. 1. 1987
	Anwartschaftsbarwertverfahren (projected unit credit method) unter Berücksichtigung künftiger Lohn- und Gehaltssteigerungen und der Orientierung des Abzinsungssatzes an erstrangigen Industrieanleihen	Anwartschaftsbarwertverfahren (projected unit credit method) unter Berücksichtigung künftiger Lohn- und Gehaltssteigerungen und der stichtagsbezogenen Kapitalmarktzinsen	In der Regel wird das Teilwertverfahren nach § 6 a EStG benutzt. Zukünftige Lohn- und Gehaltssteigerungen sind dabei nicht zu berücksichtigen. In § 6 a EStG ist ein Kapitalisierungszinsfuß von 6 % vorgesehen. Die Anwendung eines Kapitalisierungszinsfußes von 3–6 % ist handelsrechtlich möglich. *Die Pensionsverpflichtungen sind nach § 6 a EStG meistens zu niedrig bewertet.*
Sonstige Rückstellungen	Rückstellungen dürfen nur für Verpflichtungen gegenüber Dritten gebildet werden. Die Verpflichtung muß wahrscheinlich sein, d. h. es muß mehr für als gegen eine Inanspruchnahme sprechen, und die Höhe der Verpflichtung muß verläßlich geschätzt werden können. Es ist die bestmögliche Schätzung anzusetzen. Bei einer großen Zahl gleichartiger Einzelsachverhalte ist der Erwartungswert anzusetzen. Falls alle Werte innerhalb einer Bandbreite gleich wahrscheinlich sind, ist der	Rückstellungen dürfen nur für Verpflichtungen gegenüber Dritten gebildet werden. Die Verpflichtung muß wahrscheinlich sein und vernünftig geschätzt werden können. Bei einer Bandbreitenschätzung ist der wahrscheinlichste Wert anzusetzen. Falls innerhalb einer Bandbreite alle Werte gleich wahrscheinlich sind, ist der Mindestbetrag anzusetzen. Falls keine Schätzung möglich ist, sind Angaben in den notes zu machen.	Rückstellungen sind für ungewisse Verbindlichkeiten und drohende Verluste aus schwebenden Geschäften zu bilden. Sie können gebildet werden, wenn der Eintritt einer Verbindlichkeit möglich ist. Der Ermessensspielraum ist sehr groß.

Sachverhalt bzw. Bilanzierungsproblem	IAS/IFRS	US-GAAP	HGB
	mittlere Betrag anzusetzen. Falls die Voraussetzungen für eine Rückstellungsbildung (wahrscheinliche Inanspruchnahme und verläßliche Schätzung) nicht erfüllt sind, sind Angaben zu machen.	Falls die Voraussetzungen für eine Rückstellungsbildung (wahrscheinliche Inanspruchnahme und verläßliche Schätzung) nicht erfüllt sind, sind Angaben zu machen.	
	Wenn der Unterschied zwischen Barwert und Nominalbetrag wesentlich ist, dann ist der Barwert anzusetzen.	Eine Abzinsung, mit Ausnahme der Rückstellungen für Umweltschutzmaßnahmen, ist nicht vorgesehen.	Rückstellungen dürfen nur abgezinst werden, soweit die ihnen zugrundeliegenden Verbindlichkeiten einen Zinsanteil enthalten. (Steuerrechtlich sind Rückstellungen mit 5,5 % abzuzinsen.)
	Es gibt spezielle Vorschriften für Rückstellungen für Restrukturierungskosten.	Es gibt spezielle Verlautbarungen für Rückstellungen für Restrukturierungskosten.	Es gibt keine speziellen Vorschriften für Rückstellungen für Restrukturierungskosten.
	Aufwandsrückstellungen sind nicht zulässig.	Aufwandsrückstellungen sind nicht zu lässig.	Aufwandsrückstellungen können gebildet werden und sind teilweise Pflicht (unterlassene Aufwendungen für Instandhaltung, die innerhalb von drei Monaten nachgeholt werden, und unterlassene Aufwendungen für Abraumbeseitigung, die im folgenden Geschäftsjahr nachgeholt werden).
Verbindlichkeiten	Fremdwährungsumrechnung zum Stichtagskurs	Fremdwährungsumrechnung zum Stichtagskurs	Fremdwährungsumrechnung zum Kurs der Erstverbuchung oder zum höheren Stichtagskurs
	Es gibt keine ausdrückliche Regelung für die Bewertung von langfristigen Verbind-	Bei langfristigen Verbindlichkeiten ist bei einem vom Marktzins abweichenden verein-	Langfristige Verbindlichkeiten werden in der Regel mit dem Rückzahlungsbetrag

Sachverhalt bzw. Bilanzierungsproblem	IAS/IFRS	US-GAAP	HGB
	lichkeiten. Es sind Angaben über die Zinssätze u. a. zu machen.	barten Zinssatz der Nominalbetrag auf den Barwert zu korrigieren.	angesetzt; Aktivierungswahlrecht für Disagio
Latente Steuern	Latente Steuern sind auf temporäre Unterschiede, das sind Unterschiede zwischen dem handelsrechtlichen und steuerlichen Bilanzansatz von Vermögenswerten und Schulden, die sich später umkehren, zu berechnen.	Latente Steuern sind auf temporäre Unterschiede, das sind Unterschiede zwischen dem handelsrechtlichen und steuerlichen Bilanzansatz von Vermögenswerten und Schulden, die sich später umkehren, zu berechnen	Latente Steuern sind auf timing differences, das sind Unterschiede zwischen dem handelsrechtlichen und dem steuerlichen Gewinn, die sich in späteren Perioden umkehren, zu berechnen.
	Quasipermanente Differenzen werden wie temporäre Differenzen behandelt.	Quasipermanente Differenzen werden wie temporäre Differenzen behandelt.	Quasipermanente Differenzen werden wie permanente Differenzen behandelt.
	Aktivierungspflicht für aktive latente Steuern, wenn mit ihrer Realisierung vernünftigerweise gerechnet werden kann.	Aktivierungspflicht für aktive latente Steuern, ggf. Bildung einer Wertberichtigung, wenn es wahrscheinlich ist, daß der Betrag nicht realisiert werden kann.	Aktivierungswahlrecht für aktive latente Steuern (Ausschüttungssperre), jedoch Aktivierungspflicht für durch Konsolidierungsmaßnahmen verursachte aktive latente Steuern.
	Aktivierungspflicht für aktive latente Steuern aus steuerlichem Verlustvortrag; evtl. ist ein Sicherheitsabschlag vorzunehmen.	Aktivierungspflicht für aktive latente Steuern aus steuerlichem Verlustvortrag; evtl. ist ein Sicherheitsabschlag vorzunehmen.	Kein Ansatz aktiver latenter Steuern für steuerlichen Verlustvortrag (Saldierung mit passiven latenten Steuern möglich)
	Aktive und passive latente Steuern sind grundsätzlich getrennt auszuweisen. Falls ein einklagbares Recht zur Aufrechnung tatsächlicher Steueransprüche gegen tatsächliche Steuerschulden besteht und sich die aktiven latenten Steueransprüche und die passiven latenten Steuerschulden auf	Aktive und passive latente Steuern sind grundsätzlich getrennt auszuweisen. Die kurzfristigen und die langfristigen aktiven und passiven latenten Steuern der gleichen Steuerart gegenüber derselben Steuerbehörde sind zu saldieren.	Aktive und passive latente Steuern können saldiert ausgewiesen werden.

Sachverhalt bzw. Bilanzierungsproblem	IAS/IFRS	US-GAAP	HGB
	Ertragsteuern beziehen, die von der gleichen Steuerbehörde erhoben werden, sind aktive und passive latente Steuern zu saldieren.		
Leasing	Bei Finanzierungsleasing ist der Leasinggegenstand dem Leasingnehmer und bei Mietleasing dem Leasinggeber zuzurechnen.	Bei Finanzierungsleasing ist der Leasinggegenstand dem Leasingnehmer und bei Mietleasing dem Leasinggeber zuzurechnen.	Im HGB sind keine Vorschriften über Leasing enthalten. Vertragsgestaltung und handelsrechtliche Bilanzierung erfolgen in der Regel nach den Leasingerlassen der Finanzverwaltung. Danach kommt es selten zu einer Zurechnung des Leasinggegenstandes zum Leasingnehmer.
	Bei einem Sale-and-lease-back-Geschäft ist die Realisierung eines Veräußerungsgewinnes zum Verkaufszeitpunkt nicht möglich.	Bei einem Sale-and-lease-back-Geschäft ist die Realisierung eines Veräußerungsgewinnes zum Verkaufszeitpunkt nicht möglich.	Bei einem Sale-and-lease-back-Geschäft ist die Realisierung eines Veräußerungsgewinnes zum Verkaufszeitpunkt möglich.
Derivative Finanzinstrumente	Derivative Finanzinstrumente sind mit dem beizulegenden Zeitwert zu bewerten. Für die Bilanzierung von Sicherungsgeschäften (hedge accounting) bestehen detaillierte Vorschriften. Es bestehen umfangreiche Angabepflichten.	Derivative Finanzinstrumente sind mit dem beizulegenden Zeitwert zu bewerten. Für die Bilanzierung von Sicherungsgeschäften (hedge accounting) bestehen detaillierte Vorschriften. Es bestehen umfangreiche Angabepflichten.	Die Bilanzierung derivativer Finanzinstrumente ist nicht geregelt und nach den im HGB enthaltenen allgemeinen Grundsätzen nicht zufriedenstellend zu lösen.
Gewinn- und Verlustrechnung	Umsatzkostenverfahren oder Gesamtkostenverfahren	Umsatzkostenverfahren	Umsatzkostenverfahren oder Gesamtkostenverfahren
Forschungs- und Entwicklungskosten	Entwicklungskosten sind zu aktivieren, wenn gewisse Voraussetzungen erfüllt sind.	Forschungs- und Entwicklungskosten dürfen nicht aktiviert werden (Ausnahme Computer Software).	Forschungs- und Entwicklungskosten dürfen nicht aktiviert werden.

Sachverhalt bzw. Bilanzierungsproblem	IAS/IFRS	US-GAAP	HGB
Gewinne oder Verluste aus der Aufgabe von Geschäftsbereichen	Angabe der Erlöse, Aufwendungen und Ergebnis vor und nach Ertragsteuern	Gesonderter Ausweis nach Ertragsteuern	Kein gesonderter Ausweis
	Es sind weitere Angaben zu machen.	Es sind weitere Angaben zu machen.	Im HGB sind keine speziellen Angaben vorgesehen.
Außerordentliche Aufwendungen und außerordentliche Erträge	Der Ausweis außerordentlicher Aufwendungen und außerordentlicher Erträge ist weder in der Gewinn- und Verlustrechnung noch in den notes zulässig.	Außerordentliche Posten sind sehr eng definiert.	Außerordentliche Posten sind im HGB nicht definiert.

Konzernabschluß

Konsolidierungspflicht	ja	ja	Für Kapitalgesellschaften; es gibt größenabhängige Befreiungen. Sie gelten nicht für börsennotierte Unternehmen
		Der Konzernabschluß ist ein erweiterter Abschluß des Mutterunternehmens und ersetzt den Einzelabschluß.	
Konsolidierungskreis	Alle Tochterunternehmen (einschließlich Zweckgesellschaften), auf die das Mutterunternehmen einen beherrschenden Einfluß (control) ausübt, d.h. mehr als die Hälfte der Stimmrechte besitzt; der beherrschende Einfluß ist auch gegeben, wenn andere in IAS 27 spezifizierte Kriterien vorliegen.	Alle Tochterunternehmen (einschließlich Zweckgesellschaften), auf die das Mutterunternehmen einen beherrschenden Einfluß (control) ausübt, d.h. mehr als die Hälfte der Stimmrechte besitzt; der beherrschende Einfluß kann auch von anderen Kriterien abgeleitet werden.	Alle Tochterunternehmen, die unter einheitlicher Leitung stehen oder auf die ein beherrschender Einfluß (control) ausgeübt werden kann
	Einbeziehungsverbot bei Weiterveräußerungsabsicht	Einbeziehungsverbot, wenn die Möglichkeit des beherrschenden Einflusses trotz Besit-	Einbeziehungswahlrecht bei Weiterveräußerungsabsicht, bei dauernder Beschränkung

Sachverhalt bzw. Bilanzierungsproblem	IAS/IFRS	US-GAAP	HGB
		zes der Mehrheit der Stimmrechte nicht vorliegt (Unternehmen, die sich in einem Sanierungs- oder Konkursverfahren befinden)	der Rechte des Mutterunternehmens und für Tochterunternehmen, wenn die erforderlichen Angaben nicht ohne verhältnismäßig hohe Kosten oder Verzögerungen zu erhalten sind Befreiung für Tochterunternehmen von untergeordneter Bedeutung
Vollkonsolidierung	Erwerbsmethode	Erwerbsmethode	Grundsätzlich Erwerbsmethode Die Aufdeckung stiller Reserven wird durch die Anschaffungskosten für die Anteile des Tochterunternehmens begrenzt.
	Erstkonsolidierung mit den Wertverhältnissen zum Zeitpunkt des Erwerbs	Erstkonsolidierung mit den Wertverhältnissen zum Zeitpunkt des Erwerbs	Erstkonsolidierung mit den Wertverhältnissen zum Zeitpunkt des Erwerbs oder zum Stichtag der erstmaligen Einbeziehung des Tochterunternehmens in den Konzernabschluß Bei Erfüllung gewisser wenig restriktiver Voraussetzungen Wahlrecht zur Anwendung der Interessenzusammenführungsmethode
	Der Geschäfts- oder Firmenwert ist zu aktivieren.	Der Geschäfts- oder Firmenwert ist zu aktivieren.	Der Geschäfts- oder Firmenwert darf aktiviert oder offen mit den Rücklagen verrechnet werden.
	Der Geschäfts- oder Firmenwert ist nicht planmäßig abzuschreiben. Es ist jährlich und wenn ein Hinweis auf Wertminderung vorliegt ein Werthaltig-	Der Geschäfts- oder Firmenwert ist nicht planmäßig abzuschreiben. Es ist jährlich und wenn ein Hinweis auf Wertminderung vorliegt ein Werthaltig-	Ein aktivierter Geschäfts- oder Firmenwert ist entweder in vier Jahren oder planmäßig über eine län-

Sachverhalt bzw. Bilanzierungsproblem	IAS/IFRS	US-GAAP	HGB
	keitstest und ggf. eine außerordentliche Abschreibung vorzunehmen.	keitstest und ggf. eine außerordentliche Abschreibung vorzunehmen.	gere Nutzungsdauer (steuerlich 15 Jahre) abzuschreiben.
Negativer Unterschiedsbetrag	Ein nach einer nochmaligen Überprüfung der Wertansätze der erworbenen Vermögenswerte verbleibender negativer Unterschiedsbetrag ist erfolgswirksam zu behandeln.	Ein negativer Unterschiedsbetrag ist als außerordentlicher Gewinn zu erfassen.	Passivierungspflicht; Auflösung nur unter bestimmten Voraussetzungen (erwartete ungünstige Entwicklung der künftigen Ertragslage tritt ein oder am Abschlußstichtag steht fest, daß er einem realisierten Gewinn entspricht) Aktive und passive Unterschiedsbeträge können – bei Angabe der verrechneten Beträge im Anhang – saldiert ausgewiesen werden.
Gemeinschaftsunternehmen	Anteilmäßige Konsolidierung Alternativ ist auch die Equity-Methode zugelassen.	Equity-Methode In gewissen Branchen (insbesondere Öl- und Gasindustrie) anteilmäßige Konsolidierung	Wahlrecht zwischen anteilmäßiger Konsolidierung und Equity-Methode
Assoziierte Unternehmen (Beteiligungen)	Equity-Methode (Equity-Methode ist nicht zulässig für Tochterunternehmen, die nicht in die Vollkonsolidierung einbezogen werden dürfen.)	Equity-Methode (Equity-Methode ist nicht zulässig für Tochterunternehmen, die nicht in die Vollkonsolidierung einbezogen werden dürfen.)	Equity-Methode (Equity-Methode ist auch zulässig für Tochterunternehmen, die nicht in die Vollkonsolidierung einbezogen werden dürfen oder nicht einbezogen werden.)
Währungsumrechnung ausländischer Jahresabschlüsse	Methode der funktionalen Währungsumrechnung	Methode der funktionalen Währungsumrechnung	Keine Vorschriften

Zusätzliche Angaben und Informationen

Anhang bzw. Angabepflichten	Die Angabepflichten (notes) dienen der Ergänzung und Erläuterung der übrigen Teile des Jahresabschlusses. Darüber hinaus enthal-	Die Angabepflichten (notes) dienen der Ergänzung und Erläuterung der übrigen Teile des Jahresabschlusses. Darüber hinaus enthal-	Der Anhang (nur bei Kapitalgesellschaften) enthält zusätzliche Angaben, die der Ergänzung und Richtigstel-

Sachverhalt bzw. Bilanzierungsproblem	IAS/IFRS	US-GAAP	HGB
	ten sie zusätzliche Informationen. Die Angabepflichten (notes) sind sehr umfangreich.	ten sie zusätzliche Informationen. Die Angabepflichten (notes) sind sehr umfangreich.	lung der Bilanz und Gewinn- und Verlustrechnung dienen.
Kapitalflußrechnung	Eine Kapitalflußrechnung ist Pflicht; die Posten sind vorgegeben. Die Zahlungsströme sind nach Cashflows aus laufender Geschäftstätigkeit, Investitionstätigkeit und Finanzierungstätigkeit zu klassifizieren.	Eine Kapitalflußrechnung ist Pflicht; die Posten sind vorgegeben. Die Zahlungsströme sind nach Cashflows aus laufender Geschäftstätigkeit, Investitonstätigkeit und Finanzierungstätigkeit zu klassifizieren.	Eine Kapitalflußrechnung ist für börsennotierte Unternehmen Pflicht; die Posten der Kapitalflußrechnung sind gesetzlich nicht vorgegeben.
Lagebericht	Nicht vorgeschrieben, jedoch empfohlen	Nicht vorgesehen; der materielle Gehalt der Angabepflichten ist allerdings hoch. Börsennotierte Unternehmen müssen einem Lagebericht vergleichbare Informationen in einem Management's Discussion and Analysis of Financial Condition and Results of Operations (MD&A) veröffentlichen.	Bei Kapitalgesellschaften vorgeschrieben
Beziehungen mit nahestehenden natürlichen und juristischen Personen (related parties)	Es sind die Art der Beziehungen zu den nahestehenden Unternehmen und Personen und Informationen über die Geschäfte und offenen Posten, die zum Verständnis der möglichen Auswirkung der Beziehungen notwendig sind, anzugeben.	Angaben zu allen Transaktionen sowie Informationen, die notwendig sind, um die Auswirkungen dieser Transaktionen auf den Jahresabschluß zu verstehen	Nur geringe Vermerkpflichten bei bestimmten Posten der Bilanz, der Gewinn- und Verlustrechnung, den Haftungsverhältnissen und sonstigen finanziellen Verpflichtungen
Angaben nach Geschäftsfeldern und Regionen (Segmentberichterstattung)	Pflicht für Unternehmen, deren Eigen- oder Fremdkapitaltitel öffentlich gehandelt werden	Pflicht für Unternehmen, deren Aktien oder Schuldverschreibungen öffentlich gehandelt werden.	Eine Segmentberichterstattung ist für börsennotierte Unternehmen Pflicht; Einzelheiten sind nicht geregelt.
	Es gibt detaillierte Vorschriften.	Es gibt detaillierte Vorschriften.	

Sachverhalt bzw. Bilanzierungsproblem	IAS/IFRS	US-GAAP	HGB
Ergebnis je Aktie	Das Ergebnis je Aktie und das verwässerte Ergebnis je Aktie sowie die Art der Berechnung sind anzugeben.	Das Ergebnis je Aktie und das verwässerte Ergebnis je Aktie sowie die Art der Berechnung sind anzugeben.	Die Angabe eines Ergebnisses je Aktie ist im HGB nicht vorgesehen.
			Es ist teilweise üblich, ein Ergebnis nach DVFA/SG anzugeben. Das Ergebnis nach DVFA/SG ist aus dem Jahresabschluß nicht nachvollziehbar und wird nicht vom Wirtschaftsprüfer testiert.
Zwischenberichte	Sofern Zwischenberichte veröffentlicht werden, ist IAS 34 zu beachten. IAS 34 schreibt nicht vor, welche Unternehmen wie oft und innerhalb welchen Zeitraumes sie Zwischenberichte zu veröffentlichen haben. Es wird auf Regierungen, Börsenaufsichtsbehörden und auf Berufsverbände, die sich mit Rechnungslegung befassen, verwiesen.	Sofern Zwischenberichte veröffentlicht werden, ist APB Opinion 48 zu beachten. Eine Pflicht zur Erstellung und Offenlegung von Zwischenberichten besteht nur aufgrund von SEC-Vorschriften (Form 10-Q).	Das HGB enthält keine Vorschriften. Im amtlichen Handel börsennotierte Unternehmen haben gemäß § 44 b Abs. 1 des Börsenzulassungsgesetzes vom 16. 12. 1985 einen Zwischenbericht, d. h. Halbjahresbericht mit ausgewählten Unternehmensdaten zu veröffentlichen (keinen Zwischenabschluß). Börsen können zusätzliche Informationen verlangen.

Obwohl die IAS/IFRS und US-GAAP nicht identisch sind – wie der Vergleich zeigt –, ist ihnen gemeinsam, daß sie im Gegensatz zu den im HGB erwähnten Grundsätzen ordnungsmäßiger Buchführung

– eine hohe bzw. sehr hohe Regelungsdichte aufweisen,
– materiell bedeutende Angabepflichten haben und zusätzliche Informationen vermitteln,
– nur geringe oder keine Wahlrechte und nur geringe Gestaltungsmöglichkeiten bieten,
– keinen steuerlichen Einflüssen unterliegen,
– vom Grundsatz der periodengerechten Erfolgsermittlung beherrscht werden,
– die Bewertungsstetigkeit und somit die Vergleichbarkeit stärker betonen,
– die wirtschaftliche Betrachtungsweise als Grundsatz haben,
– das stille Auflösen von stillen Reserven unmöglich machen,
– betriebswirtschaftlich sinnvoller sind und somit ein den tatsächlichen wirtschaftlichen Verhältnissen entsprechendes Bild vermitteln (fair presentation).

Dadurch wird das Analysieren eines IAS/IFRS-Abschlusses oder US-GAAP-Abschlusses einfacher und die Analyse wesentlich aussagefähiger.

Zu welchen Unterschieden die Anwendung von IAS/IFRS, US-GAAP und HGB führt, kann aus dem Anhang »Praktische Beispiele der Umstellung von HGB-Abschlüssen auf IAS/IFRS-Abschlüsse« in dem oben genannten Buch »Rechnungslegung international« – IAS/IFRS im Vergleich mit HGB und US-GAAP, 5., aktualisierte und erweiterte Auflage, Stuttgart 2007 – entnommen werden. Dort werden von sieben Gesellschaften die im Geschäftsbericht 2005 enthaltenen Erläuterungen zur Umstellung von HGB auf IAS/IFRS wiedergegeben. Von einer Gesellschaft wird außerdem die Anpassung von IAS/IFRS auf US-GAAP gezeigt.

4. Referentenentwurf eines Bilanzrechtsmodernisierungsgesetzes (BilMoG) vom 8. November 2007

Das Bundesministerium der Justiz hat am 8. November 2007 den seit langem angekündigten, aber immer wieder aufgeschobenen Referentenentwurf eines Bilanzrechtsmodernisierungsgesetzes (BilMoG) veröffentlicht.

Ziel des Bilanzrechtsmodernisierungsgesetzes ist es, die Bilanzierungsvorschriften des HGB weiter zu entwickeln und an die internationale Rechnungslegung anzunähern. Durch das Bilanzrechtsmodernisierungsgesetz werden u. a. steuerliche Einflüsse auf die Einzel- und Konzernabschlüsse eliminiert und viele Wahlrechte abgeschafft. Der Informationswert des HGB-Jahresabschlusses wird erhöht.

Die Neuregelungen sollen überwiegend für Geschäftsjahre gelten, die nach dem 31. 12. 2008 beginnen.

Durch das Bilanzrechtsmodernisierungsgesetz ergeben sich bei der Erstellung von Einzel- und Konzernabschlüssen folgende wesentliche Änderungen:

Grundsätze

Der Grundsatz der umgekehrten Maßgeblichkeit wird aufgehoben. Die Vorschrift zur Bewertungsstetigkeit ist eine Ist-Vorschrift und keine Soll-Vorschrift mehr. Diese Vorschrift gilt in Zukunft auch für die Bilanzierungsmethoden.

Für den Ausweis im Jahresabschluß gilt der Grundsatz der wirtschaftlichen und nicht nur der rechtlichen Zurechnung.

Der handelsrechtliche Herstellungskostenbegriff wird an den steuerlichen Herstellungskostenbegriff angepaßt. Die variablen Gemeinkosten sind in die Herstellungskosten einzubeziehen.

Bilanz

Selbst erstellte immaterielle Vermögenswerte (Entwicklungskosten), die selbständig verwertbar sind, sind zu aktivieren (Ausschüttungssperre).

Aufwendungen für die Ingangsetzung und Erweiterung des Geschäftsbetriebes sind nicht aktivierungsfähig.

Ein bei einem durch Unternehmenskauf in Form von Vermögensgegenständen (asset deal) entstandener Geschäfts- oder Firmenwert ist aktivierungspflichtig. Er ist planmäßig über die Nutzungsdauer abzuschreiben. Gegebenenfalls ist eine außerplanmäßige Abschreibung vorzunehmen; eine Wertaufholung ist nicht zulässig.

Die Anwendung steuerrechtlicher Abschreibungstabellen bei den Sachanlagen ist nicht zulässig. Abschreibungen bei nur vorübergehender Wertminderung sind verboten.

Teilkostenbewertung bei Vorräten ist nicht mehr möglich. Als Verbrauchsfolgeverfahren sind nur noch die Fifo- und Lifo-Methode und die gewogene Durchschnittsmethode zulässig.

Finanzinstrumente, die zu Handelszwecken gehalten werden (tradings), sind mit dem beizulegenden Zeitwert zu bewerten.

Eigene Anteile sind vom gezeichneten Kapital abzusetzen. Nicht eingeforderte ausstehende Einlagen sind offen vom gezeichneten Kapital abzusetzen.

Da der Grundsatz der umgekehrten Maßgeblichkeit aufgehoben wird, gibt es keine Sonderposten mit Rücklageanteil mehr.

Pensionsrückstellungen sind in Höhe des nach vernünftiger kaufmännischer Beurteilung notwendigen Erfüllungsbetrages anzusetzen. Es wird kein versicherungsmathematisches Bewertungsverfahren vorgeschrieben, und es kann sowohl das Teilwertverfahren als auch das Anwartschaftsbarwertverfahren gewählt werden. Zukünftige Lohn- und Gehaltssteigerungen sind zu berücksichtigen. Für Altzusagen vor dem 1.1.1987 besteht weiterhin die Möglichkeit, sie nicht zu berücksichtigen. Für die Abzinsung ist der durchschnittliche Marktzinssatz der letzten fünf Jahre anzuwenden. Wenn aufgrund der geänderten Bewertung eine Zuführung zu den Pensionsrückstellungen erforderlich ist, darf dieser Betrag bis zum 31.12.2023 in gleichmäßig bemessenen Jahresraten angesammelt werden.

Bei der Bewertung von Rückstellungen sind die Preis- und Kostenverhältnisse zum Zeitpunkt der Erfüllung der Verpflichtung zu berücksichtigen. Rückstellungen sind generell abzuzinsen. Aufwandsrückstellungen – mit Ausnahme der Rückstellungen für unterlassene Aufwendungen zur Instandhaltung, die im folgenden Geschäftsjahr innerhalb von drei Monaten nachgeholt werden – sind nicht mehr zulässig. Aufwandsrückstellungen sind spätestens in Geschäftsjahren, die nach dem 31.12.2008 enden, aufzulösen; die daraus resultierenden Beträge sind unmittelbar in die Gewinnrücklagen einzustellen.

Für alle temporären Unterschiede (nicht mehr G.u.V.-orientiertes timing-Konzept, sondern bilanzorientiertes temporary-Konzept) sind aktive und passive Steuern anzusetzen. Es sind aktive latente Steuern für steuerliche Verlustvorträge zu bilden (Ausschüttungssperre für aktive latente Steuern).

Vermögensgegenstände, Schulden, schwebende Geschäfte und/oder mit höchster Wahrscheinlichkeit vorgesehene Transaktionen dürfen zu einer Bewertungseinheit zusammengefaßt werden (Hedge Accounting). Die Verrechnung der Wertänderungen erfolgt außerhalb der Bilanz bzw. Gewinn- und Verlustrechnung.

Konzernabschluß

Die Pooling of interests-Methode ist nicht mehr zulässig.

Bei der Erwerbsmethode ist die Neubewertungsmethode anzuwenden.

Bei der Equity-Methode ist die Buchwertmethode anzuwenden.

Ein nach der Kapitalkonsolidierung verbleibender Betrag ist in der Bilanz auszuweisen.

Aktive und passive Unterschiedsbeträge dürfen nicht saldiert werden.

Der Geschäfts- oder Firmenwert ist planmäßig und ggf. außerplanmäßig abzuschreiben.

Bei der Währungsumrechnung ist die modifizierte Stichtagsmethode anzuwenden. Umrechnungsdifferenzen sind erfolgsneutral im Eigenkapital unter dem Posten Eigenkapitaldifferenz aus Währungsumrechnung auszuweisen.

Zusätzliche Angaben und Informationen

Angabepflichten zu außerbilanziellen Geschäften, nicht marktüblichen Geschäften mit nahestehenden Unternehmen und Personen, Spezialfonds, Haftungsverhältnissen sowie zusätzliche Erläuterungen im Lagebericht

IX. Besonderheiten von Jahresabschlüssen aus Hochinflationsländern

Allgemeines

Bei Inflation sind die Geldeinheiten verschiedener Perioden nicht vergleichbar. Vergleichbare Geldeinheiten sind aber die Voraussetzung für eine aussagefähige Rechnungslegung. Aus diesem Grunde ergibt sich durch eine streng formelle Beachtung des Anschaffungswertprinzips in einem Inflationsland, d. h. in einem Land, in dem die Geldeinheiten im Zeitablauf ihren Wert verändern, eine falsche Darstellung der Vermögens-, Finanz- und Ertragslage.

Steigende Preise führen dazu, daß in der Gewinn- und Verlustrechnung den Erlösen Aufwendungen gegenübergestellt werden, die mit Geldeinheiten höherer Kaufkraft aus der Vergangenheit bezahlt werden. In besonderem Maße trifft das für die Abschreibungen zu, bei denen es sich um die Verteilung des Anschaffungswertes der Sachanlagen auf die Nutzungsdauer handelt. Bei den Abschreibungen werden somit Kosten verrechnet, deren Kaufkraft den Geldeinheiten am Anschaffungstag, der im Durchschnitt mehrere Jahre zurückliegt, entspricht. Im Prinzip ähnlich ist es mit den Gestehungskosten der verkauften Erzeugnisse, nur mit dem Unterschied, daß in der Regel ein Unterschied von Wochen oder Monaten – statt von Jahren – zwischen den Anschaffungs- oder Herstellungskosten und den Erlösen liegt.

Da in die Gewinn- und Verlustrechnung nicht die Wiederbeschaffungskosten, sondern nur die Anschaffungskosten eingehen, werden in der Gewinn- und Verlustrechnung zu hohe Ergebnisse, d. h. Scheingewinne, ausgewiesen.

In Ländern mit geringer Inflation, wie z. B. Deutschland, wird diesen Scheingewinnen wenig Beachtung geschenkt. In der Praxis muß man und kann man in der Regel einigermaßen damit leben.

In Hochinflationsländern würde aber eine fehlende Berücksichtigung der Wiederbeschaffungskosten zum Ausweis erheblich überhöhter Gewinne, die zudem noch besteuert werden müßten, führen. Die Vollausschüttung solcher Scheingewinne würde für die Unternehmen erhebliche Substanzverluste bedeuten.

Um einen möglichst richtigen Ergebnisausweis zu erhalten, werden in den Hochinflationsländern die Aufwendungen in der Regel inflationiert.

Trotzdem ist es möglich, daß Ergebnisrechnungen aus Hochinflationsländern über mehrere Jahre positive Ergebnisse nach Steuern aufweisen und gleichzeitig das investierte Eigenkapital in Hartwährung laufend abnimmt.

Reale und substantielle Kapitalerhaltung

Bei der Inflationierung unterscheidet man zwei Verfahren, nämlich

- die Inflationierung zum Zwecke der realen Kapitalerhaltung und
- die Inflationierung zum Zwecke der substantiellen Kapitalerhaltung (Substanzerhaltung).

Bei der realen Kapitalerhaltung wird das Sachanlagevermögen bzw. die Aufwendungen, die nicht gleichzeitig Ausgaben sind, mit einem Lebenshaltungskosten- oder ähnlichem Index aufgewertet, was zu einem geldwerten neutralen Jahresabschluß führen und der Erhaltung des Kapitals in Geldwerteinheiten konstanter Kaufkraft dienen soll. Reale Kapitalerhaltung bedeutet Kapitalerhaltung aus der Sicht des Investors, d. h. Erhaltung des Kaufkraftvolumens des investierten Kapitals.

Bei der substantiellen Kapitalerhaltung (Substanzerhaltung) wird das Sachanlagevermögen bzw. die Aufwendungen um den jeweiligen Unterschied zwischen den Anschaffungs- und Wiederbeschaffungskosten erhöht, um somit den Erlösen in der Gewinn- und Verlustrechnung die Kosten der zur Wiederbeschaffung der gleichen Vermögensgegenstände notwendigen Aufwendungen gegenüberstellen zu können, was zur Erhaltung des in den Unternehmen eingesetzten Vermögens dienen soll. Substantielle Kapitalerhaltung bedeutet Substanzerhaltung aus der Sicht des Unternehmens, d. h. Erhaltung der mit dem Kapital finanzierten Vermögensgegenstände.

Einzelheiten

Bezüglich der Inflationsrechnungslegung wurden in vielen Ländern, insbesondere in Lateinamerika, Gesetze erlassen, die laufend verändert wurden.

Ziel der Rechnungslegung in den Hochinflationsländern ist es oder sollte es sein, ein möglichst richtiges Ergebnis in konstanter Kaufkraft ausweisen zu können.

Die Technik der Aufwertung der einzelnen Aktiva und des Eigenkapitals, d. h. welche Konten im Rahmen der Aufwertung angesprochen wurden, ist in den einzelnen Ländern unterschiedlich.

Die Zuverlässigkeit der Ergebnisse von inflationsbereinigten Jahresabschlüssen hängt entscheidend von der Angemessenheit der Aufwertung ab. Da der zugrunde zu legende Preisindex bzw. der Index für Staatsanleihen staatlich vorgeschrieben ist, und aus politischen und steuerlichen Gründen vom Staat nur eine möglichst niedrige Inflation anerkannt wird, sind die Aufwertungen oft unzureichend, so daß weiterhin Scheingewinne ausgewiesen werden können.

Durch Aufwertungen korrigierte Jahresabschlüsse aus Hochinflationsländern sind sinnvoll nicht in Hartwährung umrechenbar, da

- die Umsatzerlöse zu hoch,
- die Aufwendungen teilweise zu niedrig,
- Zinsaufwendungen und -erträge inflatorisch aufgebläht

ausgewiesen werden. Außerdem ist der Aufwertungssaldo meistens nicht nachvollziehbar und wird oft mit dem Zinssaldo zusammen ausgewiesen.

Zur innerbetrieblichen Analyse und zur externen Bilanzanalyse oder zur Konsolidierung in einem Hartwährungsland eignen sich diese inflationsbereinigten Jahresabschlüsse aus Hochinflationsländern schlecht oder gar nicht. Sie können jedoch für Bilanzanalysen in dem jeweiligen Hochinflationsland sowie für Kontrollrechnungen bei einem Hartwährungsabschluß dienlich sein.

Hartwährungsabschluß

Durch die Aufwertung verschiedener Posten ist zwar – sofern der zugrunde gelegte Index korrekt ist und die Wiederbeschaffungspreise nicht manipuliert sind – auf relativ einfache Art und Weise ein Ergebnis in Landeswährung in konstanter Kaufkraft ermittelbar. Wegen der aber weiterhin verzerrten Darstellung von Aufwendungen und Erträgen eignet sich ein solcher Abschluß, wie bereits oben gesagt, weder zur externen Bilanzanalyse in einem Hartwährungsland noch zur innerbetrieblichen Analyse. Solche Analysen sind nur möglich, wenn sämtliche in die Bilanz und die Gewinn- und Verlustrechnung eingehenden Geschäftsvorfälle zeitnah, d.h. möglichst sofort, im einzelnen bei der Buchung in Hartwährung umgerechnet und die um die inflatorischen Zinsanteile aufgeblähten Posten entsprechend korrigiert werden. Eine nachträgliche Erstellung von Hartwährungsabschlüssen aus Weichwährungsabschlüssen ist immer mit sehr groben Schätzungen behaftet und oft gar nicht möglich.

Um eine solche Analyse aussagefähiger zu machen und nicht zusätzlich noch mit den im Laufe der Jahre erheblich schwankenden Kursen zwischen US$ und Euro zu belasten, die nicht auf Änderungen der Kaufkraftparität beruhen, sondern mehr politische oder wirtschaftspolitische Gründe haben, ist es sinnvoll, den Hartwährungsabschluß in der Leitwährung des Landes (das ist in Lateinamerika in der Regel der US$) zu erstellen und ggf. anschließend in Euro umzurechnen.

Die Ermittlung des Ergebnisses bereitet bei einem Hartwährungsabschluß am wenigsten Schwierigkeiten, da es sich nicht nur als Saldo der einzelnen teilweise mit Schätzungen behafteten Posten der Gewinn- und Verlustrechnung ergibt, sondern eindeutiger noch aus dem Unterschied des in Hartwährung umgerechneten Eigenkapitals am Ende und Anfang der Periode unter Berücksichtigung der Eigenkapitalveränderungen (eingezahlte Kapitalerhöhungen, Gewinnausschüttungen).

Bei einem Hartwährungsabschluß sind die einzelnen Posten der Gewinn- und Verlustrechnung nicht mit dem Kurs zum Tage des Kaufs, sondern zum Tage der Zahlung, des Verbrauchs oder des Verschleißes und die Posten der Bilanz zum Stichtagskurs umzurechnen.

Dies geschieht dadurch, daß die in den Erlösen und Kosten enthaltenen Zinsanteile heraus- oder hinzuzurechnen sind, was zu folgenden wesentlichen Umrechnungsregeln führt:

– Die Umsatzerlöse sind mit dem Kurs zum geschätzten Zahlungszeitpunkt und nicht mit dem Kurs der Rechnungserstellung umzurechnen. Bei der Anwendung von Durchschnittskursen sollten möglichst kurze Perioden für die Ermittlung der Durchschnittskurse gewählt werden (am besten tägliche Kurse). Ferner ist darauf zu achten, daß der Umsatz nicht gleichmäßig verläuft, sondern unmittelbar vor Preiserhöhungen ansteigt. Dieses Problem könnte mit täglich gewichteten Kursen gelöst werden.
– Die Bezüge von Roh-, Hilfs- und Betriebsstoffen und Waren sind mit dem Kurs zum Zahlungszeitpunkt und nicht mit dem Kurs zum Waren- oder Rechnungseingang umzurechnen.
– Die Herstellungskosten der verkauften Erzeugnisse und Waren sind mit dem Kurs des Verkaufstages oder Zahlungstages des Kunden umzurechnen.
– Die Zinsaufwendungen und -erträge für Kredite in Weichwährung sind wegen der Berücksichtigung von Wiederbeschaffungskosten um den in ihnen enthaltenen Inflationsanteil (Inflationserwartung) zu ermäßigen.
– Abschreibungen auf Sachanlagen sind auf Basis der historischen Anschaffungskosten in Hartwährung zu ermitteln.

Weitere Ausführungen hierzu siehe unter Abschnitt F IX 5 Auswirkungen der Inflation, insbesondere der Hochinflation auf den Ausweis der Ertragslage.

D. Kurzer Überblick über die Schritte und Methoden der Bilanzanalyse

Bei den folgenden Ausführungen wird unterstellt, daß die zu analysierenden Jahresabschlüsse von einem Wirtschaftsprüfer testiert wurden. Sollte dies nicht der Fall sein, können die Jahresabschlüsse zunächst nur mit diesem Vorbehalt analysiert werden. Finanziellen Entscheidungen größeren Umfangs sollten auf jeden Fall geprüfte und testierte Jahresabschlüsse zugrunde liegen.

Es wird davon ausgegangen, daß zu Beginn und/oder im Verlaufe der Analyse in unterschiedlichem Umfang zusätzlich Informationen zur Verfügung stehen.

Eine Bilanzanalyse könnte in folgender Reihenfolge vorgenommen werden:

- Sammlung, Durchsicht und Zusammenstellung von allgemeinen Informationen über das Unternehmen und die Branche,
- Verschaffen eines groben Überblicks über Struktur und Größenordnung der einzelnen Posten der Bilanzen und Gewinn- und Verlustrechnungen,
- Studium des Anhangs, des Lageberichts, des Geschäftsberichts, des Prüfungsberichts und evtl. weiterer vorhandener Informationen und Zusammenstellung dieser Informationen im Hinblick auf das Erstellen eines Profils der Bilanzpolitik und der Bereinigung der Gewinn- und Verlustrechnungen,
- Erstellen eines Profils der Bilanzpolitik und dessen Interpretation,
- Versuch der Überleitung des HGB-Abschlusses auf einen IAS/IFRS-Abschluß und Aufbereitung und Gegenüberstellung der Bilanzen und der Gewinn- und Verlustrechnungen mit Gliederungskennzahlen (%-Anteil an Bilanzsumme und %-Anteil an Gesamtleistung bzw. Umsatz),
- Zusammenstellung der Daten der Jahresabschlüsse in anderer Form (z. B. Kapitalflußrechnung, Wertschöpfung),
- Erstellen einer Indexreihe der wichtigsten Posten der Bilanz und Gewinn- und Verlustrechnung (Zeitvergleich),
- Analyse der Segmentberichterstattung,
- Gegenüberstellung sonstiger Informationen (z. B. Produktions- und Absatzmengen, Auslastung), soweit sie nicht in den aufbereiteten Bilanzen und Gewinn- und Verlustrechnungen Eingang fanden,
- Analyse der einzelnen Posten der Jahresabschlüsse,
- Feststellung der Einflüsse aus Unternehmensverflechtungen und aus der Geldentwertung,
- Schätzung des Steuerbilanzgewinns,
- Ermittlung von Kennzahlen und Erstellen von Tabellen über die Liquidität und die Rentabilität des Unternehmens durch Vergleich von Zahlen des gleichen Abschlusses, zwischen denen ein sinnvoller wirtschaftlicher Zusammenhang besteht, z. B. Umsatz zu Kundenforderungen (Beziehungskennzahlen),
- nach Möglichkeit Vergleich dieser Kennzahlen mit denen gleichartiger Unternehmen (Betriebsvergleich), evtl. mit Vergleich zusätzlicher branchenspezifischer Kennzahlen,
- Zusammenstellung von Rendite-Kennzahlen,
- Notieren der Fragen und Vermutungen aufgrund der vorhandenen Informationen, der Schätzung des Steuerbilanzgewinns und der ermittelten Gliederungskennzahlen, Beziehungskennzahlen, Indexreihen und des Betriebsvergleiches,

- Klärung der Fragen und Vermutungen durch Anforderung entsprechender Informationen; evtl. Bilanzgespräch,
- Bereinigung der gegenübergestellten Gewinn- und Verlustrechnungen bzw. Ergebnisrechnungen und evtl. der Bilanz aufgrund der vorhandenen Informationen,
- ggf. schriftliche Interpretation der Informationen und Rechenergebnisse entsprechend dem Zweck und Ziel der jeweiligen Bilanzanalyse.

Werden wesentliche Fragen oder Vermutungen nicht oder nicht zufriedenstellend beantwortet oder aus dem Wege geräumt, so ist auch dieser Tatbestand ein wichtiges Ergebnis einer Bilanz- bzw. Unternehmensanalyse.

Vorstehender Ablauf einer Bilanzanalyse beinhaltet die Ausnutzung aller Möglichkeiten einer dokumentierten und oft für Dritte erstellten Bilanzanalyse.

Natürlich lassen sich Erkenntnisse aus einer Bilanzanalyse mit einem wesentlich geringeren Arbeitsaufwand und Dokumentationsumfang erzielen.

Zum Beispiel könnte eine Bilanzanalyse nur wenige handschriftlich notierte oder sogar nur überschlägig ermittelte Kennzahlen, die insbesondere vermutete Schwachstellen betreffen, enthalten. Eine solche Bilanzanalyse setzt jedoch in der Regel gewisse Kenntnisse des Unternehmens und/oder der Branche voraus.

Zwischen diesen beiden Extremen, nämlich einer sehr umfangreichen und dokumentierten Bilanzanalyse und nur weniger evtl. sogar nur überschlägig ermittelter Kennzahlen für den Eigengebrauch, liegt eine breite Palette von Möglichkeiten der Bilanzanalyse, die sich, abhängig von ihrem jeweiligen Zweck und Ziel, durch unterschiedliche Schwerpunkte, Intensität und Umfang unterscheiden.

Teil 2

Inhalt und Bewertung der einzelnen Posten des Jahresabschlusses und die Konsequenzen für die Bilanzanalyse

E. Analyse der einzelnen Posten des Jahresabschlusses

I. Analyse der Aktivseite der Bilanz nach HGB

Als Überschriften wurden in diesem und den beiden folgenden Abschnitten die Bezeichnungen der einzelnen Posten des HGB gewählt.

1. Sonderposten: Ausstehende Einlagen auf das gezeichnete Kapital; davon eingefordert

Inhalt
Die ausstehenden Einlagen auf das gezeichnete Kapital können entweder auf der Aktivseite vor dem Anlagevermögen oder – falls sie noch nicht eingefordert sind – auf der Passivseite offen von dem Eigenkapital abgesetzt ausgewiesen werden (§ 272 Abs. 1 HGB).

Beim Ausweis der ausstehenden Einlagen auf der Aktivseite sind eingeforderte Einlagen gesondert zu vermerken.

Falls die ausstehenden Einlagen auf das gezeichnete Kapital passivisch ausgewiesen werden, sind evtl. eingeforderte Einlagen nicht unter diesem Posten, sondern unter den Forderungen gesondert auszuweisen.

Bewertung
Sowohl die nicht eingeforderten als auch die eingeforderten ausstehenden Einlagen sind rechtlich Forderungen der Gesellschaft an die Gesellschafter. Deshalb sind sie entsprechend der Zahlungsfähigkeit der Gesellschafter zu bilanzieren. Somit können Wertberichtigungen auf diesen Posten möglich sein, die jedoch aktivisch abgesetzt sein sollten.

Konsequenzen für die Bilanzanalyse

Da wirtschaftlich gesehen die nicht eingeforderten als auch die eingeforderten ausstehenden Einlagen einen Korrekturposten zum gezeichneten Kapital darstellen, sind bei einer Bilanzanalyse die auf der Aktivseite ausgewiesenen ausstehenden Einlagen mit dem Eigenkapital zu saldieren.

Sollten die eingeforderten ausstehenden Einlagen zwischen dem Bilanzstichtag und dem Zeitpunkt der Bilanzanalyse eingezahlt worden sein, könnten die eingeforderten Einlagen auch als sonstiges Umlaufvermögen in der aufbereiteten Bilanz ausgewiesen werden.

Vergleichbar sollten auch die nach § 42 Abs. 3 GmbHG gesondert auszuweisenden oder im Anhang anzugebenden Ausleihungen und Forderungen an Gesellschafter behandelt werden.

2. Sonderposten: Aufwendungen für die Ingangsetzung und Erweiterung des Geschäftsbetriebs

Inhalt

§ 269 Satz 1 HGB ermöglicht Kapitalgesellschaften, als »Bilanzierungshilfe« die Aufwendungen für die Ingangsetzung und Erweiterung des Geschäftsbetriebs gesondert vor dem Anlagevermögen zu aktivieren, sofern diese Aufwendungen nicht immaterielle Vermögensgegenstände, Sachanlagen oder Rechnungsabgrenzungsposten darstellen. Es handelt sich um ein Aktivierungswahlrecht.

Der Posten ist im Anhang zu erläutern und seine Entwicklung im Anlagenspiegel darzustellen. Gewinnausschüttungen sind während seines Bestehens nur unter bestimmten Voraussetzungen möglich (§ 269 Satz 2 HGB). Kleine Kapitalgesellschaften sind gemäß § 274 a Nr. 5 HGB von der Pflicht zur Erläuterung im Anhang befreit.

Aufwendungen für die Ingangsetzung und Erweiterung des Geschäftsbetriebs begründen zukünftige Ertragserwartungen.

Kosten der Ingangsetzung können z. B. Kosten für Marktstudien, für Beschaffung von Arbeitskräften, für Einführungswerbung oder für Probeläufe von Produktionsanlagen sein. Kosten der Erweiterung können Kosten für eine erhebliche Erweiterung oder für die Errichtung einer neuen Produktionsstätte oder der Aufnahme eines neuen Geschäftszweiges sein.

Aufwendungen für die Gründung des Unternehmens oder für die Beschaffung von Eigenkapital gehören nicht hierzu. Für sie besteht ein Aktivierungsverbot (§ 248 Abs. 1 HGB).

Bewertung und Abschreibung

Der aktivierte Betrag ist in den ersten 4 Jahren nach der Aktivierung vollständig abzuschreiben, und zwar mit mindestens 25 % des ursprünglich aktivierten Betrages (§ 282 HGB).

Konsequenzen für die Bilanzanalyse

Es handelt sich bei diesem Posten um aktivierte Aufwendungen. Unter bilanzpolitischen Gesichtspunkten bringt er auch dem Bilanzierenden wenig, da er offen ausgewiesen und im Anhang erläutert werden muß und somit bei dem Bilanzleser zu Fragen führt.

Da es sich bei diesem Posten nicht um einen echten Vermögensgegenstand, sondern um aktivierte Aufwendungen bzw. um eine »Bilanzierungshilfe« handelt, für die ein Aktivierungswahlrecht besteht, sollte bei einer Bilanzanalyse dieser lediglich aus bilanzpolitischen Gründen gebildete Posten von dem Eigenkapital abgesetzt werden. Die darauf entfallende passive latente Steuerabgrenzung, die gemäß Bilanzrichtlinien-Gesetz wegen der zeitlichen Ergebnisverschiebung zwischen Handels- und Steuerbilanz vorhanden sein sollte, wäre dann ebenfalls bei der Bilanzanalyse nicht zu berücksichtigen.

(Anmerkung: Nach US-GAAP und IAS besteht für Aufwendungen für die Ingangsetzung und Erweiterung des Geschäftsbetriebs ein Aktivierungsverbot.)

3. Anlagevermögen

Bewertung und Abschreibung

Vermögensgegenstände des Anlagevermögens sind höchstens mit den Anschaffungs- und Herstellungskosten anzusetzen, wobei bei den Vermögensgegenständen des Anlagevermögens, deren Nutzung zeitlich begrenzt ist, die Anschaffungs- und Herstellungskosten um planmäßige Abschreibungen zu vermindern sind.

Bei Kapitalgesellschaften sind neben den planmäßigen Abschreibungen folgende außerplanmäßige Abschreibungen zulässig:

– Außerplanmäßige Abschreibungen sind bei dauernder Wertminderung vorzunehmen (§ 253 Abs. 2 Satz 3 HGB).

– Außerplanmäßige Abschreibungen können bei vorübergehender Wertminderung von Gegenständen des Finanzanlagevermögens vorgenommen werden (§ 279 Abs. 1 Satz 2 HGB).

Außerplanmäßige Abschreibungen sind gesondert auszuweisen oder im Anhang anzugeben (§ 277 Abs. 3 Satz 1 HGB).

Falls die Gründe für die außerplanmäßigen Abschreibungen nicht mehr bestehen, ist eine Zuschreibung vorzunehmen (Wertaufholungsgebot gemäß § 280 Abs. 1 HGB). Die Zuschreibung kann unterbleiben, wenn der niedrigere Wertansatz bei der steuerrechtlichen Gewinnermittlung beibehalten werden kann (§ 280 Abs. 2 HGB). Durch Einführung der steuerlichen Zuschreibungspflicht im Jahre 1999 ist der § 280 Abs. 2 HGB allerdings für Kapitalgesellschaften, GmbH & Co. KGs und Unternehmen, die dem Publizitätsgesetz unterliegen, bedeutungslos geworden.

Außerplanmäßige Abschreibungen können vorgenommen werden, um Vermögensgegenstände des Anlage- oder Umlaufvermögen mit dem niedrigeren Wert anzusetzen, der auf einer nur steuerrechtlichen zulässigen Abschreibung beruht (§ 254 HGB), falls das Steuerrecht ihre Anerkennung bei der steuerrechtlichen Gewinnermittlung davon abhängig macht, daß sie sich aus der Bilanz ergeben (§ 279 Abs. 2 HGB).

Es handelt sich hierbei um ein Abschreibungswahlrecht bei umgekehrter Maßgeblichkeit, d.h. der Wertansatz in der Steuerbilanz wird für die Handelsbilanz maßgeblich und nicht wie normalerweise der Wertansatz in der Handelsbilanz für die Steuerbilanz.

Außerplanmäßige allein nach steuerrechtlichen Vorschriften vorgenommene Abschreibungen sind in der Bilanz, der Gewinn- und Verlustrechnung oder im Anhang getrennt nach Anlage- und Umlaufvermögen anzugeben und hinreichend zu begründen (§ 281 Abs. 2 Satz 1 HGB).

Bei Nicht-Kapitalgesellschaften sind darüber hinaus noch folgende außerplanmäßige Abschreibungen zulässig:

– Außerplanmäßige Abschreibungen bei vorübergehender Wertminderung sind nicht auf das Finanzanlagevermögen beschränkt (§ 253 Abs. 2 Satz 3 i.V.m. § 279 Abs. 1 Satz 2 HGB).

– Außerplanmäßige Abschreibungen sind auch im Rahmen vernünftiger kaufmännischer Beurteilung zulässig (§ 253 Abs. 4 HGB). Diese Definition ist sehr unklar und läßt deshalb die Bildung von Willkürreserven möglich erscheinen.

– Falls die Gründe für die außerplanmäßige Abschreibung nicht mehr bestehen, kann der niedrigere Wertansatz beibehalten werden (Beibehaltungswahlrecht gemäß § 253 Abs. 5).

Die Entwicklung der einzelnen Posten des Anlagevermögens ist in der Bilanz oder im Anhang an einem Anlagenspiegel – auch Anlagengitter genannt – darzustellen (§ 268 Abs. 2 HGB). Dabei hat der Ausweis brutto zu erfolgen, d. h. die ursprünglichen Anschaffungs- und Herstellungskosten, die Zugänge sowie die Abgänge des Geschäftsjahres und die kumulierten Abschreibungen sind zu zeigen. Kleine Kapitalgesellschaften sind gemäß § 274a Nr. 1 HGB von der Pflicht der Aufstellung eines Anlagenspiegels befreit.

a) Immaterielle Vermögensgegenstände

Inhalt
Immaterielle Vermögensgegenstände stellen Rechte oder nur Hoffnungen auf zukünftige Gewinne dar.

Bewertung
Für entgeltlich erworbene immaterielle Vermögensgegenstände besteht nach § 246 Abs. 2 HGB für alle Kaufleute eine Aktivierungspflicht.

Für unentgeltlich erworbene und selbstgeschaffene immaterielle Vermögensgegenstände besteht sowohl in der Handels- (§ 248 Abs. 2 HGB) als auch in der Steuerbilanz (§ 5 Abs. 2 EStG) ein Aktivierungsverbot, da sie durch den Bilanzierenden überschätzt werden können und ihre Dauerhaftigkeit besonders zweifelhaft ist. Werden jedoch solche Vermögensgegenstände (z. B. EDV-Programme) zum Zwecke der Veräußerung entwickelt, so können sie zu Herstellungskosten als Vorratsvermögen ausgewiesen werden.

Konsequenzen für die Bilanzanalyse

> Da immaterielle Vermögensgegenstände Rechte oder nur Hoffnungen auf zukünftige Gewinne darstellen, sollten die Werthaltigkeit, die geschätzte Nutzungsdauer, eventuelle Änderungen des Abschreibungszeitraumes und die angewandte Abschreibungsmethode der einzelnen Komponenten dieses Postens genau unter die Lupe genommen werden. Dies gilt insbesondere dann, wenn dieser Posten ein wesentlicher Teil der Bilanzsumme ist. Junge Unternehmen sollten in diesem Punkt besonders intensiv analysiert werden.

Konzessionen, gewerbliche Schutzrechte und ähnliche Rechte und Werte sowie Lizenzen an solchen Rechten und Werten

Inhalt
Hierunter können fallen: Konzessionen, Schürfrechte, Patente, Lizenzen, Marken-, Verlags- und Urheberrechte, Geschmacks- und Gebrauchsmuster, Warenzeichen, Zuteilungsquoten, Nutzungsrechte, Optionsrechte zum Erwerb von Aktien oder Beteiligungen, nicht geschützte Erfindungen, Rezepte, Geheimverfahren, Kundenkarteien, Know-how, EDV-Software.

Abschreibung und Zuschreibung
Bei diesem Posten sind planmäßige Abschreibungen vorzunehmen. Gegebenenfalls können auch außerplanmäßige Abschreibungen vorgenommen werden. Zuschreibungen sind vorzunehmen, falls die Gründe für die außerplanmäßigen Abschreibungen nicht mehr bestehen.

Konsequenzen für die Bilanzanalyse

Da sich solche Werte schnell verflüchtigen können und sich ihre Nutzungsdauer sehr schwer schätzen läßt, bieten sie bilanzpolitischen Spielraum. Für eine Ergebnisanalyse ist es deshalb sinnvoll, über einen längeren Zeitraum zu untersuchen, welchen Grad der Vorsicht das bilanzierende Unternehmen bei der Bewertung dieses Postens walten ließ, und wie die einzelnen Jahresergebnisse dadurch beeinflußt wurden.

Geschäfts- oder Firmenwert

Inhalt

Für den derivativen Geschäfts- oder Firmenwert, auch Goodwill genannt, d. h. den Unterschied zwischen der Übernahmegegenleistung und dem Reinvermögen zum Zeitwert bei der Übernahme eines Unternehmens im ganzen oder eines mit einer gewissen Selbständigkeit ausgestatteten Teilbetriebs, besteht handelsrechtlich ein Aktivierungswahlrecht (§ 255 Abs. 4 HGB), steuerlich dagegen eine Aktivierungspflicht (§ 5 Abs. 2 EStG).

Beim Konzernabschluß entsteht bei der Kapitalkonsolidierung nach der Erwerbsmethode in der Regel auch ein Geschäfts- oder Firmenwert (siehe Abschnitt F I). Er ist genau wie der Geschäfts- oder Firmenwert beim Einzelabschluß zu behandeln (Aktivierungswahlrecht und ggf. jährliche Abschreibung zu einem Viertel oder über die voraussichtliche Nutzungsdauer). In der Praxis besteht aber darüber hinaus die Unsitte, daß der Geschäfts- oder Firmenwert über mehrere Jahre mit den Rücklagen verrechnet wird.

Zu bemerken ist hier, daß bei Anwendung der Buchwertmethode im Rahmen der Equity-Methode der Geschäfts- oder Firmenwert – außer bei der Erstkonsolidierung – nicht gesondert ausgewiesen oder angegeben wird, da er im Beteiligungsbuchwert enthalten ist.

Abschreibung

Handelsrechtlich ist der Geschäfts- oder Firmenwert ab dem folgenden Geschäftsjahr zu mindestens einem Viertel abzuschreiben. Die Abschreibung kann auch auf die voraussichtliche Nutzung verteilt werden, wobei die Gründe dafür im Anhang anzugeben sind. Dadurch ist es möglich, die Abschreibungen an die steuerrechtlich vorgeschriebene Nutzungsdauer von 15 Jahren anzupassen.

Konsequenzen für die Bilanzanalyse

Das Aktivierungswahlrecht sowie die verschiedenen Abschreibungsmöglichkeiten bieten bilanzpolitische Gestaltungsmöglichkeiten und sind bei einer Ergebnisanalyse zu berücksichtigen.

Bei einer Bilanzanalyse im Hinblick auf eine Kreditwürdigkeitsprüfung sollte ein ausgewiesener Geschäfts- oder Firmenwert vom Eigenkapital abgesetzt werden, wobei der Einfluß auf die latenten Steuern zu berücksichtigen ist.

Geleistete Anzahlungen

Geleistete Anzahlungen auf immaterielle Vermögensgegenstände sind getrennt von den Anzahlungen auf Sachanlagen auszuweisen. Da eine Gegenleistung noch nicht erbracht wurde und somit eine Nutzung noch nicht erfolgen konnte, ist in der Regel bei einer Bilanzanalyse keine Korrektur erforderlich.

b) Sachanlagen

Inhalt
Die Sachanlagen sind nach § 266 Abs. 2 HGB in der Bilanz in folgende Gruppen aufzuteilen:

1. Grundstücke, grundstücksgleiche Rechte und Bauten einschließlich der Bauten auf fremden Grundstücken;
2. technische Anlagen und Maschinen;
3. andere Anlagen, Betriebs- und Geschäftsausstattung;
4. geleistete Anzahlungen und Anlagen im Bau.

Wie ersichtlich sind Grundstücke und Bauten nicht getrennt auszuweisen, was für eine Bilanzanalyse jedoch interessant wäre.

Ausweis der geringwertigen Wirtschaftsgüter
Da das Gesetz kein genaues Gliederungsschema für den Anlagenspiegel enthält, ist nicht eindeutig geklärt, wie im Jahr der Anschaffung sofort abgeschriebene geringwertige Wirtschaftsgüter auszuweisen sind.
   Möglich wäre:

- kein Ausweis im Anlagenspiegel,
- gesonderter Posten im Anlagenspiegel,
- Ausweis als Zugang und als Abgang, jedoch nicht unter den Abschreibungen,
- Ausweis als Abgang im Jahr nach der Anschaffung oder später.

Angaben über die Art des Ausweises sind nicht immer zu erwarten.

Höhe der Abschreibungen im Anlagenspiegel und in der Gewinn- und Verlustrechnung
Ebenfalls ist es möglich, daß die Abschreibungen auf Anlagegüter, die im Laufe des Jahres abgegangen sind, nicht in den im Anlagenspiegel ausgewiesenen Abschreibungen enthalten sind.

Konsequenzen für die Bilanzanalyse

> Die Bemessung der Abschreibungen wird nicht nur durch die notwendige Schätzung der Nutzungsdauer beim Erwerb der Sachanlagegüter, sondern auch durch Wahlrechte bei den Abschreibungsmethoden und durch steuerliche Wahlrechte auf Sonderabschreibungen beeinflußt.
>
>   Zweck einer Analyse des Sachanlagevermögens im Rahmen der Bilanzanalyse ist es nicht, den Tageswert des Sachanlagevermögens festzustellen, sondern
>
> - einen globalen Überblick über den Umfang des Sachanlagevermögens zu erhalten und
> - die Höhe der Abschreibungen in den einzelnen Jahren zu beurteilen.

Um dieses Ziel möglichst vollkommen zu erreichen, ist die Kenntnis der Anschaffungs- und Buchwerte – aufgeteilt nach Anschaffungsjahren und Anlagegruppen, möglichst auch nach Unternehmensbereichen – der zu Beginn des Analysezeitraumes vorhandenen Anlagegüter und der Abschreibungsmethoden und -sätze erforderlich.

Folgende Korrekturen können notwendig werden:

– Stille Reserven, die beim Abgang von Anlagegütern aufgedeckt und auf neu angeschaffte oder hergestellte Sachanlagen übertragen wurden, sind im Jahr des Abgangs als Ertrag zu zeigen.
– Der Abschreibungsbeginn ist evtl. neu festzusetzen, falls Anschaffungs- oder Fertigstellungsdatum erheblich vom Nutzungsbeginn abweichen.
– Die Abschreibungen sind aufgrund der heutigen Kenntnis der technischen und wirtschaftlichen Nutzungsdauer neu zu verteilen. Das bedeutet, daß Sonderabschreibungen aufgrund steuerrechtlicher Vorschriften, ein niedrigerer Wertansatz wegen unzureichender planmäßiger Abschreibungen, eine Vollabschreibung geringwertiger Wirtschaftsgüter und in der Regel auch degressive Abschreibungen rückgängig zu machen und die tatsächlichen Anschaffungs- und Herstellungskosten linear zu verteilen sind.
– Falls Abschreibungen nach Maßgabe der Inanspruchnahme oder Absetzungen für Substanzverringerung (z. B. bei Bergbauunternehmen) durchgeführt wurden oder notwendig waren, aber unterlassen wurden, ist zu untersuchen, ob dem tatsächlichen Werteverzehr in den einzelnen Jahren Rechnung getragen wurde.

Ein Vergleich mit den branchenüblichen Abschreibungen ist anzustreben.

Bei der Analyse des Sachanlagevermögens können noch folgende Fragen hinsichtlich der Bewertung von Bedeutung sein und evtl. zu Korrekturen führen:

– Wie wurden die aktivierten Eigenleistungen bewertet, d.h. welche Kosten wurden in die Herstellungskosten einbezogen (z. B. Wahlrecht für Fremdkapitalzinsen bei langfristiger Fertigung gem. § 255 Abs. 2 HGB, Unterbeschäftigung und nicht aktivierungspflichtige Gemeinkosten bei Werkstätten, überhöhte Planungskosten, Abbruchkosten)?
– Wie erfolgte die Abgrenzung zwischen Reparaturen, die als Aufwand gebucht wurden, einerseits, und Großreparaturen durch Fremdfirmen und Eigenleistungen, die aktiviert wurden, andererseits?

Das Anschaffungs- und Herstellungskostenprinzip hat zur Folge, daß Käufe von gleichen Anlagegegenständen zu unterschiedlichen Zeitpunkten, zu denen die Währung eine unterschiedliche Kaufkraft hatte, addiert werden.

Beispiel: Die Endsummen von zwei Grundstückskäufen werden in der Bilanz addiert, auch wenn das eine Grundstück vor 35 Jahren DM 1 pro qm und ein gleichwertiges Grundstück im letzten Geschäftsjahr Euro 100 pro qm kostete.

Um die Vermögensstruktur und die Höhe der Abschreibungen zu beurteilen, sind auch die nicht aktivierten geleasten und langfristig gemieteten Vermögensgegenstände an den einzelnen Stichtagen sowie die Leasingraten zu berücksichtigen. Dies gilt besonders dann, wenn im Laufe des analysierten Zeitraums ein Wechsel in der Finanzierungsweise der Investitionen stattfand.

Aus dem vorher Gesagten kann gefolgert werden, daß Kennzahlen, die das in der Bilanz ausgewiesene Sachanlagevermögen einbeziehen, oft wenig Aussagekraft haben. Eine Ausnahme davon bildet die Ermittlung der Altersstruktur und der Abschreibungsquote.

Will man außer der Korrektur der Bemessung der Abschreibungen auf Basis der Anschaffungs- und Herstellungskosten noch eine Korrektur wegen Preissteigerungen vornehmen, d. h. Abschreibungen auf Basis Wiederbeschaffungswerte berechnen, wären die Anschaffungs- und Herstellungskosten mit dem entsprechenden Index (siehe Statistisches Jahrbuch) hochzurechnen und anschließend die Abschreibungen neu zu berechnen (siehe Abschnitt M IV Scheingewinne aufgrund von Preisänderungen insbesondere beim abschreibungsfähigen Sachanlagevermögen).

In der Vergangenheit waren in den lateinamerikanischen Ländern und zum Teil auch in den romanischen Ländern Europas solche Aufwertungen des Sachanlagevermögens gesetzlich erlaubt oder vorgeschrieben. Die Vorschriften waren in den einzelnen Ländern sehr unterschiedlich.

Da in fast allen diesen Ländern die Abschreibungen auf die aufgewerteten Wirtschaftsgüter steuerrechtlich anerkannt werden, besteht die Gefahr von Überbewertungen, weil

– der gesetzlich vorgeschriebene oder mögliche Index nicht auf die Wirtschaftsgüter des Unternehmens zutraf,
– vorhandene, aber wirtschaftlich oder technisch veraltete Wirtschaftsgüter aufgewertet wurden und
– in manchen Ländern die Nutzungsdauer der Wirtschaftsgüter neu festgelegt werden darf, was bilanzpolitisch mißbraucht werden konnte.

c) Finanzanlagen

Inhalt

Gemäß § 266 Abs. 2 HGB sind die Finanzanlagen wie folgt zu untergliedern:

1. Anteile an verbundenen Unternehmen;
2. Ausleihungen an verbundene Unternehmen;
3. Beteiligungen;
4. Ausleihungen an Unternehmen, mit denen ein Beteiligungsverhältnis besteht;
5. Wertpapiere des Anlagevermögens;
6. sonstige Ausleihungen.

Als Beteiligungen sind Anteile von mindestens 20 % an einer Kapitalgesellschaft anzusehen. Genossenschaftsanteile werden nicht als Beteiligung, sondern als sonstige Vermögensgegenstände betrachtet. Als verbundene Unternehmen werden nach § 271 Abs. 2 HGB Unternehmen betrachtet, die als Mutter- oder Tochterunternehmen in den Konzernabschluß nach den Vorschriften über die Vollkonsolidierung (§ 290 HGB) einzubeziehen sind. (Der Begriff verbundene Unternehmen ist in § 15 AktG etwas weiter gefaßt.)

Der Ausweis von Ausleihungen unter den Finanzanlagen ist nicht von einer Mindestlaufzeit abhängig, so daß nur das Kriterium »dauernd dem Geschäftsbetrieb zu dienen bestimmt« gilt.

Anteile an verbundenen Unternehmen

Bewertung

Anteile an verbundenen Unternehmen, d. h. Tochterunternehmen, die im Konzernabschluß voll zu konsolidieren sind (§ 271 Abs. 2, § 290 HGB), werden wie Beteiligungen (Anteile an Unternehmen, die bestimmt sind, dem eigenen Geschäftsbetrieb durch Herstellung einer dauernden Verbindung zu dienen, was in der Regel ab einer Beteiligungshöhe von 20 % zu vermuten ist) in der Bilanz zu Anschaffungskosten bewertet. Bei einer voraussichtlich dauernden Wertminderung sind Abschreibungen vorzunehmen. Steuerrechtlich sind Abschreibungen stark eingeschränkt.

Nicht ausgeschüttete Gewinne von verbundenen Unternehmen und Beteiligungen führen zu keiner Erhöhung der Bewertung in der Einzelbilanz.

Konsequenzen für die Bilanzanalyse

In der Praxis wird mit diesem Posten viel Bilanzpolitik betrieben. Es gibt Unternehmen, die in guten Jahren ihre ausländischen Tochterunternehmen recht großzügig abschreiben, aber auch Unternehmen, die trotz jahrelanger Zuschüsse ihre Tochterunternehmen wegen falscher Hoffnungen nicht oder nicht genügend abschreiben. Im Grunde genommen müßten bei solchen Unternehmen die zukünftigen Zuschüsse passiviert werden, d. h. diese Tochterunternehmen müßten evtl. negativ bewertet werden. Bei Konzernbilanzen ist eine solche Bilanzpolitik nicht möglich, da die Abschreibungen bei der Konsolidierung eliminiert werden.

Die Gefahr einer Überbewertung von Tochterunternehmen besteht oft, da

– das Management nicht zugeben will, daß das erworbene Tochterunternehmen eine Fehlinvestition war,
– ein Außenstehender die voraussichtlich dauernde Wertminderung nur schwierig nachweisen kann,
– eine solche Abschreibung steuerrechtlich stark eingeschränkt ist.

Eine Analyse dieses Postens erfordert somit eine Bilanzanalyse jedes einzelnen Tochterunternehmens oder das Vorliegen einer Konzernbilanz, in der alle wesentlichen in- und ausländischen Tochterunternehmen konsolidiert sind. Sollten die konsolidierten Gesellschaften nicht alle zum gleichen Zeitpunkt ihren Jahresabschluß aufstellen, ist auf mögliche Ergebnisverschiebungen zu achten.

Sollten in einem Konzernabschluß unter diesem Posten bedeutende Beträge stehen, so deutet das auf die Nichtkonsolidierung wesentlicher Konzernaktivitäten hin.

Bei Konzernbilanzen ist ein Blick darauf zu werfen, inwieweit Vermögen ausgewiesen wird in Ländern, bei denen der Kapital- und Dividendentransfer eingeschränkt ist, und inwieweit bei einer Ausschüttung von Gewinnen an das Mutterunternehmen noch Ertragsteuern anfallen.

Hinzuweisen ist noch darauf, daß viele ausländische, insbesondere amerikanische Unternehmen ihre Tochterunternehmen im Einzelabschluß nach der sogenannten Equity-Methode bilanzieren. Bilanzierung nach der Equity-Methode bedeutet Bilanzierung zu Anschaffungskosten zuzüglich anteilige nicht ausgeschüttete Gewinne und abzüglich anteiliger Verluste seit dem Anschaffungsdatum. Die Bilanzierung der Tochterunternehmen nach der Equity-Methode ist somit aussagefähiger als die auf Basis von

Anschaffungskosten, wenngleich das Schwinden der zukünftigen Ertragskraft auch hier nicht berücksichtigt wird.

Falls aus irgendwelchen Gründen keine konsolidierte Weltbilanz vorliegt, sollte der Bilanzanalytiker notfalls selbst – so gut wie möglich – eine Konsolidierung oder Bilanzierung nach der Equity-Methode vornehmen, um die Vermögens-, Finanz- und Ertragslage des Unternehmens einschließlich Tochterunternehmen besser erkennen zu können.

Sofern die entsprechenden Einzelabschlüsse nicht oder nur teilweise vorliegen, können Informationen, wie

- Name,
- Sitz,
- Anteil am Kapital,
- Höhe des Eigenkapitals,
- Ergebnis des letzten Geschäftsjahrs, für das ein Jahresabschluß vorliegt,

die in der Aufstellung des Anteilsbesitzes (§ 285 Nr. 11 HGB) im Anhang zu veröffentlichen sind, für die Bilanzanalyse von Nutzen sein. Nach § 287 HGB kann eine solche Beteiligungsliste auch gesondert aufgestellt und beim Handelsregister hinterlegt werden. Auf den Ort der Hinterlegung ist im Anhang hinzuweisen.

Ausleihungen an verbundene Unternehmen

Bei diesem Posten liegt kein großer bilanzpolitischer Spielraum vor. **Hier ist von Interesse zu wissen, aus welchem Grunde solche Kredite gewährt wurden, ob Problemkredite darin enthalten sind, z. B. umgeschuldete Forderungen aus Lieferungen und Leistungen, wie die Ausleihungen verzinst werden und wann sie fällig sind.**

Sollten in einem Konzernabschluß unter diesem Posten bedeutende Beträge stehen, so deutet das auf die Nichtkonsolidierung wesentlicher Konzernaktivitäten hin.

Beteiligungen

Für Beteiligungen, soweit sie keine verbundenen Unternehmen sind, gilt ebenfalls das unter Anteile an verbundenen Unternehmen Gesagte.

Im Konzernabschluß sind in diesem Posten die nicht konsolidierten und die nach der Equity-Methode konsolidierten Beteiligungen an assoziierten Unternehmen enthalten. Einzelheiten sollten aus der Beteiligungsliste hervorgehen.

Ausleihungen an Unternehmen, mit denen ein Beteiligungsverhältnis besteht

Hier gilt das unter Ausleihungen an verbundene Unternehmen Gesagte.

Wertpapiere des Anlagevermögens

Für Wertpapiere des Anlagevermögens gilt das unter Beteiligungen Gesagte. **Besonders zu achten ist hier auf Wertpapiere, die kürzlich vom Umlaufvermögen ins Anlagevermögen umgebucht worden sind. Da bei den im Anlagevermögen ausgewiesenen Wertpapieren nur das »gemilderte Niederstwertprinzip« gilt, können dadurch Abschreibungen, die beim Ausweis im Umlaufvermögen wegen des »strengen Niederstwertprinzips« notwendig wären, zumindest für eine gewisse Zeit vermieden werden.**

Sonstige Ausleihungen

Hier gilt ebenfalls das im ersten Absatz unter Ausleihungen an verbundene Unternehmen Gesagte.

Unter diesen Posten fallen auch Ausleihungen von Gesellschaften mit beschränkter Haftung an Gesellschafter. Sie sind gesondert auszuweisen (§ 42 Abs. 3 GmbHG).

4. Umlaufvermögen

a) Vorräte

Inhalt

Gemäß § 266 Abs. 2 HGB sollen die Vorräte in der Bilanz wie folgt unterteilt ausgewiesen werden:

1. Roh-, Hilfs- und Betriebsstoffe;
2. unfertige Erzeugnisse, unfertige Leistungen;
3. fertige Erzeugnisse und Waren;
4. geleistete Anzahlungen.

Gemäß § 268 Abs. 5 Satz 2 HGB ist es möglich, erhaltene Anzahlungen auf Bestellungen von dem Posten Vorräte offen abzusetzen oder unter den Verbindlichkeiten auszuweisen. Nach IAS/IFRS und US-GAAP dürfen erhaltene Anzahlungen auf Bestellungen nicht aktivisch abgesetzt werden. Eine Ausnahme bilden bei den IAS/IFRS die Anzahlungen auf langfristige Fertigungsaufträge.

Soweit unter den Vorräten langfristige Fertigungsaufträge enthalten sind, sollte in Erfahrung gebracht werden, wie sie kalkuliert sind (percentage of completion-method oder completed contract-method).

In der Konzernbilanz brauchen die Vorräte nicht unterteilt ausgewiesen zu werden, wenn deren Aufgliederung wegen besonderer Umstände mit einem unverhältnismäßigen Aufwand verbunden wäre (§ 298 Abs. 2 HGB).

Bewertung und Bewertungsspielräume

Vorräte werden zu den Anschaffungs- oder Herstellungskosten bewertet, sofern nicht nach dem Niederstwertprinzip eine niedrigere Bewertung notwendig (§ 253 Abs. 3 Satz 1 HGB) oder zulässig (§ 253 Abs. 3 Satz 3 und 253 Abs. 4 HGB) ist.

§ 255 Abs. 1 und 2 HGB sagt zu den Anschaffungs- und Herstellungskosten folgendes:

(1) Anschaffungskosten sind die Aufwendungen, die geleistet werden, um einen Vermögensgegenstand zu erwerben und ihn in einen betriebsbereiten Zustand zu versetzen, soweit sie dem Vermögensgegenstand einzeln zugeordnet werden können. Zu den Anschaffungskosten gehören auch die Nebenkosten sowie die nachträglichen Anschaffungskosten. Anschaffungspreisminderungen sind abzusetzen.

(2) Herstellungskosten sind die Aufwendungen, die durch den Verbrauch von Gütern und die Inanspruchnahme von Diensten für die Herstellung eines Vermögensgegenstands, seine Erweiterung oder für eine über seinen ursprünglichen Zustand hinausgehende wesentliche Verbesserung entstehen. Dazu gehören die Materialkosten, die Fertigungskosten und die Sonderkosten der Fertigung. Bei der Berechnung der Herstellungskosten dürfen auch angemessene Teile der not-

wendigen Materialgemeinkosten, der notwendigen Fertigungsgemeinkosten und des Wertverzehrs des Anlagevermögens, soweit er durch die Fertigung veranlaßt ist, eingerechnet werden. Kosten der allgemeinen Verwaltung sowie Aufwendungen für soziale Einrichtungen des Betriebs, für freiwillige soziale Leistungen und für betriebliche Altersversorgung brauchen nicht eingerechnet zu werden. Aufwendungen im Sinne der Sätze 3 und 4 dürfen nur insoweit berücksichtigt werden, als sie auf den Zeitraum der Herstellung entfallen. Vertriebskosten dürfen nicht in die Herstellungskosten einbezogen werden.

Tabellarisch zusammengefaßt beinhalten die Herstellungskosten folgende Positionen:

Materialeinzelkosten Fertigungseinzelkosten Sonderkosten der Fertigung	Pflichtbestandteile
Materialgemeinkosten Fertigungsgemeinkosten Wertverzehr des Anlagevermögens, soweit er durch die Fertigung veranlaßt ist Kosten der allgemeinen Verwaltung Aufwendungen für soziale Einrichtungen des Betriebs Aufwendungen für freiwillige soziale Leistungen Aufwendungen für betriebliche Altersversorgung	Wahlbestandteile
Fremdkapitalzinsen	unter bestimmten Voraussetzungen aktivierungsfähig (§ 255 Abs. 3 HGB)

Wertuntergrenze sind eindeutig die Einzelkosten.

Da die Gemeinkosten oft einen erheblichen, wenn nicht sogar den größten Teil der Herstellungskosten darstellen, sind der Bewertungsspielraum und somit die bilanzpolitischen Möglichkeiten wegen der vielen im Gesetz angeführten Wahlbestandteile sehr groß.

Die steuerrechtlichen Herstellungskosten bieten einen geringen Bewertungsspielraum. Nach R 33 der Einkommensteuer-Richtlinien sind Material- und Fertigungsgemeinkosten sowie der Wertverzehr von Anlagevermögen, soweit er durch die Herstellung des Wirtschaftsgutes veranlaßt wird, zu aktivieren. Wahlrechte bestehen nur für die allgemeinen Verwaltungskosten und die aufgeführten sozialen Aufwendungen sowie für die Fremdkapitalzinsen.

Somit ist es für eine Bilanzanalyse von erheblicher Aussagekraft, inwieweit die Herstellungskosten den steuerrechtlichen Vorschriften entsprechen und inwieweit von den steuerrechtlichen Aktivierungswahlrechten für die Verwaltungskosten und die aufgeführten sozialen Aufwendungen Gebrauch gemacht wurde.

Ein weiterer bilanzpolitischer Spielraum besteht bei der Festsetzung der Normalbeschäftigung. Davon hängt es ab, inwieweit bei einer Unterbeschäftigung Gemeinkosten in den Herstellungskosten der Vorräte zu berücksichtigen sind (Leerkosten).

Das HGB (§ 240 Abs. 3) läßt in besonderen Fällen auch eine Festbewertung sowie (§ 256) allgemein die sog. Verbrauchsfolge-Verfahren als Bewertungsvereinfachungsverfahren zu.

In diesem Zusammenhang wird noch auf einige Positionen bei den Vorräten hingewiesen, bei denen der Bewertungsspielraum leicht zur Bewertungswillkür werden kann und für deren Beurteilung Kenntnisse der Branche gehören, z. B.

- Modeartikel,
- Ersatzteile, Reparaturmaterialien, Muster,
- selbst entwickelte und hergestellte Maschinen, insbesondere Prototypen,
- Waren verschiedener Qualität, die zu einem einheitlichen Preis eingekauft, aber zu unterschiedlichen Preisen verkauft werden (z. B. Holz).

Verschiedene Verbrauchsfolge-Verfahren
Der Einfluß der verschiedenen Verbrauchsfolge-Verfahren auf die Bewertung der Vorräte, die Höhe des Bruttoergebnisses vom Umsatz und somit des Ergebnisses sowie auf wichtige Kennzahlen wird anhand eines Beispieles nachstehend dargestellt. Es werden das Fifo-Verfahren (first in – first out), das Lifo-Verfahren (last in – first out) und die Durchschnittsmethode erläutert. Weitere in der Literatur erwähnte Verbrauchsfolge-Modelle werden nicht in das Beispiel einbezogen, da sie in der Praxis kaum Bedeutung haben.

Bei der Fifo-Methode wird unterstellt, daß die zuerst angeschafften Waren auch zuerst verkauft werden. Das entspricht in den meisten Fällen guter kaufmännischer Praxis.

Bei der Lifo-Methode nimmt man an, daß die zuletzt angeschafften Waren zuerst verkauft werden. In der Praxis wird das in der Regel nur bei Schüttgütern in Frage kommen. Grund für die Anwendung der Lifo-Methode ist aber nicht, die tatsächliche Verbrauchsfolge zu zeigen, sondern das Bestreben, den Umsatzerlösen die letzten Anschaffungs- und Herstellungskosten gegenüberzustellen, die den Wiederbeschaffungskosten am nächsten kommen, um dadurch bei steigenden Preisen möglichst geringe Scheingewinne zeigen und versteuern zu müssen, was gleichzeitig einer wirklichkeitsnäheren Darstellung der Ertragskraft des Unternehmens entspricht.

Bei der Fifo-Methode ist die Bewertung der Vorräte in der Bilanz relativ am richtigsten, da sie die letzten Anschaffungs- und Herstellungskosten berücksichtigt.

Bei der Lifo-Methode dagegen ist die Ergebnisrechnung relativ am richtigsten, da die verrechneten Kosten dem Wiederbeschaffungswert am nächsten kommen. Dies gilt jedoch nur dann, wenn keine Bestandsminderungen erfolgen, d. h. keine Lifo-Reserven aus den Vorjahren aufgelöst werden. Bestandsminderungen bei Lifo-Bewertung haben somit eine Auflösung von stillen Reserven zur Folge und bedeuten eine außerordentliche Verbesserung des Jahresergebnisses. Falls sich die Vorräte bei Lifo-Bewertung gemindert haben, ist eine entsprechende Rückfrage angebracht.

Bei steigenden Preisen wird bei der Bewertung mit der Fifo-Methode ein relativ hohes Ergebnis gezeigt und bei der Bewertung mit der Lifo-Methode werden stille Reserven gelegt.

Bei der Durchschnittsmethode werden die Preisschwankungen über einen längeren Zeitraum geglättet. Wird die verkaufte Ware mit den Durchschnittskosten des gesamten Jahres einschließlich des Anfangsbestandes bewertet, spricht man von gewogenem Durchschnitt, werden die Verkäufe aber laufend mit den Anschaffungs- und Herstellungskosten bis zum Tage des Verkaufs bewertet, so spricht man von gleitendem Durchschnitt. Bei der gewogenen Durchschnittsmethode werden dadurch die Preisschwankungen stärker und bei der gleitenden Durchschnittsmethode weniger stark geglättet.

Da die Durchschnittsmethode alle Werte glättet, sind weder die Bestandsbewertung noch die Ergebnisrechnung richtig. Andererseits läßt sich bei der gewogenen Durchschnittsmethode der Lagerumschlag richtig ermitteln, da Abgänge und Schlußbestand mit den gleichen Werten pro Einheit angesetzt werden.

Beispiel:

		Fifo	Lifo	gewogener Durchschnitt
		€	€	€
Anfangsbestand	50 kg × 10 €	500	500	500
Einkauf	100 kg × 11 €	1.100	1.100	1.100
Einkauf	100 kg × 12 €	1.200	1.200	1.200
Einkauf	50 kg × 16 €	800	800	800
	300 kg × 12 €	3.600	3.600	3.600
./. Abgang	200 kg	2.200	2.550	2.400
Endbestand	100 kg	1.400	1.050	1.200
Verkaufserlöse	60 kg × 13,20 €	792	792	792
	90 kg × 14,40 €	1.296	1.296	1.296
	50 kg × 19,20 €	960	960	960
	200 kg	3.048	3.048	3.048
(Kalkulation: 20% Aufschlag auf den unterstellten Wiederbeschaffungspreis)				
./. Wareneinsatz		2.200	2.550	2.400
Rohertrag		848	498	648
Rohertrag in % des Umsatzes (kalkuliert wurden 20% im Aufschlag, d.h. 16,7%)		27,8%	16,3%	21,3%
Lagerumschlag		2.200	2.550	2.400
		1.400	1.050	1.200
		= 1,6	= 2,4	= 2,0

Von vorgenannten Kennzahlen ist nur eine richtig, nämlich der Lagerumschlag beim gewogenen Durchschnitt (Grund: Abgänge und Endbestand wurden mit dem gleichen Preis bewertet).

Annähernd richtig ist das Bruttoergebnis vom Umsatz bei der Lifo-Methode (Grund: Da die Bestände bei steigenden Preisen erhöht wurden, ist der ausgewiesene Rohertrag leicht geringer als der auf den unterstellten Wiederbeschaffungspreis kalkulierte). Anzumerken bleibt, daß bei Anwendung der Lifo-Methode und sinkenden Preisen eine Wertberichtigung wegen des Niederstwertprinzips erforderlich ist.

Beim Abbau der Vorräte würde der bei der Lifo-Methode ausgewiesene Rohertrag über dem kalkulierten liegen. Würde der Endbestand im Werte von 1.050 € in der nächsten Periode verkauft, ergäbe sich bei gleicher Kalkulation ein Rohertrag von 870 € bezogen auf 1.920 € = 45%! Dieser hohe Rohertrag ergibt sich durch den vollkommenen Abbau der Lifo-Reserve.

Falls die Bewertung unter den Anschaffungs- oder Herstellungskosten, z.B. mit dem niedrigeren Börsen- oder Marktpreis, vorgenommen werden müßte, handelt es sich bei einer solchen Bewertungskorrektur um außerordentliche Kosten, da eine solche Bewertungskorrektur in der Gewinn- und Verlustrechnung bzw. Ergebnisrechnung den Material-aufwand bzw. die Gestehungskosten der verkauften Erzeugnisse erhöht, dieser Korrektur aber keine Umsatzerlöse gegenüberstehen. Andererseits profitiert das Ergebnis des nächsten Jahres von entsprechenden Bewertungskorrekturen im Vorjahr. Eine Bewertung zum niedrigeren Börsen- oder Marktpreis würde somit zusätzlich die in dem Beispiel erwähnten Kennzahlen verfälschen.

Konsequenzen für die Bilanzanalyse

Änderungen der Bewertungsmethoden – was nach dem Stetigkeitsprinzip des § 252 Abs. 1 Satz 6 HGB nur eingeschränkt möglich ist – wirken sich besonders gravierend im prozentualen Anteil des Bruttoergebnisses an der Gesamtleistung oder den Umsatzerlösen, einer der wichtigsten Kennzahlen der Bilanzanalyse, aus.

Wegen der Bedeutung für die Ergebnisanalyse ist es wichtig, möglichst umfangreiche Informationen über die Vorratsbewertung für den gesamten analysierten Zeitraum zu erhalten.

Zu diesen Informationen zählen:

- In welchem Umfang wurden Gemeinkosten in die Herstellungskosten einbezogen?
- Wurden Leerkosten bei niedriger Beschäftigung aktiviert?
- Wurden die Vorräte einzeln oder nach der Durchschnittsmethode bewertet, oder wurde eine bestimmte Verbrauchsfolge (Lifo, Fifo) unterstellt? Wurde für Teile von Roh-, Hilfs- und Betriebsstoffen eine Festbewertung vorgenommen?
- Aus welchem Grunde und in welcher Höhe wurde eine niedrigere Bewertung als zu Anschaffungs- oder Herstellungskosten gewählt?
- Inwieweit wurden die Bewertungsmethoden während des analysierten Zeitraums verändert?

Die beiden ersten Fragen erlangen bei größeren Unterschieden der mengenmäßigen Bestände an den einzelnen Bilanzstichtagen erhöhte Bedeutung, weil bei großzügiger Verrechnung von Gemeinkosten und Leerkosten in die Herstellungskosten das Verhältnis der in den Vorräten zu den Bilanzstichtagen insgesamt verrechneten Gemeinkosten zu den aufgewendeten Gemeinkosten im Laufe der Geschäftsjahre wesentlich voneinander abweicht. Das hat zur Folge, daß eine Umsatzveränderung gegenüber dem Vorjahr nur relativ geringe Auswirkungen auf das Ergebnis hat.

Um diese Störung auszuschalten, müßte man bei den Beständen am jeweiligen Jahresende den Unterschied zwischen der Summe der auf der Basis der geplanten Auslastung zu verrechnenden Gemeinkosten ohne Leerkosten (d.h. zu Standardkosten) pro Einheit und der Summe der tatsächlich verrechneten Gemeinkosten pro Einheit korrigieren bzw. die Vorräte jeweils ohne Gemeinkosten bewerten.

Während bei den anderen Bilanzposten in vielen Fällen die Bilanzierungs- und Bewertungswahlrechte offen oder halboffen (d.h. es werden allgemeine Informationen ohne Wertangabe gegeben) erkennbar sind, erfolgen die Ergebnisverzerrungen aufgrund der vorgeschriebenen oder möglichen Bewertungsmethoden und der ausgenutzten Bewertungsspielräume bei den Vorräten verdeckt.

Zur Aussagefähigkeit der Kennzahlen läßt sich somit folgendes sagen:

Falls

- die Preisveränderungen, was in der Praxis bisher meistens Preissteigerungen bedeutete, gering und über einen längeren Zeitraum gleichmäßig sind,
- die Bevorratungsdauer sich nicht wesentlich verändert und die Wettbewerber von den Preisveränderungen in gleicher Weise betroffen werden,

werden alle Kennzahlen, in die Werte von Vorräten, die auf Basis der Fifo-Methode oder der Durchschnittsmethode eingeflossen sind, geringfügig und in gleicher

Richtung falsch ermittelt. Dies würde bei einem Zeit- oder Betriebsvergleich nicht wesentlich stören.

Bei

- erstmalig sich verändernden Preisen,
- stärker oder schwächer als vorher sich verändernden Preisen,
- einer Umkehr der Preisveränderungstendenzen,
- einer Änderung der Bewertungsmethode,
- einem Steigen oder Fallen der Umsätze bei gleich hohen Vorräten

werden Kennzahlen, in die Werte von Vorräten, die auf der Basis der Fifo-Methode oder Durchschnittsmethode errechnet werden – sowie bei der Lifo-Methode, falls die Preisveränderungen stark und die Lagerdauer lang ist oder sich die Höhe der Bevorratung verändert – in bedenklichem Umfang falsch ermittelt. Das kann zu trügerischen Schlüssen verleiten.

Um aussagefähige Kennzahlen zu erhalten, müßten bei der Berechnung der Kennzahlen die Vorräte zu Wiederbeschaffungskosten bewertet werden.

Neben der Umsatzentwicklung zeigt die Kennzahl »prozentualer Anteil des Bruttoergebnisses am Umsatz (Marge)« – sofern die Herstellungskosten nicht durch außerordentliche Ereignisse beeinflußt werden –, wie die von den Unternehmen verkauften Erzeugnisse und Handelswaren auf dem Markt akzeptiert werden.

Die Entwicklung der Lagerumschlagszahlen läßt Schlüsse zu, wie das Management auf Veränderungen am Markt reagiert hat.

Die beiden letzten Kennzahlen sind es deshalb wert, die Vorräte in den einzelnen Jahren möglichst genau zu analysieren, um keine falschen Schlüsse zu ziehen.

Falls langfristige Fertigungsaufträge in den Vorräten enthalten sind, sollten Angaben über die Höhe der Betriebsergebnisse in den letzten Jahren erbeten werden, sofern die langfristigen Fertigungsaufträge nicht nach der international üblichen Percentage of Completion-Methode, sondern nach der in Deutschland üblichen Completed Contract-Methode, die sehr schwankende betriebswirtschaftlich nicht korrekte Ergebnisse zur Folge haben kann, bewertet worden sind. Falls solche Angaben nicht erhältlich sind, muß man versuchen, aus der Kapitalflußrechnung Erkenntnisse über die Höhe der den einzelnen Geschäftsjahren zuzurechnenden Erfolge zu ziehen.

Zusammenfassend ist zu sagen, daß für eine eingehende Bilanzanalyse detaillierte Kenntnisse über die Bewertung der Vorräte in den einzelnen Jahren notwendig sind. Ohne eine evtl. notwendige Korrektur oder zumindest vergleichbar gemachte Wertansätze werden sehr wichtige Kennzahlen (z.B. prozentualer Anteil des Bruttoergebnisses am Umsatz, Umschlagshäufigkeit der Vorräte) zwar rechnerisch richtig, aber tatsächlich falsch ermittelt.

Insbesondere bei kleinen Unternehmen sollte man sich bei einer Bilanzanalyse an das folgende Gerücht erinnern, das zuweilen kolportiert wird: Ein Steuerberater sagt zu dem Unternehmer: »Sagen Sie mir das gewünschte Jahresergebnis, dann sage ich Ihnen die Höhe der Inventur.« Deshalb ist darauf zu achten, was der Abschlußprüfer bei einem testierten Jahresabschluß über seine Teilnahme an der Inventur sagt.

b) Forderungen und sonstige Vermögensgegenstände

Inhalt
§ 266 Abs. 2 und § 268 Abs. 4 HGB sieht folgende Unterteilung dieses Postens vor:

1. Forderungen aus Lieferungen und Leistungen;
   – davon mit einer Restlaufzeit von mehr als einem Jahr;
2. Forderungen gegen verbundene Unternehmen;
   – davon mit einer Restlaufzeit von mehr als einem Jahr;
3. Forderungen gegen Unternehmen, mit denen ein Beteiligungsverhältnis besteht;
   – davon mit einer Restlaufzeit von mehr als einem Jahr;
4. sonstige Vermögensgegenstände;
   – davon mit einer Restlaufzeit von mehr als einem Jahr.

Wechselforderungen, soweit es sich um Handelswechsel handelt, sind unter den Forderungen – in der Regel unter den Forderungen aus Lieferungen und Leistungen – auszuweisen. Finanzwechsel wären ggf. unter den Wertpapieren zu zeigen.

Es ist zwar der Betrag der Forderungen mit einer Restlaufzeit von mehr als einem Jahr bei jedem gesondert ausgewiesenen Posten zu vermerken, es ist aber nicht auszuschließen, daß Forderungen mit einer Restlaufzeit von weniger als einem Jahr prolongiert werden müssen.

Forderungen aus Lieferungen und Leistungen gegen verbundene Unternehmen oder gegen Unternehmen, mit denen ein Beteiligungsverhältnis besteht, können unter Forderungen aus Lieferungen und Leistungen oder unter Forderungen gegen verbundene Unternehmen bzw. gegen Unternehmen, mit denen ein Beteiligungsverhältnis besteht, ausgewiesen werden. Gemäß § 265 Abs. 3 HGB ist wegen der Mitzugehörigkeit zu anderen Posten ein Vermerk in der Bilanz oder im Anhang zu erwarten.

Konsequenzen für die Bilanzanalyse

Für die Bilanzanalyse sind die Forderungen aus Lieferungen und Leistungen gegen verbundene Unternehmen und gegen Unternehmen, mit denen ein Beteiligungsverhältnis besteht, am besten den Forderungen aus Lieferungen und Leistungen zuzuschlagen, um die gesamten Forderungen aus Lieferungen und Leistungen den gesamten Umsatzerlösen gegenüberstellen zu können. Außerdem sollten zusätzlich – sofern möglich – die Forderungen aus Lieferungen und Leistungen gegen verbundene Unternehmen und gegen Unternehmen, mit denen ein Beteiligungsverhältnis besteht, den entsprechenden Umsatzerlösen und die übrigen Forderungen aus Lieferungen und Leistungen den entsprechenden Umsatzerlösen gegenübergestellt werden, um feststellen zu können, ob unterschiedliche Zahlungsziele gewährt werden.

Forderungen aus Lieferungen und Leistungen

Inhalt
Dieser Posten beinhaltet auch die Besitzwechsel. Zwar ist bei Besitzwechseln grundsätzlich eher mit einer pünktlichen Zahlung am Verfalltag zu rechnen, jedoch zur Vermeidung eines Wechselprotestes und den daraus entstehenden nachteiligen Folgen für die Geschäftsbeziehungen wird ein Lieferant in der Regel bei der Prolongation eines Wechsels behilflich

sein müssen, was für ihn einen entsprechenden Liquiditätsbedarf bedeutet. Es mag sogar sein, daß mit dem Kunden Zahlung gegen Wechsel mit der ausdrücklichen Zusage verein- bart worden ist, am Verfalltag die Wechsel ganz oder teilweise zu prolongieren bzw. neue Wechsel auszustellen.

Bewertung

Bei einer von einem Wirtschaftsprüfer testierten Bilanz kann unterstellt werden, daß dieser Posten – anders als in der Regel bei dem Sachanlagevermögen und oft bei den Vorräten – weitgehend dem Tageswert entspricht. Trotzdem ist eine eingehende Analyse der Forde- rungen aus Lieferungen und Leistungen im Hinblick auf eine Unternehmensanalyse sehr wichtig.

Konsequenzen für die Bilanzanalyse

Bei der Analyse der Forderungen aus Lieferungen und Leistungen und ihrem Vergleich mit den Umsatzerlösen sind, neben den in diesem Posten enthaltenen Besitzwechseln, zusätzlich

– die Indossamentverbindlichkeiten (Verbindlichkeiten aus weitergegebenen Wech- seln und evtl. von den Banken noch nicht gutgeschriebene Schecks der Kunden) und
– die Forderungen aus Lieferungen und Leistungen, die in den Forderungen gegen verbundene Unternehmen und gegen Unternehmen, mit denen ein Beteiligungsver- hältnis besteht, enthalten sind,

zu berücksichtigen. Unter Umständen sind gegebene Bürgschaften an Kunden in die Betrachtung miteinzubeziehen.

   Die Summe der Forderungen aus Lieferungen und Leistungen ist in der Regel gekürzt um

– Pauschalwertberichtigungen auf Forderungen und
– spezielle Wertberichtigungen.

Die Wertberichtigungen lassen einen gewissen bilanzpolitischen Spielraum zu. Sie werden in der Regel nicht offen ausgewiesen. Für die Bilanzanalyse wäre es von Nutzen, sie in Erfahrung zu bringen.

   Der Vergleich der Forderungen aus Lieferungen und Leistungen mit der Höhe der Wertberichtigungen sowie der Vergleich der Höhe und Veränderung der Wertberichti- gungen mit den tatsächlichen Forderungsverlusten – sofern sie als solche auch gezeigt werden – über mehrere Jahre lassen gewisse Schlüsse auf die Bilanzpolitik des Unter- nehmens zu. Unter Umständen kann sogar eine Korrektur früherer Jahresergebnisse erforderlich sein.

   Falls keine weiteren Einzelheiten bekannt sind, bleibt als Hinweis auf die Bonität der Forderungen nur der Langzeitvergleich der Forderungen aus Lieferungen und Leistungen unter Einbeziehung der Besitzwechsel und der Indossamentverbindlich- keiten mit den Umsatzerlösen, da dieser Vergleich eindeutig ist, sofern keine Forde- rungen verkauft worden sind (Factoring) oder hohe (unechte?) Umsätze zum Jahres- ende getätigt wurden, weil dem Kunden erhöhte Rabatte oder Boni, längere Zahlungs- ziele oder besondere Rückgaberechte gewährt wurden.

Globale Aussagen über die Bonität der Forderungen aus Lieferungen und Leistungen lassen sich neben den obengenannten Informationen über die subjektiv bemessenen Wertberichtigungen und die Forderungsausfälle in der Vergangenheit evtl. noch aus dem Vergleich zwischen den branchenüblichen Zahlungsgewohnheiten und den der Kunden des zu analysierenden Unternehmens machen.

Um ein fundiertes Urteil über die Bonität der Forderungen aus Lieferungen und Leistungen abgeben zu können, benötigt man Informationen über den Altersaufbau der Forderungen sowie über die mit den verschiedenen Kundengruppen vereinbarten Zahlungsbedingungen. Zusätzliche Informationen über die Zusammensetzung der Forderungen nach Kundengruppen, In- und Ausland sowie Angaben über Großkunden und Lieferungen an die öffentliche Hand, an Kreditinstitute abgetretene Forderungen und ggf. über Art und Umfang des Factoring sind hierbei von Nutzen.

Forderungen gegen verbundene Unternehmen

Inhalt
Wie bereits in Abschnitt E I 4c Finanzanlagen angeführt, ist hier der gegenüber dem AktG engere Begriff verbundene Unternehmen anzuwenden.

Konsequenzen für die Bilanzanalyse

Bei einer Bilanzanalyse ist es von Interesse, wie sich dieser Posten aufteilt, insbesondere in

– Forderungen aus Lieferungen,
– Forderungen aus Leistungen,
– Forderungen aus Finanztransaktionen und
– Forderungen aus Beteiligungserträgen.

Des weiteren sollten die Konditionen (Preise, Laufzeit, Verzinsung) festgestellt und mit den marktüblichen Konditionen verglichen werden. Außerdem sollte geprüft werden, ob die wirtschaftliche Lage der verbundenen Unternehmen die Realisierung der Forderungen gegen verbundene Unternehmen innerhalb der vereinbarten Laufzeit zuläßt.

Falls die Konditionen marktüblich sind, dieser Posten in der Vergangenheit keinen großen Schwankungen unterworfen war und in der letzten Bilanz keine wesentliche Höhe erreicht hat, empfiehlt es sich der Einfachheit halber, bei der Bilanzanalyse diesen Posten entsprechend seiner Entstehungsursache auf die übrigen Posten zu verteilen.

Bei einer Bilanzanalyse im Hinblick auf eine Unternehmensbewertung verlangt dieser Posten besondere Aufmerksamkeit.

Sollten in einem Konzernabschluß unter diesem Posten bedeutende Beträge stehen, deutet das auf die Nichtkonsolidierung wesentlicher Konzernaktivitäten hin.

Forderungen gegen Unternehmen, mit denen ein Beteiligungsverhältnis besteht
Hier gilt – mit Ausnahme des letzten Absatzes – das unter Forderungen gegen verbundene Unternehmen Gesagte.

Sonstige Vermögensgegenstände

Inhalt

Hierunter sind alle Forderungen und Vermögensgegenstände zu finden, die nicht an anderer Stelle auszuweisen sind. Hierzu können im wesentlichen gehören:

– Darlehen, soweit sie nicht unter den Ausleihungen auszuweisen sind. Das bedeutet, daß unter diesem Posten mittelfristige Darlehen enthalten sein können,
– Forderungen an Belegschaftsangehörige, soweit es sich nicht um Ausleihungen handelt, einschließlich der Forderungen an die Mitglieder des Geschäftsführungsorgans, eines Aufsichtsrates, eines Beirates oder einer ähnlichen Einrichtung gemäß § 285 Nr. 9 c HGB,
– Kostenvorschüsse (keine Anzahlungen auf Anlagevermögen und Vorräte),
– Steuererstattungsansprüche,
– Schadenersatzansprüche,
– Forderungen aus Lizenzvergabe,
– Kautionen,
– Forderungen aus Bürgschaftsübernahme,
– Genossenschaftsanteile,
– antizipative Rechnungsabgrenzungsposten (d.h. Erträge des abgeschlossenen Geschäftsjahres, die erst später zu Einnahmen führen, wie z.B. Mieterträge, Zinserträge). Soweit sie einen größeren Umfang haben, müssen sie gemäß § 268 Abs. 4 Satz 2 HGB im Anhang erläutert sein.

Konsequenzen für die Bilanzanalyse

Sofern der Posten nicht ausgesprochen gering ist, insbesondere wenn er in der Vergangenheit größeren Schwankungen unterworfen war, sollte versucht werden, Art, Umfang und Frist der hierin enthaltenen Aktiva festzustellen.

Sollten unter diesem oder einem anderen Posten der Bilanz Forderungen an Gesellschafter (persönlich haftende Gesellschafter, Kommanditisten oder GmbH-Gesellschafter) ausgewiesen werden, sollte ihre Werthaltigkeit sehr kritisch geprüft werden. In der Regel sind sie mit dem Eigenkapital zu verrechnen.

c) Wertpapiere

Inhalt

Folgende Unterteilung ist lt. § 266 Abs. 2 HGB vorgesehen:

1. Anteile an verbundenen Unternehmen;
2. eigene Anteile;
3. sonstige Wertpapiere.

In dem Posten sonstige Wertpapiere können auch evtl. vorhandene Finanzierungswechsel enthalten sein.

Der Erwerb eigener Anteile war bisher in Deutschland gemäß AktG nur in eingeschränktem Maße möglich. Im Insolvenzfalle sind eigene Anteile wertlos. In Höhe des

Kaufpreises für die eigenen Anteile ist ein Betrag in eine Rücklage für eigene Anteile einzustellen, d. h. diese Rücklage hat die Funktion einer Ausschüttungssperre.

Aufgrund des Gesetzes zur Kontrolle und Transparenz im Unternehmensbereich (KonTraG) vom 27. April 1998 wurden dem § 272 Abs. 1 HGB folgende Sätze angefügt: *»Der Nennbetrag oder, falls ein solcher nicht vorhanden ist, der rechnerische Wert von nach § 71 Abs. 1 Nr. 6 oder 8 des Aktiengesetzes zur Einziehung erworbenen Aktien ist in der Vorspalte offen von dem Posten ›Gezeichnetes Kapital‹ als Kapitalrückzahlung abzusetzen. Ist der Erwerb der Aktien nicht zur Einziehung erfolgt, ist Satz 4 auch anzuwenden, soweit in dem Beschluß über den Rückkauf die spätere Veräußerung von einem Beschluß der Hauptversammlung in entsprechender Anwendung des § 182 Abs. 1 Satz 1 des Aktiengesetzes abhängig gemacht worden ist. Wird der Nennbetrag oder der rechnerische Wert von Aktien nach Satz 4 abgesetzt, ist der Unterschiedsbetrag dieser Aktien zwischen ihrem Nennbetrag oder dem rechnerischen Wert und ihrem Kaufpreis mit den anderen Gewinnrücklagen (§ 266 Abs. 3 A.III.4.) zu verrechnen; weitergehende Anschaffungskosten sind als Aufwand des Geschäftsjahres zu berücksichtigen.«* Die Vorschriften des KonTraG betreffen nicht den Ausweis eigener Anteile unter den Aktiva.

Konsequenzen für die Bilanzanalyse

Die unter diesem Posten ausgewiesenen Wertpapiere sollten keine Daueranlage darstellen. Deshalb kommt dieser Posten normalerweise den flüssigen Mitteln sehr nahe.

Sollte es sich bei den Anteilen an verbundenen Unternehmen um einen wesentlichen Posten handeln und/oder an seiner Realisierbarkeit Zweifel bestehen, so sollte er bei der Aufbereitung der Bilanz unter den sonstigen Vermögensgegenständen ausgewiesen werden.

Die eigenen Anteile sind als echte Vermögenswerte zu betrachten, sofern gewiß ist, daß sie in absehbarer Zeit realisiert werden können. Das ist z. B. bei der Ausgabe von Belegschaftsaktien oder der Abfindung von Aktionären bei einem Unternehmenszusammenschluß der Fall. Sollten Zweifel an der Realisierbarkeit der eigenen Anteile bestehen, sollten sie mit dem Eigenkapital saldiert werden.

d) Kassenbestand, Bundesbankguthaben, Guthaben bei Kreditinstituten und Schecks

Flüssige Mittel bereiten kaum ernsthafte Bewertungs- und Analyseprobleme.

Bei angespannter Liquiditätslage ist es interessant zu wissen, ob sämtliche flüssige Mittel sofort und voll verfügbar sind, ob Guthaben gesperrt oder verpfändet sind oder ob z. B. mit den Banken vereinbart worden ist, gewisse Mindestguthaben zu unterhalten. Die Nichtbeachtung einer solchen Vereinbarung, die nicht aus der Bilanz ersichtlich ist, könnte Kreditkündigungen und somit ernsthafte Liquiditätsprobleme zur Folge haben.

Bei konsolidierten Bilanzen, die ausländische Gesellschaften umfassen, könnte es evtl. von Bedeutung sein, ob dieser Posten im wesentlichen Umfang Guthaben in ausländischer Währung umfaßt, die nicht uneingeschränkt transferierbar sind.

Sollten flüssige Mittel nicht sofort und voll verfügbar sein, sind sie bei einer Bilanzanalyse als sonstige Forderungen u. ä. zu betrachten.

5. Rechnungsabgrenzungsposten

Inhalt

Als aktivische Rechnungsabgrenzungsposten (transitorische Posten) sind Ausgaben vor dem Bilanzstichtag auszuweisen, soweit sie Aufwand für eine bestimmte Zeit nach diesem Tag darstellen, wie z.B. Vorauszahlungen von Mieten, Pacht, Versicherungsprämien, Beiträgen, Honoraren, Zinsen. Sofern diese Posten nicht unwesentlich sind, besteht hierfür Aktivierungspflicht. Antizipative Rechnungsabgrenzungsposten (Erträge vor dem Bilanzstichtag, Einnahmen nach dem Bilanzstichtag) werden als sonstige Vermögensgegenstände ausgewiesen.

Zölle und Verbrauchsteuern, Umsatzsteuer auf Anzahlungen
Gemäß § 250 Abs. 1 Satz 2 HGB dürfen unter den aktivischen Rechnungsabgrenzungsposten auch

– als Aufwand berücksichtigte Zölle und Verbrauchsteuern, soweit sie auf am Abschlußstichtag auszuweisende Vermögensgegenstände des Vorratsvermögens entfallen,
– als Aufwand berücksichtigte Umsatzsteuer auf am Abschlußstichtag auszuweisende oder von den Vorräten offen abgesetzte Anzahlungen

ausgewiesen werden.

Das Aktivierungswahlrecht für Zölle und Verbrauchsteuern ist – wie es der nicht eindeutige Gesetzestext vermuten läßt – kein Wahlrecht für die Bestimmung der Anschaffungs- und Herstellungskosten, sondern bietet lediglich die Möglichkeit, Zölle und Verbrauchsteuern auf am Abschlußstichtag auszuweisende Vermögensgegenstände des Vorratsvermögens unter den Vorräten oder unter den Rechnungsabgrenzungsposten ausweisen zu können. Durch diese Vorschrift erfolgt eine Anpassung an das Steuerrecht (§ 5 Abs. 5 EStG), jedoch mit dem Unterschied, daß steuerrechtlich eine Aktivierungspflicht als Rechnungsabgrenzungsposten besteht.

Der Ausweis der als Aufwand berücksichtigten Umsatzsteuer auf am Abschlußstichtag auszuweisende oder von den Vorräten offen abgesetzte Anzahlungen unter den Rechnungsabgrenzungsposten heißt lediglich, Umsatzsteuer auf erhaltene Anzahlungen erfolgsneutral buchen zu können. Gemäß Steuerrecht (§ 5 Abs. 5 EStG) ist dieser Posten als Rechnungsabgrenzungsposten anzusetzen.

Disagio
Ein Aktivierungswahlrecht unter den Rechnungsabgrenzungsposten besteht gemäß § 250 Abs. 3 HGB für den Unterschiedsbetrag (Disagio) zwischen einem höheren Rückzahlungsbetrag einer Verbindlichkeit und dem Ausgabebetrag. Das Disagio ist durch planmäßige jährliche Abschreibungen, die auf die gesamte Laufzeit der Verbindlichkeit verteilt werden können, zu tilgen. Es ist mit einem »davon«-Vermerk gesondert auszuweisen oder im Anhang anzugeben.

Steuerrechtlich ist aufgrund H 37 Abs. 3 EStR ein Disagio zu aktivieren und auf die Laufzeit des Darlehens zu verteilen.

Latente Steuern
Ein von dem Handelsbilanzgewinn abweichender Steuerbilanzgewinn führt zu einem Ertragsteueraufwand, der dem ausgewiesenen handelsrechtlichen Ergebnis vor Steuern nicht entspricht. Sofern sich die unterschiedliche Bilanzierung in Handels- und Steuer-

bilanz in den folgenden Jahren voraussichtlich wieder ausgleicht, d.h., daß es sich um zeitlich begrenzte Differenzen handelt, sollte bei wirtschaftlicher Betrachtungsweise im handelsrechtlichen Jahresabschluß derjenige Betrag als Steueraufwand ausgewiesen werden, der dem handelsrechtlichen Gewinn zuzüglich den steuerlich nicht oder nur beschränkt abzugsfähigen Aufwendungen (d.h. zeitlich unbegrenzte Differenzen) entspricht.

Bei dem Unterschied zwischen dem tatsächlichen für eine Periode zu zahlenden und dem bei wirtschaftlicher Betrachtungsweise zu berücksichtigenden fiktiven Steueraufwand handelt es sich um latente Steuern.

Gemäß § 274 Abs. 2 HGB besteht bei Kapitalgesellschaften für aktive latente Steuern ein Aktivierungswahlrecht. (Latente Steuern aufgrund zeitgleich begrenzter Differenzen, die bei der Erstellung des Konzernabschlusses entstehen, sind nach § 306 HGB dagegen aktivierungspflichtig. Praktisch dürfte es sich hierbei meistens um Steuervorauszahlungen des Konzerns auf noch nicht realisierte Zwischengewinne handeln.)

§ 274 Abs. 2 des HGB sagt zu den aktiven latenten Steuern folgendes:

> Ist der dem Geschäftsjahr und früheren Geschäftsjahren zuzurechnende Steueraufwand zu hoch, weil der nach den steuerrechtlichen Vorschriften zu versteuernde Gewinn höher als das handelsrechtliche Ergebnis ist, und gleicht sich der zu hohe Steueraufwand des Geschäftsjahrs und früherer Geschäftsjahre in späteren Geschäftsjahren voraussichtlich aus, so darf in Höhe der voraussichtlichen Steuerentlastung nachfolgender Geschäftsjahre ein Abgrenzungsposten als Bilanzierungshilfe auf der Aktivseite der Bilanz gebildet werden. Dieser Posten ist unter entsprechender Bezeichnung gesondert auszuweisen und im Anhang zu erläutern. Wird ein solcher Posten ausgewiesen, so dürfen Gewinne nur ausgeschüttet werden, wenn die nach der Ausschüttung verbleibenden jederzeit auflösbaren Gewinnrücklagen zuzüglich eines Gewinnvortrags und abzüglich eines Verlustvortrags dem angesetzten Betrag mindestens entsprechen. Der Betrag ist aufzulösen, sobald die Steuerentlastung eintritt oder mit ihr voraussichtlich nicht mehr zu rechnen ist.

Latente Steuern sind demnach gesondert auszuweisen und im Anhang zu erläutern. Im Gesetz wird jedoch nicht gesagt, unter welchem Posten die aktiven latenten Steuern auszuweisen sind.

Aus folgenden Gründen kann das Steuerbilanzergebnis höher als das Handelsbilanzergebnis sein (Anlässe für aktive Steuerabgrenzung):

- Nichtaktivierung oder kürzere Abschreibung eines Geschäfts- oder Firmenwerts,
- Nichtaktivierung eines Dividendenanspruchs bei Vorliegen eines Beherrschungsverhältnisses,
- sofortige Verrechnung eines Disagios als Aufwand,
- unterschiedliche Abschreibungssätze und -verfahren,
- Ansatz von nur handelsrechtlich anerkannten Abschreibungen (Abschreibungen im Rahmen vernünftiger kaufmännischer Beurteilung nach § 253 Abs. 4 HGB),
- vorsichtigere Bewertung von Finanzanlagen,
- niedrigerer Ansatz der Herstellungskosten (Teilkosten),
- Vorwegnahme künftiger Wertschwankungen bei Gegenständen des Umlaufvermögens (Reichweitenabschläge bei Vorräten, Einzel- und Pauschalwertberichtigungen auf Forderungen),
- höhere Bewertung der Pensionsrückstellungen, Rückstellungen für mittelbare Pensionszusagen (Unterstützungskassen),
- höhere Bewertung der sonstigen Rückstellungen (z.B. Gewährleistungs- und Kulanzrückstellungen, Rückstellungen für Instandhaltung nach dem dritten bis zum zwölften Monat eines folgenden Geschäftsjahres, Aufwandsrückstellungen, Rückstellungen für Ausgleichsansprüche von Handelsvertretern, Rückstellungen für Betriebsprüfungsrisiken),

- Ansatz von nicht mehr in der Steuerbilanz anerkannten Drohverlustrückstellungen,
- Ansatz von Rückstellungen und Verbindlichkeiten mit dem Rückstellungsbetrag anstatt mit dem abgezinsten Betrag.

Weitere Bemerkungen zu den latenten Steuern siehe unter E II 4 Steuerrückstellungen.

Bezüglich aktiver latenter Steuern im Konzernabschluß wird auf Abschnitt F VII 7 verwiesen.

Durch zeitlich unbegrenzte Differenzen (z. B. steuerlich nicht oder nur beschränkt abzugsfähige Aufwendungen, steuerfreie Erträge) entstehen keine latenten Steuern.

Konsequenzen für die Bilanzanalyse

Bei der Aufbereitung einer Bilanz kann man sämtliche aktiven Rechnungsabgrenzungsposten mit den sonstigen Forderungen und den sonstigen Vermögensgegenständen zusammenfassen oder einzelne Posten wie das Disagio und die aktiven latenten Steuern davon ausnehmen und sie mit dem Eigenkapital saldieren. Eine solche Saldierung ist dann angebracht, wenn die Belastung der zukünftigen Geschäftsjahre durch die Abschreibung des Disagios und die Zinszahlungen höher ist als der jetzige Marktzins, oder wenn Zweifel daran bestehen, ob es sich bei den aktiven latenten Steuern um zeitlich begrenzte Differenzen handelt bzw. ob in Zukunft ausreichend Gewinne entstehen. Eine solche Vorgehensweise bietet sich auch unter dem Gesichtspunkt der besseren Vergleichbarkeit mit anderen Unternehmen an. Bei einer Ertragsanalyse im Zeitvergleich sollten beide Posten nicht mit dem Eigenkapital verrechnet werden.

Aktive latente Steuern dürften in einem Einzelabschluß nach dem HGB nicht auftauchen, da es ein Widersinn ist, einerseits in der Handelsbilanz gegenüber der Steuerbilanz ein möglichst niedriges Ergebnis zu zeigen und andererseits den Handelsbilanzgewinn durch die Ausübung des Aktivierungswahlrechts für die aktiven latenten Steuern zu erhöhen.

II. Analyse der Passivseite der Bilanz nach HGB

1. Eigenkapital

Inhalt

Nach § 266 Abs. 3 HGB ist das Eigenkapital bei Kapitalgesellschaften wie folgt auszuweisen:

I. Gezeichnetes Kapital;
II. Kapitalrücklage;
III. Gewinnrücklagen:
    1. gesetzliche Rücklage;
    2. Rücklage für eigene Anteile;
    3. satzungsmäßige Rücklagen;
    4. andere Gewinnrücklagen;
IV. Gewinnvortrag/Verlustvortrag;
V. Jahresüberschuß/Jahresfehlbetrag.

Von dem Posten »Gezeichnetes Kapital« ist ggf. der Nennbetrag bzw. der rechnerische Wert der zur Einziehung erworbenen Aktien abzusetzen (§ 272 Abs. 1 Satz 4 HGB).

Unter das Eigenkapital fallen auch die folgenden Sonderposten:

– Kapitaleinlagen der persönlich haftenden Gesellschafter bei einer KGaA (§ 286 Abs. 2 Satz 1 AktG),
– Genußrechtskapital,
(sofern Eigenkapitalcharakter, d. h. wenn das überlassene Kapital nachrangig und längerfristig, die Vergütung erfolgsabhängig und die Teilnahme am Verlust bis zur vollen Höhe vereinbart wird; Angaben im Anhang nach § 160 Abs. 1 Nr. 6 AktG),
– Kapital stiller Gesellschafter,
(sofern Eigenkapitalcharakter, d. h. wenn die Vereinbarungen mit den stillen Gesellschaftern den unter Genußrechtskapital genannten Kriterien entsprechen),
– feste Kapitalkonten bei Komplementären,
(sofern künftige Verluste mit diesen Konten zu verrechnen sind, diese Konten im Falle einer Insolvenz der Gesellschaft nicht als Insolvenzforderungen geltend gemacht werden können bzw. bei einer Liquidation der Gesellschaft erst nach Befriedigung alle Gesellschaftsgläubiger auszugleichen sind).

Dem auf der Passivseite ausgewiesenen Eigenkapital stehen ggf. auf der Aktivseite die ausstehenden Einlagen auf das gezeichnete Kapital, mit separater Angabe der eingeforderten Einlagen, gegenüber.

Die nicht eingeforderten ausstehenden Einlagen können, anstatt sie auf der Aktivseite offen zu zeigen, von dem Posten »Gezeichnetes Kapital« abgesetzt werden.

Zum Eigenkapital rechnet ggf. auch ein passiver Unterschiedsbetrag aus der Kapitalkonsolidierung.

Der Jahresabschluß einer Kapitalgesellschaft kann wahlweise vor Verwendung des Jahresüberschusses oder unter Berücksichtigung der vollständigen bzw. teilweisen Verwendung des Jahresergebnisses aufgestellt werden.

Wird die Bilanz vor Ergebnisverwendung aufgestellt, werden der gesamte Jahresüberschuß bzw. Jahresfehlbetrag und der Gewinn- bzw. Verlustvortrag aus dem Vorjahr als eigener Bilanzposten unter dem Eigenkapital ausgewiesen.

Erfolgt die Aufstellung der Bilanz unter Berücksichtigung der vollständigen oder teilweisen Verwendung des Jahresüberschusses, so erscheint der Posten Bilanzgewinn/Bilanzverlust anstatt der Posten Jahresüberschuß/Jahresfehlbetrag und Gewinnvortrag/Verlustvortrag. Ein in dem Bilanzgewinn/Bilanzverlust enthaltener Gewinn- oder Verlustvortrag ist in der Bilanz oder im Anhang gesondert anzugeben.

Zusätzlich zu den obigen Posten gibt es noch die an anderer Stelle ausgewiesenen Sonderposten mit Rücklageanteil. Hierbei handelt es sich um unversteuertes Eigenkapital.

Die Aufteilung des Eigenkapitals auf die einzelnen Posten – abgesehen von dem getrennten Ausweis des auszuschüttenden Gewinnes, der als Fremdkapital anzusehen ist – bringt für eine Bilanzanalyse, wenn sie in erster Linie als Ertragsanalyse verstanden wird, keinen Informationsgewinn. Diese Aufteilung sagt lediglich etwas über die unterschiedlichen rechtlichen Möglichkeiten aus, das Eigenkapital an die Eigentümer auszuschütten.

Wirtschaftlich gesehen ist das Eigenkapital nur eine Position, nämlich der Unterschied zwischen dem in der Bilanz ausgewiesenen Vermögen und den Schulden. Als

> Differenzposition kann somit das ausgewiesene Eigenkapital nicht selbständig bewertet werden, aber sämtliche Bewertungsmaßnahmen in den anderen Posten der Bilanz haben Auswirkungen auf die Höhe des ausgewiesenen Eigenkapitals.

Für den Ausweis des Eigenkapitals bei Personengesellschaften gibt es im HGB keine spezifischen Vorschriften.

Stille Reserven

Da die Grundsätze ordnungsmäßiger Buchführung von dem Vorsichtsprinzip beherrscht werden, werden bei ordnungsmäßiger Bilanzierung – sofern die Pensionsrückstellungen und eventuelle Abfindungsverpflichtungen an das Personal vollständig erfaßt sind – das Vermögen tendenziell eher zu niedrig und die Schulden eher zu hoch ausgewiesen, was einen zu niedrigen Ausweis des Eigenkapitals, d. h. die Bildung stiller Reserven, zur Folge hat. Stille Reserven sind aber nicht vollständig als Eigenkapital zu betrachten, da bei einer Realisierung der stillen Reserven durch Verkauf von Vermögensgegenständen über deren Buchwert noch Steuern anfallen oder bei einer Realisierung durch Nutzung der Vermögensgegenstände die steuerlich anerkannten Abschreibungen in Zukunft wegen der Abschreibung vom Buchwert geringer sind als bei einer Abschreibung vom Verkaufserlös bzw. vom Wiederbeschaffungswert. Um diese latenten Steuern – die nicht mit den latenten Steuern aus einer vorübergehenden Abweichung zwischen Handelsbilanz und Steuerbilanz zu verwechseln sind – sind die stillen Reserven zu kürzen.

Stille Reserven lassen sich unterteilen in

– Zwangsreserven (sie entstehen durch Wert- und Preissteigerungen, insbesondere beim Anlagevermögen, sowie durch das Aktivierungsverbot von selbstgeschaffenen immateriellen Vermögensgegenständen),
– Ermessensreserven (sie entstehen durch Ausnutzung der handelsrechtlich zulässigen Bewertungsspielräume) und
– Willkürreserven (sie entstehen durch Unterschreiten des Niederstwertes und sind bei deutschen Kapitalgesellschaften verboten).

Die genaue Abgrenzung zwischen Ermessens- und Willkürreserven ist in der Praxis nicht immer exakt möglich.

Für eine Bilanzanalyse im Hinblick auf eine Unternehmensbewertung ist die Kenntnis der stillen Reserven – sofern es sich nicht um ausgesprochene Willkürreserven handelt – weniger wichtig, als es auf den ersten Blick erscheint (Ausnahme: stille Reserven im nicht betriebsnotwendigen Vermögen). Bei den Zwangs- und Ermessensreserven im betriebsnotwendigen Vermögen handelt es sich um fiktive Werte, die nicht realisiert werden können. Eine durch sale and lease back zwar mögliche Realisierung würde in Zukunft allerdings zu höheren Aufwendungen führen.

Wegen fehlender Kenntnis der stillen Reserven läßt sich die Rentabilität in der Vergangenheit nicht richtig ermitteln, da man nicht feststellen kann, ob die unterbewerteten Vermögenswerte einen angemessenen Ertrag erwirtschaftet haben.

Darüber hinaus ist die Ermittlung von stillen Reserven in vielen Fällen sehr schwierig und sogar fast unmöglich (z. B. bei großen selbsterstellten Anlagen, bei Beteiligungen und bei immateriellen Werten). Zumindest ist bei der Ermittlung ein erheblicher Ermessensspielraum vorhanden.

Stille Reserven kann man als Verlustdeckungspotential oder auch – soweit man sie in schlechten Geschäftsjahren still auflösen kann – Verlustverschleierungspotential bezeichnen. Durch die stille Auflösung von stillen Reserven können Unternehmenskrisen über einen längeren Zeitraum verschleiert werden.

Deshalb ist es wesentlich wichtiger, keine Mühen zu scheuen, möglichst genaue Kenntnisse über die Bildung und Auflösung der stillen Reserven in den einzelnen Jahren statt über ihre tatsächliche Höhe zu erhalten. Hierzu gehört auch die Feststellung des Unterschiedes zwischen den tatsächlichen Abschreibungen und den entsprechend der Wertminderung auf Basis von Wiederbeschaffungspreisen zu ermittelnden betriebswirtschaftlich notwendigen Abschreibungen sowie die dadurch bedingten Auswirkungen auf die Kosten des Finanzbedarfs.

Nur durch die Kenntnis der offen oder verdeckt gebildeten oder aufgelösten stillen Reserven in den einzelnen Jahren lassen sich möglichst echte betriebswirtschaftliche Ergebnisse für die einzelnen Geschäftsjahre der Vergangenheit ermitteln, die eine wesentliche Voraussetzung für die Beurteilung oder Erstellung einer Ergebnisplanung sind.

Für eine Bilanzanalyse im Hinblick auf eine Kreditwürdigkeitsprüfung ist allerdings die Kenntnis der Höhe der stillen Reserven von wesentlicher Bedeutung, da hier die stillen Reserven keine fiktive Größe sind, sondern man bei Zahlungsschwierigkeiten ihre Realisierungsmöglichkeit unterstellt.

Da eine solche Realisierung meistens nur bei wirtschaftlicher Notlage des Unternehmens erfolgt, die auf nachhaltige Verluste zurückzuführen ist, fällt dann ganz oder teilweise die auf den stillen Reserven lastende latente Steuerschuld weg, so daß sich die Bedeutung der stillen Reserven in diesem Falle wesentlich erhöht.

Ebenfalls zu korrigieren wäre das Eigenkapital noch um den Eigenkapitalanteil der Sonderposten mit Rücklageanteil (siehe nächsten Abschnitt) sowie evtl. wegen der am Schluß dieses Abschnitts besprochenen Zusammensetzung des verwendbaren Eigenkapitals gemäß § 30 des deutschen Körperschaftsteuergesetzes.

Aktienoptionen

Bei der Analyse des Eigenkapitals ist auch festzustellen, welche Aktienoptionen (stock options) dem Vorstand und den leitenden Mitarbeitern gewährt und wie und wann die Vorteile aus den Aktienoptionen in der Rechnungslegung des Unternehmens berücksichtigt wurden.

Konsequenzen für die Bilanzanalyse

Da, wirtschaftlich gesehen, die nicht eingeforderten ausstehenden Einlagen einen Korrekturposten zum »Gezeichneten Kapital« darstellen, sollte bei einer Bilanzanalyse das Eigenkapital mit den auf der Aktivseite ausgewiesenen ausstehenden Einlagen, zumindest soweit sie nicht eingefordert wurden, saldiert werden. Es wäre allerdings festzustellen, ob dem Unternehmen durch dieses zusätzliche Haftungskapital günstigere Kreditkonditionen eingeräumt wurden. Die saldierten ausstehenden Einlagen erhöhen – ähnlich wie das übrige Vermögen bei Einzelunternehmen und Personengesellschaften – das Haftungskapital. Bei einer Bilanzanalyse zum Zwecke einer Kreditwürdigkeitsanalyse spielt dieses Haftungskapital eine wesentliche Rolle.

Eigene Aktien sind ebenfalls mit dem Eigenkapital zu saldieren, sofern sie nicht zur unmittelbaren Veräußerung bestimmt sind, z. B. zur Ausgabe von Belegschaftsaktien, Abfindung außenstehender Aktionäre oder Durchführung einer Eingliederung, und somit echte Vermögenswerte darstellen.

Einlagen stiller Gesellschafter mit Verlustbeteiligung (atypische stille Gesellschafter), die nicht kurzfristig rückzahlbar sind oder kurzfristig gekündigt werden können, und Genußscheinkapital, soweit es haftendes Eigenkapital darstellt, sind bei einer Bilanzanalyse als Teil des Eigenkapitals zu betrachten.

Aktivische und passivische Privatkonten von persönlich haftenden Gesellschaftern bei einer OHG und KG sind bei einer Bilanzanalyse unter der Position sonstiges haftendes Eigenkapital hinzuzufügen oder abzuziehen.

Bei der Analyse von Konzernabschlüssen sollte die Entwicklung der Rücklagen im Konzernabschluß mit der Entwicklung der Rücklagen im Einzelabschluß des Mutterunternehmens verglichen werden. Aus dem Vergleich kann man Rückschlüsse auf die Ausschüttungspolitik bei den Tochterunternehmen ziehen.

Besonderheiten bei einer Bilanzanalyse im Hinblick auf eine Unternehmensbewertung
Bei einer Bilanzanalyse im Hinblick auf eine Unternehmensbewertung ist festzustellen – zumindest wenn nicht alle Anteilsrechte den Besitzer wechseln sollen –, ob alle Anteilseigner die gleichen Rechte haben. Bei Aktiengesellschaften kann es z. B. Stammaktien und Vorzugsaktien geben. Vorzugsaktien räumen Aktionären besondere Ansprüche auf Dividende und/oder den Liquiditätserlös ein und haben häufig kein Stimmrecht. Dadurch besteht eine gewisse Ähnlichkeit mit einem Gläubigerpapier. Für Vorzugsaktien gibt es eine Vielzahl von Gestaltungsmöglichkeiten, insbesondere hinsichtlich der Dividende. Auch kann unter bestimmten Umständen ein Umwandlungsrecht in Stammaktien vorgesehen sein. Der eigentliche Risikoträger sind somit die Stammaktien.

Bei der Bewertung des Unternehmens ist es deshalb zweckmäßig, zunächst den Wert der Vorzugsaktien zu ermitteln, und zwar entsprechend den im Einzelall speziellen Rechten der Vorzugsaktien (Ähnlichkeit mit festverzinslichen Papieren) und den auf sie entfallenden Ertragsaussichten.

Verwässert werden kann der Wert der Eigenkapitalrechte der jetzigen Anteilseigner noch von Rechten Dritter. Hier kämen Aktienbezugsrechte aus Wandelschuldverschreibungen, Optionsschuldverschreibungen, Aktienbezugsrechte des Managements, Gewinnschuldverschreibungen und Genußscheine in Frage. Bei der Bewertung des Unternehmens müßte in einem solchen Falle ein »Bezugsrechtsabschlag« für die Rechte Dritter von dem Wert des Eigenkapitals des Unternehmens abgesetzt werden.

2. Sonderposten: Sonderposten mit Rücklageanteil (§ 247 Abs. 3 HGB)

Hierbei handelt es sich um Posten, die nach handelsrechtlichen Vorschriften eigentlich nicht zulässig sind. Sie entstehen aus Billigkeitsüberlegungen (Übertragung von aufgedeckten stillen Reserven) oder weil der Staat durch steuerliche Vorschriften Wirtschaftspolitik betreibt.

Unter diesem Posten dürfen ausgewiesen werden:

– die aus steuerlichen Gründen gebildeten Rücklagen, sogenannte »steuerfreie Rücklagen« (§ 273 HGB), die in Wirklichkeit unversteuerte Rücklagen sind,
– steuerrechtliche Abschreibungen, die über die handelsrechtlichen hinausgehen (§ 281 Abs. 1 in Verbindung mit § 254 HGB).

Kapitalgesellschaften dürfen Sonderposten mit Rücklageanteil nur insoweit bilden, als die steuerliche Anerkennung dieser Rücklagen von ihrer Bildung in der Handelsbilanz abhängig ist (Grundsatz der umgekehrten Maßgeblichkeit). **Die Sonderposten mit Rücklageanteil sind unversteuertes Eigenkapital.**
Einstellungen in den Sonderposten mit Rücklageanteil sind in der Gewinn- und Verlustrechnung in dem Posten »sonstige betriebliche Aufwendungen« und Erträge aus der Auflösung des Sonderpostens mit Rücklageanteil sind in dem Posten »sonstige betriebliche Erträge« gesondert auszuweisen oder im Anhang anzugeben.
Die wesentlichen aus steuerrechtlichen Gründen gebildeten Rücklagen (»steuerfreie Rücklagen«) sind in folgender Tabelle dargestellt:

Wesentliche aus steuerrechtlichen Gründen gebildete Rücklagen (»steuerfreie Rücklagen«)	
	späteste Auflösung
Reinvestitionsrücklage gem. § 6 b EStG Übertragung von Veräußerungsgewinnen bestimmter Wirtschaftsgüter des Anlagevermögens	durch Übertragung auf bestimmte Anlagegüter oder nach 4 (Regelfall) oder 6 Jahren (neue Gebäude)
Ersatzbeschaffungsrücklage gem. R 35 EStR Übertragung von stillen Reserven von Wirtschaftsgütern, die infolge höherer Gewalt oder durch behördlichen Eingriff gegen Entschädigung aus dem Betriebsvermögen ausgeschieden sind, auf Ersatzwirtschaftsgüter	durch Übertragung auf ein Ersatzwirtschaftsgut oder nach 1 (bewegliche Wirtschaftsgüter) oder 2 Jahren (Grundstücke und Gebäude)
Zuschußrücklage gem. R 34 EStR Zuschüsse aus öffentlichen oder privaten Mitteln zur Anschaffung oder Herstellung von Anlagegütern	durch Übertragung im Folgejahr

Ein weiterer Sonderposten mit Rücklageanteil sind die Ansparabschreibungen zur Förderung kleiner und mittlerer Betriebe gemäß § 7 g EStG.
In der Vergangenheit gab es weitere Anwendungsfälle für Sonderposten mit Rücklageanteil, die inzwischen jedoch ausgelaufen sind.
Im § 281 Abs. 1 HGB ist festgelegt, daß der Unterschiedsbetrag zwischen der handelsrechtlichen und einer niedrigeren steuerrechtlichen Bewertung ebenfalls in den Sonderposten mit Rücklageanteil eingestellt werden kann. Weiterhin ist auch der direkte Abzug bei den entsprechenden Aktivposten gestattet.
Eine Aufgliederung der Sonderposten mit Rücklageanteil ist gesetzlich nicht vorgeschrieben.

Konsequenzen für die Bilanzanalyse

Bei einer Bilanzanalyse ist weniger der rechtliche Grund dieser Rücklagen als der spätest mögliche Zeitpunkt der Auflösung interessant. Die Auflösung kann – wie auf der oben gezeigten Tabelle angegeben – durch Erhöhung des Jahresergebnisses oder durch Übertragung auf andere Vermögensgegenstände erfolgen.

Bei der Auflösung durch Erhöhung des Jahresergebnisses werden die in diesem Posten enthaltenen Steuern fällig, sofern in dem Jahr ein positives steuerliches Einkommen vorhanden ist. Als wahrscheinliche steuerliche Belastung sollte man bei Kapitalgesellschaften den Barwert der Gewerbeertragsteuer und der Körperschaftsteuer für einbehaltene Gewinne ansetzen, da aus Liquiditätsgründen die Gewinne aus der Auflösung von steuerfreien Rücklagen kaum ausgeschüttet werden dürften. Sofern der Posten nicht wesentlich ist, wird man ihn der Einfachheit halber zur Hälfte als Eigenkapital und zur Hälfte als mittelfristiges Fremdkapital ansehen.

Bei Einzelkaufleuten und Personengesellschaften unterliegt das Unternehmen zwar nicht der Steuerpflicht, aber es ist in Zukunft ein entsprechender Eigenkapitalentzug durch die Anteilseigner zu erwarten, damit sie ihrer Steuerpflicht nachkommen können.

Bei der Auflösung durch Übertragung auf andere Vermögensgegenstände entsteht im Jahr der Auflösung keine Steuerpflicht, so daß sich das Eigenkapital um die Hälfte des Sonderpostens mit Rücklageanteil erhöhen würde, sofern vorher bei der Bilanzanalyse der Sonderposten mit Rücklageanteil ebenfalls zur Hälfte als Fremdkapital betrachtet worden wäre. Bei dieser Handhabung in der Bilanzanalyse würde somit eine Eigenkapitalveränderung gezeigt, obwohl sich wirtschaftlich praktisch nichts verändert hätte. Bei Übertragung auf abnutzbare Anlagegegenstände vermindern sich jedoch in den Folgejahren die Abschreibungsbeträge, wodurch sich dann das steuerliche Ergebnis erhöht. Bei der Übertragung auf nicht abnutzbare Güter ergibt sich eine Auswirkung auf das steuerliche Ergebnis erst im Jahr des Abgangs des reinvestierten Wirtschaftsguts.

Falls ein Unternehmen die Übertragungsmöglichkeiten der stillen Reserven bei der Reinvestitionsrücklage und der Ersatzbeschaffungsrücklage nicht genutzt hat oder nicht zu nutzen beabsichtigt, sondern diese Rücklagen gewinnerhöhend auflöst, werden Möglichkeiten der Steuerersparnis nicht genutzt. Die Gründe können fehlende bzw. nicht wahrgenommene Investitionsmöglichkeiten oder Bilanzoptik sein.

3. Sonderposten: Andere Sonderposten

In diesem Posten können nicht sofort vereinnahmte Investitionszuschüsse und Investitionszulagen enthalten sein.

Während steuerpflichtige Investitionszuschüsse je zur Hälfte als sonstiges Eigenkapital und als mittelfristiges Fremdkapital anzusehen sind, können steuerfreie Investitionszulagen voll als sonstiges Eigenkapital betrachtet werden.

4. Rückstellungen

Inhalt

§ 266 Abs. 3 HGB untergliedert die Rückstellungen wie folgt:

1. Rückstellungen für Pensionen und ähnliche Verpflichtungen;
2. Steuerrückstellungen;
3. sonstige Rückstellungen.

Rückstellungen sind Verbindlichkeiten und Risiken, die am Bilanzstichtag dem Grunde nach bekannt sind, aber deren Höhe und Fälligkeit sich noch nicht genau ermitteln lassen. Sie dienen außerdem der Erfassung von Aufwendungen und Verlusten, die dem laufenden oder einem früheren Geschäftsjahr zuzurechnen sind, deren Gründe, aber nicht deren Höhe bekannt sind.

Bei den Verbindlichkeiten und Risiken braucht lediglich die Wahrscheinlichkeit für eine spätere Inanspruchnahme gegeben zu sein, eine rechtsverbindliche Verpflichtung muß nicht bestehen.

Bilanzpolitik

Naturgemäß bietet dieser Bilanzposten dem bilanzierenden Unternehmen einen erheblichen Ermessensspielraum. Da außer dem bilanzierenden Unternehmen keiner das Unternehmen, seine Geschäftsbeziehungen und seine Umwelt besser kennt, kann es somit relativ freizügig feststellen,

- ob Gründe für eine Rückstellungsbildung vorliegen,
- welche Rückstellungshöhe angemessen ist oder
- ob eine Rückstellung aufgelöst werden kann.

Für bilanzierende Unternehmen ist es deshalb interessant, gerade mit diesem Posten Bilanzpolitik zu betreiben, da sich hier – nicht wie bei anderen Posten, wo Angaben über eine Änderung von Bilanzierungs- und Bewertungsmethoden vorgeschrieben sind – erläuternde Angaben im Jahresabschluß weitgehend vermeiden lassen.

Konsequenzen für die Bilanzanalyse

Eine Analyse dieses Postens ist somit für einen Außenstehenden, selbst wenn er zusätzliche Informationen erhält, allenfalls nur im Langzeitvergleich möglich. Wichtig ist dabei weniger die jeweilige absolute Höhe der Rückstellungen als die Höhe der Zuführungen, Auflösungen, Inanspruchnahme und evtl. nachträglich festgestellter Unterdeckungen sowie die Entwicklung des Verhältnisses der Höhe der Rückstellungen zu dem Geschäftsumfang. Aber selbst wenn sich die Rückstellungen im Verhältnis zum Geschäftsumfang nicht verändert haben, kann erheblich Bilanzpolitik betrieben worden sein. Es ist z.B. möglich, daß Rückstellungen, die stille Reserven waren, aufgelöst wurden, gleichzeitig aber in ähnlicher Größenordnung Rückstellungen für sehr wahrscheinlich eintretende Verpflichtungen gebildet wurden.

Da ein wesentlicher Grund für bilanzpolitische Maßnahmen die Absicht des bilanzierenden Unternehmens ist, schlechte Jahresergebnisse möglichst nicht so schlecht und gute Jahresergebnisse nicht so gut zu zeigen, ist es ratsam, in Kenntnis dieser Erfahrung weitere Informationen zu sammeln und auszuwerten.

Rückstellungen für Pensionen und ähnliche Verpflichtungen

Inhalt

Dieser Posten sollte die nach versicherungsmathematischen Grundsätzen bestehenden Verpflichtungen des Unternehmens für laufende Pensionen und Pensionsanwartschaften oder ähnliche Verpflichtungen (d. h. Vorruhestand und vorzeitige Pensionierungen) enthalten. Die versicherungsmathematischen Grundsätze, die die Zinswirkung und die biologischen Wahrscheinlichkeiten berücksichtigen, werden in der Praxis stark durch im § 6a EStG enthaltene steuerliche Vorschriften (z. B. vorgeschriebener Rechnungszinsfuß) beeinflußt. Die Formulierung »sollte… enthalten« wurde gewählt, da

– in Deutschland bis zum 31. 12. 1986, d. h. vor der Anwendung des Bilanzrichtlinien-Gesetzes, keine gesetzliche Passivierungspflicht für Pensionsrückstellungen bestand, obwohl bereits mit dem Gesetz zur Verbesserung der betrieblichen Altersversorgung (BetrAVG) vom 19. Dezember 1974 die Stellung der Arbeitnehmer erheblich gestärkt wurde durch die Unverfallbarkeit der Pensionszusagen (Voraussetzung: mindestens 35. Lebensjahr sowie seit 10 Jahren Versorgungszusage oder 12 Jahre Betriebszugehörigkeit und seit 3 Jahren Versorgungszusage) und durch die Regelungen zur Anpassung laufender Renten,
– ab 1. 1. 1987 eine Passivierungspflicht nur für Neuzusagen (nicht für Erhöhung von Altzusagen und nicht für untergedeckte Unterstützungskassen) eingeführt wurde (Art. 28 Abs. 1 EGHGB),
– in anderen Ländern steuerliche Pensionsrückstellungen nicht oder zumindest nicht in dem Umfang anerkannt werden und folglich auch kaum in der Handelsbilanz gezeigt werden, sofern solche Verpflichtungen bestehen sollten,
– in vielen Ländern gesetzliche Verpflichtungen zur Zahlung von Entlassungsentschädigungen bestehen, die der Alterssicherung dienen sollen, aber meistens wegen fehlender steuerlicher Anerkennung nicht bilanziert werden.

Außerdem ist anzumerken, daß Unterdeckungen von Pensions- und Unterstützungskassen üblicherweise bei dem Trägerunternehmen nicht passiviert werden, obwohl es sich den Zahlungsverpflichtungen nicht entziehen kann. Die Zuwendungen an Unterstützungskassen hängen in den meisten Fällen vom Ergebnis des Trägerunternehmens ab. Unterstützungskassen unterliegen nicht der Versicherungsaufsicht. Nach Art. 28 Abs. 2 EGHGB ist jedoch ein Fehlbetrag zusammen mit den nicht in der Bilanz ausgewiesenen Rückstellungen für Pensionsverpflichtungen im Anhang in einem Betrag anzugeben.

Schließlich sind in diesem Zusammenhang die hohen Eventualverpflichtungen gegenüber dem Personal, die sich aufgrund des Kündigungsschutzes ergeben, zu erwähnen. Für sie werden keine Rückstellungen gebildet, obwohl solche Aufwendungen, sollten sie notwendig werden, der Vergangenheit zuzurechnen sind. Falls jedoch eine Umstrukturierung oder Teilstillegung eines Unternehmens möglich oder sogar wahrscheinlich ist und hierfür ein Sozialplan aufzustellen ist, wird die wirtschaftliche Lage des Unternehmens zumindestens in Höhe des noch abzuschließenden und noch nicht passivierten Sozialplans zu günstig dargestellt. Um sich eine ausreichende Vorstellung über die Höhe des Sozialplans machen zu können, sind Anzahl, Verdienst, Alter und Dienstzeit der davon betroffenen Personen zu ermitteln. Ähnliches gilt auch für tarifvertragliche Vereinbarungen zugunsten älterer Arbeitnehmer (z. B. Verdienstausgleich bei Umsetzung auf Arbeitsplätze mit geringerem Lohnniveau, Anspruch auf bestimmten Vomhundertsatz des letzten durchschnittlichen Stundenverdienstes).

Wirtschaftlicher Inhalt der Rückstellungen und der Zuführung zu den Rückstellungen für Pensionen und ähnliche Verpflichtungen
Wirtschaftlich gesehen sind Rückstellungen für Pensionen und ähnliche Verpflichtungen nicht ausgezahlte Lohn- und Gehaltsaufwendungen der Vergangenheit. Sie sind somit eindeutig Fremdkapital. Jedoch sind sie eine besondere Art von Fremdkapital, da sie dem Unternehmen

– zum überwiegenden Teil über Jahrzehnte ohne Hergabe von Sicherheiten, lediglich gegen eine Bürgschaftsgebühr in Form des Beitrages zum Pensionssicherungsverein,
– ohne besondere Informations- oder Mitspracherechte und
– steuerlich begünstigt (keine Hinzurechnung von Dauerschuldzinsen bei der Gewerbeertragsteuer)

zur Verfügung stehen. Liquiditätsmäßig ähneln sie allerdings – schrumpfende Unternehmen ausgenommen – dem Eigenkapital.

Ähnlich wie eine Versicherungsgesellschaft die Prämieneinzahlungen bei einer Lebensversicherung verzinslich anlegt, unterstellt die versicherungsmathematische Berechnung der Pensionsrückstellungen, daß dem Unternehmen die Pensionsrückstellungen als Kapitalfonds verzinslich zur Verfügung stehen. Die Verzinsung wird durch die Abzinsung auf den jeweiligen Barwert berücksichtigt, das bedeutet, daß ein wesentlicher Teil der Zuführungen zu den Rückstellungen für Pensionen wirtschaftlich gesehen keine Aufwendungen für Altersversorgung, sondern einen fiktiven Zinsaufwand für die »zinslos« zur Verfügung stehenden Pensionsrückstellungen darstellt.

Gesetzliche Vorschriften
Pensionsrückstellungen werden nach versicherungsmathematischen Grundsätzen berechnet. Da es keine speziellen handelsrechtlichen Vorschriften gibt, orientiert man sich, wie bereits erwähnt, in der Praxis meistens an den Vorschriften des § 6a EStG. Diese Orientierung am Steuerrecht und die Maßgeblichkeit der Handels- für die Steuerbilanz schließen aber nicht aus, daß den steuerrechtlichen Pensionsrückstellungen höhere Beträge als den handelsrechtlichen Pensionsrückstellungen zugeführt werden, solange dadurch der in der Steuerbilanz ausgewiesene Rückstellungsbestand nicht den in der Handelsbilanz ausgewiesenen übersteigt.

> Die Vorschriften des § 6a EStG lassen Gestaltungsmöglichkeiten nur in einem beschränkten Umfang zu und schreiben gewisse Annahmen vor, die nicht voll der wirtschaftlichen Realität entsprechen.

Da es bei einer Bilanzanalyse zweckmäßig ist, eine Beurteilung der Höhe der Pensionsrückstellungen zusammen mit ihren Veränderungen im Langzeitvergleich vorzunehmen, wird nachstehend eine kurze Übersicht über gesetzliche Vorschriften für die Pensionsrückstellungen gegeben.

Teilwert
Am 19.12.1974 ist das Gesetz zur Verbesserung der betrieblichen Altersversorgung (BetrAVG) verkündet worden. Durch dieses Gesetz wurde das bis dahin übliche Gegenwartsverfahren durch das Teilwertverfahren ersetzt.

Der Teilwert einer Pensionsverpflichtung, der nach diesem Gesetz höchstens angesetzt werden kann, ist nach § 6 a Abs. 3 EStG gleich dem nach versicherungsmathematischen Methoden ermittelten Barwert der künftigen Pensionsleistungen abzüglich des Barwertes der während der restlichen Dienstzeit noch zu erbringenden fiktiven Jahresbeträge, berechnet mit dem Alter bei Diensteintritt, frühestens mit dem Alter von 30 Jahren. Dieser Wert entspricht dem Betrag, den man beim Ausscheiden eines Begünstigten etwa zu zahlen hätte.

Vorgeschriebene Annahmen und ihre bilanzanalytische Bedeutung
Bei der Berechnung der Rückstellungen für Pensionen sind folgende Annahmen besonders bedeutend, nämlich

1. die Abzinsung der Pensionsverpflichtungen für nach dem 31.12.1981 endende Wirtschaftsjahre gemäß § 6 a Abs. 3 EStG mit 6%, vorher 5,5% (als Untergrenze ist in der Handelsbilanz ein Zinssatz von 3% vorgeschrieben),
2. das Verbot der Rückstellungsbildung für die alle 3 Jahre gesetzlich vorgeschriebene Prüfung der Anpassung der laufenden Leistungen der betrieblichen Altersversorgung durch den Arbeitgeber,
3. die Nichtberücksichtigung wahrscheinlicher zukünftiger Lohn- und Gehaltssteigerungen,
4. die Nichtberücksichtigung von Rückstellungen für Pensionsberechtigte unter 30 Jahren,
5. keine Berücksichtigung der Fluktuation für die Zeit vor der Unverfallbarkeit der Anwartschaft, d.h. vor 10 Dienstjahren.

Aufgrund des vorgeschriebenen Rechnungszinsfußes von 6% dürften die Pensionsrückstellungen in der Regel zu hoch und nur bei einem extrem niedrigen Kapitalmarktzins zu niedrig ausgewiesen werden.

Durch die unter 2.–4. aufgezählten Annahmen werden die Pensionsrückstellungen erheblich zu niedrig bemessen.

Die unter 5. erwähnte fehlende Berücksichtigung der Fluktuation für die Zeit vor der Unverfallbarkeit der Anwartschaften, die die Nichtberücksichtigung von Rückstellungen für Pensionsberechtigte unter 30 Jahren ausgleichen soll, führt zu einem etwas zu hohen Ausweis der Pensionsverpflichtungen.

Weitere notwendige Annahmen und ihre Gestaltungsmöglichkeiten
Bei einem versicherungsmathematischen Gutachten sind weitere zum Teil wesentliche Annahmen zu machen, die gewisse Gestaltungsmöglichkeiten zulassen:

– Beginn der Altersrente
   Nach R 41 Abs. 12 EStR besteht bei der Berechnung der einzelnen Pensionsrückstellungen das Wahlrecht, die vertragliche Altersgrenze oder den Zeitpunkt der frühestmöglichen Inanspruchnahme der vorzeitigen Altersrente aus der gesetzlichen Rentenversicherung zugrunde zu legen.

– Lebenswahrscheinlichkeit
Gemäß BMF-Schreiben vom 31.12.1998 – IVC2 – S2176 – 25/98 sind für die Bewertung von Pensionsrückstellungen in der Steuerbilanz für das Wirtschaftsjahr, das
nach dem 31.12.1998 endet, erstmals die Richttafeln 1998 von Prof. Klaus Heubeck
anzuwenden. Vorher galten die Richttafeln von 1982 von Heubeck. Die neuen Richttafeln dürften zu einer Erhöhung der Teilwerte um 5–10 % führen. Diese Anpassung
kann steuerlich auf das Übergangsjahr und die zwei folgenden Jahre gleichmäßig
verteilt werden.
Falls andere bestandsspezifische Unterlagen (z.B. von großen Konzernen oder von
bestimmten Branchen) für die Lebenswahrscheinlichkeit vorliegen, können auch diese
verwendet oder die Sterbetafeln von Heubeck durch Zu- oder Abschläge modifiziert
werden.

– Invaliditätswahrscheinlichkeit
Da neben allgemeinen Tafeln noch zusätzlich unterschiedliche Invaliditätsbegriffe und
unternehmensbezogene Wahrscheinlichkeiten Berücksichtigung finden können, liegt
hier in manchen Fällen eine gewisse Gestaltungsmöglichkeit vor.

– Verheiratungsgwahrscheinlichkeit und Altersunterschied des Ehegatten
Für die Verpflichtung zur Zahlung von Witwenrente kann sowohl die Individualmetho-
de als auch zur Vereinfachung die Kollektivmethode angewandt werden. Bei großen
Personalbeständen vereinfacht die Kollektivmethode erheblich die Berechnung. Bei
kleineren Personenbeständen können jedoch nicht unwesentliche Unterschiede zur
Individualmethode entstehen.

– Waisenrenten
Hier sind ebenfalls Rückstellungen nach der Kollektivmethode oder der Durchschnittsmethode üblich. Möglich ist auch ein pauschaler Zuschlag zu der Witwenrente. Da der
Aufwand für Waisenrenten in der Regel nur einen relativ geringen Anteil an den
gesamten Versorgungsverpflichtungen hat, kann die Wahl der Berechnungsmethode
die Höhe der Rückstellung nur unwesentlich beeinflussen.

– Vorruhestandsleistungen
Es kann davon ausgegangen werden, daß nicht alle Arbeitnehmer von der Vorruhestands-
regelung Gebrauch machen werden. Für die Bemessung der Rückstellung ist deshalb die
Wahrscheinlichkeit der voraussichtlichen Inanspruchnahme der Vorruhestandsleistungen
zu berücksichtigen. Möglich ist auch eine Rückstellungsbildung erst bei Vorliegen der
verbindlichen Erklärung des Arbeitnehmers über die Inanspruchnahme.

– Berücksichtigung der Sozialversicherungsrenten
Oft sind Betriebsrenten an die Sozialversicherungsrenten gekoppelt, was für ein Unternehmen wegen sich ändernder Sozialgesetzgebung sehr risikoreich sein kann.
Je nach Bestandszusammensetzung können die individuelle Berechnung oder ein zu-
lässiges Näherungsverfahren zu sehr unterschiedlichen Werten führen.

– Berücksichtigung von Wartezeiten
Bei Rentenformeln, die Grund- und Steigerungsbeträge vorsehen, bedeutet die zulässige
Aufteilung des Grundbetrages in fiktive gleichmäßige Steigerungen eine Vereinfachung,
ergibt aber auch einen niedrigeren Wert als der Ansatz des korrekten Anspruchsverlaufs.

Nachholverbot
Steuerlich ist vorgeschrieben, daß sich die Rückstellungen höchstens um den Unterschied der
Teilwerte am Ende des letzten und des laufenden Geschäftsjahres erhöhen *dürfen*. Dadurch
wird ausgeschlossen, in der Vergangenheit unterlassene Zuführungen zu den Rückstellungen

mit steuerlicher Wirkung nachzuholen. Handelsrechtlich besteht jedoch kein Nachholverbot. Bei vorzeitigem Ausscheiden des Pensionsberechtigten mit unverfallbarem Pensionsanspruch und bei Eintritt des Versorgungsfalls dürfen die fehlenden Pensionsrückstellungen jedoch in einem Jahr oder auf drei Jahre verteilt nachgeholt werden.

Auflösung

Ab dem vertraglich vorgesehenen Eintritt des Versorgungsfalls sind die Pensionsrückstellungen laufend versicherungsmathematisch (in Höhe des Unterschiedes zwischen dem Barwert der Pensionsverpflichtung am Ende und am Anfang des Jahres) aufzulösen.

Gemäß § 249 Abs. 3 Satz 2 HGB dürfen Rückstellungen nur aufgelöst werden, soweit der Grund hierfür entfallen ist.

Konsequenzen für die Bilanzanalyse

In Deutschland sind Fehlbeträge bei den Pensionsrückstellungen und Deckungslücken bei Unterstützungskassen im Anhang anzugeben. Sie sollten bei der Ermittlung der Eigenkapitalquote abgezogen werden.

Der angegebene Zinssatz von 6 % ist der steuerrechtliche Mindestzinssatz, der handelsrechtlich unter-, aber nicht überschritten werden darf. Eine eventuelle Änderung des in der Handelsbilanz angesetzten Zinssatzes ist im Anhang zu erläutern. Eine solche Zinssatzänderung muß entsprechende Ergebnisbereinigungen zur Folge haben.

Steuerrückstellungen

Inhalt

Nach § 266 HGB sind Steuerrückstellungen in einem getrennten Posten auszuweisen.

Gesondert auszuweisen sind bei Kapitalgesellschaften auch die passiven latenten Steuern. Die passiven latenten Steuern sind in § 274 Abs. 1 HGB wie folgt definiert:

> Ist der dem Geschäftsjahr und früheren Geschäftsjahren zuzurechnende Steueraufwand zu niedrig, weil der nach den steuerrechtlichen Vorschriften zu versteuernde Gewinn niedriger als das handelsrechtliche Ergebnis ist, und gleicht sich der zu niedrige Steueraufwand des Geschäftsjahrs und früherer Geschäftsjahre in späteren Geschäftsjahren voraussichtlich aus, so ist in Höhe der voraussichtlichen Steuerbelastung nachfolgender Geschäftsjahre eine Rückstellung nach § 249 Abs. 1 Satz 1 zu bilden und in der Bilanz oder im Anhang gesondert anzugeben. Die Rückstellung ist aufzulösen, sobald die höhere Steuerbelastung eintritt oder mit ihr voraussichtlich nicht mehr zu rechnen ist.

Aus folgenden Gründen kann das Steuerbilanzergebnis niedriger als das Handelsbilanzergebnis sein (Anlässe für passive latente Steuern):

– Aktivierung von Aufwendungen für die Ingangsetzung und Erweiterung des Geschäftsbetriebs in der Handelsbilanz und Verrechnung als Aufwand in der Steuerbilanz,
– steuerlich zwingende Abschreibungen, die handelsrechtlich nicht vorgenommen werden, weil sie dort nicht geboten sind und bei denen die nach § 279 Abs. 2 HGB geforderte umgekehrte Maßgeblichkeit nicht vorliegt (Beispiel: steuerlich zwingend vorgeschriebene jährliche Abschreibungen von 4 % für Wirtschaftsgebäude),
– Einbeziehung von Fremdkapitalzinsen in die Herstellungskosten in der Handelsbilanz,

- Bewertung der Vorräte nach der Fifo-Methode (bei steigenden Preisen) in der Handelsbilanz und nach der Durchschnittsmethode in der Steuerbilanz,
- steuerliche Zurechnung von Verlusten aus der Beteiligung an einer Personengesellschaft, die in der Handelsbilanz nicht als Abschreibungen auf Beteiligungen berücksichtigt wurden, und deshalb zu erwartende höhere Ertragsteuerbelastung aufgrund von
  Gewinnen, für die in der handelsrechtlichen Ergebnisrechnung keine Erträge aus Beteiligungen entstehen werden.

Eine Saldierung mit den aktiven latenten Steuern, für die ein Aktivierungswahlrecht
besteht, ist möglich, aber nicht zwingend.

Durch die Abgrenzung von aktiven und passiven latenten Steuern erfolgt eine korrekte
Periodenabgrenzung des Steueraufwandes entsprechend dem handelsrechtlichen Ergebnis
vor Steuern.

Neben den latenten Steuern könnten in den Steuerrückstellungen noch erwartete Nachzahlungen für das abgelaufene Geschäftsjahr und erwartete Nachzahlungen aufgrund einer
Betriebsprüfung enthalten sein.

Beim Konzernabschluß sind zusätzlich latente Steuern gemäß § 306 HGB auszuweisen
(siehe Abschnitt F VII 7).

Begrenzte Aussagefähigkeit
Bilanzanalytisch gesehen besagt der Ausweis von latenten Steuern, daß Handelsbilanz und
Steuerbilanz zeitlich begrenzt voneinander abweichen. Wegen der Maßgeblichkeit der
Handelsbilanz für die Steuerbilanz handelt es sich bei solchen Abweichungen um beson-
dere Fälle. Sofern nicht bekannt ist, bei welchen Posten und möglichst aus welchem
Grunde vorübergehend eine unterschiedliche Bewertung erfolgt, und man somit auch nicht
weiß, ob der Handelsbilanzgewinn oder der Steuerbilanzgewinn eher dem tatsächlichen
Ergebnis entspricht, lassen sich daraus kaum Schlüsse für eine Erfolgsanalyse ziehen.

Eingeschränkt wird die Aussagekraft noch durch die verschiedenen Möglichkeiten des
Ausweises der latenten Steuern, nämlich

- Einzelbetrachtung mit unsaldiertem Ausweis aktiver und passiver latenter Steuern,
- Gesamtbetrachtung mit saldiertem Ausweis einer aktiven oder einer passiven Steuerposition,
- Gesamtbetrachtung mit saldiertem Ausweis gegebenenfalls einer passiven, nicht aber
  einer aktiven latenten Steuerposition.

Weiter eingeschränkt wird die Aussagefähigkeit dieses Postens, wenn der angewendete
Steuersatz nicht angegeben wurde. Er ist unter Berücksichtigung des künftigen Ausschüt-
tungsverhaltens und der Eigenkapitalzusammensetzung festzulegen.

Konsequenzen für die Bilanzanalyse

Fundierte Rückschlüsse auf den wirklichen Erfolg des Unternehmens lassen sich somit
kaum durch den Ausweis von latenten Steuern, wohl aber durch Informationen über
Art, Gründe und Höhe des Unterschieds zwischen Handels- und Steuerbilanz ziehen.

Die Notwendigkeit, eine Rückstellung für passive latente Steuern bilden zu müssen,
deutet darauf hin, daß man sich vorher möglicherweise »zu reich gerechnet« hat.

Sonstige Rückstellungen

Inhalt
Nachstehend werden der im § 249 Abs. 1 und 2 HGB enthaltene Rückstellungskatalog und die Passivierungsgrundsätze aufgeführt:

Rückstellungen	
für ungewisse Verbindlichkeiten (§ 249 Abs. 1 Satz 1)	Pflicht
für drohende Verluste aus schwebenden Geschäften (§ 249 Abs. 1 Satz 1)	Pflicht
für im Geschäftsjahr unterlassene Aufwendungen für Instandhaltung, die im folgenden Geschäftsjahr innerhalb von drei Monaten nachgeholt werden (§ 249 Abs. 1 Satz 2 Nr. 1)	Pflicht
für im Geschäftsjahr unterlassene Aufwendungen für Abraumbeseitigung, die im folgenden Geschäftsjahr nachgeholt werden (§ 249 Abs. 1 Satz 2 Nr. 1)	Pflicht
für Gewährleistungen, die ohne rechtliche Verpflichtung erbracht werden (§ 249 Abs. 1 Satz 2 Nr. 2)	Pflicht
für im Geschäftsjahr unterlassene Aufwendungen für Instandhaltung, die nach Ablauf der Frist von drei Monaten, aber noch innerhalb des Geschäftsjahres nachgeholt werden (§ 249 Abs. 1 Satz 3)	Wahlrecht
für ihrer Eigenart nach genau umschriebene, dem Geschäftsjahr oder einem früheren Geschäftsjahr zuzuordnende Aufwendungen, die am Abschluß-stichtag wahrscheinlich oder sicher, aber hinsichtlich ihrer Höhe oder des Zeitpunkts ihres Eintritts unbestimmt sind (§ 249 Abs. 2)	Wahlrecht

Nach § 249 Abs. 3 HGB dürfen Rückstellungen für andere als die im vorstehenden Rückstellungskatalog bezeichneten Zwecke nicht gebildet werden. Sie dürfen nur aufgelöst werden, soweit der Grund hierfür entfallen ist.

Im einzelnen könnten Rückstellungen aus folgenden Gründen gebildet werden:

Verpflichtungen gegenüber Geschäftspartnern
– ausstehende Rechnungen,
– Boni,
– Gewährleistungsverpflichtungen (Garantieleistungen),
– Gewährleistungen ohne rechtliche Verpflichtung (Kulanzleistungen),
– Produkthaftpflicht,
– noch auszuführende Restarbeiten von bereits abgerechneten langfristigen Fertigungsaufträgen,
– Verpflichtungen für noch zu erbringende Leistungen (z. B. Wartung, Gutscheine, Rabattmarken),
– Lieferungen mit Rückgaberecht,
– Pensionsgeschäfte,
– Rücknahmepflicht von Verpackungen,
– drohende Konventionalstrafen,

- Verluste aus Lieferverpflichtungen,
- Verluste aus Abnahmeverpflichtungen,
- Verluste aus Dauerschuldverhältnissen (z. B. Miet-, Pacht-, Leasing- und Darlehens-verträge),
- Ausgleichsansprüche der Handelsvertreter,
- Bürgschaften,
- bestellte Sicherheiten zugunsten Dritter,
- Patronatserklärungen,
- Rangrücktrittserklärungen,
- Termingeschäfte,
- Optionsgeschäfte und andere derivative Finanzinstrumente,
- Wechselobligo,
- Rücknahmeverpflichtungen aus Factoring,
- Jahresabschluß- und Prüfungskosten,

Verpflichtungen aus dem Personalbereich
- Berufsgenossenschaftsbeiträge,
- Entlassungsentschädigungen,
- Sozialplan,
- Gratifikationen,
- Sonderzahlungen,
- Tantiemen,
- Aktienoptionen (stock options),
- Urlaubsansprüche,
- Verpflichtungen aus Verdienstabsicherungsklauseln,
- Arbeitnehmer- und Firmenjubiläen,
- Gesundheitsrisiken der Arbeitnehmer,
- Vorruhestand (sofern nicht unter Pensionsrückstellungen ausgewiesen),
- sonstige mögliche Verpflichtungen aus dem Personalbereich (z. B. Aufstockungsbeträge Altersteilzeit, Gleitzeitüberhänge, Mutterschutz),

Verpflichtungen gesellschaftsrechtlicher Art
- Dividendengarantien an Minderheitsaktionäre und Rückstand kumulative Vorzugs-dividenden,
- Verlustabdeckung bei Ergebnisabführungsverträgen mit Tochtergesellschaften,
- Nachschußzahlungen, Zubußen o. ä.,

Öffentlich-rechtliche und ähnliche Verpflichtungen
- Betriebsprüfungsrisiko,
- Bußgelder, Strafen, Gebühren und Beiträge,
- Rückzahlungsverpflichtungen von Zuschüssen,

Sonstige Verpflichtungen
- Patent- und Warenzeichenverletzungen,
- sonstige laufende und erwartete Rechtsstreitigkeiten (Schadenersatzansprüche, Prozeßkosten),
- Abbruchverpflichtungen,
- Bergschäden,
- Heimfall,

– Kosten für Rekultivierung,
– Kosten für Dekontamination,
– Umwelt-Altlasten,
– Verpflichtungen zur Wiederherstellung des ursprünglichen Zustandes gepachteter Anlagen,
– Entsorgung von Sondermüll und bestrahlten Kernelementen, Stillegung von Kernkraftwerken,

Aufwandsabgrenzungen
– unterlassene Aufwendungen für Instandhaltung und Abraumbeseitigung,
– künftige Großreparaturen.

Ein gesonderter Ausweis der einzelnen Rückstellungen ist nicht vorgeschrieben. Somit müssen die Rückstellungen, für die eine Passivierungspflicht besteht, und die Rückstellungen, für die ein Passivierungswahlrecht besteht, nicht getrennt ausgewiesen werden. Auch müssen die Rückstellungen, für die eine rechtliche oder faktische Zahlungsverpflichtung besteht, und die Rückstellungen, für die keine rechtliche oder faktische Zahlungsverpflichtung (sogenannte Aufwandsrückstellungen) besteht, nicht getrennt ausgewiesen werden. (Zu den Aufwandsrückstellungen zählen die in § 249 Abs. 1 Satz 2 Nr. 1, Abs. 1 Satz 3 und Abs. 2 aufgeführten Rückstellungsgründe). Nur bei einem nicht unerheblichen Umfang sind die Rückstellungen beim Einzelabschluß im Anhang zu erläutern (§ 285 Nr. 12 HGB), nicht jedoch beim Konzernabschluß.

Auch die Zuführungen und die Auflösungen sind nicht zu zeigen. Die Zuführungen sind Bestandteil der jeweiligen Kostenart, und die Auflösungen sind in der Regel Bestandteil der sonstigen betrieblichen Erträge.

Da kein getrennter Ausweis der einzelnen Rückstellungsarten und keine Angabe über die Zuführungen und Auflösungen vorgeschrieben sind, eignen sich die sonstigen Rückstellungen ideal für Bilanzpolitik.

Aufgrund des im Rahmen des Steuerentlastungsgesetzes 1999/2000/2002 geänderten § 6 Abs. 1 Nr. 3a EStG besteht ab dem Veranlagungszeitraum 1999 steuerrechtlich die Verpflichtung, Rückstellungen, deren Laufzeit mehr als 12 Monate beträgt, mit einem Zinssatz von 5,5 % abzuzinsen. Bisher war es handelsrechtlich und steuerrechtlich üblich, Rückstellungen nicht abzuzinsen. Ein Anpassungsbedarf aufgrund von Kürzungen einzelner Rückstellungen kann mit 9/10 in eine den steuerlichen Gewinn mindernde Rückstellung eingestellt werden, die in den nachfolgenden Wirtschaftsjahren mit mindestens 1/9 gewinnerhöhend aufzulösen ist.

Abschaffung der Maßgeblichkeit der Handelsbilanz für die Steuerbilanz bei den Drohverlustrückstellungen gemäß § 249 Abs. 1 Satz 1 HGB
Aufgrund des Gesetzes zur Fortsetzung der Unternehmenssteuerreform dürfen für drohende Verluste aus schwebenden Geschäften nach dem ab 1.1.1997 geltenden § 5 Abs. 4a EStG in der Steuerbilanz keine Rückstellungen mehr gebildet werden. Diese Gesetzesänderung beeinträchtigt die Verpflichtung zur Bilanzierung von Drohverlusten in der Handelsbilanz gemäß § 249 Abs. 1 Satz 1 nicht. Dadurch wird bei den Drohverlustrückstellungen die Maßgeblichkeit der Handelsbilanz für die Steuerbilanz aufgehoben.

Die bis zum 31.12.1996 in der Steuerbilanz gebildeten Drohverlustrückstellungen sind in den Steuerbilanzen des ersten nach dem o. g. Stichtag endenden Wirtschaftsjahres und in den folgenden Wirtschaftsjahren mit mindestens 25 % im ersten und jeweils mindestens 15 % im zweiten bis sechsten Wirtschaftsjahr gewinnerhöhend aufzulösen.

Da Drohverlustrückstellungen steuerlich nicht mehr anerkannt werden, ist damit zu rechnen, daß manche Unternehmen an der Bildung von Drohverlustrückstellungen nicht mehr so stark interessiert sind und bestehende handelsrechtliche Drohverlustrückstellungen auflösen. Bei der Bilanzanalyse sollte dieser Punkt im Rahmen der Informationsmöglichkeiten durchleuchtet werden.

Konsequenzen für die Bilanzanalyse

Die Passivierungsgrundsätze für die sonstigen Rückstellungen haben folgende Auswirkungen auf die Bilanzanalyse:

Sowohl die Ermittlung der Rückstellungen für Gewährleistungen mit rechtlicher Verpflichtung (Garantieleistungen) als auch der Rückstellungen für Gewährleistungen ohne rechtliche Verpflichtung (Kulanzleistungen) kann pauschal, einzeln oder gemischt erfolgen. Die pauschale Ermittlung ist umsatzbezogen und sollte so weit wie möglich auf Erfahrungswerten beruhen, wobei für die einzelnen Produkte/Produktgruppen und Herstellungsverfahren unterschiedliche Sätze möglich sind. Für die einzeln ermittelten Rückstellungen hat man meistens keine oder nur unzureichende Risikoerfahrung. Aufgrund der Schätzungsbreite sind hier die bilanzpolitischen Möglichkeiten besonders groß.

Bei langfristigen Fertigungsaufträgen können oft beträchtliche Garantie- und Kulanzleistungen auf das Unternehmen zukommen. Hier sind ggf. die noch auszuführenden Restarbeiten für bereits abgerechnete Lieferungen und Leistungen zu berücksichtigen.

Bei den Rückstellungen für Garantie- und Kulanzleistungen kann der Ermessensspielraum vom bilanzierenden Unternehmen leicht überzogen werden. Insbesondere bei Unternehmen, bei denen die Aufwendungen für Garantie- und Kulanzleistungen eine gewisse Rolle spielen oder spielen können, sollte versucht werden, Einzelinformationen zu erhalten. Sie können nicht nur dazu dienen, evtl. das Bild von der vergangenen und jetzigen Finanz- und Ertragslage zu korrigieren, sondern auch Hinweise auf die Produktqualität und somit die zukünftige Ertragslage geben.

Die Bilanzierungspflicht für im Geschäftsjahr unterlassene Aufwendungen für Instandhaltung, die im folgenden Geschäftsjahr innerhalb von drei Monaten, oder für Abraumbeseitigung, die im folgenden Geschäftsjahr nachgeholt werden, bietet kaum einen großen Bewertungsspielraum, da für diese regelmäßigen Aufwendungen Erfahrungswerte vorliegen. Eine Steigerung könnte bedeuten, daß erstmals Altlasten erkannt wurden.

Das Passivierungswahlrecht *»für ihrer Eigenart nach genau umschriebene, dem Geschäftsjahr oder einem früheren Geschäftsjahr zuzuordnende Aufwendungen, die am Abschlußstichtag wahrscheinlich oder sicher, aber hinsichtlich ihrer Höhe oder des Zeitpunkts ihres Eintritts unbestimmt sind«* (»andere Aufwandsrückstellungen«) ist für folgende Anwendungsfälle denkbar:

– Großreparaturen und Anlagenabbruch,
– Generalüberholungen und Sicherheitsinspektionen,
– freiwillige Entsorgungsmaßnahmen,

- Aufwendungen aus noch nicht erfüllten Nebenpflichten bei schwebenden Verträgen (z.B. nicht gedeckte Verwaltungskosten bei schwebenden Kreditverträgen, Aufwendungen für Datenspeicherung und -sicherung bei EDV-Dienstleistungsverträgen),
- geplante Umstrukturierungsmaßnahmen (Geschäftsverlegung, Stillegung von Betriebsstätten),
- geplante oder beschlossene freiwillige Sozialleistungen (Gratifikationen, Jubiläumszahlungen, Erfolgsbeteiligungen),
- Aufwendungen anläßlich der Beendigung von schwebenden Dauerrechtsverhältnissen,
- Aufwendungen für freiwillige Abschlußprüfungen,
- überjährig unterlassene oder zur gleichmäßigen Kostenbelastung der Förderung erforderliche Abraumbeseitigung,
- Beteiligung an in mehrjährigem Abstand stattfindenden Veranstaltungen (Messen, Ausstellungen u.ä.)
  (aus: Kupsch, Peter: Aufwandsrückstellungen. In: Lexikon des Rechnungswesens, hrsg. von Busse von Colbe/Pellens, 4. Aufl., München/Wien 1998, S. 61).

Solche Rückstellungen sind für die Bilanzpolitik sehr interessant, da hierbei sehr leicht stille Reserven gelegt oder aufgelöst werden können und diese Rückstellungen eine gewisse Ergebnisglättung bei anlageintensiven Unternehmen ermöglichen. Steuerrechtlich werden diese Rückstellungen nicht anerkannt.

Soweit Rückstellungen für drohende Verluste aus Verkaufskontrakten erfolgten, deuten sie auf nicht kostendeckende Erlöse hin. Hier ist es interessant zu wissen, welche Bedeutung diese Tatsache für die zukünftige Ertragslage des Unternehmens hat.

Wegen der großen bilanzpolitischen Möglichkeiten bei den sonstigen Rückstellungen und der fehlenden Angaben im Anhang sind – nicht zuletzt wegen des oft hohen Umfangs der Rückstellungen – bei einer intensiven Bilanzanalyse, z.B. im Hinblick auf eine Unternehmensbewertung, zusätzliche Angaben über die Entwicklung der einzelnen Rückstellungsarten unerläßlich. Außerdem empfiehlt sich ein Vergleich mit anderen Unternehmen der Branche.

Die sonstigen Rückstellungen sollten grundsätzlich als kurzfristig betrachtet werden. Soweit Einzelheiten bekannt sind, könnten einzelne Rückstellungen, wie die Rückstellungen für

- Gewährleistungsverpflichtungen (Garantieleistungen),
- Gewährleistungen ohne rechtliche Verpflichtungen (Kulanzleistungen),
- Vorruhestand,
- Bergschäden,
- Kosten für die Rekultivierung,
- Kosten für Dekontamination,
- Umwelt-Altlasten,
- Verpflichtungen zur Wiederherstellung des ursprünglichen Zustandes gepachteter Anlagen,
- künftige Großreparaturen,

bei der Bilanzanalyse evtl. als mittelfristig angesehen werden.

5. Verbindlichkeiten

Inhalt
Gemäß § 266 Abs. 3 HGB sind die Verbindlichkeiten wie folgt aufzuteilen:

1. Anleihen,
    davon konvertibel;
2. Verbindlichkeiten gegenüber Kreditinstituten;
3. erhaltene Anzahlungen auf Bestellungen;
4. Verbindlichkeiten aus Lieferungen und Leistungen;
5. Verbindlichkeiten aus der Annahme gezogener Wechsel und der Ausstellung eigener Wechsel;
6. Verbindlichkeiten gegenüber verbundenen Unternehmen;
7. Verbindlichkeiten gegenüber Unternehmen, mit denen ein Beteiligungsverhältnis besteht;
8. sonstige Verbindlichkeiten;
    davon aus Steuern,
    davon im Rahmen der sozialen Sicherheit.

Verbindlichkeiten mit einer Restlaufzeit bis zu einem Jahr sind bei jedem Posten gesondert zu vermerken (§ 268 Abs. 5 Satz 1 HGB).

Zusätzlich sind im Anhang anzugeben, sofern nicht aus der Bilanz ersichtlich:

– Beträge für Verbindlichkeiten, die erst nach dem Abschlußstichtag rechtlich entstanden sind, sofern sie einen größeren Umfang haben (§ 268 Abs. 5 Satz 3 HGB),
– Verbindlichkeiten mit einer Restlaufzeit von mehr als 5 Jahren, außer bei kleinen Kapitalgesellschaften, für jeden Posten gesondert (§ 285 Nr. 1a und Nr. 2 HGB), bei Konzernabschlüssen jedoch nur insgesamt (§ 314 Abs. 1 Nr. 1 HGB),
– Verbindlichkeiten, die durch Pfandrechte oder ähnliche Rechte gesichert sind, außer bei kleinen Kapitalgesellschaften, unter Angabe von Art und Form der Sicherheiten für jeden Posten gesondert (§ 285 Nr. 1b und Nr. 2 HGB), bei Konzernabschlüssen jedoch nur insgesamt (§ 314 Abs. 1 Nr. 1 HGB).

Verbindlichkeiten aus Lieferungen und Leistungen gegenüber verbundenen Unternehmen oder gegenüber Unternehmen, mit denen ein Beteiligungsverhältnis besteht, können unter Verbindlichkeiten aus Lieferungen und Leistungen oder unter Verbindlichkeiten gegenüber verbundenen Unternehmen bzw. gegenüber Unternehmen, mit denen ein Beteiligungsverhältnis besteht, ausgewiesen werden. Gemäß § 265 Abs. 3 HGB ist wegen der Mitzugehörigkeit zu anderen Posten ein Vermerk in der Bilanz oder im Anhang zu erwarten.

Anleihen,
davon konvertibel
Die genauen Konditionen von Anleihen zu erhalten, dürfte kaum Probleme verursachen. Bei der Ergebnisanalyse ist zu berücksichtigen,

– ob ein eventuelles Disagio aktiviert worden ist,
– ob ein wesentlicher Unterschied zwischen den Zinsen der Anleihe und dem aktuellen Zinsniveau für Neuemissionen besteht,
– welcher Zinsaufwand für die Refinanzierung anfällt, wenn die Anleihe oder Teile davon demnächst fällig werden.

Verbindlichkeiten gegenüber Kreditinstituten

Verbindlichkeiten gegenüber Kreditinstituten, auch wenn sie kurzfristig aufgenommen werden, sind bei guter Ertragslage wirtschaftlich als mittel- oder langfristig zu betrachten, da sie immer wieder verlängert werden. Falls sich die Ertragslage des Unternehmens verschlechtern sollte und das Kreditinstitut keine Sicherheiten hat, aber auch bei Änderungen der Verhältnisse am Kreditmarkt, muß jedoch mit Kreditkürzungen gerechnet werden. Solche revolvierenden ungesicherten kurzfristigen Verbindlichkeiten gegenüber Kreditinstituten, insbesondere wenn für sie im Bedarfsfalle keine das Kreditinstitut zufriedenstellenden Sicherheiten gegeben werden können und die Kredite für die Aufrechterhaltung des Geschäftsbetriebes unbedingt notwendig sind, können unter Umständen die Existenz eines Unternehmens in Frage stellen.

Erhaltene Anzahlungen auf Bestellungen

Bei den erhaltenen Anzahlungen auf Bestellungen handelt es sich in der Regel um Zahlungen für noch nicht abgerechnete Leistungen. Sofern dieser Posten von Bedeutung ist, sollte versucht werden, nähere Einzelheiten über die Abrechnungsweise zu erhalten. Aus einer wesentlichen Veränderung dieses Postens könnte auf eine Veränderung der Auftragslage geschlossen werden.

Gemäß § 268 Abs. 5 Satz 2 HGB ist es möglich, erhaltene Anzahlungen auf Bestellungen unter den Verbindlichkeiten auszuweisen oder von dem Posten Vorräte offen abzusetzen.

Verbindlichkeiten aus Lieferungen und Leistungen

Verbindlichkeiten aus Lieferungen und Leistungen sind, sofern keine Skontomöglichkeiten ausgenutzt werden, der bequemste, jedoch auch der teuerste Kredit. Der Beurteilungsmaßstab über ihre angemessene Höhe ist das Verhältnis der Verbindlichkeiten aus Lieferungen und Leistungen zu den bezogenen Rohstoffen und Waren (jeweils beide Werte mit oder ohne Mehrwertsteuer), d. h. das durchschnittlich in Anspruch genommene Zahlungsziel in Tagen. Dabei sind auch die branchenüblichen Zahlungsziele mit und ohne Skonto zu berücksichtigen. Zahlungsziele, die über 30–60 Tage hinausgehen, können, insbesondere wenn sie sich im Laufe der Jahre verlängern, Strukturschwächen der Branche, fehlende anderweitige Kreditmöglichkeiten des Unternehmens, Abhängigkeit von einzelnen größeren Lieferanten, Nichtausnutzen von günstigen Skontobedingungen oder sogar Finanzierung von Anlagegegenständen durch Lieferantenkredit bedeuten.

Verbindlichkeiten aus der Annahme gezogener Wechsel und der Ausstellung eigener Wechsel

Verbindlichkeiten aus der Annahme gezogener Wechsel und der Ausstellung eigener Wechsel sind – sofern es sich nur um Handelswechsel handelt – im Zusammenhang mit den Verbindlichkeiten aus Lieferungen und Leistungen zu sehen. Sollten für einen wesentlichen Teil der Bezüge Wechsel akzeptiert werden, deutet das auf eine geringe Kreditwürdigkeit bei den Lieferanten oder eine starke Abhängigkeit von Lieferanten hin.

Bei einer aufbereiteten Bilanz sollten Wechsel, die keine Handelswechsel sind, tunlichst an anderer Stelle (Verbindlichkeiten gegenüber Kreditinstituten oder sonstigen Verbindlichkeiten) gezeigt werden.

Verbindlichkeiten gegenüber verbundenen Unternehmen

Die Entstehungsursache und Konditionen von Verbindlichkeiten gegenüber verbundenen Unternehmen sollten möglichst genau in Erfahrung gebracht werden. Falls dies nicht geschieht, ist auch die Analyse der übrigen Posten bei den Verbindlichkeiten (z. B. das Verhältnis der Verbindlichkeiten aus Lieferungen und Leistungen zu den bezogenen Rohstoffen und Waren) sowie die Analyse des Zinsaufwandes in Frage gestellt.

Sollten in einem Konzernabschluß unter diesem Posten bedeutende Beträge stehen, deutet das auf eine Nichtkonsolidierung wesentlicher Konzernaktivitäten hin.

Verbindlichkeiten gegenüber Unternehmen, mit denen ein Beteiligungsverhältnis besteht

Hier gilt das unter Verbindlichkeiten gegenüber verbundenen Unternehmen Gesagte.

Sonstige Verbindlichkeiten,
davon aus Steuern,
davon im Rahmen der sozialen Sicherheit

Die sonstigen Verbindlichkeiten, soweit sie aus Steuern oder im Rahmen der sozialen Sicherheit entstanden sind, sollten sich in der Regel im Rahmen des Geschäftsumfangs des Unternehmens verändern. Über die übrigen sonstigen Verbindlichkeiten lassen sich keine Mutmaßungen anstellen; sie müßten ggf. erläutert werden.

Konsequenzen für die Bilanzanalyse

Für die Bilanzanalyse sind die Verbindlichkeiten aus Lieferungen und Leistungen gegenüber verbundenen Unternehmen und gegenüber Unternehmen, mit denen ein Beteiligungsverhältnis besteht, am besten den Verbindlichkeiten aus Lieferungen und Leistungen zuzuschlagen, um die gesamten Verbindlichkeiten den Aufwendungen für Roh-, Hilfs- und Betriebsstoffe und für bezogene Waren gegenüberstellen zu können. Zusätzlich sollten möglichst die Verbindlichkeiten aus Lieferungen und Leistungen gegenüber verbundenen Unternehmen und gegenüber Unternehmen, mit denen ein Beteiligungsverhältnis besteht, den entsprechenden Aufwendungen für Roh-, Hilfs- und Betriebsstoffe und für bezogene Waren gegenübergestellt werden, um zu sehen, inwieweit eine Finanzierung des zu analysierenden Unternehmens durch nicht marktübliche Zahlungsbedingungen von verbundenen Unternehmen erfolgt.

Die Analyse der Verbindlichkeiten gibt wenig zusätzlichen Aufschluß über die Ertragslage, da hier nur ein geringer Bewertungsspielraum besteht.

Die Höhe der Kredite und die Analyse der Konditionen (Zinssatz, Fälligkeit, Sicherheiten, Auflagen) können aber Aufschluß über das finanzielle Gleichgewicht und den zukünftigen Kreditspielraum geben.

Verbindlichkeiten sind mit ihrem Rückzahlungsbetrag anzusetzen. (Aufgrund des im Rahmen des Steuerentlastungsgesetzes 1999/2000/2002 geänderten § 6 Abs. 1 Nr. 3 EStG besteht ab dem Veranlagungszeitraum 1999 steuerrechtlich die Verpflichtung, langfristige unverzinsliche Verbindlichkeiten mit einem Zinssatz von 5,5 % abzuzinsen.) Deshalb sind Zuschreibungen möglich, Abschreibungen wegen des Realisationsprinzips jedoch nicht. Solche Zuschreibungen können für Verbindlichkeiten in Fremdwährung, deren Kurs gestiegen ist, in Frage kommen. Ein Ermessensspielraum bei der Bewertung von Verbindlichkeiten in Fremdwährung entsteht dann, wenn der Kurs der Fremdwährung zu einem Bilanzstichtag steigt, aber zum nächsten fällt.

Für Verbindlichkeiten, bei denen die Verzinsung über dem Marktzins liegt, wäre eine Zuschreibung ebenfalls angebracht. Bei langfristigen Verbindlichkeiten wird sie in der Regel unterlassen. Eine Zuschreibung oder eine angebrachte, aber nicht durchgeführte Zuschreibung sind bei der Erfolgsanalyse der vergangenen und zukünftigen Geschäftsjahre zu vermerken.

Gemäß § 285 Nr. 1b HGB ist im Anhang der Gesamtbetrag der Verbindlichkeiten, die durch Pfandrechte oder ähnliche Rechte gesichert sind, unter Angabe von Art und Form der Sicherheiten anzugeben. Sofern der Verkehrswert des Grundvermögens bekannt ist, läßt sich durch Vergleich des Verkehrswertes mit den insgesamt gegebenen Grundpfandrechten ungefähr der Kreditspielraum, der dem Unternehmen in Zukunft noch zur Verfügung steht, ermitteln.

Erhaltene Anzahlungen auf Bestellungen sollten – sofern sie den Fertigungsfortschritt der unfertigen Erzeugnisse und Leistungen nicht übersteigen – bei der Bereinigung der Bilanz offen von den Vorräten abgesetzt werden.

Die nach § 42 Abs. 3 GmbHG gesondert auszuweisenden oder im Anhang anzugebenden Verbindlichkeiten gegenüber Gesellschaftern sollten, falls sie kurzfristig sind, bei einer Bilanzanalyse unter den sonstigen kurzfristigen Verbindlichkeiten und, falls sie langfristig und ungesichert sind, unter dem sonstigen Eigenkapital mit dem Vermerk »Gesellschafterdarlehen« gezeigt werden.

6. Rechnungsabgrenzungsposten

Als passivische Rechnungsabgrenzungsposten (transitorische Posten) sind Einnahmen vor dem Abschlußtag auszuweisen, soweit sie Erträge für eine bestimmte Zeit nach diesem Tag darstellen.

Ihrer geringen Bedeutung wegen sollten bei einer Bilanzanalyse die passivischen Rechnungsabgrenzungsposten der Einfachheit halber mit den sonstigen Verbindlichkeiten zusammengefaßt werden. Sofern die Abgrenzungsgrundsätze nicht verändert (z.B. Wechsel von großzügiger Abgrenzung zu kleinlicher Abgrenzung oder umgekehrt) wurden, sind die passivischen Rechnungsabgrenzungsposten für die Bilanzanalyse in der Regel nicht relevant.

7. Haftungsverhältnisse (Eventualverbindlichkeiten)

Unter Haftungsverhältnissen, die unter der Bilanz auszuweisen sind, führt § 251 Satz 1 HGB auf:

Verbindlichkeiten
– aus der Begebung und Übertragung von Wechseln,
– aus Bürgschaften, Wechsel- und Scheckbürgschaften,
– aus Gewährleistungsverträgen sowie
Haftungsverhältnisse aus der Bestellung von Sicherheiten für fremde Verbindlichkeiten.

Diese Haftungsverhältnisse werden auch Eventualverbindlichkeiten genannt.

Ein zusammengefaßter Ausweis, wie er für Nicht-Kapitalgesellschaften möglich ist, hat kaum einen Aussagewert.

Ein getrennter Ausweis der in § 251 HGB aufgeführten Haftungsverhältnisse sagt zunächst ebenfalls wenig aus, da sich die Wahrscheinlichkeit einer Inanspruchnahme nicht abschätzen läßt.

Das Bestehen solcher Posten, sofern sie nicht unbedeutend sind, und ihre Höhe im Verhältnis zu anderen Posten können jedoch gewisse Aufschlüsse über das Unternehmen geben.

Die Verbindlichkeiten aus der Begebung und Übertragung von Wechseln sind im Zusammenhang mit den Forderungen aus Lieferungen und Leistungen sowie den Besitzwechseln zu sehen. Diese drei Posten zusammen – sofern in den Verbindlichkeiten aus der Begebung und Übertragung von Wechseln nur Wechsel für Lieferungen und Leistungen enthalten sind – ins Verhältnis gesetzt zu den Umsatzerlösen einschließlich Mehrwertsteuer ergeben das tatsächlich von den Kunden in Anspruch genommene Zahlungsziel.

Die übrigen drei Arten von Eventualverbindlichkeiten zeigen, welche zusätzlichen Risiken über den normalen Geschäftsbetrieb hinaus das Unternehmen eingehen mußte. Jedes Unternehmen versucht solche zusätzlichen Risiken tunlichst zu vermeiden; wenn sie aber nicht vermieden werden können, deuten sie – mit Ausnahme branchenüblicher Gewährleistungsverbindlichkeiten – auf gewisse Schwächen der Geschäftspartner oder der Branche hin.

Zusätzlich sind

– im Einzelabschluß gemäß § 285 Nr. 9 c HGB die zugunsten der Mitglieder des Geschäftsführungsorgans, eines Aufsichtsrats, eines Beirats oder einer ähnlichen Einrichtung, jeweils für jede Personengruppe getrennt, eingegangenen Haftungsverhältnisse und
– im Konzernabschluß gemäß § 314 Abs. 1 Nr. 6 c HGB die zugunsten der Mitglieder des Geschäftsführungsorgans, eines Aufsichtsrats, eines Beirats oder einer ähnlichen Einrichtung des Mutterunternehmens, jeweils für jede Personengruppe getrennt, vom Mutterunternehmen und den Tochterunternehmen eingegangenen Haftungsverhältnisse

anzugeben.

In der Konzernbilanz sind außerdem die gegenüber nicht konsolidierten Tochterunternehmen eingegangenen Haftungsverhältnisse gesondert anzugeben (§ 314 Abs. 1 Nr. 2).

8. Sonstige finanzielle Verpflichtungen

Allgemeines und Zusammensetzung
Neben den bilanzierten Verbindlichkeiten und den Eventualverbindlichkeiten sind gemäß § 285 Nr. 3 HGB bei den großen und mittelgroßen Kapitalgesellschaften noch die sonstigen finanziellen Verpflichtungen in einem Gesamtbetrag anzugeben, sofern diese Angabe für die Beurteilung der Finanzlage von Bedeutung ist.

Verpflichtungen gegenüber verbundenen Unternehmen sind gesondert anzugeben.

Die Angabe des Gesamtbetrages ohne nähere Bezeichnung der betreffenden Verpflichtungen und ohne Fälligkeitsangaben ist wenig aussagefähig. Zudem ist nicht definiert, was unter sonstigen finanziellen Verpflichtungen zu verstehen ist und wie sie zu ermitteln sind (Zeitraum, mögliche Abzinsung).

Unter die sonstigen finanziellen Verpflichtungen dürften aber fallen:

– mehrjährige Verpflichtungen aus Miet-, Pacht- und Leasingverträgen,
– Verpflichtungen aus begonnenen Investitionsvorhaben (Bestellobligo),
– Verpflichtungen aus künftigen Großreparaturen,

- Verpflichtungen aus notwendig werdenden Umweltschutzmaßnahmen,
- langfristige Abnahmeverträge,
- Warentermingeschäfte,
- Rücknahmeverpflichtungen bei Pensionsgeschäften,
- Einzahlungsverpflichtungen bei Beteiligungsgesellschaften,
- Verlustübernahmeverpflichtungen.

Sicher ist nicht, ob Patronatserklärungen in der Praxis als angabepflichtig betrachtet werden. Jedoch wäre ihre Kenntnis wichtig, da es sich um Quasibürgschaften handelt.

Eine Aufschlüsselung des Gesamtbetrags ist anzustreben, insbesondere wenn er sich wesentlich verändert hat. Eine wesentliche Erhöhung könnte z.B. auf den Verkauf von Anlagen und anschließendes Leasing (sale and lease back) oder generell auf ein verstärktes Leasing zurückzuführen sein.

Leasingverträge
Wesentliche zusätzliche Erkenntnisse über die Finanz-, aber auch die Ertragslage brächten Einzelheiten über die Verpflichtungen aus Leasingverträgen.

Nach Art der eingegangenen Verpflichtungen unterscheidet man grundsätzlich zwei Arten von Leasing, und zwar

- Mietleasing und
- Finanzierungsleasing.

Mietleasingverträge werden, gemessen an der betriebsgewöhnlichen Nutzungsdauer, für einen kurzen Zeitraum abgeschlossen und sind bei Einhaltung gewisser Fristen kündbar. Sie sind mit Mietverträgen vergleichbar.

Beim Mietleasing trägt der Leasingnehmer somit nicht das Investitionsrisiko. Deshalb interessieren diese Verträge weniger bei der Analyse der Verbindlichkeiten eines Unternehmens als bei der Analyse der Verträge, insbesondere der Mietverträge, sowie bei der Analyse der Aufwendungen für Miete, Pacht und Leasing.

Kennzeichnend für das Finanzierungsleasing ist die Vereinbarung einer festen Grundmietzeit, während der von keiner Seite der Vertrag gekündigt werden kann. Die Grundmietzeit bewegt sich meistens zwischen 50–75 % der betriebsgewöhnlichen Nutzungsdauer. Finanzierungsleasing gibt es für Immobilien und Mobilien. Spezielle nach dem Wunsch des Leasingnehmers erstellte Anlagen können ebenfalls durch Finanzierungsleasing finanziert werden. Es kommt sogar vor, daß bereits seit Jahren im Eigentum eines Unternehmens befindliche Immobilien und Mobilien an eine Leasinggesellschaft verkauft werden und anschließend geleast werden (sale and lease back).

Das Wesentliche beim Finanzierungsleasing ist, daß der Leasingnehmer das Investitionsrisiko trägt. Das Finanzierungsleasing kommt somit wirtschaftlich einem Ratenkauf sehr nahe.

Konsequenzen für die Bilanzanalyse

Leasing ermöglicht eine höhere Fremdfinanzierung als Kreditkauf und zeigt diese Fremdfinanzierung nicht auf der Passivseite einer nach dem HGB erstellten Bilanz. Weil Finanzierungsleasingverträge anstatt Kaufverträge oft wegen der Bilanzkosmetik abgeschlossen werden, ist es notwendig, Finanzierungsleasingverträge, d. h. Leasing-verträge, bei denen das Investitionsrisiko weitgehend beim Leasingnehmer liegt, bei der Analyse der Bilanz des Leasingnehmers als Kaufverträge zu betrachten, auch wenn sie nicht als Käufe bilanziert wurden. Den ausgewiesenen Verbindlichkeiten ist somit der Barwert aller zukünftigen Leasingzahlungen zuzurechnen. Die Behandlung in der Steuerbilanz spielt hierbei keine Rolle.

Durch Leasing, insbesondere durch Finanzierungsleasing, wird die tatsächliche Ver-mögens- und Kapitalstruktur einer nach dem HGB erstellten Bilanz verschleiert, und die Angaben über die Höhe der Investitionen sind unvollständig. Darüber hinaus beeinflußt es auch die Aussagefähigkeit der Ergebnisrechnung im Vergleich mit anderen Unter-nehmen und teilweise im Zeitvergleich. Ganz besonders gravierend ist das bei Sale and lease back-Verträgen, wenn das Anlagegut (z. B. größere Immobilien) bereits seit einigen Jahren in dem Unternehmen aktiviert war und über dem Buchwert verkauft wurde. Im Jahre des Verkaufs wird dann ein Gewinn aus Anlageabgängen gezeigt, der steuerpflich-tig ist, und in den Folgejahren wird die Ergebnisrechnung mit entsprechend hohen Leasingraten belastet. Diese sind wesentlich höher als die in der Vergangenheit ange-fallenen Abschreibungen und Zinsen, da sie auf Basis des von der Leasinggesellschaft gezahlten Kaufpreises und nicht auf Basis des bisherigen Buchwertes ermittelt werden.

Leasingraten sind in der Regel über die ganze Laufzeit gleich hoch. Bei einem Kauf fallen aber am Anfang höhere Zinsen an und evtl. sogar höhere Abschreibungen in der Form von degressiven oder Sonderabschreibungen. Somit ist bei Einführung des Finanzierungsleasing für Anlagegüter mit im Verhältnis zur betriebsgewöhnlichen Nutzungsdauer langer Grundmietzeit die Ergebnisrechnung eines solchen Unterneh-mens geringer mit Aufwendungen belastet als die Ergebnisrechnungen von Unter-nehmen, die ihre Anlagegegenstände kaufen. Auf lange Sicht gesehen ist der Unter-schied, sofern es nicht zu Investitionsschüben kommt, unbedeutend.

III. Analyse der Gewinn- und Verlustrechnung nach HGB

1. Gesamtkostenverfahren und Umsatzkostenverfahren

Gemäß § 275 HGB ist die Gewinn- und Verlustrechnung entweder nach dem Gesamt-kostenverfahren oder dem Umsatzkostenverfahren aufzustellen.

Das Gesamtkostenverfahren und das Umsatzkostenverfahren können durch einen Exter-nen nicht von einem Verfahren auf das andere Verfahren übergeleitet werden, da wesent-liche Informationen fehlen.

Ein Beispiel für eine Überleitung des Gesamtkostenverfahrens auf das Umsatzkosten-verfahren wird am Schluß des Abschnitts E III 2 gezeigt. Die in der Spalte Überleitung enthaltenen und aus der Kostenrechnung zu entnehmenden Beträge sind einem Externen nicht bekannt.

Durch die Wahlmöglichkeit zwischen Gesamtkosten- und Umsatzkostenverfahren wer-den Vergleiche von Gewinn- und Verlustrechnungen zwischen verschiedenen Unternehmen der gleichen Branche in vielen Punkten erschwert.

Die vorstehenden Aussagen treffen insbesondere für durch Computer erstellte maschinelle Ergebnisvergleiche zu. Bei einer wesentlich anspruchsvolleren auf zusätzlicher Denkarbeit beruhenden »handgemachten« Bilanzanalyse läßt sich in vielen Fällen durch Ausnutzen anderer vorhandener Informationen oder durch Beschaffen zusätzlicher Informationen die fehlende Vergleichbarkeit, wenn auch teilweise »mit Krücken«, mildern.

Um trotz dieser widrigen Umstände zu Aussagen über das zu analysierende Unternehmen durch Vergleich unterschiedlich aufgebauter Gewinn- und Verlustrechnungen bei einer »handgemachten« Bilanzanalyse zu kommen,

- wird der Inhalt der einzelnen Posten bei beiden Verfahren näher erläutert,
- wird auf die bilanzpolitischen Spielräume hingewiesen, die die Vergleichbarkeit mehrerer Jahre oder mit anderen Unternehmen beeinträchtigen, sofern keine Zusatzinformationen zu erhalten sind,
- erfolgen am Schluß Ausführungen über die Vergleichbarkeit von einzelnen oder mehreren zusammengefaßten Posten des Gesamtkostenverfahrens mit dem Umsatzkostenverfahren.

2. Vergleich Gesamtkostenverfahren mit Umsatzkostenverfahren

Der wesentliche Unterschied zwischen Gesamtkostenverfahren und Umsatzkostenverfahren kann wie folgt beschrieben werden:

Das Gesamtkostenverfahren zeigt die Gesamtleistung eines Geschäftsjahres und stellt sie den Aufwendungen eines Geschäftsjahres, aufgeteilt nach den wichtigsten Aufwandsarten, gegenüber. Die Gesamtleistung setzt sich in der Regel im wesentlichen aus den Umsatzerlösen zusammen.

Darüber hinaus sind noch die Erhöhung oder Verminderung des Bestandes an fertigen und unfertigen Erzeugnissen und die anderen aktivierten Eigenleistungen Bestandteil der Gesamtleistung eines Geschäftsjahres.

Das Umsatzkostenverfahren zeigt die Umsatzerlöse eines Geschäftsjahres und stellt sie den Aufwendungen, aufgeteilt nach den wichtigsten Funktionsbereichen, in denen die Aufwendungen entstanden sind, die zur Erzielung der Umsatzerlöse notwendig waren, gegenüber. Es spielt dabei keine Rolle, in welchem Geschäftsjahr die Aufwendungen entstanden sind. Aufwendungen zur Erhöhung des Bestandes und für aktivierte Eigenleistungen können somit nicht gezeigt werden, und Bestandsminderungen werden mit den Aufwendungen des Geschäftsjahres saldiert. Bilanzpolitische Maßnahmen bei den Vorräten sind somit bei dem Umsatzkostenverfahren schwierig erkennbar, da keine Bestandsveränderung, keine Gesamtleistung und keine Herstellungskosten des Geschäftsjahres, sondern nur die Herstellungskosten des Umsatzes gezeigt werden. (Sofern die fertigen und unfertigen Erzeugnisse in der Bilanz zu Vollkosten und getrennt von den Waren gezeigt werden, können die Bestandsveränderungen zumindest aus der Bilanz ermittelt werden. Die anderen aktivierten Eigenleistungen sind in den meisten Fällen relativ unwesentlich.)

Zusammengefaßt kann gesagt werden: Das Gesamtkostenverfahren zeigt die gesamten Aufwendungen eines Geschäftsjahres und die mit ihnen erbrachten Leistungen, das Umsatzkostenverfahren dagegen zeigt die am Markt erzielten Erlöse eines Geschäftsjahres und die dafür notwendigen Aufwendungen. Das Gesamtkostenverfahren ist somit produktionsorientiert und das Umsatzkostenverfahren absatzorientiert.

Neben den unmittelbar aus der obigen Beschreibung hervorgehenden Informationsvorteilen und -nachteilen der beiden Verfahren gibt es noch folgende Vor- und Nachteile:

Die ausgewiesenen Aufwandsarten bei dem Gesamtkostenverfahren sind ziemlich eindeutig abgrenzbar. Die Abgrenzung der Funktionsbereiche beim Umsatzkostenverfahren bietet dagegen einen Ermessensspielraum.

Bei Unternehmen, die nur eine oder mehrere ähnliche Produktgruppen erzeugen, bietet das Umsatzkostenverfahren einen gewissen Einblick in die Kalkulationsstruktur. Bei einem Unternehmen, das sehr unterschiedliche Produktgruppen herstellt, sagt die Aufteilung der Kosten nach Funktionsbereichen, insbesondere wenn die Veränderung der Umsatzanteile der einzelnen Funktionsbereiche nicht bekannt ist, relativ wenig aus.

Beim Umsatzkostenverfahren sind gemäß § 285 Nr. 8 HGB zusätzliche Angaben über Materialaufwand und Personalaufwand im Anhang zu machen. Beim Konzernabschluß ist gemäß § 314 Abs. 1 Nr. 4 nur der Personalaufwand anzugeben. Darüber hinaus können die nicht in der Gewinn- und Verlustrechnung gezeigten Abschreibungen aus dem Anlagenspiegel entnommen werden. Da es sich bei diesen Angaben um die im laufenden Geschäftsjahr angefallenen Aufwendungen, und nicht um die zur Erzielung der Umsatzerlöse des Geschäftsjahres angefallenen Aufwendungen handelt, können diese Angaben informativ sein, sofern die Bestände der unfertigen und fertigen Erzeugnisse zu Vollkosten aktiviert werden und die Höhe der aktivierten Eigenleistungen bekannt, ihre Höhe gering oder in den einzelnen Geschäftsjahren zumindest nicht sehr unterschiedlich ist.

Beim Gesamtkostenverfahren werden die Bestandserhöhung von fertigen und unfertigen Erzeugnissen und andere aktivierte Eigenleistungen als Leistung gezeigt. Es handelt sich aber hierbei um nicht am Markt abgesetzte Leistungen. Zweck und Ziel eines Unternehmens ist es aber, für seine Leistungen am Markt Erlöse und dadurch Gewinne zu erzielen.

Falls man beim Gesamtkostenverfahren die Aufwendungen mit den Leistungen vergleichen will, ist zu bedenken, daß den Aufwendungen Leistungen, die sowohl zu Verkaufspreisen (Umsatzerlöse) als auch zu nicht genau definierten Herstellungskosten (Bestandsveränderungen und andere aktivierte Eigenleistungen) bewertet wurden, gegenübergestellt sind. Dies beeinträchtigt eine Ergebnisanalyse sehr, wenn die nicht am Markt abgegebenen Leistungen relativ hoch und/oder in den einzelnen Jahren sehr unterschiedlich sind.

Für Unternehmen mit langfristiger Fertigung (Großanlagenbau) eignet sich dagegen das Gesamtkostenverfahren besser. Würden bei einem solchen Unternehmen in einer Periode keine Leistungen abgerechnet, erschienen in der Gewinn- und Verlustrechnung keine Umsatzerlöse und keine Kosten für die erstellten Leistungen. Die Leistungen erschienen allerdings in der Bilanz als unfertige Leistungen.

Gesamtkostenverfahren und Umsatzkostenverfahren führen immer zu dem gleichen Jahresüberschuß oder Jahresfehlbetrag.

Grundsätzlich ist eine Gewinn- und Verlustrechnung nach dem Umsatzkostenverfahren aussagefähiger. Der beste Beweis ist darin zu sehen, daß interne Ergebnisrechnungen immer nur nach den Umsatzkostenverfahren erstellt werden, obwohl dies aufwendiger ist.

Die Nachteile des Umsatzkostenverfahrens gemäß § 275 Abs. 3 HGB liegen grundsätzlich nicht in dem Verfahren, sondern in den Ausweis- und Bewertungsmöglichkeiten aufgrund gesetzlicher Vorschriften, die beim Umsatzkostenverfahren für einen Bilanzanalytiker schwieriger erkennbar sind. Hierzu zählen:

– der Ausweis der Bestandsveränderungen der fertigen und unfertigen Erzeugnisse und der aktivierten Eigenleistungen in der Gesamtkostenrechnung gibt eher Hinweise auf die Bewertung der unfertigen und fertigen Erzeugnisse und der aktivierten Eigenleistungen. Er läßt somit leichter Rückschlüsse auf die mögliche Beeinflussung der Ergebnisse durch diese beiden Posten zu;

– der nicht genau definierte Inhalt der sonstigen betrieblichen Aufwendungen beim Umsatzkostenverfahren. Darin können z. B. nicht aktivierte Wahlbestandteile der Herstellungskosten auf Bestandserhöhungen der Vorräte und der aktivierten Eigenleistungen enthalten sein;
– die nicht klare Aufteilung der einzelnen Kostenarten auf die Funktionsbereiche beim Umsatzkostenverfahren. Zum Beispiel können Forschungs- und Entwicklungskosten Bestandteil der Herstellungskosten oder der sonstigen betrieblichen Aufwendungen sein oder können freiwillig gesondert ausgewiesen werden.

Ein Informationsvorteil des Umsatzkostenverfahrens, der bilanzanalytisch von großer Bedeutung ist, nämlich der getrennte Ausweis der Forschungs- und Entwicklungskosten, ist gesetzlich nicht vorgeschrieben.

Beispiel für eine Überleitung des Gesamtkostenverfahrens auf das Umsatzkostenverfahren:

Gesamtkostenverfahren		Überleitung					Umsatzkostenverfahren	
Umsatzerlöse	1.000						Umsatzerlöse	1.000
Bestandserhöhung								
Erzeugnisse	30							
aktivierte								
Eigenleistungen	20	Kostenstellenrechnung						
Gesamtleistung	1.050					sonst.		
						betriebl.		
			Produktion	Vertrieb	Verwaltung	Aufwand		
Materialaufwand	450		430	10	10	–		
Personalaufwand	250		150	60	40	–		
Abschreibungen	100		80	10	10	–		
sonstiger betrieblicher								
Aufwand	150		70	30	30	20		
betrieblicher Aufwand	950		730	110	90	20		
		./. 30 Bestandserhöhung Erzeugnisse						
		./. 20 aktivierte Eigenleistungen					Herstellungs-	
		680					kosten	680
								320
							Vertriebskosten	110
							Verwaltungskosten	90
							sonstiger betriebl.	
							Aufwand	20
Betriebsergebnis	100						Betriebsergebnis	100

3. Gesamtkostenverfahren

(Um die Verweise im Text zu erleichtern, wurde bei den einzelnen Posten zusätzlich die Numerierung des HGB angegeben.)

a) (1) Umsatzerlöse

Inhalt

§ 277 Abs. 1 HGB definiert die Umsatzerlöse wie folgt:

Als Umsatzerlöse sind die Erlöse aus dem Verkauf und der Vermietung oder Verpachtung von für die gewöhnliche Geschäftstätigkeit der Kapitalgesellschaft typischen Erzeugnissen und Waren sowie aus von für die gewöhnliche Geschäftstätigkeit der Kapitalgesellschaft typischen Dienstleistungen nach Abzug von Erlösschmälerungen und der Umsatzsteuer auszuweisen.

Patent- und Lizenzeinnahmen gehören zu den Umsatzerlösen, wenn dem Patent- oder Lizenznehmer ermöglicht wird, die von dem Unternehmen selbst vertriebenen Erzeugnisse ebenfalls anzubieten, da in diesen Fällen die Patent- und Lizenzeinnahmen an die Stelle von eigenen Umsatzerlösen treten.

In den Umsatzerlösen können auch Verbrauchsteuern wie Biersteuer, Branntweinsteuer, Kaffeesteuer, Mineralölsteuer, Salzsteuer, Schaumweinsteuer, Tabaksteuer, Teesteuer und Zuckersteuer enthalten sein.

Bewertung
Bewertungsfragen spielen – mit Ausnahme bei langfristigen Fertigungsaufträgen – in der Regel keine Rolle. Allenfalls könnte es Abgrenzungsfragen zu den Erlösschmälerungen und den sonstigen Erträgen geben. Sie beeinflussen aber nicht das Jahresergebnis.

Konsequenzen für die Bilanzanalyse

Die Umsatzerlöse gehören zu den wichtigsten Informationen bei der Bilanzanalyse. Diese Zahl ist im Prinzip wenig manipulierbar.

In besonders gelagerten Fällen ist es aber nicht auszuschließen, daß aus bilanzpolitischen Gründen die Auslieferung von Waren, die Fertigstellung oder Teilabrechnung von Aufträgen bewußt kurz vor oder nach dem Bilanzstichtag erfolgt.

Andere Manipulationen, sofern sie nicht in betrügerischer Absicht geschehen, sind kaum möglich. Denkbar wären größere Verkäufe zum Jahresende mit Rückgaberecht, mit besonders hohen Rabatten oder langfristigen Zahlungszielen, Verkäufe an verbundene Unternehmen zu nicht marktgerechten Bedingungen, Berechnung von noch nicht vollständig erbrachten Leistungen.

b) (2) Erhöhung oder Verminderung des Bestands an fertigen und unfertigen Erzeugnissen

Inhalt
§ 277 Abs. 2 HGB definiert diesen Posten wie folgt:

Als Bestandsveränderungen sind sowohl Änderungen der Menge als auch solche des Wertes zu berücksichtigen; Abschreibungen jedoch nur, soweit diese die in der Kapitalgesellschaft sonst üblichen Abschreibungen nicht überschreiten.

Im Prinzip (Ausnahme siehe weiter unten unter Abschnitt Bewertung) handelt es sich hierbei um den Unterschied zwischen den am Ende und am Anfang des Geschäftsjahres in der Bilanz enthaltenen unfertigen und fertigen Erzeugnissen. Gegebenenfalls enthält dieser Posten auch selbsterzeugte Roh-, Hilfs- und Betriebsstoffe. Die Bestandsveränderungen der Handelswaren gehören nicht in diesen Posten, sondern unter die Aufwendungen für Roh-, Hilfs- und Betriebsstoffe und für bezogene Waren.

Bestandserhöhungen sind in Wirklichkeit keine Erträge, sondern eine Korrektur der Aufwendungen, um dadurch den Erträgen – wie beim Umsatzkostenverfahren – die Aufwendungen für die verkauften Erzeugnisse gegenüberstellen zu können. Bei Bestandsminderungen handelt es sich um eine Erhöhung des Aufwandes. Dadurch werden die Aufwendungen insgesamt im Verhältnis zum Umsatz richtig ausgewiesen. Der jeweilige Korrekturposten ist allerdings zu klein, falls die Bestände nicht mit Vollkosten aktiviert werden. Eine solche ungenügende Korrektur träfe ggf. auch beim Umsatzkostenverfahren zu, ohne daß dieser Posten gesondert ausgewiesen wird.

Sofern keine selbsterzeugten Roh-, Hilfs- und Betriebsstoffe in den Bestandsveränderungen enthalten sind, kann man die Bestandsveränderungen von unfertigen Erzeugnissen/Leistungen und fertigen Erzeugnissen getrennt ermitteln, indem man den Unterschied zwischen dem Bestand an unfertigen Erzeugnissen/Leistungen der Bilanz des Geschäftsjahres und der des Vorjahres von diesem Posten der Gewinn- und Verlustrechnung abzieht. Nach Abzug des Unterschiedes des Bestandes an unfertigen Erzeugnissen/Leistungen ergibt sich der Unterschied des Bestandes an fertigen Erzeugnissen

Da gemäß den Gliederungsvorschriften in der Bilanz die fertigen Erzeugnisse zusammen mit den Waren ausgewiesen werden, lassen sich die Bestandsveränderungen der fertigen und unfertigen Erzeugnisse nicht durch Bilanzvergleich feststellen, sofern über die gesetzlichen Vorschriften hinaus die Waren nicht getrennt ausgewiesen werden. Ein solcher Vergleich wäre bei der Analyse der Gewinn- und Verlustrechnung nach dem Umsatzkostenverfahren und, wie spätere Ausführungen zeigen, bei der Analyse der möglichen unterschiedlichen Festsetzung der Herstellungskosten in der Bilanz und in der Gewinn- und Verlustrechnung wichtig.

Bewertung

Abschreibungen, soweit diese die in der Kapitalgesellschaft sonst üblichen Abschreibungen überschreiten (§ 277 Abs. 2 HGB), sind nicht unter Bestandsveränderungen, sondern unter dem Posten Nr. 7 b (Abschreibungen auf Vermögensgegenstände des Umlaufvermögens, soweit diese die in der Kapitalgesellschaft üblichen Abschreibungen überschreiten) auszuweisen. Hier liegen Interpretationsmöglichkeiten. Als üblich dürften auf jeden Fall Abschreibungen nach dem Niederstwertprinzip gelten. Abschreibungen zur Berücksichtigung künftiger Wertschwankungen (§ 253 Abs. 2 Satz 3 HGB) und steuerrechtliche Abschreibungen (§ 254 HGB) können, wenn sie häufig oder regelmäßig vorkommen, zu den üblichen Abschreibungen gehören. Abschreibungen aufgrund geänderter Bewertungsmethoden und aufgrund von Sanierungsmaßnahmen sind auf jeden Fall außerplanmäßige Abschreibungen.

Falls Abschreibungen auf Vorräte nach § 277 Abs. 2 HGB ausgewiesen werden, weicht die in der Gewinn- und Verlustrechnung ausgewiesene Bestandsveränderung von der Veränderung der Bestände in der Bilanz ab.

Konsequenzen für die Bilanzanalyse

Bestandserhöhungen, die über dem Umsatzzuwachs liegen, können bei Unternehmen ohne langfristige Fertigung (z. B. Großanlagenbau) auf Absatzschwierigkeiten hindeuten.

Diese Vermutung würde erhärtet, wenn gleichzeitig die Umsatzerlöse stagnierten und/oder die Umschlagshäufigkeit der Forderungen zurückginge. Bestandsminderungen könnten dagegen auf eine gegenüber dem Vorjahr höhere Nachfrage und/oder bessere Auslastung der Produktionskapazitäten hinweisen.

Sofern die Bestände nicht mit Vollkosten bewertet werden, haben Bestandsminderungen die Auflösung von stillen Reserven und Bestandserhöhungen die Bildung von stillen Reserven zur Folge. Bei Absatzschwierigkeiten gilt das letztere jedoch mit großen Einschränkungen.

c) (3) Andere aktivierte Eigenleistungen

Inhalt

Es handelt sich um selbsterstellte Anlagen und aktivierte Großreparaturen sowie um aktivierte Aufwendungen für die Ingangsetzung und Erweiterung des Geschäftsbetriebs (§ 269 HGB). Dieser Posten ist der Ausgleichsposten für die Aufwendungen, die beim Gesamtkostenverfahren unter verschiedenen Posten der Gewinn- und Verlustrechnung ausgewiesen sind.

Fremdlieferungen und Fremdleistungen sollten nicht in diesem Posten enthalten sein, da sie direkt auf den Anlagekonten erfaßt werden sollten. Bei einer Erfassung unter den aktivierten Eigenleistungen würde zwar das Jahresergebnis nicht verändert, aber die Gewinn- und Verlustrechnung würde unnötigerweise aufgebläht.

Bewertung

Bei der Bewertung dieses Postens ist ein Ermessens- und Bewertungsspielraum (z.B. Aktivierung als Anlagevermögen oder Buchung als Reparaturen und anderen Aufwand, Höhe der Gemeinkosten) vorhanden, der das Jahresergebnis beeinflussen kann.

d) (4) Sonstige betriebliche Erträge

Inhalt

Hierzu zählen alle übrigen Erträge, die nicht unter den bisher besprochenen Posten, unter den Posten 9, 10 und 11 (Erträge, die Bestandteil des Finanzergebnisses sind) und den außerordentlichen Erträgen auszuweisen sind.

Hierzu können gehören:

- Erlöse aus Vermietung und Verpachtung, soweit sie nicht als Umsatzerlöse betrachtet werden, d.h. nicht betriebstypisch sind,
- Erlöse aus Sozialeinrichtungen des Unternehmens,
- Erträge aus der Veräußerung von Patenten, der Vergabe von Lizenzen und des Verkaufs von Know-how, soweit sie nicht als Umsatzerlöse betrachtet werden, d.h. nicht betriebstypisch sind,
- Erträge aus den Verwaltungskostenumlagen an Tochtergesellschaften (Unterposten oder »davon«-Vermerk) und Weiterbelastung von Steuern an Organgesellschaften,
- realisierte Kursgewinne,
- Schadensersatzleistungen und Versicherungsentschädigungen (nicht für verkaufte Erzeugnisse),
- Zuschüsse der öffentlichen Hand (ohne Investitionszuschüsse; sie sollten am Anlagezugang gekürzt sein),
- Investitionszulagen,

- Erträge aus der Heraufsetzung von Festwerten des Sachanlagevermögens,
- Erträge aus dem Verkauf von Wertpapieren des Umlaufvermögens oder von Bezugsrechten hierauf,
- Schuldnachlässe,
- Zahlungseingänge auf in früheren Jahren ausgebuchte Forderungen,
- Gutschriften und Kostenerstattungen für frühere Jahre,
- Erträge aus dem Abgang von Gegenständen des Anlagevermögens (einschließlich Veräußerungsgewinne bei Sale and lease back-Geschäften) und aus Zuschreibungen zu Gegenständen des Anlagevermögens,
- Erträge aus der Auflösung von Wertberichtigungen auf Forderungen,
- Erträge von nicht mehr benötigten Rückstellungen sowie Ausgleichsposten bei der Inanspruchnahme von solchen Rückstellungen, die über sonstige betriebliche Aufwendungen gebildet worden sind, für die jetzt aber die Primäraufwendungen (z. B. Roh-, Hilfs- und Betriebsstoffe, Löhne und Gehälter) auszuweisen sind.

Nach herrschender Meinung sollten Steuererstattungen für Vorjahre mit dem Posten 18. Steuern vom Einkommen und vom Ertrag verrechnet werden. Ein Ausweis unter den sonstigen betrieblichen Erträgen ist aber nicht auszuschließen.

Bei den letzten 5 Posten handelt es sich immer um periodenfremde Erträge.

Mit Ausnahme der ersten 5 Posten sind die übrigen Posten in den meisten Fällen ebenfalls periodenfremde Erträge.

Die sonstigen betrieblichen Erträge brauchen grundsätzlich nicht erläutert zu werden.

Ferner sind in diesem Posten Erträge aus der Auflösung von Sonderposten mit Rücklageanteil enthalten. Hierüber ist aber entweder ein »davon«-Vermerk zu machen, oder sie sind im Anhang anzugeben.

In Konzern-Gewinn- und Verlustrechnungen sind in die sonstigen betrieblichen Erträge Währungsumrechnungsdifferenzen aufzunehmen. Bilanzielle Währungsumrechnungsdifferenzen können auch direkt mit dem Eigenkapital ergebnisneutral verrechnet werden.

In diesem Posten können in Konzern-Gewinn- und Verlustrechnungen Erträge aus der Auflösung eines negativen Unterschiedsbetrages (Badwill) enthalten sein.

Konsequenzen für die Bilanzanalyse

Es sollte tunlichst versucht werden, sich für die sonstigen betrieblichen Erträge, insbesondere die periodenfremden Erträge, zusätzliche Informationen zu beschaffen, um sie bei der Aufbereitung der Gewinn- und Verlustrechnung entsprechend berücksichtigen zu können.

Falls dieser Posten relativ hoch ist oder stark ansteigt und man keine Informationen dazu erhältlich sind, mag man das als ein Warnsignal betrachten, da es sich dann wahrscheinlich zu einem großen Teil um außerordentliche Erträge handelt.

e) (5) Materialaufwand

Inhalt
a) Aufwendungen für Roh-, Hilfs- und Betriebsstoffe und für bezogene Waren
b) Aufwendungen für bezogene Leistungen.

Es ist umstritten, ob in diesen Posten nur der auf den Fertigungsbereich oder auch der auf den Verwaltungs- und Vertriebsbereich entfallende Materialaufwand einzubeziehen ist. Ebenfalls umstritten ist, ob Fremdreparaturen als Aufwendungen für bezogene Leistungen oder als sonstige betriebliche Aufwendungen auszuweisen sind. Dadurch ergeben sich zu dem Posten »sonstige betriebliche Aufwendungen« Abgrenzungsschwierigkeiten.

Unter 5 b fallen auch die Aufwendungen für bezogene Energien.

Konsequenzen für die Bilanzanalyse

Dieser Posten bietet wenig bilanzpolitischen Spielraum. Zu erwähnen wäre allenfalls, daß in diesem Posten Aufwendungen für Festwertposten enthalten sein können, denen noch keine Erhöhung eines Festwertpostens (§ 240 Abs. 3 HGB) gegenübersteht. Zu achten wäre auf Bezüge von verbundenen Unternehmen zu nicht marktgerechten Bedingungen.

f) (6) Personalaufwand

Inhalt
a) Löhne und Gehälter
b) soziale Abgaben und Aufwendungen für Altersversorgung und für Unterstützung,
   davon für Altersversorgung.

Aus- und Fortbildungskosten, Zuschüsse zu Kantinen, Erholungs- und Sportanlagen sind nicht Personalaufwand, sondern sonstige betriebliche Aufwendungen. Löhne und Gehälter für Arbeitskräfte fremder Firmen sollten unter Nr. 5 b oder Nr. 8 ausgewiesen sein.

Bezüglich Leistungen aufgrund eines Sozialplanes sowie Abfindungen gibt es verschiedene Literaturmeinungen. Nach ADS (§ 275 HGB Tz. 109) gehören Abfindungszahlungen zu den Personalaufwendungen. Förschle BeBiKo (§ 275 HGB Tz 131) zieht den Ausweis von Abfindungen, die nicht den Charakter einer Nachzahlung für geleistete Dienste haben oder durch die ein Arbeitnehmer zum Ausscheiden veranlaßt werden soll, d. h. Abfindungen und Leistungen aufgrund eines Sozialplanes, unter Nr. 8 vor. Für erhebliche Beträge (z. B. Stillegung von Teilbetrieben) sollte nach Förschle ein Ausweis unter den außerordentlichen Aufwendungen in Betracht kommen.

Konsequenzen für die Bilanzanalyse

Um die Nachhaltigkeit des Ergebnisses besser beurteilen zu können, wäre es sehr wichtig zu wissen, in welcher Höhe und aus welchem Grunde Abfindungen und Leistungen aufgrund eines Sozialplanes unter diesem Posten, unter den sonstigen betrieblichen Aufwendungen oder den außerordentlichen Aufwendungen enthalten sind.

Die jeweiligen Erhöhungen der Pensionsrückstellungen in Höhe des Bestandes am Jahresanfang x Rechnungszinsfuß (Zinsanteil des Zuführungsbetrages zu den Pensionsrückstellungen) sind im Grunde genommen keine Aufwendungen für Altersversorgung, sondern stellen einen Zinsaufwand für die »zinslos« zur Verfügung stehenden Pensionsrückstellungen dar. Besonders im Hinblick auf die Vergleichbarkeit mit ausländischen Unternehmen (z. B. in den USA), die ihre Pensionsverpflichtungen in einen Pensionsfonds einzahlen, wäre es angebracht, bei einer Bilanzanalyse diesen Teil der

Aufwendungen unter Zinsen und ähnlichen Aufwendungen zu zeigen. Neuerdings weist ein Teil deutscher Unternehmen in seinen Abschlüssen den Zinsanteil der Zuführungsbeträge zu den Pensionsrückstellungen unter Zinsen und ähnlichen Aufwendungen aus.

Sofern bei einer GmbH Gehälter von Gesellschafter-Geschäftsführern hierin enthalten sind, sollten sie in Erfahrung gebracht werden.

Bezüglich bilanzpolitischer Möglichkeiten bei den Aufwendungen für Altersversorgung und Unterstützung wird auf den Abschnitt E II 4 Rückstellungen für Pensionen und ähnliche Verpflichtungen verwiesen.

Falls bei einem Unternehmen in den einzelnen Geschäftsjahren der Anteil des Industrieumsatzes und des Handelsumsatzes sehr unterschiedlich ist, kann es angebracht sein, den Materialaufwand und den Personalaufwand zusammengefaßt zu vergleichen.

g) (7) Abschreibungen

Begriff

Beim abnutzbaren Anlagevermögen sind planmäßige Abschreibungen die Verteilung der Anschaffungs- oder Herstellungskosten auf die voraussichtliche betriebliche Nutzungsdauer der Anlagegegenstände. Durch die planmäßige Abschreibung werden Ausgaben eines Geschäftsjahres als Aufwand auf eine Vielzahl von Geschäftsjahren verteilt und beeinflussen somit die zukünftigen Jahresergebnisse.

Außer diesen planmäßigen Abschreibungen werden außerplanmäßige Abschreibungen vorgenommen, wenn abnutzbarem oder nicht abnutzbarem Sachanlagevermögen, Finanzanlagevermögen oder Umlaufvermögen am Abschlußtag oder in nächster Zukunft ein niedrigerer Wert beizumessen ist.

Inhalt

Abschreibungen

(a) auf immaterielle Vermögensgegenstände des Anlagevermögens und Sachanlagen sowie auf aktivierte Aufwendungen für die Ingangsetzung und Erweiterung des Geschäftsbetriebs

(b) auf Vermögensgegenstände des Umlaufvermögens, soweit diese die in der Kapitalgesellschaft üblichen Abschreibungen überschreiten.

Bewertung

Obwohl es eine Vielzahl von handelsrechtlichen und steuerrechtlichen Vorschriften gibt, ist es offensichtlich, daß ein Ermessensspielraum übrigbleibt, der bilanzpolitisch genutzt werden kann. In vielen Fällen kann die Nutzung des bilanzpolitischen Spielraums bei den Abschreibungen das Jahresergebnis mehr oder weniger verfälschen.

Konsequenzen für die Bilanzanalyse

Wegen dieses Ermessensspielraums und der handels- und steuerrechtlichen Vorschriften, die Abschreibungen zulassen, die nicht dem tatsächlichen Werteverzehr entsprechen, spielen die Abschreibungen bei der Ergebnisanalyse eine sehr wichtige Rolle.

Deshalb wird in der Praxis oft als eine Art Notlösung neben dem Jahresergebnis eine weitere Kennzahl, nämlich der Cash-flow, verwandt. Er setzt sich in der Regel aus dem Jahresergebnis und den Abschreibungen zusammen. Einzelheiten hierzu und Kritik an dieser Kennzahl siehe unter Abschnitt I Der Cash-flow (Umsatzüberschuß) und seine Bedeutung als Ertrags- und Liquiditätsfaktor.

Die im Anhang gemachten Angaben hinsichtlich der Bewertungsmethoden der einzelnen Vermögensgegenstände und somit der Abschreibungen sind meistens zu allgemein. Wegen der großen Bedeutung der Abschreibungen für die Bilanzanalyse sollte man sich um Einzelheiten bemühen.

Bei den planmäßigen Abschreibungen geben

– die Abschreibungsmethoden und -sätze für die verschiedenen Posten des Sachanlagevermögens bzw. für die wesentlichen Anlagegegenstände,
– ein eventueller Wechsel der Abschreibungsmethoden und -sätze und
– der Vergleich mit den steuerlichen Höchstsätzen sowie
– die Behandlung der geringwertigen Wirtschaftsgüter

Aufschluß über die Abschreibungspolitik.

Bei den außerplanmäßigen Abschreibungen können die Begründung für diese Abschreibungen und der Zeitpunkt der Abschreibungen (z.B. Abschreibungen bei gutem Jahresergebnis, frühzeitige oder späte Vornahme der außerplanmäßigen Abschreibungen) Aufschluß über die Bilanzpolitik und die wirtschaftliche Lage eines Teils oder des ganzen Unternehmens geben. Ausführliche Informationen hierüber sind anzustreben. Es ist hier wichtig zu wissen, ob einmalige Gründe (z.B. Brandkatastrophe) oder nachhaltige Gründe (z.B. überholte Technologie, Absatzschwierigkeiten) für die Sonderabschreibung vorlagen. Mindestens ebenso wichtig ist aber, insbesondere bei schlechtem Geschäftsgang, zu recherchieren, ob alle möglichen und besonders ob alle notwendigen außerplanmäßigen Abschreibungen durchgeführt wurden.

Wenn die Abschreibungen einen wesentlichen Aufwandsposten darstellen und/oder in den einzelnen Jahren stark variieren, sollte die Ergebnisanalyse einen möglichst langen Zeitraum umfassen. Dies ist notwendig, weil ansonsten die Auswirkungen von degressiven Abschreibungen, steuerlichen Sonderabschreibungen und außerplanmäßigen Abschreibungen nicht eindeutig beurteilt werden können und ihre Korrektur, d.h. angemessene Verteilung auf andere Geschäftsjahre, nicht möglich ist (siehe Abschnitt J I 7). Auch die Auswirkungen von Investitionsschüben auf die Abschreibungen, Zinsen und Reparaturen und somit die Jahresergebnisse lassen sich durch einen Langzeitvergleich am ehesten beurteilen.

(a) Abschreibungen auf immaterielle Vermögensgegenstände des Anlagevermögens und Sachanlagen sowie auf aktivierte Aufwendungen für die Ingangsetzung und Erweiterung des Geschäftsbetriebs

Inhalt
Die Vorschriften des HGB über die Abschreibungen und die Wertaufholung (Zuschreibung) beim Wegfall früherer Wertminderungen sind im Abschnitt C III zitiert und in einer Tabelle nach Bilanzposten sortiert aufgeführt.

Die Abschreibungen sind entsprechend der Gliederung des Anlagevermögens aufzugliedern (§ 268 Abs. 2 HGB). Außerplanmäßige Abschreibungen sind gesondert anzugeben (§ 277 Abs. 3 HGB).

Abschreibungen aufgrund steuerrechtlicher Vorschriften (§ 281 HGB) – soweit sie in den Sonderposten mit Rücklageanteil eingestellt werden – sind nicht unter Nr. 7a Abschreibungen, sondern unter Nr. 8 sonstige betriebliche Aufwendungen auszuweisen. Der Betrag der Abschreibungen aufgrund steuerrechtlicher Vorschriften ist im Anhang getrennt nach Anlage- und Umlaufvermögen anzugeben, soweit er sich nicht aus der Bilanz oder der Gewinn- und Verlustrechnung ergibt, und hinreichend zu begründen (§ 281 Abs. 2 Satz 1 HGB).

Konsequenzen für die Bilanzanalyse

Hinweise auf die Angemessenheit der Höhe der planmäßigen Abschreibungen könnten die Verluste und Gewinne aus Anlageabgängen geben, die allerdings nach den Vorschriften des HGB nicht separat ausgewiesen werden müssen.

Ein langfristiger Vergleich der Abschreibungen auf Sachanlagen mit der Gesamtleistung oder den Umsatzerlösen kann wertvolle Hinweise auf die Ergebnislage des analysierten Unternehmens geben.

Sofern sich die Gesamtleistung/Umsatzerlöse einigermaßen gleichmäßig entwickeln und die Investitionen nicht in großen Schüben erfolgen, müßte der Prozentsatz der Abschreibungen je Anlagegruppe an der Gesamtleistung/Umsatzerlöse, d. h. die Abschreibungsaufwandsquote, einigermaßen gleich sein.

Ist das nicht der Fall, so kann es folgende wesentliche Gründe geben:

– Die Abschreibungsmethoden (degressiv/linear, Sonderabschreibungen) und/oder -sätze wurden geändert.
– Sachanlagen wurden in hohem Maße gegen Ende des 1. Halbjahres und gegen Ende des Jahres angeschafft oder hergestellt, und es wurde dabei von der steuerlichen Möglichkeit Gebrauch gemacht, die halbe oder volle Jahresabschreibung in Anspruch zu nehmen.
– Die Höhe des Aufwandes für sofort abgeschriebene geringwertige Wirtschaftsgüter war in den einzelnen Jahren unterschiedlich.
– Neue Maschinen wurden nach der Inbetriebnahme nur relativ gering ausgelastet.
– Es wird mit weitgehend abgeschriebenen Sachanlagen gearbeitet. (Das läßt sich durch einen Langzeitvergleich der Investitionen mit den Abschreibungen feststellen. Um den gleichen Leistungsstand zu erhalten, müssen im Langzeitvergleich die Investitionen den Abschreibungen zuzüglich der halben Preissteigerungsrate der reinvestierten Sachanlagen entsprechen. Technische Fortschritte bei den neuen Investitionen und eine allgemeine höhere Mechanisierung sind hierbei noch nicht berücksichtigt.)

In solchen Fällen kann es angebracht sein, eine gewisse Normalisierung der Abschreibungen vorzunehmen, um sich den echten Jahresergebnissen zu nähern.

Bei einer Analyse der steuerrechtlichen Abschreibungen nach § 254 HGB, die gemäß § 281 Abs. 2 Satz 1 HGB im Anhang anzugeben sind, ist zu berücksichtigen, daß die sich daraus ergebenden künftigen handelsrechtlichen Minderabschreibungen – sofern die Abschreibungen nicht durch die »Einstellung in den Sonderposten mit Rücklageanteil« erfolgen – nicht aus den Jahresabschlüssen hervorgehen.

Die Abschreibungsaufwandsquote ist auch für Betriebsvergleiche geeignet und läßt Rückschlüsse auf die Angemessenheit der Abschreibungen des zu analysierenden Unternehmens zu. Im Rahmen von Betriebsvergleichen empfiehlt es sich außerdem, die Investitionen mit den Abschreibungen und gleichzeitig die Investitionen (Maschinen mindestens 6–10 Jahre, Betriebs- und Geschäftsausstattung mindestens 5 Jahre) mit den Restbuchwerten über einen längeren Zeitraum zu vergleichen.

Eine eingehende Analyse der Abschreibungen durch obige Vergleiche kann Hinweise auf den zukünftigen Investitionsbedarf und somit den zukünftigen Abschreibungs- und Zinsaufwand geben.

Falls Anlagegegenstände in der Vergangenheit in unterschiedlichem Umfang gemietet, gepachtet oder geleast worden sind, ist natürlich der Abschreibungsanteil in der Miete, Pacht oder Leasingrate in den Vergleich miteinzubeziehen.

Da nach § 268 Abs. 2 HGB die gesamten Anschaffungs- und Herstellungskosten der am Beginn des Geschäftsjahres vorhandenen Vermögensgegenstände des Anlagevermögens (mögliche Ausnahme s. Art. 24 Abs. 6 EGHGB), auch wenn sie bereits voll abgeschrieben sind, zu veröffentlichen sind, läßt sich aus dem publizierten Abschluß der durchschnittlich angewandte Abschreibungssatz der einzelnen Anlagegruppen feststellen. Dies ist für einen Betriebsvergleich sehr interessant.

(b) Abschreibungen auf Vermögensgegenstände des Umlaufvermögens, soweit diese die in der Kapitalgesellschaft üblichen Abschreibungen überschreiten

Inhalt
Welche Abschreibungen als unüblich zu betrachten sind, wurde vom Gesetzgeber nicht definiert. Die Kommentierungen hierzu sind uneinheitlich.

In diesem Posten könnten

- die mit einem Übergang auf geänderte Bewertungsmethoden zusammenhängenden Abschreibungen, sofern sie wesentlich sind,
- andere wegen ihrer Einmaligkeit und ihrer Höhe aus dem üblichen Rahmen fallende Abschreibungen (z. B. Sanierungsmaßnahmen, Betriebsstillegungen, Katastrophen),
- die erstmalige Vornahme eines Importwarenabschlags nach § 80 EStDV (letztmalige Anwendung am 31. 12. 1998 möglich),
- erhebliche Abwertungen auf uneinbringliche Forderungen,
- größere Fremdwährungsverluste,
- unregelmäßig auftretende wesentliche Niederstwertabschreibungen,

enthalten sein.

Der Posten sollte auf jeden Fall die Abschreibungen nach

- § 253 Abs. 3 Satz 3 HGB (außerplanmäßige Abschreibungen für künftige Wertschwankungen) und
- § 254 HGB (Abschreibungen auf den steuerlich zulässigen niedrigeren Wert)

beinhalten, sofern sie nicht häufig oder regelmäßig anfallen. Diese Abschreibungen sind zusätzlich entweder durch einen »davon«-Vermerk oder im Anhang zu erläutern.

Die üblichen Abschreibungen sind in den Posten Nr. 2 (Abschreibungen auf unfertige und fertige Erzeugnisse), Nr. 5a (Abschreibungen auf Roh-, Hilfs- und Betriebsstoffe, bezogene Waren) und Nr. 8 (Abschreibungen auf Forderungen und sonstige Vermögensgegenstände) enthalten.

Abschreibungen auf Wertpapiere des Umlaufvermögens sollten nicht unter diesem Posten, sondern nach überwiegender Meinung unter dem Posten Nr. 12 ausgewiesen sein.

Anzumerken bleibt, daß es in der Gewinn- und Verlustrechnung nach dem Umsatzkostenverfahren einen dem Posten Nr. 7b entsprechenden Posten nicht gibt.

Konsequenzen für die Bilanzanalyse

Wird unter diesem Posten ein Betrag ausgewiesen, ist es für die Beurteilung der nachhaltigen Ertragslage wichtig zu wissen, aus welchen Gründen sich das Unternehmen veranlaßt sah, solche Abschreibungen vorzunehmen.

Waren es mehr bilanzpolitische Gründe, so ist dieser Posten in der Bilanzanalyse auf jeden Fall zu korrigieren. War es unbedingt notwendig, solche Abschreibungen vorzunehmen, so ist zu fragen, inwieweit diese Notwendigkeit bereits in den Vorjahren bestanden hat und welche Abschreibungen in Zukunft wahrscheinlich anfallen werden. Je nach Lage der Dinge ist eine Korrektur vorzunehmen oder nicht.

h) (8) Sonstige betriebliche Aufwendungen

Inhalt
Dieser Posten enthält alle übrigen Aufwendungen, die nicht in einen anderen im Gliederungsschema angegebenen Aufwandsposten einzubeziehen sind.

Zu den sonstigen betrieblichen Aufwendungen zählen im wesentlichen:

- Abfindungen und Leistungen aufgrund eines Sozialplanes (siehe Anmerkungen unter Nr. 6 Personalaufwand),
- Abschreibungen auf Forderungen und sonstige Vermögensgegenstände, soweit sie bei der Gesellschaft üblich sind,
- Aufsichtsratsvergütungen,
- Aufwendungen im Zusammenhang mit derivativen Finanzinstrumenten,
- Aus- und Fortbildungskosten,
- Ausgangsfrachten,
- Bücher, Zeitungen, Zeitschriften, Druckkosten,
- Bürgschaftsengelte,
- Büromaterial,
- Emissionskosten,
- Gebühren, Beiträge und Spenden,
- Instandhaltung und Fremdreparaturen (bei materialintensiven Fremdreparaturen Ausweis unter Nr. 5b möglich),
- Konventionalstrafen,
- Kosten der Hauptversammlung bzw. Gesellschafterversammlung,
- Kosten des Zahlungsverkehrs,
- Lagerhaltungskosten,
- Lizenzgebühren,
- Mieten und Pachten, Leasingraten, Erbbauzinsen,

- Post-, Telefon- und Telefaxkosten,
- Prüfungs-, Rechts- und Beratungskosten,
- Reisekosten und Bewirtungsspesen,
- Rückstellungen für Wechsel- und Scheckobligo,
- Softwarekosten (soweit nicht zu aktivieren),
- Spenden,
- Verkaufsprovisionen,
- Verluste aus dem Abgang von Gegenständen des Anlage- und des Umlaufvermögens (soweit nicht unter Nr. 16 ausgewiesen),
- Verluste aus Schadensfällen,
- Versicherungsprämien,
- Währungskursverluste,
- Werbeaufwendungen,
- Zuführung zu sogenannten Aufwandsrückstellungen (z. B. Großreparaturen),
- Zuführung zu solchen Rückstellungen, bei deren Bildung noch nicht feststeht, welche Aufwandsarten die Rückstellung endgültig betrifft (z. B. Garantierückstellungen),
- Zugänge zu Anlagen, für die in der Bilanz ein Festwert angesetzt ist (auch unter Nr. 5 a möglich),
- Zuschüsse zu Kantinen, Erholungs- und Sportanlagen.

Die sonstigen betrieblichen Aufwendungen brauchen grundsätzlich nicht erläutert zu werden.

In diesem Posten sind auch die Einstellungen in den Sonderposten mit Rücklageanteil enthalten. Sie sind entweder durch einen »davon«-Vermerk gesondert auszuweisen oder im Anhang anzugeben.

In Konzern-Gewinn- und Verlustrechnungen sind in diesem Posten Währungsumrechnungsdifferenzen aufzunehmen. Bilanzielle Währungsumrechnungsdifferenzen können auch direkt mit dem Eigenkapital ergebnisneutral verrechnet werden.

Es sei noch darauf hingewiesen, daß in diesem Posten Aufwendungen enthalten sein können, mit deren Anfall man zumindest nicht regelmäßig zu rechnen hat, die aber trotzdem keine außerordentlichen Aufwendungen im Sinne des Postens Nr. 16 sind. Zu diesen Aufwendungen können Verluste aus Schadensfällen zählen.

Die obige Aufstellung ist umfangreich, aber nicht erschöpfend. Sie enthält nur die bei den meisten Unternehmen üblichen Aufwendungen.

Bewertung
Der größte Teil der Aufwendungen ist unmittelbar mit Ausgaben verbunden und für den laufenden Betrieb unerläßlich. Mit ihnen kann hinsichtlich der Bewertung kaum Bilanzpolitik betrieben werden. Die wesentliche Ausnahme davon bilden die Zuführungen zu den Garantie- und Aufwandsrückstellungen.

Konsequenzen für die Bilanzanalyse

Zu den unmittelbar mit Ausgaben verbundenen und für den laufenden Betrieb unerläßlichen Aufwendungen gehören auch die Mieten, Pachten und Leasingraten. Hier wäre Bilanzpolitik möglich (z. B. sale and lease back). Diese Aufwendungen stehen an Stelle von Abschreibungen und Zinsen. Sofern in letzter Zeit notwendige Investitionen durch Miete, Pacht oder Leasing ersetzt wurden bzw. umgekehrt, sind diese Aufwendungen im Zusammenhang mit den Zinsen und Abschreibungen zu analysieren.

Neben den Mieten, Pachten und Leasingraten gibt es noch eine Reihe von anderen Aufwendungen, bei denen Bilanzpolitik nicht auszuschließen ist.

Hierzu zählen:

– Aufwendungen, die teilweise steuerbar sind, d. h. die man eine gewisse Zeit aufschieben oder vorziehen kann, nämlich
  – Werbeaufwendungen,
  – Kosten, die als Forschungs- und Entwicklungskosten anzusehen sind (ihr Anteil dürfte bei den sonstigen betrieblichen Aufwendungen gering sein),
  – Fremdreparaturen,
  – Aus- und Fortbildungskosten,
  – Beratungskosten,
– Aufwendungen, die mit Bewertungsmaßnahmen verbunden sind oder Korrekturen früherer Bewertungen darstellen, nämlich
  – Abschreibungen auf Forderungen und sonstige Vermögensgegenstände,
  – Verluste aus dem Abgang von Gegenständen des Anlage- und Umlaufvermögens,
  – Zugänge zu Anlagen, für die in der Bilanz ein Festwert angesetzt ist,
  – Rückstellungen für Wechsel- und Scheckobligo,
  – Zuführung zu solchen Rückstellungen, bei deren Bildung noch nicht feststeht, welche Aufwandsarten die Rückstellung endgültig betrifft (z. B. Garantierückstellungen),
  – Zuführung zu sogenannten Aufwandsrückstellungen,
  – Fremdreparaturen (wegen Abgrenzung zu aktivierungspflichtigen Großreparaturen).

Während die in der ersten Gruppe genannten Aufwendungen die Ertragskraft des Unternehmens in Zukunft beeinflussen können, handelt es sich bei der zweiten Gruppe um Aufwendungen, die evtl. anderen Perioden zugerechnet werden müßten.

Beide Gruppen von Aufwendungen sollten möglichst über einen längeren Zeitraum verglichen werden, um festzustellen, ob die wertmäßig bedeutenden Aufwendungen einigermaßen gleich bzw. proportional zu den Umsatzerlösen verlaufen. Evtl. sind aus dem unterschiedlichen Verlauf der in der ersten Gruppe enthaltenen Aufwendungen Schlüsse auf eine Verminderung der zukünftigen Ertragskraft zu ziehen, und bei den in der zweiten Gruppe aufgeführten Aufwendungen könnten möglicherweise Korrekturen zu Lasten anderer Geschäftsjahre notwendig sein.

Sofern keine detaillierten Einzelaufstellungen der sonstigen betrieblichen Aufwendungen vorliegen, sollte der Bilanzanalytiker versuchen, zumindest eine Aufteilung nach folgendem Muster zu erhalten:

– Mieten, Pachten, Leasingraten, Erbbauzinsen,
– Werbeaufwendungen,
– Instandhaltung und Fremdreparaturen,
– Abschreibungen auf Forderungen und sonstige Vermögensgegenstände,
– Verluste aus dem Abgang von Gegenständen des Anlage- und des Umlaufvermögens,

- Zuführung zu Rückstellungen, bei deren Bildung noch nicht feststeht, welche Aufwandsarten die Rückstellung endgültig betrifft (z. B. Garantierückstellungen),
- Zuführung zu sogenannten Aufwandsrückstellungen,
- Zuführung zu Sonderposten mit Rücklageanteil,
- übrige Aufwendungen (aufteilen, wenn einzelne Posten wesentlich).

Sofern in diesem oder einem anderen Posten der Gewinn- und Verlustrechnung Restrukturierungskosten und Gewinne oder Verluste aus dem Verkauf oder der Aufgabe von Geschäftsbereichen enthalten sind, sollte ihre Höhe in Erfahrung gebracht werden. Außerdem ist es wichtig, die Gründe dafür, die Art der Kosten und die darauf entfallenden Ertragsteuern zu kennen, da diese Kenntnisse zusätzliche Hinweise auf die Höhe der künftigen Umsatzerlöse, Betriebsergebnisse und Cash-flows geben können.

Bei der Aufbereitung der Gewinn- und Verlustrechnung sind die sonstigen betrieblichen Aufwendungen aufzuteilen in

- sonstige betriebliche Aufwendungen (nicht außergewöhnlich),
- sonstige betriebliche Aufwendungen (außergewöhnlich).

Ob sonstige betriebliche Aufwendungen als außergewöhnlich oder als nicht außergewöhnlich anzusehen sind, hängt nicht immer von der einzelnen Kostenart ab. Bei der Aufbereitung kann durchaus bei verschiedenen Unternehmen oder Branchen unterschiedlich vorgegangen werden. Als sonstige betriebliche Aufwendungen (nicht außergewöhnlich) sollten solche Aufwendungen angesehen werden, die in ähnlicher Größenordnung regelmäßig in der Vergangenheit angefallen sind und mit denen in Zukunft in ähnlicher Größenordnung zu rechnen ist. So können z. B. Verluste aus dem Abgang von Gegenständen des Sachanlagevermögens in einem Fall als außergewöhnlich und in einem anderen Fall als nicht außergewöhnlich angesehen werden. Diese Aufteilung in außergewöhnliche und nicht außergewöhnliche sonstige betriebliche Aufwendungen kann die Schätzung der künftigen Betriebsergebnisse und künftigen Cash-flows erleichtern.

Da es sich bei den sonstigen betrieblichen Aufwendungen im wesentlichen um Verwaltungs- und Vertriebskosten handelt, ist es aussagefähiger, wenn man sie im Langzeitvergleich nicht mit der Gesamtleistung, sondern mit den Umsatzerlösen in Beziehung setzt.

i) (9) Erträge aus Beteiligungen, davon aus verbundenen Unternehmen

Inhalt

In diesem Posten sind Dividenden von Kapitalgesellschaften, Gewinnanteile von Offenen Handelsgesellschaften, Kommanditgesellschaften und stillen Gesellschaften sowie Zinsen auf beteiligungsähnliche Darlehen, soweit sie unter Beteiligungen bilanziert sind, enthalten. Erträge aus Beherrschungsverträgen nach § 291 Abs. 1 AktG sind ebenfalls hier zu erfassen, sofern nicht eine Gewinnabführung vorgesehen ist (siehe nächster Abschnitt).

In der Konzern-Gewinn- und Verlustrechnung kommen hierzu noch die Erträge aus assoziierten Unternehmen, die gesondert auszuweisen sind (§ 312 Abs. 4 HGB).

Bewertung

Es handelt sich um die Bruttoerträge, d. h. bei deutschen Gesellschaften vor Abzug der Kapitalertragsteuer und der anrechenbaren Körperschaftsteuer und bei ausländischen Gesellschaften vor Abzug der im Ausland entrichteten Steuern. Falls kein Steuererstattungsanspruch besteht, braucht kein Bruttoausweis zu erfolgen.

Beteiligungserträge aus der Beteiligung an Kapitalgesellschaften dürfen im Jahresabschluß ausgewiesen werden, wenn der Rechtsanspruch vor dem Abschlußstichtag entstanden ist. Bei Mehrheitsbeteiligungen ist eine Aktivierung der Ansprüche auf Beteiligungserträge bei dem Mutterunternehmen aber schon dann vorzunehmen, wenn das Geschäftsjahr des Tochterunternehmens nicht nach dem Abschlußstichtag des Mutterunternehmens endet, der Jahresabschluß des Tochterunternehmens vor Abschluß der Prüfung bei dem Mutterunternehmen festgestellt wird und ein entsprechender Vorschlag für die Gewinnverwendung vorliegt. Das bedeutet, daß bei dem Mutterunternehmen Ausschüttungen der Beteiligungen des Vorjahres oder/und des gleichen Jahres als Erträge ausgewiesen sein können.

Konsequenzen für die Bilanzanalyse

Die ausgewiesenen Erträge aus Beteiligungen sagen in den meisten Fällen praktisch nichts über die Ertragskraft der Beteiligungen aus, insbesondere wenn es sich um Mehrheitsbeteiligungen handelt, da

– sie nur die ausgeschütteten und nicht die gesamten Gewinne der Beteiligungen enthalten,
– durch bilanzpolitische Maßnahmen bei den Beteiligungen die Ausschüttungen über dem wirtschaftlichen Ergebnis des Geschäftsjahres der Beteiligungen liegen können (geschieht häufig bei sich verschlechternder Geschäftslage des Mutterunternehmens),
– die gegenseitigen Lieferungen und Leistungen innerhalb des Konzerns über oder unter den Marktpreisen abgerechnet sein können.

Um eine Aussage über den Erfolg der Beteiligungen machen zu können, müßten nicht nur deren Jahresabschlüsse im einzelnen analysiert werden, sondern es müßte auch untersucht werden, ob die Preisgestaltung bei sämtlichen Transaktionen angemessen war. Neben den gegenseitigen Lieferungen innerhalb des Konzerns kann es sich noch um die Übernahme von Anlagevermögen, immateriellen Vermögensgegenständen und Forderungen, um Dienstleistungen, Umlagen von Kosten der Zentralverwaltung oder anderer Abteilungen und die Gewährung von Krediten handeln.

Da auf Grund des Bilanzrichtlinien-Gesetzes Kapitalgesellschaften für die nach dem 31. 12. 1989 beginnenden Geschäftsjahre Konzernabschlüsse erstellen müssen, in die auch die ausländischen Tochterunternehmen einzubeziehen sind, hat sich das Problem der Analyse des Beteiligungsergebnisses wesentlich reduziert.

j) Erträge aus Gewinngemeinschaften, Gewinnabführungs- und Teilgewinnabführungsverträgen

Inhalt

Gemäß § 277 Abs. 3 Satz 2 HGB sind die erhaltenen Gewinne aufgrund einer Gewinngemeinschaft, eines Gewinnabführungs- oder eines Teilgewinnabführungsvertrags gesondert unter entsprechender Bezeichnung auszuweisen.

Im gesetzlichen Gliederungsschema ist dieser Posten nicht aufgeführt.

Bei den Erträgen aus Gewinngemeinschaften, Gewinnabführungs- und Teilgewinnabführungsverträgen sind die vertraglich vereinbarten Ausgleichszahlungen an außenstehende Gesellschafter (Dividendengarantien) bereits abgesetzt.

Konsequenzen für die Bilanzanalyse

Es wird auf die Ausführungen am Schluß des Abschnitts E III i (9) Erträge aus Beteiligungen hinsichtlich möglicher bilanzpolitischer Maßnahmen und der Preisgestaltung beim Lieferungs- und Leistungsverkehr mit diesen Gesellschaften verwiesen.

k) (10) Erträge aus anderen Wertpapieren und Ausleihungen des Finanzanlagevermögens, davon aus verbundenen Unternehmen

Dieser Posten beinhaltet die Erträge aus Ausleihungen an verbundene Unternehmen, Ausleihungen an Unternehmen, mit denen ein Beteiligungsverhältnis besteht, aus Wertpapieren des Anlagevermögens (vor Abzug der Kapitalertragsteuer und der anrechenbaren Körperschaftsteuer) und aus sonstigen Ausleihungen (§ 266 Abs. 2A III Nr. 2, 4, 5 und 6 HGB). Außerdem können hierin Erträge aus der periodisch erfolgenden Aufzinsung abgezinster langfristiger Ausleihungen enthalten sein.

l) (11) Sonstige Zinsen und ähnliche Erträge, davon aus verbundenen Unternehmen

Inhalt

In diesem Posten sind nur solche Zinsen enthalten, die nicht Erträge aus Finanzanlagen sind. Darunter fallen Zinsen aus Guthaben bei Kreditinstituten, Zinsen aus im Umlaufvermögen ausgewiesenen Darlehensforderungen, Zinsen aus sonstigen Forderungen, Wechseldiskonterträge, Zinsen und Dividenden auf Wertpapiere des Umlaufvermögens (vor Abzug der Kapitalertragsteuer und der anrechenbaren Körperschaftsteuer), Aufzinsungsbeträge für unverzinsliche und niedrig verzinsliche Forderungen des Umlaufvermögens.

Als ähnliche Erträge sind Agio- und Disagio-Erträge, Teilzahlungszuschläge, Kreditprovisionen und Provisionen für Kreditgarantien anzusehen.

Lieferantenskonti sind hierin nicht enthalten. Sie mindern die Anschaffungskosten der bezogenen Anlagegegenstände, Waren, Roh-, Hilfs- und Betriebsstoffe. Trotzdem kann es in manchen Fällen, z. B. bei Kreditverhandlungen mit Banken, interessant sein zu wissen, welche Skontoerträge ein Unternehmen erzielt, um feststellen zu können, ob das Unternehmen alle Skontomöglichkeiten ausnutzt.

Konsequenzen für die Bilanzanalyse

Falls das analysierte Unternehmen Kunden Skonto bei sofortiger Zahlung gewährt, der nicht in Anspruch genommen wird, bei Umsätzen mit langfristigem Ziel oder auf Teilzahlung nicht die marktüblichen Zinsen berechnet oder den Kunden Waren in Kommission gibt, dann sind wirtschaftlich gesehen in den Umsatzerlösen Zinserträge enthalten, die aber nicht gesondert ausgewiesen werden. Bei einer Analyse der Zinserträge und der Umsatzerlöse darf dies nicht übersehen werden.

m) (12) Abschreibungen auf Finanzanlagen und auf Wertpapiere des Umlaufvermögens

Inhalt
In diesem Posten sind sämtliche Abschreibungen auf die unter den Finanzanlagen und den Wertpapieren des Umlaufvermögens ausgewiesenen Posten enthalten. Die auf die verschiedenen Posten entfallenden Abschreibungen können aus der Bilanz oder dem Anhang (Anlagenspiegel) entnommen werden (§ 268 Abs. 2 Satz 3 HGB).

Außerplanmäßige Abschreibungen nach § 253 Abs. 2 Satz 3 und Abschreibungen auf den nahen Zukunftswert nach § 253 Abs. 3 Satz 3 HGB werden aufgrund § 277 Abs. 3 Satz 1 HGB entweder als Unterposten oder mit »davon«-Vermerk gesondert ausgewiesen oder im Anhang angegeben, und zwar getrennt nach Abschreibungen auf Posten des Anlagevermögens und Wertpapiere des Umlaufvermögens.

Steuerrechtliche Abschreibungen (§ 254 HGB) sind, soweit sie sich nicht aus der Bilanz oder Gewinn- und Verlustrechnung ergeben, gemäß § 281 Abs. 2 Satz 1 HGB im Anhang getrennt nach Anlage- und Umlaufvermögen anzugeben und hinreichend zu begründen.

Konsequenzen für die Bilanzanalyse

Die ersten Ursachen einer Wertminderung können oft in vergangenen Jahren liegen. Andererseits ist es auch möglich, daß in guten Geschäftsjahren ohne triftigen Grund Abschreibungen verrechnet und dadurch stille Reserven gelegt werden. Dieser Posten bietet somit einen großen handelsbilanzpolitischen Spielraum. Beim Konzernabschluß vermindert sich jedoch die Bedeutung dieses Postens erheblich.

Aufwendungen aus Verlustübernahme
Gemäß § 277 Abs. 3 Satz 2 HGB sind Aufwendungen aus Verlustübernahme gesondert auszuweisen.

Im gesetzlichen Gliederungsschema ist dieser Posten nicht aufgeführt.

Der Posten umfaßt nur die tatsächlich zu übernehmenden Verluste. Eine notwendige Rückstellung wegen drohender Verluste wird unter den sonstigen betrieblichen Aufwendungen ausgewiesen. Sie ist im Folgejahr bei der tatsächlichen Verlustübernahme über die sonstigen betrieblichen Erträge aufzulösen.

Neben den Verlustübernahmen sind auch geleistete Ausgleichszahlungen (Dividendengarantie) an Minderheitsgesellschafter, soweit sie die Erträge aus Gewinnabführungsverträgen übersteigen, in diesem Posten enthalten.

In der Konzern-Gewinn- und Verlustrechnung kommen hierzu noch die Aufwendungen aus Verlustübernahme von assoziierten Unternehmen (§ 312 Abs. 4 HGB) im Rahmen der Equity-Bewertung (Eigenkapitalveränderungen), d. h. die Übernahme negativer Ergebnisanteile, die gesondert – sofern sie nicht mit den Erträgen aus assoziierten Unternehmen saldiert sind – auszuweisen sind.

n) (13) Zinsen und ähnliche Aufwendungen, davon an verbundene Unternehmen

Inhalt
Hierin wird der gesamte Zinsaufwand ausgewiesen einschließlich Wechseldiskontaufwendungen, Bereitstellungs- und Überziehungsprovisionen, Bürgschaftsprovisionen, Frachtstundungsgebühren, Vergütungen für Genußrechtskapital mit Fremdkapitalcharakter sowie Abschreibungen auf ein aktiviertes Disagio.

Grundsätzlich gehören auch der in den Leasingraten enthaltene Zinsanteil zu den Zinsen und ähnliche Aufwendungen. In der Praxis werden aber in der Regel die gesamten Leasingraten unter den sonstigen betrieblichen Aufwendungen ausgewiesen.

Kundenskonti sind hierin nicht enthalten. Sie mindern die Umsatzerlöse.

Konsequenzen für die Bilanzanalyse

Falls die Rechnungen der Lieferanten nicht sofort mit Skonto bezahlt werden, von den Lieferanten langfristige Ziele ohne Berechnung marktüblicher Zinsen gewährt werden oder von den Lieferanten Ware in Kommission gegeben wird, dann fallen wirtschaftlich gesehen bei dem analysierten Unternehmen Zinsaufwendungen an, die beim Gesamtkostenverfahren als Aufwendungen für Roh-, Hilfs- und Betriebsstoffe und bezogene Waren bzw. beim Umsatzkostenverfahren als Herstellungskosten ausgewiesen werden. Dies darf bei einer Analyse der Zinsaufwendungen einerseits und der Roh-, Hilfs- und Betriebsstoffe und bezogene Waren bzw. der Herstellungskosten andererseits nicht übersehen werden.

Ein nennenswerter unsichtbarer Zinsaufwand ist in der Regel anzunehmen, wenn sich durch den Vergleich der Verbindlichkeiten aus Lieferungen und Leistungen mit den Aufwendungen für Roh-, Hilfs- und Betriebsstoffen und für bezogene Waren bzw. beim Umsatzkostenverfahren mit dem im Anhang angegebenen Materialaufwand eine durchschnittliche Inanspruchnahme eines Zahlungsziels von mehr als 20–30 Tagen gemäß folgender Formel ermitteln läßt:

$$\frac{\text{Verbindlichkeiten aus Lieferungen und Leistungen}}{\text{Materialeinkauf einschl. Mehrwertsteuer} : 365} = \text{Zielinanspruchnahme in Tagen}$$

Eine Finanzierung durch Kommissionsware der Lieferanten läßt sich dadurch nicht feststellen, weil sie nicht mit einer langen Zielgewährung der berechneten Ware verbunden ist.

Bei einer Bilanzanalyse wäre dieser Posten noch um die Zinsaufwendungen für die »zinslos« zur Verfügung stehenden Pensionsrückstellungen zu korrigieren.

o) (14) Ergebnis der gewöhnlichen Geschäftätigkeit

Der Posten stellt eine Zwischensumme dar. Er beinhaltet das Jahresergebnis mit Ausnahme der außerordentlichen Erträge, der außerordentlichen Aufwendungen, der Steuern vom Einkommen und vom Ertrag und der sonstigen Steuern.

Dieser Posten hat aber eine eingeschränkte Aussagekraft, da in den Posten Nr. 1–13 Aufwendungen und Erträge mit einem gewissen außerordentlichen Charakter enthalten sind, wie z.B. Erträge aus Beteiligungen, Abschreibungen auf Finanzanlagen und auf Wertpapiere des Umlaufvermögens, Erträge aus der Auflösung von Sonderposten mit Rücklageanteil, Einstellungen in den Sonderposten mit Rücklageanteil, Erträge und Verluste aus dem Abgang von Gegenständen des Anlagevermögens, Erträge aus dem Verkauf von Wertpapieren des Umlaufvermögens oder von Bezugsrechten hierauf, Investitionszulagen, Steuererstattungen für Vorjahre. Andererseits ist der Posten nicht um die sonstigen Steuern, die Kostencharakter haben, gekürzt.

p) (15) Außerordentliche Erträge

q) (16) Außerordentliche Aufwendungen

r) (17) Außerordentliches Ergebnis (= Saldo aus Posten Nr. 15 und 16)

Inhalt
§ 277 Abs. 4 HGB sagt folgendes zu den außerordentlichen Erträgen und den außerordentlichen Aufwendungen:

> Unter den Posten ›außerordentliche Erträge‹ und ›außerordentliche Aufwendungen‹ sind Erträge und Aufwendungen auszuweisen, die außerhalb der gewöhnlichen Geschäftstätigkeit der Kapitalgesellschaft anfallen. Die Posten sind hinsichtlich ihres Betrags und ihrer Art im Anhang zu erläutern, soweit die ausgewiesenen Beträge für die Beurteilung der Ertragslage nicht von untergeordneter Bedeutung sind. Satz 2 gilt auch für Erträge und Aufwendungen, die einem anderen Geschäftsjahr zuzurechnen sind.

Nähere Angaben, was man unter Erträgen und Aufwendungen, die außerhalb der gewöhnlichen Geschäftstätigkeit anfallen, zu verstehen hat, gehen aus dem Gesetz nicht hervor.

Art. 29 der 4. EG-Richtlinie verlangte den gesonderten Ausweis der außerhalb der »normalen Geschäftstätigkeit« angefallenen Erträge und Aufwendungen.

Das Ergebnis der »gewöhnlichen Geschäftstätigkeit« (HGB) und der »normalen Geschäftstätigkeit« (4. EG-Richtlinie) dürfte auf jeden Fall weiter auszulegen sein als der betriebswirtschaftliche Begriff »Betriebsergebnis«. Das bedeutet, daß die außerordentlichen Erträge und die außerordentlichen Aufwendungen gemäß HGB enger auszulegen sind, als es früher in der deutschen betriebswirtschaftlichen Literatur und in der Rechnungslegung geschehen ist.

Periodenfremde Erträge und Aufwendungen, die nicht zugleich auch außerordentliche Posten sind, gelten nicht als außerordentliche Posten. Sie werden unter den jeweils in Betracht kommenden Aufwendungen und Ertragsarten ausgewiesen (z.B. Korrekturen von zu niedrig erfaßten Aufwendungen des Vorjahres) oder unter den sonstigen betrieblichen

Erträgen oder sonstigen betrieblichen Aufwendungen (z. B. Erträge aus der Auflösung von Wertberichtigungen auf Forderungen, Zahlungseingänge auf in früheren Jahren ausgebuchte Forderungen, Erträge aus der Auflösung von Rückstellungen, Erträge und Verluste aus dem Abgang von Gegenständen des Anlagevermögens). Ebenfalls werden Erträge aus der Auflösung von Sonderposten mit Rücklageanteil und die Einstellungen in den Sonderposten mit Rücklageanteil nicht hier, sondern unter den sonstigen betrieblichen Erträgen und den sonstigen betrieblichen Aufwendungen ausgewiesen.

Kurz beschrieben wären als außerordentliche Erträge und Aufwendungen somit Erträge und Aufwendungen anzusehen, die bei dem bilanzierenden Unternehmen auf einen Vorgang außerhalb der gewöhnlichen Geschäftstätigkeit zurückzuführen sind, d. h. die als außergewöhnlich, ungewöhnlich, nicht als häufig vorkommend bezeichnet werden können und gleichzeitig von einiger materieller Bedeutung sind.

Demnach dürften folgende Beispiele unstrittig als außerordentlich bezeichnet werden: Enteignungen, Gewinne oder Verluste aus wesentlichen Anlageverkäufen (z. B. infolge Stillegung von Betrieben, Veräußerung von Betrieben und bedeutenden Beteiligungen), Abfindungen bei der Stillegung von Betrieben, Verluste aus ungewöhnlichen nicht versicherten Schadensfällen.

Ob z. B. Abfindungen bei Rationalisierungen, Gewinne oder Verluste bei Veräußerung von bedeutendem Grundbesitz, Sanierungsgewinne und -verluste und öffentliche Zuschüsse als außergewöhnlich zu bezeichnen sind, könnte von den bilanzierenden Unternehmen entsprechend ihrem bilanzpolitischen Konzept unterschiedlich ausgelegt werden. Diese bilanzpolitischen Möglichkeiten erschweren eine Bilanzanalyse.

Dieser Nachteil wird jedoch gemildert durch die Vorschrift im § 277 Abs. 4 Satz 2 HGB:

> Die Posten sind hinsichtlich ihres Betrags und ihrer Art im Anhang zu erläutern, soweit die ausgewiesenen Beträge für die Beurteilung der Ertragslage nicht von untergeordneter Bedeutung sind.

Konsequenzen für die Bilanzanalyse

So wichtig bei einer Bilanzanalyse eine Bereinigung des Jahresergebnisses um außerordentliche Posten ist, und so schwierig eine solche Bereinigung durch eine mögliche unterschiedliche Interpretation des Begriffes der außerordentlichen Erträge und außerordentlichen Aufwendungen ist, so wenig dürfen andererseits bei einer Bilanzanalyse außerordentliche Posten nur einfach mechanisch abgesetzt, zugezählt oder sogar saldiert werden.

Hinter solchen außerordentlichen Posten – dies gilt nicht nur für die offen ausgewiesenen außerordentlichen Posten, sondern auch für die durch zusätzliche Informationen (z. B. Entwicklung des Anlagevermögens, der Rückstellungen und der Wertberichtigungen) ermittelten außerordentlichen Posten – kann sich nämlich mehr verbergen, als es vielleicht zunächst den Anschein hat. Zum Beispiel:

– Hinter (Teil-)Betriebsstillegungen oder Verkäufen von Beteiligungen können sich Schwächen des Managements (unzureichende oder gar keine Geschäftspolitik), des Unternehmens oder der ganzen Branche verbergen. Auch ist es möglich, daß außerordentliche Aufwendungen vor Betriebsstillegungen oder Verkäufen von Beteiligungen aus bilanzpolitischen oder anderen Gründen längere Zeit verschleppt wurden, was die Verluste noch mehr in die Höhe trieb.

– Anlageverkäufe, die wesentliche Buchgewinne bringen, erfolgen entweder in einem schlechten Geschäftsjahr oder werden durch gleichzeitiges Legen von stillen Reserven neutralisiert.

Es ist bis zum Beweis des Gegenteils nicht abwegig zu unterstellen, daß Unternehmen den Begriff außerordentliche Erträge sehr eng auslegen, den Begriff außerordentliche Aufwendungen dagegen relativ weit interpretieren.

Die außerordentlichen Posten sollten deshalb Anlaß geben, sich eingehende Informationen über die ihnen zugrundeliegenden Vorgänge zu beschaffen. Denn sie sind nicht nur wegen der Bereinigung der Ergebnisse von Bedeutung, sondern können auch mit dazu beitragen, zusätzliche Erkenntnisse über das Unternehmen zu erlangen, und dadurch eine Hilfe bei der Erstellung oder Prüfung von Plan-Ergebnisrechnungen sein.

s)   (18) Steuern vom Einkommen und vom Ertrag

Inhalt
Hierunter fallen

– Körperschaftsteuer (einschließlich Anrechnungsbeträge und Kapitalertragsteuer für erhaltene Gewinnausschüttungen) sowie darauf entfallender Solidaritätszuschlag,
– Gewerbeertragsteuer,
– im Ausland gezahlte Steuern, die den in Deutschland erhobenen Steuern vom Einkommen und vom Ertrag entsprechen,
– die Veränderung des Saldos aus aktiven und passiven latenten Steuern (nur bei Kapitalgesellschaften vorgeschrieben).

Über die Berechnungsbasis der Steuern vom Einkommen und vom Ertrag sagt § 278 HGB folgendes:

Die Steuern vom Einkommen und vom Ertrag sind auf der Grundlage des Beschlusses über die Verwendung des Ergebnisses zu berechnen; liegt ein solcher Beschluß im Zeitpunkt der Feststellung des Jahresabschlusses nicht vor, so ist vom Vorschlag über die Verwendung des Ergebnisses auszugehen. Weicht der Beschluß über die Verwendung des Ergebnisses vom Vorschlag ab, so braucht der Jahresabschluß nicht geändert zu werden.

Unter diesem Posten sind neben den Zahlungen und Rückstellungen für das laufende Geschäftsjahr auch Steuernachforderungen für frühere Geschäftsjahre, für die keine Rückstellungen gebildet worden waren, und Steuererstattungen auszuweisen.

Bei Organschaftsverhältnissen werden die weiterbelasteten Steuern

– entweder bei der Obergesellschaft als sonstige Erträge und bei der Untergesellschaft als sonstige Aufwendungen ausgewiesen,
– oder bei der Obergesellschaft in einem Unterposten abgesetzt und bei der Untergesellschaft in einem besonderen Unterposten angegeben.

Kapitalgesellschaften haben im Anhang des Einzelabschlusses anzugeben, in welchem Umfang die Steuern vom Einkommen und vom Ertrag das Ergebnis der gewöhnlichen Geschäftstätigkeit (Nr. 14) und das außerordentliche Ergebnis (Nr. 17) belasten (§ 285 Nr. 6 HGB). Für den Konzernabschluß gibt es keine entsprechende Vorschrift.

Geschätzter Steuerbilanzgewinn

In einem Jahresabschluß nach dem HGB kann die Bewertung durch eine exzessive Auslegung des Vorsichtsprinzips teilweise anders vorgenommen worden sein als in der Steuerbilanz (z. B. niedrigeres Anlagevermögen, höhere Rückstellungen, niedrigere Herstellungskosten bei den Vorräten), was zur Bildung von stillen Reserven führt. Auch läßt das Handelsrecht gewisse Wahlrechte und Bilanzierungshilfen zu (siehe folgende Tabelle):

Wahlrechte und Bilanzierungshilfen in der Handelsbilanz im Vergleich zur Steuerbilanz

	Handelsbilanz	Steuerbilanz
Aufwendungen für die Ingangsetzung und Erweiterung des Geschäftsbetriebs bei Kapitalgesellschaften (Bilanzierungshilfe)	Aktivierungswahlrecht	Aktivierungsverbot
entgeltlich erworbener Geschäfts- oder Firmenwert	"	Aktivierungspflicht
Disagio bei Verbindlichkeiten	"	"
Abgrenzung der aktiven latenten Steuern (Bilanzierungshilfe)	"	Aktivierungsverbot
Pensionsrückstellungen für Zusagen vor dem 1.1.1987 und Erhöhungen nach dem 31.12.1986 auf solche Zusagen	Passivierungswahlrecht	Passivierungswahlrecht (mit Maßgeblichkeitsgrundsatz Handelsbilanz)
Pensionsrückstellungen für ähnliche unmittelbare oder mittelbare Verpflichtungen (z. B. unterlassene Zuweisungen an Unterstützungskassen)	"	Passivierungsverbot
Rückstellungen für unterlassene Aufwendungen für Instandhaltung bei Nachholung zwischen 4 und 12 Monaten nach Geschäftsjahresende	"	"
Rückstellungen für zukünftige Aufwendungen (z. B. Großreparaturen)	"	"

Eine stille Auflösung solcher stillen Reserven, die es im Steuerrecht nicht gibt, ist ebenfalls nicht ausgeschlossen.

Die bei Kapitalgesellschaften ausgewiesenen Steuern vom Einkommen und vom Ertrag können unter Umständen eine Möglichkeit bieten, bilanzpolitische Maßnahmen zu erkennen.

Die bilanzpolitischen Möglichkeiten sind bei Nicht-Kapitalgesellschaften größer als bei Kapitalgesellschaften.

Wegen der Möglichkeit der Bildung und Auflösung von stillen Reserven im handelsrechtlichen Jahresabschluß ist das steuerrechtliche Ergebnis aussagefähiger als das handelsrechtliche. Für den Konzernabschluß gilt dies nur, sofern ein steuerliches

Organschaftsverhältnis mit den inländischen Tochterunternehmen besteht, keine anderen Bewertungsmethoden angewendet und keine oder nur wenige und unbedeutende ausländische Beteiligungen konsolidiert wurden.

Da viele Bewertungsvorschriften des Steuerrechts wirtschaftspolitische Gründe haben (z. B. Sonderabschreibungen), muß es sich bei dem steuerrechtlichen Gewinn keinesfalls um den echten Gewinn handeln. Es ist aber auf jeden Fall ein durch bilanzpolitische Maßnahmen weniger manipulierter Gewinn.

Es liegt deshalb nahe zu versuchen, aus den ausgewiesenen Steuern vom Einkommen und vom Ertrag den steuerrechtlichen Gewinn zu ermitteln.

Hier gibt es allerdings einige Unbekannte und Hindernisse:

– Der steuerliche Eigenkapitalanteil gemäß § 30 KStG ist aus dem Jahresabschluß nicht zu entnehmen. Hier wird man in der Regel EK_{45} unterstellen, sofern man keine anderen Hinweise hat (z. B. hohe Erträge aus dem Ausland).
– Der Umfang der nicht abzugsfähigen Aufwendungen (z. B. nicht abzugsfähige Spenden, Umsatzsteuer auf den Eigenverbrauch, 50 % der Aufsichtsratsbezüge) gemäß § 4 Abs. 4 EStG, § 10 KStG ist allenfalls teilweise (Aufsichtsratsbezüge) bekannt. Die übrigen nicht abzugsfähigen Aufwendungen dürften in den meisten Fällen im Verhältnis zum Gewinn niedrig sein. Man wird sie aufgrund der vorhandenen Informationen mit einer mehr oder minder kleinen Pauschale ansetzen.
– Die Hinzu- und Abrechnungen bei der Gewerbeertragsteuer sind nicht bekannt. Von Bedeutung sind hier meistens die Zinsen für Dauerschulden. Man wird sie aus den Angaben in den Jahres- und Zwischenabschlüssen schätzen müssen.
– Die Nachzahlungen aufgrund steuerlicher Außenprüfungen verfälschen den Steueraufwand der einzelnen Perioden. Der Steueraufwand ist dadurch in den meisten Jahren etwas zu gering und wird einmalig, etwa 2–7 Jahre später, durch die Steuernachzahlung zu hoch ausgewiesen. Vermuten kann man solche Steuernachzahlungen in den Jahren, in denen der Prozentanteil der Steuern vom Einkommen und vom Ertrag am Jahresüberschuß und an den Umsatzerlösen einmalig steigt. Diese Veränderung des Prozentanteils kann natürlich auch andere Gründe haben (z. B. höhere nichtabzugsfähige Aufwendungen, geringere Ausschüttungen von ausländischen Tochterunternehmen).

Falls die Berechnung der Steuern vom Einkommen und vom Ertrag nicht erhältlich ist und auch keine Informationen im Anhang über wesentliche Steuernachzahlungen enthalten sind, sollte man auf jeden Fall nach der Höhe der Steuernachzahlung und dem Zeitraum, für den die Nachzahlung geleistet wurde, fragen.

Korrigiert man die Steuern vom Einkommen und vom Ertrag um diesen Betrag, kommt die Gewinnschätzung aus den Steuern der Wirklichkeit wesentlich näher.

In dem Posten Steuern vom Einkommen und vom Ertrag sind nicht nur die gezahlten Steuern, sondern bei Kapitalgesellschaften auch die Veränderung des Saldos aus aktiven und passiven latenten Steuern enthalten. Ihre Höhe kann aus dem Vergleich der Bilanzen entwickelt werden. Weil es sich bei den latenten Steuern nicht um einen effektiv gezahlten Steueraufwand oder eine Steuerrückzahlung handelt, sind die Aufwendungen für Steuern vom Einkommen und vom Ertrag um die Veränderung der latenten Steuern zu korrigieren, bevor man versucht, den Steuerbilanzgewinn aus den Steuern vom Einkommen und vom Ertrag zu berechnen.

Da man nicht den echten Gewinn ermitteln kann, sondern nur einen Gewinn, bei dem bilanzpolitische Maßnahmen weitgehend neutralisiert wurden, sind solche Schätzungen nur sinnvoll, wenn sie für eine Reihe von Jahren erstellt werden. Sie zeigen in vielen Fällen die Entwicklung der Ertragskraft besser als der handelsrechtliche Gewinn.

Ergeben sich dabei in einem oder einigen Jahren auffallende Abweichungen zwischen Handels- und geschätztem Steuerbilanzgewinn, sollte man versuchen,

– in einer Art Gegenprobe festzustellen, ob die vermuteten bilanzpolitischen Maßnahmen durch in diesen Jahren auffallende Abweichungen der Abschreibungen, der Wertberichtigungen, der Bildung und Auflösung von Rückstellungen und der Anteile der Herstellungskosten/Materialaufwand am Umsatz gegenüber den übrigen Jahren erhärtet werden können, und
– gezielt weitere Informationen zu erlangen.

Unter Berücksichtigung der weiter oben gemachten Einschränkungen, insbesondere unter der Annahme, daß das verwendbare Eigenkapital vorwiegend aus EK_{45} besteht, ließe sich der Steuerbilanzgewinn (SteuBiG) aus den Steuern vom Einkommen und vom Ertrag durch nachstehend dargestellte Berechnungsmethode ermitteln, wobei vorher die Steuern vom Einkommen und vom Ertrag um die Steuern auf die nicht abzugsfähigen Aufwendungen sowie um die Gewerbeertragsteuer auf die Hinzurechnungen ./. Kürzungen und um den Freibetrag bei der Gewerbeertragsteuer zu korrigieren sind:

Die Gewerbeertragsteuer beträgt bei einer Steuermeßzahl von 5 % und dem hier angenommenen Hebesatz von 400 % sowie unter Berücksichtigung der Abzugsfähigkeit bei sich selbst ohne Hinzurechnungen und Kürzungen 20 % × 100/120 = 16,667 % des SteuBiG.

Der Körperschaftsteuersatz betrug ab dem Veranlagungszeitraum 2001 25 % (Ausnahme Veranlagungsjahr 2003 26,5 %) zuzüglich Solidaritätszuschlag 5,5 %.

Die Gesamtbelastung mit Ertragsteuern ermittelte sich in der Vergangenheit wie folgt:

Gewinn vor Gewerbesteuer	100,00
Gewerbesteuer (Hebesatz 400 %)	16,67
Gewinn nach Gewerbesteuer	83,33
Körperschaftsteuer 25 %	20,83
	62,50
Solidaritätszuschlag 5,5 %	1,15
Gewinn nach Ertragsteuern	61,35

Die Ertragsteuerbelastung betrug somit bei einem Hebesatz von 400 % bei der Gewerbesteuer <u>38,65 %.</u>

Der Steuerbilanzgewinn betrug somit

100 : 61,35 = <u>1,63</u> Steuern vom Einkommen und Ertrag.

Konsequenzen für die Bilanzanalyse

Es sei darauf hingewiesen, daß man sich durch Unterschiede zwischen Handelsbilanzgewinn und geschätztem Steuerbilanzgewinn wegen der notwendigen Annahmen bei der Schätzung der Steuerbilanzgewinne keinesfalls zu leichtfertigen Ergebniskorrekturen verleiten lassen sollte. Diese Unterschiede sollten aber auf jeden Fall Anlaß sein, darauf zu drängen, ausführliche Informationen bezüglich der Steuerbilanzen zu erhalten.

t)   (19) Sonstige Steuern

Inhalt
Hierunter fallen

– Steuern vom Vermögen (Vermögensteuer, Gewerbekapitalsteuer, Grundsteuer),
– Verkehrsteuern (Ausfuhrzölle, Gesellschaftsteuer),
– Verbrauchsteuern (Biersteuer, Branntweinsteuer, Kaffeesteuer, Mineralölsteuer, Schaumweinsteuer, Tabaksteuer),
– sonstige Steuern (Getränkesteuer, Hundesteuer, Jagdsteuer, Kraftfahrzeugsteuer),
– die Umsatzsteuer auf Eigenverbrauch.

Steuern, die als Anschaffungskosten betrachtet werden (z. B. Eingangszölle, Grunderwerbsteuer), sollten in diesem Posten nicht enthalten sein.
   Branchentypische Verbrauchsteuern, wie z. B. die Mineralölsteuer, werden, soweit sie keine Herstellungskosten sind, von manchen Unternehmen offen von den Umsatzerlösen abgesetzt.

Konsequenzen für die Bilanzanalyse

Bilanzanalytisch gesehen hat dieser Posten keine besondere Bedeutung, da kaum Bilanzpolitik mit ihm gemacht werden kann und er im wesentlichen vom Gesetz oder von Beschlüssen von Kommunen beeinflußt wird.
   Abgesehen von Nachzahlungen aufgrund einer steuerlichen Außenprüfung sowie von Gesetzesänderungen (z. B. Abschaffung der Vermögensteuer und der Gewerbekapitalsteuer) oder Beschlüssen von Kommunen sollte man annehmen, daß sich dieser Posten weitgehend proportional zum Umsatz entwickelt.
   Sofern die Höhe der branchentypischen Verbrauchsteuern (z. B. Mineralölsteuer, Tabaksteuer) eines Unternehmens bekannt ist, kann man auf den mengenmäßigen Absatz schließen. Falls man die Höhe der branchentypischen Verbrauchsteuern kennt, sollte man auch den Umsatz abzüglich Verbrauchsteuern mit den Kosten, insbesondere mit den Aufwendungen für Roh-, Hilfs- und Betriebsstoffe und für bezogene Waren bzw. mit den Herstellungskosten, vergleichen. Ein Vergleich des nicht um die Verbrauchsteuer aufgeblähten Umsatzes mit den Kosten ergibt einen besseren Einblick in die Erlöse und in die Kostenstruktur.

u) Erträge aus Verlustübernahme

Gemäß § 277 Abs. 3 Satz 2 HGB sind Erträge aus Verlustübernahme gesondert auszuweisen.

Im gesetzlichen Gliederungsschema ist dieser Posten nicht aufgeführt.

Bilanzanalytisch ist dieser Posten dem Jahresfehlbetrag gleichzusetzen.

v) Aufgrund einer Gewinngemeinschaft, eines Gewinnabführungs- oder eines Teilgewinnabführungsvertrages abgeführte Gewinne

Gemäß § 277 Abs. 3 Satz 2 HGB sind abgeführte Gewinne aufgrund einer Gewinngemeinschaft, eines Gewinnabführungs- oder eines Teilgewinnabführungsvertrages gesondert auszuweisen.

Im gesetzlichen Gliederungsschema ist dieser Posten nicht aufgeführt.

Bilanzpolitisch ist dieser Posten dem Jahresüberschuß gleichzusetzen.

4. Umsatzkostenverfahren

(Um die Verweise im Text zu erleichtern, wurde bei den einzelnen Posten zusätzlich die Numerierung des HGB angegeben.)

Beim Umsatzkostenverfahren werden die einzelnen Kostenarten nach Funktionsbereichen aufgeteilt.

Folgende Aufteilung wird vom Gesetz gefordert:

- Herstellungskosten der zur Erzielung der Umsatzerlöse erbrachten Leistungen,
- Vertriebskosten,
- allgemeine Verwaltungskosten,
- sonstige betriebliche Aufwendungen.

Eine weitergehende Aufteilung ist möglich, z.B. Forschungs- und Entwicklungskosten.

Eine Aufteilung nach Kostenarten innerhalb der Funktionsbereiche ist nicht vorgeschrieben.

Im Anhang sind allerdings der zur Erzielung der Gesamtleistung benötigte Material- und Personalaufwand (Konzernabschluß: nur Personalaufwand), jedoch nicht aufgeteilt nach Funktionsbereichen, Bestandsveränderungen und sonstigen aktivierten Eigenleistungen, anzugeben. Außerdem enthält der Anlagenspiegel Informationen über die Abschreibungen.

Diese zusätzlichen Informationen über die Höhe des Material- und Personalaufwandes und der Abschreibungen können beim Langzeitvergleich mit Gewinn- und Verlustrechnungen nach dem Gesamtkostenverfahren dienlich sein, da sie mit den dort enthaltenen Kostenarten vergleichbar sind.

Eine zusätzliche Aufgliederung nach den wesentlichen Kostenarten innerhalb der Funktionsbereiche, zumal wenn sie Rückschlüsse auf fixe und variable Kosten zulassen, wäre jedoch sehr wünschenswert. Dies gilt besonders dann, wenn der Begriff der Herstellungskosten in der Bilanz (Bewertung Vorräte und aktivierte Eigenleistungen) von dem in der Gewinn- und Verlustrechnung abweicht.

Für die Aufteilung der Kosten auf die Funktionsbereiche gibt es, wie die folgenden Ausführungen zeigen, gewisse Interpretationsmöglichkeiten. Sie stellen allerdings die Aus-

sagekraft des Umsatzkostenverfahrens grundsätzlich nicht in Frage. Bei Betriebsvergleichen muß man sich allerdings dieser Interpretationsmöglichkeiten bewußt bleiben.

a) (1) Umsatzerlöse

Dieser Posten ist mit dem Posten Umsatzerlöse des Gesamtkostenverfahrens identisch.

b) (2) Herstellungskosten der zur Erzielung der Umsatzerlöse erbrachten Leistungen

Inhalt
In § 255 Abs. 2 des HGB sind die Herstellungskosten definiert. Sie setzen sich aus den

Materialeinzelkosten Fertigungseinzelkosten Sonderkosten der Fertigung	Pflichtbestandteile

Materialgemeinkosten
Fertigungsgemeinkosten
Wertverzehr des Anlagevermögens,
  soweit er durch die Fertigung veranlaßt ist
Kosten der allgemeinen Verwaltung
Aufwendungen für soziale Einrichtungen
  des Betriebs
Aufwendungen für freiwillige soziale Leistungen
Aufwendungen für betriebliche Altersversorgung
	Wahlbestandteile

Fremdkapitalzinsen	unter bestimmten Voraussetzungen aktivierungsfähig (§ 255 Abs. 3 HGB)

zusammen.

Steuerrechtlich sind die Materialgemeinkosten, die Fertigungsgemeinkosten und der
Wertverzehr des Anlagevermögens, soweit er durch die Fertigung veranlaßt wird, ebenfalls
Pflichtbestandteile.

Sondereinzelkosten des Vertriebs dürfen nicht in die Bewertung einbezogen werden.
Besonders für Unternehmen des Großanlagebaus hat diese Vorschrift Bedeutung.

*Mögliche unterschiedliche Begriffe der Herstellungskosten in Bilanz und Gewinn- und
Verlustrechnung*

Sofern Vorräte in der Bilanz nicht zu Vollkosten (Pflichtbestandteile und Wahlbestandteile) bewertet werden, weicht der Begriff Herstellungskosten in der Bilanz von
dem in der Gewinn- und Verlustrechnung ab.

Da es acht Wahlbestandteile gibt und sie ihrerseits voll oder teilweise in die Bewertung der Vorräte einfließen können, kann es praktisch eine unendliche Vielzahl von
Bewertungsmöglichkeiten sowie Abweichungsmöglichkeiten zwischen den Herstellungskosten in der Bilanz und in der Gewinn- und Verlustrechnung geben.

Ausgeschlossen ist es aber nicht, daß bei einer Teilkostenbewertung in der Bilanz in
der Gewinn- und Verlustrechnung der gleiche Begriff der Herstellungskosten wie in

der Bilanz verwendet wird. Das hätte zur Folge, daß der Unterschied zwischen den Teilkosten und den Vollkosten in Nr. 5 allgemeine Verwaltungskosten, Nr. 12 Zinsen und ähnliche Aufwendungen und möglicherweise teilweise in Nr. 7 sonstige betriebliche Aufwendungen ausgewiesen würde. Eine Auswirkung auf das Periodenergebnis haben die unterschiedlichen Definitionen der Herstellungskosten nicht.

Konsequenzen für die Bilanzanalyse

Falls man die Zusammensetzung der Herstellungskosten in der Bilanz und der Gewinn- und Verlustrechnung nicht kennt, kann dies zur falschen Ermittlung einer sehr wichtigen Kennzahl, nämlich der Höhe der durchschnittlichen Bevorratung, führen.

Noch gravierender wird dies, wenn die Menge der Bestände an den verschiedenen Bilanzstichtagen unterschiedlich hoch ist, was in geringem Umfang immer der Fall sein dürfte. Dann könnte z.B. ein in der üblichen einfachen Form ermittelter Vergleich der Herstellungskosten der Periode (zu Vollkosten) mit den Beständen (zu Teilkosten) im Falle eines Umsatzrückganges bei einer tatsächlichen Verlängerung der Bevorratungsdauer eine Verkürzung der Bevorratungsdauer anzeigen.

Beispiele für die falsche Ermittlung der Lagerumschlagsdauer bei Bewertung des Bestandes zu Teilkosten (ohne Berücksichtigung von Mengenveränderungen an verschiedenen Bilanzstichtagen):

Annahmen:	
Herstellungskosten der zur Erzielung der	
Umsatzerlöse erbrachten Leistungen	€ 200 (Vollkosten)
Herstellungskosten der zur Erzielung der	
Umsatzerlöse erbrachten Leistungen	€ 100 (Teilkosten)
Bestand	€ 100 (Vollkosten)
Bestand	€ 50 (Teilkosten)

Wären die Bestände in der Bilanz zu Teilkosten bewertet und vergliche man sie mit den in der Gewinn- und Verlustrechnung ausgewiesenen Herstellungskosten der zur Erzielung der Umsatzerlöse erbrachten Leistungen (Vollkosten), so errechnete sich ein Lagerumschlag von 200/50 = 4× pro Jahr, d.h. eine durchschnittliche Lagerdauer von 90 Tagen, obwohl sich das Lager nur 200/100 = 2× pro Jahr umgeschlagen hat, was eine durchschnittliche Lagerdauer von 180 Tagen bedeutet.

Verringerte sich der Umsatz um die Hälfte, ohne daß sich die Bestände mengenmäßig veränderten, ergäbe sich bei einem Vergleich der Herstellungskosten der zur Erzielung des Umsatzes erbrachten Leistungen (zu Vollkosten) mit den Beständen (zu Teilkosten) eine Umschlagsdauer von 150/50 = 3×, was eine Erhöhung der durchschnittlichen Lagerdauer auf 120 Tage bedeuten würde; tatsächlich aber hat sich – sofern die Wahlbestandteile alle fix sind – die Umschlagsdauer von 2× auf 1× verringert und die durchschnittliche Lagerdauer auf 360 Tage erhöht.

Würde sich der Umsatz verdoppeln, ohne daß sich die Bestände mengenmäßig veränderten, ergäbe sich bei einem Vergleich der Herstellungskosten der zur Erzielung der Umsatzerlöse erbrachten Leistungen (Vollkosten) und der Bestände (Teilkosten) ein Lagerumschlag von 300/50 = 6× (durchschnittliche Lagerdauer 60 Tage), die tatsächliche Umschlagsdauer dürfte aber zwischen 300/50 = 6× (durchschnittliche Lagerdauer 60 Tage) und 400/100 = 4× (durchschnittliche Lagerdauer 90 Tage) liegen, da anzunehmen ist, daß bei einer derartigen Umsatzzunahme mit einer Erhöhung der fixen Kosten zu rechnen ist.

Diese Beispiele mögen zeigen, daß bei einer Bilanzanalyse die Kenntnis der Zusammensetzung der Herstellungskosten der in der Bilanz ausgewiesenen Vorräte und die Zusammensetzung der Herstellungskosten der zur Erzielung der Umsatzerlöse erbrachten Leistungen zumindest in groben Zügen unerläßlich ist.

(In den obigen Beispielen wurde der Einfachheit und der Deutlichkeit wegen unterstellt, daß die Anwendung der gleitenden Durchschnittsmethode und der Bewertung zu Marktpreisen aufgrund des Niederstwertprinzips keinen Einfluß auf die Ermittlung der Kennzahlen hat, was aber oft nicht den tatsächlichen Verhältnissen entsprechen dürfte.)

Es sollte noch darauf hingewiesen werden, daß es selbst bei einer Bewertung der Vorräte zu Vollkosten Unterschiede zwischen den Herstellungskosten für die Bewertung der Vorräte und den Herstellungskosten der zur Erzielung der Umsatzerlöse erbrachten Leistungen geben kann, wie nachstehende Ausführungen zeigen:

– Die Herstellungskosten der zur Erzielung der Umsatzerlöse erbrachten Leistungen könnten z. B. auch die Forschungs- und Entwicklungskosten enthalten, sofern sie von dem Unternehmen nicht unter den sonstigen betrieblichen Aufwendungen oder freiwillig gesondert ausgewiesen werden. In die Bewertung der Vorräte dürfen die Forschungs- und Entwicklungskosten jedoch nicht einbezogen werden, sofern sie nicht von Dritten belastet werden oder auftragsgebunden sind.

– Das gleiche gilt auch für andere Kosten, die in den Herstellungskosten der zur Erzielung der Umsatzerlöse erbrachten Leistungen enthalten sind, wie z. B. Abschreibungen auf nicht voll genutzte Anlagen, nicht angemessene Gemeinkosten, Kosten der Gewährleistung. Da sie weder Vertriebskosten noch allgemeine Verwaltungskosten sind und aufgrund der Entstehungsgeschichte des Bilanzrichtlinien-Gesetzes nicht als sonstige betriebliche Aufwendungen (siehe dort) gelten, fallen sie unter die Herstellungskosten der zur Erzielung der Umsatzerlöse erbrachten Leistungen, obwohl sie bei der Bewertung der Vorräte nicht Bestandteil der Herstellungskosten sind. Auszuschließen ist es aber trotzdem nicht, daß sie auch unter den sonstigen betrieblichen Aufwendungen ausgewiesen werden.

– Nach § 255 Abs. 2 HGB sind Kosten der allgemeinen Verwaltung ein Wahlbestandteil der Herstellungskosten bei der Bilanzierung der Vorräte. Im Gliederungsschema der Gewinn- und Verlustrechnung ist aber ein eigener Posten für die allgemeinen Verwaltungskosten vorgesehen. In der Praxis wird es wahrscheinlich so sein, daß ein Teil der Unternehmen die im Rahmen der Herstellungskosten aktivierbaren Verwaltungskosten in den Herstellungskosten der zur Erzielung der Umsatzerlöse erbrachten Leistungen ausweist, und ein anderer Teil der Unternehmen diese Kosten unter den Kosten der allgemeinen Verwaltung zeigt. Wegen der geringen Höhe dieser Kosten dürfte dieser mögliche unterschiedliche Ausweis in der Gewinn- und Verlustrechnung bilanzanalytisch kaum zu Problemen führen.

– § 255 HGB schließt auch die Einbeziehung von Zinsen und sonstigen Steuern – Kosten, für die es eigene Posten in der Gewinn- und Verlustrechnung gibt – bei der Bewertung der Vorräte nicht aus. Sofern Zinsen und sonstige Steuern in die Bewertung der Vorräte einbezogen und die entsprechenden Aufwendungen unter den

Zinsen und sonstigen Steuern ausgewiesen werden, würden die Begriffe Herstellungskosten in der Bilanz und in der Gewinn- und Verlustrechnung unterschiedlich sein. Würden diese Kostenarten jedoch in die Herstellungskosten der zur Erzielung der Umsatzerlöse erbrachten Leistungen einbezogen, wären die Zinsen und sonstigen Steuern nicht vollständig ausgewiesen. Beide Verfahren könnten in der Praxis möglich sein.

Werden die Vorräte nicht mit den vollen Herstellungskosten bewertet, können die Unterschiede zu den Vollkosten bei Bestandserhöhungen entweder in den Herstellungskosten der zur Erzielung der Umsatzerlöse erbrachten Leistungen oder in den sonstigen betrieblichen Aufwendungen enthalten sein.

Falls Bestandsminderungen von nicht mit Vollkosten bewerteten Erzeugnissen eintreten, können die nicht in die Bewertung einbezogenen Herstellungskosten im Jahre des Verkaufs nicht in die Herstellungskosten der zur Erzielung der Umsatzerlöse erbrachten Leistungen einbezogen werden, wenn sie bereits in einem Vorjahr unter diesem Posten ausgewiesen wurden.

Die unterschiedliche Bewertung in der Bilanz und der Gewinn- und Verlustrechnung hat somit bei Bestandserhöhung eine Verminderung des Bruttoergebnisses vom Umsatz und des Ergebnisses aus gewöhnlicher Geschäftstätigkeit zur Folge. (Das Bruttoergebnis vom Umsatz vermindert sich allerdings nur, falls der Unterschied zu den Vollkosten in den Herstellungskosten ausgewiesen wird.) Bei Bestandsminderung ergibt sich eine Erhöhung des Bruttoergebnisses vom Umsatz und des Ergebnisses aus gewöhnlicher Geschäftstätigkeit.

c) (3) Bruttoergebnis vom Umsatz

Es handelt sich hierbei um den Saldo aus den Posten Nr. 1 und Nr. 2.

Konsequenzen für die Bilanzanalyse

Die Aussagefähigkeit dieses Postens hängt entscheidend von der Kenntnis der Zusammensetzung der Herstellungskosten ab. Falls der Begriff der Herstellungskosten in der Bilanz von dem in der Gewinn- und Verlustrechnung abweicht, wird das Bruttoergebnis bei einer Bestandserhöhung zu niedrig und bei einer Bestandsminderung zu hoch ausgewiesen.

d) (4) Vertriebskosten

Zu den Vertriebskosten zählen die Kosten, die dem Absatz der Erzeugnisse und Waren dienen oder dienen können.

Hierzu gehören im wesentlichen sämtliche Aufwendungen der Vertriebs-, Marketing- und Werbeabteilung, Kosten der Verkaufsförderung, des Vertreternetzes, der Verkaufsläger sowie Verpackungs- und Transportkosten. Auszuschließen ist nicht, daß einige Unternehmen auch Kosten der Gewährleistung hierin einschließen.

e) (5) Allgemeine Verwaltungskosten

Zu den allgemeinen Verwaltungskosten zählen die Verwaltungskosten, die anderen Funktionsbereichen (Herstellung, Vertrieb, evtl. Forschung und Entwicklung) nicht zugerechnet worden sind. Hierbei handelt es sich im wesentlichen um die Kosten der Geschäftsführung, des Rechnungswesens, der Finanzabteilung, der Datenverarbeitung, der Personalabteilung und der Stabsabteilungen. Spenden dürften in der Regel ebenfalls als allgemeine Verwaltungskosten angesehen werden.

f) (6) Sonstige betriebliche Erträge

Der Posten stimmt im Prinzip mit den sonstigen betrieblichen Erträgen des Gesamtkostenverfahrens überein.

Beim Umsatzkostenverfahren könnte noch der Gegenposten für die in den Herstellungskosten der Bestandserhöhung der Vorräte und der aktivierten Eigenleistungen enthaltenen sonstigen Steuern und Zinsen hinzukommen.

g) (7) Sonstige betriebliche Aufwendungen

Wie beim Gesamtkostenverfahren enthält dieser Posten alle übrigen Aufwendungen, die nicht in andere Posten der Gewinn- und Verlustrechnung einzubeziehen sind.

> Die sonstigen betrieblichen Aufwendungen des Gesamtkostenverfahrens sind aber nicht identisch mit den sonstigen betrieblichen Aufwendungen des Umsatzkostenverfahrens.

Da beim Umsatzkostenverfahren die Kosten nach Funktionsbereichen aufgeteilt werden, dürfte es eigentlich keine sonstigen betrieblichen Aufwendungen in der Gewinn- und Verlustrechnung geben. In Art. 25 der 4. EG-Richtlinie war dieser Posten auch nicht vorgesehen.

Unter diesem Posten könnten erscheinen:

– nicht aktivierte Wahlbestandteile der Herstellungskosten auf Bestandserhöhungen der Vorräte und auf aktivierte Eigenleistungen,
– Aufwendungen für die unter den sonstigen betrieblichen Erträgen erfaßten Erträge (z. B. Aufwendungen für vermietete Anlagen und Wohnungen, Aufwendungen für Sozialeinrichtungen),
– Forschungs- und Entwicklungskosten,
– Einstellungen in den Sonderposten mit Rücklageanteil (mit »davon«-Vermerk oder Angabe im Anhang).

Auszuschließen ist nicht, daß Unternehmen weitere Kosten, die aufgrund ihrer Kostenstellenrechnung keinem der ausgewiesenen Funktionsbereiche zugeordnet werden können und auch nicht unter den sehr engen Begriff der außerordentlichen Aufwendungen fallen, unter diesem Posten ausweisen.

Hierzu könnten gehören:

– Abschreibungen, die keinem der ausgewiesenen Funktionsbereiche zugeordnet werden können,
– Abfindungen,
– Spenden,
– Währungskursverluste,
– andere periodenfremde Aufwendungen,
– Verluste aus dem Abgang von Gegenständen des Anlagevermögens,
– Abschreibungen und Bildung von Wertberichtigungen auf Forderungen,
– Aufwendungen wegen unzureichend gebildeter Rückstellungen.

Da der Inhalt dieses Postens nicht genau definiert ist und er Aufwendungen mit außergewöhnlichem Charakter enthalten kann, sollte eine Aufschlüsselung seines Inhalts angestrebt werden.

h) (8–19) Die übrigen Posten des Umsatzkostenverfahrens

Sie stimmen im Prinzip mit den entsprechenden Aufwands- und Ertragsposten des Gesamtkostenverfahrens überein.

Abweichungen könnten sich bei den Abschreibungen auf Finanzanlagen und auf Wertpapiere des Umlaufvermögens ergeben, wenn unübliche Abschreibungen auf Wertpapiere des Umlaufvermögens in der Gewinn- und Verlustrechnung nach dem Gesamtkostenverfahren unter Nr. 7 b ausgewiesen würden (siehe Abschnitt E III 3 g).

Die Numerierung der Posten stimmt nicht überein. Die Numerierung des Umsatzkostenverfahrens lautet jeweils um eine Zahl niedriger.

IV. Analyse des Anhangs nach HGB

Der Anhang enthält Angaben, die der Ergänzung und Richtigstellung der Bilanz und der Gewinn- und Verlustrechnung dienen. Nach einer kurzen Durchsicht der Bilanz und der Gewinn- und Verlustrechnung empfiehlt es sich deshalb, die Informationen aus dem Anhang zusammenzustellen, um sie mit den Angaben im Lagebericht, den Erläuterungen im Bericht des Wirtschaftsprüfers und weiteren zusätzlichen Informationen zu einem Profil der Bilanzpolitik (siehe Abschnitt A VII) zu verarbeiten. Das Profil der Bilanzpolitik ist bei der Analyse der einzelnen Posten des Jahresabschlusses, der Bereinigung der vergangenen Ergebnisse, der Beurteilung der Vermögens-, Finanz- und Ertragslage und evtl. bei einer Planung zu berücksichtigen.

Zur Analyse des Anhangs gehört auch die Beurteilung der nicht abgesicherten Währungsrisiken und der eingesetzten derivativen Finanzinstrumente, soweit Angaben darüber im Anhang enthalten sind.

V. Analyse der Bilanz nach IAS/IFRS

Die Ausführungen zu den einzelnen Posten des Jahresabschlusses nach IAS/IFRS können im Gegensatz zu den Ausführungen zu den einzelnen Posten des Jahresabschlusses nach dem HGB sehr kurz gehalten werden, oder es kann auf Erläuterungen verzichtet werden, da die Jahresabschlüsse nach IAS/IFRS im Gegensatz zu den Jahresabschlüssen nach dem HGB sehr transparent und betriebswirtschaftlich sinnvoll sind, informative Daten liefern und wenig Bilanzpolitik ermöglichen.

Weitere Informationen zu den einzelnen Posten des Jahresabschlusses nach IAS/IFRS können Born, Karl: »Rechnungslegung international«, 5. Auflage, Stuttgart 2007, entnommen werden.

Als Überschriften werden die Bezeichnungen der in IAS 1 enthaltenen Mindestgliederung gewählt.

1. Sachanlagen

Bei der erstmaligen Bilanzierung sind Sachanlagen mit den Anschaffungs- oder Herstellungskosten anzusetzen. Zu den Anschaffungs- oder Herstellungskosten zählen auch die geschätzten Kosten, die im Zusammenhang mit der Verpflichtung zum Abbruch, zum Abräumen der Sachanlage und zur Wiederherstellung des Standortes stehen, an dem sie sich befindet, soweit sie nicht auf die Produktion von Vorräten entfallen.

Die Folgebewertung der Sachanlagen kann entweder zu fortgeführten Anschaffungs- oder Herstellungskosten oder zum beizulegenden Zeitwert erfolgen. Wird eine Sachanlage neu bewertet, dann ist die gesamte Gruppe der Sachanlagen, zu der dieser Gegenstand gehört, neu zu bewerten. Führt eine Neubewertung zu einer Erhöhung des Buchwertes, dann ist der Aufwertungsbetrag erfolgsneutral in eine Neubewertungsrücklage innerhalb des Eigenkapitals einzustellen.

Jeder Teil einer Sachanlage mit einem im Verhältnis zum gesamten Wert der Sachanlage bedeutenden Anschaffungswert ist getrennt abzuschreiben.

An jedem Bilanzstichtag ist zu prüfen, ob ein Anhaltspunkt vorliegt, daß ein Vermögenswert wertgemindert sein könnte. Wenn dies der Fall ist, ist der erzielbare Betrag zu schätzen. Wenn der erzielbare Betrag eines Vermögenswertes unter seinem Buchwert liegt (Verlust aus Wertminderung), hat eine außerordentliche Abschreibung zu erfolgen. Wenn der Grund für die Wertminderung wegfällt, ist eine Zuschreibung vorzunehmen.

Leasingnehmer haben Finanzierungsleasingverhältnisse als Vermögenswert und Schulden in gleicher Höhe auszuweisen. Die Kriterien für das Vorliegen eines Finanzierungsleasing sind umfassender als die der Leasingerlasse der deutschen Finanzverwaltung. Ein Ertrag aus einer Sale-and-lease-back-Transaktion ist erfolgswirksam über den Leasingzeitraum zu verteilen.

2. Als Finanzinvestition gehaltene Immobilien

Als Finanzinvestition gehaltene Immobilien, d.h. Investitionen in Grundstücke und Gebäude, die zur Erzielung von Einkünften aus Vermietung und Verpackung oder zum

Zwecke der Wertsteigerung gehalten werden, sind bei der erstmaligen Bilanzierung zu Anschaffungs- oder Herstellungskosten anzusetzen und können in den Jahren danach erfolgswirksam mit dem beizulegenden Zeitwert oder mit den fortgeführten Anschaffungs- oder Herstellungskosten bewertet werden.

3. Immaterielle Vermögenswerte

a) Geschäfts- oder Firmenwert

Ein derivativer Geschäfts- oder Firmenwert ist zu aktivieren. Er ist nicht planmäßig abzuschreiben. Es ist jährlich und wenn ein Hinweis auf Wertminderung vorliegt ein Werthaltigkeitstest und ggf. eine außerordentliche Abschreibung vorzunehmen.

b) Sonstige immaterielle Vermögenswerte

Bei der erstmaligen Bewertung sind immaterielle Vermögenswerte mit den Anschaffungs- oder Herstellungskosten anzusetzen. Forschungskosten dürfen nicht als immaterielle Vermögenswerte angesetzt werden. Entwicklungskosten sind zu aktivieren, wenn die in IAS/IFRS genannten Voraussetzungen erfüllt sind.

Die Folgebewertung der immateriellen Vermögenswerte kann entweder mit den Anschaffungs- oder Herstellungskosten abzüglich der kumulierten Abschreibungen bzw. der kumulierten Verluste aus Wertminderung oder, falls ein aktiver Markt für die immateriellen Vermögenswerte vorliegt, zum beizulegenden Zeitwert erfolgen. Immaterielle Vermögenswerte mit begrenzter Nutzungsdauer sind planmäßig abzuschreiben. Immaterielle Vermögenswerte mit unbestimmbarer Nutzungsdauer sind nicht planmäßig abzuschreiben. Es ist jährlich und wenn ein Hinweis auf Wertminderung vorliegt ein Werthaltigkeitstest und ggf. eine außerordentliche Abschreibung vorzunehmen.

4. Finanzielle Vermögenswerte (ohne nach der Equity-Methode bilanzierte Finanzanlagen, Forderungen aus Lieferungen und Leistungen und sonstige Forderungen sowie Zahlungsmittel und Zahlungsmitteläquivalente)

Hierunter fallen:

- erfolgswirksam zum beizulegenden Zeitwert bewertete Vermögenswerte,
- bis zur Endfälligkeit zu haltende, mit den fortgeführten Anschaffungskosten bewertete Finanzinvestitionen,
- zur Veräußerung verfügbare, bei der Folgebewertung mit dem beizulegenden Zeitwert bewertete finanzielle Vermögenswerte.

5. Nach der Equity-Methode bilanzierte Finanzanlagen

Hierzu gehören assoziierte Unternehmen und können Gemeinschaftsunternehmen gehören.

6. Biologische Vermögenswerte

Biologische Vermögenswerte sind beim erstmaligen Ansatz und an jedem Bilanzstichtag zu ihrem beizulegenden Zeitwert, sofern er verläßlich ermittelt werden kann, abzüglich der geschätzten Verkaufskosten zu bewerten.

7. Vorräte

Vorräte sind zu Vollkosten zu bewerten.

Bei langfristigen Fertigungsaufträgen ist die Percentage-of-Completion-Methode (Umsätze und die dazugehörigen Aufwendungen sind entsprechend dem Grad der Fertigstellung erfolgswirksam zu erfassen) anzuwenden. Erwartete Verluste sind sofort erfolgswirksam zu erfassen.

Erhaltene Anzahlungen dürfen nicht mit den Vorräten saldiert werden. Geleistete Anzahlungen dürfen nicht mit den Vorräten ausgewiesen werden.

8. Forderungen aus Lieferungen und Leistungen und sonstige Forderungen

Langfristige und kurzfristige Forderungen sind getrennt auszuweisen.

9. Zahlungsmittel und Zahlungsmitteläquivalente

Zahlungsmitteläquivalente sind kurzfristige, äußerst liquide Finanzinvestitionen, die jederzeit in bestimmte Zahlungsmittelbeträge umgewandelt werden können und nur unwesentlichen Wertschwankungen unterliegen.

10. Verbindlichkeiten aus Lieferungen und Leistungen und sonstige Verbindlichkeiten

Langfristige und kurzfristige Verbindlichkeiten sind getrennt auszuweisen.

11. Rückstellungen

Rückstellungen für Pensionen erfolgen nach dem Anwartschaftsbarwertverfahren (projected unit credit method) unter Berücksichtigung künftiger Lohn- und Gehaltssteigerungen und Orientierung des Abzinsungssatzes an erstrangigen festverzinslichen Industrieanleihen.

Sonstige Rückstellungen dürfen nur für Verpflichtungen gegenüber Dritten gebildet werden. Wenn der Unterschied zwischen Barwert und Normalbetrag wesentlich ist, dann ist der Barwert auszuweisen.

Langfristige und kurzfristige sonstige Rückstellungen sind getrennt auszuweisen.

12. Finanzverbindlichkeiten (ohne die Beträge, die unter 10. und 11. ausgewiesen werden)

Langfristige und kurzfristige Finanzverbindlichkeiten sind getrennt auszuweisen.

13. Steuerschulden und Steuererstattungsansprüche gemäß IAS 12

Steuererstattungsansprüche und Steuerschulden sind zu saldieren, wenn ein einklagbares Recht besteht, die bilanzierten Beträge gegen andere aufzurechnen und beabsichtigt ist, die Regulierung auf einer Nettobasis vorzunehmen oder gleichzeitig mit der Realisierung des betreffenden Vermögenswertes die dazugehörigen Schulden abzulösen.

14. Latente Steueransprüche und -schulden gemäß IAS 12

Diese Posten sind immer als langfristig anzusehen. Aktive und passive latente Steuern sind grundsätzlich getrennt auszuweisen.

15. Minderheitsanteile am Eigenkapital

Die IAS/IFRS betrachten die Minderheitsanteile am Eigenkapital nicht als einen gesonderten Posten, sondern als Teil des Eigenkapitals.

16. Gezeichnetes Kapital und Rücklagen, die den Anteilseignern der Muttergesellschaft zuzuordnen sind

Eigene Anteile sind vom Eigenkapital abzusetzen.
   Das Eigenkapital umfaßt auch kumulierte erfolgsneutrale Eigenkapitalveränderungen, d.h. Gewinne oder Verluste, die außerhalb der Gewinn- und Verlustrechnung direkt mit dem Eigenkapital verrechnet wurden (net income recognized directly in equity). Hierzu gehören in den IAS/IFRS

– Währungsumrechnungsdifferenzen,
– Gewinne und Verluste aus der Bewertung von Wertpapieren zum beizulegenden Zeitwert,
– Gewinne oder Verluste bei derivativen Finanzinstrumenten und immateriellen Vermögenswerten,
– Neubewertungsrücklage bei der Bewertung von Sachanlagen nach der Neubewertungsmethode,
– Deckungslücken bei den Pensionsverpflichtungen,
– Transaktionskosten bei der Ausgabe von Eigenkapital,
– Ertragsteuern auf erfolgsneutrale Eigenkapitalveränderungen.

17. Zur Veräußerung gehaltene langfristige Vermögenswerte

Gegebenenfalls sind zusätzlich die zur Veräußerung gehaltenen langfristige Vermögenswerte getrennt auszuweisen. Sie sind mit dem beizulegenden Zeitwert abzüglich Verkaufskosten zu bewerten, wenn dieser niedriger als der Buchwert ist. Sie sind nicht mehr planmäßig abzuschreiben.

VI. Analyse der Gewinn und Verlustrechnung nach IAS/IFRS

Entwicklungskosten sind zu aktivieren, wenn gewisse Voraussetzungen erfüllt sind.

Der Ausweis von außerordentlichen Posten ist bei den IAS/IFRS nicht zulässig. Aus diesem Grunde ist es besonders wichtig, die sonstigen betrieblichen Erträge und die sonstigen betrieblichen Aufwendungen im Detail zu untersuchen, inwieweit es sich um außergewöhnliche, d.h. periodenfremde, betriebsfremde, nicht regelmäßig anfallende oder bilanzpolitisch veranlaßte Vorgänge und um nicht außergewöhnliche, d.h. regelmäßig anfallende Posten handelt.

Geschäfts- und Firmenwerte und immaterielle Vermögenswerte mit unbestimmbarer Nutzungsdauer sind nicht planmäßig abzuschreiben. Es ist jährlich und wenn ein Hinweis auf eine Wertminderung vorliegt ein Werthaltigkeitstest durchzuführen und ggf. eine außerordentliche Abschreibung vorzunehmen. Hierbei handelt es sich um Abschreibungen auf vorausbezahlte erwartete, aber nicht eingetretene Übergewinne (Unterschied zwischen dem höheren Kaufpreis bzw. Ertragswert und dem Substanzwert). Sie mindern nicht das Betriebsergebnis.

Das Ergebnis nach Ertragsteuern der aufgegebenen Geschäftsbereiche und aus der Bewertung zum beizulegenden Zeitwert der zur Veräußerung gehaltenen langfristigen Vermögenswerte sowie eine Aufschlüsselung der Gesamtbeträge sind anzugeben.

Das Ergebnis eines Jahresabschlusses nach IAS/IFRS umfaßt neben dem in der Gewinn- und Verlustrechnung ausgewiesenen Ergebnis auch das Ergebnis der direkt im Eigenkapital verrechneten erfolgsneutralen Eigenkapitalveränderungen (siehe E V 14 Gezeichnetes Kapital und Rücklagen, die den Anteilseignern der Muttergesellschaft zuzuordnen sind). Es wird bei den IAS/IFRS net income recognized directly in equity und bei den US-GAAP other comprehensive income genannt.

VII. Analyse der Segmentberichterstattung nach IAS/IFRS

Unternehmen, deren Eigenkapitalanteile oder Schuldtitel öffentlich gehandelt werden, sowie Unternehmen, die dabei sind, Eigenkapitalanteile oder Schuldtitel an einer Wertpapierbörse auszugeben, sind zu einer Segmentberichterstattung verpflichtet, d.h. Angaben nach Geschäftsfeldern und Regionen zu machen.

Man unterscheidet zwischen primären Segmentberichten und sekundären Segmentberichten. Wenn die Risiken und die Eigenkapitalrendite des Unternehmens hauptsächlich auf seine Produkte und Dienstleistungen zurückzuführen sind, dann bilden die Geschäftsfelder die primären Segmentberichte und die Regionen die sekundären Segmentberichte. Andernfalls ist es umgekehrt.

Bei den primären Segmentberichten sind je Segment folgende Angaben zu machen:

- Erlöse, getrennt nach Umsätzen mit externen Kunden und anderen Segmenten,
- Segmentergebnis,
- Buchwert der Vermögenswerte,
- Schulden,
- Anschaffungskosten der Periode für Vermögenswerte, die länger als ein Jahr genutzt werden sollen (Sachanlagen, immaterielle Vermögenswerte),
- Abschreibungen,
- Gesamtsumme der wesentlichen nicht zahlungswirksamen Aufwendungen, ausgenommen die bereits anzugebenden Abschreibungen,
- Anteil am Gewinn oder Verlust von nach der Equity-Methode bilanzierten Unternehmen, falls diese Unternehmen hauptsächlich im jeweiligen Segment tätig sind,
- Buchwert der Beteiligungen der nach der Equity-Methode bilanzierten Unternehmen,
- Überleitung von den Segmentinformationen auf Informationen im Konzern- oder Einzelabschluß.

Wenn die primären Segmente Geschäftsfelder sind, dann sind für die Regionen folgende Angaben zu machen:

- Erlöse von externen Kunden für jede Region auf Basis der Absatzmärkte,
- Buchwert des Segmentvermögens nach dem Standort der Vermögenswerte für jede Region,
- Anschaffungskosten der Periode für Vermögenswerte, die länger als ein Jahr genutzt werden sollen.

Wenn die primären Segmente Regionen sind, dann sind für die Geschäftsfelder folgende Angaben zu machen:

- Erlöse nach externen Kunden,
- Buchwert der Vermögenswerte,
- Anschaffungskosten der Periode für Vermögenswerte, die länger als ein Jahr genutzt werden sollen.

Wenn die primären Segmente Regionen auf Basis der Produktionsstandorte sind und die Absatzmärkte von den Produktionsstandorten abweichen, sind zusätzlich die Erlöse mit externen Kunden nach Absatzmärkten anzugeben.

Wenn die primären Segmente Regionen auf Basis der Produktionsstandorte sind und die Produktionsstandorte von den Absatzmärkten abweichen, sind folgende Segmentinformationen für jeden Produktionsstandort zu geben:

- Buchwert der Segmentvermögenswerte nach Produktionsstandort,
- Anschaffungskosten der Periode für Vermögenswerte, die länger als ein Jahr genutzt werden sollen.

Diese Angaben haben einen hohen Informationswert bei der Analyse der Umsatzanteile und Ergebnisanteile der einzelnen Segmente am Gesamtunternehmen im Zeitablauf und bei der Erfolgs- und Vermögensanalyse eines Unternehmens aufgesplittet nach Segmenten.

VIII. Analyse der Angabepflichten (notes) nach IAS/IFRS

Die IAS/IFRS enthalten eine Vielzahl von Angabenpflichten (notes). Diese Angabepflichten bestehen nicht nur für Kapitalgesellschaften, sondern gelten für alle Unternehmen.
Zu den Angabepflichten gehören u. a.:

– Informationen über die Grundlagen der Aufstellung der Abschlüsse sowie die besonderen Bilanzierungs- und Bewertungsmethoden, die angewandt wurden und für das Verständnis des Abschlusses notwendig sind,
– Informationen, die von einzelnen IAS/IFRS gefordert werden und nicht an anderer Stelle des Abschlusses dargestellt wurden,
– zusätzliche Informationen, die nicht zwingend in einem Abschlußbestandteil darzustellen sind, aber für das Verständnis des Abschlusses notwendig sind.

Die Angabepflichten ergeben sich aus den einzelnen IAS/IFRS. Viele Angaben können wahlweise statt bei den entsprechenden Posten des Abschlusses auch in einem Anhang dargestellt werden, wobei ein Querverweis bei den entsprechenden Posten des Abschlusses enthalten sein muß.
Die Angabepflichten nach den IAS/IFRS gehen weit über die Angabepflichten nach dem HGB hinaus. Angaben, die der Richtigstellung der Bilanz und der Gewinn- und Verlustrechnung dienen, sind nicht notwendig, da Abschlüsse nach den IAS/IFRS im Gegensatz zu Abschlüssen nach dem HGB eine true and fair view vermitteln sollen.
Die Angabepflichten sind eine wertvolle Unterstützung bei der Analyse von IAS/IFRS-Abschlüssen.

F. Analyse von Konzernabschlüssen

I. Allgemeines

Der Jahresabschluß (Einzelabschluß) eines Mutterunternehmens gibt keine Auskunft über die Vermögens-, Finanz- und Ertragslage der Tochterunternehmen, obwohl das Mutterunternehmen zusammen mit den Tochterunternehmen eine wirtschaftliche Einheit bildet. Die Bilanz des Mutterunternehmens enthält lediglich den Anschaffungswert der Tochterunternehmen abzüglich eventueller Abschreibungen, und die Gewinn- und Verlustrechnung zeigt nur die im jeweiligen Geschäftsjahr erhaltenen Gewinnausschüttungen der Tochterunternehmen.

Dies ist um so unbefriedigender, je größer der Geschäftsumfang der Tochterunternehmen im Verhältnis zu dem des Mutterunternehmens ist, oder wenn es sich bei dem Mutterunternehmen sogar um eine Holdinggesellschaft handelt, d. h., daß es außer der Verwaltung der Beteiligungen überhaupt keine Geschäftstätigkeit hat.

In einem Konzernabschluß wird dagegen das Mutterunternehmen zusammen mit den Tochterunternehmen als eine wirtschaftliche Einheit betrachtet, d. h. die Tochterunternehmen werden beim Abschluß im Prinzip wie Betriebsstätten behandelt.

In Konzernabschlüssen werden bei einer Vollkonsolidierung sämtliche Posten der Jahresabschlüsse der Tochterunternehmen mit den entsprechenden Posten des Mutterunternehmens zusammengefaßt und die Posten, die aus dem Geschäftsverkehr zwischen den einzelnen Konzernunternehmen entstanden sind, ausgeschaltet. Sofern Tochterunternehmen dem Mutterunternehmen nicht zu 100 % gehören, wird unter dem Eigenkapital ein Posten »Anteile anderer Gesellschafter« und in der Gewinn- und Verlustrechnung ein Posten »anderen Gesellschaftern zustehender Gewinn/Verlust« ausgewiesen.

Eine eingehende Analyse der Vermögens-, Finanz- und Ertragslage eines Konzerns ist somit ohne einen Konzernabschluß kaum möglich. In angelsächsischen Ländern basiert eine Bilanzanalyse in der Regel sogar nur auf dem Konzernabschluß und nicht auf dem Einzelabschluß. Es muß jedoch hinzugefügt werden, daß in diesen Ländern der Konzernabschluß wesentlich informativer als der Konzernabschluß nach dem HGB ist.

Vollkonsolidierung
Die oben beschriebene Art der Konsolidierung, d. h. die durch eine Kapital-, Schulden- und Aufwands- und Ertragskonsolidierung vorgenommene Ausschaltung sämtlicher zwischen den einzelnen Konzernunternehmen enthaltenen Posten, nennt man Vollkonsolidierung. Bei der Vollkonsolidierung sind die Aktiva und Passiva neu zu bewerten, und es entsteht in der Regel ein aktiver Unterschiedsbetrag, d. h. ein Geschäfts- oder Firmenwert, auch Goodwill genannt.

In einem Konzernabschluß sind jedoch nicht alle Tochterunternehmen voll konsolidiert.

Anteilmäßige Konsolidierung – Quotenkonsolidierung
Gemeinschaftsunternehmen (Joint Ventures) dürfen nur quotal in den Konzernabschluß einbezogen werden. Sie können auch nach der nachstehend angegebenen Equity-Methode bilanziert werden.

Equity-Methode für assoziierte Unternehmen

Für assoziierte Unternehmen – das sind in der Regel Unternehmen, an denen der Konzern mit mindestens 20% und höchstens mit 50% beteiligt ist und auf deren Geschäftspolitik er einen maßgebenden Einfluß ausübt – eignet sich die Vollkonsolidierung nicht. Sie sind nach der Equity-Methode zu konsolidieren. Bei der Equity-Methode wird ähnlich wie bei der Kapitalkonsolidierung der vollkonsolidierten Tochterunternehmen der Unterschiedsbetrag zwischen dem Beteiligungsbuchwert und dem anteiligen Eigenkapital des assoziierten Unternehmens ermittelt, jedoch in einer Nebenrechnung auf die anteiligen stillen Reserven (evtl. auch stillen Lasten) und den Goodwill (evtl. auch Badwill) verteilt.

Bei der Equity-Methode erscheinen in der Konzernbilanz und in der Konzern-Gewinn- und Verlustrechnung nicht anteilig die einzelnen Posten der assoziierten Tochterunternehmen, sondern in der Bilanz der Posten »Beteiligungen an assoziierten Unternehmen« und in der Gewinn- und Verlustrechnung der Posten »Ergebnis aus assoziierten Unternehmen«. Die Equity-Methode wird deshalb auch »one-line consolidation« genannt.

Interessenzusammenführungsmethode

Falls ein Unternehmen nicht durch Kauf, sondern durch Tausch gegen neu ausgegebene Anteile eines in den Konzernabschluß einbezogenen Unternehmens Mitglied in dem Konzern wurde, wird es nach der Interessenzusammenführungsmethode in den Konzernabschluß einbezogen. Bei der Interessenzusammenführungsmethode ist keine Bewertung zu Tageswerten vorzunehmen, sondern es sind die Buchwerte weiterzuführen.

Nicht konsolidierte Unternehmen

In einem Konzernabschluß können aus besonderen Gründen (siehe Abschnitt F V) auch nicht konsolidierte Unternehmen, bewertet zu Anschaffungskosten abzüglich eventueller Abschreibungen, enthalten sein.

II. Ergänzungsfunktion des Einzelabschlusses

Für die Bilanzanalyse ist somit der Konzernabschluß wichtiger als der Einzelabschluß. Der Einzelabschluß gibt nur Auskunft über die Vermögens-, Finanz- und Ertragslage eines Teils des Konzerns, nämlich des Mutterunternehmens, das meistens die bedeutendste Gesellschaft des Konzerns ist.

Der Einzelabschluß hat somit eine Ergänzungsfunktion zum Konzernabschluß. In Deutschland ist nur aus dem Einzelabschluß ersichtlich, welcher versteuerte Gewinn tatsächlich ausschüttungsfähig ist. Der zusätzlich analysierte Einzelabschluß des Mutterunternehmens (und evtl. wichtiger Tochterunternehmen) kann Hinweise auf eine unterschiedliche Liquidität und Finanzierung des Mutterunternehmens und aller oder einzelner Tochterunternehmen geben.

In den USA weisen der Einzelabschluß und der Konzernabschluß denselben Gewinn und dieselbe Gewinnrücklage aus, da im Einzelabschluß Beteiligungen nach der Equity-Methode bewertet werden und beim Konzernabschluß keine Neuausübung von Ansatz- und Bewertungswahlrechten möglich ist.

In den USA ist es deshalb üblich, nur den geprüften Konzernabschluß, der auch Basis für die Gewinnverteilung ist, zu veröffentlichen. In Deutschland geschieht dies teilweise auch, obwohl der Einzelabschluß und nicht der Konzernabschluß durch den Aufsichtsrat oder die Gesellschafter festzustellen ist und der Einzelabschluß rechtlich als Grundlage der Gewinnverteilung dient.

III. Besonderheiten bei der Analyse von Konzernabschlüssen

Grundsätzlich sollte es, abgesehen von

- den Anteilen anderer Gesellschafter,
- den anderen Gesellschaftern zustehenden Ergebnissen,
- den nicht liquiditätswirksamen Ergebnissen aus assoziierten Unternehmen,
- den zugeschriebenen stillen Reserven auf die einzelnen Bilanzposten bei der erstmaligen Konsolidierung von Tochterunternehmen,
- der Abschreibung bzw. Verrechnung mit den Rücklagen des Unterschiedsbetrages aus der Kapitalkonsolidierung,

keine Besonderheiten oder zusätzlichen Schwierigkeiten bei der Analyse von Konzernabschlüssen geben.

Dies ist jedoch nicht der Fall. Insbesondere durch

- die gewählte Methode der Erstkonsolidierung,
- Wahlrechte,
- fehlende Vorschriften über die Währungsumrechnung sowie
- Nichteinbeziehung von Tochterunternehmen aufgrund gesetzlicher Vorschriften

wird die Analyse von Konzernabschlüssen zusätzlich erschwert.

Vergessen werden darf bei der Analyse eines Konzernabschlusses auch nicht, daß es sich um die Analyse einer wirtschaftlichen und nicht einer rechtlichen Einheit handelt.

Aus diesem Grunde

- ist in Deutschland nur der Jahresüberschuß gemäß Einzelabschluß und nicht gemäß Konzernabschluß ausschüttungsfähig,
- ist in Deutschland das Konzernergebnis nicht Grundlage der Besteuerung,
- können auf die von den ausländischen Tochterunternehmen an das Mutterunternehmen noch nicht ausgeschütteten Gewinne noch Ertragsteuern anfallen,
- kann der Ort der Cash-flow-Entstehung und des Cash-flow-Bedarfs bei international tätigen Gesellschaften voneinander abweichen, und der Transfer von erwirtschaftetem Cash-flow innerhalb des Konzerns kann durch Steuer- und Devisengesetze beeinträchtigt sein,
- haftet nicht das Vermögen des Konzerns, sondern das des jeweiligen Einzelunternehmens.

Das hat z. B. zur Folge, daß die Gläubiger bei Krediten an eine Konzerntochter in erster Linie deren Abschluß analysieren.

Der Konzernabschluß ist bei einer Kreditgewährung an eine Konzerntochter zusätzlich von Bedeutung, weil

- aus ihm die Eigenmittel und die Ertragslage der gesamten Unternehmensgruppe ersichtlich sind und
- die Ergebnisse der einzelnen Konzerngesellschaften von der Konzernmutter durch Preise und Konditionen bei den Lieferungen, Leistungen und Krediten zwischen den einzelnen Konzerngesellschaften beeinflußt werden können.

IV. Währungsumrechnung, Umrechnungsdifferenzen

1. Allgemeines

Es gibt in Deutschland keine gesetzlichen Vorschriften über die Umrechnung von Jahresabschlüssen in den Konzernabschluß. Auch in der 7. EG-Richtlinie (Konzernrichtlinie) waren keine Vorschläge enthalten. Gemäß § 313 Abs. 1 Satz 2 Nr. 2 HGB müssen im Anhang lediglich die Grundlagen für die Umrechnung in Euro angegeben werden. In der Praxis werden verschiedene Methoden der Währungsumrechnung angewendet. Sie werden im folgenden Abschnitt erläutert.

In Deutschland hat der Hauptfachausschuß (HFA) des Instituts der Wirtschaftsprüfer (IDW) am 22.10.1986 einen »Geänderten Entwurf einer Verlautbarung zur Währungsumrechnung im Jahres- und Konzernabschluß« veröffentlicht. Erst am 6./7. Mai 1998 hat der HFA den »Entwurf einer Stellungnahme: Zur Währungsumrechnung im Konzernabschluß« verabschiedet. Im August 2003 veröffentlichte der Deutsche Standardisierungsrat (DSR) DRS 14 Währungsumrechnung.

Während der HFA in seinem »Geänderten Entwurf einer Verlautbarung zur Währungsumrechnung im Jahres- und Konzernabschluß« von 1986 sowohl die Stichtagsmethode, Fristigkeitsmethode, Geld-Sachwert-Methode als auch die Zeitbezugsmethode für zulässig hielt und die funktionsspezifische Umrechnung nicht erwähnte, lehnt er sich im »Entwurf einer Stellungnahme: Zur Währungsumrechnung im Konzernabschluß« von 1998 an US-GAAP und IAS an, die die funktionsspezifische Umrechnung vorschreiben. DSR 14 schreibt ebenso wie IAS 21 die funktionsspezifische Umrechnung vor.

In den USA ist die Umrechnung der Abschlüsse von Auslandsgesellschaften im Konzernabschluß durch den Financial Accounting Standards Board (FASB) im Dezember 1981 mit dem Statement of Financial Accounting Standards (SFAS) 52 Foreign Currency Translation geregelt worden. Diesem Statement gingen anderslautende Statements in den 60er und 70er Jahren voraus. SFAS 52 schreibt die funktionsspezifische Umrechnung vor.

Das International Accounting Standards Committee (IASC) hat im Jahre 1983 mit dem International Accounting Standard 21 Accounting for the Effects of Changes in Foreign Exchange Rates die Währungsumrechnung geregelt. Er schreibt ebenfalls die funktionsspezifische Umrechnung vor.

Da Konzernabschlüsse nicht unerheblich von der angewandten Methode der Währungsumrechnung und der Behandlung der Umrechnungsdifferenzen beeinflußt werden und es keine gesetzlichen Vorschriften über die anzuwendende Methode gibt, werden nachstehend die verschiedenen bekannten Methoden der Währungsumrechnung in der Reihenfolge ihrer Entstehung in ihren wesentlichen Grundzügen vorgestellt.

2. Methoden der Währungsumrechnung

Bei der folgenden Darstellung der bekannten Methoden der Währungsumrechnung wird auch auf die Entwicklung und Anwendung der einzelnen Methoden in den USA eingegangen:

a) *Stichtagskursmethode (current rate method),* d. h. die einheitliche Umrechnung aller Bilanzposten zum Wechselkurs am Bilanzstichtag (Tageskurs)

Die Posten der Gewinn- und Verlustrechnung werden hierbei entweder ebenfalls zum Kurs am Bilanzstichtag (reine Stichtagskursmethode) oder zum Kurs zum Zeitpunkt der Geschäftsvorfälle (modifizierte Stichtagskursmethode), d. h. in der Praxis zu Jahres-, Quartals- oder Monatsdurchschnittskursen, umgerechnet.

Von amerikanischen Berufsorganisationen ist die Stichtagskursmethode als einzige Umrechnungsmethode nicht empfohlen worden.

Die Anwendung der Stichtagskursmethode kann bei sehr unterschiedlicher Entwicklung der Wechselkurse zu nicht aussagefähigen Wertansätzen im Konzernabschluß führen.

b) *Fristigkeitsmethode (current-non current method),* d. h. die differenzierte Umrechnung aller Bilanzposten nach der Dauer ihres Verbleibs

Langfristig gebundene Posten, nämlich Anlagevermögen, langfristige Forderungen und langfristige Verbindlichkeiten und das bilanzielle Eigenkapital, werden mit den Kursen der Anschaffung und Entstehung (historischer Kurs) und kurzfristig gebundene Posten, nämlich Vorräte, flüssige Mittel, kurzfristige Forderungen und Verbindlichkeiten, werden zum Wechselkurs am Bilanzstichtag (Tageskurs) umgerechnet. Für Aufwendungen (mit Ausnahme der Abschreibungen = historischer Kurs) und Erträge ist der Durchschnittskurs des Monats, in dem sie entstanden sind, anzuwenden.

In den USA wurde diese Methode bereits im Jahr 1931 vom American Institute of Accountants (AIA) vorgeschlagen und vom American Institute of Certified Public Accountants (AICPA) im Accounting Research Bulletin 43 im Jahre 1953 empfohlen. Bis 1965 war es die einzig zulässige Methode der Währungsumrechnung in den USA. Mit der Aufhebung der Goldstandards und der Einführung freier Wechselkurse begann in den USA die Abkehr von der Fristigkeitsmethode. Seit 1975 ist sie dort nicht mehr erlaubt.

c) *Nominal-Sachwert-Methode (monetary-non monetary method),* d. h. die differenzierte Umrechnung der Bilanzposten nach dem Geld- oder Sachwertcharakter der Abschlußposten

Die monetären Werte (flüssige Mittel, Forderungen, Verbindlichkeiten) werden mit dem Wechselkurs am Bilanzstichtag (Tageskurs) und die nicht monetären Werte (Anlagevermögen, Vorräte, bilanzielles Eigenkapital) werden mit historischen Kursen umgerechnet. Von der Fristigkeitsmethode unterscheidet sich die Nominal-Sachwert-Methode durch die Umrechnung der Vorräte mit historischen Kursen (Fristigkeitsmethode: Stichtagskurs) und die Umrechnung der langfristigen Verbindlichkeiten mit dem Stichtagskurs (Fristigkeitsmethode: historischer Kurs).

In den USA wurde diese Methode von der National Association of Accountants (NAA) in der Schrift »Management Accounting Problems in Foreign Operations, Research

Report No. 36, 1960, 2nd printing 1971« empfohlen. Das AICPA hat in einem 1971 vorgeschlagenen Richtlinienentwurf zum Problem der Währungsumrechnung sowohl die current-non current method als auch die monetary-non monetary method als mögliche Umrechnungsverfahren genannt.

d) *Zeitbezugsmethode (temporal principle method)*, d.h. die differenzierte Umrechnung aller Bilanzposten mit der Fiktion, als bilanziere das ausländische Tochterunternehmen von vornherein in der Währung der Muttergesellschaft

Bei der Zeitbezugsmethode werden die Geschäftsvorfälle ausländischer Tochterunternehmen im Konzernabschluß wie Fremdwährungsgeschäftsvorfälle des Mutterunternehmens behandelt.

Anlagevermögen und Vorräte, soweit sie mit Anschaffungs- oder Herstellungskosten bewertet werden, das Eigenkapital und die Abschreibungen werden mit historischen Kursen umgerechnet, Anlagevermögen und Vorräte, soweit sie nicht zu Anschaffungs- oder Herstellungskosten (z. B. niedrigerer Marktpreis) bewertet wurden, flüssige Mittel, Forderungen und Verbindlichkeiten werden mit dem Wechselkurs am Bilanzstichtag (Tageskurs) umgerechnet.

Die Fiktion, das ausländische Tochterunternehmen bilanziere von vornherein in der Währung des Mutterunternehmens, hat zur Folge, daß in der Konzernbilanz von den Euro-Anschaffungskosten (Anschaffungskosten in Fremdwährung × historischer Kurs) und den Euro-Wiederbeschaffungskosten (Zeitwert in Fremdwährung × Stichtagskurs) der niedrigere Wert anzusetzen ist (Niederstwerttest).

Bei Bewertung sämtlicher Sachwerte mit den Anschaffungs- oder Herstellungskosten entspricht die Zeitbezugsmethode der Nominal-Sachwert-Methode. Unterschiede ergeben sich, wenn Sachwerte mit Zeitwerten angesetzt werden.

In den USA hat der Financial Accounting Standards Board (FASB) 1975 die Zeitbezugsmethode (temporal principle method) mit seinem Statement of Financial Accounting Standards (SFAS) 8 für Geschäftsjahre beginnend ab 1. 1. 1976 für verbindlich erklärt. SFAS 8 ist von der Praxis heftig kritisiert worden. Durch die Bilanzierung nach der Zeitbezugsmethode wurden nämlich wegen des in der zweiten Hälfte der siebziger Jahre des vorigen Jahrhunderts laufend fallenden Kurses des US-Dollars gegenüber wichtigen europäischen Währungen und dem Yen die ausgewiesenen Ergebnisse in den Konzernabschlüssen von US-Gesellschaften erheblich geschmälert, was dem Bemühen amerikanischer Unternehmen, möglichst günstige Ergebnisse auszuweisen, entgegentrat. Gleichzeitig kam es wegen der floatenden Währungen zu starken Schwankungen in den veröffentlichten Quartalsergebnissen.

e) *Funktionsspezifische Umrechnung (functional currency approach)*, d.h. Kombination von Stichtagskurs- und Zeitbezugsmethode in Abhängigkeit von der Intensität der Geschäftsbeziehungen zwischen Mutterunternehmen und Tochterunternehmen

Falls die Geschäftsbeziehungen zwischen dem Mutterunternehmen und einem ausländischen Tochterunternehmen nicht intensiv sind, ist die Stichtagskursmethode, und bei intensiven Geschäftsbeziehungen ist die Zeitbezugsmethode anzuwenden. Im ersten Fall unterstellt man praktisch ein auf Gewinnerzielung ausgerichtetes eigenständiges Unternehmen und im zweiten Fall eine unselbständige ausländische Betriebsstätte.

Bei relativ selbständig von dem Mutterunternehmen operierenden und weitgehend in die Wirtschaftsordnung des Gastlandes integrierten Tochterunternehmen (z. B. Produktionsgesellschaften) ist die Währung des Sitzlandes des Tochterunternehmens als funktionale Währung anzusehen und bei weitgehend in den Konzern integrierten Tochterunternehmen (z. B. Vertriebsgesellschaften) ist die Währung des Sitzlandes des Mutterunternehmens als funktionale Währung anzusehen. Funktionale Währung kann auch die Währung eines Drittlandes sein.

Bei relativ selbständig von dem Mutterunternehmen operierenden Tochterunternehmen ist es das Ziel der Umrechnung, Ergebnisse und Jahresabschlußstrukturen in der Fremdwährung, d. h. der funktionalen Währung, nicht durch den Umrechnungsvorgang zu verzerren, sondern lediglich in die Währung des Mutterunternehmens zu transferieren, d. h. nach der Stichtagsmethode in den Konzernabschluß einzubeziehen. Bei weitgehend in den Konzern integrierten Tochterunternehmen ist der Jahresabschluß des Tochterunternehmens in die »funktionale Währung«, d. h. in die Währung des Mutterunternehmens, umzubewerten, wobei das gleiche Ergebnis erzielt werden soll, wie es sich ergeben hätte, wenn die Bücher des Unternehmens von vornherein in der funktionalen Währung geführt worden wären. Die Umbewertung geschieht dabei praktisch nach der Zeitbezugsmethode.

Die funktionsspezifische Umrechnung bezieht die Wechselkursumrechnung auf die Investition in dem ausländischen Unternehmen insgesamt und nicht wie die Zeitbezugsmethode auf die einzelnen Aktiva und Passiva. Wechselkurskorrekturen – sofern sie nicht aus dem laufenden Geschäft entstehen – gehen nicht in die Gewinn- und Verlustrechnung ein, sondern werden bis zum Verkauf oder bis zur Liquidation des ausländischen Tochterunternehmens als separater Posten unter dem Eigenkapital ausgewiesen. In den USA hat der FASB im Dezember 1981 mit knapper Mehrheit (4:3) SFAS 52 verabschiedet, in dem die funktionsspezifische Umrechnung für Geschäftsjahre beginnend ab 15. 12. 1982 für verbindlich erklärt wurde. Falls bei der »funktionalen Währung« die kumulative Inflation 100 % oder mehr in drei Jahren beträgt, ist nach SFAS 52 jedoch die Währung des Mutterunternehmens dem Jahresabschluß zugrunde zu legen. Das IASC schreibt für Geschäftsjahre beginnend ab 1. Januar 1985 ebenfalls die funktionsspezifische Umrechnung vor.

3. Entstehung von Währungsumrechnungsdifferenzen

Durch die Anwendung von unterschiedlichen Umrechnungskursen ergeben sich zwangsläufig sowohl in der Bilanz als auch in der Gewinn- und Verlustrechnung Währungsumrechnungsdifferenzen.

Die Währungsumrechnungsdifferenzen in der Bilanz entstehen dadurch, daß Anlagevermögen und Eigenkapital bzw. Umlaufvermögen und Fremdkapital nicht gleich sind oder anders ausgedrückt, daß das Umlaufvermögen teilweise durch Eigenkapital oder das Anlagevermögen teilweise durch Fremdkapital finanziert wird.

Währungsumrechnungsdifferenzen in der Bilanz können folgende Gründe haben:

– bei konstanten Kursen hat sich die Relation zwischen den mit historischen Kursen umgerechneten Posten (Anlagevermögen, Eigenkapital) und den mit Stichtagskursen umgerechneten Posten (Umlaufvermögen, Fremdkapital) geändert,
– der Umrechnungskurs zum Bilanzstichtag hat sich gegenüber dem Vorjahr verändert.

Die Währungsumrechnungsdifferenzen in der Gewinn- und Verlustrechnung ergeben sich dadurch, daß einzelne Posten (z. B. Abschreibungen) mit unterschiedlichen Kursen umgerechnet werden und das Jahresergebnis nicht als Restgröße betrachtet, sondern zum Stichtagskurs in Euro umgerechnet wird.

Eine Differenz zwischen dem umgerechneten Ergebnis in der Bilanz und dem in der Gewinn- und Verlustrechnung entsteht dann, wenn das Ergebnis in der Gewinn- und Verlustrechnung mit dem Stichtagskurs umgerechnet wird und in der Bilanz nicht alle Posten (Anlagevermögen, Eigenkapital) mit dem Stichtagskurs umgerechnet werden.

Wirtschaftlich betrachtet haben alle Währungsumrechnungsdifferenzen Eigenkapitalcharakter.

Während Währungsumrechnungsdifferenzen in der Gewinn- und Verlustrechnung immer erfolgswirksam zu verrechnen sind, werden bilanzielle Währungsumrechnungsdifferenzen in den Jahresabschlüssen zum Teil erfolgswirksam und zum Teil erfolgsunwirksam verrechnet, d.h.

– Währungsumrechnungsdifferenzen während des Geschäftsjahres werden entweder gesondert oder in den sonstigen betrieblichen Aufwendungen und Erträgen ausgewiesen (erfolgswirksam) oder

– Währungsumrechnungsdifferenzen werden unter Umgehung der Gewinn- und Verlustrechnung als Sonderposten des Eigenkapitals gezeigt und direkt mit dem Eigenkapital verrechnet (erfolgsunwirksam), wobei sie zum Teil getrennt oder zusammen mit anderen Rücklagen in einer Summe ausgewiesen werden.

Auch eine imparitätische Behandlung ist möglich (Umrechnungsverluste Gewinn- und Verlustrechnung, Umrechnungsgewinne Einstellung in eine Rückstellung für künftige Umrechnungsverluste).

Nach SFAS 52 und IAS 21 sind die bilanziellen Währungsumrechnungsdifferenzen (bei den wirtschaftlich selbständigen ausländischen Tochterunternehmen) erfolgsneutral in einem Sonderposten des Eigenkapitals auszuweisen.

4. Behandlung der Währungsumrechnungsdifferenzen

Bei allen Methoden der Währungsumrechnung – mit Ausnahme der Stichtagsmethode, die bei weitgehend in einen Konzern integrierten Tochterunternehmen am wenigsten richtig ist – entstehen somit formal Währungsumrechnungsdifferenzen. Ihre Entstehung aufgrund der Konsolidierungstechnik wurde weiter oben erläutert.

Durch die Währungsumrechnung mit verschiedenen Kursen wird praktisch so getan, als ob Geschäftsvorfälle, die sowohl Bestandskonten als auch Konten der Gewinn- und Verlustrechnung ansprechen, im Soll und im Haben mit unterschiedlichen Beträgen gebucht worden wären. Bekanntlich ist das in der Buchhaltung unmöglich.

Diese bei einer Währungsumrechnung mit verschiedenen Kursen entstandenen Differenzen müssen deshalb so gut es geht bei der Bilanzanalyse korrigiert werden.

Bei der Analyse eines Konzernabschlusses ist es deshalb weniger wichtig zu wissen, aus welchen konsolidierungstechnischen Gründen Währungsumrechnungsdifferenzen entstanden sind, sondern welchen Gewinn- und Verlustposten sie zuzurechnen sind.

Konsequenzen für die Bilanzanalyse

Die Auswirkungen der Währungsumrechnung auf den Konzernabschluß hängen nicht nur von der gewählten Umrechnungsmethode, sondern auch von der Kursentwicklung

(Fallen oder Steigen der fremden Währungen) und der Finanzierungsstruktur der ausländischen Tochterunternehmen ab.

In Abschnitt F I Allgemeines wurde gesagt, daß man bei einem Konzernabschluß das Mutterunternehmen zusammen mit den Tochterunternehmen als eine wirtschaftliche Einheit betrachtet, d.h. die Tochterunternehmen werden wie Betriebsstätten behandelt.

Wollte man in letzter Konsequenz nach obigem theoretisch richtigen Prinzip eine Konsolidierung durchführen, d.h. die einzelnen Tochterunternehmen wie Betriebsstätten behandeln, würde das eine zusätzliche parallele Erfassung sämtlicher Geschäftsvorfälle sowie die Fortführung der Werte der Vermögensgegenstände und Schulden in der Währung des Mutterunternehmens erfordern, was in den meisten Fällen nicht praktikabel sein dürfte.

Bei einer Konsolidierung der aufgrund einer solchen Parallelbuchhaltung in der Währung des Mutterunternehmens aufgestellten Jahresabschlüsse können keine Währungsumrechnungsdifferenzen entstehen. Es kann nur Kursdifferenzen aus der Geschäftstätigkeit geben, wie sie bei jedem Unternehmen, das Geschäfte in fremder Währung tätigt, anfallen.

Folglich sollte man auch bei einer Aufbereitung des Konzernabschlusses sämtliche Währungsumrechnungsdifferenzen – gleich nach welcher Methode sie umgerechnet oder wie sie ausgewiesen werden – den Posten des Jahresabschlusses zurechnen, bei denen sie bei einer theoretisch richtigen Konsolidierung ausgewiesen worden wären.

Währungsumrechnungsdifferenzen betreffen immer Aufwendungen und Erträge und führen dadurch zu einer Veränderung des Eigenkapitals. Da das Eigenkapital nur durch Einlagen, Ausschüttungen und das Jahresergebnis verändert werden kann, müßten bei einer Bilanzanalyse alle direkt mit dem Eigenkapital verrechneten Währungsumrechnungsdifferenzen in eine aufbereitete Konzern-Gewinn- und Verlustrechnung übertragen werden und möglichst zusammen mit den in der Gewinn- und Verlustrechnung ausgewiesenen Währungsumrechnungsdifferenzen den Aufwendungen und Erträgen zugerechnet werden, bei denen sie bei einer Betriebsstättenkonsolidierung ausgewiesen worden wären. Falls für eine solche teilweise oder vollständige Zurechnung nur ungenügende Informationen vorliegen – was die Regel sein dürfte –, sollten sämtliche nicht zurechenbaren Währungsumrechnungsdifferenzen bei der Aufbereitung des Konzern-Jahresabschlusses als ein besonderer Posten bei den außerordentlichen Aufwendungen und Erträgen betrachtet werden.

Eine erfolgsunwirksame (erfolgsneutrale) Verrechnung der bilanziellen Währungsumrechnungsdifferenzen unter Umgehung der Gewinn- und Verlustrechnung sollte es bei einer Bilanzanalyse nicht geben, da

– dann das Ergebnis laut Bilanz mit dem der Gewinn- und Verlustrechnung nicht mehr übereinstimmt und
– Aufwendungen und Erträge unvollständig erfaßt sind.

Die Wechselkurskorrektur bei der funktionsspezifischen Umrechnung sollte bei einer Bilanzanalyse als separater Posten in der bereinigten Gewinn- und Verlustrechnung gezeigt werden.

5. Auswirkungen der Inflation, insbesondere der Hochinflation, auf den Ausweis der Ertragslage

Viele Währungen hatten bisher eine höhere Inflationsrate als der Euro, und dementsprechend war in diesen Ländern das Zinsniveau in der Regel höher als in der Eurozone. Insbesondere bei Hochinflationsländern kann dies trotz einer »Betriebsstättenkonsolidierung« zu Verzerrungen in der konsolidierten Gewinn- und Verlustrechnung führen, die im wesentlichen folgende Gründe haben:

- die Umsatzerlöse in Landeswährung, umgerechnet in Euro, sind überhöht, da die Verkaufspreise die erwarteten Wertverluste der Forderungen bis zum Zahlungstag enthalten,
- die in Euro umgerechneten Herstellungskosten sind zu niedrig, da die Vorräte nicht zu den Wiederbeschaffungskosten des Verkaufstages umgerechnet wurden,
- die in Euro umgerechneten Zinsen für Kredite in Landeswährung enthalten den Wertverfall der Schulden und sind deshalb überhöht.

Dadurch ergeben sich scheinbar hohe Betriebsergebnisse und hohe negative Finanzergebnisse.

Um aussagefähigere Konzern-Gewinn- und Verlustrechnungen zu erhalten, die die tatsächlichen wirtschaftlichen Verhältnisse widerspiegeln, müßten deshalb

- die Umsatzerlöse mit den niedrigeren Kursen des Zahlungstages bzw. ersatzweise mit den Kursen zum Fakturierungstag abzüglich der kalkulierten oder tatsächlichen Kursverluste auf Forderungen umgerechnet werden
  (dadurch kein Ausweis von überhöhten Umsatzerlösen und wesentlich reduzierter Ausweis von Kursverlusten auf Forderungen),
- die Herstellungskosten mit den Wiederbeschaffungskosten in Landeswährung des Verkaufstages umgerechnet bzw. mit den Herstellungskosten in Euro unter Berücksichtigung von Kursänderungen bei den Verbindlichkeiten angesetzt werden
  (dadurch kein Ausweis von zu niedrigen Gestehungskosten und kein Ausweis von Kursverlusten oder überhöhten Zinsen für das zur Finanzierung der Vorräte benötigte Fremdkapital),
- der in dem Zinsaufwand enthaltene Inflationsausgleich (Nominalzins ./. Realzins) für den Wertverfall der Schulden in Landeswährung mit den Kursgewinnen aus Verbindlichkeiten kompensiert werden
  (dadurch keine Aufblähung des Zinsaufwandes und reduzierter Ausweis von Kursgewinnen auf Verbindlichkeiten).

Bei dem zuvor Gesagten wurde unterstellt, daß das Anlagevermögen mit dem Kurs im Jahr des Zugangs umgerechnet wurde und deshalb keine Korrektur notwendig ist, sowie daß die im Landesabschluß enthaltenen inflationsbedingten Aufwertungen des Anlagevermögens und des Eigenkapitals keinen Eingang in den Konzernabschluß fanden.

Auch wenn sich die Inflation und der Außenwert der Währung des Hochinflationslandes nicht vollkommen parallel entwickeln – was unterstellt wurde –, können durch diese Art der Umrechnung wesentliche Verzerrungen aufgrund der Inflation aus dem Abschluß herausgefiltert werden.

Welche Korrekturen man bei der Aufbereitung des Konzernabschlusses ggf. global vornehmen kann und sollte, hängt von den im Einzelfall konkret zur Verfügung stehenden Informationen und von der relativen Bedeutung der Auswirkungen der Inflation, insbesondere der Hochinflation, auf die Ertragslage des Konzerns insgesamt ab.

Weitere Ausführungen hierzu siehe unter Abschnitt C IX 2 c Hartwährungsabschluß.

V. Konzernabschluß nach HGB

1. Eigenständige Konzernbilanzpolitik

Im Konzernabschluß

– sind die Vermögensgegenstände und Schulden der in den Konzernabschluß einbezogenen Unternehmen nach den auf den Jahresabschluß des Mutterunternehmens anwendbaren Bewertungsmethoden einheitlich zu bewerten (§ 308 Abs. 1 Satz 1 HGB) und
– können die nach dem Recht des Mutterunternehmens zulässigen Bilanzierungswahlrechte (Ansatzwahlrechte) unabhängig von ihrer Ausübung in den Einzelabschlüssen der einbezogenen Unternehmen neu ausgeübt werden (§ 300 Abs. 2 Satz 2 HGB).

Dies bedeutet, daß derselbe Sachverhalt im Einzel- und Konzernabschluß unterschiedlich dargestellt werden kann, jedoch sind Abweichungen von den beim Jahresabschluß des Mutterunternehmens angewandten Bewertungsmethoden im Konzernanhang anzugeben und zu begründen (§ 308 Abs. 1 Satz 3 HGB).

Die neue Ausübung der Bewertungswahlrechte und der Bilanzierungswahlrechte (Ansatzwahlrechte) wird in der Regel in sogenannten Handelsbilanzen II in einer Nebenrechnung dargestellt.

Eine solche Neubewertung kann somit zur Folge haben, daß das Konzernergebnis erheblich von der Summe der Einzelergebnisse abweicht, z. B. durch

– Inanspruchnahme der steuerrechtlichen Sonderabschreibungen im Einzelabschluß, jedoch nicht Konzernabschluß,
– Ansatz der Herstellungskosten zu Einzelkosten in einem Abschluß und zu Einzel- und Gemeinkosten in dem anderen Abschluß,
– Ansatz degressiver Abschreibungen im Einzelabschluß und linearer Abschreibungen im Konzernabschluß,
– Anwendung unterschiedlicher Zinssätze bei den Pensionsrückstellungen,
– Vornahme von Wertaufholungen im Konzernabschluß und aus steuerlichen Gründen Beibehaltung der niedrigeren Werte im Einzelabschluß,
– Auflösung von bei Nicht-Kapitalgesellschaften gebildeten stillen Reserven aufgrund von Abschreibungen im Rahmen vernünftiger kaufmännischer Beurteilung (§ 253 Abs. 4 HGB), die im Konzernabschluß aufgelöst werden müssen (§ 298 Abs. 1, § 279 Abs. 1 Satz 1 HGB),
– Bewertung des Anlage- und Vorratsvermögens zu Wiederbeschaffungswerten in ausländischen Einzelabschlüssen und zu Anschaffungswerten im Konzernabschluß.

Neben unterschiedlicher Ausübung der Bewertungswahlrechte, für die einige Beispiele aufgeführt wurden, kann das Konzernergebnis von der Summe der Einzelergebnisse noch durch die Neuausübung der vielen Bilanzierungswahlrechte (Ansatzwahlrechte) abweichen (siehe Abschnitt A VI 3 b).

Für die Anpassung der in den Einzelabschlüssen der Tochterunternehmen angewandten Bewertungsmethoden an die des Mutterunternehmens besteht keine Berichtspflicht.

Das bedeutet, daß eine deutsche Konzernleitung eine eigenständige Konzernbilanzpolitik betreiben kann. Somit spielen die beim Einzelabschluß angestellten ausschüttungsbezogenen und steuerlichen Überlegungen beim Konzernabschluß keine Rolle.

Durch die von den steuerlichen Überlegungen beim Einzelabschluß losgelöste, mögliche eigenständige Konzernbilanzpolitik und die unterschiedlichen Steuersätze in den einzelnen Ländern ist beim Konzernabschluß kaum ein Rückschluß von den ausgewiesenen Steuern vom Einkommen und vom Ertrag auf den tatsächlichen Erfolg möglich.

2. Konsolidierungskreis

In den Konzernabschluß müssen gemäß § 294 Abs. 1 HGB alle Tochterunternehmen, die unter der einheitlichen Leitung einer Kapitalgesellschaft mit Sitz im Inland (§ 290 Abs. 1 HGB) stehen, einbezogen werden.

Hierzu gibt es Ausnahmen, und zwar in

– § 295 HGB: Verbot der Einbeziehung von Tochterunternehmen, deren Einbeziehung ein nicht den tatsächlichen Verhältnissen entsprechendes Bild der Vermögens-, Finanz- und Ertragslage des Konzerns vermitteln würde;
– § 296 HGB: Verzicht auf die Einbeziehung von Tochterunternehmen,
  – bei denen die Ausübung der Rechte des Mutterunternehmens beeinträchtigt ist,
  – bei denen erforderliche Angaben äußerst schwierig zu erhalten sind,
  – die nur zum Zwecke der Weiterveräußerung gehalten werden,
  – die nur von geringer Bedeutung sind.

Arbeitsgemeinschaften werden in der Praxis oft nicht konsolidiert. Sofern Forderungen und Verbindlichkeiten gegenüber Arbeitsgemeinschaften bekannt sind, sollten sie in der Bilanzanalyse unter Forderungen bzw. Verbindlichkeiten gegenüber Unternehmen, mit denen ein Beteiligungsverhältnis besteht, gezeigt werden.

Somit besteht nach dem HGB für

– Unternehmen, die nicht unter einheitlicher Leitung stehen, obwohl sie den gleichen Eigentümern gehören (»Parallelgesellschaften«),
– Mutterunternehmen mit Sitz im Ausland,
– Unternehmen in den Händen eines Einzelkaufmanns oder von Personengesellschaften

keine Pflicht zur Aufstellung eines Konzernabschlusses.

Eine Pflicht zur Einbeziehung in den Konzernabschluß entfällt für Tochterunternehmen, wenn dem Mutterunternehmen trotz entsprechender Kapitalbeteiligung nicht die Mehrheit der Stimmrechte zusteht. Umgekehrt besteht die Pflicht zur Einbeziehung in den Konzernabschluß, wenn dem Mutterunternehmen bei dem Tochterunternehmen

– bei einer Minderheitsbeteiligung die Mehrheit der Stimmrechte der Gesellschaft zusteht,
– das Recht zusteht, die Mehrheit der Verwaltungs-, Leitungs- oder Aufsichtsorganmitglieder zu bestellen oder abzuberufen und es gleichzeitig Gesellschafter ist oder
– das Recht zusteht, einen beherrschenden Einfluß vertraglich oder satzungsmäßig auszuüben.

Konsequenzen für die Bilanzanalyse

Durch die Nichteinbeziehung von Tochterunternehmen in den Konzernabschluß ist es möglich, daß die Darstellung der Vermögens-, Finanz- und Ertragslage eines Konzerns beeinträchtigt wird. Der Bilanzanalytiker sollte deshalb bei einer Konzernbilanzanalyse versuchen, sich ein Bild über die Größenordnung der nicht einbezogenen Gesellschaften, insbesondere über ihren Buchwert, das Reinvermögen, die Verbindlichkeiten und die Ergebnisse zu verschaffen, um festzustellen, ob durch die Nichteinbeziehung von Tochterunternehmen in die Konsolidierung die Darstellung der Vermögens-, Finanz- und Ertragslage des Konzerns wesentlich beeinflußt wird. Sofern nicht einbezogene Tochterunternehmen wirtschaftlich von Bedeutung sind, sollten auch die Gründe für die Nichteinbeziehung kritisch betrachtet werden. Möglich wäre z.B., daß Tochterunternehmen mit hohen Verlusten über mehrere Jahre nicht in den Konzernabschluß einbezogen wurden, weil ihre Veräußerung beabsichtigt ist.

Die Darstellung der Finanzlage kann auch beeinträchtigt werden, wenn für Tochterunternehmen, deren Abschlußstichtag weniger als drei Monate von dem Stichtag des Konzernabschlusses abweicht, kein Zwischenabschluß aufgestellt wird (§ 299 HGB).

3. Größenabhängige Befreiungen

Ein Mutterunternehmen (AG, KGaA oder GmbH) ist von der Pflicht zur Aufstellung eines Konzernabschlusses befreit, wenn an zwei aufeinanderfolgenden Stichtagen zwei der drei folgenden Größenmerkmale nicht überschritten werden (§ 293 Abs. 1 HGB):

	Gesamtsummen der Einzel-abschlüsse der einzubeziehenden Konzernunternehmen	oder	fiktiver Konzernabschluß
Bilanzsumme(n)	19.272 Mio. €		16.060 Mio. €
Umsatzerlöse	38.544 Mio. €		32.120 Mio. €
Arbeitnehmer	250		250

Die obigen Größenmerkmale gelten ab dem Geschäftsjahr 2000 (Herabsetzung der Größenmerkmale auf etwa die Hälfte durch das KapCoRiLiG).

Sofern gemäß Publizitätsgesetz von Nicht-Kapitalgesellschaften ein Konzernabschluß zu erstellen ist, müssen zwei der drei folgenden Größenmerkmale an drei aufeinanderfolgenden Stichtagen überschritten werden (§ 11 Abs. 1 Nr. 3 PublG), wobei sie allerdings nur für das Inland gelten:

Bilanzsumme	65 Mio. €
Umsatzerlöse	130 Mio. €
Arbeitnehmer	5.000

Die Aussagekraft eines nach dem Publizitätsgesetz erstellten Konzernabschlusses ist jedoch wegen der Möglichkeiten des § 253 Abs. 4 HGB (Abschreibungen im Rahmen vernünftiger kaufmännischer Beurteilung) und des § 5 Abs. 5 PublG (Veröffentlichung nur von Teilen der Gewinn- und Verlustrechnung ohne das Jahresergebnis) beschränkt. Außerdem ist für diese Jahresabschlüsse auch nicht das Gliederungsschema des § 266 HGB verbindlich.

Für Mutterunternehmen in der Rechtsform einer Personengesellschaft oder eines Einzelkaufmanns, die sich ausschließlich auf die Vermögensverwaltung beschränken, besteht keine Verpflichtung zur Aufstellung eines Konzernabschlusses (§ 11 Abs. 5 Satz 2 PublG). Ein Konzernabschluß ist erst auf der nächsten Stufe aufzustellen. Es handelt sich dann nur um einen Teilkonzernabschluß. Bei einem Teilkonzernabschluß läßt sich jedoch nicht feststellen, ob das in dem Teilkonzernabschluß ausgewiesene Eigenkapital in der Obergesellschaft durch Eigenkapital oder Fremdkapital finanziert wird.

4. Konsolidierung

Bei einer Vollkonsolidierung sind durch die Kapitalkonsolidierung, die Schuldenkonsolidierung und durch die Aufwands- und Ertragskonsolidierung und die damit verbundene Zwischenergebniseliminierung alle innerkonzernlichen Beziehungen auszuschalten.

a) Kapitalkonsolidierung

Bei der im Rahmen einer Vollkonsolidierung vorzunehmenden Kapitalkonsolidierung werden die Beteiligungsbuchwerte in dem Mutterunternehmen gegen das anteilige Eigenkapital der einzelnen Tochterunternehmen ausgetauscht.

Hierbei ergeben sich so gut wie immer Unterschiedsbeträge.

Ein aktivischer Unterschiedsbetrag ergibt sich durch unterbewertete Aktiva bzw. überbewertete Passiva (stille Reserven) bei den Tochterunternehmen und/oder, was in den meisten Fällen zutrifft, durch Ertragserwartungen, die über der Normalverzinsung der materiellen Substanz der Tochterunternehmen liegen (Geschäfts- oder Firmenwert).

Ein passivischer Unterschiedsbetrag deutet auf verborgene Risiken (unzureichende Rückstellungen), Verlusterwartungen (Badwill), Gewinnthesaurierungen in der Zeit zwischen Kauf und Erstkonsolidierung oder auf Abschreibungen auf den Beteiligungsbuchwert vor der Erstkonsolidierung hin. Möglich ist aber auch ein sehr günstiger Unternehmenskauf.

Ein passivischer Unterschiedsbetrag darf ergebniswirksam aufgelöst werden, soweit oben erwähnte verborgene Risiken oder Verlusterwartungen Wirklichkeit werden.

Erstkonsolidierung

Bei der erstmaligen Konsolidierung (Erstkonsolidierung) werden die Vermögensgegenstände und Schulden nicht mit den Buchwerten der Tochterunternehmen, sondern mit den Tageswerten – wobei die Obergrenze der Anschaffungswert der Beteiligung ist – übertragen.

Sollte der Unterschiedsbetrag höher sein als der Unterschied zwischen den Buchwerten und den Tageswerten, so ist für die Differenz ein Geschäfts- oder Firmenwert in die Konzernbilanz einzustellen.

Sollte der Unterschiedsbetrag niedriger sein, so ist er auf der Passivseite der Konzernbilanz einzustellen. Über den Ausweis des Postens im einzelnen sagt das Gesetz nichts aus.

Nach § 301 Abs. 1 Nr. 1 und 2 HGB sind zwei Methoden der Kapitalkonsolidierung zulässig, nämlich die Buchwertmethode und die Neubewertungsmethode.

Der Unterschied zwischen den beiden Methoden liegt darin, daß

– bei der Buchwertmethode der Unterschied zwischen dem Beteiligungsbuchwert des
Mutterunternehmens und den Vermögenswerten abzüglich Schulden des Tochterunternehmens anteilig in Höhe des Beteiligungsanteils auf die einzelnen Posten der Bilanz
und evtl. auf einen zu bildenden Geschäfts- oder Firmenwert zugeordnet wird und
– bei der Neubewertungsmethode der Unterschied unabhängig von der Höhe der Beteiligung voll auf die einzelnen Posten der Bilanz und evtl. auf einen zu bildenden
Geschäfts- oder Firmenwert zugeordnet wird.

Bei hundertprozentigen Tochterunternehmen führen beide Methoden zum gleichen Ergebnis.

Für die Durchführung der Erstkonsolidierung besteht ein Wahlrecht zwischen dem
Erwerbszeitpunkt und dem Zeitpunkt der erstmaligen Einbeziehung in den Konzernabschluß.

Konsequenzen für die Bilanzanalyse

Bei der Neubewertungsmethode werden gegenüber der Buchwertmethode auch die
stillen Reserven für die Fremdanteile aufgelöst. Sie führt somit zu einem höheren
Ausweis des Eigenkapitals anderer Gesellschafter und in den folgenden Geschäftsjahren zu zusätzlichen Abschreibungen auf den Anteil der Fremdanteile an den stillen
Reserven.

Falls die stillen Reserven höher sind als der Unterschiedsbetrag, hat der Bilanzierende einen großen Ermessensspielraum bei der Zuordnung der stillen Reserven zu den
einzelnen Posten der Bilanz. Dadurch wird die Höhe der Abschreibungen und die
zukünftige Ergebnisanalyse beeinflußt, da die Abschreibungen auf den Geschäfts- oder
Firmenwert bei der Ergebnisanalyse in der Regel dem Ergebnis hinzugerechnet werden.

Der entstehende Geschäfts- oder Firmenwert ist gemäß § 309 HGB Abs. 1 Satz 1
und 2 entweder in 4 Jahren oder planmäßig über eine längere Nutzungsdauer abzuschreiben. Auch ist gemäß § 309 Abs. 1 eine sofortige offene Verrechnung mit den
Rücklagen möglich. Eine offene Verrechnung mit den Rücklagen im Laufe der Jahre
ist ebenfalls nicht auszuschließen.

Eine Aktivierung des Geschäfts- oder Firmenwertes führt somit vorübergehend zu
einer höheren Eigenkapitalquote. Die Abschreibungen bedeuten in den Folgejahren
eine entsprechende – jedoch durch Externe erkennbare – höhere Belastung des Ergebnisses. Bei einer Verrechnung mit den Rücklagen in den Folgejahren wird diese
Belastung des Ergebnisses vermieden.

Um bei einer Bilanzanalyse zu aussagefähigen und vergleichbaren Ergebnissen zu
kommen, muß eine Bereinigung erfolgen, d. h.

– der Geschäfts- oder Firmenwert aus der Kapitalkonsolidierung ist mit dem Kon-
zern-Eigenkapital zu saldieren, und
– die Abschreibungen auf den Geschäfts- oder Firmenwert sind in den Folgejahren
dem Konzern-Ergebnis hinzuzufügen.

Der Ermessensspielraum für die Zuordnung des bei der Konsolidierung entstehenden
Unterschiedsbetrages auf die einzelnen Posten der Bilanz und des entstehenden Ge-
schäfts- oder Firmenwert setzt der Bereinigung des Konzernabschlusses Grenzen.
Besonders ist bei der Bereinigung darauf zu achten, ob bei der Erstkonsolidierung

eine mögliche hohe Zuordnung von stillen Reserven auf das nicht abnutzbare und langsam abnutzbare Sachanlagevermögen (Grundstücke und Gebäude) vorgenommen wurde. Durch eine solche Zuordnung erhöht sich nämlich das Eigenkapital, und langfristig wird das Ergebnis nicht oder nur gering durch Abschreibungen belastet.

Falls die Summe der Vermögensposten abzüglich Schulden eines Tochterunternehmens höher ist als der Beteiligungsbuchwert, sollte bei einer Bilanzanalyse dieser passivische Ausgleichsposten – sofern keine eindeutigen anderen Erkenntnisse vorliegen (Gewinnthesaurierungen zwischen Kauf und Erstkonsolidierung oder nachweisbarer sehr günstiger Unternehmenskauf) – als Rückstellung betrachtet werden.

Folgekonsolidierung

Bei den Konsolidierungen in den folgenden Jahren (Folgekonsolidierung) werden die aufgelösten stillen Reserven und der Geschäfts- oder Firmenwert erfolgswirksam.

Konsequenzen für die Bilanzanalyse

Die höheren Abschreibungen auf das abnutzbare Anlagevermögen führen in den Folgejahren zu entsprechend geringeren Gewinnen und zu einer Verringerung des Eigenkapitals, jedoch zu keiner Veränderung des Cash-flows. Das gleiche gilt für die Abschreibungen auf den Geschäfts- oder Firmenwert.

Bei dem nicht abnutzbaren Anlagevermögen ergeben sich erst Auswirkungen auf die Finanz- und Ertragslage bei dem Abgang dieser Vermögenswerte, während sich eine eventuelle Zuschreibung bei den Vorräten im Folgejahr voll auf das Ergebnis auswirkt.

b) Schuldenkonsolidierung

Bei der Schuldenkonsolidierung im Rahmen einer Vollkonsolidierung sind Forderungen und Schulden zwischen den in den Konzernabschluß einbezogenen Unternehmen wegzulassen. Die Forderungen und Schulden sollten sich in der Regel ausgleichen. Ausnahmen können durch unterschiedliche Währungskurse, Wertberichtigungen auf Forderungen gegenüber Konzernunternehmen, Rückstellungen für ungewisse Verbindlichkeiten gegenüber Konzernunternehmen, unterschiedliche Behandlung eines Disagio und evtl. durch zeitliche Buchungsunterschiede entstehen.

Konsequenzen für die Bilanzanalyse

Die Schuldenkonsolidierung bietet keine bilanzpolitischen Möglichkeiten.

c) Aufwands- und Ertragskonsolidierung und Zwischenergebniseliminierung

In der Konzern-Gewinn- und Verlustrechnung sind bei der Vollkonsolidierung die Umsatzerlöse an Konzernunternehmen mit den auf sie entfallenden Aufwendungen der empfangenden Konzernunternehmen zu verrechnen bzw. in Bestandsveränderungen oder aktivierte Eigenleistungen umzugliedern. Angefallene Zwischenergebnisse, d.h. Erfolge aus Lieferungen und Leistungen, sind dabei gemäß § 304 Abs. 1 HGB zu eliminieren. Mögliche Ausnahmen davon sind in § 304 Abs. 2 (Lieferung oder Leistung zu üblichen Marktbedingungen und Ermittlung der Zwischenergebnisse erfordert unverhältnismäßig hohen Aufwand) und in § 304 Abs. 3 (Zwischenergebnisse sind für die Vermittlung eines den tatsächlichen Verhältnissen entsprechenden Bildes der Vermögens-, Finanz- und Ertragslage des Konzerns nur von untergeordneter Bedeutung) geregelt.

Andere Erträge, wie z. B. Konzernumlagen, weiterbelastete Kosten sowie Ergebnisübernahmen innerhalb des Konsolidierungskreises, sind ebenfalls zu verrechnen.

Konsequenzen für die Bilanzanalyse

> Bei der Zwischenergebniseliminierung sind die Anschaffungskosten in der Einzelbilanz gegen die Konzern-Anschaffungs-/Herstellungskosten auszutauschen.
>
> Bei Lieferungen von Anlagegegenständen kann es dabei zu Abschreibungskorrekturen in den Folgejahren kommen.
>
> Die Zwischenergebniseliminierung kann bei der Erstanwendung erhebliche Auswirkungen auf das Konzernergebnis haben. Gemäß Art. 27 Abschnitt 4 EGHGB darf der Unterschiedsbetrag aus der Zwischenergebniseliminierung in die Gewinnrücklagen eingestellt oder mit diesen offen verrechnet werden.
>
> In den folgenden Jahren sind die Auswirkungen in der Regel wesentlich geringer, da nur die Veränderung der Zwischenergebnisse in der Konzern-Gewinn- und Verlustrechnung erfolgswirksam wird. Diese Veränderung setzt sich aus den im laufenden Jahr zu eliminierenden Zwischenergebnissen abzüglich der im Vorjahr eliminierten und im laufenden Jahr realisierten Zwischenergebnisse zusammen.
>
> Zwischenergebnisse von nicht konsolidierten verbundenen Unternehmen und Zwischenergebnisse von im Konzern hergestellten aber über Dritte bezogenen Erzeugnissen werden nicht eliminiert.

d) Anteilmäßige Konsolidierung – Quotenkonsolidierung

Gemeinschaftsunternehmen (Joint Ventures) dürfen nur quotal in den Konzernabschluß einbezogen werden. Eine Einbeziehung nach der weiter unten behandelten Equity-Methode ist ebenfalls möglich.

Konsequenzen für die Bilanzanalyse

> Durch die quotale Einbeziehung in den Konzernabschluß fällt kein Ausgleichsposten für Anteile in Fremdbesitz an.
>
> Das Wahlrecht bezüglich der Art der Konsolidierung von Gemeinschaftsunternehmen bietet die Möglichkeit, die Darstellung der Vermögens-, Finanz- und Ertragslage eines Konzerns zu beeinflussen. Dieses Wahlrecht kann die Vergleichbarkeit von Abschlüssen verschiedener Unternehmen erschweren.
>
> Da bei der Quotenkonsolidierung die anteiligen Vermögens- und Schuldenposten sowie die Gewinn- und Verlust-Posten ausgewiesen werden und bei der im nächsten

Abschnitt erläuterten Equity-Methode keine einzelnen Vermögens- und Schuldenposten bzw. Gewinn- und Verlust-Posten in die Konzernbilanz bzw. in die Konzern-Gewinn- und Verlustrechnung eingehen, führt die Quotenkonsolidierung zu einer richtigeren Darstellung der Kapitalstruktur und folglich zu einer niedrigeren Eigenkapitalquote sowie zu einem niedrigeren aber richtigeren Ergebnisanteil am Umsatz im Konzernabschluß als die Equity-Methode. Die absolute Höhe des Eigenkapitals und des Ergebnisses ist jedoch bei beiden Methoden gleich.

Der Informationsgehalt des Konzernabschlusses bei einer Quotenkonsolidierung ist somit höher als bei der Equity-Methode.

Auf in der Literatur geäußerte Bedenken gegenüber der Quotenkonsolidierung (Verstoß gegen Einheitstheorie) braucht hier nicht eingegangen zu werden.

In den USA ist die Quotenkonsolidierung bisher nicht üblich.

e) Equity-Methode für assoziierte Unternehmen

Bei der Equity-Methode erfolgt die Darstellung der Beteiligungen zum fortgeschriebenen anteiligen Eigenkapital.

Zu der Bilanzierung von assoziierten Unternehmen – das sind in der Regel Unternehmen, an denen der Konzern mit mindestens 20 % und höchstens mit 50 % beteiligt ist und auf deren Geschäfts- und Finanzpolitik er einen maßgeblichen Einfluß ausübt – im Konzernabschluß sagt § 311 HGB folgendes:

Wird von einem in den Konzernabschluß einbezogenen Unternehmen ein maßgeblicher Einfluß auf die Geschäfts- und Finanzpolitik eines nicht einbezogenen Unternehmens, an dem das Unternehmen nach § 271 Abs. 1 beteiligt ist, ausgeübt (assoziiertes Unternehmen), so ist diese Beteiligung in der Konzernbilanz unter einem besonderen Posten mit entsprechender Bezeichnung auszuweisen. Ein maßgeblicher Einfluß wird vermutet, wenn ein Unternehmen bei einem anderen Unternehmen mindestens den fünften Teil der Stimmrechte der Gesellschafter innehat.

Auf eine Beteiligung an einem assoziierten Unternehmen brauchen Absatz 1 und § 312 nicht angewendet zu werden, wenn die Beteiligung für die Vermittlung eines den tatsächlichen Verhältnissen entsprechenden Bildes der Vermögens-, Finanz- und Ertragslage des Konzerns von untergeordneter Bedeutung ist.

Allgemeines

Bei der erstmaligen Anwendung der Equity-Methode wird ähnlich wie bei der Kapitalkonsolidierung der Unterschiedsbetrag zwischen Beteiligungsbuchwert und anteiligem Eigenkapital ermittelt. Dies kann wie bei der Kapitalkonsolidierung nach zwei verschiedenen Verfahren, nämlich nach der Buchwertmethode (§ 312 Abs. 1 Nr. 1 HGB) oder der Neubewertungsmethode, die hier Kapitalanteilsmethode (§ 312 Abs. 1 Nr. 2 HGB) genannt wird, erfolgen.

Während bei der Buchwertmethode der Beteiligungsbuchwert unverändert bleibt und der aktive Unterschiedsbetrag, der stille Reserven und/oder einen Geschäfts- oder Firmenwert darstellt, in einer Nebenrechnung zu ermitteln ist und bei der Erstkonsolidierung entweder in der Konzernbilanz als »davon«-Vermerk beim Beteiligungsbuchwert oder im Konzernanhang anzugeben ist, ist bei der Kapitalanteilsmethode (bei IAS/IFRS und US-GAAP nicht zulässig) der Geschäfts- oder Firmenwert aus der Equity-Bewertung als gesonderter

Posten in die Konzernbilanz einzustellen. Bei beiden Verfahren sind in den Folgejahren die stillen Reserven und der Geschäfts- oder Firmenwert zu Lasten der Konzern-Gewinn- und Verlustrechnung abzuschreiben. Der Geschäfts- oder Firmenwert kann auch offen mit den Rücklagen verrechnet werden.

Nach vollständiger Abschreibung des Unterschiedsbetrages führen Buchwert- und Kapitalanteilsmethode zur gleichen Darstellungsweise, d. h. zum Ausweis des anteiligen Eigenkapitals des assoziierten Unternehmens (= Bewertung zum Bilanzkurs).

Buchwert- und Kapitalanteilsmethode können gleichzeitig angewendet werden.

Beide Methoden unterscheiden sich formal und in ihrem Aussagewert, jedoch nicht im Ergebnis.

In den Folgejahren wird entsprechend der Entwicklung des anteiligen Eigenkapitals an dem assoziierten Unternehmen der Wertansatz der Beteiligung fortgeschrieben, d. h. anteilige Jahresüberschüsse werden im Entstehungsjahr zeitgleich als Beteiligungserträge übernommen und dem Beteiligungsbuchwert zugeschrieben, bzw. anteilige Jahresfehlbeträge haben entsprechende Abschreibungen zur Folge und Dividendenzahlungen führen zu einer erfolgsneutralen Verminderung des Wertes der Beteiligung.

Eine Bildung von stillen Reserven bei assoziierten Unternehmen durch Gewinnthesaurierung ist somit nicht möglich.

Als weitere Information muß mindestens die in § 285 Nr. 11 HGB geforderte Beteiligungsliste des Mutterunternehmens und die in § 313 Abs. 2 Nr. 4 HGB erwähnte Beteiligungsliste des Konzerns vorliegen. Für die hierin aufzuführenden Beteiligungen ist anzugeben:

Beteiligungsliste des Mutterunternehmens und des Konzerns
- Name,
- Sitz,
- Anteil am Kapital.

Beteiligungsliste des Mutterunternehmens
- Höhe des Eigenkapitals,
- Ergebnis des letzten Geschäftsjahres, für das ein Abschluß vorliegt.

Sofern die Beteiligungslisten nicht im Anhang veröffentlicht, sondern gesondert nach § 313 Abs. 4 HGB beim Handelsregister hinterlegt sind, empfiehlt es sich, sie anzufordern.

> Neben den Informationen über den Konsolidierungskreis liefern die Beteiligungslisten Informationen über die Ergebnisquellen im Konzern und über die Entwicklung der Ergebnisse aufgrund der Veränderung des Konsolidierungskreises. Darüber hinaus kann die Kenntnis der Ergebnisse der nicht in den Konzernabschluß einbezogenen Unternehmen zusätzliche Hinweise auf die Ertragslage des Konzerns geben.

Konsequenzen für die Bilanzanalyse sowie Vergleich Quotenkonsolidierung mit Equity-Methode

> Die Einbeziehung von Beteiligungsunternehmen nach der Methode der Quotenkonsolidierung oder der Equity-Methode in den Konzernabschluß führt zu dem gleichen Konzernergebnis. Zu berücksichtigen ist dabei jedoch, daß der Konzernmutter die einbehaltenen Gewinne der Beteiligungen nicht zur Verfügung stehen.

Bei der Equity-Bewertung ist die Kapitalanteilsmethode aussagefähiger als die Buchwertmethode, weil bei der Buchwertmethode der Unterschiedsbetrag nur bei der erstmaligen Konsolidierung, und zwar ohne Aufteilung auf stille Reserven und Geschäfts- oder Firmenwert, in der Konzernbilanz zu vermerken oder im Konzernanhang anzugeben ist. Bei der Buchwertmethode werden somit der Geschäfts- oder Firmenwert und die Abschreibungen darauf nicht gesondert gezeigt. Die Abschreibungen auf die anteiligen stillen Reserven und den Geschäfts- oder Firmenwert sind bei der Buchwertmethode im Beteiligungsergebnis aus assoziierten Unternehmen enthalten. Der nicht getrennte Ausweis des Geschäfts- oder Firmenwertes und der darauf entfallenden Abschreibungen beeinträchtigen die Aufbereitung und Analyse des Konzernabschlusses.

Die Quotenkonsolidierung ist grundsätzlich informativer als die Equity-Methode. Neben der tatsächlichen Höhe der Vermögensgegenstände und Schulden fließen bei der Quotenkonsolidierung auch die Informationen über die Finanzanlagen, die Restlaufzeit der Forderungen und Verbindlichkeiten, Haftungsverhältnisse, sonstige finanzielle Verpflichtungen, Cash-flow (Abschreibungen, Rückstellungsveränderungen) in den Konzernabschluß ein.

Für die Beurteilung der Ertragslage hat die Equity-Methode gegenüber der Quotenkonsolidierung folgende Nachteile:

- Ausweis einer zu hohen (bei Erträgen aus assoziierten Unternehmen) oder zu niedrigen (bei Aufwendungen aus assoziierten Unternehmen) Umsatzrentabilität wegen saldierter und somit nicht ausgewiesener Erträge und Aufwendungen,
- beeinträchtigte Aufwandsstrukturanalyse,
- fehlende Informationen über sonstige betriebliche Erträge, außerordentliche Erträge und außerordentliche Aufwendungen,
- fehlende Angaben über Bewertungs- und Bilanzierungsmethoden,
- evtl. keine einheitliche Bewertung (§ 312 Abs. 5 Satz 1 und 2 HGB),
- evtl. keine Zwischenergebniseliminierung (§ 312 Abs. 5 Satz 3 und 4 HGB),
- keine Aufdeckung von (in der Regel unbedeutenden ergebnisverbessernden) Aufrechnungsdifferenzen aus der Schuldenkonsolidierung.

f) Interessenzusammenführungsmethode (Pooling of interests-Methode)

Falls ein Tochterunternehmen nicht durch Kauf, sondern durch Tausch gegen neu ausgegebene Anteile eines in den Konzernabschluß einbezogenen Unternehmens Mitglied in dem Konzern wurde, braucht die Konsolidierung dieses Unternehmens nicht nach der in § 301 HGB geschilderten Methode (Purchase-Methode), sondern kann nach der Interessenzusammenführungsmethode (Pooling of interests-Methode) vorgenommen werden. Hierbei darf Barzahlung für bis zu 10 % des Nennwertes der ausgegebenen Anteile geleistet werden, und die Beteiligung an dem Tochterunternehmen muß mindestens 90 % an diesen Kapitalanteilen betragen.

Diese Art der Konsolidierung beruht auf dem Gedanken, daß der Beteiligungserwerb nicht durch Kauf, sondern durch einen Austausch von Anteilsrechten stattfand, da die früheren Eigentümer des Tochterunternehmens ihre Rechte an dem Tochterunternehmen zwar abgegeben, aber dafür Anteile an einem anderen Konzernunternehmen erhalten haben und somit im Rahmen des Konzerns zusammen mit anderen Konzern-Anteilseignern weiterhin Anteilseigner ihrer früheren Vermögensposition sind. Seitens des Konzerns ist somit kein Kauf zu unterstellen. Es wurden nur die Vermögen sowie früher getrennte Anteilseignergruppen zusammengeführt. Deshalb sind die Buchwerte der übernommenen Gesellschaft weiterzuführen, und es ist keine Bewertung zu Tageswerten vorzunehmen.

Ein sich ergebender aktivischer Unterschiedsbetrag ist mit den Rücklagen zu verrechnen und ein passivischer ist den Rücklagen hinzuzurechnen (§ 302 Abs. 2 HGB). Er ist somit nicht wie bei der Purchase-Methode auf die Vermögens- und Schuldenposten zu verteilen. Ein Goodwill oder Badwill kann somit bei der Interessenzusammenführungsmethode nicht entstehen.

Konsequenzen für die Bilanzanalyse

> Da bei der Interessenzusammenführungsmethode keine Aufwertung des Sachanlage-vermögens vorgenommen wird und kein Geschäfts- oder Firmenwert entstehen kann, sind die Ergebnisse in den auf die Erstkonsolidierung folgenden Jahren bei einer Konsolidierung nach der Interessenzusammenführungsmethode höher als bei der Pur-chase-Methode, da die Abschreibungen auf die Aufwertungen des Anlagevermögens und auf den Geschäfts- oder Firmenwert entfallen.

g) Latente Steuern

Ziel der Abgrenzung latenter Steuern in der Handelsbilanz ist es, den ausgewiesenen Steueraufwand in einen ursächlichen Zusammenhang mit dem handelsrechtlichen Jahres-ergebnis vor Steuern zu bringen. Bei dem Konzernabschluß sollten deshalb die ausge-wiesenen Ertragsteuern so bemessen werden, als wäre das Konzernergebnis steuerpflichtig, obwohl nach deutschem Recht nicht der Konzern, sondern die einzelnen zu konsolidie-renden Unternehmen steuerpflichtig sind und sich durch die Konsolidierung nicht der Steueraufwand, sondern nur der Konzerngewinn ändert.

Wie beim Einzelabschluß können auch beim Konzernabschluß latente Steuern nur auf-grund von zeitlich begrenzten Ergebnisunterschieden entstehen.

Gemäß § 306 HGB besteht für die durch Konsolidierungsmaßnahmen verursachten latenten Steuern eine Ansatzpflicht, wobei dieser Posten mit den in den Einzelabschlüssen berücksichtigten latenten Steuern nach § 274 HGB zusammengefaßt werden kann.

Latente Steuern in der Konzernbilanz können aus drei verschiedenen Gründen entstehen:

1. Saldo latenter Steuern aus Einzelabschlüssen aufgrund der Abweichung zwischen Steuerbilanz und Handelsbilanz (Handelsbilanz I) gemäß § 274 HGB.
2. Bewertungsanpassung wegen des Abweichens der handelsrechtlichen Einzelabschlüsse (Handelsbilanz I) von den konzerneinheitlichen Einzelabschlüssen (Handelsbilanz II). Dieser Posten wird in der Literatur überwiegend dem § 274 HGB zugerechnet.
3. Abweichungen zwischen der Summe der Einzelabschlüsse (Handelsbilanz II) und dem Konzernabschluß aufgrund von Konsolidierungsmaßnahmen (erfolgswirksame Schul-denkonsolidierung, Zwischenergebniseliminierung, auf konzerninterne Gewinnaus-schüttungen entstehende Nachsteuern) gemäß § 306 HGB.

Während gemäß § 306 HGB für die aktiven und passiven latenten Steuern, die saldiert werden können, in der Konzernbilanz eine Ansatzpflicht besteht, gilt für die gemäß § 274 HGB aufgeführten latenten Steuern, soweit es sich um aktive latente Steuern handelt, ein Aktivierungswahlrecht. Dieses Aktivierungswahlrecht kann unabhängig von der Handhabung im Einzelabschluß im Konzernabschluß neu ausgeübt werden.

Im Gesetz ist nicht geregelt, wie die Höhe der latenten Steuern zu ermitteln ist. Folgende Fragen sind offen:

– Sind die gegenwärtigen oder zukünftigen Steuersätze zugrunde zu legen?
– Welcher Steuersatz ist bei internationalen Konzernen der fiktiven Besteuerung des Konzerns zugrunde zu legen?
– Ist eine Abzinsung der latenten Steuern zulässig?

> Die Bilanzierenden haben sich zwar an dem Ziel des Konzernabschlusses, nämlich ein den tatsächlichen Verhältnissen entsprechendes Bild der Vermögens-, Finanz- und Ertragslage des Konzerns zu vermitteln, zu orientieren, ein nicht unerheblicher Ermessensspielraum bleibt trotzdem bestehen.

Bei der erstmaligen Anwendung des § 306 HGB dürfen die Erhöhungen und Verminderungen des Konzernergebnisses aus der Steuerabgrenzung sowie aus der Schulden- und Zwischenergebniskonsolidierung und der einheitlichen Bewertung gemäß Art. 27 Abs. 4 EGHGB erfolgsneutral behandelt werden, wobei die Erhöhung in die Gewinnrücklagen eingestellt und die Verminderung offen mit den Gewinnrücklagen verrechnet werden können.

Konsequenzen für die Bilanzanalyse

> Aktive latente Steuern lassen grundsätzlich auf eine vorsichtige Bewertung schließen, während passive latente Steuern das Gegenteil vermuten lassen.
>
> Die Höhe der ausgewiesenen latenten Steuern im Zeitverlauf kann bei einer Konzernbilanz wegen der ungeklärten Frage, wie die latenten Steuern zu ermitteln sind, nur als ein pauschaler Indikator für die Bilanzpolitik angesehen werden.
>
> Der Ausweis von aktiven latenten Steuern würde bei einer Konzernbilanz auf eine vorsichtige Bilanzierung hindeuten. Bei einer Einzelbilanz trifft dies jedoch wegen des Ansatzwahlrechtes der aktiven latenten Steuern nicht zu, da ein solcher Ausweis das Gegenteil einer vorsichtigen Bilanzpolitik wäre.

h) Informationsinhalt des Konzernabschlusses gegenüber dem Einzelabschluß

Abgesehen von den typischen Besonderheiten des Konzernabschlusses gegenüber dem Einzelabschluß können beim Konzernabschluß

– die Vorräte in einer Sammelposition zusammengefaßt sein (§ 298 Abs. 2 HGB) und
– bei der Anwendung des Umsatzkostenverfahrens Angaben über die Höhe des Materialaufwandes im Anhang unterbleiben.

Das Fehlen der letzteren Information bedeutet für den Bilanzanalytiker, daß auch ein grober Vergleich mit Gewinn- und Verlustrechnungen nach dem Gesamtkostenverfahren nicht möglich ist und verschiedene Kennzahlen nicht ermittelt werden können (Material-aufwandsquote, Lieferantenziel, Lagerdauer).

Auch ist beim Konzernabschluß kein gesonderter Ausweis der Ausleihungen, Forderungen und Verbindlichkeiten gegenüber assoziierten Unternehmen vorgeschrieben.

5. Vergleich Konzernergebnis mit der Summe der Einzelergebnisse

Für eine eingehende Analyse eines Konzerns ist es angebracht, das Konzernergebnis mit dem Ergebnis des Mutterunternehmens und der Summe der Einzelergebnisse zu vergleichen, um dadurch eine Ergebnisquellenanalyse nach Gesellschaften vornehmen zu können. Bei einem diversifizierten Konzern kann es darüber hinaus angebracht sein, Abschlüsse der Teilkonzerne bzw. einzelner Gesellschaften zu analysieren, um einen Branchenvergleich durchführen zu können.

Ideal wäre es, wenn die Abschlußformblätter der einzelnen Tochterunternehmen, Gemeinschaftsunternehmen und assoziierten Unternehmen sowie die Überleitung des Jahresergebnisses des Einzelabschlusses auf das Jahresergebnis des Konzernabschlusses zur Verfügung ständen. Dies dürfte nur selten der Fall sein.

Der Unterschied zwischen dem Konzernergebnis und der Summe der Einzelergebnisse kann erheblich sein. Um einen annähernden Vergleich vornehmen zu können und dadurch eine zusätzliche Aussage über die Zusammensetzung des Konzernergebnisses zu erhalten, wird nachstehend aufgeführt, aus welchen Gründen die Summe der Einzelergebnisse nicht mit dem Konzernergebnis übereinstimmen kann. Die tatsächliche Höhe der einzelnen den Unterschied begründenden Posten kann in den meisten Fällen nur geschätzt oder vermutet werden.

Der Unterschied zwischen dem Konzernergebnis und der Summe der Einzelergebnisse kann im wesentlichen aus folgenden Gründen entstehen:

– Abweichen der Bewertungsmethode einzelner Gesellschaften bzw. Teilkonzerne von der Bewertungsmethode in der Konzernbilanz. Für das Abweichen von Bewertungsmethoden zwischen dem Einzelabschluß des Mutterunternehmens und dem Konzernabschluß muß es verbale Informationen im Anhang des Jahresabschlusses geben (§ 308 Abs. 1 HGB).
– Zwischenergebniseliminierung bei konzerninternen Umsätzen
  – Vermutungen über die Höhe der Zwischenergebniseliminierung können aufgrund der Veränderung der Bestandsveränderungen der empfangenden Konzerngesellschaften angestellt werden (bei erstmaliger Konsolidierung ist dieser Posten besonders hoch und hängt von der absoluten Höhe der Vorräte ab),
  – darüber hinaus können von Konzerngesellschaften gelieferte selbsterstellte Anlagen und getätigte aktivierte Großreparaturen eine Rolle spielen,
– Ergebnisübernahme aus Equity-Bewertung (abzüglich eventueller Dividendenzahlungen)
  – gesonderter Ausweis in der Konzern-Gewinn- und Verlustrechnung gemäß § 312 Abs. 4 Satz 2 HGB,
– Ergebniseffekte aus der Folgekonsolidierung (höhere Abschreibungen, Abschreibung auf den Geschäfts- oder Firmenwert),

- Phasenverschiebung bei Gewinnausschüttungen,
- latente Steuern aus Konsolidierungsvorgängen,
- andere Abschlußtermine,
- anderen Gesellschaftern zustehendes Ergebnis.

Darüber hinaus können Ergebnisauswirkungen aus der Währungsumrechnung, die unter den sonstigen betrieblichen Aufwendungen bzw. Erträgen erfaßt sind, den Vergleich beeinflussen.

Im Rahmen der gegebenen Möglichkeiten ist es empfehlenswert, einen Vergleich auf der Basis der Betriebsergebnisse vorzunehmen. Hierdurch werden die Ergebnisverzerrungen durch die gezahlten und die latenten Steuern sowie die Phasenverschiebungen bei Gewinnausschüttungen eliminiert. Das Konzernergebnis ist bei diesem Vergleich um die Abschreibungen auf den Geschäfts- oder Firmenwert aus der Kapitalkonsolidierung zu bereinigen.

VI. Konzernabschluß nach IAS/IFRS

Die Aufstellung des Konzernabschlusses und die Abgrenzung des Konsolidierungskreises sind in IAS 27 geregelt. Die Pflicht deutscher Mutterunternehmen zur Aufstellung eines Konzernabschlusses nach IAS/IFRS ist in § 315 a HGB geregelt.

Obwohl der Konsolidierungskreis nach den IAS/IFRS etwas anders definiert ist, entspricht er mit Ausnahme der Zweckgesellschaften praktisch dem Konsolidierungskreis nach dem HGB. Zweckgesellschaften sind rechtlich selbständige Gesellschaften, deren Geschäftszweck sehr eng definiert ist, wie z.B. die Verbriefung von Forderungen oder das Vermieten von Sachanlagen. Sie haben ein sehr niedriges Eigenkapital mit einer geringen Beteiligung des Initiators, der jedoch überproportional die wirtschaftlichen Chancen und Risiken der Zweckgesellschaft trägt. Während das HGB keine Regelungen für die Einbeziehung von Zweckgesellschaften in den Konzernabschluß enthält, sind Zweckgesellschaften nach IAS/IFRS zu konsolidieren, wenn die wirtschaftliche Betrachtung des Verhältnisses zwischen dem berichtenden Unternehmen und der Zweckgesellschaft zeigt, daß die Zweckgesellschaft durch das berichtende Unternehmen beherrscht wird.

Nach den IAS/IFRS ist ein passivischer Unterschiedsbetrag nach einer erneuten Überprüfung sämtlicher Wertansätze sofort erfolgswirksam zu erfassen.

Die Interessenzusammenführungsmethode ist nach den IAS/IFRS nicht zulässig.

Auf weitere Erläuterungen kann verzichtet werden, da die Vorschriften zum Konzernabschluß nach IAS/IFRS im Gegensatz zu den Vorschriften nach dem HGB betriebswirtschaftlich sinnvoll sind.

Teil 3

Aufbereitung, Analyse und Beurteilung des Jahresabschlusses

G. Aufbereitung der Bilanzen und der Gewinn- und Verlustrechnungen

I. Allgemeines

1. Deutsche nach dem HGB und andere nicht nach IAS/IFRS und US-GAAP erstellte Bilanzen und Gewinn- und Verlustrechnungen

Bilanzen und Gewinn- und Verlustrechnungen nach dem HGB genügen formal und inhaltlich nicht den Erfordernissen einer Bilanzanalyse, da die Rechnungslegung nach den sogenannten deutschen Grundsätzen ordnungsmäßiger Buchführung logisch kaum erklärbar ist und nicht betriebswirtschaftlichen Erfordernissen entspricht.

Um die in den Jahresabschlüssen enthaltenen Daten sowie evtl. zusätzliche Informationen sinnvoll, z.B. durch Kennzahlenbildung, nutzen zu können, muß das vorhandene Zahlenmaterial aufbereitet werden. Aufbereitete Jahresabschlüsse werden in der deutschen Literatur Strukturbilanzen und Struktur-Gewinn- und Verlustrechnungen bzw. Strukturerfolgsrechnungen genannt.

Unter Aufbereitung eines Jahresabschlusses versteht man die Umgruppierung, Zusammenfassung, Aufspaltung, Ergänzung, Bereinigung und Umbewertung der Daten der Bilanz und der Gewinn- und Verlustrechnung. Bei der Aufbereitung eines Jahresabschlusses sind die Informationen aus dem Anhang (z.B. unterlassene Pensionsrückstellungen) und weitere Informationen zu berücksichtigen.

Die Aufbereitung eines HGB-Jahresabschlusses kann nur bedeuten, ihn soweit wie möglich auf einen IAS/IFRS-Jahresabschluß überzuleiten (siehe Abschnitt G I 2).

Aufbereitete Jahresabschlüsse sind überschaubarer als Originalabschlüsse, da sie

– sämtliche notwendigen Informationen in übersichtlicher Form enthalten,
– somit schneller zu einem besseren Durchblick verhelfen und
– Zeit- und Betriebsvergleiche erheblich erleichtern.

Die Art der Aufbereitung eines Jahresabschlusses kann davon abhängen,

– ob das Ziel mehr eine Analyse der Vermögens- und Finanzlage oder mehr eine Analyse der Ertragslage ist, und
– ob Jahresabschlüsse nach einem einheitlichen Schema möglichst ohne allzu große Aufwendungen vergleichbar gemacht, oder ob bei der Analyse individuelle, zum Teil nicht vollkommen gesicherte Erkenntnisse berücksichtigt werden sollen.

Bei einer Bilanzanalyse aus der Sicht eines Kreditgebers wird in der Praxis stark die Analyse der Vermögens- und Finanzlage auf Basis nach einem einheitlichen Schema vergleichbar gemachter Jahresabschlüsse betont. Dabei begnügt man sich mit bis zu drei Jahresabschlüssen. Die anderen an einer Bilanzanalyse interessierten Gruppen, insbesondere potentielle Erwerber eines Unternehmens, sollten auf eine individuelle Analyse der Ertragslage der letzten 5–8 Jahre Wert legen.

Eine solche individuelle Analyse der Ertragslage, für die Informationen notwendig sind, die nicht unmittelbar aus dem Jahresabschluß hervorgehen und die eine weitere Bereinigung und Umbewertung von Posten der Gewinn- und Verlustrechnung zur Folge haben können, ist erst später nach Vornahme weiterer Analyseschritte und dem eventuellen Vorliegen von zusätzlichen Informationen möglich (siehe Abschnitt M IV).

Durch die Analyse mehrerer Jahresabschlüsse lassen sich

– die Einflüsse von Bewertungsmaßnahmen, insbesondere von Abschreibungen und Bildung und Auflösung von Rückstellungen, auf die Ertragslage leichter neutralisieren,
– außerordentliche Aufwendungen und Erträge besser zuordnen,
– Konjunktureinflüsse zeigen,
– Unternehmen mit langfristiger Fertigung besser analysieren und
– Entwicklungstendenzen möglicherweise erkennen.

Bei der ersten Aufbereitung eines Jahresabschlusses liegen in den meisten Fällen kaum zusätzliche verwertbare Informationen vor, so daß diese fast nur auf den Pflichtangaben im Jahresabschluß beruht.

Wesentlich besser als einfach bereinigte HGB-Jahresabschlüsse, wie in Abschnitt G II dargestellt, sind auf IAS/IFRS übergeleitete Jahresabschlüsse. Durch die seinerzeit aufgrund des Kapitalaufnahmeerleichterungsgesetzes (KapAEG) starke Zunahme von Jahresabschlüssen nach IAS und US-GAAP in Deutschland und insbesondere durch das Bilanzrechtsreformgesetz vom 4.12.2004, das kapitalmarktorientierte Mutterunternehmen verpflichtete, Konzernabschlüsse nach den IAS/IFRS zu erstellen und nicht kapitalmarktorientierten Unternehmen erlaubt, anstelle eines HGB-Konzernabschlusses einen Konzernabschluß nach IAS/IFRS zu erstellen sowie durch das in Vorbereitung befindliche Bilanzrechtsmodernisierungsgesetz (BilMoG) wird der Druck auf die Unternehmen, die nicht nach IAS/IFRS bilanzieren, immer größer, zusätzliche Informationen zur Verfügung zu stellen. Auch wenn nur ein Teil der für eine Jahresabschlußerstellung nach IAS/IFRS bzw. US-GAAP erforderlichen Informationen vorliegt, sollte man den Versuch machen, eine Überleitung vorzunehmen. Der Erkenntniswert einer Bilanzanalyse von solchen zum Teil auf Schätzungen beruhenden auf IAS/IFRS übergeleiteten Jahresabschlüssen dürfte meistens höher als von nach dem HGB erstellten und nur etwas bereinigten Gewinn- und Verlustrechnungen oder sogar nur nach DVFA/SG bereinigten Ergebnissen sein. Die sich bei der Überleitung auf IAS/IFRS ergebenden Unsicherheiten bei den Schätzungen weisen auf weitere notwendige Recherchen hin.

2. Nach IAS/IFRS und US-GAAP erstellte Bilanzen und Gewinn- und Verlustrechnungen bzw. auf IAS/IFRS übergeleitete Bilanzen und Gewinn- und Verlustrechnungen

Für nach IAS/IFRS und US-GAAP erstellte Bilanzen und Gewinn- und Verlustrechnungen gibt es die Notwendigkeit zur Aufbereitung der Bilanzen und Gewinn- und Verlustrechnungen nur marginal, da es das Ziel dieser Jahresabschlüsse ist, entscheidungsrelevante Informationen zu liefern, die dem Leser helfen sollen abzuschätzen, ob, wann und mit welcher Wahrscheinlichkeit ein Unternehmen in der Lage ist, Zahlungsmittel und Zahlungsmittel-äquivalente zu erwirtschaften. Jahresabschlüsse nach IAS/IFRS und US-GAAP enthalten im Gegensatz zu Jahresabschlüssen nach dem HGB grundsätzlich keine Erfolgsverzerrungen.

Nichts liegt somit näher, als nach den sogenannten deutschen Grundsätzen erstellte Jahresabschlüsse derart aufzubereiten, daß man die einzelnen Posten des HGB-Jahresabschlusses auf IAS/IFRS überleitet.

Eine solche Überleitung eines Jahresabschlusses ist insbesondere dann notwendig, wenn ein Betriebsvergleich und/oder ein Branchenvergleich vorgenommen wird, und die Jahresabschlüsse der Unternehmen nach unterschiedlichen Rechnungslegungsgrundsätzen (HGB, IAS/IFRS, US-GAAP oder anderen ausländischen Rechnungslegungsgrundsätzen) erstellt worden sind. Die Kennzahlen von nach unterschiedlichen Rechnungslegungsgrundsätzen erstellten Jahresabschlüssen sind nicht vergleichbar, und somit hat ein darauf aufbauender Kennzahlenvergleich auch keine Aussagekraft.

Ein nur grob übergeleiteter und aufbereiteter Jahresabschluß, der auf vorhandenen sonstigen Informationen, auf in der ersten Phase der Bilanzanalyse gewonnenen Erkenntnissen, auf einem Bilanzgespräch und auf Schätzungen beruht, ist auf jeden Fall aussagefähiger als ein reiner HGB-Abschluß.

II. Überleitung eines HGB-Abschlusses auf einen IAS/IFRS-Abschluß

1. Allgemeines

Das HGB nennt keine expliziten Ziele der Rechnungslegung, und Jahresabschlüsse nach dem HGB genügen betriebswirtschaftlichen Erfordernissen nicht. Sie sind deshalb für wirtschaftliche Entscheidungen wenig nützlich. Das Ziel sowohl der IAS/IFRS als auch der US-GAAP ist es, Bilanzlesern Informationen für wirtschaftliche Entscheidungen zu liefern. Die Bilanzanalyse eines Jahresabschlusses nach dem HGB, der nicht umbewertet wurde, und die Bilanzanalyse eines Jahresabschlusses nach IAS/IFRS, der keiner Umbewertung bedarf, des gleichen Unternehmens kann somit zwangsläufig zu unterschiedlichen Kennzahlen führen und somit unterschiedliche wirtschaftliche Entscheidungen nach sich ziehen.

Zweck einer Bilanzanalyse ist es in erster Linie, Aussagen über die mögliche oder wahrscheinliche zukünftige Entwicklung eines Unternehmens zu machen. Da ein HGB-Abschluß betriebswirtschaftlichen Erfordernissen nicht genügt und in hohem Maße Bilanzpolitik zur Täuschung des Bilanzlesers zuläßt, kann man aufgrund der Analyse eines HGB-Abschlusses möglicherweise falsche Entscheidungen treffen. Deshalb sollte ein Abschluß nach dem HGB so gut wie möglich auf IAS/IFRS übergeleitet werden. Um diese Aufgabe zu erleichtern, wird nachstehend dargestellt, bei welchen Posten des Jahresabschlusses welche Unterschiede bei einer Überleitung eventuell zu berücksichtigen sind.

2. Mögliche Unterschiede zwischen einem HGB-Abschluß und einem IAS/IFRS-Abschluß

Geschäfts- oder Firmenwert

Ein bei einem Unternehmenskauf in Form von Vermögensgegenständen (asset deal) entstandener Geschäfts- oder Firmenwert, sofern er sofort als Aufwand verrechnet wurde.

Geschäfts- oder Firmenwert im Konzernabschluß, sofern er mit den Rücklagen verrechnet wurde.

Planmäßige Abschreibungen

Verluste aus Wertminderung aufgrund eines Werthaltigkeitstestes

Sonstige immaterielle Vermögenswerte

Selbst geschaffene immaterielle Vermögenswerte, sofern die Voraussetzungen für eine Aktivierung vorliegen

Aufwendungen für die Ingangsetzung und Erweiterung des Geschäftsbetriebes, soweit die Voraussetzungen für die Aktivierung eines Vermögenswertes nicht vorliegen

Planmäßige Abschreibungen der immateriellen Vermögenswerte mit unbestimmbarer Nutzungsdauer

Korrektur steuerlich zulässiger Abschreibungen

Verluste aus Wertminderung aufgrund eines Werthaltigkeitstests

Sachanlagen

Unterschied Teilkosten zu Vollkosten bei selbst erstellten Anlagen

Aktivierungspflichtige Fremdkapitalkosten

Korrektur des Buchwertes wegen nicht angemessener bisheriger Abschreibungen, nämlich aufgrund

– nicht angemessener Nutzungsdauer

– degressiver statt linearer Abschreibungen

– steuerlicher Sonderabschreibungen

– nicht angemessener außerplanmäßiger Abschreibungen

Ergebniswirksam vereinnahmte Investitionszulage

Bilanzierungspflichtige geleaste Sachanlagen

Korrektur Bewertung der als Finanzinvestition gehaltene Immobilien

Finanzanlagen / Wertpapiere des Umlaufvermögens

Anpassung an die Bewertungsvorschriften der IAS/IFRS

Eigene Anteile (Absetzung vom Eigenkapital)

Vorräte

Unterschied Teilkosten zu Vollkosten

Nicht unmittelbare fertigungsbezogene Kosten der allgemeinen Verwaltung

Abschreibung wegen niedrigerer Wiederbeschaffungskosten

Abschreibung auf den niedrigeren Wert am Absatzmarkt

Unterschied Lifo-Methode zu Durchschnittsmethode

Abschreibung auf den niedrigeren Zukunftswert

Abschreibung nach vernünftiger kaufmännischer Beurteilung (nur Personengesellschaften)

Steuerrechtliche Sonderabschreibungen ./. darin enthaltene Normalabschreibungen

Langfristige Fertigungsaufträge sind mit der percentage of completion-method zu bewerten

Erhaltene Anzahlungen (keine Saldierung)

Geleistete Anzahlungen (Ausweis unter Forderungen)

Kurzfristige Forderungen und sonstige Vermögensgegenstände (einschließlich Rechnungsabgrenzungsposten)

Stille Reserven bei den Wertberichtigungen

Korrektur Umrechnung Fremdwährungsforderungen

Abschreibung auf den niedrigeren Zukunftswert

Geleistete Anzahlungen (kein Ausweis unter Vorräte)

Rückstellungen für Pensionen und ähnliche Verpflichtungen

Bewertung nach IAS/IFRS statt nach HGB

(Passivierung von Zusagen vor dem 1. 1. 1987 und Passivierungspflicht von mittelbaren Pensionszusagen, Berücksichtigung künftige Lohn- und Gehaltssteigerungen, Orientierung des Abzinsungssatzes an erstrangigen festverzinslichen Industrieanleihen)

Sonstige Rückstellungen

Rückstellungen für unterlassene Aufwendungen für Instandhaltung

Rückstellungen für unterlassene Aufwendungen für Abraumbeseitigung

Aufwandsrückstellungen

Überhöhte Restrukturierungsrückstellungen

Korrektur für Rückstellungen für Gewährleistung ohne rechtliche Verpflichtung

Abzinsung langfristige Rückstellungen

Aufteilung in langfristige und kurzfristige sonstige Rückstellungen

Verbindlichkeiten

Korrektur Umrechnung Fremdwährungsverbindlichkeiten

Bilanzierungspflichtige Verbindlichkeiten aus geleasten Sachanlagen

Disagio langfristige Finanzverbindlichkeiten

Erhaltene Anzahlungen (keine Saldierung mit Vorräten)

Latente Steuern

Aktivierungspflicht aktive latente Steuern auf temporäre Unterschiede

Aktive latente Steuern aufgrund von steuerlichen Verlustvorträgen, soweit ihre Realisierbarkeit wahrscheinlich ist

Passive latente Steuern für vorgesehene Gewinnausschüttungen von Tochterunternehmen und nach der Equity-Methode bewerteten Beteiligungen

Latente Steuern auf quasipermanente Unterschiede

Auflösung des Postens Sonderposten mit Rücklageanteil in Eigenkapital und latente passive Steuern

Latente Steuern aufgrund von Bewertungsänderungen

Derivative und nicht-derivative Finanzinstrumente, Sicherungsbeziehungen

Bewertungsänderungen aufgrund der Bewertung zum beizulegenden Zeitwert

Sonderposten mit Rücklageanteil
   Erhöhung des Sonderpostens mit Rücklageanteil (40 % Eigenkapital, 60 % latente
   Steuern
   Verminderung des Sonderpostens mit Rücklageanteil (40 % Eigenkapital, 60 % latente
   Steuern)

Umsatzerlöse
   Wegen Änderung des Realisierungszeitpunktes
   Unterschied Bewertung langfristige Fertigungsaufträge
      (percentage of completion method statt completed contract method)

Sonstige Erträge
   Veräußerungsgewinne aus Sale-and-lease-back-Geschäften
   Investitionszulagen

Abschreibungen
   Änderung aufgrund von Bewertungsänderungen

Konzernabschluß
   Größenabhängige Befreiungen
   Einbeziehungswahlrechte
   Zweckgesellschaften
   Auflösung passiver Unterschiedsbetrag
   Neubewertung der Vermögensgegenstände und Schulden
   Anwendung der Methode der funktionalen Währung
   Verbot der Interessenzusammenführungsmethode

3. Überleitung des Ergebnisses und des Eigenkapitals auf IAS/IFRS

Um die gesamten Auswirkungen der Überleitungen zu erkennen, sind die einzelnen Unterschiede zwischen HGB und IAS/IFRS in einer Überleitung des Ergebnisses und einer Überleitung des Eigenkapitals auf IAS/IFRS etwa nach folgendem Muster darzustellen:

Überleitung des Ergebnisses auf IAS/IFRS

T€

Ergebnis nach HGB
    Planmäßige Abschreibung Geschäfts- oder Firmenwerte
    Außerplanmäßige Abschreibung Geschäfts- oder Firmenwerte
    Aktivierung selbstgeschaffene immaterielle Vermögenswerte
    Planmäßige Abschreibung sonstige immaterielle Vermögenswerte
    Außerplanmäßige Abschreibung sonstige immaterielle Vermögenswerte
    Änderung Abschreibungen Sachanlagen
    Änderung Bewertung nach der Equity-Methode bilanzierte
        Unternehmen/Finanzanlagen/Wertpapiere des Umlaufvermögens
    Änderung Bewertung Vorräte
    Änderung Bewertung kurzfristige Forderungen und sonstige Vermögenswerte
    Neubewertung Rückstellungen für Pensionen und sonstige Verpflichtungen
    Änderung Bewertung sonstige Rückstellungen
    Bewertung Verbindlichkeiten
    Leasing
    Bewertung derivative Finanzinstrumente, Sicherungsbeziehungen
    Umsatzerlöse
    Aktive latente Steuern
    Passive latente Steuern
Ergebnis nach IAS/IFRS

Überleitung des Eigenkapitals auf IAS/IFRS

T€

Eigenkapital nach HGB
    Geschäfts- oder Firmenwerte
    Sonstige immaterielle Vermögenswerte
    Sachanlagen
    Nach der Equity-Methode bilanzierte Unternehmen
    Finanzanlagen / Wertpapiere des Umlaufvermögens
    Vorräte
    Kurzfristige Forderungen und sonstige Vermögenswerte
    Rückstellungen für Pensionen und sonstige Verpflichtungen
    Sonstige Rückstellungen
    Verbindlichkeiten
    Aktive latente Steuern
    Passive latente Steuern
    Leasing
    Derivative Finanzinstrumente, Sicherungsbeziehungen
    Sonstige Anpassungen
Eigenkapital nach IAS/IFRS

4. Modell einer aufbereiteten Bilanz und einer aufbereiteten Gewinn- und Verlustrechnung

Die Darstellung der aufbereiteten Bilanz und Gewinn- und Verlustrechnungen sollte nach folgenden Modellen erfolgen. Die Modelle sind ggf. um bedeutende unternehmensspezifische Posten zu erweitern.

Modell einer aufbereiteten Bilanz

Bilanzen
zum 31. 12. der Jahre .... bis ....

(insgesamt 3–8 Jahre)

	....		....	
	T€	%	T€	%
Aktiva				
Geschäfts- oder Firmenwerte				
Sonstige immaterielle Vermögenswerte				
Sachanlagen				
Nach der Equity-Methode bilanzierte Unternehmen				
Finanzielle Vermögenswerte				
Sonstige Forderungen, sonstige Vermögenswerte (langfr.)				
Latente Steuern				
Langfristige Vermögenswerte				
Vorräte				
Forderungen aus Lieferungen und Leistungen				
Sonstige Forderungen, sonstige Vermögenswerte (kurzfr.)				
Flüssige Mittel				
Kurzfristige Vermögenswerte				
Aktiva		100,0		100,0
Passiva				
Gezeichnetes Kapital				
Kapitalrücklage				
Gewinnrücklagen				
Kumulierte erfolgsneutrale Eigenkapitalveränderungen				
Eigene Anteile				
Eigenkapital ohne Anteile konzernfremde Gesellschafter				
Anteile konzernfremde Gesellschafter				
Pensionsrückstellungen				
Sonstige langfristige Rückstellungen				
Langfristige Firmenverbindlichkeiten				
Sonstige langfristige Verbindlichkeiten				
Langfristiges Fremdkapital				
Kurzfristige Finanzverbindlichkeiten				
Verbindlichkeiten aus Lieferungen und Leistungen				
Sonstige kurzfristige Rückstellungen				
Sonstige kurzfristige Verbindlichkeiten				
Kurzfristiges Fremdkapital				
Passiva		100,0		100,0

Modell einer aufbereiteten Gewinn- und Verlustrechnung

Gewinn- und Verlustrechnungen
der Jahre .... bis ....

(insgesamt 3–8 Jahre)

	....		....	
	T€	%	T€	%
Umsatzerlöse		100,0		100,0
Umsatzkosten/Bestandsveränderungen und andere aktivierte Eigenleistungen	———	———	———	———
Bruttoergebnis vom Umsatz/Gesamtleistung				
Vertriebskosten/Materialaufwand				
Forschungs- und Entwicklungskosten/Personalaufwand				
Allgemeine Verwaltungskosten/Abschreibungen				
Sonstige betriebliche Erträge				
Sonstige betriebliche Aufwendungen	———	———	———	———
Betriebsergebnis vor Sondereinflüssen (EBITA)				
Abschreibungen auf Geschäfts- oder Firmenwerte	———	———	———	———
Ergebnis vor Zinsen und Ertragsteuern (EBIT)				
Ergebnis von nach der Equity-Methode bilanzierten Unternehmen				
Beteiligungsergebnis				
Zinserträge				
Zinsaufwendungen	———	———	———	———
Ergebnis vor Ertragsteuern aus fortgeführten Geschäften (EBT)				
Ertragsteuern				
Ergebnis nach Ertragsteuern der aufgegebenen Geschäfte	———	———	———	———
Ergebnis nach Ertragsteuern				
Auf konzernfremde Gesellschafter entfallender Ergebnisanteil	———	———	———	———
Konzernergebnis	═══	═══	═══	═══

5. Erläuterungen zu den einzelnen Posten des Jahresabschlusses und ergänzende Informationen

Zusätzlich zu den aufbereiteten Bilanzen und aufbereiteten Gewinn- und Verlustrechnungen sollten weitere Einzelheiten zu einzelnen Posten des Jahresabschlusses und soweit wie möglich ergänzende Informationen dargestellt werden. Hierzu gehören:

Erläuterungen zur Bilanz

(insgesamt 3–8 Jahre)

	.... T€	.... T€
Geschäfts- oder Firmenwerte		
Anfangsbestand netto		
Zugänge		
Abgänge		
Abschreibungen		
Umbuchungen/Umgliederungen		
Konzernkreisänderungen		
Währungsänderungen		
Endbestand netto		
Verlust aus Wertminderung Geschäftsjahr		
Kumulierte Verluste aus Wertminderung		
Sonstige immaterielle Vermögenswerte		
Anfangsbestand netto		
Zugänge		
Abgänge		
Abschreibungen		
Wertaufholung/Neubewertung		
Umbuchungen/Umgliederungen		
Konzernkreisänderungen		
Währungsänderungen		
Endbestand netto		
Kumulierte Abschreibungen		
Sachanlagen		
Anfangsbestand netto		
Zugänge		
Abgänge		
Abschreibungen		
Wertaufholung/Neubewertung		
Umbuchungen/Umgliederungen		
Konzernkreisänderungen		
Währungsänderungen		
Endbestand netto		
Kumulierte Abschreibungen		
Abschreibungsgrad %		

(insgesamt 3−8 Jahre)

	T€		T€

Instandhaltungs- und Reparaturaufwendungen
im Verhältnis zu den Sachanlagen (ohne Grundstücke und
Anlagen im Bau und Anzahlungen auf Anlagen) [1]   %   %
[1]) Anschaffungswert oder Wiederbeschaffungswert, falls bekannt

Altersstruktur der abnutzbaren Sachanlagen:

Sachanlagenzugänge der letzten ... Jahre
  Sachanlagen zu Anschaffungswerten   %

(insgesamt 3−8 Jahre)

	T€		T€

Finanzielle Vermögenswerte
  Anfangsbestand netto
  Zugänge
  Abgänge
  Abschreibungen
  Konzernkreisänderungen
  Währungsänderungen
  Endbestand netto

Rückstellungen für Pensionen und ähnliche Verpflichtungen
  Abzinsungssatz   %   (Vorjahr   %)
  Erwartete Rendite des Fondsvermögens   %   (Vorjahr   %)
  Erwartete Entgeltsteigerungen   %   (Vorjahr   %)
  Erwartete Rentensteigerungen   %   (Vorjahr   %)

(insgesamt 3−8 Jahre)

	T€		T€

Aufteilung sonstige langfristige Rückstellungen

Aufteilung auf die einzelnen Gruppen der sonstigen langfristigen Rückstellungen und ihre Entwicklung im letzten Geschäftsjahr	Anfangs-bestand	Bildung/ Erhöung	Inan-spruch-nahme	Auf-lösung	Änderung Abzin-sung	End-bestand
	T€	T€	T€	T€	T€	T€

(insgesamt 3–8 Jahre)

T€   T€

Aufteilung langfristige Finanzverbindlichkeiten

Von den langfristigen Finanz-verbindlichkeiten werden fällig	2009	2010	2011	2012	2013	danach	gesamt

Gegebene Sicherheiten

Erhaltene Kreditzusagen

(insgesamt 3–8 Jahre)

T€   T€

Aufteilung sonstige langfristige Verbindlichkeiten

Sonstige finanzielle Verpflichtungen und Eventualverbindlichkeiten zum Bilanzstichtag

Bei Einzelabschlüssen nach HGB Aufteilung von Posten und Beträgen, die verbundene Unternehmen oder Unternehmen, mit denen ein Beteiligungsverhältnis besteht, betreffen

Erläuterungen zur Gewinn- und Verlustrechnung

(insgesamt 3–8 Jahre)

T€   T€

Aufteilung sonstige betriebliche Erträge

Aufteilung sonstige betriebliche Aufwendungen

(insgesamt 3–8 Jahre)

$$\overset{....}{T€} \qquad\qquad\qquad \overset{....}{T€}$$

Aufteilung Ertragsteuern

Kurzfristige beeinflußbare Kosten (oft nicht direkt aus der
Gewinn- und Verlustrechnung ersichtlich)
    Forschungs- und Entwicklungskosten
    Instandhaltungs- und Reparaturkosten
    Werbekosten

Informationen zum Restrukturierungsaufwand

III. Gliederungskennzahlen bei den einzelnen Posten des Jahresabschlusses

Zu den absoluten Zahlen der einzelnen Posten der aufbereiteten Bilanz und Gewinn- und Verlustrechnung werden zusätzlich noch die Gliederungskennzahlen, d. h. die Relation zu der jeweiligen Bilanzsumme und dem Umsatz bzw. der Gesamtleistung der einzelnen Geschäftsjahre, angegeben. Die Gliederungskennzahlen zeigen die relative Bedeutung der einzelnen Posten und erleichtern Betriebsvergleiche.

IV. Indexreihen

Den Zeitvergleich der einzelnen Posten aus mehreren Jahren kann sich der Bilanzanalytiker durch die Erstellung von Indexreihen erleichtern.

Das Basisjahr der Indexreihe, bei dem alle zu vergleichenden Posten mit 100 angesetzt werden, sollte möglichst ein »Normaljahr« sein. Das kann bedeuten, daß es unter Umständen sinnvoll ist, nicht das erste Vergleichsjahr als Basisjahr zu nehmen.

In den folgenden Jahren zeigen die Indexreihen der einzelnen Posten jeweils die prozentuale Steigerung gegenüber dem Basisjahr an.

Folgende Posten bieten sich für eine Indexreihe an:

	....	....	....	....	....
Sachanlagen (Buchwert)	100				
finanzielle Vermögenswerte	100				
Vorräte	100				
Forderungen aus Lieferungen und Leistungen	100				
sonstige Forderungen	100				
kurzfristige Vermögenswerte	100				
Eigenkapital	100				
Rückstellungen für Pensionen und ähnliche Verpflichtungen	100				
sonstige langfristige Rückstellungen	100				
langfristiges Fremdkapital	100				
kurzfristiges Fremdkapital	100				
Fremdkapital	100				
Umsatzerlöse	100				
Herstellungskosten	100				
Forschungskosten und Entwicklungskosten	100				
Vertriebskosten	100				
allgemeine Verwaltungskosten	100				
Materialaufwand	100				
Personalaufwand	100				
Abschreibungen	100				
Betriebsergebnis	100				
Zinsen und ähnliche Aufwendungen	100				
Ergebnis vor Ertragsteuern	100				
Jahresüberschuß	100				
Personalaufwand je Beschäftigten	100				
Inflation	100				
Preisindex der Branche	100				
Umsatzwachstum der Branche	100				
Umsatzwachstum des Branchenführers	100				

V. Konsolidierungskreis

Zur Aufbereitung eines Jahresabschlusses sollten auch die in der folgenden Tabelle zusammengestellten Informationen über den Konsolidierungskreis gehören:

	(insgesamt 3–8 Jahre)	
	....	....
	Anzahl	Anzahl
vollkonsolidierte Unternehmen		
Zugang		
Abgang		
quotalkonsolidierte Gemeinschaftsunternehmen		
equitykonsolidierte assoziierte Unternehmen		
nicht vollkonsolidierte Tochterunternehmen		
Grund: andere Tätigkeit		
beschränkte Rechte		
fehlende Angaben		
Weiterveräußerung		
unbedeutend		
nicht equitykonsolidierte assoziierte Unternehmen		
Grund:		
Erläuterungen zu Änderungen des Konsolidierungskreises		
bei wesentlichen Änderungen des Konsolidierungskreises Angaben zum Ermöglichen eines Zeitvergleichs aufeinanderfolgender Konzernabschlüsse (§ 294 Abs. 2 HGB)		

VI. Besonderheiten bei der Analyse von Personengesellschaften und Einzelunternehmen

Bei der Aufbereitung und Analyse der Jahresabschlüsse von Personengesellschaften und Einzelunternehmen sind folgende Besonderheiten zu beachten:

	Konsequenzen für die Bilanzanalyse
Vollhaftung der Eigentümer (außer Kommanditisten)	positiven oder evtl. negativen Wert der Vollhaftung feststellen (sonstiges Vermögen oder sonstige Verpflichtungen)
	steuerrechtliche Ergänzungsbilanz einsehen und evtl. konsolidieren
Forderungen an persönlich haftende Gesellschafter	vom Eigenkapital abziehen

	Konsequenzen für die Bilanzanalyse
Unternehmerlohn	Wert der Unternehmerleistung schätzen
Ertragsteuern	echte Einkommen- und Kirchensteuerbelastung oder fiktive Ertragsteuerbelastung berechnen (zukünftige Steuerbelastung aus der Auflösung von Sonderposten mit Rücklageanteil beachten)
	Steuerverbindlichkeiten und Steuererstattungsansprüche feststellen
Privatentnahmen	Angemessenheit beurteilen
Gliederungsfreiheit beim Jahresabschluß	falls Gliederungsfreiheit ausgenutzt, wegen fehlender Informationen und mangelnder Vergleichbarkeit auf Gliederung wie bei großen Kapitalgesellschaften drängen
fehlender Anhang	Folgende Informationen erbitten: Bilanzierungs- und Bewertungsmethoden, insbesondere Nutzungsdauer, Abschreibungsmethoden, Abschreibung geringwertiger Wirtschaftsgüter, Zuschüsse Anlagenspiegel mit Bruttoausweis Wechsel der Bewertungsmethoden unterlassene Pensionsrückstellungen gegebene Sicherheiten sonstige finanzielle Verpflichtungen steuerrechtliche Einflüsse auf das Ergebnis Verflechtungen mit den Gesellschaftern nahestehenden Unternehmen und Personen

Da bei Personengesellschaften und Einzelunternehmen kein Unternehmerlohn verrechnet wird und die Ergebnisse nicht um die Einkommen- und Kirchensteuer gekürzt sind, muß eine entsprechende Korrektur auch bei der Ermittlung des Cash-flows (Abschnitt I) und des dynamischen Verschuldungsgrades erfolgen (Abschnitt L IV).

H. Analyse von Kapitalflußrechnungen

I. Allgemeines

Zweck einer Kapitalflußrechnung ist es, aussagefähige Informationen über

- die selbst erwirtschafteten Mittel (Brutto-Cash-flow aus laufender Geschäftstätigkeit),
- langfristige Investitions- und Finanzierungsvorgänge und
- die Ursachen der Veränderung der Liquidität

zusammenzustellen. Die Kapitalflußrechnung kann man auch als eine Analyse der Liquiditätsentwicklung bezeichnen.

Ziel einer Kapitalflußrechnung ist es,

- notwendige oder geplante Investitionen,
- die Aufnahme und die Tilgung von Krediten,
- geplante Umsätze und Ergebnisse sowie
- vorgesehene oder erwartete Dividendenausschüttungen

auf ihre Machbarkeit hin zu durchleuchten.

Aus Kapitalflußrechnungen geht hervor,

- was mit den selbst erwirtschafteten Mitteln (Brutto-Cash-flow aus laufender Geschäftstätigkeit) geschehen ist,
- wie die Mittel aus der Erhöhung von Eigenkapital sowie mittel- und langfristigem Fremdkapital verwendet wurden,
- wie Investitionen, Tilgung von Krediten und Dividendenzahlungen finanziert wurden und
- woher die Zunahme des Finanzmittelfonds (flüssige Mittel einschließlich leicht veräußerbarer Wertpapiere) und der übrigen Posten des Netto-Umlaufvermögens stammt oder wozu ihre Abnahme verwendet wurde.

Worüber Finanzpläne für die Zukunft Auskunft geben sollen, das sollten Kapitalflußrechnungen für die Vergangenheit aussagen.

Die Kapitalflußrechnung kann Hinweise auf Krisensymptome geben. Da sie in wesentlich geringerem Maße bewertungsabhängig als die Gewinn- und Verlustrechnung ist, kann sie durch bilanzpolitische Maßnahmen weniger verfälscht werden. Ein langfristiger Vergleich zwischen dem Cash-flow und dem Jahreserfolg kann Hinweise auf bilanzpolitische Maßnahmen geben. Durch seine weitgehende Bewertungsunabhängigkeit ist der Cash-flow auch gut für einen Betriebsvergleich geeignet.

Kapitalflußrechnungen zeigen die einzelnen Ursachen (laufende Geschäftstätigkeit, Finanzierungstätigkeit und Investitionstätigkeit) der Veränderungen von Fonds (Finanzmittel-Bestände) an und somit auch die Ursachen für die Veränderung der in Abschnitt L III besprochenen Liquiditätskennzahlen. Als einen Fonds kann man die flüssigen Mittel mit oder ohne leicht veräußerbare Wertpapiere (Finanzmittelfonds), das monetäre Umlaufvermögen oder das Netto-Umlaufvermögen betrachten. Aufgrund der Vorschriften in den US-GAAP und den IAS wird in der Praxis in der Regel nur noch der Finanzmittelfonds benutzt.

Da Kapitalflußrechnungen die Veränderungen von Fonds erklären, werden sie auch Fondsrechnungen genannt. Manchmal werden auch die Begriffe Finanzbewegungsrechnung, Finanzflußrechnung oder Finanzierungsrechnung benutzt.

Im Gegensatz zu anderen großen Industrieländern (USA, Großbritannien, Japan, Kanada, Spanien) war die Kapitalflußrechnung in Deutschland bis zum Inkrafttreten des Gesetzes zur Kontrolle und Transparenz im Unternehmensbereich (KonTraG) kein gesetzlich vorgeschriebener Bestandteil des Jahresabschlusses.

Zum Teil wurden auch bisher schon von den an der Börse notierten Gesellschaften dem Jahresabschluß Kapitalflußrechnungen beigefügt. Diese hatten jedoch einen unterschiedlichen Aussagewert und sollten ggf. um vorhandene Informationen ergänzt werden.

Soweit den Jahresabschlüssen keine Kapitalflußrechnungen beigefügt wurden, ist man gezwungen, sich aus den übrigen Informationen des Jahresabschlusses selbst eine Kapitalflußrechnung zu entwickeln. Da Jahresabschlüssen nur Bestandsveränderungen (Ausnahme Anlagenspiegel) und Aufwendungen und Erträge und keine unmittelbaren Zahlungsströme zu entnehmen sind, ist die externe Erstellung einer Kapitalflußrechnung aus dem Jahresabschluß nur annähernd möglich.

Es ist aber nicht ausgeschlossen, daß im Anhang des Jahresabschlusses und im Geschäftsbericht neben einem Anlagenspiegel und evtl. einer Entwicklung der Rückstellungen zusätzlich weitere Informationen (z. B. Angaben über Kreditaufnahmen und -tilgungen, Preise für gekaufte oder verkaufte Unternehmen und Geschäftseinheiten, Entwicklung des Bestandes an Wertpapieren, Höhe der Gewinne und Verluste aus Anlageabgängen sowie Erläuterungen zur Währungsumrechnung) gegeben werden, die die Aussagefähigkeit einer extern erstellten Kapitalflußrechnung verbessern können. Eine extern »richtige« Erstellung der Kapitalflußrechnung wird in der Regel an unzureichenden und fehlenden Angaben über Konsolidierungskreisänderungen und Wechselkursänderungen scheitern. Aber auch eine extern »nicht vollständig richtig« erstellte Kapitalflußrechnung kann immer noch ein wertvolles Analyseinstrument sein.

Falls gewisse Informationen nicht erhältlich sind, muß die Kapitalflußrechnung ggf. in entsprechend gekürzter Form erstellt werden, d. h. gewisse Posten müssen saldiert werden. Das kann die Aussagefähigkeit der Kapitalflußrechnung mehr oder weniger beeinträchtigen.

Soweit nicht alle Informationen vorliegen, ist zu überlegen, welche Bedeutung diese fehlenden Informationen evtl. für die Beurteilung der Liquidität haben können.

Aufgrund des Gesetzes zur Kontrolle und Transparenz im Unternehmensbereich (KonTraG), das am 1. Mai 1998 in Kraft getreten ist, wurde in den § 297 Abs. 1 HGB folgender Satz 2 aufgenommen: »*Die gesetzlichen Vertreter eines börsennotierten Mutterunternehmens haben den Konzernanhang um eine Kapitalflußrechnung und eine Segmentberichterstattung zu erweitern.*« Einzelheiten über die Gestaltung der Kapitalflußrechnung enthält das Gesetz nicht.

Am 29. 10. 1999 hat das Deutsche Rechnungslegungs Standards Committee (DRSC) durch seinen Standardisierungsrat den Deutschen Rechnungslegungsstandard (DRS) 2 »Kapitalflußrechnung« verabschiedet. Hierin sind die Regeln enthalten, nach denen börsennotierte Mutterunternehmen gem. § 297 HGB Kapitalflußrechnungen aufzustellen haben.

DRS 2 ist mit dem im Jahre 1992 überarbeiteten IAS 7 und dem im Jahre 1987 erschienenen SFAS 95 kompatibel, d. h. DRS 2 entspricht sowohl den Anforderungen von IAS 7 als auch von SFAS 95. Materiell unterscheiden sich IAS 7, SFAS 95 und DRS 2 nur unwesentlich.

Im einzelnen gibt es folgende Unterschiede:

IAS 7	SFAS 95	DRS 2
Zusammensetzung Finanzmittelfonds		
Zahlungsmittel und Zahlungsmitteläquivalente; Kontokorrentkredite können davon abgesetzt werden	Zahlungsmittel und Zahlungsmitteläquivalente	wie IAS 7 oder SFAS 95
gezahlte Ertragsteuern		
laufende Geschäftstätigkeit, soweit nicht Finanzierungs- und Investitionstätigkeit zuordenbar	laufende Geschäftstätigkeit	grundsätzlich laufende Geschäftstätigkeit, sofern sie nicht eindeutig der Investitions- oder Finanzierungstätigkeit zugeordnet werden müssen
erhaltene Zinsen und Dividenden		
laufende Geschäftstätigkeit oder Finanzierungstätigkeit	laufende Geschäftstätigkeit	laufende Geschäftstätigkeit oder Finanzierungstätigkeit, falls sachlich begründet
gezahlte Zinsen		
laufende Geschäftstätigkeit oder Finanzierungstätigkeit	laufende Geschäftstätigkeit	laufende Geschäftstätigkeit oder Finanzierungstätigkeit, falls sachlich begründet
gezahlte Dividende		
Finanzierungstätigkeit oder laufende Geschäftstätigkeit	Finanzierungstätigkeit	Finanzierungstätigkeit
außerordentliche Posten		
laufende Geschäftstätigkeit, Investitions- oder Finanzierungstätigkeit, d.h. zu der Tätigkeit, zu der sie zuordenbar sind	keine Zuordnung vorgeschrieben	in der Regel laufende Geschäftstätigkeit

II. Modell einer Kapitalflußrechnung

Für die externe Bilanzanalyse wird folgendes Modell einer Kapitalflußrechnung vorge-schlagen. Eine solche Kapitalflußrechnung kann auf Basis von IAS 7, SFAS 95 und DRS 2 und zusätzlichen Informationen aus anderen Teilen des Jahresabschlusses erstellt werden und beruht auf der indirekten Methode, da die für die direkte Methode notwendigen Informationen den Jahresabschlüssen in der Regel nicht entnommen werden können.

1. Cash-flow aus der laufenden Geschäftstätigkeit
    Umsatzerlöse
    +   sonstige betriebliche Erträge
    ./. Herstellungskosten/Wareneinsatz
    ./. übrige Kosten   ———————
    Betriebsergebnis
    (+ in Leasingraten enthaltener Finanzierungsaufwand)   (.................)
    (= Betriebsergebnis vor Abzug in Leasingraten enthaltenem
         Finanzierungsaufwand)   (.................)
    +   Zinserträge
    ./. Zinsaufwendungen
    (./. in Leasingraten enthaltener Finanzierungsaufwand)   (.................)
    +   Beteiligungsergebnis
    +   *außerordentliche Erträge ./. außerordentliche Aufwendungen*
        (jeweils vor Ertragsteuern)
    ./. Ertragsteuern   ———————
    Jahresüberschuß/Jahresfehlbetrag
        (davon Ergebnisanteil von Minderheitsgesellschaftern)   *(.................)*
    +   Abschreibungen auf Gegenstände des Anlagevermögens
        (+ Abschreibungsaufwand aus Finanzierungsleasing)   (.................)
    ./. Zuschreibungen auf Gegenstände des Anlagevermögens
    +   Wertberichtigungen auf Umlaufvermögen
    +   Zunahme / ./. Abnahme passive latente Steuern
    ./. Abnahme / + Zunahme aktive latente Steuern
    ./. Gewinne / + Verluste aus Equity-Bewertung
    +   Zunahme / ./. Abnahme Pensionsrückstellungen
    +   Zunahme / ./. Abnahme Steuerrückstellungen
    +   Zunahme / ./. Abnahme sonstige Rückstellungen
  +/./. sonstige zahlungsunwirksame Aufwendungen/Erträge
        (z. B. Erhöhung/Verminderung Sonderposten mit Rücklageanteil,
        soweit er den Jahresüberschuß/Jahresfehlbetrag beeinflußt hat;
        Abschreibung auf aktiviertes Disagio)
    ./. Gewinne / + Verluste aus dem Abgang von Gegenständen des
        Anlagevermögens   ———————
    Brutto-Cash-flow aus laufender Geschäftstätigkeit
    ./. Zunahme / + Abnahme Forderungen aus Lieferungen und Leistungen
    ./. Zunahme / + Abnahme Vorräte
    +   Zunahme / ./. Abnahme Verbindlichkeiten aus Lieferungen und Leistun-
        gen

.<i>/.</i>   Zunahme/ + Abnahme andere Aktiva, die nicht der Investitions-
oder Finanzierungstätigkeit zuzuordnen sind

+   Zunahme /./ Abnahme andere Passiva, die nicht der Investitions-
oder Finanzierungstätigkeit zuzuordnen sind

_____

(davon außerordentliches Ergebnis nach Ertragsteuern)   (.................)

2. *Cash-flow aus der Investitionstätigkeit*
.<i>/.</i>   Zugang von Sachanlagen
(.<i>/.</i>   Zugang von Sachanlagen durch Finanzierungsleasing)   (.................)
.<i>/.</i>   Zugang von immateriellen Vermögensgegenständen
.<i>/.</i>   Erwerb von Finanzanlagevermögen
.<i>/.</i>   Erwerb von konsolidierten Tochterunternehmen abzüglich darin
enthaltener Nettozahlungsmittel
.<i>/./+</i> sonstige Investitionstätigkeit, z. B. langfristige Absatzfinanzierung
.<i>/.</i>   Erwerb von Wertpapieren und sonstiger kurzfristiger Finanzanlagen
+   Erlöse aus dem Abgang von Sachanlagen
+   Erlöse aus dem Abgang von immateriellen Vermögensgegenständen
+   Erlöse aus dem Abgang von Finanzanlagevermögen
+   Erlöse aus dem Abgang von konsolidierten Tochterunternehmen,
abzüglich darin enthaltener Nettozahlungsmittel
+   Erlöse aus dem Abgang von Wertpapieren und sonstigen kurz-
fristigen Finanzanlagen

Zur Schuldentilgung und Ausschüttung verfügbarer Cash-flow, d. h.
sogenannter free cash flow (Summe 1 und 2)

(.<i>/.</i> davon Ergebnisanteil von Minderheitsgesellschaftern)   (   )
(+ darin enthaltene außerordentliche Aufwendungen nach Ertragsteuern)   (   )
(.<i>/.</i> darin enthaltene außerordentliche Erträge nach Ertragsteuern)   (   )
(= korrigierter free cash flow)   (   )

3. *Cash-flow aus der Finanzierungstätigkeit*
+   Einzahlungen aus Kapitalerhöhung Mutterunternehmen
+   Kapitaleinzahlungen in Tochterunternehmen durch Konzernfremde
(Minderheitsgesellschafter)
+   Aufnahme von Anleihen und (Finanz-)Krediten
(+ Zunahme der Verpflichtungen aus Finanzierungsleasing)   (.................)
.<i>/.</i>   Tilgung von Anleihen und (Finanz-)Krediten
(.<i>/.</i> Abnahme der Verpflichtungen aus Finanzierungsleasing)   (.................)
.<i>/.</i>   gezahlte Dividenden des Mutterunternehmens
.<i>/.</i>   gezahlte Dividenden von Tochterunternehmen an Konzernfremde
(Minderheitsgesellschafter)
.<i>/.</i>   Erwerb eigener Anteile/Eigenkapitalrückzahlungen
.<i>/.</i>   Auszahlungen an Konzernfremde (Minderheitsgesellschafter) mit
Ausnahme von Dividenden

Veränderung Zahlungsmittel durch laufende Geschäftstätigkeit,
Finanzierungstätigkeit und Investitionstätigkeit (Summe aus 1, 2 und 3)

Veränderung Zahlungsmittel durch laufende Geschäftstätigkeit,
Finanzierungstätigkeit und Investitionstätigkeit (Summe aus 1, 2 und 3)
+ /./. Veränderung Finanzmittelfonds durch Wechselkursänderungen
+ /./. Veränderung Finanzmittelfonds durch Konsolidierungskreis-
     änderungen
+   Finanzmittelfonds am Anfang der Periode
=   Finanzmittelfonds am Ende der Periode*
+   andere Zahlungsmitteläquivalente
=   Zahlungsmittel und Zahlungsmitteläquivalente in der Bilanz

     davon von quotal einbezogenen Unternehmen
     davon Finanzmittelfonds, die Verfügungsbeschränkungen unterliegen

  * Zusammensetzung des Finanzmittelfonds

Angaben über unbare Transaktionen (Umfinanzierungen), die nicht in der Kapitalflußrechnung enthalten sind, z. B.

– Umtausch von Wandelschuldverschreibungen in Aktien,
– Verwandlung von kurzfristigem Fremdkapital in langfristiges Fremdkapital,
– Erwerb eines Unternehmens gegen Ausgabe eigener Aktien.

Angaben über den Erwerb und Verkauf von Tochterunternehmen oder sonstigen Geschäftseinheiten, nämlich

– Gesamtkaufpreis bzw. Gesamtverkaufserlös,
– Teil des Kauf- oder Verkaufspreises, der durch Zahlungsmittel und Zahlungsmitteläquivalente beglichen wurde,
– der mit den Tochterunternehmen oder mit den sonstigen Geschäftseinheiten erworbene
  oder verkaufte Bestand an Zahlungsmitteln und Zahlungsmitteläquivalenten,
– der mit den Tochterunternehmen oder den sonstigen Geschäftseinheiten erworbene oder
  verkaufte Bestand an sonstigen Vermögenswerten und Schulden, aufgeteilt nach Haupt-
  posten.

(Diese Angaben sind in SFAS 95 nicht vorgeschrieben.)

Um die in einer Kapitalflußrechnung gezeigten Vorgänge, die langfristigen Charakter
haben (Investitionstätigkeit, Finanzierungstätigkeit), besser beurteilen zu können, ist es
empfehlenswert, neben der Kapitalflußrechnung des Vorjahres auch eine Kapitalflußrechnung der letzten Jahre zusammengefaßt darzustellen. Dies erleichtert eine Prognose des
künftigen Cash-flows aus der laufenden Geschäftstätigkeit.

Erläuterungen zu einzelnen Posten des Modells einer Kapitalflußrechnung

Um eine Überleitung von der Gewinn- und Verlustrechnung auf die Kapitalflußrechnung vornehmen zu können, beginnt die Kapitalflußrechnung mit dem Jahresüberschuß/Jahresfehlbetrag. Zur besseren Analyse der Kapitalflußrechnung werden der Jahresüberschuß/Jahresfehlbetrag etwas zerlegt. Gesondert werden auch die Veränderungen der latenten Steuern und der Gewinne/Verluste aus der Equity-Bewertung dargestellt, da diese Posten bei einer Kapitalflußrechnung Korrekturen des Jahresüberschusses/Jahresfehlbetrages sind.

In deutschen Jahresabschlüssen werden beim Finanzierungsleasing in der Regel die Vermögenswerte und Schulden nicht bilanziert, und die Leasingraten nicht auf die darin enthaltenen Abschreibungen und Zinsen aufgeteilt. Dies schränkt die Aussagefähigkeit einer Kapitalflußrechnung ein. Deshalb wurden diese Posten in dem Modell der Kapitalflußrechnung in Klammern eingefügt, um die Kapitalflußrechnung ggf. – evtl. mit Hilfe von Schätzungen – erweitern zu können.

Da Rückstellungen in deutschen Jahresabschlüssen nach dem HGB einen wesentlich größeren Umfang als in ausländischen Jahresabschlüssen haben, in Deutschland mit Rückstellungen in hohem Maße Bilanzpolitik betrieben wird, es in Deutschland Rückstellungsarten (z. B. Pensionsrückstellungen) gibt, die im Ausland unbekannt sind, und die einzelnen Rückstellungen zu sehr unterschiedlichen Zeiten zur Zahlung fällig werden, wurden die Rückstellungen unterteilt dargestellt. Darüber hinaus empfiehlt sich in besonderen Fällen (z. B. Rückstellungen für Restrukturierungen und Rückstellungen für Verluste aus der Aufgabe von Geschäftsbereichen) noch eine weitere Aufteilung.

Falls eine Entwicklung der Rückstellungen vorliegt, könnte statt der saldierten Zunahme oder Abnahme die Zuführung und die Inanspruchnahme der Rückstellungen gezeigt werden. Die außerordentlichen Erträge sind in diesem Falle um die Erträge aus der Auflösung von Rückstellungen zu kürzen.

Eine getrennte Angabe der Einzahlungen und Auszahlungen an Minderheitsgesellschafter ist in DRS 2 als Sollvorschrift und in IAS 7 und SFAS 95 nicht enthalten.

Um den wahrscheinlich nachhaltigen free cash flow leichter ermitteln zu können, wurde zusätzlich in Klammern ein korrigierter free cash flow dargestellt.

In der Literatur unterscheidet man bei der Darstellung des Cash-flows aus der laufenden Geschäftstätigkeit die direkte Methode und die indirekte Methode. Bei der direkten Methode werden die Einzahlungen und Auszahlungen brutto gezeigt, und bei der indirekten Methode wird das Periodenergebnis um die zahlungsunwirksamen Aufwendungen und Erträge, um die Bestandsveränderungen bei Posten des Nettoumlaufvermögens (ohne Finanzmittelfonds) und um die Aufwendungen und Erträge, die mit der Investitions- und Finanzierungstätigkeit zusammenhängen, berichtigt.

IAS 7 und SFAS 95 empfehlen zwar die direkte Methode, da sie aussagefähiger ist. In der Praxis wird aber überwiegend die indirekte Methode angewendet, da sie weniger aufwendig ist.

Bewegungsbilanz

In Deutschland wird eine Kapitalflußrechnung erst seit einigen Jahren von einer Reihe von börsennotierten Unternehmen veröffentlicht. Bekannt war bisher hier mehr die Bewegungsbilanz. In ihr werden nur die Unterschiede der Bilanzposten zweier aufeinanderfolgender Geschäftsjahre gezeigt. Bei der Bewegungsbilanz werden die Aktivmehrungen und Passivminderungen als Mittelverwendung und die Passivmehrungen und Aktivminderungen als Mittelherkunft bezeichnet. In erweiterten Bewegungsbilanzen erfolgte teilweise auch der gesonderte Ausweis der Ausschüttungen als Mittelverwendung und der gesonderte Ausweis der Zugänge, Abgänge und Abschreibungen beim Anlagevermögen. Die Bewegungsbilanz erfolgt nicht in Form einer Fondsrechnung und gibt somit keine unmittelbare Auskunft über die Entwicklung der Liquidität.

Da sämtliche Informationen einer Bewegungsbilanz immer Bestandteil einer Kapitalflußrechnung sind und selbst eine eingeschränkte Kapitalflußrechnung immer noch mindestens so viel Informationen enthält wie eine Bewegungsbilanz, wird auf sie nicht näher eingegangen.

Konsequenzen für die Bilanzanalyse

Eine Kapitalflußrechnung zeigt sehr deutlich den Unterschied zwischen Ergebnis, Umsatzüberschuß (Cash-flow) und der Zunahme oder der Abnahme der Liquidität.
Besonders deutlich wird dies bei

- stark wachsenden Unternehmen sowohl bei guter als auch schlechter Ertragslage,
- schrumpfenden Unternehmen,
- Investitionsschüben und
- Konzernjahresabschlüssen, in denen Erträge aus Equity-Bewertungen enthalten sind, aber Equity-Erträge keinen Zufluß an flüssigen Mitteln darstellen.

Da die Kapitalflußrechnung bei einer Bilanzanalyse im Prinzip nur Informationen des Jahresabschlusses verarbeitet, ist sie auch mit den wiederholt besprochenen Mängeln der Analyse des Jahresabschlusses behaftet (Bewertungsfragen, insbesondere bei Erzeugnissen und Rückstellungen, Leasing). Allerdings wirken sich diese Mängel bei der Analyse einer Kapitalflußrechnung nicht so gravierend wie bei der Analyse einer Gewinn- und Verlustrechnung aus.

Falls in einem Geschäftsjahr Unternehmenskäufe und -verkäufe getätigt wurden, stimmen die Unterschiede der einzelnen Posten der Bilanz nicht mit der Zunahme und Abnahme der einzelnen im Cash-flow aus der laufenden Geschäftstätigkeit aufgeführten Posten der Bilanz überein. Das ist darauf zurückzuführen, daß beim Cashflow aus der laufenden Geschäftstätigkeit die Zunahme und Abnahme der einzelnen Posten der Bilanz indirekt ausgehend vom Ergebnis ermittelt werden. Die fehlende Übereinstimmung beinhaltet die Zunahme oder Abnahme der einzelnen Posten aufgrund von Unternehmenskäufen oder -verkäufen. Diese für die Bilanzanalyse interessante Information ist in US-Kapitalflußrechnungen, die gemäß SFAS 95 erstellt wurden – im Gegensatz zu nach IAS 7 und DRS 2 erstellten Kapitalflußrechnungen –, nicht direkt enthalten, sondern kann nur, wie oben gezeigt, indirekt ermittelt werden.

Die Kapitalflußrechnung bietet durch einen Vergleich der Kapitalflußrechnungen der letzten Jahre und/oder durch eine Zusammenfassung der Kapitalflußrechnungen von mehreren Jahren in einer kurzen und übersichtlichen Darstellung aussagefähige Informationen über

- die in den einzelnen Jahren selbst erwirtschafteten Mittel (Cash-flow aus der laufenden Geschäftstätigkeit),
- die zur Schuldentilgung und Ausschüttung verfügbaren Mittel (free cash flow),
- langfristige Investitions- und Finanzierungsvorgänge und
- die Ursachen der Veränderung der Liquidität in den untersuchten Zeiträumen.

Um eine Kapitalflußrechnung besser analysieren, d. h. schneller einen Zeit- und Betriebsvergleich vornehmen zu können, kann es angebracht sein, die einzelnen Posten der Kapitalflußrechnung mit Verhältniskennzahlen zu versehen. Hierbei ergibt die Summe der Mittelherkünfte (+ Posten) einerseits und die Summe der Mittelverwendungen (./. Posten) +/./. die Veränderung der Zahlungsmittel andererseits jeweils 100 %.

Die Kapitalflußrechnungen von ausländischen Jahresabschlüssen, bei denen die Kapitalflußrechnung Pflichtbestandteil des Jahresabschlusses ist, bieten oft Informationen (z. B. über die Bewegung des Anlagevermögens), die in den übrigen Bestandteilen des Jahresabschlusses nicht enthalten sind.

I. Der Cash-flow (Umsatzüberschuß) und seine Bedeutung als Ertrags- und Liquiditätsindikator

I. Beschreibung

Unter Cash-flow versteht man in der Regel das Ergebnis einer Periode zuzüglich der Aufwendungen, die nicht gleichzeitig Ausgaben sind, und abzüglich der Erträge, die nicht gleichzeitig Einnahmen sind.

Zu den Aufwendungen, die nicht gleichzeitig Ausgaben (= nicht finanzwirksame Aufwendungen) sind, zählen Abschreibungen und die Bildung von Wertberichtigungen, Rückstellungen und Sonderposten mit Rücklageanteil.

In der Praxis werden bei der Ermittlung des Cash-flows die Bildung von Wertberichtigungen in der Regel nicht als nicht finanzwirksame Aufwendungen behandelt, da sie meistens unbekannt sind und es sich – sofern nicht willkürliche Bewertungsmaßnahmen vorliegen – um Korrekturbuchungen oder vorweggenommene Erfolgsminderungen handelt, die in derselben Periode oder kurzfristig zu Einnahmekorrekturen oder -minderungen führen.

Zu den Erträgen, die nicht gleichzeitig Einnahmen (= nicht finanzwirksame Erträge) sind, zählen die Auflösung von Wertberichtigungen, Rückstellungen und Sonderposten mit Rücklageanteil sowie Zuschreibungen.

Aufwendungen, die nicht gleichzeitig Ausgaben sind, sind bewertungsabhängig und somit in gewissem Maße manipulierbar. Dies kann mitunter zu einer erheblichen Verfälschung der Ergebnisse führen.

Um solchen bilanzpolitischen Maßnahmen möglichst wenig auf den Leim zu gehen, haben Finanzanalysten versucht, durch Analyse des Cash-flows mehr Klarheit über die Ertragslage eines Unternehmens zu erhalten, da der Cash-flow sich aus tatsächlichen Güterbewegungen und Zahlungen ergibt und nur relativ wenig durch Bewertungsmaßnahmen verfälscht sein kann.

Für die Beurteilung der Ertragskraft eines Unternehmens ist nur das Ergebnis maßgebend. Der Cash-flow ersetzt somit nicht die Aussagefähigkeit des Ergebnisses, sondern er dient dazu, Hinweise für eine mögliche notwendige Korrektur der Ergebnisse im Zeit- und Unternehmensvergleich zu geben. Für einen Unternehmensvergleich eignet sich der Cash-flow jedoch nur dann, wenn er auf einheitliche Art und Weise ermittelt wird. Außerdem ist zu berücksichtigen, daß durch Inanspruchnahme von Leasing, Miete und Betriebsaufspaltung in Besitz- und Betriebsgesellschaften Abschreibungen teilweise oder ganz entfallen. Diese sind dann indirekt in den sonstigen betrieblichen Aufwendungen enthalten. Das erschwert den zwischenbetrieblichen Vergleich und kann den Zeitvergleich beeinträchtigen.

Der Ausdruck Cash-flow ist in der englischen Sprache unpräzise. Es handelt sich nämlich weder um einen »flow«, sondern um eine Veränderung eines Bestandes, noch muß es sich nur um »cash« handeln, sondern es können noch andere Teile des Umlaufvermögens darin einbezogen werden.

Sieht man von den Schwierigkeiten bei der richtigen Ermittlung im Rahmen der Bilanzanalyse ab, könnte man den Cash-flow am ehesten als Umsatzüberschuß, d. h. den Saldo zwischen sämtlichen operativen Einzahlungen und Auszahlungen, bezeichnen.

Der unpräzise Ausdruck Cash-flow wird zuweilen gern benutzt, um ihn als den für die Eigentümer zur Verfügung stehenden Umsatzüberschuß zu interpretieren und somit die Ertragskraft des Unternehmens zu beschönigen. Der Cash-flow steht jedoch keinesfalls dem Eigentümer voll zur Verfügung, da es sich bei dem Cash-flow – um bei der unpräzisen Ausdrucksweise zu bleiben – nur um den Brutto-Cash-flow bzw. um einen »Cash inflow« handelt, und er den obligatorischen und notwendigen »Cash outflow«, wie notwendige Ausgaben für Ersatzinvestitionen, Schuldentilgungen und evtl. Vorzugsdividenden sowie die schon bei einem nominellen Wachstum notwendigen Mittel für höhere Wiederbeschaffungspreise von Ersatzinvestitionen und die Erhöhung des Umlaufvermögens, nicht berücksichtigt. Selbst bei guter Ertragslage kann somit der »outflow« den »inflow« vollkommen aufzehren. Am ehesten gibt der Cash-flow Hinweise auf die Ertragslage von Unternehmen, deren Investitionen in den einzelnen Jahren in sehr ungleichmäßiger Höhe erfolgen. Im Zeitvergleich kann er bei allen Unternehmen evtl. ein Krisensignalwert sein.

II. Art der Berechnung

Bis heute hat man sich in der Literatur noch nicht auf eine einheitliche Begriffsbestimmung und somit auch auf keine einheitliche Ermittlung einigen können.

In der Praxis wird daher der Cash-flow je nach den Informationsmöglichkeiten und dem Zweck der Cash-flow-Berechnung sehr unterschiedlich ermittelt.

Am meisten üblich ist folgende Cash-flow-Ermittlung:

Jahresüberschuß/Jahresfehlbetrag
+ Abschreibungen (./. Zuschreibungen zugunsten des Ergebnisses)[*]

Dieser Begriff des Cash-flows wird gern bei einer überschlägigen Finanzanalyse benutzt. Bei Konzernabschlüssen ist er ggf. noch um die Verluste oder Gewinne aus der Equity-Bewertung zu korrigieren.

Da die Anwendung verschiedener zugelassener Abschreibungsmethoden (linear oder degressiv), Sonderabschreibungen und eine unterschiedliche Schätzung der Nutzungsdauer bei zwei sonst gleichen Unternehmen unterschiedliche Ergebnisse ergeben, glaubt man auf diese einfache Art und Weise, d.h. durch Hinzurechnen der Abschreibungen zum Jahresüberschuß, bilanzpolitische Maßnahmen bei der Bemessung der Abschreibungen ausschalten zu können.

Zu vermerken hierzu ist, daß sich selbst bei dieser vereinfachten Cash-flow-Berechnung beim Umsatzkostenverfahren Ermittlungsschwierigkeiten ergeben, da die beim Gesamtkostenverfahren ausgewiesenen »Abschreibungen auf Vermögensgegenstände des Umlaufvermögens, soweit diese die in der Gesellschaft üblichen Abschreibungen übersteigen«, an keiner Stelle im Jahresabschluß auszuweisen sind.

Da es sich bei den Sonderposten mit Rücklageanteil entweder um sog. »steuerfreie« Rücklagen oder seit dem Inkrafttreten des Bilanzrichtlinien-Gesetzes um unechte Wertberichtigungen (steuerliche Mehrabschreibungen gem. § 281 HGB, die als sonstige betriebliche Aufwendungen und nicht als Abschreibungen ausgewiesen werden) handeln kann, sind die

– Einstellungen und die Auflösung (nur Eigenkapitalanteil) der Sonderposten mit Rücklageanteil

beim Cash-flow zu berücksichtigen.

Eine Variante der Cash-flow-Ermittlung ist, obigen Cash-flow um die

– Erhöhung (./. Verminderung) der langfristigen Rückstellungen

zu verändern.

So grundsätzlich richtig diese Variante ist, so fragwürdig ist ihre Ermittlung. Richtig ist diese Hinzurechnung, da gerade bei den Rückstellungen in hohem Maße Bilanzpolitik betrieben wird. Fragwürdig ist die Ermittlung der langfristigen Rückstellungen aber, da erläuternde Angaben über Zusammensetzung und Entwicklung der Rückstellungen im Jahresabschluß weitgehend fehlen, sich Rückstellungen finanzwirksam durch Ausgaben oder finanzunwirksam durch Auflösung vermindern können und Rückstellungen und Verbindlichkeiten zuweilen unterschiedlich abgegrenzt werden, und es somit ausführlicher zusätzlicher Auskünfte bedarf, um eine angemessene Schätzung der Erhöhung bzw. Verminderung der eventuellen langfristigen Rückstellungen vornehmen zu können, die bei der Cash-flow-Ermittlung ggf. anzusetzen wären. Aus diesem Grunde werden meistens nur die Rückstellungen für Pensionen und ähnliche Verpflichtungen als langfristige Rückstellungen betrachtet.

Eine Erhöhung oder Verminderung der langfristigen Rückstellungen durch eine Veränderung des Konsolidierungskreises ist kein Bestandteil des Cash-flows und sollte deshalb – sofern der Betrag bekannt ist – ausgeklammert werden.

Eine weitere Variante der Cash-flow-Ermittlung in der Praxis ist,

– die außerordentlichen Aufwendungen – evtl. erweitert um den außergewöhnlichen Teil oder sämtliche sonstigen betrieblichen Aufwendungen – hinzuzurechnen sowie
– die außerordentlichen Erträge – evtl. erweitert um die sonstigen betrieblichen Erträge, soweit sie nicht in ähnlicher Größenordnung regelmäßig anfallen – abzuziehen,
– die Ertragsteuern, soweit sie nicht auf das ordentliche Ergebnis entfallen (gemäß § 285 Nr. 6 HGB Berichterstattung im Anhang), hinzuzufügen.

Unterstellt man, daß die außerordentlichen Aufwendungen und Erträge zahlungswirksam waren, sind sie als ein Bestandteil des Cash-flows in der Vergangenheit anzusehen und nicht hinzuzurechnen und abzuziehen. Betrachtet man den Cash-flow als einen Indikator für die nachhaltige Finanz- und Ertragskraft eines Unternehmens, so sind die außerordentlichen Aufwendungen und Erträge wie oben geschehen zu eliminieren.

Das Ergebnis dieser Rechnung ist praktisch ein auf indirekte Art ermitteltes Betriebsergebnis vor Abschreibungen, Zuführung zu den Pensionsrückstellungen und nach Ertragsteuern. Zu dem gleichen Ergebnis käme man im Prinzip auch durch folgende direkte Rechnung:

> Umsatz
> ./. Kosten (ohne Abschreibungen und Zuführung zu den Pensionsrückstellungen)
> = Betriebsergebnis vor Abschreibungen, Zuführung zu den Pensionsrückstellungen und nach Ertragsteuern

Die Ertragsteuern sind kein Bestandteil des Cash-flows. Durch Hinzufügen der Ertragsteuern wird der Cash-flow aber erst für einen Unternehmens- und Zeitvergleich brauchbar, da dann Kapital- und Personengesellschaften vergleichbar werden.

Vergleiche auf Basis des Brutto-Cash-flows einschließlich Ertragsteuern können oft, insbesondere bei Investitionen in ungleichmäßiger Höhe, aussagefähiger sein als Vergleiche der Jahresüberschüsse und der Betriebsergebnisse. Es empfiehlt sich deshalb, bei der Erfolgsanalyse nicht nur das Verhältnis Gewinn zu Umsatz, sondern auch die Kennzahl

$$\frac{\text{Betriebsergebnis vor Abschreibungen und}}{\text{Zuführung zu den Pensionsrückstellungen und Ertragsteuern}}$$
$$\frac{}{\text{Umsatz}}$$

zu vergleichen.

Will man auch die Auswirkungen einer unterschiedlichen Kapitalstruktur beim Vergleich der Kennzahl ausschließen, muß man folgende Kennzahl wählen:

$$\frac{\text{Betriebsergebnis vor Abschreibungen, Zinsen,}}{\text{Zuführung zu den Pensionsrückstellungen und Ertragsteuern}}$$
$$\frac{}{\text{Umsatz}}$$

Diese Kennzahl hat zwar mit einem Cash-flow nicht mehr viel gemein, sie entspricht aber sehr dem ursprünglichen Gedanken, mit Hilfe des Cash-flows mehr Klarheit über die Ertragslage eines Unternehmens zu erhalten.

In angelsächsischen Ländern, in denen man keine Pensionsrückstellungen kennt, ist der Zähler dieser Kennzahl unter der Bezeichnung EBITDA (earnings before interest, taxes, depreciation and amortization) bekannt.

Die Veränderung des Netto-Umlaufvermögens wird bei den verschiedenen in der Praxis üblichen Arten der Ermittlung des Cash-flows nicht berücksichtigt, obwohl sie die Liquidität beeinflußt.

Für eine prospektive Liquiditätsanalyse wäre der Cash-flow bestehend aus Betriebsergebnis vor Abschreibungen, Zuführung zu den Pensionsrückstellungen und Ertragsteuern noch um

- die Zunahme der Vorräte und Forderungen aus Lieferungen und Leistungen zu reduzieren, und
- die Zunahme der Verbindlichkeiten aus Lieferungen und Leistungen und erhaltenen Anzahlungen auf Bestellungen zu erhöhen.

Der so ermittelte Betrag abzüglich der Ertragsteuern stünde für nicht selbsterstellte Investitionen, Kredittilgungen und Ausschüttungen zur Verfügung.

Letztlich bleibt festzustellen, daß es keine Art der Cash-flow-Ermittlung gibt, bei der alle Ergebnisbeeinflussungsmöglichkeiten ausgeschaltet werden können. Das trifft insbesondere für die Ergebnisbeeinflussung durch Vorratsbewertung zu.

III. Überleitung vom Brutto-Cash-flow über den verfügbaren Cash-flow auf die Veränderung des Finanzmittelfonds

Der Zusammenhang zwischen dem Ergebnis, den verschiedenen Ermittlungsarten des Brutto-Cash-flows, dem für Investitionen, Kredittilgungen und Ausschüttungen verfügbaren Cash-flow und der Veränderung des Finanzmittelfonds wird in nachstehender Aufstellung in Form einer Überleitung deutlich gemacht:

Betriebsergebnis
./. Zinsaufwendungen / + Zinserträge
+   Beteiligungsergebnis
./. außerordentliche Aufwendungen
+   außerordentliche Erträge (ggf. ohne Erträge aus der Auflösung der Rückstellungen)
./. Ertragsteuern
     = *Jahresüberschuß/Jahresfehlbetrag*

+   Abschreibungen (./. Zuschreibungen zugunsten des Ergebnisses)
+   Wertberichtigungen
+/./. Veränderung latente Steuern
+/./. Verlust/Gewinn aus Equity-Bewertung
+/./. Erhöhung/Verminderung des Sonderpostens mit Rücklageanteil, soweit er den Jahresüberschuß/Jahresfehlbetrag beeinflußt hat
     = *Brutto-Cash-flow aus laufender Geschäftstätigkeit*

+/./. Zunahme/Abnahme langfristiger Rückstellungen (ohne Veränderung Konsolidierungskreis)
     = *Brutto-Cash-flow aus laufender Geschäftstätigkeit (Betriebsergebnis vor Abschreibungen, Zuführung zu den langfristigen Rückstellungen und nach Ertragsteuern)*

././+ Zunahme/Abnahme Forderungen aus Lieferungen und Leistungen
././+ Zunahme/Abnahme Vorräte (+ Erhöhung/./. Verminderung auf erhaltene Anzahlungen auf Bestellungen)
+/./. Zunahme/Abnahme Verbindlichkeiten aus Lieferungen und Leistungen
././+ Zunahme/Abnahme sonstiges Netto-Umlaufvermögens (ohne Finanzmittelfonds)
     = *Verfügbarer Cash-flow (auch operativer Cash-flow genannt)*

./. Investitionen (Immaterielle Vermögensgegenstände, Sachanlagen, Finanzanlagen)
+   Desinvestitionen
     = *Zur Schuldentilgung und Ausschüttung verfügbarer Cash-flow (auch oft free cash flow genannt)*

./. Kredittilgungen
+   Kreditaufnahmen
     = *Zur Ausschüttung verfügbarer Cash-flow*

./. Ausschüttungen
+   Bareinlagen
     = *Veränderung Finanzmittelfonds*

Um die einzelnen Cash-flow-Beträge für Vergleichszwecke brauchbarer zu machen, müßten sie ggf. um das darin enthaltene außerordentliche Ergebnis nach Ertragsteuern korrigiert werden.

Es sei darauf hingewiesen, daß der oben zitierte Begriff »free cash flow« (zur Schuldentilgung und Ausschüttung verfügbarer Cash-flow) manchmal auch etwas anders definiert wird. Für die Analyse hat der zur Schuldentilgung und Ausschüttung verfügbare Cash-flow die größte Bedeutung.

Bei der Überleitung wurden die Positionen einer Kapitalflußrechnung in anderer Form dargestellt.

IV. Konsequenzen für die Bilanzanalyse

1. Ertragsanalyse

Der Cash-flow kann, unabhängig davon wie er gerechnet worden ist, nur ein Ertragsindikator auf den ersten Blick und evtl. ein Krisensignalwert sein.

Gründe hierfür sind, daß

- man im Rahmen einer Bilanzanalyse den Cash-flow nicht vollkommen richtig ermitteln kann (z.B. wegen Problemen durch Leasing, Abgrenzung Verbindlichkeiten zu Rückstellungen),
- ein richtiger Cash-flow kein richtiges Ergebnis darstellt oder ersetzt, sondern nur einen Hinweis auf ein bilanzpolitisch beeinflußtes Ergebnis geben kann und
- selbst bei einem richtigen Cash-flow durch unterschiedliche Anlagenintensität und/oder Strukturveränderungen der Vergleich beeinträchtigt wird und somit nur eine bedingte Aussagefähigkeit hat.

Bei sehr unterschiedlicher Höhe der Investitionen in abschreibungsfähige Sachanlagen in den einzelnen Geschäftsjahren und zwangsläufig unterschiedlicher Höhe der Abschreibungen, bei Änderung von Pensionsregelungen sowie bei Mißachtung der Bewertungsstetigkeit, kann der Cash-flow jedoch ein relativ guter Ertragsindikator sein.

Als Krisensignalwert kann der Cash-flow bei Zeitvergleichen sowohl in absoluter Höhe als auch im Vergleich zum durchschnittlichen Vermögen genutzt werden. Hierbei bietet sich ein Vergleich des Brutto-Cash-flows aus der laufenden Geschäftätigkeit und ein Vergleich des Brutto-Cash-flows aus der laufenden Geschäftätigkeit + Zunahme /./. Abnahme der langfristigen Rückstellungen an. Wegen der in Abschnitt I II Art der Berechnung genannten Schwierigkeiten bei der Ermittlung der langfristigen Rückstellungen wird man als langfristige Rückstellungen oft nur die Rückstellungen für Pensionen und ähnliche Verpflichtungen betrachten können.

2. Liquiditätsanalyse

Auch für die Liquiditätsanalyse ist der Cash-flow nur bedingt brauchbar, da

- man im Rahmen einer Bilanzanalyse den Cash-flow nicht vollkommen richtig ermitteln kann,
- es sich um einen Brutto-Cash-flow bzw. um einen »Cash inflow« handelt, der nichts über die daraus zu deckenden notwendigen Ausgaben (»Cash outflow«) aussagt,
- Zufallsschwankungen die Veränderung der Höhe der Kundenforderungen, der Vorräte und der Lieferantenverbindlichkeiten beeinflußt haben können und
- sich in den Ertragsteuern aperiodische Einflüsse (z. B. steuerliche Außenprüfung) niedergeschlagen haben können. Dies ist allerdings in einem gewissen Rahmen korrigierbar durch die Annahme einer durchschnittlichen Steuerbelastung statt einer effektiven Steuerbelastung in den einzelnen Jahren.

Relativ gut brauchbar ist der Cash-flow jedoch zur Berechnung des dynamischen Verschuldungsgrades (siehe Abschnitt L IV). Außerdem dient der Cash-flow – nach Abzug der ausgeschütteten Gewinne – zur Messung der Innenfinanzierung (siehe Abschnitt L IV).

3. Zusammenfassung

Der Cash-flow ist in seinem ursprünglich dargestellten Sinne, nämlich ein um die finanzunwirksamen Aufwendungen und Erträge bereinigter Jahresüberschuß, aus Jahresabschlüssen nach dem HGB, sofern sie keine Kapitalflußrechnung enthalten, ohne zusätzliche Informationen nicht genau zu ermitteln.

Der Cash-flow ist eher für einen Zeitvergleich und weniger für einen Betriebsvergleich – allenfalls für Unternehmen ähnlicher Struktur – geeignet.

Der Cash-flow, wie er in der Praxis meistens errechnet wird, ist ein Ertragsindikator auf den ersten Blick und evtl. ein Krisensignalwert. Dies sollte ggf. Anlaß sein, weitere Recherchen anzustellen und die Ergebnisse der einzelnen Jahre konkret zu bereinigen.

Für die Liquiditätsanalyse bringt der Cash-flow somit – mit Ausnahme des dynamischen Verschuldungsgrades – keine Erkenntnisse, die nicht auf andere Art und Weise aussagefähiger ermittelt werden können. Aussagefähiger für eine Liquiditätsanalyse als der Cash-flow ist die im vorigen Abschnitt besprochene Kapitalflußrechnung, da in sie noch andere Daten über Investitionen und Finanzierung eingehen.

J. Analyse des Vermögens

Ziel der Analyse des Vermögens ist es, Informationen über die Verwendung der dem Unternehmen zur Verfügung stehenden Mittel, insbesondere über die Art und Dauer der Vermögensbindung, zu geben.

Die Art und Dauer der Vermögensbindung ist für den Kapitalbedarf und somit die finanzielle Stabilität von wesentlicher Bedeutung.

I. Vermögensstruktur

Aus der Aktivseite der aufbereiteten Bilanzen gehen verschiedene Kennzahlen zur Vermögensstruktur hervor.

1. Sachanlagenintensität

Die relativ stärkste Aussagekraft hat die Kennzahl

$$\frac{\text{Sachanlagen (Buchwert)}}{\text{Bilanzsumme}} \times 100 = \text{Sachanlagen in \% der Bilanzsumme}$$

Diese Kennzahl drückt die Sachanlagenintensität aus.

Aus diversen Gründen, die im Abschnitt A VI Bilanzpolitik und Notwendigkeit der Bilanzanalyse im einzelnen beschrieben sind (Bilanzierungs- und Bewertungswahlrechte, Schätzung der Nutzungsdauer der Anlagegüter, Anschaffungs- und Herstellungskostenprinzip, steuerrechtliche Vorschriften, Geldentwertung, Ermessensspielräume), kann der in der Bilanz ausgewiesene Wert der Sachanlagen, insbesondere bei älteren Anlagen, erheblich von dem tatsächlichen Wert nach unten abweichen (stille Reserven). Dadurch ist auch die Bilanzsumme zu gering. Dies trifft natürlich nicht für mit dem beizulegenden Zeitwert bewertete Sachanlagen zu, die in der Praxis keine Rolle spielen.

Auf den ersten Blick beeinträchtigt dies die Aussagekraft dieser Kennzahl erheblich.

Dies ist aber nicht so tragisch, denn diese Kennzahl hat keinen besonders hohen Aussagewert, sondern sie soll nur einen ersten Eindruck über die Vermögensstruktur gewähren und kann dabei gleichzeitig ein vager Hinweis auf die in diesem Abschnitt weiter unten beschriebenen sehr unterschiedlichen Tatbestände sein.

Auch ist der Nachteil, daß in den Sachanlagen stille Reserven enthalten sind, bei einem Vergleich der Vermögensstruktur des Unternehmens über mehrere Jahre mit der Vermögensstruktur ähnlicher Unternehmen der Branche oder mit der des Branchendurchschnitts nicht so gravierend, da alle Vergleichszahlen mehr oder weniger hohe stille Reserven enthalten.

Wesentlich mehr sagt der spätere Vergleich der Vermögensstruktur mit der Kapitalstruktur aus. Hier ist der Einfluß der stillen Reserven in den Sachanlagen auf die Aussagefähigkeit der meisten Kennzahlen unbedeutender, weil sie sich in gleicher Höhe sowohl beim Anlagevermögen als auch beim Eigenkapital auswirken, oder er ist teilweise gar nicht gegeben, weil nur das Umlaufvermögen bzw. die kurzfristigen Vermögenswerte oder Teile davon mit dem Fremdkapital verglichen werden.

Zu der Aussagekraft dieser Kennzahl ist im einzelnen zu bemerken:

Ein relativ niedriger Anteil des Wertes der Sachanlagen an der Bilanzsumme kann im Vergleich zu Bilanzen anderer Geschäftsjahre bzw. Bilanzen ähnlicher Unternehmen ein Indikator für folgende sehr unterschiedliche Tatbestände sein, nämlich

- großzügige Abschreibungspolitik,
- relativ alte Sachanlagen,
- verstärktes Anlagenleasing,
- Betriebsaufspaltung in Besitz- und Betriebsgesellschaft (bei HGB-Bilanzierung),
- Bilanzstichtag innerhalb der Saison, deshalb hohe Vorräte und Forderungen,
- relativ niedrige Umschlagshäufigkeit der Forderungen und Vorräte oder hohe flüssige Mittel,
- wesentliche Erhöhung des Preisindexes der Vorräte (betrifft nicht Branchenvergleich),
- geringe Fertigungstiefe und geringer Automatisierungsgrad,
- hohe Kapazitätsauslastung, Mehrschichtbetrieb.

Inwieweit die beiden ersten Punkte, nämlich großzügige Abschreibungspolitik und relativ alte Sachanlagen, zutreffen oder auszuschließen sind, kann durch die spätere Analyse der Abschreibungsquote und des Verhältnisses der Zugänge der Sachanlagen zu dem Bestand der Sachanlagen (jeweils je Gruppe) etwas näher festgestellt werden.

Um trotz veränderter Leasinggewohnheiten die Aussagefähigkeit der Kennzahl zu erhalten, ist es empfehlenswert – sofern der Wert der geleasten Gegenstände bekannt ist –, bei einer HGB-Bilanzierung genauso wie bei einer IAS/IFRS-Bilanzierung sowohl die Sachanlagen als auch die Bilanzsumme um den Wert der geleasten Gegenstände zu erhöhen. Falls nämlich ein wesentlicher Teil der Sachanlagen geleast statt gekauft wurde, ist dadurch die Aussagefähigkeit der Kennzahl Sachanlagenintensität – besonders wenn sich der Umfang des Leasing im Laufe der Jahre verändert hat – erheblich beeinträchtigt.

Ob es sich um ein Unternehmen mit einem Saisongeschäft handelt und ob der Bilanzstichtag innerhalb oder außerhalb der Saison liegt, sollte bei einer Bilanzanalyse bekannt sein bzw. läßt sich durch entsprechende Kennzahlen aus den Zwischenabschlüssen ermitteln.

Welchen Einfluß evtl. die Höhe der Vorräte, Forderungen und flüssigen Mittel auf die Kennzahl hat, wird später durch die Kennzahlen zur Ermittlung der Umschlagshäufigkeit noch festgestellt.

Eine wesentliche Erhöhung des Preisindexes der Vorräte sollte ebenfalls bei einer Bilanzanalyse bekannt sein.

Eine hohe Fertigungstiefe und ein hoher Automatisierungsgrad sind in aller Regel nur durch hohe Investitionen erzielbar. Deshalb dürfte ein relativ niedriger Anteil des Sachanlagevermögens an der Bilanzsumme eine hohe Fertigungstiefe und einen hohen Automatisierungsgrad ausschließen.

Falls noch ein Erklärungsbedarf über den unterschiedlichen Anteil des Wertes der Sachanlagen an der Bilanzsumme zu verschiedenen Bilanzstichtagen übrig bleiben sollte, wäre er mit einer unterschiedlichen Kapazitätsauslastung zu erklären. Eine hohe bzw. eine niedrige Kapazitätsauslastung müßte mit einem niedrigen bzw. hohen Anteil der Abschreibungen an den Umsatzerlösen korrelieren. Wegen der Bedeutung der Kapazitätsauslastung für die Ergebnislage in der Vergangenheit und in der Zukunft lohnt es sich, dieser evtl. offenen Frage so intensiv wie möglich nachzugehen.

Abschließend sei vermerkt, daß es keine Regel über die Angemessenheit des Anteils der Sachanlagen an der Bilanzsumme gibt und hierzu auch keine Notwendigkeit besteht. Zwar ist aus Risikogründen eine hohe Liquidität, wozu ein geringes Sachanlagevermögen beiträgt, sehr erstrebenswert, andererseits muß aber der Tatsache Rechnung getragen werden, daß eine hohe Leistungsfähigkeit und somit hohe Rentabilität eines Unternehmens – natürlich je nach Branche unterschiedlich – in der Regel nur durch ein hohes Sachanlagevermögen zu erzielen ist.

In die Sachanlagenintensität wurden der Definition entsprechend nicht die immateriellen Vermögenswerte einbezogen. Das hätte die Aussagekraft dieser Kennzahl gemindert. Die Berechnung der Intensität der immateriellen Vermögenswerte besitzt keinen Erkenntniswert, da bei der Bilanzanalyse in erster Linie die Art, die Bindungsdauer und die Finanzierung der immateriellen Vermögenswerte von Interesse sind.

2. Finanzanlagenintensität bzw. Intensität der finanziellen Vermögenswerte

Die Kennzahl

$$\frac{\text{Finanzanlagen bzw. finanzielle Vermögenswerte}}{\text{Bilanzsumme}} \times 100 = \text{Finanzanlagen bzw. finanzielle Vermögenswerte in \% der Bilanzsumme}$$

läßt keine Schlüsse zu. Hier sind nur die absolute Zahl und die dahinter stehenden Investitionen interessant. Es wird auf die nach § 285 Nr. 11 und § 313 Nr. 4 HGB im Anhang zu veröffentlichende Beteiligungsliste verwiesen.

3. Intensität des Umlaufvermögens bzw. der kurzfristigen Vermögenswerte

Eine Analyse der Kennzahl

$$\frac{\text{Umlaufvermögen (einschl. Rechnungsabgrenzungsposten)}}{\text{Bilanzsumme}} \times 100 = \text{Umlaufvermögen in \% der Bilanzsumme}$$

bzw.

$$\frac{\text{kurzfristige Vermögenswerte}}{\text{Bilanzsumme}} \times 100 = \text{kurzfristige Vermögenswerte in \% der Bilanzsumme}$$

bringt keine Erkenntnisse.

Die Höhe dieser Kennzahl ist auch von der Bewertungsproblematik der Kennzahl Sachanlagen zu Bilanzsumme und der oft nicht unmittelbar durch die Unternehmenstätigkeit beeinflußten Kennzahl Finanzanlagen bzw. finanzielle Vermögenswerte zu Bilanzsumme und der Höhe der immateriellen Vermögenswerte abhängig und dadurch wenig aussagefähig.

Interessant könnte die Analyse des Verhältnisses der einzelnen Posten des Umlaufvermögens bzw. der kurzfristigen Vermögenswerte zu der Bilanzsumme sein. Eine nähere

Analyse dieser Kennzahlen ist aber nicht notwendig, weil die später beschriebenen Vermögensumschlagskoeffizienten und Liquiditätskennzahlen eine wesentlich höhere Aussagekraft haben.

Eine Ausnahme davon bildet die Kennzahl

$$\frac{\text{sonstige Forderungen u. ä.}}{\text{Bilanzsumme}} \times 100 = \text{sonstige Forderungen u. ä. in \% der Bilanzsumme}$$

Sie sollte immer möglichst niedrig sein und wenig schwanken. Ist das nicht der Fall, müßte versucht werden, dazu Einzelheiten zu erfahren. Hierin können Posten, die u. U. auf Schwierigkeiten im laufenden Geschäft hinweisen (z. B. Kostenvorschüsse, Kautionen, Forderungen aus Bürgschaftsübernahmen), und/oder Posten, die nur mittelfristig und u. U. nur schwierig zu realisieren sind, und/oder Posten, mit denen Bilanzpolitik (z. B. aktive Rechnungsabgrenzung) betrieben werden kann, enthalten sein.

Einzelheiten sollten auch zu den Forderungen gegen verbundene Unternehmen und Forderungen gegen Unternehmen, mit denen ein Beteiligungsverhältnis besteht, in Erfahrung gebracht werden. Obwohl diese Posten bei einer Bilanzierung nach dem HGB im Umlaufvermögen ausgewiesen werden, könnte es sich um langfristige Problemkredite handeln (siehe auch Abschnitt E I 5b).

4. Abschreibungsgrad

Der Bruttoausweis der Sachanlagen, d. h. der Ausweis der Anschaffungswerte, der kumulierten Abschreibungen und der Buchwerte der Sachanlagen, ermöglicht die Ermittlung des Abschreibungsgrades der Sachanlagen durch folgende Formel:

$$\frac{\text{kumulierte Abschreibungen der Sachanlagen}}{\substack{\text{Sachanlagen zu Anschaffungs-} \\ \text{und Herstellungskosten}}} \times 100 = \frac{\text{aufgelaufene Abschreibungen in \%}}{\text{der Anschaffungs- und Herstellungskosten}}$$

Diese Kennzahl gibt aber nur sehr bedingt einen Hinweis auf die Altersstruktur und den Abnutzungsgrad der Sachanlagen und somit auf den Reinvestitionsbedarf. Bei einer hohen Kennzahl könnte man sowohl auf ein hohes Alter und eine hohe Abnutzung der Sachanlagen als auch auf eine großzügige Abschreibungspolitik des Unternehmens schließen. Klarheit könnten etwa Angaben im Anhang über Nutzungsdauer und Abschreibungsmethoden sowie Angaben zu steuerlichen und außerplanmäßigen Abschreibungen in Verbindung mit obiger Kennzahl verschaffen. Bei einer Bilanzierung nach den IAS/IFRS ist diese Kennzahl wegen der strengen Abschreibungsregeln (regelmäßige Überprüfung und Anpassung der Abschreibungsdauer und Abschreibungsmethode, keine steuerlichen Sonderabschreibungen) aussagekräftiger als bei einer Bilanzierung nach dem HGB.

Ein hoher Abschreibungsgrad – bei unbedeutenden Sachanlagezugängen – deutet auf eine Gewinnabschöpfungsstrategie und möglicherweise auf das Ende eines Produktlebenszyklusses hin.

Um eine deutlichere Aussage machen zu können, müßte die Angemessenheit der Abschreibungen für einen möglichst langen Zeitraum in der Vergangenheit untersucht werden, wie es im folgenden Abschnitt vorgeschlagen wird.

5. Altersstruktur bzw. technischer Stand der Sachanlagen

$$\frac{\text{Zugänge der letzten .. Jahre}}{\text{Anlagenbestand brutto}} = \text{Altersstruktur bzw. technischer Stand der Sachanlagen}$$

Die Ermittlung obiger Kennzahl ist nur sinnvoll für die Gruppen der Sachanlagen, die nur abnutzbare Sachanlagen, d.h. technische Anlagen und Maschinen sowie andere Anlagen, Betriebs- und Geschäftsausstattung, enthalten.

Die Auswertung dieser und der vorigen Kennzahl in Verbindung mit den Angaben im Anhang kann Hinweise auf den wahrscheinlichen Reinvestitionsbedarf geben.

Wenn man nur die Zugänge ./. Abgänge des letzten Jahres in den Zähler einsetzt, wird diese Kennzahl auch Investitionsquote genannt.

In diesem Zusammenhang wird auch auf die in Abschnitt Q I 1 erläuterte Kennzahl Investitionsüberschuß bzw. Wachstumsquote hingewiesen.

6. Abschreibungsquote

Einen Hinweis auf die Angemessenheit der Abschreibungen und die Bildung und den Bestand eventueller stiller Reserven ergibt die Ermittlung der durchschnittlichen Abschreibungsquote je Anlagengruppe in der Vergangenheit durch die Kennzahl

$$\frac{\text{Abschreibungen des Geschäftsjahres je Anlagengruppe}}{\substack{\text{durchschnittlicher Bestand je Anlagengruppe zu} \\ \text{Anschaffungs- und Herstellungskosten}}} = \text{Abschreibungsquote}$$

Eine steigende Abschreibungsquote deutet – sofern kein Grund für die Vornahme außerordentlicher Abschreibungen bestand – auf die Bildung stiller Reserven hin.

7. Analyse der Angemessenheit der Abschreibungen auf Sachanlagen

Wie man Abschreibungsgrad, Altersstruktur bzw. den technischen Stand der Sachanlagen sowie insbesondere die Angemessenheit der Abschreibungen für die einzelnen Jahre in der Vergangenheit einigermaßen schätzen und beurteilen kann, geht aus dem folgenden Beispiel hervor:

Annahmen:

	T€
Anfangsbestand 31.12.1997	1.200
Anlagenzugänge von 1998 bis 2007	6.280
	7.480
Anlagenabgänge zu Buchwerten [1]	280
Abschreibungen von 1998 bis 2007	5.565
Buchwert 31.12.2007	1.635

1) Bei den Abgängen wurde im vorliegenden Fall generell unterstellt, daß sie durchschnittlich nach der Hälfte der Abschreibungsdauer, d.h. zum halben Anschaffungswert, abgingen, und diese Abgänge zu einer Korrektur der ursprünglich geplanten Abschreibungen in den nächsten 4 Jahren führten. In der Praxis müßten ggf. aufgrund der

Zahlen des Anlagenspiegels (Höhe Abgänge der Anschaffungskosten und der kumulierten Abschreibungen) individuellere Annahmen über die Höhe der ursprünglich geplanten Abschreibungen gemacht werden.

Es wurden bewegliche Anlagegüter unterstellt und von einem Zugang je zur Hälfte im 1. und 2. Halbjahr ausgegangen und deshalb für die Jahre des Zugangs ¾ der Jahresabschreibung angenommen (R 44 Abs. 2 EStR).

Die Analyse der Angemessenheit der Abschreibungen auf Sachanlagen (getrennt nach Anlagengruppen durchzuführen)

Zugänge ./. Abgänge   12,5 % durchschnittliche lineare Abschreibungen auf Zugänge (durch Iteration ermittelt)* ./. Abgänge bzw. Abschreibungskorrekturen auf Abgänge)

	T€	1998 T€	1999 T€	2000 T€	2001 T€	2002 T€	2003 T€	2004 T€	2005 T€	2006 T€	2007 T€	Summe T€
Zugänge 1998	800	75	100	100	100	100	100	100	100	25	–	800
Abgänge bzw. Abschreibungskorrekturen auf Abgänge 1998	20	./. –	5	5	5	5	–	–	–	–	–	20
Zugänge 1999	1.280	–	120	160	160	160	160	160	160	160	40	1.280
Abgänge bzw. Abschreibungskorrekturen auf Abgänge 1999	40	./. –	–	10	10	10	10	–	–	–	–	40
Zugänge 2000	960			90	120	120	120	120	120	120	120	930
Abgänge bzw. Abschreibungskorrekturen auf Abgänge 2000	40	./. –	–	–	10	10	10	10	–	–	–	40
Zugänge 2001	800	–	–	–	75	100	100	100	100	100	100	675
Abgänge bzw. Abschreibungskorrekturen auf Abgänge 2001	40	./. –	–	–	–	10	10	10	10	–	–	40
Zugänge 2002	200	–	–	–	–	19	25	25	25	25	25	144
Abgänge bzw. Abschreibungskorrekturen auf Abgänge 2002	20	./. –	–	–	–	–	5	5	5	5	–	20
Zugänge 2003	400	–	–	–	–	–	38	50	50	50	50	238
Abgänge bzw. Abschreibungskorrekturen auf Abgänge 2003	20	./. –	–	–	–	–	–	5	5	5	5	20
Zugänge 2004	480	–	–	–	–	–	–	45	60	60	60	225
Abgänge bzw. Abschreibungskorrekturen auf Abgänge 2004	20	./. –	–	–	–	–	–	–	5	5	5	15
Zugänge 2005	320	–	–	–	–	–	–	–	30	40	40	110
Abgänge bzw. Abschreibungskorrekturen auf Abgänge 2005	20	./. –	–	–	–	–	–	–	–	5	5	10
Zugänge 2006	640	–	–	–	–	–	–	–	–	60	80	140
Abgänge bzw. Abschreibungskorrekturen auf Abgänge 2006	40	./. –	–	–	–	–	–	–	–	–	10	10
Zugänge 2007	400	–	–	–	–	–	–	–	–	–	38	38
Abgänge bzw. Abschreibungskorrekturen auf Abgänge 2007	20	./. –	–	–	–	–	–	–	–	–	–	
Summe Zugänge 1998–2007	6.280	75	220	350	455	499	543	600	645	640	553	4.580
Summe Abgänge bzw. Abschreibungskorrekturen auf Abgänge 1998–2007	280	./. –	5	15	25	35	35	30	25	20	25	215
	6.000	75	215	335	430	464	508	570	620	620	528	4.365

	T€	1998 T€	1999 T€	2000 T€	2001 T€	2002 T€	2003 T€	2004 T€	2005 T€	2006 T€	2007 T€	Summe T€
Bestand 31.12.1997 (Buchwert) bzw. Abschreibung auf Basis 31.12.1997	1.200	290	250	210	170	130	90	50	10	–	–	1.200
Summe 12,5% durchschnittliche lineare Abschreibungen		365	465	545	600	594	598	620	630	620	528	5.565
Bestand 31.12.1997 + Zugänge	7.200											
./. Abgänge												
./. tatsächliche Abschreibungen	5.565	420	580	720	805	480	460	510	530	560	500	5.565
Bestand 31.12.2007 (Buchwert)	1.635											
Unterschied tatsächliche Abschreibungen zu geschätzten durchschnittlichen linearen Abschreibungen		./. 55	./. 115	./. 175	./. 205	+114	+138	+110	+100	+60	+28	–

*(Die durch Iteration geschätzten linearen Abschreibungen von 12,5% ergaben sich dadurch, daß für den gesamten Zeitraum kein Unterschied unterstellt wird. Sollte man diesen durchschnittlichen Abschreibungssatz nicht als angemessen betrachten, müßte man die Zugänge mit dem als angemessen betrachteten Abschreibungssatz abschreiben.)

In der obigen Tabelle werden für einen längeren Zeitraum (mindestens für die durchschnittliche Nutzungsdauer der Anlagengruppe) die durch Iteration ermittelten linearen Abschreibungen auf den Anfangsbestand und auf Anlagenzugänge unter Berücksichtigung der Abgänge den tatsächlichen Abschreibungen gegenübergestellt, woraus sich in den einzelnen Jahren ein Unterschied ergeben kann. Ein Plus-Betrag würde bedeuten, daß die hier als angemessen betrachteten linearen Abschreibungen in diesen Jahren höher lagen als die tatsächlichen Abschreibungen, und ein Minus-Betrag würde bedeuten, daß die hier als angemessen betrachteten linearen Abschreibungen in diesen Jahren niedriger lagen als die tatsächlichen Abschreibungen.

> Mit dieser Rechenmethode lassen sich neben der Schätzung der Altersstruktur und somit des technischen Standes der Sachanlagen insbesondere der Einfluß von degressiven und Sonderabschreibungen auf die Ergebnisse der einzelnen Geschäftsjahre herausstellen sowie die Angemessenheit der durchschnittlich angewendeten, im Jahresabschluß aber nicht angegebenen Abschreibungssätze besser beurteilen.

Ergebnis der Analyse

Im vorliegenden Beispiel zeigt sich, daß das Unternehmen in den Jahren 1998 bis 2001 offenbar mehr als 12,5% und in den Jahren 2002 bis 2007 offenbar weniger als 12,5% jährlich linear abgeschrieben hat. Diese Unterschiede oder Teile davon können – je nachdem für wie angemessen man diesen durchschnittlichen Abschreibungssatz hält und welche sonstigen Informationen noch vorliegen – bei der Bereinigung der Gewinn- und Verlustrechnung berücksichtigt werden (siehe Abschnitt M IV 2.2.3–2.2.7).

Mit Hilfe der obenstehenden Tabelle ließe sich auch ohne Kenntnis eines Bruttoausweises der Sachanlagen der unter Abschnitt J I 4 erläuterte Abschreibungsgrad einigermaßen zuverlässig wie folgt ermitteln:

	T€
Anlagenzugänge 2000–2007	4.200
./. Anlagenabgänge zu Anschaffungskosten (= Abgänge 2004–2007 zu Buchwerten × 2)	200
Sachanlagen zu Anschaffungs- und Herstellungskosten	4.000
./. Buchwert 31.12.2007	1.635
kumulierte Abschreibungen	2.365

$$\frac{\text{kumulierte Abschreibungen der Sachanlagen}}{\text{Sachanlagen zu Anschaffungs- und Herstellungskosten}} = \frac{2.365}{4.000} \times 100 = 59{,}1\,\% \text{ Abschreibungsgrad}$$

Der hohe Abschreibungsgrad erklärt sich durch relativ geringe Anlagenzugänge in den letzten Jahren im Verhältnis zu den Jahren 1998–2001. Er kann ein Hinweis auf einen größeren Reinvestitionsbedarf in nächster Zukunft sein.

Welche Bedeutung eine Analyse der Angemessenheit der Abschreibungen auf Sachanlagen in der Praxis haben kann, zeigt folgende Pressenotiz (»Frankfurter Allgemeine« vom 3.9.1992) über die Lufthansa: »*Wie weiter berichtet wird, sollen zur Aufbesserung der Bilanz die Flugzeuge künftig in zwölf statt bisher in zehn Jahren abgeschrieben werden. Die Gesellschaft begründet dies mit der kräftigen Flottenerweiterung der vergangenen Jahre. Die Verlängerung des Abschreibungszeitraums soll das Ergebnis in diesem Jahr um etwa 350 Millionen DM entlasten.*« Gemäß dieser Pressenotiz will die Lufthansa außerdem Immobilien verkaufen und zurückmieten.

Der Lufthansa ging es durch diese Tricks um keine Deutsche Mark besser. Möglicherweise zahlte sie deshalb sogar höhere Steuern.

II. Vermögensumschlag

Die Kennzahlen des Vermögensumschlags, die in Umsatzrelationen und Umschlagskoeffizienten (Umschlagshäufigkeit und Umschlagsdauer) unterteilt werden, zeigen, wie hoch der Bedarf an Vermögenswerten im Verhältnis zu den Aktivitäten (z.B. Umsatz, Herstellungskosten) des Unternehmens ist. Diese Kennzahlen messen nicht die Liquidität und den Erfolg eines Unternehmens, sie haben aber einen bedeutenden Einfluß auf die Liquidität und den Erfolg eines Unternehmens.

1. Umsatzrelationen

Als Umsatzrelationen werden in der Literatur das Verhältnis einzelner Posten des Vermögens oder des gesamten Vermögens bzw. des gesamten Kapitals oder des investierten Kapitals zu den Umsatzerlösen bezeichnet.

Bezüglich des Umschlags des gesamten Vermögens wird auf Abschnitt N VII Kennzahlensystem Return on Investment verwiesen.

Einzig die Relation

$$\frac{\text{Sachanlagen (Buchwert)}}{\text{Umsatzerlöse}}$$

hat einen gewissen Aussagewert.

Diese Kennzahl besagt, daß mit × Euro Sachanlagen 1 Euro Jahresumsatz erzielt wurde.

Eine Erhöhung dieser Kennzahl deutet auf eine schlechtere Kapazitätsauslastung hin, da entweder bei gleichem Wert der Sachanlagen die Umsatzerlöse gefallen sind oder die gleichen Umsatzerlöse mit einem höheren Wert der Sachanlagen erzielt wurden. Analog läßt ein Rückgang der Kennzahl eine bessere Kapazitätsauslastung vermuten. Eine Änderung der Kennzahl kann auch auf eine Veränderung der Höhe des Anlagenleasings zurückzuführen sein.

Eine hohe Kennzahl deutet bei einem Betriebsvergleich auf Überkapazitäten oder nicht betriebsnotwendiges Anlagevermögen hin.

Bei der Analyse dieser Kennzahl muß man sich bewußt sein, daß Investitionen meistens nicht umsatzbegleitend, sondern in Investitionsschüben vorgenommen werden.

Für die Aussagekraft dieser Relation gelten weitgehend die gleichen Einschränkungen, die weiter oben zur Kennzahl »Sachanlagen in % der Bilanzsumme« gemacht wurden mit der Ausnahme, daß die Kennzahl »Sachanlagen (Buchwert) : Umsatzerlöse« weder durch die Wahl des Bilanzstichtages (bei Saison-Unternehmen) noch durch die Höhe bzw. Umschlagshäufigkeit der Vorräte, Forderungen und flüssigen Mittel beeinflußt werden kann.

Um diesen Einschränkungen zu begegnen, kann es angebracht sein, diese Kennzahl nicht nur auf Basis des Buchwertes der Sachanlagen, sondern parallel dazu auch auf Basis der Anschaffungs- und Herstellungskosten zu ermitteln. Diese zweite Berechnung könnte möglicherweise Hinweise dafür erbringen, inwieweit bei einem Zeitvergleich die Kennzahl durch die Bewertung der Sachanlagen verfälscht ist.

Diese Kennzahl wird in der Literatur teilweise auch mit dem Kehrwert dargestellt, d.h. die Sachanlagen werden im Nenner und die Umsatzerlöse im Zähler eingesetzt.

Die übrigen Bestandteile des Vermögens zu den Umsatzerlösen in Beziehung zu bringen hat wenig Sinn, da

– das Finanzanlagevermögen meistens keine Beziehung zu den Umsatzerlösen hat und
– sich die Analyse des Verhältnisses der einzelnen Posten des Umlaufvermögens zu den Umsatzerlösen erübrigt, weil die unter J I 3 erwähnte Intensität des Umlaufvermögens, die im nächsten Abschnitt beschriebene Umschlagshäufigkeit und Umschlagsdauer der Vorräte und Forderungen aus Lieferungen und Leistungen und die Liquiditätskennzahlen eine wesentlich höhere Aussagekraft haben. Der Unterschied zwischen der Umsatzrelation einerseits und der Umschlagshäufigkeit und Umschlagsdauer andererseits liegt lediglich darin, daß die Umschlagshäufigkeit der Kehrwert der Umsatzrelation ist und bei der Umschlagsdauer nicht der Jahresumsatz, sondern der durchschnittliche Tagesumsatz in die Kennzahl eingeht.

2. Umschlagskoeffizienten (Umschlagshäufigkeit und Umschlagsdauer)

a) Allgemeines

Die Umschlagshäufigkeit zeigt an, wie oft der jeweilige Vermögensposten in einem Jahr umgeschlagen wird. Die Umschlagsdauer, der Kehrwert der Umschlagshäufigkeit, gibt Auskunft darüber, in welcher Zeit der Vermögensposten einmal umgeschlagen wurde.
Die Umschlagshäufigkeit des Sachanlagevermögens errechnet sich wie folgt:

$$\frac{\substack{\text{Abschreibungen des Geschäftsjahres} \\ + \text{ Abgänge (Restbuchwert)}}}{\substack{\text{durchschnittlicher Bestand des Sachanlagevermögens} \\ \text{zu Anschaffungs- und Herstellungskosten}}} = \substack{\text{Umschlagshäufigkeit des} \\ \text{Sachanlagevermögens}}$$

Wegen der im Abschnitt J I 1 Sachanlagenintensität genannten Gründe (Bewertungsprobleme) macht es wenig Sinn, die Umschlagshäufigkeit des Sachanlagevermögens näher zu analysieren. Im übrigen unterscheidet sich die Kennzahl »Umschlagshäufigkeit des Sachanlagevermögens« von der unter J I 6 beschriebenen wichtigen Kennzahl »Abschreibungsquote« lediglich dadurch, daß sie im Zähler noch um den Posten »+ Abgänge« erweitert wird.
Aus den gleichen Gründen, die weiter oben am Schluß des Abschnittes J II 1 Umsatzrelationen beschrieben sind, macht es nicht viel Sinn, die Umschlagshäufigkeit des Finanzanlagevermögens, der sonstigen Forderungen und der flüssigen Mittel zu analysieren. Folglich gilt dies auch für das gesamte Vermögen. Interessant wären diese Kennzahlen nur als Hilfsgrößen bei einer Zerlegung eines Kennzahlensystems (z.B. Return on Investment) in seine verschiedenen Faktoren.

Eine große Aussagekraft haben folgende Kennzahlen:

1. $\dfrac{\substack{\text{Herstellungskosten der zur Erzielung der Umsatz-} \\ \text{erlöse erbrachten Leistungen bzw. Materialaufwand}}}{\substack{\text{Vorräte zu Herstellungskosten am Ende des} \\ \text{Geschäftsjahres}}} = $ Umschlagshäufigkeit der Vorräte

   bzw. der Kehrwert dazu, ausgedrückt in Tagen,

   $\dfrac{\substack{\text{Vorräte zu Herstellungskosten am Ende des} \\ \text{Geschäftsjahres}}}{\substack{\text{Herstellungskosten der zur Erzielung der Umsatz-} \\ \text{erlöse erbrachten Leistungen bzw. Materialaufwand} \\ : 365}} = $ Lagerdauer in Tagen

2. $\dfrac{\text{Umsatzerlöse einschl. Mehrwertsteuer}}{\substack{\text{Bestand an Forderungen aus Lieferungen und} \\ \text{Leistungen einschl. Besitzwechsel und} \\ \text{Indossamentverbindlichkeiten aus weitergegebenen} \\ \text{Wechseln am Ende des Geschäftsjahres}}} = \substack{\text{Umschlagshäufigkeit der} \\ \text{Forderungen}}$

   bzw. der Kehrwert dazu, ausgedrückt in Tagen,

Bestand an Forderungen aus Lieferungen und
Leistungen einschl. Besitzwechsel und
Indossamentverbindlichkeiten aus weitergegebenen
Wechseln am Ende des Geschäftsjahres

$$\frac{}{\text{Umsatzerlöse einschl. Mehrwertsteuer} : 365} = \begin{array}{l}\text{in Anspruch genommenes}\\\text{Zahlungsziel der Kunden in}\\\text{Tagen (Außenstandsdauer)}\end{array}$$

3. $$\frac{\text{Verbindlichkeiten aus Lieferungen und Leistungen einschl. Schuldwechsel am Ende des Geschäftsjahres}}{\text{Materialeinkauf einschl. Mehrwertsteuer} : 365} = \begin{array}{l}\text{in Anspruch genommenes}\\\text{Zahlungsziel bei Lieferanten}\\\text{in Tagen}\end{array}$$

Umsatzerlöse und Materialeinkauf werden in obige Kennzahlen korrekterweise einschließlich Mehrwertsteuer eingesetzt. Da in der Praxis die korrekten Werte nicht einfach zu beschaffen sind, werden die Kennzahlen oft ohne Mehrwertsteuer ermittelt, was zwangsläufig zu falschen Kennzahlen führt. Da für die Beurteilung dieser Kennzahlen weniger die absolute Kennzahl als die Veränderung der Kennzahl im Zeit- und Unternehmensvergleich wichtig ist, ist dieser immer gleiche systematische Fehler von nachgeordneter Bedeutung.

Die Verbindlichkeiten aus Lieferungen und Leistungen sind zwar kein Bestandteil des Vermögens. Die Kennzahl »in Anspruch genommenes Zahlungsziel bei Lieferanten in Tagen« wurde aber bewußt hier vorgestellt, da sie in engem Zusammenhang mit der Umschlagsdauer der Vorräte und Forderungen gesehen werden muß.

Unterschiedliche Bewertungsmethoden bzw. bilanzpolitische Maßnahmen haben einen großen Einfluß auf diese Kennzahlen. Dies trifft insbesondere für die Bewertung der Vorräte und die Herstellungskosten zu. In diesem Zusammenhang wird deshalb auf den Abschnitt E I 5a Vorräte verwiesen.

Da für eine kurzfristige Liquiditätsanalyse weniger eine durchschnittliche Lagerdauer bzw. ein durchschnittlich in Anspruch genommenes Zahlungsziel, sondern mehr die Lagerdauer und das in Anspruch genommene Zahlungsziel zum Ende des Geschäftsjahres von Interesse sind, sollten die Bestände zum Jahresende und nicht die durchschnittlichen Bestände (z. B. Jahresanfangsbestand + Jahresendbestand : 2 bzw. 4 Quartalsanfangsbestände + Jahresendbestand : 5) in die Formel eingesetzt werden. Die Berücksichtigung der Bestände zum Ende des Geschäftsjahres statt des durchschnittlichen Bestandes zeigt deutlicher die Veränderungen der Lagerdauer und des durchschnittlich in Anspruch genommenen Zahlungsziels. Da jedoch nur eine Stichtagszahl in diese Berechnung eingeht, kann sie durch Zufälligkeiten oder bewußte Steuerung der Bestände beeinflußt werden.

Um differenzierte Erkenntnisse zu gewinnen, ist es erwägenswert, die Umschlagshäufigkeit auf Basis der durchschnittlichen Bestände und des Jahresumsatzes bzw. der Herstellungskosten des Jahres und die Umschlagsdauer auf Basis der Endbestände und der Umsatzerlöse bzw. Herstellungskosten des letzten Quartals oder des letzten Halbjahres zu ermitteln.

Um den Einfluß des gesamten Umlaufvermögens auf die Liquidität und den Erfolg des Unternehmens besser beurteilen zu können, könnten auch die Umschlagshäufigkeit des übrigen Umlaufvermögens (ohne flüssige Mittel), die Umschlagshäufigkeit des Umlaufvermögens insgesamt und die Umschlagsdauer des Nettoumlaufvermögens (Forderungen + Vorräte ./. Verbindlichkeiten aus Lieferungen und Leistungen) ermittelt werden.

Die Veränderung der Umschlagskoeffizienten der einzelnen Teile des Nettoumlaufvermögens kann wichtige Hinweise auf die voraussichtliche Entwicklung der Liquidität und des Erfolgs des analysierten Unternehmens geben.

b) Vorräte

Eine niedrige Umschlagshäufigkeit bei den Vorräten bzw. eine hohe Lagerdauer können auf Absatzschwierigkeiten und/oder auf schwer verkäufliche Waren oder Erzeugnisse zurückzuführen sein. Auch eine schlechte Lagerwirtschaft und/oder eine bewußt hohe Bevorratung wegen erwarteter Beschaffungsschwierigkeiten oder Preiserhöhungen wären möglich.

Eine hohe Umschlagshäufigkeit bei den Vorräten kann auf Finanzierungsschwierigkeiten, die anhand anderer Kennzahlen erkennbar sind, zurückzuführen sein. Dies würde bedeuten, daß das Unternehmen nicht alle Geschäftsmöglichkeiten nutzen kann.

Geänderte Rahmenbedingungen (z.B. Just-in-time-Fertigung) können ebenfalls Gründe für eine gestiegene oder verminderte Vorratshaltung sein.

Bei Industrieunternehmen ist es möglich festzustellen, inwieweit die Veränderung der Umschlagshäufigkeit bzw. der Lagerdauer auf eine Veränderung der Absatzlage oder der Einkaufsgewohnheiten zurückzuführen ist, indem man die Umschlagshäufigkeit bzw. die Lagerdauer für die fertigen und unfertigen Erzeugnisse, unfertige Leistungen und Waren einerseits und die Roh-, Hilfs- und Betriebsstoffe einschließlich der geleisteten Anzahlungen andererseits getrennt feststellt.

Ermittlung der Umschlagshäufigkeit und Lagerdauer beim Gesamtkostenverfahren

Leider kann man aus einer Gewinn- und Verlustrechnung nach dem Gesamtkostenverfahren nicht die Herstellungskosten der zur Erzielung der Umsatzerlöse erbrachten Leistungen entnehmen. Die Kennzahlen Umschlagshäufigkeit und Lagerdauer sind aber im langfristigen Vergleich eines Unternehmens und im Betriebsvergleich so wichtig, daß man bei einer nach dem Gesamtkostenverfahren vorliegenden Gewinn- und Verlustrechnung nach einem Näherungswert suchen sollte.

Die Herstellungskosten der zur Erzielung der Umsatzerlöse erbrachten Leistungen dürften sich bei Industrieunternehmen in der Regel im wesentlichen aus folgenden im Gesamtkostenverfahren ausgewiesenen Posten zusammensetzen:

– fast die gesamten Aufwendungen für Roh-, Hilfs- und Betriebsstoffe sowie für bezogene Waren (Materialkosten),
– der größte Teil der Abschreibungen,
– ein wesentlicher Teil der Löhne und Gehälter, der sozialen Abgaben und der Aufwendungen für Altersversorgung und Unterstützung,
– ein kleiner Teil der sonstigen betrieblichen Aufwendungen und
– ein unbedeutender Teil der sonstigen Steuern.

Um trotz des Fehlens der »Herstellungskosten der zur Erzielung der Umsatzerlöse erbrachten Leistungen« die Umschlagshäufigkeit der Vorräte bzw. die Lagerdauer in Tagen bei Industrieunternehmen ermitteln zu können, empfiehlt es sich, bei Vorliegen von Gewinn- und Verlustrechnungen nach dem Gesamtkostenverfahren aufgrund der Kenntnis der Kostenstruktur der Branche und des Anteils der Beschäftigten in den einzelnen Unternehmensbereichen die »Herstellungskosten der zur Erzielung der Umsatzerlöse erbrachten Leistungen« zu schätzen.

Hinweise auf die Kostenstruktur der Branche können auch Jahresabschlüsse von Wettbewerbern vor und nach der Umstellung vom Gesamtkostenverfahren auf das Umsatzkostenverfahren geben.

Da aus den Jahresabschlüssen nach dem Umsatzkostenverfahren obengenannte Kostenarten (Materialkosten, Personalkosten, Abschreibungen) ebenfalls hervorgehen, ist es beim Umsatzkostenverfahren auf Basis der auf obige Art und Weise geschätzten »Herstellungskosten der zur Erzielung der Umsätze erbrachten Leistungen« auch möglich, für Vergleiche mit dem Gesamtkostenverfahren die oben beschriebenen Kennzahlen mehr schlecht als recht zu ermitteln.

c) Forderungen aus Lieferungen und Leistungen

Neben einem Zeitvergleich und einem Branchenvergleich sollte auch ein Vergleich des in Anspruch genommenen Zahlungsziels mit den in der Branche üblichen Zahlungsbedingungen vorgenommen werden. Evtl. bietet sich zusätzlich eine Analyse nach verschiedenen Kundengruppen (Geschäftsfelder, Großkunden, öffentliche Hand, Export) an. Auf jeden Fall sollte das Zahlungsziel an verbundene Unternehmen und Beteiligungen getrennt ermittelt werden.

Bei Unternehmen mit Saisongeschäft sollten den Forderungen aus Lieferungen und Leistungen die entsprechenden Umsatzerlöse (einschließlich Mehrwertsteuer), d.h. die Umsatzerlöse des letzten Quartals oder Halbjahres, gegenübergestellt werden.

Bei der Analyse ist zu bedenken, daß die Umsatzerlöse sämtliche Umsätze, d.h. einschließlich der Barumsätze und der vor Fälligkeit mit Skonto bezahlten Umsätze, enthalten. Eine entsprechende Aufteilung der Umsätze wäre erstrebenswert, dürfte aber kaum erhältlich sein.

Zu beachten ist bei der Analyse, daß bei echtem Factoring und Forfaitierung die verkauften Forderungen nicht mehr in der Bilanz erscheinen. Bei der Ermittlung der Kennzahlen müssen deshalb die Umsatzerlöse ebenfalls entsprechend gekürzt werden.

Eine geringe Umschlagshäufigkeit bei den Forderungen aus Lieferungen und Leistungen bzw. ein in Anspruch genommenes langes Zahlungsziel der Kunden können auf eine schwache Marktposition des Unternehmens, auf Zahlungsschwierigkeiten bei Kunden oder auf die Fakturierung von noch nicht realisierten Verkäufen zurückzuführen sein. Auch Organisationsmängel (späte Fakturierung, schlechtes Mahnwesen) oder eine Zunahme der Exporttätigkeit mit längeren Zahlungszielen wären möglich.

Letztlich sollte nicht vergessen werden, daß eine Veränderung der Kennzahlen bei den Vorräten und Forderungen auch aus einer Veränderung des Produkt-Mix und des Kunden-Mix herrühren kann.

d) Verbindlichkeiten aus Lieferungen und Leistungen

Ein Zeit- und Betriebsvergleich mit der Kennzahl »in Anspruch genommenes Zahlungsziel« macht Aussagen über die Zahlungsmoral des Unternehmens. Da der Lieferantenkredit in der Regel der teuerste Kredit ist, läßt eine wesentliche Erhöhung dieser Kennzahl akute Liquiditätsprobleme vermuten.

Die Höhe des Materialeinkaufs, die zur Ermittlung dieser Kennzahl notwendig ist, kann nicht unmittelbar aus dem Jahresabschluß entnommen werden.

Beim Gesamtkostenverfahren kann der Materialeinkauf annähernd wie folgt ermittelt werden:

Aufwendungen für Roh-, Hilfs- und Betriebsstoffe und bezogene Waren
+ Zunahme (./. Abnahme) des Bestandes an Roh-, Hilfs- und Betriebsstoffen
+ Mehrwertsteuer

Zusätzlich wäre dieser Betrag noch um die Erhöhung oder Verminderung des Bestandes an bezogenen Waren zu korrigieren, der aus dem Jahresabschluß aber nicht zu entnehmen ist. Bei einem geringen oder nur wenig sich verändernden Umsatz mit Handelswaren dürfte dieser Fehler die Aussagekraft der Kennzahl kaum beeinträchtigen.

Hinzuzurechnen wären im Zähler ggf. noch Verbindlichkeiten aus Lieferungen und Leistungen, soweit sie unter den Verbindlichkeiten gegenüber verbundenen Unternehmen und gegenüber Unternehmen, mit denen ein Beteiligungsverhältnis besteht, ausgewiesen sind.

Beim Umsatzkostenverfahren kann der Materialeinkauf in ähnlicher Weise aufgrund des im Anhang ausgewiesenen Materialaufwands (nur bei Einzelabschluß vorgeschrieben), der Veränderung des Bestandes an Roh-, Hilfs- und Betriebsstoffen und der Hinzurechnung der Mehrwertsteuer errechnet werden.

Einen kleinen Schönheitsfehler hat die Kennzahl, da Lieferantenkredite nicht nur für den Materialaufwand, sondern auch für einen Teil der sonstigen betrieblichen Aufwendungen und die Investitionen in Anspruch genommen werden. Da es nicht auf die absolut richtige Kennzahl, sondern auf den Zeit- und Betriebvergleich ankommt, kann dieser Schönheitsfehler in Kauf genommen werden.

Wie weiter oben festgestellt, kann es aus mehreren Gründen Schwierigkeiten geben, die Höhe des Materialeinkaufes festzustellen. Um diesen Schwierigkeiten zu entgehen und trotzdem eine brauchbare Kennzahl über den in Anspruch genommenen Lieferantenkredit zu ermitteln, sollte man die Verbindlichkeiten aus Lieferungen und Leistungen einschließlich Schuldwechsel mit dem Umsatz anstatt mit dem Materialeinkauf vergleichen. Diese Kennzahl gibt an, in wie vielen Tagen das Unternehmen seinen Verbindlichkeiten aus Lieferungen und Leistungen einschließlich Schuldwechsel nachkommen könnte, wenn es die gesamten Umsatzerlöse dazu verwenden würde. Diese Kennzahl hat den Vorteil, daß sie kaum manipulierbar ist. Außerdem kann sie nicht nur zum Jahresende, sondern auch zum Quartalsende ermittelt werden und somit auch kurzfristige Veränderungen anzeigen.

e) Bedeutung der Umschlagshäufigkeit und der Umschlagsdauer

Die Bedeutung der Umschlagshäufigkeit und der Umschlagsdauer, insbesondere für Vorräte und Forderungen, ist bei einer Bilanzanalyse sehr hoch einzuschätzen, da diese Kennzahlen

– wenig manipulierbar sind und
– oft Schwierigkeiten am Absatzmarkt anzeigen, bevor man sie in der Gewinn- und Verlustrechnung erkennen kann.

Manipulationen sind auch deshalb kaum zu erwarten, weil eine niedrige Bewertung der Bestände die Umschlagshäufigkeit und die Umschlagsdauer zwar verbessern, die Gewinn- und Verlustrechnung aber negativ beeinflußt würde.

Durch den Kunden gewährte günstige Zahlungsbedingungen oder Produktion auf Lager könnten die negativen Auswirkungen von Schwierigkeiten am Absatzmarkt auf die Gewinn- und Verlustrechnung zwar vorübergehend gemildert werden. Solche Maßnahmen wirken sich bei diesen Kennzahlen aber sofort aus. Man könnte sie deshalb als Frühindikatoren bei schlechtem Geschäftsgang bezeichnen. Bei einer Unternehmensanalyse sollte man sich ggf. um weitere Informationen bemühen.

K. Analyse des Kapitals

Ziel der Analyse des Kapitals ist es, Informationen über die Kapitalaufbringung, insbesondere über die Art, Zusammensetzung und Fristigkeit des Kapitals, sowie über die für das Fremdkapital gewährten Sicherheiten zu geben, um daraus Finanzierungsrisiken besser abschätzen zu können.

I. Allgemeines

Das Kapital eines Unternehmens setzt sich aus Eigenkapital und Fremdkapital zusammen. Das Fremdkapital kann unterschiedliche Fälligkeiten (kurz-, mittel- und langfristig) haben. Darüber hinaus darf bei der Beurteilung der Kapitalstruktur nicht außer acht gelassen werden, welche Sicherheiten für Teile des Fremdkapitals gegeben wurden.

Das Eigenkapital, genauer gesagt die Eigenkapitalgeber sind die Träger des Geschäftsrisikos des Unternehmens, da sie keinen Anspruch auf Verzinsung und Rückzahlung haben, sondern ihnen aus dem laufenden Geschäft die Erträge abzüglich der Aufwendungen und bei der Liquidation die Erlöse aus den Vermögenswerten abzüglich der Schulden zustehen. Hierbei kann auch der volle Verlust des Eigenkapitals eintreten.

Fremdkapitalgeber haben dagegen Anspruch auf vereinbarte Zinszahlungen sowie auf Rückzahlung des Kapitals, und zwar in den meisten Fällen zu einem fest vereinbarten Zeitpunkt.

In der Regel ist die Rendite aus dem investierten Gesamtkapital (Gesamtkapitalrentabilität) höher als der Zinssatz, der für das Fremdkapital gezahlt werden muß. Insbesondere aus diesem Grunde (Leverage-Effekt) wird von Unternehmen Fremdkapital aufgenommen. Hinzu kommt noch, daß die Zinsen für Fremdkapital steuerlich abzugsfähig sind, so daß selbst dann, wenn die Gesamtkapitalrentabilität nicht höher als die Fremdkapitalkosten sind, die Eigenkapitalrentabilität durch Aufnahme von Fremdkapital steigen kann. Falls die Anteilseigner in Deutschland steuerpflichtig sind, galt dies für die deutsche Körperschaftsteuer bisher nur bedingt, da die Körperschaftsteuer auf ausgeschüttete Gewinne in diesen Fällen wirtschaftlich gesehen keine Ertragsteuer des Unternehmens, sondern eine Einkommensteuervorauszahlung der Anteilseigner war. Für die deutsche Gewerbeertragsteuer gilt dies wegen der teilweisen Hinzurechnung der Zinsen für langfristige Kredite zum Gewerbeertrag ebenfalls nur bedingt.

Je höher das aus obigen Gründen und Erwartungen aufgenommene Fremdkapital ist, desto höher steigt somit die Rendite des Eigenkapitals, desto höher wird auch das Risiko für das Eigenkapital, da unabhängig von der Ertragslage aus dem Gesamtkapitalergebnis immer zuerst die vertraglich vereinbarten Zinsen für das Fremdkapital zu zahlen sind. Je höher das Fremdkapital eines Unternehmens ist, desto höher ist somit auch das Risiko des Eigenkapitalverlustes.

Je höher das Eigenkapital eines Unternehmens ist, desto höher ist die finanzielle Stabilität des Unternehmens und desto geringer ist bei ertragreichen Unternehmen die Eigenkapitalrendite.

Bei ertragreichen Unternehmen steht somit das Bestreben, die Eigenkapitalrentabilität zu maximieren und das Unternehmen steuerlich optimal zu finanzieren, im Gegensatz zu dem Bestreben, aus Gründen der Stabilität und einer hohen Kreditwürdigkeit ein möglichst hohes Eigenkapital auszuweisen.

Bei der Kapitalausstattung eines Unternehmens ist somit abzuwägen zwischen höherer Eigenkapitalrendite bei höherem Risiko auf ein relativ niedriges Eigenkapital oder einer niedrigeren Eigenkapitalrendite bei einem niedrigeren Risiko auf das entsprechend größere Eigenkapital.

Ein Unternehmen muß jedoch soweit mit Eigenkapital ausgestattet sein, daß

– die jetzigen und zukünftigen Kreditgeber nicht fürchten müssen, durch Verluste geschädigt zu werden und
– das Unternehmen aufgrund vorübergehender Verluste nicht zur Liquidation gezwungen wird.

Eine feste Norm für eine angemessene oder sogar optimale Kapitalstruktur gibt es aus diesem Grunde nicht, mit Ausnahme der in Abschnitt L Liquiditätsanalyse erwähnten Fristenkongruenz mit der Vermögensstruktur.

Grundsätzlich steht das Eigenkapital als Risikoträger dem Unternehmen auf unbegrenzte Zeit zur Verfügung, sofern es nicht durch Verluste aufgezehrt wird oder im Rahmen der rechtlichen Möglichkeiten entnommen werden kann. Bei Personengesellschaften ist zu berücksichtigen, daß Eigenkapital durch Tod oder Ausscheiden von Gesellschaftern evtl. zurückzuzahlen ist. Ebenfalls können andere Engagements oder Ehescheidungen von Einzelunternehmern oder von Gesellschaftern von Personengesellschaften zur Minderung des Eigenkapitals führen.

II. Messung des Leverage-Effekts durch den Leverage-Faktor

Durch den Leverage-Effekt (Hebelwirkung des Fremdkapitals), d. h. durch die Höhe des Verschuldungsgrades und einen unter oder evtl. über der Gesamtkapitalrentabilität liegenden Zinssatz für das Fremdkapital, wird die Eigenkapitalrentabilität beeinflußt.

Liegt z. B. die Gesamtkapitalrentabilität (GKR) bei 10 %, die Fremdkapitalzinsen (i) bei 6 %, und beträgt das Fremdkapital (FK) 50 % des Eigenkapitals (EK), so ergibt sich eine Eigenkapitalrentabilität von 12 %.

Die Eigenkapitalrentabilität von 12 % wurde wie folgt ermittelt:

$$GKR + (GKR-i) \times \frac{FK}{EK} = \text{Eigenkapitalrentabilität}$$

$$10 + (10-6) \times \frac{50}{100} = 12$$

Die Eigenkapitalrentabilität wurde im vorliegenden Falle durch den Einsatz von Fremdkapital, dessen Zinssatz unter der Gesamtkapitalrentabilität liegt, gesteigert.

Der Leverage-Faktor, der aussagt, um welchen Faktor die Eigenkapitalrentabilität über oder unter der Gesamtkapitalrentabilität liegt, läßt sich wie folgt errechnen:

$$\frac{\text{Eigenkapitalrentabilität}}{\text{Gesamtkapitalrentabilität}} = \text{Leverage-Faktor}$$

Im vorliegenden Beispiel ergibt sich folgende Rechnung:

$$\frac{12}{10} = 1.20$$

Ein Leverage-Faktor über 1 ist positiv, d.h. die Aufnahme von Fremdkapital hat die Eigenkapitalrentabilität erhöht, während ein Leverage-Faktor unter 1 das Gegenteil aussagt.

Die Messung des Leverage-Effektes durch den Leverage-Faktor hat bei einer Bilanzanalyse aus folgenden Gründen keine große Bedeutung:

– Die Gesamtkapitalrentabilität und somit auch die Eigenkapitalrentabilität sind durch stille Reserven verzerrt.
– Das mit einer höheren Fremdkapitalfinanzierung verbundene höhere Risiko wird nicht berücksichtigt.

Zur korrekten Ermittlung des Leverage-Effektes durch Vergleich der Eigenkapitalrentabilität mit der Gesamtkapitalrentabilität müßten die Vermögenswerte mit den Marktpreisen eingesetzt und die nicht in der Bilanz enthaltenen Geschäftsvorfälle (z.B. Leasing) berücksichtigt werden.

Das mit der Fremdkapitalfinanzierung verbundene höhere Risiko ist besser aus dem in den folgenden Abschnitten besprochenen Leverage-Risiko (Zinsdeckung), der Kapitalstruktur- oder Finanzierungsanalyse, der langfristigen Fristenkongruenz und dem dynamischen Verschuldungsgrad (Tilgungsdauer) zu entnehmen.

III. Leverage-Risiko (Zinsdeckung)

Das mit zunehmender Verschuldung steigende Risiko für das Eigenkapital setzt der Aufnahme von Fremdkapital Grenzen. Das Risiko besteht darin, aufgrund der zu zahlenden Zinsen bei schlechtem Geschäftsgang oder bei Zinserhöhungen für kurzfristiges Fremdkapital eher zahlungsunfähig zu werden.

Dieses Risiko aus dem Leverage-Effekt (Hebelwirkung des Fremdkapitals) läßt sich – zumindest für die Vergangenheit – messen, indem man die Zinsen, d.h. den Nettozinsaufwand, der fixen Charakter hat, zu dem Gewinn vor Zinsen und Steuern gemäß folgender Formel in Relation setzt:

$$\frac{\text{Gewinn vor Steuern und Zinsen}}{\text{Zinsen}} = \text{Leverage-Risiko (Zinsdeckung)}$$

Beim Finanzierungsleasing und unter Umständen auch beim Mietleasing sollte der in den Leasingraten enthaltene Zinsaufwand den Zinsen im Zähler und Nenner hinzugefügt werden.

Falls auf Vorzugsaktien garantierte Dividenden zu zahlen sind, sollten sie in obiger Kennzahl nicht als Gewinn, sondern als Zinsen betrachtet werden, d.h. der Nenner ist um die Vorzugsdividende zu erhöhen, zuzüglich der auf sie entfallenden Ertragsteuern.

Gewinne aus der Equity-Bewertung sollten nur angesetzt werden, soweit sie ausgeschüttet wurden.

Selbstverständlich ist der Gewinn auch um das außerordentliche Ergebnis und das Bewertungsergebnis zu korrigieren.

Der Kennzahl Leverage-Risiko (Zinsdeckung) liegt der Gedanke zugrunde, daß das Risiko einer zu geringen Eigenkapitalrendite oder von Eigenkapitalverlusten um so höher ist, je kleiner das Verhältnis von Kapitalergebnis (d.h. Gewinn vor Steuern und Zinsen) zu Zinsen ist.

Aus ihr ist ersichtlich, um wieviel sich das Ergebnis vor Steuern und Zinsen verschlechtern darf, ohne daß das Unternehmen in Schwierigkeiten käme, die fälligen Zinsen zu bezahlen. Hierbei wird unterstellt, daß die erwirtschafteten Abschreibungen für Reinvestitionen zur Verfügung stehen.

Die Kennzahl gibt somit einen Hinweis auf die weitere Verschuldungsfähigkeit des Unternehmens, wobei diese auch von der Kontinuität der Ertragslage und der Höhe der außerordentlichen Ergebnisse beeinflußt wird.

Bei einem Zeit- und Betriebsvergleich läßt sich somit auf relativ einfache Art und Weise erkennen, welchem Leverage-Risiko die Gewinne der einzelnen Geschäftsjahre durch die Aufnahme von zu verzinsendem Fremdkapital unterlegen haben.

Eine weitere Möglichkeit, das Leverage-Risiko zu messen, besteht in der Berechnung folgender Kennzahl:

$$\frac{\text{Cash-flow und Zinsen}}{\text{Zinsen}}$$

Der Grund für diese Kennzahl liegt darin, daß der Gewinn bilanzpolitisch beeinflußt sein kann, und die Zinsen aus dem Cash-flow und nicht aus dem Gewinn bezahlt werden. Bei ihr ergibt sich allerdings die Schwierigkeit, ob und inwieweit man die Veränderung der Rückstellungen dem Zähler der Kennzahl hinzufügen soll.

Bei der Beurteilung dieser Kennzahl muß man sich bewußt sein, daß zwar kurzfristig der Cash-flow zur Deckung der zu zahlenden Zinsen zur Verfügung steht, langfristig müssen jedoch die in dem Cash-flow enthaltenen Abschreibungen, ausgenommen die Abschreibungen auf den Geschäfts- oder Firmenwert, reinvestiert werden.

Besonderheiten bei der Finanzierung durch Leasing, Miete, Pacht und Pensionsrückstellungen

Die obengenannten Kennzahlen können allerdings – sofern die in den Leasingraten enthaltenen Zinsen nicht im Zähler und Nenner berücksichtigt werden – durch Anlagenleasing verfälscht sein. Der besseren Vergleichbarkeit wegen ist es angebracht, insbesondere bei sale and lease back oder bei wesentlicher Zu- oder Abnahme von Anlagenleasing, den Zähler und Nenner um die Leasingzahlungen und – da Leasingzahlungen sowohl Zins- als auch Tilgungsanteile enthalten – um die Rückzahlungsraten der langfristigen Verbindlichkeiten zu erweitern.

Das gleiche gilt, falls Anlagegegenstände in zu- oder abnehmendem Maße oder entgegen den Branchengewohnheiten gemietet oder gepachtet wurden.

Ähnliches trifft für die in der Zuführung zu den Rückstellungen für Pensionen und ähnliche Verpflichtungen enthaltenen Zinsanteile zu. Auf dieses Fremdkapital sind zwar keine Zinsen zu zahlen, jedoch sind diese Rückstellungen für Pensionen und ähnliche Verpflichtungen jährlich um die Zinsen für die bestehenden Pensionsverpflichtungen zu erhöhen. Im »Beharrungszustand« (= in Zukunft gleichbleibende Rentenanwärter- und Rentnerstruktur) entspräche diese Zuführung zu den Rückstellungen nämlich genau den Pensionszahlungen. Es ist deshalb bei Vorliegen von Pensionsverpflichtungen angebracht, Zähler und Nenner des Bruches um 6 % der ausgewiesenen und der nicht ausgewiesenen Pensionsverpflichtungen oder um die Pensionszahlungen zu erhöhen.

Für die Erhöhung des Zählers und Nenners um die Pensionszahlungen anstatt um 6 % der Pensionsverpflichtungen spricht, daß es sich bei der Differenz zwischen diesen beiden Zahlen wirtschaftlich um die langfristige Stundung von Zinsen (Pensionszahlungen sind niedriger als 6 % der Pensionsverpflichtungen) oder um die Zahlung früher gestundeter Zinszahlungen (Pensionszahlungen sind höher als 6 % der Pensionsverpflichtungen) handelt.

IV. Kapitalstruktur- oder Finanzierungsanalyse

Eine Analyse der Kapitalstruktur soll über die Zusammensetzung des Kapitals nach Art, Fristigkeit und Sicherheit und über die Finanzierungsrisiken Aufschluß geben.

Aus der Passivseite der aufbereiteten Bilanzen gehen verschiedene Kennzahlen zur Kapitalstruktur hervor.

Folgende Kennzahlen haben bei der Analyse der Kapitalstruktur eine größere Bedeutung:

$$\frac{\text{Eigenkapital}}{\text{Gesamtkapital}} = \text{Eigenkapitalquote}$$

$$\frac{\text{Fremdkapital}}{\text{Gesamtkapital}} = \text{Fremdkapitalquote}$$

Wegen stiller Reserven im Anlagevermögen, möglicher stiller Reserven bei den Rückstellungen und einer möglichen Bewertung der Vorräte zu Einzelkosten wird das Eigenkapital und somit die Eigenkapitalquote in Bilanzen nach dem HGB oft zu niedrig ausgewiesen. Dadurch werden sämtliche Kennzahlen verfälscht, was ihre Aussagekraft einschränkt.

Ebenfalls kann ein unterschiedlich hoher Bestand an flüssigen Mitteln die Aussagekraft der Eigenkapitalquote beeinträchtigen. Dies läßt sich jedoch durch eine Saldierung der flüssigen Mittel mit dem Fremdkapital vermeiden.

Um einen genaueren Einblick in die Kapitalstruktur zu erhalten, müßte man bei HGB-Bilanzen – analog der bei der Besprechung der Vermögenstruktur in Abschnitt J I 1 gemachten Ausführungen – das Fremdkapital um die Leasingverbindlichkeiten erhöhen. Ebenfalls sollte das Factoring dem Fremdkapital hinzugerechnet werden, da es sich wirtschaftlich (nicht rechtlich) um einen Kredit handelt, der laufend verlängert werden muß.

Bei internationalen Bilanzvergleichen wird die Ermittlung einer vergleichbaren Eigenkapitalquote durch folgende unterschiedliche Rechnungslegungspraxis gestört:

- Aktivierung des Geschäfts- oder Firmenwerts oder Verrechnung mit den Rücklagen,
- Aktivierung oder Nichtaktivierung von Entwicklungskosten und von Aufwendungen für die Ingangsetzung und Erweiterung des Geschäftsbetriebs,
- Passivierung oder Nichtpassivierung von Rückstellungen für Pensionen oder ähnliche Verpflichtungen,
- Passivierung oder Nichtpassivierung von Aufwandsrückstellungen und eine mehr oder weniger großzügige Dotierung der übrigen Rückstellungen,
- unterschiedliche Berücksichtigung von latenten Steuern,
- Abgrenzung oder Nichtabgrenzung von Zuwendungen der öffentlichen Hand,
- Bewertung der Vorräte zu Vollkosten oder Teilkosten bzw. Lifo,
- offene Absetzung der erhaltenen Anzahlungen auf Bestellungen von den Vorräten oder Ausweis unter den Verbindlichkeiten,
- Ausweis der vorgeschlagenen oder beschlossenen Dividende als Eigen- oder Fremdkapital.

Bei einem Bilanzvergleich müßten entsprechende Bereinigungen vorgenommen werden (siehe auch Abschnitt G III).

Bei einem IAS/IFRS-Abschluß sollte man eine korrigierte Eigenkapitalquote wie folgt berechnen:

$$\frac{\text{Eigenkapital + Anteile konzernfremde Gesellschafter ./. Geschäfts- oder Firmenwert ./. Dividendenvorschlag}}{\text{Aktiva ./. Geschäfts- oder Firmenwert ./. flüssige Mittel}}$$

Für eine Bilanzanalyse ist es relativ uninteressant zu wissen, wie sich das in der Bilanz ausgewiesene Eigenkapital zusammensetzt, denn die Höhe des gezeichneten Kapitals, der Kapitalrücklagen und der Gewinnrücklagen beruhen auf Ergebnissen und Entscheidungen, die Jahre oder gar Jahrzehnte zurückliegen. Sie bieten keine Hilfe bei der Beurteilung der Finanz- und Ertragskraft des Unternehmens und bei Entscheidungen. Wesentlich wichtiger zu wissen ist es allerdings, inwieweit Eigenkapital abgezogen werden kann (z. B. bei Personengesellschaften durch private Schulden, wegen Steuerzahlungen für andere Einkünfte, wegen Erbschaft oder Ehescheidung).

Die Fremdkapitalquote hätte neben der Eigenkapitalquote nur dann eine Aussagekraft, wenn man zusätzliche Gliederungskennzahlen für das langfristige, mittelfristige und kurzfristige Fremdkapital ermittelt.

Die aufgeführten Kennzahlen Eigenkapitalquote und Anteil langfristiges, mittelfristiges und kurzfristiges Fremdkapital am Gesamtkapital geben erste Hinweise auf das durch das aufgenommene Fremdkapital eingegangene Risiko, sofern man sich der gezeigten Möglichkeiten, durch die die Aussagefähigkeit beeinflußt werden kann, bewußt ist oder Korrekturen vornimmt.

Mehr Aussagekraft hat die bereits obenerwähnte und im nächsten Abschnitt L Liquiditätsanalyse besprochene Fristenkongruenz zwischen Vermögen und Kapital.

Im Rahmen der Analyse der Kapitalstruktur sollte zusätzlich versucht werden festzustellen, mit welcher Wahrscheinlichkeit Eventualverbindlichkeiten zu echten Verbindlichkeiten werden können und nicht passivierte Risiken zu Ausgaben führen können, um sie ggf. entsprechend zu berücksichtigen.

Von Gläubigern wird oft, und zwar im Hinblick auf einen möglichen Konkurs, der Kennzahl

$$\frac{\text{Fremdkapital}}{\text{Eigenkapital}} = \text{Verschuldungsgrad}$$

eine besondere Bedeutung beigemessen, obwohl sie gegenüber den bereits besprochenen Kennzahlen keine zusätzliche Information vermittelt.

Bei einem angenommenen Verhältnis von 1 : 1 bedeutet das, daß die Forderungen der Gläubiger zu 200 % durch die Aktiva gedeckt sind, wobei vorausgesetzt wird, daß die Aktiva in etwa dem Liquidationswert entsprechen. Dies dürfte in der Regel nicht der Fall sein. Bei einer Liquidation wird z. B. für immaterielle Vermögenswerte meistens kaum etwas erzielt, in Ausnahmefällen allerdings sehr viel; für Grundstücke und Gebäude dagegen, die nicht für eine spezielle Nutzung bestimmt sind, kann oft mehr als der Buchwert erzielt werden, während für Grundstücke und Gebäude, die für eine spezielle Nutzung bestimmt sind, wesentlich weniger als der Buchwert erzielt werden kann; falls hohe Abbruchkosten anfallen und Umweltaltlasten vorhanden sind, ist es sogar möglich, daß der Nettoerlös bis auf Null oder sogar unter Null sinkt.

Wenn einzelne Gläubiger ihre Forderungen gesichert haben (Grundpfandrechte, Sicherungsübereignung, Eigentumsvorbehalt), dann hat diese Kennzahl für die Gläubiger von ungesicherten Forderungen praktisch keine Aussagekraft mehr.

Die Kennzahl Verschuldungsgrad, manchmal auch statischer Verschuldungsgrad oder Verschuldungskoeffizient genannt, wird zum Teil auch umgekehrt benutzt, d. h. das Eigenkapital wird im Zähler und das Fremdkapital im Nenner gezeigt.

Anzumerken ist, daß bei börsennotierten Unternehmen anstatt des Buchwertes des Eigenkapitals auch die Marktkapitalisierung des Eigenkapitals bei der Bildung der Kennzahlen benutzt wird. Dadurch wird dem gemachten Einwand der Verfälschung der Kennzahlen durch stille Reserven Rechnung getragen.

Abschließend sei festgestellt, daß sich das finanzielle Risiko nur ungenügend durch die Eigenkapitalquote bzw. den statischen Verschuldungsgrad messen läßt. Ein wesentlich besserer Maßstab ist in Abschnitt L IV Dynamischer Verschuldungsgrad dargestellt.

Im englischen Sprachraum, insbesondere in Großbritannien, wird die Messung des Verschuldungsgrades oft durch die Kennzahl Gearing ausgedrückt. Üblich ist die Kennzahl

$$\frac{\text{Finanzverbindlichkeiten ./. flüssige Mittel}}{\text{Eigenkapital}}$$

Ist der Verschuldungsgrad relativ hoch, sollte auch die in Abschnitt J II 2a erwähnte Kennzahl »in Anspruch genommenes Zahlungsziel bei Lieferanten« näher beleuchtet werden. Weitere Einzelheiten zur Bedeutung der Höhe der Verbindlichkeiten gegenüber Lieferanten und somit der Kennzahl »in Anspruch genommenes Zahlungsziel bei Lieferanten« gehen aus dem Abschnitt E II 5 Verbindlichkeiten aus Lieferungen und Leistungen und Verbindlichkeiten aus der Annahme gezogener Wechsel und der Ausstellung eigener Wechsel hervor.

L. Liquiditätsanalyse

Ziel der Liquiditätsanalyse ist es, Informationen über die Beziehungen zwischen Mittelherkunft (Finanzierung) und Mittelverwendung (Investitionen) zu geben.

Bestandteil der Liquiditätsanalyse ist auch die Analyse von Kapitalflußrechnungen (siehe Abschnitt H), die die Ursachen für die Veränderung der Liquidität zeigen.

I. Allgemeines

Liquidität ist die Fähigkeit, jederzeit seinen Zahlungsverpflichtungen fristgemäß nachkommen zu können.

Bilanzanalytisch spricht man von einer statischen Liquidität, d. h. einer langfristigen und kurzfristigen Fristenkongruenz des Vermögens mit den Schulden, und einer dynamischen Liquidität, d. h. einem Vergleich des Cash-flows mit den Finanzschulden.

Es ist zwar problematisch, aus der statischen Liquidität Rückschlüsse auf die Fähigkeit eines Unternehmens zu ziehen, jederzeit seinen Zahlungsverpflichtungen nachkommen zu können. Trotzdem sind diese Kennzahlen für einen Zeit- und Betriebsvergleich mehr oder weniger geeignet und werden von Kreditgebern wegen des Fehlens anderer besserer Informationen für die Beurteilung der Kreditwürdigkeit benutzt.

II. Langfristige Fristenkongruenz

1. Allgemeines

Die Finanzierung eines Unternehmens sollte im wesentlichen durch die Art seiner Vermögensgegenstände bestimmt sein. Das bedeutet, daß die langfristigen Vermögenswerte durch langfristig zur Verfügung stehendes Kapital finanziert sein sollten. Aus Risikoerwägungen ist dafür das Eigenkapital am besten geeignet (»goldene Bilanzregel«). Die kurzfristigen Vermögenswerte können, vor allem wenn sie sich schnell umschlagen oder nur aus saisonalen Gründen vorübergehend besonders hoch sind, weitgehend mit kurzfristigem Fremdkapital finanziert werden.

Stille Reserven im Anlagevermögen verfälschen die im nächsten Abschnitt erläuterten Deckungsgrade relativ wenig, da sie sich absolut in gleicher Höhe sowohl beim Anlagevermögen als auch beim Eigenkapital auswirken. Falls die Deckungsgrade bei 1 liegen, gibt es keine Verfälschung. Je stärker sie von 1 abweichen, desto größer ist die Verfälschung.

Bei der Beurteilung der Liquidität sollten die »goldenen Regeln« nicht als eine unbedingt einzuhaltende Norm, sondern nur als grobe Faustregeln für ein Teilgebiet der Bilanzanalyse angesehen werden, die im Rahmen der Gesamtanalyse des Unternehmens zu relativieren sind.

2. Deckungsgrade

Zur Messung der langfristigen Fristenkongruenz (Anlagendeckung bzw. Deckung der langfristigen Vermögenswerte durch langfristiges Kapital) bieten sich folgende Kennzahlen an:

a) Deckungsgrad I

$$\frac{\text{Eigenkapital}}{\text{langfristige Vermögenswerte}} = \text{Anlagendeckung durch Eigenkapital}$$

Inwieweit die Anlagendeckung durch Eigenkapital unter 1 liegen kann, hängt im wesentlichen von folgendem ab:

- Risikobehaftung der Aktiva (z.B. immaterielle Vermögenswerte),
- Bindungsdauer des Anlagevermögens,
- individuelle Ausstattung der Sachanlagen und deshalb bei Insolvenz relativ geringer Liquidationswert gegenüber dem Buchwert,
- Zeitpunkt der Ersatzinvestitionen und wesentlicher Instandsetzungsarbeiten bei langlebigen Anlagegütern,
- vermutete stille Reserven im Anlagevermögen und Profil der Bilanzpolitik,
- Cash-flow und Ausschüttungspolitik.

b) Deckungsgrad II

$$\frac{\substack{\text{Eigenkapital + langfristiges Fremdkapital} \\ \text{(Restlaufzeit mehr als 5 Jahre)}}}{\text{langfristige Vermögenswerte}} = \text{Anlagendeckung durch langfristiges Kapital}$$

Als grobe Normvorstellung gilt, daß die Anlagendeckung durch langfristiges Kapital immer über 1 liegen, d.h. daß mindestens Fristenkongruenz vorliegen sollte (»goldene Finanzierungsregel« oder »goldene Bankregel« = langfristige Vermögenswerte sollten durch langfristiges Kapital finanziert sein). Sollte dies nicht der Fall sein, erhält die Anlagendeckung unter Einschluß des mittelfristigen Fremdkapitals besondere Bedeutung.

c) Deckungsgrad III

$$\frac{\substack{\text{Eigenkapital + lang- und mittelfristiges Fremdkapital} \\ \text{(Restlaufzeit mehr als 1 Jahr)}}}{\text{langfristige Vermögenswerte}} = \substack{\text{Anlagendeckung durch lang- und} \\ \text{mittelfristiges Kapital}}$$

Gegen eine Anlagendeckung durch mittelfristiges Fremdkapital ist dann wenig einzuwenden, wenn damit relativ kurzlebige Anlagegüter (z.B. Betriebs- und Geschäftsausstattung) finanziert werden.

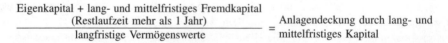

Sollte diese Kennzahl unter 1 liegen, werden mittel- und langfristig gebundene Vermögenswerte durch kurzfristiges Fremdkapital finanziert. In einem solchen Falle liegt auch die im nächsten Abschnitt beschriebene Liquidität 3. Grades unter 1, was als nicht ausreichend zu erachten ist.

Aus Jahresabschlüssen nach dem HGB ist in der Regel die Höhe des Finanzierungsleasings nicht ersichtlich. Aufgrund der vorhandenen Informationen sollte man jedoch versuchen, zumindest annähernd einen Deckungsgrad II einschließlich Finanzierungsleasing zu ermitteln.

Die Kennzahlen für die in diesem Abschnitt behandelte langfristige Fristenkongruenz und im nächsten Abschnitt behandelte kurzfristige Fristenkongruenz hängen somit voneinander ab, wobei der kurzfristigen Fristenkongruenz eine größere Bedeutung beizumessen ist.

III. Kurzfristige Fristenkongruenz

1. Allgemeines

Als kurzfristig wird ein Zeitraum bis zu einem Jahr betrachtet. In der Regel schlägt sich in dieser Zeit das Umlaufvermögen vom Rohstoffeinkauf über die Produktion und den Verlauf bis zum Inkasso der Forderungen mindestens einmal um.

2. Liquiditätsgrade

Bei der Ermittlung der einzelnen Liquiditätsgrade werden Teile des Umlaufvermögens ins Verhältnis zu dem kurzfristigen Fremdkapital gesetzt.
   Traditionellerweise wird in Deutschland die Liquidität in Form von Prozentzahlen durch drei verschiedene Liquiditätsgrade, die sich durch unterschiedliche Fristigkeit der darin enthaltenen Vermögensposten unterscheiden, wie folgt gemessen:

$$\frac{\text{flüssige Mittel}}{\text{kurzfristiges Fremdkapital}} \times 100 = \begin{array}{l} \text{Liquidität 1. Grades} \\ \text{(Barliquidität)} \end{array}$$

$$\frac{\text{flüssige Mittel + Forderungen aus Lieferungen und Leistungen mit Laufzeit bis 1 Jahr}}{\text{kurzfristiges Fremdkapital}} \times 100$$

bzw.

$$\frac{\text{kurzfristige Vermögenswerte ./. Vorräte}}{\text{kurzfristiges Fremdkapital}} \times 100 = \begin{array}{l} \text{Liquidität 2. Grades} \\ \text{(Liquidität auf kurze Sicht)} \end{array}$$

$$\frac{\text{flüssige Mittel + Forderungen aus Lieferungen und Leistungen mit Laufzeit bis 1 Jahr + Vorräte}}{\text{kurzfristiges Fremdkapital}} \times 100$$

bzw.

$$\frac{\text{kurzfristige Vermögenswerte}}{\text{kurzfristiges Fremdkapital}} \times 100 = \begin{array}{l}\text{Liquidität 3. Grades}\\ \text{(Liquidität auf mittlere Sicht)}\end{array}$$

Jeweils die erste Formel betrifft die Ermittlung des Liquiditätsgrades aus einem HGB-Abschluß und jeweils die zweite Formel aus einem IAS/IFRS-Abschluß. Da IAS/IFRS-Abschlüsse eindeutig zwischen kurzfristigen und langfristigen Vermögenswerten und kurzfristigem und langfristigem Fremdkapital unterscheiden, sind die Zahlen aus einem IAS/IFRS-Abschluß besser für die Ermittlung von Liquiditätsgraden geeignet.

Generell ist die Messung der Liquidität durch die einzelnen Liquiditätsgrade mit folgenden Mängeln behaftet:

– die genaue Fälligkeit der in der Bilanz ausgewiesenen Vermögens- und Schuldenposten ist nicht bekannt,
– kurz nach dem Bilanzstichtag fällig werdende nicht bilanzierungspflichtige Auszahlungsverpflichtungen, wie z.B. Löhne, Honorare, Mieten, Pachten, Leasingraten, Versicherungsprämien, Instandhaltungskosten, gehen in die Berechnung nicht ein,
– Teile des Vermögens können zur Sicherheit übereignet, verpfändet oder abgetreten sein,
– über weitere Kreditmöglichkeiten sagen diese Kennzahlen nichts aus.

Im Einzelfall können noch folgende Punkte hinzukommen:

– Bei Saisonbetrieben kann die Stichtagsliquidität ein falsches Bild ergeben.
– Die Aussagekraft der Liquidität 3. Grades kann durch Bewertungsmaßnahmen bei den Vorräten beeinflußt sein.

a) Liquidität 1. Grades

Wertpapiere, die jederzeit verflüssigt werden können und nur gehalten werden, um flüssige Mittel günstig anzulegen, sind den flüssigen Mitteln gleichzusetzen. Sollten jedoch zwischenzeitlich Kursverluste bekannt geworden sein, wären sie nur mit dem Tageswert und nicht mit dem Buchwert zum Bilanzstichtag anzusetzen.

Falls bekannt sein sollte, daß flüssige Mittel oder Wertpapiere zu einer notwendigen Finanzierung von Anlagezugängen vorgesehen sind, sollten sie nicht berücksichtigt werden.

Das kurzfristige Fremdkapital sollte prinzipiell auch die kurzfristigen Rückstellungen umfassen. Hier könnte es in der Praxis zu Schwierigkeiten bei der exakten Erfassung kommen, da bei der Bewertung der kurzfristigen Rückstellungen ein erheblicher Ermessensspielraum besteht, was gegen eine volle Einbeziehung sprechen würde. Andererseits ist aber zu vermuten, daß die kurzfristigen Rückstellungen kurzfristig zu Zahlungsverpflichtungen werden können, was die unbedingte Einbeziehung der kurzfristigen Rückstellungen in das kurzfristige Fremdkapital erfordert.

Aussagewert
Da für die zukünftigen Zahlungseingänge nur Erwartungen bestehen, müssen Unternehmen Liquiditätsreserven (flüssige Mittel, Wertpapiere) halten, um bei verspätetem Zahlungseingang jederzeit ihren Verpflichtungen nachkommen zu können.

Die angemessene Höhe der flüssigen Mittel und der leicht veräußerbaren Wertpapiere eines Unternehmens hängt von der Geschäftstätigkeit ab. Einzelhandelsunternehmen, die regelmäßig Zahlungseingänge haben, brauchen nur geringe flüssige Mittel. Unternehmen mit unregelmäßigen Zahlungseingängen, wie Bauunternehmen und Anlagenbauer, sollten zur Sicherung ihrer jederzeitigen Liquidität einen höheren Bestand an flüssigen Mitteln vorhalten. Bei Saisonunternehmen spielt bei der Beurteilung der Angemessenheit der Höhe der flüssigen Mittel auch der Zeitpunkt eine Rolle.

Die Liquidität 1. Grades gibt darüber Auskunft, bis zu welchem Maße zu einem bestimmten Stichtag das gesamte kurzfristige Fremdkapital, dessen Fälligkeit innerhalb eines Jahres nicht bekannt ist, mit den vorhandenen flüssigen Mitteln und den leicht veräußerbaren Wertpapieren bezahlt werden kann. Aus Rentabilitätsgründen wäre es jedoch unsinnig, flüssige Mittel und Wertpapiere in Höhe des kurzfristigen Fremdkapitals vorzuhalten.

> Die Liquidität 1. Grades ist eine wenig aussagefähige Kennzahl, da das kurzfristige Fremdkapital nicht sofort fällig ist, es aus den Zahlungseingängen der bestehenden Forderungen aus Lieferungen und Leistungen bezahlt werden kann und laufend erneuert wird.
>
> Im übrigen ist diese Kennzahl kurzfristig leicht manipulierbar, indem man zum Bilanzstichtag einen Bankkredit aufnimmt, um die flüssigen Mittel zu erhöhen. Diesem Einwand kann man jedoch dadurch begegnen, daß man die kurzfristigen Bankverbindlichkeiten von den flüssigen Mitteln abzieht und eine Nettoliquidität errechnet. Mittelfristig kann diese Kennzahl durch Verkauf von Forderungen aus Lieferungen und Leistungen beeinflußt werden.

b) Liquidität 2. Grades

Bei der Liquidität 2. Grades werden dem kurzfristigen Fremdkapital Vermögenswerte ähnlicher Fristigkeit gegenübergestellt. Dadurch wird ein wesentlicher Nachteil der Kennzahl »Liquidität 1. Grades« behoben. Vermögenswerte ähnlicher Fristigkeit soll heißen, daß darin keine zweifelhaften Forderungen und kurzfristig nicht fällige Forderungen enthalten sein können.

Aussagewert

> Der Vorteil der Kennzahl »Liquidität 2. Grades« gegenüber der im nächsten Abschnitt besprochenen Kennzahl »Liquidität 3. Grades« liegt darin, daß sie nicht durch Bewertungsmaßnahmen bei den Vorräten beeinflußt werden kann und auch nicht von der Zusammensetzung der Vorräte und der Möglichkeit, sie schnell in liquide Mittel umzuwandeln, abhängig ist, was bei Betriebsvergleichen sehr wichtig ist.
>
> Im englischen Sprachraum ist diese Kennzahl unter dem Namen quick, liquid oder acid-test ratio bekannt, was wohl deutlich den Pragmatismus ausdrückt, der in der Liquiditätsmessung mit dieser Kennzahl liegt.
>
> Bei vielen Unternehmen wird auch die Liquidität 2. Grades unter 1 liegen, ohne daß man Zweifel an der Liquidität dieser Unternehmen haben müßte. Somit kann die Norm für diese Kennzahl nicht bei 1 liegen. Deshalb muß man den Aussagewert auch dieser

Kennzahl über die Liquidität eines Unternehmens etwas in Frage stellen, wenn man nicht die in der Branche üblichen Zahlungsbedingungen kennt.

c) Liquidität 3. Grades

Aussagewert

Je höher diese Kennzahl über 1 liegt, desto mehr ist davon auszugehen, daß die Liquidität des Unternehmens nicht durch Forderungsverluste, schwer verkäufliche Ware oder außerordentliche Ereignisse (z. B. Streiks) gefährdet werden kann, und daß das Unternehmen somit um so leichter seinen Zahlungsverpflichtungen jederzeit nachkommen kann.

Da diese Kennzahl aus zwei Bestandsgrößen ermittelt wird, ist ihr nicht zu entnehmen, ob das Unternehmen seinen Zahlungsverpflichtungen innerhalb des folgenden Jahres zu jeder Zeit pünktlich nachkommen kann. Die Zusammensetzung der einzelnen Posten des Umlaufvermögens und des kurzfristigen Fremdkapitals sowie der Umsatzrelationen der Forderungen aus Lieferungen und Leistungen und der Vorräte lassen jedoch darüber gewisse Schlüsse zu. Um dies genau feststellen zu können, müßten monatliche Finanzpläne vorliegen. Das ist jedoch nur bei kritischen Fällen wünschenswert.

Je langsamer sich in einem Unternehmen die einzelnen Teile des Umlaufvermögens umschlagen, um so höher sollte diese Kennzahl über 1 liegen.

Die Norm für diese Kennzahl könnte sich am Branchendurchschnitt orientieren.

Je länger bei dem zu analysierenden Unternehmen die einzelnen Teile des Umlaufvermögens benötigen, um zu flüssigen Mitteln zu werden, d. h. je höher der Anteil der Vorräte an dem Umlaufvermögen und je geringer die Umschlagshäufigkeit der Forderungen und Vorräte ist, desto höher sollte zu den einzelnen Stichtagen die Kennzahl »Liquidität 3. Grades« gegenüber dem Branchendurchschnitt nach oben abweichen (siehe nächsten Abschnitt Liquiditätsvergleichsindex).

Je höher bei dem zu analysierenden Unternehmen der Anteil der kurzfristigen Rückstellungen am kurzfristigen Fremdkapital ist, desto mehr darf zu den einzelnen Stichtagen die Liquidität 3. Grades gegenüber dem Branchendurchschnitt nach unten abweichen, da unterstellt werden kann, daß die kurzfristigen Rückstellungen später als das übrige Fremdkapital und teilweise evtl. niemals zahlbar werden.

Liquiditätsvergleichsindex

Hinweise für eine zu berücksichtigende Abweichung von der Branchennorm bei dem zu analysierenden Unternehmen gibt die Relation des Liquiditätsvergleichsindex des Branchendurchschnitts zum Liquiditätsvergleichsindex des zu analysierenden Unternehmens. Mit Hilfe des Liquiditätsvergleichsindex kann man nämlich die unterschiedliche Realisierbarkeit der einzelnen Posten des Umlaufvermögens vergleichbar machen.

Beispiel:

Branchendurchschnitt

	Anteil am Um-laufvermögen ohne sonstige Forderungen usw. in %	×	Zahlungsziel bei Forderungen bzw. Lagerdauer bei Vorräten	=	Anteil × Tage
flüssige Mittel und Wertpapiere	20		–		–
Forderungen aus Liefe-rungen und Leistungen	50		30		1.500
Vorräte	30		90		2.700
	100				4.200

Liquiditätvergleichsindex: $\dfrac{4.200}{100} = \underline{\underline{42}}$

Zu analysierendes Unternehmen

	Anteil am Um-laufvermögen ohne sonstige Forderungen usw. in %	×	Zahlungsziel bei Forderungen bzw. Lagerdauer bei Vorräten	=	Anteil × Tage
flüssige Mittel und Wertpapiere	10		–		–
Forderungen aus Liefe-rungen und Leistungen	40		30		1.200
Vorräte	50		100		5.000
	100				6.200

Liquiditätsvergleichsindex: $\dfrac{6.200}{100} = \underline{\underline{62}}$

Eine am Branchendurchschnitt orientierte Norm für die Kennzahl Liquidität 3. Grades sollte in diesem Fall um 62/42 – 1, d.h. um 48 %, erhöht werden. Es wurde bei dem Beispiel unterstellt, daß die sonstigen Forderungen usw. in beiden Fällen relativ unbedeutend sind.

Grundsätzlich wäre auch ein entsprechender Korrekturfaktor für einen wesentlich unterschiedlichen Anteil der kurzfristigen Rückstellungen am kurzfristigen Fremdkapital zu ermitteln. Wegen fehlender Informationen bezüglich der Fälligkeit der kurzfristigen Rückstellungen muß darauf verzichtet werden. Bei der abschließenden Beurteilung der Finanzlage sollte jedoch eine eventuelle wesentliche Abweichung des Anteils der kurzfristigen Rückstellungen am kurzfristigen Fremdkapital mit in die Betrachtung einbezogen werden.

3. Working capital und current ratio

Im englischen Sprachraum ist es sehr beliebt, die Liquidität eines Unternehmens mit dem working capital (auch net working capital genannt) und der current ratio (auch working capital ratio genannt) zu messen.

Diese Kennzahlen werden wie folgt ermittelt:

working capital = Umlaufvermögen bzw. kurzfristige Vermögenswerte ./. kurzfristiges Fremdkapital (Netto-Umlaufvermögen)

$$\text{current ratio} = \frac{\text{Umlaufvermögen bzw. kurzfristige Vermögenswerte}}{\text{kurzfristiges Fremdkapital}}$$

Das working capital ist eine Differenzgröße, aus der nicht hervorgeht, in welchem Verhältnis die beiden saldierten Zahlen zueinander stehen. Deshalb ist diese Differenzgröße für die Liquiditätsmessung wenig geeignet. Ein negatives working capital ist aber ein Warnhinweis, daß langfristige Vermögenswerte zum Teil kurzfristig finanziert werden.

Die current ratio entspricht im Grundsatz der Liquidität 3. Grades, ermittelt aus einem IAS/IFRS-Abschluß. Der Zähler enthält in der Regel außer den bei der Liquidität 3. Grades aufgeführten Posten aus einem HGB-Abschluß alle übrigen Posten des Umlaufvermögens, d. h. die sonstigen Forderungen, die sonstigen Vermögensgegenstände und Rechnungsabgrenzungsposten. Die current ratio wird jedoch als Quotient und nicht als Prozentzahl ausgedrückt.

Da nach dem Bilanzrichtlinien-Gesetz bei sämtlichen Forderungen und sonstigen Vermögensgegenständen anzugeben ist, ob die Restlaufzeit mehr als ein Jahr beträgt, sollten die aufgrund der Gliederungsvorschriften des HGB bekannten mittelfristigen Forderungen in eine Kennzahl zur Ermittlung der kurzfristigen Liquidität nicht einbezogen werden. Berücksichtigt man diese Posten entsprechend, kommt man zu einer sinnvollen Kennzahl, die man sowohl Liquidität 3. Grades als auch current ratio nennen kann.

Es ist schwierig, diese Kennzahl zu manipulieren. Als Möglichkeiten kämen Gewährung von Sonderkonditionen, Reduzierung der Vorräte unter den betriebsnotwendigen Umfang und Verrechnung von Forderungen mit Verbindlichkeiten bei nicht geprüften Jahresabschlüssen in Betracht.

Soweit wie möglich sollten Liquiditätsgrade bzw. die current ratio auch bei Zwischenabschlüssen ermittelt werden, um so wenig wie möglich auf ein mögliches »Window Dressing« des Bilanzerstellers hereinzufallen und um saisonale Veränderungen der Kennzahlen festzustellen.

4. Verhältnis kurzfristig realisierbares Vermögen zu Aufwendungen

Wie bereits gesagt, haben die drei Liquiditätsgrade und die current ratio den Nachteil, daß sie zwei Bestandsgrößen miteinander vergleichen und somit bei den jeweiligen Kennzahlen nicht die kurzfristigen Zahlungsverpflichtungen (z. B. Löhne, Honorare, Mieten, Pachten, Leasingzahlungen) berücksichtigt werden, die zum Stichtag nicht bilanzierungspflichtig waren.

Dieser Nachteil kann durch die zusätzliche Ermittlung der folgenden Kennzahl behoben werden:

$$\frac{\text{flüssige Mittel + leicht veräußerbare Wertpapiere + Forderungen aus Lieferungen und Leistungen mit Laufzeit bis 1 Jahr}}{\text{durchschnittliche tägliche Aufwendungen vor Abschreibungen}}$$

Diese Kennzahl, die man Verteidigungszeitraum nennen kann, zeigt, für wieviel Tage das kurzfristig realisierbare Vermögen ausreicht, die laufenden Aufwendungen zu bezahlen. Hierbei muß allerdings vorausgesetzt werden, daß die Forderungen aus Lieferungen und Leistungen die in der Bilanz angegebene Laufzeit von bis zu einem Jahr wesentlich unterschreiten. Absolut sagt diese Kennzahl wenig aus. Bei einem Zeitvergleich kann sie jedoch hilfreich sein.

Von dieser Kennzahl gibt es noch andere Versionen. Man kann sie z. B. ohne Einbeziehung der Forderungen aus Lieferungen und Leistungen ermitteln oder die Forderungen aus Lieferungen und Leistungen mit den Verbindlichkeiten aus Lieferungen und Leistungen saldieren.

5. Potentielle Liquidität

Wichtig sowohl für die Beurteilung der Barliquidität als auch für die Liquidität auf kurze und mittlere Sicht ist die Möglichkeit, kurzfristige Kredite von Banken oder anderen Gläubigern zu erhalten. Über diese Kreditmöglichkeit (potentielle Liquidität) sagt die Bilanz direkt nichts aus. Sie dürfte aber gegeben sein, wenn die anderen Kennzahlen, insbesondere die langfristige Fristenkongruenz und der nachfolgend besprochene dynamische Verschuldungsgrad, gut sind und Beleihungsmöglichkeiten bestehen.

Falls man die potentielle Liquidität in Form einer eingeräumten Kontokorrentkreditlinie kennt, kann man eine modifizierte Liquidität 2. Grades ermitteln, indem man die Kontokorrentkreditlinie dem Zähler hinzufügt und vom Nenner einen evtl. bereits in Anspruch genommenen Kontokorrentkredit, sofern er immer wieder erneuert wird und somit als mittelfristig zu betrachten ist, abzieht. Bei der modifizierten Liquidität 2. Grades wird somit den kurzfristig verfügbaren Mitteln das tatsächlich kurzfristig fällige Fremdkapital gegenübergestellt. Die modifizierte Liquidität 2. Grades sollte auf jeden Fall über 1 liegen.

IV. Dynamischer Verschuldungsgrad (Tilgungsdauer)

Von Banken wird gerne der dynamische Verschuldungsgrad benutzt. Er berechnet sich wie folgt:

$$\frac{\text{Finanzverbindlichkeiten}}{\text{Cash-flow}} = \text{dynamischer Verschuldungsgrad (Tilgungsdauer)}$$

Sollte das Unternehmen nicht allgemein übliche sonstige Verbindlichkeiten haben bzw. sollte sich der Anteil der sonstigen Verbindlichkeiten im Verhältnis zum Geschäftsumfang wesentlich verändern, dann ist es angebracht, in die Finanzschulden Teile der nicht allgemein üblichen sonstigen Verbindlichkeiten miteinzubeziehen. Die Finanzschulden sind ggf. um die nicht bilanzierten Leasingverbindlichkeiten zu erhöhen.

Beim Vergleich von deutschen mit amerikanischen Unternehmen sind die Pensionsrückstellungen ebenfalls in den Zähler einzusetzen, da bei amerikanischen Unternehmen die Pensionsverpflichtungen von in der Regel voll dotierten Pensionsfonds zu zahlen sind.

Falls das Unternehmen über nicht betriebsnotwendige uneingeschränkt transferierbare flüssige Mittel und leicht veräußerbare Wertpapiere verfügt, die nicht für Investitionen benötigt werden, sollten diese von den Finanzverbindlichkeiten abgezogen werden, so daß in den Zähler nicht die Finanzverbindlichkeiten, sondern nur die Effektivverschuldung (Nettoverschuldung) einzusetzen ist.

Bei einer Beurteilung der Angemessenheit des dynamischen Verschuldungsgrades sollte man auch berücksichtigen, in welchem Maße demnächst Mittel für Reinvestitionen und für die Erhöhung der kurzfristigen Vermögenswerte bei einer eventuell geplanten Umsatzsteigerung benötigt werden. Des weiteren sollte man die erwarteten Cash-flows aufgrund der Investitionen in der jüngsten Vergangenheit in die Betrachtung einbeziehen.

Bei der Ermittlung des dynamischen Verschuldungsgrades kann es in manchen Fällen angebracht sein, den Durchschnitt des Cash-flows der letzten drei Jahre zu nehmen, um außerordentliche Effekte weitgehend auszuschalten.

> Der dynamische Verschuldungsgrad gibt an, in welchem Zeitraum – gleichbleibenden Cash-flow in Zukunft unterstellt – die gesamten Finanzverbindlichkeiten aus dem Cash-flow zurückgezahlt werden könnten, wenn der Cash-flow nur zur Schuldentilgung benutzt würde, d. h. wenn keine Gewinne ausgeschüttet und keine Investitionen getätigt würden. Der Cash-flow wird hier zur Berechnung einer »Kapitaldienstgrenze« benutzt. Ein Unternehmen gilt somit um so kreditwürdiger, je kürzer die Tilgungsdauer ist. Bei einer Erhöhung des dynamischen Verschuldungsgrades sollte untersucht werden, aus welchem Grunde die Finanzverbindlichkeiten gestiegen und/oder der Cash-flow gefallen ist. Die Erhöhung des dynamischen Verschuldungsgrades könnte nämlich ein erster Hinweis auf eine Krise sein.
>
> Der dynamische Verschuldungsgrad gibt keine Auskunft über die Liquidität. Aber er gibt einen Hinweis auf die Verschuldungsfähigkeit eines Unternehmens.

Innenfinanzierung

In einem gewissen Zusammenhang mit dem dynamischen Verschuldungsgrad steht die Kennzahl Innenfinanzierung. Sie wird wie folgt ermittelt:

$$\frac{\text{einbehaltener Gewinn + Abschreibungen + Zunahme langfristige Rückstellungen}}{\text{Zugänge Anlagen ./. Abgänge Anlagen}} \times 100 = \text{Innenfinanzierung in \%}$$

Sie zeigt, in welcher prozentualen Höhe das Unternehmen in den einzelnen vergangenen Jahren und im Durchschnitt der letzten Jahre die Investitionen aus dem nach Abzug der Dividendenausschüttungen verbliebenen Cash-flow bestritten hat und hierfür nicht auf Mittel von außen angewiesen war.

Eine Kennzahl von über 100 % würde ggf. bedeuten, daß aus dem Cash-flow neben der Dividendenausschüttung und einer 100 %igen Finanzierung der Investitionen noch Mittel zur Schuldentilgung zur Verfügung standen.

In der Kennzahl werden sowohl die gebildeten offenen Rücklagen (einbehaltene Gewinne) als auch die still gebildeten Rücklagen (überhöhte Abschreibungen, überhöhte Zuführungen zu langfristigen Rückstellungen) erfaßt, die der Finanzierung von Investitionen dienten.

Im angelsächsischen Raum hat diese Kennzahl keine Bedeutung, was wohl auf die weniger großen Möglichkeiten der Bildung von stillen Rücklagen und von Rückstellungen zurückzuführen sein dürfte.

Eine betriebswirtschaftliche Aussagekraft hat diese Kennzahl nicht. Sie kann jedoch einen Hinweis geben, wie »vernünftig« die Ausschüttungspolitik in der Vergangenheit gewesen war und in welchem Maße die Anteilseigner in Zukunft auf entsprechende Ausschüttungen drängen werden bzw. ob eine kontinuierliche Dividendenpolitik ohne Beeinträchtigung eines möglichen gesunden Wachstums und der Finanzlage beibehalten werden kann.

M. Analyse des Erfolges

Die Erfolgsanalyse hat zwei Ziele.

Erstes Ziel ist es, möglichst die echten Erfolge der letzten Geschäftsjahre zu ermitteln und miteinander zu vergleichen, um Ergebnisglättungen aufzudecken.

Zweites Ziel ist es, möglichst viel über die Zusammensetzung der Aufwendungen und Erträge und somit des Erfolges herauszufinden, um im Zusammenhang mit anderen Informationen Annahmen über die in Zukunft zu erwartenden Erfolge, d. h. die Ertragskraft, machen zu können.

I. Allgemeines

Man könnte auf den ersten Teil der Erfolgsanalyse verzichten und die Gewinn- und Verlustrechnung für sich selbst sprechen lassen, wenn die Gewinn- und Verlustrechnung den »richtigen« Erfolg immer auswiese und die zur Ermittlung des »richtigen« Erfolges notwendigen klaren und eindeutigen Erläuterungen immer vorlägen.

Wie bereits an anderer Stelle (Abschnitt A VI Bilanzpolitik und Notwendigkeit der Bilanzanalyse) erläutert, ist dies aus verschiedenen Gründen (nicht eindeutige Rechnungslegungsvorschriften, Bewertungs- und Bilanzierungswahlrechte, Notwendigkeit von Schätzungen, Ausnutzung von Ermessensspielräumen, Vorsichtsprinzip, steuerrechtliche Vorschriften, Geldentwertung, Abgrenzung zur Privatsphäre bei Einzelunternehmen und Personengesellschaften), insbesondere bei Jahresabschlüssen nach dem HGB, nicht so.

Zwar enthält der § 264 Abs. 2 Satz 1 HGB aufgrund des Bilanzrichtlinien-Gesetzes den Text: »*Der Jahresabschluß der Kapitalgesellschaft hat unter Beachtung der Grundsätze ordnungsmäßiger Buchführung ein den tatsächlichen Verhältnissen entsprechendes Bild der Vermögens-, Finanz- und Ertragslage der Kapitalgesellschaft zu vermitteln*«, aufgrund der Entstehungsgeschichte des Bilanzrichtlinien-Gesetzes und der Kommentare hierzu ist dem aber keine große Bedeutung beizumessen (siehe Abschnitt A VI 2 Grundsätze ordnungsmäßiger Buchführung [GoB] sowie Generalnorm).

Das bedeutet, daß Jahresabschlüsse nach dem HGB nicht in erster Linie erstellt werden, um den Bilanzleser möglichst klar und eindeutig über die Vermögens-, Finanz- und Ertragslage zu informieren, sondern nur um gesetzliche Vorschriften zu erfüllen.

Bilanzanalyse sollte in erster Linie Erfolgsanalyse sein, da der Erfolg, und zwar der »richtige« Erfolg, der wesentliche Maßstab für die Beurteilung eines Unternehmens ist.

Es ist deshalb verwunderlich, daß fast alle Bücher über Bilanzanalyse nur wenige Worte über Erfolgsanalyse verlieren, aber eine Unzahl von Kennzahlen beschreiben, die teilweise keinen Nutzwert haben.

Um den »richtigen« Erfolg eines Unternehmens festzustellen, sind deshalb nicht nur einzelne Posten der Gewinn- und Verlustrechnung umzugliedern oder zusammenzufassen, sondern die Gewinn- und Verlustrechnung ist in der Regel auch zu bereinigen, sofern es bisher nicht gelungen ist, die HGB-Jahresabschlüsse auf IAS/IFRS-Jahresabschlüsse überzuleiten. Bereinigung bedeutet in den meisten Fällen Umverteilung eines Teiles von Aufwands- und Ertragsposten auf andere Geschäftsjahre. Deshalb sollte eine Erfolgsanalyse eine möglichst große Zahl von Geschäftsjahren (mindestens 5, besser 8–10 Jahre) umfassen, um zunächst die notwendige Umverteilung vornehmen und anschließend aus der Entwicklung des »richtigen« Erfolges Schlüsse ziehen zu können.

Die Auswertung eines Zeitraums von bis zu 8–10 Jahren empfiehlt sich besonders bei Unternehmen,

- die Großanlagen herstellen,
- die stärker konjunkturabhängig sind,
- bei denen starke Rohstoffpreisschwankungen vorliegen,
- deren Ergebnisse durch Währungsparitätsschwankungen erheblich beeinflußt werden,
- bei denen der Umfang der Sachanlagen sehr hoch ist,
- bei denen es in letzter Zeit wesentliche Kapazitätsänderungen gegeben hat,
- bei denen die Veränderung der Rückstellungen wesentlich von der Veränderung des Geschäftsumfangs abweicht.

Der Umfang der Bereinigung hängt von den Informationsmöglichkeiten ab. Die Bereinigung kann Posten umfassen, die ohne zusätzliche Erläuterungen aus der Gewinn- und Verlustrechnung oder dem Anhang ersichtlich sind (z. B. a. o. Aufwendungen und Erträge) oder aber auf zusätzlichen Erläuterungen beruhen.

Um allen Möglichkeiten gerecht zu werden, wird in Abschnitt M IV ein ausführliches Modell für die Bereinigung von Gewinn- und Verlustrechnungen nach dem HGB mit Erläuterungen dargestellt. Auf eine Darstellung der bereinigten Bilanzen wurde verzichtet, da der Erkenntniswert von vergangenen umgewerteten Bilanzen – mit Ausnahme der letzten Bilanz – im Vergleich zu bereinigten Gewinn- und Verlustrechnungen sehr gering ist.

In der Praxis dürfte es empfehlenswert sein, zunächst, soweit wie möglich, alle Fälle zu untersuchen, bei denen eine Bereinigung erforderlich sein könnte. In der endgültigen Darstellung sollte man sich der besseren Übersicht wegen aber nur auf die wesentlichen Posten beschränken, sofern sich nicht viele kleine Posten einseitig kumulieren.

Bei einer Analyse von nach IAS/IFRS und nach US-GAAP erstellten Jahresabschlüssen ist in der Regel eine Bereinigung der Gewinn- und Verlustrechnung nicht notwendig, da die Rechnungslegung nach IAS/IFRS und US-GAAP betriebswirtschaftlichen Erfordernissen Rechnung trägt und das stille und offene Legen und das stille und offene Auflösen von stillen Reserven nicht zulässig ist. Folglich sind entsprechende Verzerrungen der Ertragslage nicht oder nur in Ausnahmefällen möglich. Dies schließt nicht aus, daß Unternehmen, die nach IAS/IFRS oder US-GAAP bilanzieren, versuchen, Bilanzpolitik zu betreiben. Die detaillierten strengen Bilanzierungs- und Bewertungsvorschriften und die zusätzlichen Angaben und Informationen bei IAS/IFRS- und US-GAAP-Abschlüssen sowie ggf. die zusätzlichen SEC-Vorschriften schränken die bilanzpolitischen Möglichkeiten jedoch sehr stark ein.

1. Bedeutung der Gewinn- und Verlustrechnung

In der Gewinn- und Verlustrechnung werden die vielen einzelnen Geschäftsvorfälle eines Jahres, nach wenigen Aufwands- und Ertragsarten sortiert, komprimiert dargestellt. Ihr Saldo entspricht dem Jahresergebnis des Unternehmens.

Die Jahresergebnisse eines Unternehmens sind neben anderen Informationen ein Indikator für die zukünftigen Unternehmenserfolge. Die sich daraus ergebenden Erfolgserwartungen sind meistens ein wesentlicher Grund für den Kauf und das Halten von Anteilen an Unternehmen und der wichtigste Faktor bei der Bestimmung des Unternehmenswertes, und sie sind ein wesentlicher Faktor bei der Beurteilung der Kreditwürdigkeit eines Unternehmens sowie der Bestellung oder Abberufung von Mitgliedern des Vorstandes und der Geschäftsführung.

2. Verzerrte Darstellung der Ertragslage und fehlende Informationen

Die erwähnten Ziele der Erfolgsanalyse einigermaßen zu erreichen, wird dem Bilanzanalysten, insbesondere in Deutschland, schwer gemacht. Die Gründe dafür wurden ausführlich in dem bereits erwähnten Abschnitt A VI Bilanzpolitik und Notwendigkeit der Bilanzanalyse und weiterhin im Abschnitt C Gesetzliche Vorschriften für die Bilanzierung dargelegt.

Die dort ausgeführten Gründe können zu einer Verzerrung der Vermögens- und Finanzlage führen. Schon relativ kleine ergebniswirksame Veränderungen von Vermögens- und Schuldenposten können relativ große Veränderungen des Ergebnisses bewirken und somit zu einer erheblich verzerrten Darstellung der Ertragslage führen.

Schwierigkeiten bei der Erfolgsanalyse machen nicht die vielen einzelnen Geschäftsvorfälle, die meistens durch einen Zahlungsvorgang abgeschlossen sind bzw. während der Bilanzerstellung durch einen Zahlungsvorgang abgeschlossen werden und aus der Buchhaltung hervorgehen. Die Schwierigkeiten bei der Erfolgsanalyse ergeben sich vielmehr aus

– den notwendigen Schätzungen bei der Bilanzerstellung, die von sehr vorsichtig bis optimistisch reichen können (Ausnutzung von Ermessensspielräumen),
   z.B. Nutzungsdauer der Anlagegegenstände,
      Minderung des Wertes von Anlagegegenständen durch technische und wirtschaftliche Überholung,
      Zeitwert des Finanzanlagevermögens,
      langfristige Forderungen an zahlungsschwache Kunden,
      Überbestände an Vorräten,
      Rückstellungen für Gewährleistungsverpflichtungen, Produkthaftung, Umwelt-Altlasten, angedrohte und laufende Prozesse,
      Abgrenzung von langfristigen Geschäften,
– den gesetzlichen Wahlrechten im HGB
   Beispiele siehe Abschnitt A VI 3 b,
– den kurzfristig beeinflußbaren Aufwendungen
   z.B. Instandhaltungs- und Reparaturaufwendungen, Werbeaufwendungen,
– Sachverhaltsgestaltungen
   Beispiele siehe unter Abschnitt A VI 5,

die es möglich machen, manche Aufwendungen und auch manche Erträge dem laufenden Geschäftsjahr **oder** späteren Geschäftsjahren zuzuordnen, stille Reserven nicht nur still zu bilden, sondern auch still aufzulösen und somit die Ertragslage bewußt verzerrt darzustellen. Die stille Auflösung von stillen Reserven kann man als den größten Verstoß gegen eine ordnungsmäßige Rechnungslegung bezeichnen. Sie ist in Deutschland nicht verboten und somit auch nicht strafbar.

Die oben erwähnten notwendigen Schätzungen bei einer Bilanzerstellung müssen nicht immer von bilanzpolitischen Erwägungen geprägt sein. Möglicherweise stehen zum Bilanzierungszeitpunkt so wenig Informationen zur Verfügung, daß z.B. eine Wertberichtigung oder Teilwertabschreibung von 30% genau so angemessen sein kann wie eine von 70%.

Darüber hinaus wird die Ertragslage durch die Inflation mehr oder weniger verzerrt dargestellt.

Auch die mit einem Bestätigungsvermerk eines Wirtschaftsprüfers versehenen Abschlüsse bieten keine Gewähr dafür, daß das ausgewiesene Ergebnis das »richtige« Ergebnis ist. Das geprüfte Unternehmen erstellt nämlich die Abschlüsse nach seinen bilanzpolitischen Vorstellungen, und der Wirtschaftsprüfer bestätigt nur, daß die Abschlüsse den gesetzlichen Vorschriften entsprechen (siehe Abschnitt A VI 8 Jahresabschluß und Bestätigungsvermerk des Wirtschaftsprüfers). Der ausgewiesene Jahresüberschuß/Jahresfehlbetrag stellt nur ein in Übereinstimmung mit den gesetzlichen Vorschriften ermitteltes Ergebnis eines Geschäftsjahres dar, das über den handelsrechtlich verfügbaren Gewinn, der an die Anteilseigner ausgeschüttet oder den Rücklagen zugeführt werden kann, Auskunft gibt.

In der Regel werden zu dem Ergebnis von notwendigen und den Jahresabschluß erheblich beeinflussenden Schätzungen im Anhang nur unzureichende oder keine Angaben gemacht. Leider sind in diesen Fällen auch die von deutschen Wirtschaftsprüfern in ihren Berichten gegebenen Erläuterungen – sofern sie dem Bilanzanalysten überhaupt zur Verfügung stehen – meistens so karg, daß sie keine oder nur ungenügende Hinweise enthalten, ob das »richtige« Ergebnis wesentlich anders sein könnte.

3. Auswertung des Anhangs bzw. der Angabepflichten (notes) und der zusätzlichen Angaben

Zusätzliche Informationen zur Erfolgsanalyse können dem Anhang bzw. den Angabepflichten (notes), dem Lagebericht, der nicht Bestandteil des Jahresabschlusses ist, einer zusätzlichen freiwilligen Berichterstattung (z.B. Geschäftsbericht) sowie den oben erwähnten Erläuterungsberichten des Wirtschaftsprüfers entnommen werden.

Die Angabepflichten im Anhang sind im Abschnitt C IV Gesetzliche Vorschriften über den Anhang und für den Konzernabschluß im Abschnitt C VI 3 Gesetzliche Vorschriften über den Anhang angegeben.

Die meisten der aufgrund der Angabepflichten im Anhang enthaltenen Informationen sind sehr allgemeiner Art.

Aufgrund folgender Angabepflichten sind im Anhang betragsmäßige Angaben zu machen:

§ 277 Abs. 3	außerplanmäßige Abschreibungen auf das Anlagevermögen nach § 253 Abs. 2 Satz 3
§ 277 Abs. 3	Abschreibungen im Umlaufvermögen nach § 253 Abs. 3 Satz 3 wegen vorübergehender Wertminderung
§ 280 Abs. 3	aus steuerrechtlichen Gründen unterlassene Zuschreibungen

§ 281 Abs. 2 Satz 1	allein nach steuerrechtlichen Vorschriften vorgenommene Abschreibungen auf das Anlagevermögen
§ 281 Abs. 2 Satz 1	allein nach steuerrechtlichen Vorschriften vorgenommene Abschreibungen auf das Umlaufvermögen
§ 284 Abs. 2 Nr. 4	Veränderung des Unterschiedsbetrages bei Gruppenbewertung (§ 240 Abs. 4) und bei Bewertungsvereinfachungsverfahren (§ 256 Satz 1), sofern Unterschied erheblich
Art. 28 Abs. 2 EGHGB	nicht ausgewiesene Pensionsrückstellungen

Im Lagebericht sind in der Regel keine zahlenmäßigen Angaben enthalten.

II. Analyse der Aufwands- und Ertragsstruktur bei einer Gewinn- und Verlustrechnung nach dem Umsatzkostenverfahren

1. Allgemeines

In Deutschland sind sowohl das Umsatzkostenverfahren als auch das Gesamtkostenverfahren zulässig.

In den angelsächsischen Ländern ist nur das Umsatzkostenverfahren bekannt.

Innerbetriebliche Ergebnisrechnungen werden in der ganzen Welt nur nach dem Umsatzkostenverfahren erstellt.

Dies dürfte deutlich machen, daß das Umsatzkostenverfahren aussagefähiger als das Gesamtkostenverfahren ist, sofern man weiß, wie sich die einzelnen Posten, insbesondere die Herstellungskosten, zusammensetzen. Das letztere trifft aber bei veröffentlichten Gewinn- und Verlustrechnungen in Deutschland in der Regel für die externen Bilanzanalytiker nicht zu.

Eine Analysemöglichkeit der Kosten ist die Messung ihrer Relation zu den Umsatzerlösen. Aus diesem Grunde wurde bei dem Modell einer aufbereiteten Gewinn- und Verlustrechnung nach dem Umsatzkostenverfahren in Abschnitt G II 4 auch der Prozentanteil der Kosten an den Umsatzerlösen angegeben. Darüber hinaus lassen sich durch Indexreihen der wichtigsten Posten der Gewinn- und Verlustrechnung die relativen Veränderungen dieser Posten über einen längeren Zeitraum sehr deutlich darstellen.

Zusätzlich wird auf die Ausführungen im Abschnitt E III 4b (2) Herstellungskosten der zur Erzielung der Umsatzerlöse erbrachten Leistungen und im Abschnitt E III 4g (7) sonstige betriebliche Aufwendungen hingewiesen.

2. Die einzelnen Posten der Gewinn- und Verlustrechnung nach dem Umsatzkostenverfahren

Umsatzerlöse

Zur eingehenden Analyse eines Unternehmens ist es notwendig, die Erfolgsrechnung des Unternehmens aufgeteilt nach Geschäftsfeldern zu kennen. Wenn man diese Daten (vorläufig) nicht erhalten kann, sollte man zumindest die Zusammensetzung der Umsatzerlöse nach Geschäftsfeldern und nach Regionen für die zu vergleichenden Geschäftsjahre zu erfahren versuchen und danach den jeweils prozentualen Anteil am Gesamtumsatz der zu vergleichenden Jahre ermitteln. Darüber hinaus ist es interessant zu wissen, inwieweit Umsätze und Ergebnisse auf inzwischen verkaufte und aufgegebene Geschäftsfelder entfallen. Sofern bei einem Konzern das Mutterunternehmen das bedeutendste Unternehmen ist, sollte man seinen Exportanteil in Erfahrung bringen, um die damit verbundenen Chancen und Risiken besser beurteilen zu können.

Die Umsatzveränderungen im Laufe der Jahre sollten mit der Umsatzentwicklung der Branche verglichen werden. Des weiteren kann es nützlich sein, Informationen über die wert- und mengenmäßige Aufteilung der Umsatzveränderungen zu erhalten. Hierzu sollte man sich den Preisindex der Branche beschaffen.

Nach § 285 Nr. 4 HGB haben große Kapitalgesellschaften seit dem Inkrafttreten des Bilanzrichtlinien-Gesetzes

> die Aufgliederung der Umsatzerlöse nach Tätigkeitsbereichen sowie nach geographisch bestimmten Märkten, soweit sich, unter Berücksichtigung der Organisation des Verkaufs von für die gewöhnliche Geschäftstätigkeit der Kapitalgesellschaft typischen Erzeugnissen und der für die gewöhnliche Geschäftstätigkeit der Kapitalgesellschaft typischen Dienstleistungen, die Tätigkeitsbereiche und geographisch bestimmten Märkte untereinander erheblich unterscheiden,

im Anhang anzugeben.

> Die Aufgliederung der Umsatzerlöse nach § 285 Nr. 4 kann unterbleiben, soweit die Aufgliederung nach vernünftiger kaufmännischer Beurteilung geeignet ist, der Kapitalgesellschaft oder einem Unternehmen, von dem die Kapitalgesellschaft mindestens den fünften Teil der Anteile besitzt, einen erheblichen Nachteil zuzufügen (§ 286 Abs. 2 HGB).

Von einigen großen deutschen börsennotierten Gesellschaften werden freiwillig noch zusätzliche Informationen mit Zahlenangaben nach Bereichen und Regionen über das Ergebnis der betrieblichen Tätigkeit, Investitionen, Forschung und Anzahl der Mitarbeiter gegeben.

In den USA gibt es bereits seit zwanzig Jahren eine sogenannte Segmentberichterstattung, die Daten nach Bereichen und Regionen über Umsatz, Ergebnis, Vermögen, Abschreibungen und Investitionen umfaßt.

Aufgrund des Gesetzes zur Kontrolle und Transparenz im Unternehmensbereich (KonTraG), das am 1. Mai 1998 in Kraft getreten ist, ist in Deutschland von börsennotierten Mutterunternehmen im Konzernanhang eine Segmentberichterstattung zu veröffentlichen. Einzelheiten über die Gestaltung der Segmentberichterstattung enthält das Gesetz nicht.

Die Zusammensetzung der Umsatzerlöse nach Geschäftsfeldern und Regionen, ihre Veränderung in der Vergangenheit, Erläuterungen zur Geschäftsentwicklung, die Angabe der Ergebnisse, des Vermögens und der Investitionen der einzelnen Segmente und die Kenntnis von Branchendaten geben Informationen über die Entwicklung der Marktanteile und der Wachstumsraten und die Rentabilität. Darüber hinaus kann man daraus Hinweise auf die Höhe der wahrscheinlichen zukünftigen Ergebnisse der einzelnen Segmente entnehmen.

Eine ausführliche Segmentberichterstattung ermöglicht es, zusätzlich noch fragmentarische Ansätze einer Kapitalflußrechnung nach Regionen zu erstellen.

Herstellungskosten der zur Erzielung der Umsatzerlöse erbrachten Leistungen

Die Herstellungskosten der zur Erzielung der Umsatzerlöse erbrachten Leistungen sind bei den meisten Unternehmen die bedeutendsten Aufwendungen.

Die bilanzanalytische Auswirkung der Herstellungskosten wird in dem weiter unten folgenden Abschnitt Bruttoergebnis vom Umsatz besprochen.

Analyse von Kostenarten

Beim Umsatzkostenverfahren werden die Kostenarten nach Funktionsbereichen aufgeführt.

Bei einer Analyse einer Gewinn- und Verlustrechnung nach dem Umsatzkostenverfahren ist es von Interesse, auch gewisse Kostenarten einzelner Funktionsbereiche zu analysieren, ihre Entwicklung im Laufe der Jahre darzustellen und durch Vergleiche mit anderen Posten Kennziffern zu bilden.

Bei den Herstellungskosten sollten folgende Kostenarten einer näheren Analyse unterzogen werden:

Abschreibungen

Abschreibungen sind in hohem Maße als Fixkosten anzusehen, weil die Verteilung der Anschaffungskosten von Sachanlagen in der Regel nach der wahrscheinlichen Nutzungsdauer erfolgt. Nur in Ausnahmefällen, z. B. beim Wechsel vom Ein- auf Mehrschichtbetrieb oder umgekehrt, wird gelegentlich die tatsächliche Nutzung der Sachanlagen bei der Bemessung der Abschreibungen zusätzlich berücksichtigt.

Da in der Regel die Höhe der Abschreibungen der Sachanlagen durch die abgelaufene Zeit und nicht durch die in Anspruch genommene Zeit bestimmt wird, sagt das Verhältnis Abschreibungen zu Umsatz nicht viel aus. Aussagekräftig ist dagegen das Verhältnis Abschreibungen zu Anschaffungswert der abschreibungsfähigen Sachanlagen. Hierbei sollten separate Kennzahlen für die verschiedenen Sachanlagegruppen gebildet werden. Besonderes Augenmerk ist ggf. auf die angenommene Nutzungsdauer von Spezialwerkzeugen o. ä. (z. B. in der Metallindustrie) zu legen. Es sollte festgestellt werden, inwieweit die Nutzungsdauer mit der Häufigkeit des Modellwechsels und mit der in der Branche üblichen Nutzungsdauer übereinstimmt.

Instandhaltungs- und Reparaturkosten

Der größte Teil der Instandhaltungs- und Reparaturkosten betrifft meistens die Herstellungskosten.

Instandhaltungs- und Reparaturkosten sind sowohl von der Höhe des Sachanlagevermögens als auch vom Produktionsumfang abhängig. Da sie somit sowohl variable als auch fixe Bestandteile enthalten, sagt ihr Verhältnis zum Umsatz nur bedingt etwas aus. Wesentlich aussagefähiger ist der Vergleich zu den Anschaffungs- oder besser zu den Wiederbeschaffungskosten des abnutzungsfähigen Sachanlagevermögens, und zwar sowohl im Zeitvergleich als auch im Unternehmensvergleich.

Bei der Analyse muß auch berücksichtigt werden, daß die Abgrenzung von Instandhaltungs- und Reparaturkosten zu Investitionen, z. B. bei Großreparaturen, nicht immer ganz eindeutig ist. Insofern kann es manchmal sinnvoll sein, zusätzlich Abschreibungen und Instandhaltungs- und Reparaturkosten kumuliert zu analysieren.

Die Höhe der Instandhaltungs- und Reparaturkosten steht in engem Zusammenhang mit der Bemessung der Nutzungsdauer des abschreibungsfähigen Sachanlagevermögens. So müßte bei einem Rückgang der Instandhaltungs- und Reparaturkosten die Nutzungsdauer des abschreibungsfähigen Sachanlagevermögens in der Planung reduziert werden.

Da die Instandhaltungs- und Reparaturkosten zu den kurzfristig stark beeinflußbaren Kosten gehören, bedürfen sie bei der Analyse der Gewinn- und Verlustrechnung eines besonderen Augenmerks.

Forschungs- und Entwicklungskosten
Sofern sie freiwillig nicht gesondert ausgewiesen werden, können Forschungs- und Entwicklungskosten in einer deutschen Gewinn- und Verlustrechnung nach dem Umsatzkostenverfahren Bestandteil der Herstellungskosten oder der sonstigen betrieblichen Aufwendungen sein.

Für die Analyse einer Gewinn- und Verlustrechnung ist es geradezu unumgänglich, die Höhe der Forschungs- und Entwicklungskosten – sofern sie nicht vollkommen unbedeutend sind – zu kennen, da

– die um die Forschungs- und Entwicklungskosten bereinigten Herstellungskosten besser analysiert werden können,
– die Höhe der Forschungs- und Entwicklungskosten in einem hohen Maße die Planung der zukünftigen Erträge bestimmt und
– es sich um stark beeinflußbare Kosten handelt.

Der Ausweis von Forschungs- und Entwicklungskosten bedeutet noch keine Garantie für zukünftige Erfolge. Bei den Ausgaben für Forschung und Entwicklung handelt es sich nämlich um »spekulative«, aber meistens notwendige »Investitionen«. Der Erfolg dieser »Investitionen« hängt sehr stark sowohl von den im Unternehmen vorhandenen wissenschaftlichen Fähigkeiten als auch von den Managementfähigkeiten ab.

Versucht werden sollte deshalb, Informationen darüber zu erhalten, wann, in welchem Maße und mit welcher Sicherheit in Zukunft Umsatzerlöse oder Kosteneinsparungen aufgrund der jetzigen Forschungs- und Entwicklungskosten erwartet werden.

Wichtig wäre es deshalb zu wissen, inwieweit es sich bei den ausgewiesenen Forschungs- und Entwicklungskosten um echte Forschungs- und Entwicklungskosten handelt und nicht etwa um

– Kosten für Produkt- und Markttests,
– Kosten für wissenschaftliche Gutachten, die nur der Verkaufsförderung dienen, und
– Kosten für anwendungstechnische Beratung und Beseitigung von Reklamationen.

Wegen ihrer langfristigen Auswirkungen sollten die Forschungs- und Entwicklungskosten über einen möglichst langen Zeitraum analysiert werden. Als Kennzahl bietet sich das Verhältnis Forschungs- und Entwicklungskosten zum Umsatz an.

In manchen Ländern und nach den IAS sind Entwicklungskosten zu aktivieren, wenn bestimmte Voraussetzungen erfüllt sind. Hier ist selbstverständlich das Abgrenzungskonto mit in die Analyse einzubeziehen, um festzustellen, in welchem Maße mit dem Abgrenzungskonto Bilanzpolitik gemacht wurde.

Bruttoergebnis vom Umsatz
Da vom Bruttoergebnis vom Umsatz alle Kosten des Unternehmens, sofern sie keine Herstellungskosten sind, zu decken sind und lediglich der dann noch verbleibende Rest

als Ergebnis für die Anteilseigner und zur Bezahlung der Ertragsteuern zur Verfügung steht, ist ein entsprechend angemessenes Bruttoergebnis vom Umsatz – das von Branche zu Branche je nach den Wettbewerbsverhältnissen, der Kapitalintensität und der Höhe der vom Bruttoergebnis noch zu tragenden Kosten, insbesondere der Forschungs-, Vertriebs- und Werbekosten, unterschiedlich sein kann – Voraussetzung für die Rentabilität eines Unternehmens.

Falls die Herstellungskosten immer auf die gleiche betriebswirtschaftlich vernünftige Art ermittelt wurden, sind – falls sich das Produkt-Mix nicht verändert hat – bei einem Zeitvergleich Veränderungen des Bruttoergebnisses auf einen oder mehrere der folgenden Gründe zurückzuführen:

– Zunahme des mengenmäßigen Absatzes,
– Abnahme des mengenmäßigen Absatzes,
– Erhöhung der Verkaufspreise,
– Rückgang der Verkaufspreise,
– Zunahme der Herstellungskosten pro Stück,
– Abnahme der Herstellungskosten pro Stück.

Die Verkaufspreise können durch Preisveränderungen im gleichen Markt oder durch Veränderungen im Markt-Mix beeinflußt sein, während die Zu- oder Abnahme der Herstellungskosten sowohl auf eine Veränderung der Kostenstruktur (z. B. größere oder kleinere Fertigungstiefe, Verfahrensumstellungen, Rationalisierung) als auch auf Preisänderungen bei den einzelnen Kostenarten zurückgeführt werden kann.

Im Rahmen der Analyse ist es im Hinblick auf Ergebnisplanungen wichtig zu erfahren, was die wesentlichen Gründe für die Veränderung des Bruttoergebnisses waren. Dabei ist es interessant, Informationen darüber zu erhalten, ob die Gründe mehr branchenbezogen (z. B. Überkapazitäten und Preisverfall oder vorübergehend fehlende Kapazitäten und hohe Verkaufspreise) oder mehr unternehmensbezogen (z. B. Kostenstruktur) sind.

Falls die Ursachen des Verfalls des Bruttoergebnisses mehr branchenbezogen sind (z. B. Überkapazitäten), kann das Management nur langfristige Maßnahmen treffen (z. B. Einführung neuer Produkte, Erschließung neuer Absatzmärkte), bei mehr unternehmensbezogenen Gründen für den Verfall des Bruttoergebnisses (z. B. zu hohe Kosten) sind dagegen kurzfristige Maßnahmen eher möglich.

Das Bruttoergebnis vom Umsatz eignet sich sowohl gut für einen Zeitvergleich als auch für einen Langzeitbetriebsvergleich mit ähnlichen Unternehmen der Branche.

Exkurs: Break-even-Analyse oder Gewinnschwellenanalyse

Während sich die variablen Kosten in der Regel proportional zum Umsatz verhalten, bleiben die fixen Kosten über eine gewisse Umsatzbandbreite konstant. Diese Tatsache kann zu einer weiteren Form der Kostenanalyse, nämlich der Break-even-Analyse oder Gewinnschwellenanalyse, gemacht werden. Hierbei handelt es sich um die Gegenüberstellung von Erlösen und Kosten in Abhängigkeit von der Beschäftigung. Die Break-even-Analyse (Gewinnschwellenanalyse) ermöglicht die Ermittlung des sogenannten Break-even-Punkts (Gewinnschwelle), d. h. desjenigen Beschäftigungsgrades, jenseits dessen das Unternehmen in die Verlust- oder Gewinnzone gerät.

In die Gewinnschwellenanalyse sind grundsätzlich nicht nur die Herstellungskosten, sondern alle Kosten einzubeziehen. Da aber die Gewinnschwellenanalyse in den meisten Fällen durch die Höhe und Zusammensetzung der Herstellungskosten besonders stark beeinflußt wird, wird sie hier im Zusammenhang mit der Analyse des Bruttoergebnisses behandelt.

Beispiel mit folgenden Annahmen:
Verkaufspreis je Stück   1,50 €
variable Kosten je Stück   1,00 €
fixe Kosten   200,00 €

Die Gewinnschwelle liegt bei der Produktion und dem Verkauf von 400 Stück, da der Erlös von 400 × 1,50 € den Kosten von 400 × 1,00 € + 200,00 € entspricht, oder anders ausgedrückt

$$\frac{\text{Fixe Kosten}}{\text{Deckungsbeitrag je Stück}} = \frac{200,00\ €}{(1,50-1,00)\ €\ \text{je Stück}} = 400\ \text{Stück}$$

Jedes zusätzlich über 400 Stück bis zum Erreichen der Kapazitätsgrenze produzierte und verkaufte Stück bringt einen Deckungsbeitrag und Gewinn vor Steuern von 0,50 €. Bei einer Produktion und einem Verkauf von weniger als 400 Stück ergibt sich ein entsprechender Verlust.

In der Praxis wird in der Regel mehr als ein Produkt verkauft. Die Gewinnschwelle läßt sich dafür statt in Stück auch in einem Betrag ausdrücken. Sie liegt im vorliegenden Falle bei 600,00 € Umsatz, sofern der Anteil der variablen Kosten der übrigen Produkte ebenfalls bei 66,67 % des Erlöses liegt.

Das Ergebnis wurde wie folgt ermittelt:

$$\frac{\text{Fixe Kosten}}{\text{Deckungsbeitragsanteil in \%}} = \frac{200,00\ €}{1-0,6667} = 600,00\ €\ \text{Umsatz}$$

Die Berechnung der Gewinnschwelle ist theoretisch zwar sehr einfach, in der Praxis sind aber erhebliche Schwierigkeiten zu überwinden, was ihre Anwendung einschränkt. Die Schwierigkeiten liegen darin, daß verschiedene Produkte hergestellt werden und viele Kosten nicht eindeutig fix oder variabel sind, sondern fixe und variable Teile enthalten. Dies trifft mehr oder weniger auf fast alle Kostenarten, mit Ausnahme des Materialaufwandes, der – abgesehen von den Abschreibungen auf Vorräte – variabel ist, zu.

Eine Gewinnschwellenanalyse erfordert deshalb die Kenntnis der fixen und variablen Anteile an den einzelnen Kostenarten. Die Aufteilung der einzelnen Kostenarten in ihre fixen und variablen Anteile ist selbst für einen genauen Kenner der innerbetrieblichen Verhältnisse sehr schwierig, für einen externen Bilanzanalytiker aber fast unmöglich. Ohne die Hilfestellung eines Branchenkenners dürfte er diese Aufgabe kaum befriedigend lösen.

Die Anwendung der Gewinnschwellenanalyse erfordert darüber hinaus noch einige Annahmen, nämlich

– keine Veränderung der Verkaufspreise, der Einkaufspreise und der Preise der anderen Kostenfaktoren,
– keine Veränderung des Produkt-Mix,
– keine Veränderung der Produktivität,
– keine wesentliche Veränderung der Bestände zu Beginn und am Ende der Periode.

Die Schwierigkeiten bei der Festsetzung der fixen und variablen Kosten und die notwendigen Annahmen können bei einer Gewinnschwellenanalyse leicht zu großen Fehlern führen.

Gewinnschwelle und Risiko

Die Schwankungsbreite der Ergebnisse eines Unternehmens ist somit u. a. von der Höhe des Anteils der variablen Kosten am Umsatz abhängig.

Je niedriger der Anteil der variablen Kosten am Umsatz ist, desto später wird die Gewinnschwelle erreicht, was eine Erhöhung des unternehmerischen Risikos bedeutet. Das heißt, je niedrigerer der Anteil der variablen Kosten am Umsatz ist, desto stärker steigt das Ergebnis bei einer Zunahme des mengenmäßigen Absatzes bzw. desto stärker fällt das Ergebnis bei einer Abnahme des mengenmäßigen Absatzes.

Diese sehr einfache Schlußfolgerung kann in der Praxis bedeutende Konsequenzen haben. Die Ergebnisse eines Unternehmens mit einem niedrigen Anteil von variablen Kosten und somit einem hohen Fixkostenanteil sind deshalb stark von Konjunkturschwankungen abhängig. Um die Kapazitätsauslastung nicht zu gefährden, sind solche Unternehmen geneigt, eher hohen Lohnforderungen nachzugeben, damit Streiks vermieden werden.

Trotz der vielen Schwierigkeiten bei der Ermittlung der Gewinnschwelle sollte der Bilanzanalytiker nicht nur im Hinblick auf eine Ergebnisplanung, sondern auch zur Beurteilung des unternehmerischen Risikos versuchen, sich zumindest Vorstellungen über die Gewinnschwelle zu verschaffen. Erreichen kann er das nur, wenn er möglichst viel über die Zusammensetzung der Kostenarten erfährt. Am ehesten wird das bei anlageintensiven Unternehmen ohne Produktvielfalt durchführbar sein.

In diesem Zusammenhang wird auch auf das Leverage-Risiko (Zinsdeckung), das in Abschnitt K III behandelt wird, verwiesen.

Break-even-Analyse bei einer Bilanzanalyse

Die Ausführungen zeigen, daß man als Externer im Rahmen einer Bilanzanalyse kaum eine Chance hat, eine Break-even-Analyse durchzuführen.

Will man es trotzdem versuchen, so empfehlen sich folgende Annahmen und Vorgehensweisen:

variable Kosten	=	Materialaufwand + sehr geringer Teil der übrigen betrieblichen Aufwendungen (je nach Kenntnis über die Zusammensetzung der Kostenarten)
fixe Kosten	=	überwiegender Teil der übrigen betrieblichen Aufwendungen ./. sonstige betriebliche Erträge (falls Erträge regelmäßig fließen)

$$\text{Umsatz, bei der die Gewinnschwelle erreicht wird} = \frac{\text{fixe Kosten}}{1 \text{ ./. Anteil variable Kosten am Umsatz}}$$
(= durchschnittlicher Deckungsbeitrag in % vom Umsatz)

Vertriebskosten

Vertriebskosten können generell durch Vergleich mit den Umsatzerlösen analysiert werden.

Werbekosten und Kosten der Verkaufsförderung

Die Vertriebskosten gemäß Umsatzkostenverfahren enthalten auch Werbekosten und Kosten der Verkaufsförderung. Hierbei handelt es sich um kurzfristig stark beeinflußbare Kosten sowie um Kosten, die – zwar nicht exakt meßbar – Auswirkungen auf die zukünftige Ertragslage haben werden.

Die Höhe der Werbekosten und Kosten der Verkaufsförderung ist von Branche zu Branche sehr unterschiedlich. Bei einem Markenartikelunternehmen kann sie einen bedeutenden zweistelligen Prozentsatz vom Umsatz erreichen, während bei der Grundstoffindustrie im Verhältnis zum Umsatz praktisch keine Werbekosten und Kosten der Verkaufsförderung anfallen. Sofern diese Kosten bedeutend sind, ist es für eine Analyse der Gewinn- und Verlustrechnungen wegen ihres Einflusses auf die zukünftigen Ergebnisse zumindest wichtig, ihre Höhe in den vergangenen Jahren zu erfahren.

Sonstige Vertriebskosten
Wenn es möglich ist, sollte man versuchen, zusätzliche Einzelheiten über die sonstigen Vertriebskosten zu erfahren, da gewisse Vertriebskosten, z.B. Kosten der Verkaufsläger, des Fuhrparks, der Vertriebs- und Marketingabteilungen, in hohem Maße fixen Charakter haben, während die Verpackungs- und Transportkosten weitgehend variabel und die Kosten des Vertreternetzes je nach Art der Vergütung mehr fix oder mehr variabel sein können.

Aufschlußreich können auch Informationen sein, inwieweit bei neuen Absatzgebieten und neuen Produkten der prozentuale Anteil der Vertriebskosten am Umsatz von den durchschnittlichen Vertriebskosten abweicht.

allgemeine Verwaltungskosten

Diese Kosten haben einen stark fixen Charakter, da es sich hier im wesentlichen um Kosten für oft teures und langfristig angestelltes Personal sowie um Miete und ähnliche Kosten handelt. Es besteht nur eine bedingte Relation dieser Kosten zu den Umsatzerlösen. Hier ist neben dem Vergleich mit den Umsatzerlösen der Vergleich der absoluten Kosten in den einzelnen Jahren mindestens ebenso interessant, zumal die Verwaltungskosten oft, besonders in wirtschaftlich günstigen Zeiten, dazu neigen, sprunghaft nach oben zu steigen.

sonstige betriebliche Erträge

Von wesentlichem Interesse sind die in diesem Posten enthaltenen

- Erträge aus dem Abgang von Gegenständen des Anlagevermögens und Zuschreibungen zu Gegenständen des Anlagevermögens,
- Erträge aus der Auflösung von Wertberichtigungen auf Forderungen,
- Erträge aus der Auflösung von Rückstellungen,
- anderen periodenfremden Erträge (siehe Abschnitt E III 3d),

da die Höhe dieser Posten durch bilanzpolitische Maßnahmen früherer Geschäftsjahre oder des laufenden Geschäftsjahres beeinflußt sein kann.

Im übrigen ist dieser Posten, sofern er nicht bedeutend ist und sich die Höhe in den einzelnen Jahren nicht wesentlich verändert, für die Analyse eher von untergeordneter Bedeutung, da er sich meist aus vielen kleinen Beträgen zusammensetzt.

Eine weitere Aufteilung dieses Postens könnte allerdings Informationen allgemeiner Art im Hinblick auf eine weitere Unternehmensanalyse liefern.

sonstige betriebliche Aufwendungen

Da es diesen Posten bei einer Gewinn- und Verlustrechnung nach dem Umsatzkostenverfahren, die die Kosten nach Funktionsbereichen zeigen soll, eigentlich gar nicht geben dürfte, ist die Kenntnis der Einzelheiten dieses Postens – auch bei einem geringen Gesamtbetrag – von grundsätzlicher Bedeutung.

Zur besseren Analyse wird deshalb empfohlen, die sonstigen betrieblichen Aufwendungen in einen nicht außergewöhnlichen Teil und einen außergewöhnlichen Teil, den man als Bestandteil der betriebsfremden und außerordentlichen Aufwendungen betrachten kann, aufzuteilen.

Sollte keine Aufteilung dieses Postens möglich sein, ist seine Existenz zumindest ein Indiz dafür, daß die auf Bestandserhöhungen der Vorräte und auf aktivierte Eigenleistungen entfallenden Herstellungskosten mit Teilkosten bewertet wurden, da dieser Posten für die Aufnahme der nicht aktivierten Wahlbestandteile der Herstellungskosten geschaffen wurde.

Ergebnis der gewöhnlichen Geschäftstätigkeit

Das Ergebnis der gewöhnlichen Geschäftstätigkeit wird bei der Analyse des Erfolges aufgrund der Aufbereitung der Gewinn- und Verlustrechnung durch das Betriebsergebnis ersetzt, da das handelsrechtliche Ergebnis der gewöhnlichen Geschäftstätigkeit das Beteiligungs- und Zinsergebnis enthält, aber noch nicht um die sonstigen Steuern gekürzt ist.

Das Betriebsergebnis ist wie das Bruttoergebnis vom Umsatz ein ähnlich wichtiger Beurteilungsmaßstab, obwohl es sich um einen Saldo von bereits im einzelnen besprochenen Posten handelt.

Dies ist darauf zurückzuführen, daß die einzelnen bisher besprochenen Posten von den Unternehmen unterschiedlich abgegrenzt werden, z. B.

– werden die sonstigen Steuern teilweise als Herstellungskosten betrachtet,
– wird versucht, möglichst keine hohen allgemeinen Verwaltungskosten zu zeigen,
– wird ein Teil der den Funktionsbereichen zuordenbaren sonstigen betrieblichen Aufwendungen unterschiedlich ausgewiesen.

Somit eignet sich das Betriebsergebnis sowohl für Zeitvergleiche als auch für Unternehmensvergleiche.

Von dem Betriebsergebnis sind nur noch Posten abzusetzen oder hinzuzufügen, die wenig mit der eigentlichen Unternehmenstätigkeit zu tun haben oder die vom Management kaum beeinflußt werden können, nämlich die außerordentlichen Aufwendungen und Erträge, die Zinsen und die Steuern vom Einkommen und vom Ertrag.

außerordentliche Aufwendungen und Erträge

Bei der Analyse der Gewinn- und Verlustrechnung darf unterstellt werden, daß das Management auch durch die Darstellung der außerordentlichen Aufwendungen und Erträge und der Kommentare hierzu Bilanzpolitik betreibt, d. h. versucht, daß der Leser des Jahresabschlusses eine von dem Management gewünschte Vorstellung über die Ertragskraft des Unternehmens erhält.

Das geschieht meistens dadurch, daß manche Aufwendungen spitzfindig als betriebsfremd oder außergewöhnlich und vom Management nicht beeinflußbar kommentiert werden, was bei näherem Hinsehen nicht der Fall ist.

Bei der Analyse der außerordentlichen Aufwendungen und Erträge ist deshalb höchste Aufmerksamkeit geboten, und der Bilanzanalytiker sollte den oft unpräzisen, zu knappen oder spitzfindigen Kommentaren mißtrauen. Ziel des Analytikers sollte es sein, möglichst ausführliche Informationen über diese Posten zu erhalten und anschließend aufgrund seiner eigenen Meinung eine entsprechende Darstellung der bisherigen Geschäftstätigkeit vorzunehmen, um damit eine bessere Voraussetzung für die Schätzung der zukünftigen Erfolge zu haben.

Das Problem der Analyse der außerordentlichen Aufwendungen und Erträge liegt im Grunde darin, daß ein einzelnes Geschäftsjahr zu kurz ist, um die Ertragskraft eines Unternehmens messen zu können. Es ist dadurch lösbar, indem man eine Reihe von Jahren analysiert und in einer Bereinigung der Gewinn- und Verlustrechnung die außerordentlichen Aufwendungen und Erträge den entsprechenden Geschäftsjahren zuordnet (siehe Abschnitt M IV).

Zinsen und ähnliche Aufwendungen

Zur Analyse bietet sich – sofern zu den einzelnen Krediten nichts Näheres bekannt ist – der Vergleich des durchschnittlich im Jahr in Anspruch genommenen verzinslichen Fremdkapitals einschließlich diskontierter Wechsel mit den gezahlten Zinsen und ähnlichen Aufwendungen an, um die durchschnittliche Zinsbelastung feststellen zu können.

Sollte im Laufe des Jahres aus saisonalen oder anderen Gründen die Kreditinanspruchnahme unterschiedlich sein, ist der Durchschnitt des an den vier Quartalsenden in Anspruch genommenen verzinslichen Fremdkapitals der Berechnung zugrunde zu legen.

Durch Vergleich des durchschnittlich gezahlten Zinssatzes mit dem durchschnittlich von anderen Unternehmen gezahlten Zinssatz lassen sich gewisse Rückschlüsse auf die Bonität des Unternehmens ziehen.

Bei der Analyse ist darauf zu achten, ob sämtliche Kosten mit Zinscharakter unter diesem Posten ausgewiesen sind. Möglich wäre zum Beispiel, daß ein sofort als Aufwand verrechnetes Disagio oder Kursverluste für Fremdwährungsdarlehen nicht hier, sondern unter den sonstigen betrieblichen Aufwendungen ausgewiesen und Zinszuschüsse der öffentlichen Hand mit den Zinsaufwendungen verrechnet wurden. Außerdem ist zu klären, ob der Zinsaufwand für die »zinslosen« Pensionsrückstellungen in diesem Posten enthalten ist.

Steuern vom Einkommen und vom Ertrag

Für deutsche Jahresabschlüsse wird auf Abschnitt E III 3s Geschätzter Steuerbilanzgewinn hingewiesen.

Bei ausländischen Jahresabschlüssen wird es selten möglich sein, aus der Höhe der gezahlten Ertragsteuern Rückschlüsse auf gelegte oder aufgelöste stille Reserven zu ziehen, da es dazu sehr eingehender Kenntnisse des Handels- und Steuerbilanzrechts bedarf.

Falls jedoch die Höhe der ausgewiesenen Ertragsteuern der letzten Jahre wesentlich von den Beträgen abweicht, die sich ergäben, falls der Steuertarif auf den ausgewiesenen Gewinn vor Steuern angewendet würde, sollte im Rahmen des Möglichen nach den Gründen geforscht bzw. in die Ertragsteuererklärungen oder Ertragsteuerveranlagungen Einsicht genommen werden, um die Auswirkungen auf die zukünftige Steuerbelastung zu erkennen.

Jahresüberschuß/Jahresfehlbetrag

In der Praxis setzt man oft den Gewinn vor Steuern bzw. den Jahresüberschuß/Jahresfehlbetrag ins Verhältnis zu den Umsatzerlösen. Das ist nur eine bedingt aussagefähige Kennzahl, falls der Gewinn vor Steuern und der Jahresüberschuß/Jahresfehlbetrag durch wesentliche außerordentliche Aufwendungen und Erträge, die keine Beziehung zu den Umsatzerlösen des laufenden Jahres haben, und durch die Art der Finanzierung, die ebenfalls keine direkte Beziehung zu den Umsatzerlösen hat, beeinflußt worden sind.

Weitere Ausführungen zur Analyse dieses Postens sind im Abschnitt N Rentabilitätsanalyse und Kennzahlensystem Return on Investment enthalten.

übrige Posten

Zu den übrigen Posten sind keine Bemerkungen, die über die zu diesen Posten bereits in den Abschnitten E III 3 und 4 gemachten Ausführungen hinausgehen, notwendig.

III. Analyse der Aufwands- und Ertragsstruktur bei einer Gewinn- und Verlustrechnung nach dem Gesamtkostenverfahren

Wie in dem Vergleich zwischen dem Gesamtkostenverfahren und dem Umsatzkostenverfahren gezeigt wurde, unterscheiden sich die beiden Verfahren durch folgende Posten:

Im Gesamtkostenverfahren enthaltene und im Umsatzkostenverfahren nicht enthaltene Posten	Im Umsatzkostenverfahren enthaltene und im Gesamtkostenverfahren nicht enthaltene Posten
Erhöhung oder Verminderung des Bestands an fertigen und unfertigen Erzeugnissen andere aktivierte Eigenleistungen Materialaufwand Personalaufwand Abschreibungen sonstige betriebliche Aufwendungen (Inhalt des Postens nicht identisch mit Posten gleicher Bezeichnung im Gesamtkostenverfahren)	Herstellungskosten Vertriebskosten Verwaltungskosten sonstige betriebliche Aufwendungen (Inhalt nicht identisch mit Posten gleicher Bezeichnung im Umsatzkostenverfahren)

Evtl. könnte zusätzlich noch der Inhalt des Postens »sonstige betriebliche Erträge« nicht identisch sein (siehe Abschnitt E III 4f).

Abgesehen evtl. von den »sonstigen betrieblichen Erträgen« müßte somit bei einer Überleitung von einem Verfahren auf das andere der Saldo der Posten, die in der obigen Tabelle gegenübergestellt sind, gleich sein, und die übrigen Posten müßten übereinstimmen.

Folglich wären in diesem Abschnitt nur die in der linken Spalte der obigen Tabelle enthaltenen Posten zu besprechen, da die anderen Posten bereits unter Abschnitt M II 2 behandelt wurden.

Da es sich bei der Analyse der Aufwands- und Ertragsstruktur nach dem Umsatzkostenverfahren um eine Analyse der Zusammensetzung von Kostenstellen nach Kostenarten handelt, erübrigt sich eine solche Analyse bei dem Gesamtkostenverfahren, da hierbei die Aufwendungen in der Gewinn- und Verlustrechnung nach Kostenarten und nicht nach Kostenstellen aufgegliedert sind. Interessant wäre es allerdings, bei einer Gewinn- und Verlustrechnung nach dem Gesamtkostenverfahren zusätzliche Informationen über die Aufteilung der Kosten nach Kostenstellen zu erhalten, insbesondere um Betriebsvergleiche vornehmen zu können.

Eine weitere Kommentierung der in der linken Spalte der Tabelle genannten Posten ist somit in diesem Abschnitt nicht erforderlich, zumal diese Posten an folgenden Stellen ausführlich erläutert bzw. dort Hinweise zur Analyse gegeben wurden:

Erhöhung oder Verminderung des Bestands an fertigen und unfertigen Erzeugnissen	E III 3b
andere aktivierte Eigenleistungen	E III 3c
Materialaufwand	E III 3e und M VI
Personalaufwand	E III 3f und M VI
Abschreibungen	E III 3g, M II 2 und M VI
sonstige betriebliche Aufwendungen	E III 3h

IV. Bereinigung von Gewinn- und Verlustrechnungen nach dem HGB

in Abschnitt A II hieß es: *»Zwischenziel einer Bilanzanalyse sollte es sein, mit Hilfe der im Laufe einer Bilanzanalyse aufkommenden Fragen zu versuchen, gezielter weitere Informationen zu erhalten.«*

Sofern es nicht möglich war, eine Überleitung des zu analysierenden Jahresabschlusses nach dem HGB auf IAS/IFRS vorzunehmen, sollten aufgrund der bisher vorgeschlagenen Schritte bei einer Bilanzanalyse, die in Abschnitt D aufgeführt sind, spätestens jetzt Fragen gestellt und auf Basis der möglichen Antworten und der bisher bei der Bilanzanalyse erworbenen Erkenntnisse eine Bereinigung der Gewinn- und Verlustrechnungen vorgenommen werden. Hierzu wird nachfolgendes Modell vorgeschlagen.

Ein wesentlicher Zweck dieser Bereinigung ist es, die Auswirkungen der Bereinigung der einzelnen Geschäftjahre auf die anderen Geschäftsjahre darzustellen, soweit es nicht bereits geschehen ist.

Bei Jahresabschlüssen nach IAS/IFRS und US-GAAP erübrigt sich in der Regel eine solche Bereinigung, da diese Jahresabschlüsse betriebswirtschaftlich sinnvoll sind.

Vorschlag für ein Modell zur Bereinigung von Gewinn- und Verlustrechnungen nach dem HGB

	Verlagerungen in vergangene Geschäftsjahre	(insgesamt 8–10 Jahre) Gewinn- und Verlustrechnungen der Geschäftsjahre .... bis			Verlagerungen in zukünftige Geschäftsjahre
		....	....	....	
1 Jahresüberschuß/Jahresfehlbetrag laut Gewinn- und Verlustrechnung	–				–
1.1 Gewinnabführung (+)/Verlustausgleich (./.) aufgrund eines Ergebnisabführungsvertrages mit einer Obergesellschaft	–				–
1.2 Steuern vom Ertrag	–	+	+	+	–
1.3 Jahresergebnis vor Steuern vom Ertrag	–				–
2 Bewertungs- und Ermessensspielräume					
2.1 nicht in Anspruch genommene Aktivierungswahlrechte					
2.1.1 Geschäfts- oder Firmenwert im Einzelabschluß	–	+	+	+	
2.1.2 Geschäfts- oder Firmenwert aus der Konsolidierung	–	+	+	+	–
2.1.3 Disagio	–	+	+	+	–
2.1.4 Ingangsetzungs- und Erweiterungsaufwendungen	–	+	+	+	–
2.2 Abschreibungen (Zuschreibungen) auf Anlagevermögen					
2.2.1 Korrektur Abschreibungen auf immaterielle Vermögensgegenstände, soweit sie nicht der tatsächlichen Nutzung entsprechen, sowie Abschreibungen auf oben hinzugerechnete Posten, für die ein Aktivierungswahlrecht bestand					
2.2.2 Abschreibungen auf Finanzanlagen					
2.2.3 außerplanmäßige Abschreibungen auf Sachanlagen (Teilwertabschreibungen)					
2.2.4 steuerrechtliche Sonder- und erhöhte Abschreibungen auf das Anlagevermögen	–	+	+	+	–
2.2.5 planmäßige über den steuerrechtlichen Ansatz hinausgehende Abschreibungen	–	+	+	+	–
2.2.6 andere Abschreibungen auf Sachanlagen, die über die kalkulatorisch notwendigen hinausgehen	–	+	+	+	–
2.2.7 vorweggenommene Normalabschreibungen auf Sachanlagen durch die in den Zeilen 2.2.4, 2.2.5, 2.2.6 angegebenen Gründe	–	./.	./.	./.	–
(Saldo Zeile 2.2.4–2.2.7)	(				)
2.2.8 Zuschreibungen zum Anlagevermögen	+	./.	./.	./.	–
2.3 Bewertungsreserven im Umlaufvermögen					
2.3.1 Bildung und Auflösung von Bewertungsreserven bei Vorräten wegen Änderung Bewertungsmethode	– +				./. –

	Verlagerungen in vergangene Geschäftsjahre	(insgesamt 8–10 Jahre) Gewinn- und Verlustrechnungen der Geschäftsjahre .... bis			Verlagerungen in zukünftige Geschäftsjahre
		....	....	....	
2.3.2 Bildung und Auflösung von Bewertungsreserven bei Vorräten durch unterschiedliche oder einseitige Ausnutzung des Ermessensspielraumes	−				./.
	+				−
2.3.3 Bildung und Auflösung steuerrechtlicher Sonderabschreibungen bei Vorräten	−				./.
	+				−
2.3.4 Abschreibungen auf Vermögensgegenstände des Umlaufvermögens, soweit diese die in der Gesellschaft üblichen Abschreibungen überschreiten (außerplanmäßige Abschreibungen, die nicht in obigen Positionen erfaßt sind)					
2.3.5 Bildung und Auflösung von Bewertungsreserven bei nicht mit Vollkosten bewerteten Vorräten durch Bestandsveränderung sowie Anwendung der Lifo-Methode	−				./.
	+				−
2.3.6 Bildung und Auflösung von Bewertungsreserven bei den Forderungen	−				./.
	+				−
2.3.7 Zuschreibungen zum Umlaufvermögen	+				−
2.4 Rückstellungen					
2.4.1 außerordentliche oder aperiodische Zuführungen zu den Rückstellungen für Pensionen und ähnliche Verpflichtungen	./.	+	+	+	
2.4.2 außerordentliche oder aperiodische Aufwendungen für Pensionskassen, Unterstützungskassen und Direktversicherungen	./.	+	+	+	
2.4.3 unterlassene Dotierung der betrieblichen Altersversorgung	−	./.	./.	./.	+
2.4.4 außerordentlicher Ertrag aus der Auflösung von Pensionsrückstellungen					
2.4.5 Erhöhung der versteuerten sonstigen Rückstellungen	−	+	+	+	./.
2.4.6 Verminderung der versteuerten sonstigen Rückstellungen	+	./.	./.	./.	−
2.4.7 Erträge aus der Auflösung von Rückstellungen	+				−
2.4.8 Verteilung von Rückstellungen auf die Jahre der Verursachung					
3 außerordentliche/periodenfremde Posten					
3.1 außerordentliche Erträge laut Gewinn- und Verlustrechnung					−
3.2 außergewöhnlicher/periodenfremder Teil der sonstigen betrieblichen Erträge					−
3.3 Erträge aus der Auflösung von Sonderposten mit Rücklageanteil					−
3.4 andere außergewöhnliche/periodenfremde Erträge					−
3.5 außerordentliche Aufwendungen laut Gewinn- und Verlustrechnung					−

	Verlagerungen in vergangene Geschäftsjahre	(insgesamt 8–10 Jahre) Gewinn- und Verlustrechnungen der Geschäftsjahre .... bis			Verlagerungen in zukünftige Geschäftsjahre
		....	....	....	
3.6 außergewöhnlicher/periodenfremder Teil der sonstigen betrieblichen Aufwendungen					–
3.7 andere außergewöhnliche/perioden- fremde Aufwendungen					–
4 Ergebnisse aus Geschäften zu nicht marktgerechten Konditionen mit verbundenen Unternehmen oder Gesellschaftern	–				–
4.1 aus Lieferungen und Dienstleistungen	–				–
4.2 aus Krediten	–				–
5 nicht angemessene Entgelte der Gesellschafter-Geschäftsführer sowie Unternehmerlohn					
5.1 nicht angemessene Entgelte Gesellschafter-Geschäftsführer	–				–
5.2 Unternehmerlohn (evtl. auch Mieten und Darlehenszinsen)	–				–
6 bei Einzelabschlüssen: Bereinigung durch Konsolidierung der Erträge der Beteiligungen bei Konzernabschlüssen: Bereinigung der Konsolidierung					
6.1 Konsolidierung der Erträge von Beteiligungen	–				–
6.2 a. o. Posten bei Equity-Bewertung	–				–
6.3 Währungsumrechnungsdifferenzen	–	——	——	——	–
7 bereinigtes Jahresergebnis vor Steuern vom Ertrag					
7.1 Steuern vom Ertrag auf steuerlich nicht abzugsfähige Aufwendungen	–	./.	./.	./.	–
7.2 Steuern vom Ertrag auf bereinigtes Jahresergebnis	–	./.	./.	./.	–
7.3 bereinigtes Jahresergebnis nach Steuern vom Ertrag					
7.4 nicht den Anteilseignern zustehende Gewinne (z.B. Gewinnbeteiligung Arbeitnehmer, Zinsverluste aus Zwangsanleihen)					
7.5 Anteile Dritter am Jahresergebnis nach Steuern vom Ertrag	——	——		——	
7.6 bereinigtes Jahresergebnis nach Steuern vom Ertrag und nach Abzug der nicht den Anteilseignern zustehenden Gewinne und Anteile Dritter	══	══		══	

Zusätzliche Korrekturen der bereinigten Jahresergebnisse vor Steuern vom Ertrag der Geschäftsjahre .... bis ....

		Verlagerungen in vergangene Geschäftsjahre	(insgesamt 8–10 Jahre) Gewinn- und Verlustrechnungen der Geschäftsjahre .... bis			Verlagerungen in zukünftige Geschäftsjahre
			....	....	....	
8	bereinigtes Jahresergebnis vor Steuern vom Ertrag laut Posten 7	– –				–
8.1	kurzfristig stark beeinflußbare Aufwendungen					
8.1.1	Instandhaltungs- und Reparaturaufwendungen					
8.1.2	Forschungs- und Entwicklungsaufwendungen					
8.1.3	Werbeaufwendungen					
8.1.4	sonstige Aufwendungen					
8.6	bereinigtes Jahresergebnis vor Steuern vom Ertrag nach zusätzlichen Korrekturen	— –	— =	— =	— =	— –

Berechnung des bereinigten Gesamtkapitalergebnisses vor Steuern vom Ertrag, nach zusätzlichen Korrekturen (Betriebsergebnis) und nach Korrektur um Scheingewinne und Steuern vom Ertrag auf Scheingewinne für die Geschäftsjahre .... bis ....

		(insgesamt 8–10 Jahre) Gewinn- und Verlustrechnungen der Geschäftsjahre .... bis		
		....	....	....
8.6	bereinigtes Jahresergebnis vor Steuern vom Ertrag nach zusätzlichen Korrekturen			
8.7	Zinsaufwendungen abzüglich Zinserträge			
8.8	bereinigtes Gesamtkapitalergebnis vor Steuern vom Ertrag nach zusätzlichen Korrekturen (Betriebsergebnis)	—	—	—
9.1	in obigem Jahresergebnis und Gesamtkapitalergebnis enthaltene Scheingewinne aufgrund von Preisänderungen, insbesondere beim abschreibungsfähigen Sachanlagevermögen			
9.2	Steuern vom Ertrag auf obige »nicht ausschüttungsfähige« Scheingewinne			
9.3	bereinigtes Gesamtkapitalergebnis vor Steuern vom Ertrag nach zusätzlichen Korrekturen (Betriebsergebnis) und nach Korrektur um Scheingewinne und Steuern vom Ertrag auf Scheingewinne	— =	— =	— =

(insgesamt 8–10 Jahre)
Gewinn- und Verlustrechnungen
der Geschäftsjahre .... bis ....

...._____...._____....

10   zusätzliche Informationen über nicht betriebsnotwendiges Vermögen, veränderte Kapazitäten, die Kapazitätsauslastung, den Auftragseingang und den Marktanteil

....

in obigem Gesamtkapitalergebnis enthaltene Aufwendungen und Erträge von
nicht betriebsnotwendigem und wahrscheinlich zu veräußerndem Vermögen:

von obigem Gesamtkapitalergebnis
entfallen auf nicht fortgeführte
Geschäftsfelder:

von obigem Gesamtkapitalergebnis
entfallen auf inzwischen stillgelegte
oder verkaufte Betriebe:

 darin verrechnete Fixkosten:

Kapazität:

Produktion:

Auslastung:

Absatz:

Auftragseingang:

Marktanteil:

Erläuterungen zu dem Modell der Bereinigung von Gewinn- und Verlustrechnungen nach dem HGB

1 *Jahresüberschuß/Jahresfehlbetrag laut Gewinn- und Verlustrechnung*
Ausgangspunkt der Bereinigungen sind die handelsrechtlichen Jahresergebnisse.

1.1 *Gewinnabführung/Verlustausgleich aufgrund eines Ergebnisabführungsvertrags mit einer Obergesellschaft*
Falls ein Ergebnisabführungsvertrag mit einer Obergesellschaft besteht, ist die Gewinnabführung bzw. der Verlustausgleich dem Jahresergebnis hinzuzurechnen bzw. von ihm abzuziehen.

1.2 *Steuern vom Ertrag*
Auch nach der Einführung des Begriffes der latenten Steuern im Jahresabschluß durch das Bilanzrichtlinien-Gesetz müssen die ausgewiesenen Steuern auf den Ertrag aus verschiedenen Gründen (z.B. Verlustvortrag, Aktivierungswahlrecht für latente Steuern, Wahl des Steuersatzes für die latenten Steuern) nicht dem handelsrechtlichen Ergebnis entsprechen. Darüber hinaus können steuerlich nicht abzugsfähige Aufwendungen und steuerfreie Erträge das handelsrechtliche Ergebnis beeinflußt haben.
 Da eine individuelle Korrektur der Ertragsteuerberechnung für die einzelnen Bereinigungsschritte zu unnötigen Komplikationen führt und ein bereinigtes Jahresergebnis vor Ertragsteuern die Ertragskraft des Unternehmens am ehesten zeigt und

somit einen eventuellen Vergleich mit nicht körperschaftsteuerpflichtigen Unternehmen (Einzelunternehmen, Personengesellschaften) und ausländischen Unternehmen erleichtert, empfiehlt es sich, vor Beginn der folgenden Bereinigungen sämtliche ausgewiesenen Steuern vom Ertrag dem Jahresergebnis zuzurechnen, um das Jahresergebnis vor Steuern vom Ertrag in der Korrekturrechnung zeigen zu können. Am Schluß der Bereinigung sollten die dem bereinigten Jahresergebnis entsprechenden Steuern vom Ertrag abgesetzt werden.

1.3   Jahresergebnis vor Steuern vom Ertrag

2   Bewertungs- und Ermessensspielräume

2.1   nicht in Anspruch genommene Aktivierungswahlrechte
Aktivierungswahlrechte bestehen beim Geschäfts- oder Firmenwert, dem Disagio, den Ingangsetzungs- und Erweiterungsaufwendungen und den aktiven latenten Steuern.

Der besseren Vergleichbarkeit wegen sollten unter 2.1 die nicht in Anspruch genommenen Aktivierungswahlrechte hinzugefügt und unter 2.2.1 entsprechend der tatsächlichen Nutzung verteilt werden.

2.1.1   Geschäfts- oder Firmenwert im Einzelabschluß
Ein sofort abgeschriebener Geschäfts- oder Firmenwert – handelsrechtlich besteht ein Aktivierungswahlrecht, steuerlich dagegen eine Aktivierungspflicht – sollte hier hinzugefügt werden. Entsprechend den steuerrechtlichen Abschreibungsmöglichkeiten mit Inkrafttreten des Bilanzrichtlinien-Gesetzes ist eine Verteilung der Anschaffungskosten auf 15 Jahre vorzunehmen. Bezüglich der Abschreibungen bei der Bereinigung wird auf Abschnitt 2.2.1 verwiesen.

2.1.2   Geschäfts- oder Firmenwert aus der Konsolidierung
Ein nicht aktivierter Geschäfts- oder Firmenwert sollte hier hinzugerechnet werden.

2.1.3   Disagio
Ein Disagio sollte entsprechend der Laufzeit und Inanspruchnahme des Kredits verteilt werden.

2.1.4   Ingangsetzungs- und Erweiterungsaufwendungen
Die Ingangsetzungs- und Erweiterungsaufwendungen erfordern eine individuelle Betrachtungsweise. Da die Bereinigung der Erfolgsrechnung in erster Linie dem Periodenvergleich und nicht dem Unternehmensvergleich dient, ist gegen eine Verteilung dieser Aufwendungen auf mehrere Jahre grundsätzlich nichts einzuwenden. (Die DVFA/SG empfiehlt dagegen die Ingangsetzungs- und Erweiterungsaufwendungen als ordentlichen Aufwand zu betrachten. Für die DVFA/SG stehen aber die einheitliche Handhabung und der Unternehmensvergleich im Vordergrund, weniger dagegen der Periodenvergleich.)

2.1.5   aktive latente Steuern
Da es sich hier um eine Bereinigung des Ergebnisses vor Ertragsteuern handelt, ist eine Berücksichtigung des Aktivierungswahlrechts für die latenten Steuern an dieser Stelle nicht notwendig.

2.2   Abschreibungen (Zuschreibungen) auf Anlagevermögen

2.2.1   Korrektur Abschreibungen auf immaterielle Vermögensgegenstände, soweit sie nicht der tatsächlichen Nutzung entsprechen, sowie Abschreibungen auf oben hinzugerechnete Posten, für die ein Aktivierungswahlrecht bestand

Hier ist eine der tatsächlichen Nutzung entsprechende Verteilung der Abschreibungen der aktivierten und der hinzugerechneten Posten, für die ein Aktivierungswahlrecht bestand, vorzunehmen. Sie sollten einzeln in der Bereinigung gezeigt werden.

Abschreibungen auf den Geschäfts- oder Firmenwert im Einzelabschluß sind keine Kosten, sondern es handelt sich um die Verteilung von vorausbezahlten erwarteten kapitalisierten Übergewinnen (Unterschied zwischen dem Kaufpreis bzw. höheren Ertragswert und dem Substanzwert). Aus diesem Grunde sollten diese Abschreibungen bei einer Ertragsanalyse dem Ergebnis hinzugerechnet werden. Eine solche Hinzurechnung sollte ausnahmsweise dann nicht erfolgen, wenn in dem Geschäfts- oder Firmenwert nutzungsfähige immaterielle Werte (z. B. Marken, Patente, Know-how) enthalten sind, für deren Erhalt während ihrer Nutzungsdauer keine entsprechenden Aufwendungen (z. B. Kauf und Nutzung einer Marke, aber keine Werbung mehr für diese Marke, Nutzung von Patenten und Know-how, aber keine Forschungs- und Entwicklungsaufwendungen) anfallen. Die Begründung hierfür ist, daß entweder die anteiligen Anschaffungskosten oder die Kosten für den Erhalt dieser immateriellen Werte in dem Ergebnis verrechnet werden sollten.

Im Ergebnis verrechnete Abschreibungen auf einen aktivierten Geschäfts- oder Firmenwert aus der Konsolidierung sollten an dieser Stelle ergebniserhöhend korrigiert werden.

Ein im Rahmen der Bereinigung hinzugerechneter Geschäfts- oder Firmenwert aus der Konsolidierung sollte in der Regel hier voll abgesetzt, d. h. erfolgsneutral behandelt werden.

2.2.2   Abschreibungen auf Finanzanlagen

Abschreibungen auf Finanzanlagen sind sehr individuell zu beurteilen. Sie werden meistens einmalig durchgeführt, der Wertverlust hat jedoch in der Regel über mehrere oder viele Jahre stattgefunden. Die Umverteilung sollte dieser Tatsache Rechnung tragen. Unter Umständen sollten sogar Finanzanlagen, für die ein Abschreibungsbedarf zum Zeitpunkt der Analyse zu erwarten ist, aber die bisher noch nicht abgeschrieben wurden, in die Umverteilung einbezogen werden.

Sollten die Finanzanlagen nicht betriebsnotwendig sein, entfällt eine Umverteilung der Abschreibungen. Solche Abschreibungen sind als außerordentlich im Jahr der Abschreibung dem Ergebnis hinzuzurechnen.

Reine »Vorsorge«-Abschreibungen sind nicht umzuverteilen, sondern nur dem Ergebnis hinzuzurechnen.

2.2.3–
2.2.7   Abschreibungen auf Sachanlagen

Aufgrund außerplanmäßiger Abschreibungen (Teilwertabschreibungen), steuerrechtlicher Sonder- und erhöhter Abschreibungen, planmäßiger über den steuerrechtlichen Ansatz hinausgehender Abschreibungen und anderer Abschreibungen, die über die kalkulatorisch notwendigen hinausgehen (zu vorsichtige Schätzung der Nutzungsdauer, degressive Abschreibungsmethode, volle Jahres-/Halbjahresabschreibung bei nur teilweiser Nutzung), erfolgt die Verteilung der Abschreibungen in den meisten Fällen nicht entsprechend der tatsächlichen Inanspruchnahme der einzelnen Sachanlagegegenstände. In den ersten Jahren der Nutzung liegt deshalb meistens (Ausnahme Teilwertabschreibungen) eine zu hohe Belastung durch Abschreibungen und in den späteren Jahren eine zu geringe oder gar keine Belastung mehr vor.

Falls die Abschreibungsmethode und die Abschreibungssätze nicht geändert wurden und die jährlichen Investitionen in annähernd gleicher Höhe bzw. entsprechend dem laufenden Geschäftsumfang liegen, heben sich die Minder- und Mehrbelastungen in den einzelnen Jahren weitgehend auf. Ist dies jedoch nicht der Fall, so muß bei der Bereinigung der Ergebnisse eine betriebswirtschaftlich angemessene Verteilung der Abschreibungen auf die einzelnen Geschäftsjahre entsprechend der Inanspruchnahme und der wirtschaftlichen Restnutzungsdauer der abnutzbaren Sachanlagen erfolgen. In vielen Fällen wird man, sofern man diese Informationen erhält, von den in den Unternehmen vorliegenden kalkulatorischen Abschreibungen ausgehen können. Deshalb ist bei der Bereinigung der Abschreibungen weniger die Höhe der einzelnen Zeilen 2.2.4–2.2.7 als der Saldo dieser Zeilen pro Geschäftsjahr von Bedeutung.

Jahresabschlüsse enthalten in der Regel keine konkreten Hinweise auf die tatsächlich unterstellte Nutzungsdauer einzelner Anlagengruppen. Dies erschwert eine betriebswirtschaftlich angemessene Verteilung der Abschreibungen auf die einzelnen Geschäftsjahre.

Um eine Vorstellung über die Angemessenheit der Abschreibungen zu erhalten und sie ggf. bei einer Bereinigung der Gewinn- und Verlustrechnungen umverteilen zu können, ermittelt man den durchschnittlichen Abschreibungssatz für die Zugänge etwa der letzten 10 Jahre und für den Buchwert zu Beginn des analysierten Zeitraumes durch Iteration so, daß die linearisierten Abschreibungen des analysierten Zeitraumes der Schätzperiode mit der Summe der tatsächlichen Abschreibungen übereinstimmen. Die auf diese Weise ermittelten linearisierten Abschreibungen je Anlagengruppe sind mit den tatsächlichen Abschreibungen in den einzelnen Jahren zu vergleichen. Durch den Vergleich kann man sich ein Urteil über die Angemessenheit der Abschreibungen und somit ein gutes Bild über die Bilanzpolitik machen und ggf. eine Bereinigung der Gewinn- und Verlustrechnungen der Vergangenheit vornehmen.

Weitere Einzelheiten hierzu sind in dem Abschnitt J I 7 Analyse der Angemessenheit der Abschreibungen auf Sachanlagen enthalten.

Diese Umverteilung der Abschreibungen berücksichtigt nicht die betriebswirtschaftlich notwendigen, jedoch handels- und steuerrechtlich nicht möglichen Abschreibungen auf Wiederbeschaffungspreise. Diesem Tatbestand wird weiter unten bei der Ermittlung der Scheingewinne aufgrund von Preisänderungen, insbesondere des abschreibungsfähigen Sachanlagevermögens, Rechnung getragen.

Abschreibungen auf bei der Erstkonsolidierung durch Zuschreibung auf Sachanlagen aufgedeckte stille Reserven sind als normale Abschreibungen zu betrachten, da diese Abschreibungen auf Zeitwerte der bei einer Akquisition erworbenen Sachanlagen vergleichbar sind mit Abschreibungen auf unmittelbar erworbene Sachanlagen.

2.2.8 *Zuschreibungen zum Anlagevermögen*

Zuschreibungen sind in den Jahren zu erfassen, denen sie wirtschaftlich zuzuordnen sind. Sie können mit den bereinigten Abschreibungen saldiert werden.

2.3   *Bewertungsreserven im Umlaufvermögen*

Bei der Bildung und Auflösung von Bewertungsreserven im Umlaufvermögen kann es sich um

- die Änderung von Bewertungsmethoden,
- eine mehr oder weniger große Ausnutzung des Ermessensspielraumes,
- außerplanmäßige und steuerrechtliche Sonderabschreibungen (z.B. Importwarenabschlag) und/oder
- Zuschreibungen zum Umlaufvermögen

handeln. Bildung und Auflösung von Bewertungsreserven sind auch möglich durch Bestandsveränderungen von Vorräten, die nicht mit Vollkosten bewertet oder bei denen Bewertungsabschläge gemacht wurden.

Sollte während des Analysezeitraumes die Bewertungsmethode bei Vorräten gewechselt worden sein, ist es erforderlich, die Auswirkungen dieser Methodenänderung durch Hinzurechnungen oder Absetzungen im Jahre des Wechsels und mit umgekehrten Vorzeichen in den übrigen Geschäftsjahren bei der Ergebnisanalyse zu berücksichtigen. Das gleiche gilt, wenn der Ermessensspielraum bei der Bewertung der Vorräte (z.B. Abschläge für schlecht verkäufliche Waren) unterschiedlich oder einseitig ausgenutzt wurde. Welche Methode für den gesamten Analysezeitraum für die Ergebnisanalyse angewendet wird, muß im Einzelfall entschieden werden. Am geeignetsten dürfte in den meisten Fällen der steuerrechtliche Bewertungsansatz sein.

Die Bildung und Auflösung steuerrechtlicher Sonderabschreibungen bei Vorräten (z.B. Importwarenabschlag) sind bei der Ergebnisbereinigung vollkommen zu eliminieren.

Außerplanmäßige Abschreibungen und Zuschreibungen zum Umlaufvermögen sind auf die Jahre zu verteilen, denen sie wirtschaftlich zuzurechnen sind.

Ergebnisverlagerungen durch wesentliche Bestandsveränderungen von Vorräten, die nicht mit Vollkosten bewertet oder bei denen Bewertungsabschläge gemacht wurden, sollten im Rahmen der vorhandenen Erkenntnisse korrigiert werden.

Ebenfalls sollten Ergebnisverlagerungen, die durch die Bewertung von langfristigen Fertigungsaufträgen nach der Completed Contract-Methode entstehen, hier korrigiert werden.

Durch die Veränderung der Pauschalwertberichtigung zu Forderungen können Bewertungsreserven gebildet oder aufgelöst werden. Die Pauschalwertberichtigung zu Forderungen ist aber nicht isoliert zu betrachten, sondern muß zusammen mit den individuellen Wertberichtigungen zu Forderungen, bei denen Ermessensspielräume bestehen, gesehen werden. Die den einzelnen Perioden der Vergangenheit tatsächlich zuzurechnenden Aufwendungen für Wertberichtigungen (pauschal und individuell) auf Forderungen sollten sich an den tatsächlichen Forderungsverlusten in der Vergangenheit orientieren, so daß nur noch für das letzte Geschäftsjahr eine Schätzung vorzunehmen ist.

Kursverluste bei Forderungen und Wertberichtigungen aufgrund von Länderrisiken sind grundsätzlich keine außerordentlichen Aufwendungen.

Sofern Verluste nicht aus einzelnen besonders risikoreichen und somit wahrscheinlich auch mit höherer Gewinnspanne kalkulierten Geschäften stammen, dürfte es angemessen sein, die Forderungsverluste und Wertberichtigungen in Relation zum Umsatz auf die einzelnen Geschäftsjahre zu verteilen.

Zuschreibungen zum Umlaufvermögen sind in den Jahren zu erfassen, denen sie wirtschaftlich zuzuordnen sind. Sie können mit den bereinigten Abschreibungen saldiert werden.

2.4 Rückstellungen

2.4.1–
2.4.4 Rückstellungen für Pensionen und ähnliche Verpflichtungen
Aus einer Reihe von Gründen, nämlich durch

- eine Änderung der Pensionsordnung,
- die Verwendung neuer Sterbetafeln,
- die Änderung des Rechnungszinsfußes,
- die Anwendung eines zu niedrigen Rechnungszinsfußes
 (sofern sich die Verhältnisse nicht außergewöhnlich verändern, sollte der für Deutschland steuerrechtlich zulässige Rechnungszinsfuß als angemessen gelten),
- dynamische Rentenanpassungen, sofern sie nicht auf 3 Jahre verteilt wurden,
- die erstmalige Bildung von Rückstellungen wegen Vorruhestand und Arbeitnehmerjubiläen,
- die Nachholung von Pensionsrückstellungen,
- Umstellung vom Gleichverteilungsverfahren (Teilwertverfahren) auf das Anwartschaftsbarwertverfahren,

kann es zu außerordentlichen oder periodenfremden Zuführungen zu den Pensionsrückstellungen kommen.

Ebenfalls sind außerordentliche oder periodenfremden Aufwendungen für Pensionskassen, Unterstützungskassen und Direktversicherungen möglich.

Eine Verringerung der Anzahl der Pensionsberechtigten führt bei Anwendung eines zu niedrigen Rechnungszinsfußes zu einem außerordentlichen Ertrag aus der Auflösung von Pensionsrückstellungen.

Außerordentliche oder periodenfremde Aufwendungen und Erträge sind grundsätzlich auf die Perioden zu verteilen, denen sie wirtschaftlich zuzurechnen sind. Dies ist aber wegen der sehr großen Zeiträume, auf die die Aufwendungen zu verteilen sind, der vielen Einflußfaktoren auf die Höhe der Rückstellungen und der vielen Unwägbarkeiten nicht eindeutig möglich. In den meisten Fällen dürften diese außerordentlichen oder periodenfremden Aufwendungen wirtschaftlich mehreren oder sogar vielen Geschäftsjahren vor der tatsächlichen Rückstellungsbildung zuzurechnen sein, andererseits müßten dem analysierten Geschäftsjahr wahrscheinliche oder zumindest mögliche Aufwendungen (z. B. zukünftige Rentenanpassungen) zugerechnet werden, die nur vage ermittelt werden können und keinesfalls steuerrechtlich anerkannt werden.

Sofern keine besonderen Gründe (z. B. wesentliche Änderung der Pensionsordnung) vorliegen, dürfte es für eine Analyse am zweckmäßigsten sein, die gesamten Aufwendungen für die betriebliche Altersversorgung des analysierten Zeitraums auf die einzelnen Geschäftsjahre im Verhältnis oder annähernd im Verhältnis zur Lohn- und Gehaltssumme zu verteilen. Dies setzt natürlich voraus, daß die Pensionsordnung für den größten Teil der Mitarbeiter einigermaßen ähnlich lautet.

Eine in der Vergleichsperiode unterlassene Dotierung der betrieblichen Altersversorgung, die im Anhang anzugeben ist, ist unabhängig von obiger Verteilung von dem Ergebnis abzusetzen. Eine unterlassene Dotierung der betrieblichen Altersversorgung hat zur Folge, daß in der Planungsrechnung ein entsprechender höherer Aufwand als in der Vergangenheit zu berücksichtigen ist.

2.4.5–
2.4.8 Sonstige Rückstellungen

Bei den sonstigen Rückstellungen ergaben sich durch das Bilanzrichtlinien-Gesetz einige Änderungen, nämlich

– Pflicht zur Bilanzierung von Rückstellungen,
   wegen Instandhaltung innerhalb von 3 Monaten (bisher Wahlrecht),
   wegen Abraumbeseitigung innerhalb von 12 Monaten (bisher Wahlrecht,
   wegen Gewährleistung ohne rechtliche Verpflichtung (bisher Wahlrecht),
– Wahlrecht der Bilanzierung von Aufwandsrückstellungen (bisher Passivierungs-verbot).

Aufgrund des Gesetzes zur Fortsetzung der Unternehmenssteuerreform wurde die Maßgeblichkeit der Handelsbilanz für die Steuerbilanz bei den Drohverlustrück-stellungen gemäß § 249 Abs. 1 Satz 1 HGB abgeschafft (siehe Abschnitt E II 4 Sonstige Rückstellungen).

Steuerrechtlich werden Aufwandsrückstellungen nicht anerkannt.

Die übrigen Rückstellungen werden – von wenigen Ausnahmen abgesehen – steuer-rechtlich anerkannt. Ausnahmen sind z. B. Ausgleichsansprüche der Handelsvertreter, betriebliche Berufsausbildung die nicht, und Patent- und Markenzeichenverletzungen, Prozessrisiko, die nur in eingeschränktem Maße steuerrechtlich anerkannt werden.

Da bei der Bemessung der handelsrechtlichen sonstigen Rückstellungen ein grö-ßerer Ermessensspielraum besteht, dürfte es zweckmäßig sein, bei der Bilanzanalyse in der Regel nur die steuerrechtlich zulässigen Rückstellungen als angemessen zu betrachten.

Beim Mehrjahresvergleich ist es teilweise möglich, die Angemessenheit der Rück-stellungen in der Vergangenheit anhand der tatsächlichen Aufwendungen zu beur-teilen. Die Rückstellungen sollten deshalb im nachhinein korrigiert werden und Er-träge aus der Auflösung von Rückstellungen im Ergebnisvergleich eliminiert werden.

Deshalb sollte ein weiterer Grundsatz bei der Analyse und Bereinigung der Rückstellungen die Verteilung der Rückstellungen auf die Jahre der Verursachung sein. Das bedeutet, daß z. B. eine Rückstellung für einen Sozialplan, der aufgrund einer Kapazitätsanpassung notwendig ist, bei der Bereinigung auf mehrere Jahre in der Vergangenheit zu verteilen wäre, dagegen Rückstellungen für Verluste aus der Aufgabe eines Geschäftes nicht zu verteilen, sondern im Jahr der Bildung der Rückstellung als ungewöhnlich zu betrachten sind.

Mögliche Veränderungen von Bewertungsreserven bei den Steuerrückstellungen (z. B. durch latente Steuern) sind hier nicht zu berücksichtigen, da die Steuerbe-lastung nach Durchführung sämtlicher Korrekturen neu zu berechnen ist.

3   außerordentliche/periodenfremde Posten

Wie die Bewertungs- und Ermessensspielräume betreffen die außerordentlichen/periodenfremden Posten eine Vielzahl von Geschäftsjahren. Solche außerordentli-chen/periodenfremden Posten sollten deshalb nicht nur von dem Ergebnis des ein-zelnen Geschäftsjahres abgesetzt, sondern gleichzeitig kalkulatorisch auf eine Viel-zahl von Geschäftsjahren verteilt werden, da auch in Zukunft mit solchen Posten (z. B. Aufwendungen für Sozialpläne und Restrukturierung, Erträge aus dem Abgang von Gegenständen des Anlagevermögens) zu rechnen ist, aber deren Zeitpunkt und Höhe nicht abschätzbar sind.

3.1   außerordentliche Erträge laut Gewinn- und Verlustrechnung
Seit dem Inkrafttreten des Bilanzrichtlinien-Gesetzes wird der Begriff »außerordent-lich« sehr eng gesehen und ein großer Teil der früher als außerordentlich bezeichne-ten Posten ist jetzt Bestandteil der »sonstigen betrieblichen Erträge«. Die in diesem Posten enthaltenen Beträge sollten auf jeden Fall bereinigt werden.

3.2   außergewöhnlicher/periodenfremder Teil der sonstigen betrieblichen Erträge
Hierunter fallen z.B. die Erträge aus dem Abgang von Gegenständen des Anlage-vermögens.
Ferner können hierunter Erträge aus der Veräußerung von Wertpapieren des Umlaufvermögens und Investitionszulagen und -zuschüsse fallen.
Erträge aus der Auflösung von Rückstellungen, die nur im Anhang erläutert werden, falls sie nicht von untergeordneter Bedeutung sind, sollten nicht hier, sondern bei der Bereinigung der Rückstellungen erfaßt werden.
Versicherungsentschädigungen gehören nur hierzu, sofern in der Periode keine entsprechenden Aufwendungen angefallen sind. Gegebenenfalls sind die Versiche-rungsentschädigungen in das Jahr, in das die Aufwendungen (z.B. Teilwertabschrei-bungen) gebucht wurden, umzugliedern.
Grundsätzlich sollte eine Bereinigung des außerordentlichen/periodenfremden Teils der sonstigen Erträge nur dann vorgenommen werden, wenn sie in einzelnen Geschäftsjahren eine ungewöhnlich hohe Größenordnung erreichen.

3.3   Erträge aus der Auflösung von Sonderposten mit Rücklageanteil
Erträge aus der Auflösung von Sonderposten mit Rücklageanteil sind als außer-ordentliche Erträge zu erfassen, da die Sonderposten mit Rücklageanteil nur für Zwecke der Steuern vom Einkommen und vom Ertrag gebildet wurden.

3.4   andere außergewöhnliche/periodenfremde Erträge
Hierunter könnten z.B. Investitionszulagen und -zuschüsse fallen, die nicht die Anschaffungs- oder Herstellungskosten gemindert haben oder als passiver Sonder-posten ausgewiesen und entsprechend der Nutzungsdauer der Sachanlagen aufgelöst werden.

3.5   außerordentliche Aufwendungen laut Gewinn- und Verlustrechnung
Wie bei den außerordentlichen Erträgen ist auch bei den außerordentlichen Auf-wendungen seit dem Inkrafttreten des Bilanzrichtlinien-Gesetzes der Begriff »außer-ordentlich« sehr eng zu sehen, und ein großer Teil der früher als außerordentlich bezeichneten Posten ist jetzt Bestandteil der sonstigen betrieblichen Aufwendungen.

3.6   außergewöhnlicher/periodenfremder Teil der sonstigen betrieblichen Aufwendungen
Hierunter fallen z.B. die Verluste aus Anlageabgängen. Ferner könnten hierunter Verluste aus der Veräußerung von Wertpapieren des Anlagevermögens sowie Kosten für die Börseneinführung und für Kapitalerhöhungen fallen.
Wie bei dem außergewöhnlichen/periodenfremden Teil der sonstigen Erträge sollte eine Bereinigung dieses Postens nur dann vorgenommen werden, wenn er in einzelnen Geschäftsjahren eine ungewöhnlich hohe Größenordnung erreicht.

3.7   andere außergewöhnliche/periodenfremde Aufwendungen

Hierunter könnten z. B. von Beteiligungen übernommene Verluste fallen. Bei betriebsnotwendigen Beteiligungen bzw. Beteiligungen, mit denen ein größerer Geschäftsverkehr besteht, sind solche Verluste im Zusammenhang mit den Vorteilen zu sehen, die das Halten dieser Beteiligungen bietet. Am ehesten dürfte sich ein Verteilen dieser Verluste auf mehrere Geschäftsjahre anbieten. Bei nicht betriebsnotwendigen Beteiligungen sind die Verluste, sofern diese Beteiligungen keine Vorteile irgendwelcher Art bieten, als außerordentlich anzusehen. Das gleiche gilt bei Kosten (Grundsteuer, Zinsen) für nicht als betriebsnotwendig erachtete Grundstücke.

Zahlungen an die Belegschaft aufgrund von Firmenjubiläen sind im Jahr der Zahlung als außerordentlich zu betrachten. Da aber solche Aufwendungen in größeren zeitlichen Abständen regelmäßig vorkommen, dürfte es deshalb zweckmäßig sein, einen Teil dieser Aufwendungen auf die gesamte Vergleichsperiode zu verteilen.

4   Ergebnisse aus Geschäften zu nicht marktgerechten Konditionen mit verbundenen Unternehmen oder Gesellschaftern

Ergebnisse aus Geschäften, die nicht zu marktgerechten Konditionen mit verbundenen Unternehmen oder Gesellschaftern erfolgten, haben die Ergebnisse des zu analysierenden Unternehmens in der Vergangenheit beeinflußt und sind entsprechend zu korrigieren. Bei den Geschäften kann es sich um Lieferungen und Dienstleistungen, die zu hoch, zu niedrig oder gar nicht berechnet wurden, oder um Kredite handeln, die nicht angemessen verzinst wurden.

5   nicht angemessene Entgelte der Gesellschafter-Geschäftsführer sowie Unternehmerlohn (evtl. auch Mieten und Darlehenszinsen)

Nicht angemessene Entgelte der Gesellschafter-Geschäftsführer, nicht verrechneter Unternehmerlohn (evtl. auch Mieten und Darlehenszinsen) bei Einzelunternehmen oder Personengesellschaften, evtl. als geschäftlicher Aufwand verrechnete Kosten der privaten Lebenshaltung der Eigentümer sowie sonstige geldwerte Vorteile sind zu korrigieren.

6   bei Einzelabschlüssen: Bereinigung durch Konsolidierung der Erträge der Beteiligungen; bei Konzernabschlüssen: Bereinigung der Konsolidierung

Falls es sich um einen Einzelabschluß handelt, sind die Tochterunternehmen nur mit ihren eventuellen Dividendenausschüttungen und nicht mit ihren tatsächlichen Ergebnissen in dem Ergebnis des Mutterunternehmens enthalten. Sofern die Tochterunternehmen des zu analysierenden Unternehmens ebenfalls Bestandteil der Unternehmensanalyse sind, sind die Ergebnisse des Mutterunternehmens um die ausgewiesenen Ergebnisse der Tochterunternehmen abzüglich der ausgeschütteten Gewinne an das Mutterunternehmen – wobei der zeitliche Unterschied zu beachten ist – zu korrigieren, d. h. es ist – zumindest überschlägig – eine Ertragskonsolidierung vorzunehmen. Für die in eine solche Ertragskonsolidierung einbezogenen Tochterunternehmen ist ebenfalls eine Bereinigung der Gewinn- und Verlustrechnung anzustreben und in diesem Abschnitt zu berücksichtigen.

Für nicht in einen Konzernabschluß einbezogene wesentliche Tochter- und Gemeinschaftsunternehmen sollte ebenfalls eine Ertragskonsolidierung vorgenommen werden.

Bei nach der Equity-Methode konsolidierten Tochterunternehmen ist zu versuchen, an dieser Stelle ebenfalls eine Bereinigung um die außerordentlichen Posten vorzunehmen.

Die bei einem Konzernabschluß direkt mit dem Eigenkapital verrechneten Währungsumrechnungsdifferenzen sind als außerordentlicher Posten hier aufzunehmen, sofern nicht ein anderer Ausweis möglich ist (siehe Abschnitt F IX 4). Bezüglich der Möglichkeiten der Analyse und Behandlung von Währungsumrechnungsdifferenzen aus Hochinflationswährungen wird auf die Abschnitte C IX 2c und F IX 5 verwiesen.

7   *bereinigtes Jahresergebnis vor Steuern vom Ertrag (Zwischensumme)*

Dieser Posten soll das tatsächlich erwirtschaftete Ergebnis eines Unternehmens und somit die wichtigste Zahl bei der Analyse des Jahresabschlusses zeigen.

Auf diesem bereinigten Jahresergebnis vor Steuern bauen evtl. weitere Ergebnisanalysen (z.B. Ergebnisanalyse nach Geschäftsbereichen) oder zusätzliche Korrekturen dieses Ergebnisses wegen kurzfristig stark beeinflußbarer Kosten wie Instandhaltungs- und Reparaturkosten, Forschungs- und Entwicklungskosten und Werbekosten auf.

7.1   *Steuern vom Ertrag auf steuerlich nicht abzugsfähige Aufwendungen*

Bei diesen Steuern vom Ertrag handelt es sich um Kosten, die betriebswirtschaftlich vor dem bereinigten Jahresergebnis vor Steuern vom Ertrag zu berücksichtigen wären.

In manchen Branchen sind solche nicht abzugsfähigen Aufwendungen (z.B. Geschenke, Bewirtungskosten) nicht unerheblich. Durch Änderung der Gesetzgebung hinsichtlich der Abzugsfähigkeit solcher Aufwendungen (z.B. Bewirtungskosten) kann die Ertragskraft eines Unternehmens verändert werden. In manchen Ländern ist der Katalog der nicht abzugsfähigen Aufwendungen größer als in Deutschland.

Sofern entsprechende Informationen erhältlich sind und die Höhe der nicht abzugsfähigen Aufwendungen wesentlich ist, sollte das Ergebnis vor Steuern vom Ertrag um die Steuern vom Ertrag auf nicht abzugsfähige Aufwendungen vermindert werden.

7.2   *Steuern vom Ertrag auf bereinigtes Jahresergebnis (Basis Vollausschüttung)*

In diesem Posten sollten die Steuern vom Ertrag enthalten sein, die dem bereinigten Jahresergebnis entsprechen.

Da das bereinigte Jahresergebnis nach Steuern vom Ertrag nicht davon abhängig gemacht werden sollte, welche Gewinne zufällig tatsächlich ausgeschüttet oder einbehalten wurden, und Maßstab für die bereinigten Ergebnisse ein Zinssatz für nominell voll verfügbare einkommensteuerpflichtige Erträge ist, sind die Steuern vom Ertrag auf Basis Vollausschüttung – ggf. ein Mischsteuersatz für die anteiligen in- und ausländischen Erträge – vom ermittelten bereinigten nominellen Ergebnis zu errechnen.

Bezüglich der aus Gründen der Substanzerhaltung zu ermittelnden nicht ausschüttungsfähigen Scheingewinne und den evtl. hierauf entfallenden Steuern vom Ertrag wird auf *9.1 Scheingewinne aufgrund von Preisänderungen insbesondere beim abschreibungsfähigen Sachanlagevermögen* und auf *9.2 Steuern vom Ertrag auf obige »nicht ausschüttungsfähige« Scheingewinne* verwiesen.

Sofern es sich um eine deutsche Kapitalgesellschaft handelt, die Handelsbilanz mit der Steuerbilanz übereinstimmt, es keine oder nur unwesentliche nicht abzugsfähige Aufwendungen, steuerfreie Erträge und hinzugerechnete Abschreibungen auf den Geschäfts- oder Firmenwert gibt bzw. diese Posten bei der Steuerberechnung entsprechend korrigiert werden, kein anrechenbarer Verlustvortrag vorliegt und keine oder nur unwesentliche Erträge aus dem Ausland stammen, müßten sich die Steuern vom Ertrag bei einem Hebesatz von 400 % und einer Steuermeßzahl von 5 % für die Gewerbeertragsteuer auf 38,65 % des bereinigten Ertrages vor Steuern vom Ertrag belaufen. Die Steuern vom Ertrag wurden wie folgt ermittelt:

Gewerbesteuer (Hebesatz 400 %)	20,83 %
Körperschaftsteuer (25 %)	16,67 %
Solidaritätszuschlag (5,5 %)	1,15 %
	38,65 %

Zu diesen Steuern vom Ertrag auf das bereinigte Jahresergebnis müßte man auch kommen, wenn man die ausgewiesenen Steuern vom Ertrag korrigierte um

- darin enthaltene Steuernachzahlungen, mit Steuernachzahlungen saldierte Steuererstattungen sowie Steuerminderungen aufgrund eines Verlustvortrages,
- den Unterschied zwischen den Steuern vom Ertrag auf Basis tatsächlicher Steuerberechnung und auf Basis Vollausschüttung,
- die Steuern vom Ertrag auf den Unterschied zwischen dem Jahresergebnis vor Steuern vom Ertrag und dem bereinigten Jahresergebnis vor Steuern vom Ertrag auf Basis Vollausschüttung, soweit dieser Unterschied voll steuerpflichtig ist und nicht schon eine Korrektur durch die latenten Steuern erfolgte.

Bei wesentlichen Abweichungen sollte versucht werden, die Gründe hierfür festzustellen, da sie für eine Unternehmensanalyse und für die Steuerberechnung bei einer Ergebnisplanung sehr wichtig sein können.

Die nachfolgenden Zeilen der Bereinigung betreffen nicht mehr die Analyse des erwirtschafteten Ergebnisses, sondern die Verteilung des Ergebnisses an die Anteilseigner (einschließlich der Anteile Dritter bei Konzernabschlüssen), an den Staat (Steuern vom Ertrag) und evtl. an Arbeitnehmer. Da im allgemeinen nur das den Anteilseignern zur Verfügung stehende einkommensteuerpflichtige Ergebnis interessiert, kommt man nicht umhin, die bisher vorgenommene Bereinigung noch entsprechend zu erweitern.

7.3 *bereinigtes Jahresergebnis nach Steuern vom Ertrag (Zwischensumme)*

7.4 *nicht den Anteilseignern zustehende Gewinne*
In manchen Ländern muß ein Teil des ausgewiesenen Jahresergebnisses an die Arbeitnehmer ausgeschüttet werden.
   In einigen Ländern mit hoher Inflation sind für einen Teil des Jahresergebnisses Zwangsanleihen zu zeichnen, wodurch Zinsverluste entstehen, die nicht buchmäßig ausgewiesen werden.
   Solche nicht den Anteilseignern zustehenden Gewinne sind bei der Bereinigung abzuziehen.

7.5   Anteile Dritter am Jahresergebnis nach Steuern vom Ertrag
Nicht auf das Mutterunternehmen eines Konzerns, sondern auf andere Anteilseigner von Tochterunternehmen des Konzerns entfallende Gewinne oder Verluste sind bei der Bereinigung ebenfalls abzuziehen bzw. hinzuzufügen. Die auf die Tochterunternehmen entfallenden Bereinigungen sollten dabei anteilsmäßig dem ausgewiesenen Anteil Dritter am Jahresergebnis hinzugefügt werden.

7.6   bereinigtes Jahresergebnis nach Steuern vom Ertrag und nach Abzug der nicht den Anteilseignern zustehenden Gewinne und Anteile Dritter
Diese Position beinhaltet den Betrag, der einem unbeschränkt steuerpflichtigen inländischen Anteilseigner als einkommensteuerpflichtiges Jahresergebnis zugeflossen wäre, wenn das gesamte Ergebnis verteilt worden wäre. Das heißt, diese Position beinhaltet die tatsächlich zugeflossenen Ergebnisse zuzüglich der auf die Anteilseigner entfallenden nominellen Vermögensmehrung der Gesellschaft.

Zusätzliche Korrekturen der bereinigten Jahresergebnisse vor Steuern vom Ertrag

8   bereinigtes Jahresergebnis vor Steuern vom Ertrag laut Posten 7
Bei den bisher vorgenommenen Bereinigungen handelt es sich um eine Korrektur der Verteilung von Aufwendungen und Erträgen auf andere Zeiträume oder andere Gesellschaften bzw. Personen. Es handelt sich somit im weitesten Sinne um Bewertungskorrekturen.
    Über diese Bereinigungen hinaus gibt es weitere Sachverhalte, mit denen Bilanzpolitik betrieben werden kann, nämlich die kurzfristig stark beeinflußbaren Aufwendungen. Sie sollten bei einer Ertragsanalyse sehr genau untersucht werden, da sie bei einem Langzeitvergleich und somit für eine Prognose von Bedeutung sein können. Da die evtl. angebrachten Korrekturen aufgrund einer solchen genauen Ertragsanalyse nur sehr vage sein können und eine Änderung der Belastung der Steuern vom Ertrag aufgrund dieser Korrekturen sehr problematisch ist, ist es nicht angebracht, sie in obige Bereinigung der Jahresergebnisse nach Steuern einzubeziehen.

8.1   kurzfristig stark beeinflußbare Aufwendungen
Zu den kurzfristig stark beeinflußbaren Aufwendungen, deren Veränderung die Erträge kurzfristig kaum beeinträchtigt, zählen im wesentlichen

- Instandhaltungs- und Reparaturaufwendungen,
- Forschungs- und Entwicklungsaufwendungen,
- Werbeaufwendungen,
- sonstige Aufwendungen (Aufwendungen für Personalaus- und -weiterbildung, Marktanalysen, Unternehmensberatung, nicht aktivierte Baunebenkosten).

Hierbei handelt es sich um tatsächlich angefallene und steuerrechtlich abzugsfähige Aufwendungen, die aber nur teilweise zur Verbesserung der Erträge des laufenden Jahres beitragen und deren Auswirkungen auf die zukünftigen Erträge nicht annähernd genau feststellbar sind. Diese Aufwendungen haben einen investitionsähnlichen Charakter.

Sollten solche zusätzlichen Korrekturen in nennenswertem Umfang angebracht sein, empfiehlt es sich, in einer separaten Rechnung die bereinigten Jahresergebnisse *vor* Steuern vom Ertrag zu korrigieren, um einen besseren Überblick über die Ertragskraft in der Vergangenheit zu erhalten und qualifiziertere Annahmen über die zukünftige Ertragsentwicklung machen zu können.

8.1.1 *Instandhaltungs- und Reparaturaufwendungen*

Um die Angemessenheit der Instandhaltungs- und Reparaturaufwendungen beurteilen zu können, sollte man sie jährlich zu den Wiederbeschaffungskosten der abnutzbaren Sachanlagen (d.h. ohne Grundstücke) ins Verhältnis setzen. Sofern sich das Durchschnittsalter der abnutzbaren Sachanlagen nicht wesentlich verändert hat, müßte die gewonnene Kennzahl in den einzelnen Geschäftsjahren einigermaßen gleich sein. Darüber hinaus sollte die ermittelte Kennzahl mit der branchenüblichen Kennzahl verglichen werden. Falls die Sachanlagen des zu analysierenden Unternehmens ein überdurchschnittliches oder unterdurchschnittliches Alter haben, müßte die Kennzahl des Unternehmens nach oben oder unten vom Branchendurchschnitt abweichen.

Die für die einzelnen Geschäftsjahre ermittelten Kennzahlen und ihr Vergleich mit der branchenüblichen Kennzahl können Hinweise auf den Zustand der Sachanlagen, und somit auf evtl. nachzuholende Reparaturen und auf die technische und wirtschaftliche Restlebensdauer der abnutzbaren Sachanlagen geben.

Bei einem solchen Vergleich ist darauf zu achten, ob evtl. Großreparaturen aktiviert wurden, da sie nicht unter der Kostenart Instandhaltungs- und Reparaturkosten, sondern unter den Abschreibungen erscheinen.

Falls annäherungsweise keine Informationen über den Wiederbeschaffungswert der Sachanlagen erhältlich sind, sollten die Instandhaltungs- und Reparaturaufwendungen zu den Anschaffungs- und Herstellungskosten der abnutzbaren Sachanlagen ins Verhältnis gesetzt werden.

Außerdem sollte eine Kennzahl durch Vergleich der Instandhaltungs- und Reparaturaufwendungen mit dem Umsatz oder der Gesamtleistung ermittelt werden. Diese Kennzahl hat insbesondere bei einer wesentlichen Veränderung der Altersstruktur der abnutzbaren Sachanlagen eine zusätzliche Aussagekraft.

Bei einem stärkeren Abweichen der Kennzahlen in den einzelnen Jahren wäre evtl. eine Korrektur angebracht.

8.1.2 *Forschungs- und Entwicklungsaufwendungen*

Den Forschungs- und Entwicklungsaufwendungen eines Jahres stehen im gleichen Jahr keine entsprechenden Erträge gegenüber. Falls überhaupt, werden sie sich erst in einigen Jahren, und dann über viele Jahre ungleichmäßig verteilt, in einer Ergebnisverbesserung niederschlagen. Im Grunde genommen wäre es angebracht, die Entwicklungsaufwendungen bei einer Bereinigung fiktiv zu aktivieren – wie es IAS 9.16 unter bestimmten Voraussetzungen vorsieht – und während ihrer Nutzungszeit, d.h. wenn die Umsätze und Erträge bei den entwickelten neuen Produkten anfallen, abzuschreiben. Da aber der zukünftige Nutzen der Forschungs- und Entwicklungsaufwendungen fast überhaupt nicht abschätzbar ist, ist eine Bereinigung in dieser Form kaum durchführbar.

Um die Entwicklung der Ertragskraft der Vergangenheit besser einschätzen zu können, sollte man das Verhältnis der Forschungs- und Entwicklungsaufwendungen zum Umsatz in den einzelnen Geschäftsjahren und zum gesamten Umsatz der analysierten Geschäftsjahre ermitteln. Die Abweichungen vom langjährigen Durchschnitt wären evtl. bei den einzelnen Geschäftsjahren zu korrigieren.

Finanzanalytisch spielen im Hinblick auf die zukünftigen Ertragserwartungen das Verhältnis der Forschungs- und Entwicklungsaufwendungen zum Umsatz, ihre absolute Höhe in den letzten Jahren und die Höhe und die Entwicklung der Forschungs- und Entwicklungsaufwendungen im Verhältnis zu denen der Wettbewerber eine Rolle.

Um aus dem Verhältnis Forschungs- und Entwicklungsaufwendungen zum Umsatz brauchbare Schlüsse auf die zukünftige Ertragsentwicklung ziehen zu können, müßte man versuchen festzustellen, ob fiktive individuelle Lizenzgebühren, d. h. Gebühren für die Nutzung der Ergebnisse aus der vergangenen Forschungs- und Entwicklungstätigkeit, für die in den einzelnen Jahren hergestellten oder verkauften Erzeugnisse höher oder niedriger lägen als die jeweils verrechneten Forschungs- und Entwicklungsaufwendungen.

Sollten die Forschungs- und Entwicklungsaufwendungen höher sein als die fiktiv verrechneten Lizenzgebühren, könnte – sofern man die »Erfolgsquote« der Forschungs- und Entwicklungstätigkeit immer gleich ansetzt – in den folgenden Jahren grundsätzlich mit höheren Umsätzen und Erträgen zu rechnen sein.

Die absolute Höhe der in den letzten Jahren angefallenen Forschungs- und Entwicklungsaufwendungen, soweit sie noch nicht in wesentlichem Umfang zu hergestellten und verkauften Produkten und damit zu höheren Erträgen in der Vergangenheit geführt haben, gäben einen Hinweis darauf, welche Erfolgserwartungen man auf den ersten Blick hegen kann.

Die Höhe und die Entwicklung der Forschungs- und Entwicklungsaufwendungen im Verhältnis zu denen der Wettbewerber können bedeuten, daß man die Folgerungen, die man aus den in den beiden vorhergehenden Abschnitten erwähnten Informationen gezogen hat, evtl. relativieren muß.

Bei der Finanzanalyse der Forschungs- und Entwicklungsaufwendungen wurde unterstellt, daß jede ausgegebene Geldeinheit für Forschung und Entwicklung den gleichen Wert hat. Dies ist jedoch keineswegs der Fall. Während für die Ertragsanalyse der einzelnen Jahre der Vergangenheit ein ungleicher Wert je ausgegebene Geldeinheit für Forschungs- und Entwicklungsaufwendungen keine große Rolle spielt, ist für die Schätzung der zukünftigen Erträge nicht die Höhe der vergangenen Forschungs- und Entwicklungsaufwendungen, sondern der wahrscheinliche Erfolg der Forschung entscheidend. Dies erfordert eine Analyse der einzelnen Forschungsprojekte.

8.1.3 Werbeaufwendungen

Werbeaufwendungen beeinflussen nicht nur die Umsätze und Erträge des jeweiligen Geschäftsjahres, sondern auch in wesentlichem Umfang die Umsätze und Erträge der zukünftigen Geschäftsjahre.

Um den Einfluß auf die Erträge in der Vergangenheit und in der Zukunft zu ermitteln, der von einer Veränderung der Werbeaufwendungen in den analysierten Geschäftsjahren ausgeht, sollte man für die einzelnen Geschäftsjahre jeweils die Kennzahl Werbeaufwendungen zu Umsatz ermitteln und diese Kennzahlen miteinander sowie mit denen der Wettbewerber vergleichen und evtl. Korrekturen bei den Werbeaufwendungen vornehmen.

Da den Werbeaufwendungen – ähnlich den Forschungs- und Entwicklungsaufwendungen – zumindest zum Teil erst in der Zukunft entsprechende Erträge gegenüberstehen, gelten für sie auch die übrigen Ausführungen des Abschnitts Forschungs- und Entwicklungsaufwendungen.

Falls man bei der Analyse der Werbeaufwendungen unterschiedliche Kennzahlen erhält, sollte man, bevor man evtl. Korrekturen vornimmt, feststellen, ob nicht auch andere Einflüsse, nämlich geänderter Produkt-Mix, andere Preispolitik oder veränderte Vertriebsaktivitäten (z. B. neue Absatzgebiete), damit im Zusammenhang stehen.

8.1.4 sonstige Aufwendungen

Neben den bisher erwähnten kurzfristig stark beeinflußbaren Aufwendungen gibt es noch weitere Aufwendungen dieser Art. Hierzu zählen z. B. Aufwendungen für Personalaus- und -weiterbildung, Marktanalysen, Unternehmensberatung und nicht aktivierte Baunebenkosten. Wegen ihres geringen Umfangs dürfte bei einer Ergebnisanalyse kaum eine Korrektur angebracht sein.

Einfluß auf die Ergebnisse können auch Kosten für Investitionsplanungen einschließlich Kosten für Fehlplanungen sowie andere Herstellungs- und Verwaltungskosten für selbsterstellte Anlagen haben, je nachdem ob sie aktiviert oder nicht aktiviert werden.

8.6 bereinigtes Jahresergebnis vor Steuern vom Ertrag nach zusätzlichen Korrekturen (Zwischensumme)

Bei dem bereinigten Jahresergebnis vor Steuern vom Ertrag, sowohl vor als auch nach zusätzlichen Korrekturen, handelt es sich um ein Eigenkapitalergebnis. Eigenkapitalergebnisse können in den einzelnen Geschäftsjahren aber wegen

- der unterschiedlichen Art der Finanzierung des Unternehmens mit Eigen- und Fremdkapital (z. B. Veränderung der Höhe des Eigenkapitals aufgrund einer Kapitalerhöhung oder Rücklagenbildung),
- einer über die Veränderung des Geschäftsvolumens hinausgehenden Veränderung der Kapitalbindung (z. B. große Investitionsintervalle, spekulatives Vorratsvermögen),
- der unterschiedlichen Höhe der Zinssätze (z. B. kurz- oder langfristige Fremdfinanzierung, Abweichen der vereinbarten Zinssätze von den jeweils aktuellen Zinssätzen aufgrund langfristiger Kreditverträge) und
- einer nicht vorgenommenen Aktivierung von Zinsen bei selbst erstellten Anlagen

erheblich voneinander abweichen.

Die Analyse der Eigenkapitalergebnisse kann deshalb aus vorgenannten Gründen sehr beeinträchtigt werden. Diese möglichen Abweichungen der Eigenkapitalergebnisse in den einzelnen Jahren lassen sich, insbesondere weil die Kosten des Eigenkapitals naturgemäß das Jahresergebnis nicht verringert haben, nicht bereinigen.

Bei einer Ergebnisanalyse sollten deshalb nicht nur die Eigenkapitalergebnisse, sondern auch die Betriebsergebnisse analysiert werden, da sie die Entwicklung des betrieblichen Erfolges eindeutiger zeigen. Betriebsergebnisse und bereinigte Gesamtkapitalergebnisse sind bei bereinigten Gewinn- und Verlustrechnungen identisch.

Um den Vergleich der bereinigten Gesamtkapitalergebnisse vornehmen zu können, ist deshalb der Saldo der im Jahresergebnis enthaltenen Zinsaufwendungen
abzüglich Zinserträge dem Jahresergebnis hinzuzurechnen.

Hierbei muß man sich bewußt bleiben, daß das Gesamtkapitalergebnis um

– die Zinsanteile in den Leasingraten,
– die in den eingekauften Waren enthaltenen Zinsanteile wegen zinsfreier Lieferantenkredite und
– die in den Zuführungen zu den Pensionsrückstellungen enthaltenen kalkulatorischen Zinsanteile wegen zinsfreier Pensionsrückstellungen

zu gering ausgewiesen ist. Korrekturen wären hierfür auf jeden Fall dann notwendig,
wenn sich die Zinsanteile in den einzelnen Jahren wesentlich verändert hätten.

Dies wäre z.B. bei Einführung, wesentlicher Erweiterung oder Einstellung der
Leasingfinanzierung der Fall. Der Vergleichbarkeit wegen müßten in einem solchen
Falle der Korrektur der Zinsaufwendungen und -erträge die entsprechenden Zinsan-
teile der Leasingraten hinzugefügt werden.

8.7 *Zinsaufwendungen abzüglich Zinserträge*

Um das bereinigte Gesamtkapitalergebnis für das in der Bilanz ausgewiesene Eigen-
und Fremdkapital zeigen zu können, sind die Zinsaufwendungen abzüglich Zinserträge dem bereinigten Jahresergebnis vor Steuern vom Ertrag nach zusätzlichen
Korrekturen hinzuzurechnen.

In Abschnitt E II 5 *Konsequenzen für die Bilanzanalyse* wurde gesagt, daß bei der
Erfolgsanalyse Zuschreibungen oder eine angebrachte aber nicht durchgeführte Zuschreibung für Verbindlichkeiten, bei denen die Verzinsung über dem Marktzins
liegt, zu vermerken seien. Auf eine eigene Zeile für unterlassene Zuschreibungen
wurde im Modell der Bereinigung der Gewinn- und Verlustrechnung aus Verein-
fachungsgründen verzichtet, weil eine eventuelle Korrektur durch diese Zeile wieder
neutralisiert worden wäre.

8.8 *bereinigtes Gesamtkapitalergebnis vor Steuern vom Ertrag nach zusätzlichen Kor-*
rekturen (Betriebsergebnis)

In einer Ergebnisplanung gibt es keine Bereinigungen und Korrekturen. Deshalb ist
das bereinigte Gesamtkapitalergebnis vor Steuern vom Ertrag nach zusätzlichen
Korrekturen mit dem Betriebsergebnis in der Ergebnisplanung vergleichbar.

Eine Weiterführung dieser Rechnung um die in den Positionen 7.1–7.6 genannten
Beträge erübrigt sich, da es sich bei den dort genannten Positionen, ähnlich wie bei
den Zinsaufwendungen, um nicht an die Anteilseigner zu verteilende Ergebnisse
handelt. Zweck der Bereinigung ist aber nicht eine Analyse der zu verteilenden
Ergebnisse, sondern der erwirtschafteten Ergebnisse.

9.1 *Scheingewinne aufgrund von Preisänderungen*
insbesondere beim abschreibungsfähigen Sachanlagevermögen

Gewinn- und Verlustrechnungen sind mehr oder weniger dadurch verfälscht, daß in
ihnen Abschreibungen, nämlich Aufwendungen, die aus der Verteilung von Ausgaben für Investitionen in früheren Geschäftsjahren herrühren, enthalten sind.

Da die Abschreibungen auf Basis Anschaffungswerte und nicht auf Basis Wiederbeschaffungswerte verrechnet werden, bedeutet dies, daß bei steigenden Preisen für

das abschreibungsfähige Sachanlagevermögen die laufenden Abschreibungen zu niedrig bemessen sind, weil die kumulierten Abschreibungen am Ende der Nutzungszeit den Wiederbeschaffungswert nicht erreichen.

In der Praxis wird eine Verfälschung des Ergebnisses wegen zu niedrig bemessener Abschreibungen zu einem großen Teil durch vorsichtige, d.h. zu kurze Bemessung der Nutzungsdauer, degressive Abschreibungen, Sonderabschreibungen, Sofortabschreibung geringwertiger Wirtschaftsgüter, volle oder mindestens halbe Jahresabschreibungen im Jahr der Anschaffung und durch Ansatz lediglich des Mindestwertes der selbsterstellten Anlagen kompensiert.

Da aber gerade dieser kompensatorische Effekt bei der Bereinigung der Gewinn- und Verlustrechnung ausgeschaltet wurde, muß diesem Unterschied zwischen Abschreibungen auf Anschaffungswerte und Abschreibungen auf Wiederbeschaffungswerte bei der Analyse der Gewinn- und Verlustrechnung Rechnung getragen werden. Eine solche Analyse ist um so wichtiger, je höher der Anteil der abschreibungsfähigen Sachanlagen an Gesamtvermögen und insbesondere je älter die schon abgeschriebenen, aber noch genutzten Anlagen sind.

Die weiter oben bereinigten Abschreibungen sollten deshalb um die Preissteigerungsrate für die einzelnen Anlagegüter zwischen dem Zeitpunkt des Kaufes und dem Zeitpunkt der Abschreibung erhöht werden. Sofern es in den einzelnen Jahren keine sehr unterschiedlichen Preisveränderungen gegeben hat, wären die Abschreibungen der einzelnen Anlagengruppen um die Veränderung des Preisindexes zwischen Zugangsjahr und jeweiligem Abschreibungsjahr zu erhöhen. Die weiter oben bereinigten Abschreibungen zusammen mit der Korrektur um die Veränderung des Preisindexes ergäben die Abschreibungen auf der Basis der Wiederbeschaffungswerte des jeweiligen Geschäftsjahres.

Hilfreich für die Ermittlung der Abschreibungen auf Wiederbeschaffungswerte kann sich die in Abschnitt J I 7 dargestellte Tabelle »Die Analyse der Angemessenheit der Abschreibungen auf Sachanlagen« erweisen, wenn man die Abschreibungen auf die Zugänge und auf den Anfangsbestand um den Preisindex zwischen Anschaffungsjahr und Abschreibungsjahr erhöht.

Zweck dieser Korrektur, d.h. die Aufwendungen für die Abnutzung der Sachanlagen auf Basis der Wiederbeschaffungskosten des jeweiligen Geschäftsjahres anstatt auf Basis historischer Anschaffungswerte zu berücksichtigen, ist es,

– die Unterschiede in der Höhe der Abschreibungen wegen der in den verschiedenen Jahren unterschiedlichen Preise für die Anschaffung und Herstellung von abschreibungsfähigen Sachanlagen auf möglichst einfache Art und Weise auszuschalten, um dadurch die Aufwendungen und Erträge in den einzelnen Geschäftsjahren miteinander in Beziehung setzen und die Jahresergebnisse der Vergangenheit untereinander und evtl. mit denen anderer Unternehmen vergleichbar machen zu können und
– eine Basis für die Bemessung der Abschreibungen bzw. der ausschüttungsfähigen Ergebnisse für eine Planung zu erhalten. Hierbei ist es unerheblich, ob die Planung in realen Werten zum Planungsstichtag oder in erwarteten nominellen Werten erfolgen wird.

Zweck dieser relativ einfachen Korrektur ist es nicht, sämtliche Auswirkungen der allgemeinen Geldwertschwankungen auf das Ergebnis zu eliminieren und Ergebnisse gleicher Kaufkraft zu erhalten. Für eine solche wesentlich umfangreichere Korrektur müßten noch die Zusammensetzung der Aktiva nach monetären und nichtmonetären Posten und die Höhe und Art der Fremdfinanzierung berücksichtigt werden. Ergebnisse gleicher Kaufkraft sind bei einer Analyse des Unternehmens, zumindest zum jetzigen Zeitpunkt, nicht gefragt, da die Unternehmensergebnisse nicht mit einem Realzins, sondern mit einem Nominalzins, der Kaufkraftverluste durch Geldwertschwankungen beinhaltet, gemessen werden.

Verwechselt werden sollte eine solche Korrektur der Ergebnisse auch nicht mit einer Substanzerhaltungsrechnung, wenn auch eine solche ähnlich aussehen würde, falls Sachanlagen und Eigenkapital eine ähnliche Größenordnung haben. Bei dieser Korrektur von Vergangenheitsergebnissen geht es nicht um die Substanzerhaltung aus der Sicht des Unternehmens. Aus dieser Korrekturrechnung ist nur zu entnehmen, welche nominellen Ergebnisse den Anteilseignern höchstens hätten zufließen können, falls die gesamten genutzten Investitionen jeweils in dem Geschäftsjahr getätigt und die Abschreibungen somit auf dieser Basis, d.h. zu Wiederbeschaffungswerten des jeweiligen Geschäftsjahres, berechnet worden wären.

Mit der Fiktion, daß die gesamten genutzten abschreibungsfähigen Investitionen im jeweiligen Geschäftsjahr getätigt wurden, läßt sich die Korrektur der Abschreibungen in Form eines Zuschlages in Höhe des Unterschieds des Preisindexes zwischen Anschaffungsjahr und Nutzungsjahr am einfachsten vornehmen. Zu dem gleichen Ergebnis käme man auch – sofern der Preisindex für die abschreibungsfähigen Anlagegüter dem allgemeinen Preisindex entspricht –, wenn man die Abschreibungen auf die Anschaffungswerte um die Unterschiede zwischen Nominal- und Realzins sämtlicher Jahre zwischen Anschaffungs- und Nutzungsjahr erhöhen würde.

Die Korrektur einer Ergebnisrechnung wegen Scheingewinnen aufgrund von Preisänderungen des abschreibungsfähigen Sachanlagevermögens ist ein Abweichen von der Nominalrechnung und konnte deshalb nicht innerhalb der bis Posten 8.6 durchgeführten nominellen Bereinigung der Gewinn- und Verlustrechnung vorgenommen werden. Abgesehen davon müßte man logischerweise auch gleichzeitig die nicht realisierten Gewinne aufgrund von Preissteigerungen des Sachanlagevermögens im Rahmen dieser Rechnung berücksichtigen. Das wäre ein weiteres Abweichen von der Nominalrechnung. Die Korrektur von Scheingewinnen muß deshalb außerhalb der nominellen Bereinigung der Gewinn- und Verlustrechnung vorgenommen werden.

Die um die Ausnutzung von Bewertungs- und Ermessensspielräumen sowie Preisänderungen korrigierten Abschreibungen müßten sich – falls sich die Preise für die verkauften Erzeugnisse einigermaßen im gleichen Rahmen verändern wie die der abschreibungsfähigen Sachanlagen, die Auslastung der Sachanlagen in den einzelnen Jahren ungefähr gleich hoch ist und keine wesentlichen Strukturveränderungen erfolgten – in den einzelnen Jahren fast proportional zu den Umsatzerlösen verhalten. Ist dies nicht der Fall, sollte nach den Gründen geforscht werden. Entweder ist die Korrektur der Ergebnisse sehr mangelhaft, oder es müssen sich Hinweise auf bisher unbekannte wirtschaftliche Tatbestände ergeben.

Scheingewinne entstehen auch, wenn Vorräte zu gestiegenen Wiederbeschaffungskosten beschafft werden müssen. Bei dem in der Regel kurzfristigen Lagerumschlag der Vorräte kann – zumindest bei den bisher in Europa üblichen relativ geringen und einigermaßen gleichbleibenden Preissteigerungsraten – auf eine Korrektur der Ergebnisse verzichtet werden.

Zu vermerken ist hier, daß in vielen Ländern Lateinamerikas mit hoher Inflation regelmäßig eine Aufwertung des Anlagevermögens und somit der Abschreibungen in den offiziellen Jahresabschlüssen erfolgte. In den meisten Ländern wurden die aufgewerteten Abschreibungen auch steuerrechtlich anerkannt. Größtenteils waren diese Aufwertungen mit weiteren, jedoch unterschiedlichen Korrekturrechnungen zur Ausschaltung der Inflation verbunden (z.B. Aufwertung der Vorräte, Korrektur des Eigenkapitals). Sporadisch hat es gesetzlich geregelte Aufwertungen auch bereits in den romanischen Ländern Europas gegeben.

9.2   *Steuern vom Ertrag auf obige »nicht ausschüttungsfähige« Scheingewinne*
Bei der Bereinigung der Gewinn- und Verlustrechnung wird unterstellt, daß dem Anteilseigner sämtliche korrigierten Ergebnisse zur Verfügung stehen, die wirtschaftlich – nicht rechtlich – ausschüttungsfähig sind. Zusätzlich erhält der in Deutschland steuerpflichtige Anteilseigner noch eine Steuerbescheinigung über die anrechenbare Körperschaftsteuer.
Während es sich bei allen vorhergehenden Bereinigungen um eine Verteilung der Ergebnisse vor Steuern auf andere Zeiträume oder andere Gesellschaften bzw. Personen handelte, sind Scheingewinne aufgrund von Preisänderungen des abschreibungsfähigen Sachanlagevermögens nicht nur eine nominelle Bereinigung, sondern eine effektive Korrektur eines betriebswirtschaftlich falsch ermittelten, jedoch zu versteuernden Ergebnisses.
Folglich sind nicht nur die Scheingewinne, sondern auch die darauf zu zahlenden Steuern vom Ertrag auf Basis des Steuersatzes für einbehaltene Gewinne in die Korrektur einzubeziehen. Wirtschaftlich handelt es sich bei den Steuern auf Scheingewinne um Steuern vom Vermögen.

9.3   *bereinigtes Gesamtkapitalergebnis vor Steuern vom Ertrag nach zusätzlichen Korrekturen (Betriebsergebnis) und nach Korrektur um Scheingewinne und Steuern vom Ertrag auf Scheingewinne*
Dieses bereinigte Gesamtkapitalergebnis vor Steuern vom Ertrag nach zusätzlichen Korrekturen (Betriebsergebnis) und nach Korrektur um Scheingewinne und Steuern vom Ertrag auf Scheingewinne ergäbe ein unter wirtschaftlichen Gesichtspunkten (reale Substanzerhaltung) ausschüttungsfähiges Ergebnis einschließlich der darauf entfallenden Steuern vom Ertrag.
Sofern es sich um ein deutsches Unternehmen handelt und keine Erträge von ausländischen Tochterunternehmen in dieser Position enthalten sind, steht dieses Gesamtkapitalergebnis den Kreditgebern und den Anteilseignern zu.
Das bereinigte Gesamtkapitalergebnis ist bei ausländischen Unternehmen und bei inländischen Unternehmen mit Erträgen von ausländischen Tochterunternehmen vor Aufteilung auf die Kreditgeber (= Zinsen) und die Anteilseigner (= Ergebnis) noch um die entsprechenden Steuern vom Ertrag zu kürzen. Das den Anteilseignern zustehende Ergebnis ist einschließlich Steuergutschrift zu verstehen.

10   *Zusätzliche Informationen über nicht betriebsnotwendiges Vermögen, veränderte Kapazitäten, die Kapazitätsauslastung, den Auftragseingang und den Marktanteil*
Zur besseren Beurteilung der Ergebnisse der Vergangenheit und zur Plausibilitätskontrolle einer Ergebnisplanung, insbesondere hinsichtlich der Auswirkungen der Höhe der Fixkosten, sollten im Rahmen der Bereinigung der Gewinn- und Verlust-

rechnung soweit wie möglich die nachstehend angeführten zusätzlichen Informationen in Erfahrung gebracht werden:

Im Gesamtkapitalergebnis enthaltene Aufwendungen und Erträge von nicht betriebsnotwendigem und wahrscheinlich zu veräußerndem Vermögen:

Vom Gesamtkapitalergebnis entfallen auf im letzten Geschäftsjahr neu erstellte Betriebe:

Vom Gesamtkapitalergebnis entfallen auf nicht fortgeführte Geschäftsfelder:

   darin verrechnete Fixkosten:

Kapazität:

Produktion:

Auslastung:

Absatz:

Auftragseingang:

Marktanteil:

Der Vergleich dieser Informationen mit den Erträgen, Aufwendungen und den Gesamtkapitalergebnissen der einzelnen Jahre kann weitere Aufschlüsse über die Ertragslage in der Vergangenheit geben und zur Plausibilitätskontrolle von Ergebnisplanungen dienen.

Die Informationen über die Auslastung, den Auftragseingang und den Marktanteil sind darüber hinaus Indikatoren für die zukünftige Ergebnisentwicklung.

V. Ergebnis je Aktie nach DVFA/SG

Gemeinsame Empfehlung der DVFA und der Schmalenbach-Gesellschaft zur Ermittlung eines von Sondereinflüssen bereinigten Jahresergebnisses je Aktie

Wie bereits mehrfach ausgeführt, muß es sich bei dem in Deutschland veröffentlichten Gewinn (Jahresüberschuß) nicht um den tatsächlich erwirtschafteten Gewinn handeln.

Das hat die 1960 gegründete Deutsche Vereinigung für Finanzanalyse und Anlageberatung e.V. (DVFA) veranlaßt, im Jahre 1968 eine Empfehlung zur Bildung eines einheitlichen Gewinnbegriffes zur Erleichterung der vergleichenden Aktienbeurteilung und im Jahre 1975 ein Arbeitsschema und Erläuterungen zur Ermittlung des Ergebnisses nach DVFA herauszugeben.

Arbeitsschema und Erläuterungen zur Ermittlung des Ergebnisses nach DVFA sind 1988 in fünfter aktualisierter Fassung erschienen (Beiträge zur Wertpapieranalyse, Heft 24/II der DVFA, Darmstadt).

Die Berechnung des Ergebnisses nach DVFA hat sich relativ rasch verbreitet und wird bei Berichten über Unternehmen oft benutzt. Die Ermittlung oder Überprüfung der von den

Unternehmen veröffentlichten Ergebnisse je Aktie nach DVFA ist jedoch einem unternehmensexternen Bilanzanalytiker nicht möglich.

Außerdem hat der Arbeitskreis »Externe Unternehmensrechnung« der Schmalenbach-Gesellschaft – Deutsche Gesellschaft für Betriebswirtschaft e. V. eine Empfehlung »Ergebnis je Aktie« veröffentlicht (Zeitschrift für betriebswirtschaftliche Forschung 1988, S. 138–148).

1991 haben die Kommission für Methodik der Finanzanalyse der Deutschen Vereinigung für Finanzanalyse und Anlageberatung e. V. (DVFA) und der Arbeitskreis »Externe Unternehmensrechnung« der Schmalenbach-Gesellschaft – Deutsche Gesellschaft für Betriebswirtschaft (SG) eine gemeinsame Empfehlung veröffentlicht.

1999 wurde diese gemeinsame Empfehlung in einer dritten grundlegend überarbeiteten Auflage herausgegeben. Weitere Einzelheiten sind in Busse von Colbe/Becker/Berndt/Geiger/Haase/Schellmoser/Schmitt/Seeberg/von Wysocki (Hrsg.): Ergebnis je Aktie nach DVFA/SG. Gemeinsame Empfehlung. 3., grundlegend überarbeitete Aufl., Stuttgart 2000, enthalten.

Da seit dem 1. Januar 2005 kapitalmarktorientierte Mutterunternehmen verpflichtet sind, Konzernabschlüsse nach IAS/IFRS zu erstellen, hat das Ergebnis nach DVFA/SG keine große Bedeutung mehr. Lediglich bei nicht kapitalmarktorientierten Unternehmen, die weiterhin nach dem HGB bilanzieren, wäre es eine kleine Zusatzinformation.

Das in der gemeinsamen Empfehlung in Abschnitt A III veröffentlichte »Allgemeine Arbeitsschema« ist weiter unten abgebildet.

Die Ableitung des Ergebnisses nach DVFA/SG erfolgt in den folgenden Schritten (Einzelheiten siehe auf den folgenden Seiten):

(1) Konzern-Jahresergebnis (Überschuß/Fehlbetrag), wie ausgewiesen
(2) Anpassungen des Konzernergebnisses aufgrund von Änderungen des Konsolidierungskreises
(3) Latente Steueranpassungen
(4) = Angepaßtes Konzernergebnis
(5) Bereinigungspositionen in den Aktiva
(6) Bereinigungspositionen in den Passiva
(7) Bereinigung nicht eindeutig zuordnungsfähiger Sondereinflüsse
(8) Fremdwährungseinflüsse
(9) Zusammenfassung der zu berücksichtigenden Bereinigungen
(10) = DVFA/SG-Konzernergebnis für das Gesamtunternehmen
(11) Ergebnisanteile Dritter
(12) DVFA/SG-Konzernergebnis für Aktionäre der Muttergesellschaft
(13) Anzahl der zugrundezulegenden Aktien
(14) = Ergebnis nach DVFA/SG je Aktie (Basisergebnis)
(15) Adjustiertes Ergebnis nach DVFA/SG je Aktie bei Veränderungen des Gezeichneten Kapitals nach dem Bilanzstichtag
(16) Voll verwässertes Ergebnis nach DVFA/SG je Aktie.

Als Zusatzinformation kann das DVFA/SG-Konzernergebnis für Aktionäre der Muttergesellschaft vor Geschäftswertabschreibungen genannt werden, bei dem die Abschreibungen auf Geschäfts- oder Firmenwerte ohne Anteile Dritter hinzugerechnet und darauf berücksichtigte Ertragsteuerentlastungen abgezogen werden. Die Zusatzinformation kann auch je Aktie angegeben werden.

Lfd. Nr. der Pos.	Bezeichnung der Position	Mio DM/Euro brutto	netto nach Steuern
1.	**Konzern-Jahresergebnis (Überschuß/Fehlbetrag)**	....	....
2.	**Anpassungen des Konzernergebnisses aufgrund von Änderungen des Konsolidierungskreises** (siehe Tz. 43 bis 46)		
	Ergebnisse nicht konsolidierter Tochterunternehmen	....	....
	Ergebnisse erworbener noch nicht konsolidierter Tochterunternehmen	....	....
	Ergebnisse nicht konsolidierter Tochterunternehmen, die seit mehr als einem Jahr zum Verkauf bestimmt sind	....	....
	Ergebnisse von nicht at equity bilanzierten wesentlichen Beteiligungen	....	....
3.	**Latente Steueranpassungen** (siehe Tz. 12 bis 23)		
	Abweichung zwischen bilanziellem Ansatz von Rückstellungen und steuerlicher Berücksichtigung	....	....
	Latente Steuererträge auf Verlustvorträge	....	....
4.	**Angepaßtes Konzernergebnis** (Pos. 1 bis Pos. 3)	....	....
5.	**Bereinigungspositionen in den Aktiva** (siehe Tz. 77 bis 114)		
5.1	**Aufwendungen für die Ingangsetzung und Erweiterung des Geschäftsbetriebs, soweit als Bilanzierungshilfe aktiviert**	....	....
5.2	**Immaterielle Vermögensgegenstände**		
5.2.1	**Konzessionen, gewerbliche Schutzrechte und ähnliches**		
	Außerplanmäßige Abschreibungen aus Vorsorge- oder steuerlichen Gründen	....	....
5.2.2	**Geschäfts- oder Firmenwerte**		
	Planmäßige Abschreibungen, soweit Abschreibungsdauer unter 5 oder über 20 Jahren	....	....
	Fiktive Abschreibungen auf Verrechnung von Geschäftswerten mit Rücklagen	....	....
	Änderung der Abschreibungsdauer[1]	....	....
	Außerplanmäßige Abschreibungen aus Vorsorge- oder steuerlichen Gründen	....	....
	Außerplanmäßige Abschreibungen im Zusammenhang mit »discontinuing operations« (siehe Tz. 50)	....	....

1 Die Bereinigung hat so zu erfolgen, daß das Berichtsjahr mit den Folgejahren vergleichbar ist. Vorjahreszahlen sind entsprechend anzupassen.

Lfd. Nr. der Pos.	Bezeichnung der Position	Mio DM/Euro brutto	netto nach Steuern

5.3   **Sachanlagen**

5.3.1   **Abschreibungen auf Sachanlagen**

Planmäßige Abschreibungen außerhalb der üblichen Bandbreiten ....

Außerplanmäßige Abschreibungen auf Sachanlagen aus Vorsorge- oder steuerlichen Gründen ....

Außerplanmäßige Abschreibungen im Zusammenhang mit »discontinuing operations« (siehe Tz. 50) ....

Zuschreibungen, falls frühere Abschreibungen bereinigt wurden ....

Änderung von Abschreibungsdauern/ methoden[1] ....

5.3.2   **Gewinne und Verluste aus dem Abgang von Gegen-ständen des Sachanlagevermögens** (siehe Tz. 94)

Gewinne/Verluste aus Sale- and Leaseback-Transaktionen ....

Gewinne/Verluste im Zusammenhang mit »discontinuing operations« ....

Gewinne/Verluste aus dem Abgang bedeutender Immobilien ....

5.3.3   **Selbsterstellte Sachanlagen: Wenn nur mit Einzel-kosten bewertet, dann Ansatz angemessener Material- und Fertigungsgemeinkosten** (siehe Tz. 96) ....

5.3.4   **Investitionszulagen und -zuschüsse**

Wenn im Jahr des Zuflusses voll ergebniswirksam, dann Verteilung auf Nutzungsdauer oder hilfsweise auf 5 Jahre (siehe Tz. 97) ....

Zuschüsse aus Anlaß einer Sanierungsmaßnahme (siehe Tz. 98) ....

5.4   **Finanzanlagen** (siehe Tz. 99 bis 102)

Abschreibungen bei außergewöhnlichen Schadens-fällen oder bei nur vorübergehender Wertminderung ....

Gewinne/Verluste aus dem Abgang von Beteiligungen ....

Zuschreibungen, falls frühere Abschreibungen bereinigt wurden ....

Erträge aus Beteiligungen, die aus der Ausschüttung von Rücklagen stammen ....

Zu bereinigende Sondereinflüsse in übernommenen Beteiligungsergebnissen ....

5.5   **Vorräte und noch nicht abgerechnete Leistungen** (siehe Tz. 103 bis 108)

Abweichungen vom international üblichen Bewertungsansatz ....

Anteilige nicht aktivierte Gewinne bei langfristiger Auftragsfertigung ....

Änderung von Bewertungsmethoden[1] (siehe Tz. 47) ....

Steuerrechtliche Abschreibungen und deren Auflösung ....

1 Die Bereinigung hat so zu erfolgen, daß das Berichtsjahr mit den Folgejahren vergleichbar ist. Vorjahreszahlen sind entsprechend anzupassen.

Lfd. Nr. der Pos.	Bezeichnung der Position	Mio DM/Euro brutto	netto nach Steuern
5.6	**Forderungen und Disagio** (siehe Tz. 109 bis 113) Bildung und Auflösung von dispositiven Bewertungs- reserven	....	....
	Einmaleffekte aus der Änderung des Satzes oder der Bewertungsmethode für die Pauschalwertberichti- gungen[1] (siehe Tz. 47)	....	....
	Disagio, soweit nicht über Darlehenslaufzeit abgeschrieben	....	....
5.7	**Wertpapiere des Anlage- und Umlaufvermögens** (siehe Tz. 114) Bereinigung nur, soweit Bewertungsverfahren nicht konsistent angewandt werden[1)]	....	....
6.	**Bereinigungspositionen in den Passiva** (siehe Tz. 115 bis 134)		
6.1	**Passivischer Unterschiedsbetrag aus der Kapital- konsolidierung** (siehe Tz. 115) Erträge aus der Auflösung	....	....
6.2	**Genußrechte** (siehe Tz. 116 bis 119) Laufende Vergütungen, wenn nicht als ergebnis- mindernder Finanzaufwand bilanziert	....	....
	Erträge aus Verlustbeteiligung des Genußrechts- inhabers	....	....
	Erträge aus der Wiederauffüllung von Genußrechts- kapital	....	....
6.3	**Besserungsscheine** (siehe Tz. 120 bis 123) Leistungen auf Besserungsscheine, die keine laufende Verzinsung darstellen	....	....
6.4	**Sonderposten mit Rücklageanteil** (siehe Tz. 124 und 125) Zuführung	....	....
	Auflösung	....	....
6.5	**Rückstellungen** (s. Tz. 126 bis 134)		
6.5.1	**Rückstellungen für Pensionen und ähnliche Verpflichtungen** Unmittelbare Ergebnisauswirkung aus Methoden- wechsel[1]	....	....
	Nachholungen nicht oder nicht ausreichend zurück- gestellter Verpflichtungen	....	....
	Erhöhung der Deckungslücke aufgrund unterlassener Bilanzierung	....	....
6.5.2	**Sonstige Rückstellungen** Bildung bzw. Auflösung von Rückstellungen, die vom Prinzip der höchsten Wahrscheinlichkeit abweichen	....	....
	Nettoveränderung von Rückstellungen ohne Verpflichtung gegenüber Dritten	....	....

1 Die Bereinigung hat so zu erfolgen, daß das Berichtsjahr mit den Folgejahren vergleichbar ist. Vorjahreszahlen sind entsprechend anzupassen.

Lfd. Nr. der Pos.	Bezeichnung der Position	Mio DM/Euro	
		brutto	netto nach Steuern
7.	**Bereinigung nicht eindeutig zuordnungsfähiger Sondereinflüsse** (siehe Tz. 48, 50, 53 und 54) Aufwendungen für die erstmalige Börseneinführung und weitere Kapitalerhöhungen	....	....
	Aufwendungen/Erträge im Zusammenhang mit dem Verkauf oder der Stillegung von Geschäftsbereichen und Produktlinien, soweit nicht bereits unter anderen Positionen bereinigt	....	....
	Aufwendungen aus außergewöhnlichen Schadensfällen sowie entsprechende Erträge aus Versicherungsleistungen	....	....
	Erträge aus Sanierungsmaßnahmen	....	....
8.	**Fremdwährungseinflüsse** (siehe Tz. 126 bis 139) Ergebnisauswirkungen aus Abweichungen von der funktionalen Währungsumrechnung	....	....
9.	**Zusammenfassung der zu berücksichtigenden Bereinigungen** (Positionen 5 bis 8)	....	....
10.	**DVFA/SG-Konzernergebnis für das Gesamtunternehmen** (Positionen 4+9)	....	....
11.	**Ergebnisanteile Dritter** (siehe Tz. 10) – am Jahresüberschuß/-fehlbetrag – an latenten Steueranpassungen – an Bereinigungspositionen		....
12.	**DVFA/SG-Konzernergebnis für Aktionäre der Muttergesellschaft** (Positionen 10 minus 11)		....
13.	**Anzahl der zugrunde zu legenden Aktien** (siehe Tz. 141 bis 157) (Mio Stück)		....
14.	**Ergebnis nach DVFA/SG je Aktie** (DM/Euro) (Basisergebnis) (Positionen 12 : 13)		....
15.	**Adjustiertes Ergebnis nach DVFA/SG je Aktie bei Veränderungen des Gezeichneten Kapitals nach dem Bilanzstichtag** (DM/Euro) (siehe Tz. 141 bis 157)		....
16.	**Voll verwässertes Ergebnis nach DVA/SG je Aktie** (siehe Tz. 158 bis 164 (DM/Euro)		....

Mit dem Arbeitsschema »Ergebnis nach DVFA/SG« erhält man unter den bestehenden Umständen bei börsennotierten Industrie- und Handelsunternehmen durch eine nach einer einheitlichen Methode vorgenommenen Bereinigung des Konzern-Jahresergebnisses so gut wie möglich vergleichbare Ergebnisse. Hierdurch wird insbesondere die internationale Vergleichbarkeit der Ergebnisse und somit der Kurs/Gewinn-Verhältnisse von an der Börse notierten deutschen Aktiengesellschaften verbessert.

Die Ansprüche an eine im Rahmen einer Bilanzanalyse vorzunehmende Ergebnisanalyse sollten jedoch wesentlich höher sein (siehe vorherigen Abschnitt), als sie bei einer vergleichenden Aktienbeurteilung gestellt werden. Durch diese Aussage wird jedoch in keiner Weise das erfolgreiche Bemühen von DVFA und SG zur Ermittlung bereinigter Ergebnisse und bei der Weiterentwicklung der Erfolgsanalyse gemindert.

Mängel des Ergebnisses nach DVFA/SG

Die Ergebnisse nach DVFA/SG sind mit einer Reihe von Mängeln behaftet:

- Sie können nur mit Zusatzangaben der Unternehmen erstellt werden.
- Sie werden weder durch einen Wirtschaftsprüfer geprüft noch können sie von den Finanzanalysten überprüft werden.
- Bei dem Ergebnis nach DVFA/SG handelt es sich um eine einzige Kennzahl. Eine weitere Ergebnis- und Finanzanalyse erfolgt nicht.
- Es steht immer nur das Ergebnis des letzten und des laufenden Jahres zur Diskussion. Ergebniszeitreihen werden bei börsennotierten Unternehmen kaum diskutiert.
- Die Bereinigung nur einzelner Geschäftsjahre um außerordentliche Aufwendungen und Erträge, ohne ihren Einfluß auf andere Geschäftsjahre zu berücksichtigen, kann den Langzeitvergleich verfälschen.
- Es handelt sich um ein Ergebnis nach Steuern. Ein Verlustvortrag beeinträchtigt den Aussagewert des Ergebnisses nach DVFA/SG.
- Das Ergebnis nach DVFA/SG ist mit dem Ergebnis je Aktie nach IAS und US-GAAP nur bedingt vergleichbar (z. B. möglicher Unterschied bei latenten Steuern und Aufwendungen für Altersversorgung).
- Es erfolgt keine Korrektur der Scheingewinne.
- Zu Umrechnungsdifferenzen bei Jahresabschlüssen aus Hochinflationsländern gibt es keine klare Aussage.

Die

- fehlende Prüfung oder Nachprüfbarkeit des Ergebnisses nach DVFA/SG,
- fehlende Ergebnisanalyse,
- nicht erstellten Ergebniszeitreihen und
- praktisch immer über dem Jahresergebnis liegenden DVFA- bzw. DVFA/SG-Ergebnisse

lassen zumindest in einigen Fällen Zweifel an der Plausibilität der von den Unternehmen im Zeitverlauf bekannt gegebenen DVFA- bzw. DVFA/SG-Ergebnisse aufkommen.

VI. Wertschöpfung

Allgemeines

Die Wertschöpfung kann ein zusätzliches Analyseinstrument im Rahmen der Analyse des Erfolges eines Unternehmens sein.

Wertschöpfung ist die Produktionsleistung oder der Wertzuwachs, den ein Unternehmen über den Wert der Zulieferungen oder Vorleistungen von anderen Unternehmen erwirtschaftet. Dieser Wertzuwachs ist die volkswirtschaftliche Leistung eines Unternehmens und stellt seinen Beitrag zum Sozialprodukt dar.

(Anmerkung: Wertschöpfung darf nicht mit Begriffen wie Gewinn und Unternehmenswertsteigerung, die nur den auf die Eigenkapitalgeber entfallenden Erfolg und nicht die Wertschöpfung des gesamten Unternehmens betreffen, verwechselt werden)

Man unterscheidet bei einer Wertschöpfungsrechnung die Entstehungsrechnung und die Verwendungs- oder Verteilungsrechnung.

Die Entstehungsrechnung ermittelt den in einem Unternehmen geschaffenen Wertzuwachs und ist somit ein Ausdrucksmittel für die Ertrags- oder Leistungskraft eines Unternehmens.

Die Verwendungsrechnung zeigt, inwieweit verschiedene Gruppen (Arbeitnehmer, Kreditgeber, öffentliche Hand, Anteilseigner, das Unternehmen) an dieser Wertschöpfung teilhaben.

Die Verwendungsrechnung, die im Rahmen einer gesellschaftsbezogenen Berichterstattung auch Sozialbilanz genannt wird, ist der in der Öffentlichkeit bekanntere Teil der Wertschöpfungsrechnung. Sie ist bei einer Bilanzanalyse allerdings nur insoweit interessant, als Teile der verwendeten Wertschöpfung für das Unternehmen Kosten sind.

Während bei der Gewinn- und Verlustrechnung das Eigenkapitalergebnis durch den Überschuß sämtlicher Erträge über die Kosten ermittelt wird, ist bei einer Wertschöpfungsrechnung der Erfolgsbegriff = Wertschöpfung wesentlich weiter gefaßt. Er beinhaltet neben dem den Anteilseignern zufließenden Erfolg und dem im Unternehmen verbleibenden Erfolg die Beträge, die an die Arbeitnehmer, die Kreditgeber und die öffentliche Hand fließen.

Bei der Wertschöpfungsrechnung werden die von der Gesamtleistung der Unternehmen abgesetzten Beträge im Prinzip in zwei Gruppen unterteilt, nämlich in

- Vorleistungskosten (Roh-, Hilfs- und Betriebsstoffe, Waren, Dienstleistungen, Abschreibungen) und
- Nichtvorleistungskosten einschließlich des Ergebnisses (Personal- und Sozialkosten, Zinsen, Steuern, Betriebsergebnis) = Wertschöpfung.

Die erste Gruppe ist in der Entstehungsrechnung und die zweite Gruppe in der Verwendungsrechnung enthalten.

Auf in der Literatur leicht unterschiedliche Definitionen wird hier nicht eingegangen, da sie bei der Bilanzanalyse wegen der nur aus dem Jahresabschluß zur Verfügung stehenden Informationen keine Rolle spielen.

Unmittelbar aus der Gewinn- und Verlustrechnung läßt sich keine Wertschöpfungsrechnung entwickeln.

Wertschöpfungsrechnung beim Gesamtkostenverfahren

Da die Wertschöpfungsrechnung von ihrem Ursprung her eine volkswirtschaftliche Rechnung ist, läßt sie sich nur mit gewissen Einschränkungen aus dem Jahresabschluß erstellen.

Am ehesten hat die Gewinn- und Verlustrechnung nach dem Gesamtkostenverfahren eine gewisse Ähnlichkeit mit der Wertschöpfungsrechnung, wie nachstehend gezeigt wird:

Entstehungsrechnung:

Umsatzerlöse
(+) Erhöhung oder (–) Verminderung des Bestandes an fertigen und unfertigen Erzeugnissen
+   andere aktivierte Eigenleistungen

=   Gesamtleistung (ohne sonstige betriebliche Erträge)

+   sonstige betriebliche Erträge (./. Erträge aus der Auflösung des Sonderpostens
    mit Rücklageanteil und aus dem Anhang ersichtliche oder geschätzte Bewertungs-
    und Liquidationserträge, z. B. Erträge aus der Auflösung von Rückstellungen,
    Erträge aus dem Abgang von Gegenständen des Anlagevermögens und
    Zuschreibungen zu Gegenständen des Anlagevermögens, sowie Subventionen)

=   Gesamtleistung (einschließlich sonstiger betrieblicher Erträge)

./. Vorleistungen außer Abschreibungen

    Aufwendungen für Roh-, Hilfs- und Betriebsstoffe und für bezogene Waren
    Aufwendungen für bezogene Leistungen
    sonstige betriebliche Aufwendungen (./. Einstellungen in den Sonderposten mit
    Rücklageanteil, aus dem Anhang ersichtliche oder geschätzte Bewertungs- und
    Liquidationsverluste und Vergütungen an Mitglieder des Aufsichtsrats u. ä.)

=   Wertschöpfung vor Abzug der Abschreibungen = Bruttowertschöpfung

./. Vorleistungen aus Abschreibungen

    verbrauchsbedingte Abschreibungen auf immaterielle Vermögensgegenstände des
    Anlagevermögens und Sachanlagen sowie auf aktivierte Aufwendungen für die
    Ingangsetzung und Erweiterung des Geschäftsbetriebs (keine Abschreibungen auf
    den Geschäfts- oder Firmenwert und auf Finanzanlagen und keine handels- und
    steuerbilanzpolitisch bedingten Abschreibungen)

=   Wertschöpfung nach Abzug der Abschreibungen = Nettowertschöpfung

Die Wertschöpfung vor Abzug der Abschreibungen = Bruttowertschöpfung hat gegenüber der Wertschöpfung nach Abzug der Abschreibungen = Nettowertschöpfung den Vorteil, daß sie nicht dem Einfluß von Ermessensentscheidungen, insbesondere nicht bilanzpolitischen Entscheidungen bei der Bewertung der Abschreibungen, unterliegt und sich deshalb für Zeitvergleiche und besonders für Betriebsvergleiche besser eignet.

Verwendungsrechnung/Verteilungsrechnung:

Löhne und Gehälter
soziale Abgaben und Aufwendungen für Altersversorgung und Unterstützung
Vergütungen an Mitglieder des Aufsichtsrats u. ä. (ersichtlich aus dem Anhang gemäß
§ 285 Nr. 9 a und 9 b)
eventuelle in den sonstigen betrieblichen Aufwendungen enthaltene Zuführungen zu
den Aufwandsrückstellungen, die Personalaufwendungen enthalten, und eventuelle in
den außerordentlichen Aufwendungen enthaltene Personalaufwendungen

= an Arbeitnehmer

Zinsen und ähnliche Aufwendungen

= an Kreditgeber

sonstige Steuern
./. Subventionen

= an öffentliche Hand

Gewinnausschüttungen

= an Anteilseigner

einbehaltene Gewinne
übrige Posten [*] (einschließlich Finanzbereich und außerordentlicher Bereich)

= an Unternehmen

[*] Da die Analyse dieser Posten bei einer Bilanzanalyse an anderer Stelle erfolgt und diese Posten bei der Analyse
der Wertschöpfung im Rahmen der Bilanzanalyse nicht interessant sind, erübrigt sich eine Aufteilung.

Die Summe der obigen fünf Posten entspricht der Wertschöpfung nach Abzug der
Abschreibungen in der Entstehungsrechnung.

Wertschöpfungsrechnung beim Umsatzkostenverfahren

Die durch die Wertschöpfungsrechnung gegebenen Analysemöglichkeiten beim Gesamtkostenverfahren legen es nahe zu versuchen, sie auch beim Umsatzkostenverfahren zu
nutzen.

Der gemäß § 285 Nr. 8 HGB im Anhang anzugebende Material- und Personalaufwand
(bei Konzernabschluß nur Personalaufwand) machen dies bei deutschen Kapitalgesellschaften weitgehend möglich. Schwierigkeiten bereiten die aktivierten Eigenleistungen,
da darüber keine Angaben und auch keine Hinweise für eine Schätzung im Jahresabschluß
enthalten sein müssen, sowie die Bestandsveränderungen, da die fertigen und unfertigen
Erzeugnisse mit den Waren in der Bilanz ausgewiesen werden dürfen, und die Bestandsveränderungen der Waren nicht in die Erhöhung oder Verminderung des Bestandes an
fertigen und unfertigen Erzeugnissen einzubeziehen sind.

Konsequenzen für die Bilanzanalyse

Für eine Bilanzanalyse liegt der Vorteil der Wertschöpfungsrechnung als Analyseinstrument darin, daß sich

- neben der Materialaufwandsquote, der Personalaufwandsquote und der Abschreibungsquote auf Sachanlagen eine Wertschöpfungsquote an der Gesamtleistung
  ermitteln läßt,
- Veränderungen der Arbeitsproduktivität feststellen lassen,
- an der Veränderung der absoluten Höhe der Wertschöpfung, insbesondere in Verbindung mit Mengenangaben, noch eindeutiger als am Betriebsergebnis oder am
  Kapitalergebnis feststellen läßt, inwieweit sich Preiserhöhungen bei den bezogenen
  Roh-, Hilfs- und Betriebsstoffen sowie Waren mit den Umsatzerlösen effektiv in
  der Vergangenheit weitergeben ließen,
- bei relativ umfangreichen Bestandsveränderungen und aktivierten Eigenleistungen
  Hinweise für Fragen zu der Bewertung der Bestände und aktivierten Eigenleistungen ergeben und
- bei Betriebsvergleichen aufgrund der unterschiedlichen Höhe der Vorleistungen
  Hinweise auf die Fertigungstiefe ergeben.

Nachteile einer lediglich auf Basis des Jahresabschlusses erstellten Wertschöpfungsrechnung liegen darin, daß

- die Wertschöpfung von der Gesamtleistung abgeleitet werden muß, und es sich
  somit teilweise um eine nicht am Markt realisierte Wertschöpfung handelt,
- die unpräzise Abgrenzung der sonstigen betrieblichen Erträge und der sonstigen
  betrieblichen Aufwendungen die Aussagefähigkeit der Wertschöpfungsrechnung
  beeinträchtigen kann und
- durch die Korrektur der aufgrund steuerrechtlicher Vorschriften vorgenommenen
  Abschreibungen die Abschreibungen in den Folgejahren möglicherweise nicht
  verbrauchsbedingt angesetzt werden.

Bei Unternehmen mit hoher Wertschöpfung ist die Personalaufwandsquote meistens
relativ hoch. Deshalb sind bei einer Bilanzanalyse die Entwicklung und der Vergleich
der im nachstehenden Abschnitt erläuterten Kennzahlen von Interesse.

Kennzahlen

Mit Hilfe der Kenntnis der Wertschöpfung und der Anzahl der Arbeitnehmer läßt sich die pro
Arbeitnehmer hervorgebrachte Wertschöpfung (Arbeitsproduktivität) wie folgt ermitteln:

$$\frac{\text{Wertschöpfung}}{\text{Anzahl der Arbeitnehmer}^{*)}}$$

[*] Um den Einfluß von Überstunden, Kurzarbeit und Teilzeitarbeit auszuschalten, wäre es richtiger, in den Nenner
die Anzahl der geleisteten Arbeitsstunden statt der Anzahl der Arbeitnehmer einzusetzen. Dadurch würden auch
die Auswirkungen einer veränderten Wochenarbeitszeit und der Urlaubsdauer in die Kennzahl einbezogen. Falls
eine Berechnung der Wertschöpfung auf Basis der geleisteten Arbeitsstunden nicht möglich ist, sollte zumindest
versucht werden, die Arbeitszeit der Teilzeitarbeitnehmer auf Vollzeitarbeitnehmer umzurechnen. Auszubildende
sollten nach Möglichkeit nicht in die Kennzahlen einbezogen werden.

Damit die Ermittlung der pro Arbeitnehmer hervorgebrachten Wertschöpfung (Arbeits-produktivität) nicht durch bilanzpolitische Maßnahmen verfälscht wird, wäre der Ansatz der Bruttowertschöpfung geeignet; falls in dem Unternehmen jedoch Rationalisierungs-investitionen vorgenommen wurden bzw. durch leistungsfähigere Ersatzinvestitionen die Produktivität gesteigert wurde, ist der Ansatz der Nettowertschöpfung vorzuziehen. Da den meisten sonstigen betrieblichen Erträgen kein Personalaufwand in der gleichen Periode gegenübersteht, dürfte es zweckmäßig sein, diesen Teil der sonstigen betrieblichen Erträge von der Wertschöpfung abzusetzen.

Da in den meisten Fällen ein Weiterwälzen der Preissteigerungen des Beschaffungs-marktes unterstellt werden kann, ist diese Kennzahl von Preissteigerungen am Absatz- und Beschaffungsmarkt weitgehend unabhängig. Sie ist somit wesentlich aussagefähiger als die Kennzahlen

$$\frac{\text{Gesamtleistung}}{\text{Anzahl der Arbeitnehmer}} \quad \text{oder} \quad \frac{\text{Umsatz}}{\text{Anzahl der Arbeitnehmer}}$$

Die Kennzahl Wertschöpfung pro Arbeitnehmer eignet sich ferner dazu, sie der Kennzahl Personalaufwand pro Arbeitnehmer

$$\frac{\text{Personalaufwand}}{\text{Anzahl der Arbeitnehmer bzw. je geleistete Arbeitsstunde}}$$

im Zeit- und Betriebsvergleich gegenüberzustellen, um dadurch Aussagen über die Lohn-quote (bei der der Einfluß von Preisveränderungen am Absatzmarkt nicht ausgeschaltet ist) an der Wertschöpfung und somit der Veränderung der Produktivität machen zu können. Da der Aufwand für Leiharbeitskräfte in der Regel nicht im Personalaufwand enthalten ist, sollten die Leiharbeitskräfte auch nicht in die Anzahl der Arbeitnehmer einbezogen wer-den.

Die Lohnquote je Arbeitnehmer an der Wertschöpfung läßt sich durch die Kennzahl

$$\frac{\text{Personalaufwand je Arbeitnehmer}}{\text{Wertschöpfung je Arbeitnehmer}}$$

ermitteln.

Die Lohnquote für das Unternehmen insgesamt wird an der Wertschöpfung durch folgende Kennzahl errechnet:

$$\frac{\text{Personalaufwand}}{\text{Wertschöpfung}}$$

Diese Kennzahl ist aber weniger aussagefähig als die Lohnquote je Arbeitnehmer an der Wertschöpfung, da sich mit ihr nicht feststellen läßt, ob die Veränderung der Lohnquote an der Wertschöpfung auf geringerer oder höherer Leistung der Arbeitnehmer oder auf veränderten Lohnkosten je Arbeitnehmer zurückzuführen ist.

Die Fertigungstiefe läßt sich durch die Kennzahl

$$\frac{\text{Wertschöpfung}}{\text{Gesamtleistung}}$$

ermitteln. Sie gibt an, wieviel Prozent der Gesamtleistung (= Produktionswert) im Unter-nehmen selbst erarbeitet wurden.

N. Rentabilitätsanalyse und Kennzahlensystem Return on Investment

I. Allgemeines

Zweck einer Rentabilitätsanalyse ist es, durch den Vergleich von Ergebnissen (Ergebnis vor Ertragsteuern, Ergebnis nach Ertragsteuern, Ergebnis vor Ertragsteuern und vor Zinsen, Ergebnis nach Ertragsteuern und vor Zinsen, Betriebsergebnis) mit Kapital- oder Vermögenswerten (Eigenkapital, Gesamtkapital, betriebsnotwendiges Vermögen) Kennzahlen in Form von Prozentzahlen zu bilden, die das Verhältnis des eingesetzten Kapitals zum damit erwirtschafteten Ergebnis ausdrücken und als Eigenkapital-, Gesamtkapitalrentabilität oder als Rentabilität des betriebsnotwendigen Vermögens bezeichnet werden.

In der Praxis ist es auch üblich, das Verhältnis des Ergebnisses zum Umsatz als Umsatzrentabilität oder Umsatzrendite zu bezeichnen, obwohl hierbei nicht die Rentabilität des eingesetzten Kapitals gemessen wird.

Ziel einer Rentabilitätsanalyse ist es, Erkenntnisse über die Ursachen der Rentabilität zu gewinnen, indem die Eigen- und Gesamtkapitalrentabilität mit Hilfe des Kennzahlensystems Return on Investment in weitere Kennzahlen zerlegt werden.

Für die Messung der Rentabilität werden – wie oben gesagt – verschiedene Ergebnisse, Bezugsgrößen (Kapital- oder Vermögenswerte) und Kennzahlen verwendet. Die Vor- und Nachteile der einzelnen Ergebnisse und Bezugsgrößen sind in folgender Übersicht dargestellt:

Ergebnisse	Vorteile	Nachteile
Ergebnis vor Ertragsteuern (EBT = earnings before taxes)	Vergleichbarkeit zwischen verschiedenen Rechtsformen und Perioden	nicht verwendbares Ergebnis
Ergebnis nach Ertragsteuern	verwendbares Ergebnis	fehlende Vergleichbarkeit wegen unterschiedlicher Steuerbelastung
Ergebnis vor Ertragsteuern und vor Zinsen (EBIT = earnings before interest and taxes)	Vergleichbarkeit bei unterschiedlicher Kapitalstruktur und zwischen verschiedenen Rechtsformen und Perioden	nicht verwendbares Ergebnis
Ergebnis nach Ertragsteuern und vor Zinsen (wegen steuerlicher Abzugsfähigkeit korrigiert)	Vergleichbarkeit bei unterschiedlicher Kapitalstruktur und zwischen verschiedenen Perioden sowie bei unterschiedlicher Ausschüttungspolitik	nicht verwendbares Ergebnis, fehlende Vergleichbarkeit wegen unterschiedlicher Steuerbelastung

Ergebnisse	Vorteile	Nachteile
Ergebnis vor Zinsen, Ertragsteuern und Abschreibungen auf Anlagevermögen und Abschreibungen auf Geschäfts- oder Firmenwerte (EBITDA = earnings before interest, taxes, depreciation and amortization)	Vergleichbarkeit bei unterschiedlicher Kapitalstruktur und zwischen verschiedenen Rechtsformen und Perioden, wenig bewertungsabhängig	Cash-flow-Zahl, deshalb nur Ertragsindikator, keine Ergebniszahl
Betriebsergebnis	frei von betriebsfremden Einflüssen	unvollständiges Ergebnis
Kapital- oder Vermögenswert (Bezugsgröße)		
Eigenkapital	Eigentümersicht	keine Berücksichtigung des Kapitalstrukturrisikos bzw. des Leverage-Effekts, sehr bewertungsabhängig
Gesamtkapital (= Gesamtvermögen)	Vergleichbarkeit bei unterschiedlicher Kapitalstruktur	bewertungsabhängig
Eigenkapital und verzinsliche Schulden	Vergleichbarkeit bei unterschiedlicher Kapitalstruktur, besser als Gesamtkapital zum Vergleich mit Eigenkapitalrentabilität geeignet	bewertungsabhängig
betriebsnotwendiges Vermögen	frei von betriebsfremdem Vermögen	nur für die Messung der Rentabilität einzelner Betriebe geeignet
Umsatz (Bezugsgröße)	nicht bewertungsabhängig	keine Kapitalrentabilität

Nicht alle genannten Ergebnisse in Relation zu den genannten Bezugsgrößen geben sinnvolle Rentabilitätskennzahlen.

Von Unternehmen werden oft sehr fragwürdige, neue Rentabilitätskennzahlen veröffentlicht, die häufig nicht genau beschrieben sind. Meistens ist es der Versuch, die Rentabilität des Unternehmens besser darzustellen. Der Bilanzanalyst sollte solche Rentabilitätskennzahlen nicht ungeprüft übernehmen, sondern deren Zusammensetzung überprüfen und untersuchen, ob eine solche neue Kennzahl im gegebenen Fall sinnvoll ist.

II. Eigenkapitalrentabilität

Die Formeln zur Ermittlung der Eigenkapitalrentabilität (RoE = Return on Equity) lauten
wie folgt:

$$\frac{\text{Ergebnis vor Ertragsteuern}}{\text{durchschnittliches Eigenkapital}} = \text{Eigenkapitalrentabilität vor Ertragsteuern}$$

und

$$\frac{\text{Ergebnis nach Ertragsteuern}}{\text{durchschnittliches Eigenkapital}} = \text{Eigenkapitalrentabilität nach Ertragsteuern}$$

Oft dürfte das Eigenkapital wegen stiller Reserven im Anlagevermögen und in den Rückstellungen zu niedrig angesetzt sein, wodurch eine zu hohe Rentabilität ermittelt wird. Bei
kontinuierlicher Investitionstätigkeit und unveränderter Bilanzpolitik bleibt diese Kennzahl
für einen Langzeitvergleich trotzdem brauchbar.

Prioritätische und kumulative Vorzugsaktien sollten, da sie bezüglich der Verzinsung
festverzinslichen Wertpapieren sehr ähneln, bei der Berechnung der Eigenkapitalrentabilität eher als Fremdkapital anstatt als Eigenkapital betrachtet werden. Somit sind auch die
gezahlten oder kumulativen Vorzugsdividenden als nicht steuerlich abzugsfähige Fremdkapitalzinsen zu behandeln.

Andererseits sollten Wandelschuld- und Optionsanleihen, wenn sich das Unternehmen
dadurch sehr günstige Kredite beschafft hat und mit einer baldigen Wandlung und Option
zu rechnen ist, als Eigenkapital betrachtet werden; bei dem Ergebnis und bei den Zinsen
sollte eine entsprechende Korrektur erfolgen.

Um der im Laufe des Jahres eingetretenen Veränderung der Höhe des Eigenkapitals, z. B.
durch Kapitaleinzahlungen, Kapitalentnahmen, Dividenden, besser Rechnung zu tragen,
müßte man das durchschnittliche Eigenkapital, z. B. Eigenkapital am Jahresanfang + Eigenkapital am Jahresende : 2 oder Eigenkapital jeweils zu Quartalsbeginn und am Jahresende : 5, berücksichtigen. In der Praxis legt man meistens der Einfachheit halber das
Eigenkapital am Jahresanfang oder am Jahresende zugrunde.

Bei Konzernabschlüssen sind die Anteile anderer Gesellschafter und die anderen Gesellschaftern zustehenden Gewinne nicht in der Berechnung der Eigenkapitalrentabilität zu
berücksichtigen.

Die bessere Vergleichbarkeit mit Einzelunternehmen, Personengesellschaften und ausländischen Unternehmen, die Möglichkeit des besseren Zeitvergleichs bei Nachzahlungen
aufgrund steuerlicher Außenprüfungen und die Auswirkungen des steuerlichen Verlustvor-
trags bei Kapitalgesellschaften sprechen für eine Berechnung der Eigenkapitalrentabilität
vor und nach Ertragsteuern.

Eine nachhaltige Verringerung der Eigenkapitalrentabilität kann auf bilanzpolitische
Maßnahmen zur Verbesserung des Ergebnisses durch die stille Auflösung von stillen
Reserven hinweisen. Die Auflösung von stillen Reserven führt zwar zu einer absoluten
Verbesserung des Ergebnisses, hat aber auch eine Erhöhung des ausgewiesenen Eigen-
kapitals und somit tendenziell eine Verringerung des prozentualen Ergebnisses, d. h. eine
Verringerung der ausgewiesenen Eigenkapitalrentabilität, zur Folge.

Voll aussagefähig wird die Eigenkapitalrentabilität erst im Vergleich mit der Gesamtkapitalrentabilität bzw. der Rentabilität des Eigenkapitals und der verzinslichen Schulden
sowie des damit verbundenen Leverage-Effekts (siehe Abschnitt K II).

III. Gesamtkapitalrentabilität vor Steuern

Bei der Ermittlung der Gesamtkapitalrentabilität (RoCe = Return on Capital employed) sollten das Gesamtkapital und das Ergebnis vor Ertragsteuern und Zinsen ähnlich wie bei der Ermittlung der Eigenkapitalrentabilität bereinigt werden.

Die Formel zur Ermittlung der Gesamtkapitalrentabilität lautet wie folgt:

$$\frac{\text{Konzernergebnis + Ergebnis konzernfremde Gesellschafter + Ertragsteuern + Zinsen}}{\text{investiertes Kapital (= Eigenkapital + Anteile konzernfremde Gesellschafter + Pensionsrückstellungen + Finanzverbindlichkeiten ./. Flüssige Mittel)}}$$

Die Gesamtkapitalrentabilität berücksichtigt unterschiedliche Kapitalstrukturen und eignet sich deshalb besser als die Eigenkapitalrentabilität zum Vergleich sowohl mit der Branchenrendite, der Rendite einzelner Wettbewerber als auch der Kapitalmarktrendite.

Auch bei der Ermittlung der Gesamtkapitalrentabilität gibt es die im vorigen Abschnitt erwähnten Bewertungsprobleme wegen der stillen Reserven im Anlagevermögen. Ihre Auswirkungen sind allerdings wegen der größeren Werte im Zähler und Nenner geringer. In der Bilanz zu hoch ausgewiesene Rückstellungen führen bei der Gesamtkapitalrentabilität nicht zu Verzerrungen, da sich dadurch das Gesamtkapital nicht ändert.

IV. Rentabilität des betriebsnotwendigen Vermögens

Die Ermittlung der Rentabilität des betriebsnotwendigen Vermögens geschieht wie folgt:

$$\frac{\text{Betriebsergebnis}}{\text{durchschnittliches betriebsnotwendiges Vermögen}} = \text{Rentabilität des betriebsnotwendigen Vermögens}$$

In der betrieblichen Praxis ist es durchaus üblich, bei der Rentabilitätsberechnung das Sachanlagevermögen nicht zu Buchwerten, sondern zu Anschaffungskosten zu berücksichtigen. Obwohl diese Art der Berechnung aus finanzwirtschaftlicher Sicht falsch ist, weil bereits ein Vermögensrückfluß in Höhe der Abschreibungen stattgefunden hat, wird sie in der Praxis bei der Bemessung der Rentabilität einzelner Betriebe oft angewandt, da man auf diese Art und Weise Bewertungsprobleme aufgrund unterschiedlicher Abschreibungen – nicht jedoch aufgrund von Geldwertschwankungen – umgehen kann. Die Rentabilität kann somit durch die unterschiedliche Höhe der Buchwerte des Sachanlagevermögens oder sogar durch voll abgeschriebenes, aber noch genutztes Sachanlagevermögen nicht verfälscht werden; sie ermöglicht auch einen besseren Vergleich der Rentabilität verschiedener Betriebe. Sofern das Sachanlagevermögen durch entsprechende Reparaturen und Instandhaltungen immer in einem Top-Zustand gehalten wird und mit zunehmendem Alter nicht mit einer vermehrten Reparaturanfälligkeit und geringerer Leistungsfähigkeit gegenüber neuen Anlagen gerechnet werden muß, ist dieser Berechnungsweise der Rentabilität einzelner in hohem Maße aus sehr langlebigen Anlagegegenständen bestehender Betriebe der Vorzug zu geben.

Für eine externe Bilanzanalyse gibt es kaum eine Veranlassung, die Rentabilität auf Basis des betriebsnotwendigen Vermögens zu ermitteln, da das Management eines Unternehmens über Art und Höhe der Investitionen in den einzelnen Bereichen entscheiden kann und Maßstab zur Rentabilitätsmessung nur das gesamte Vermögen bzw. Kapital ist.

Sollte Kapital vorübergehend in nicht betriebsnotwendigem Vermögen (z. B. im Bau befindliche Anlagen, überhöhte Kapazitäten, spekulative Vorräte) gebunden sein, so dürfte es langfristig jedoch Erträge abwerfen. Deshalb sollten solche Posten bei der Rentabilitätsanalyse eines Unternehmens nicht gekürzt werden. Im übrigen dürften die zur Ermittlung der Rentabilität des betriebsnotwendigen Vermögens erforderlichen Informationen über das zu analysierende Unternehmen und über vergleichbare Unternehmen kaum vorliegen.

Bei einem wesentlichen außerordentlichen Ergebnis kann es angebracht sein, die Rentabilität auf Basis des Ergebnisses der gewöhnlichen Geschäftstätigkeit zusätzlich zu ermitteln

V. Umsatzrentabilität oder Umsatzrendite

Ausführungen zur Umsatzrentabilität oder Umsatzrendite sind bereits in dem Abschnitt M II Analyse der Aufwands- und Ertragsstruktur enthalten.

Im Gegensatz zur Berechnung der Eigen- und Gesamtkapitalrentabilität ergeben sich bei der Ermittlung der Umsatzrendite keine Bewertungsprobleme durch stille Reserven, da der Umsatz bewertungsunabhängig ist. Bei Unternehmensvergleichen ist jedoch darauf zu achten, daß bei Einzelunternehmen und Personengesellschaften der Gewinn um den Unternehmerlohn zu kürzen ist.

Die Formel zur Ermittlung der Umsatzrendite vor Ertragsteuern lautet:

$$\frac{\text{Ergebnis vor Ertragsteuern}}{\text{Umsatzerlöse}} \times 100$$

und die Formel zur Ermittlung der Umsatzrendite nach Ertragsteuern lautet:

$$\frac{\text{Ergebnis nach Ertragsteuern}}{\text{Umsatzerlöse}} \times 100$$

Aus ähnlichen Erwägungen wie die Eigenkapitalrentabilität wird auch die Umsatzrentabilität vor und nach Ertragsteuern errechnet, wobei die Umsatzrentabilität vor Ertragsteuern aussagefähiger ist.

Betriebswirtschaftlich am aussagefähigsten ist die Kennzahl

$$\frac{\text{Betriebsergebnis}}{\text{Umsatzerlöse}} \times 100$$

da bei dieser Kennzahl der Einfluß der Kapitalstruktur und der Steuerbelastung ausgeschaltet wird.

Um bilanzpolitische Maßnahmen, die zur Beeinflussung des Ergebnisses getroffen wurden, besser ausschalten zu können, werden in der Praxis der besseren Vergleichbarkeit wegen nicht selten der Cash-flow oder das EBITDA (Ergebnis vor Zinsen, Ertragsteuern,

Abschreibungen auf Anlagevermögen und Abschreibungen auf Geschäfts- oder Firmen-werte) ins Verhältnis zum Umsatz gesetzt. Da der Cash-flow bzw. das EBITDA keinen Gewinn darstellt und das Verhältnis Abschreibungen zu Umsatz wenig aussagt, ist diese Kennzahl wenig nützlich. Sie kann nur dazu anregen, ggf. weitere Recherchen anzustellen (siehe Abschnitt M IV Bereinigung von Gewinn- und Verlustrechnungen nach dem HGB).

Bei der Analyse von Handelsunternehmen ist außerdem die Kennzahl

$$\frac{\text{Bruttoergebnis (Umsatzerlöse ./. Wareneinsatz)}}{\text{Umsatzerlöse}} \times 100$$

die Handelsspanne genannt wird, von Bedeutung.

VI. Kennzahlensystem Return on Investment

1. Allgemeines

Eine Möglichkeit zur weiteren Analyse der Rentabilität bietet das Kennzahlensystem Return on Investment (RoI).

Es wurde erstmals 1919 von der Firma E. I. Du Pont de Nemours and Company, Wilmington, Delaware als internes Management-Kontrollsystem installiert.

Bei der Berechnung des Return on Investment wird die Gesamtkapitalrentabilität, die die Spitzenkennzahl dieses Kennzahlensystems ist, in

- einen leistungswirtschaftlichen Teilerfolg (Umsatzrendite) und
- einen finanzwirtschaftlichen Teilerfolg (Vermögens- bzw. Kapitalumschlag)

zerlegt, oder umgekehrt ausgedrückt, die Gesamtkapitalrendite ist das Produkt aus Um-satzrendite und Kapitalumschlag.

Beide Faktoren setzen sich ihrerseits wieder aus verschiedenen Faktoren zusammen. Sie werden im folgenden Schema dargestellt:

Return on Investment-Schema

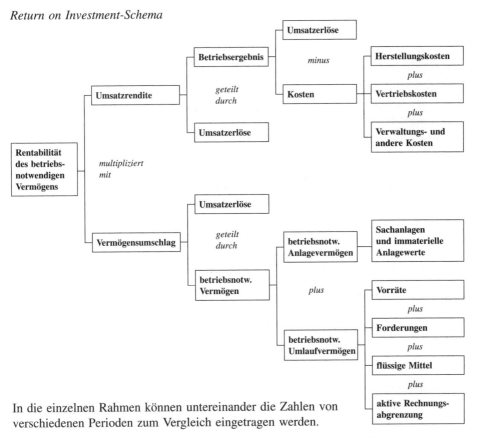

In die einzelnen Rahmen können untereinander die Zahlen von verschiedenen Perioden zum Vergleich eingetragen werden.

Das Return on Investment-Schema zeigt, wie die Veränderung von Ertrags-, Aufwands- und Vermögensposten grundsätzlich die Rentabilität eines Unternehmens beeinflußt.

Der Zusammenhang zwischen Rentabilität, Umsatzrendite und Vermögensumschlag wird an folgendem Beispiel dargestellt, das zeigt, daß sich die Rentabilität aus der Multiplikation der Umsatzrendite mit dem Vermögensumschlag ergibt:

	Unternehmen		
	A	B	C
1. Umsatzerlöse	10	10	10
2. Betriebsergebnis	1	2	0,5
3. betriebsnotwendiges Vermögen	10	5	5
4. Umsatzrendite (2 : 1)	10%	20%	5%
5. Vermögensumschlag (1 : 3)	1	2	2
6. Rentabilität des betriebsnotwendigen Vermögens (4 × 5)	10%	40%	10%

Für die weitere Analyse der beiden Faktoren Umsatzrendite und Vermögensumschlag wird auf die Ausführungen in den Abschnitten M II und M III Analyse der Aufwands- und Ertragsstruktur bei einer Gewinn- und Verlustrechnung nach dem Umsatz- und Gesamtkostenverfahren und J II 2 Umschlagshäufigkeit und Umschlagsdauer hingewiesen.

Der Return on Investment ist ein Mittel, die Leistungen des Managements in der Vergangenheit zu beurteilen. Darüber hinaus kann er bei der Ergebnisplanung dienlich sein.

Durch den Return on Investment kann das investierte Kapital mit anderen Kapitalanlagemöglichkeiten, die dem gleichen Risiko unterliegen, verglichen werden. Aussagefähig ist die Analyse Return on Investment nur, wenn sie eine Reihe von Jahren umfaßt.

2. Analyse der Eigenkapitalrentabilität

Ausgehend von dem Return on Investment (Gesamtkapitalrentabilität) läßt sich die Rentabilität des Eigenkapitals wie folgt aufgliedern:

Umsatzrendite (Gewinn nach Ertragsteuern : Umsatzerlöse)

×

Vermögensumschlag (Umsatzerlöse : durchschnittliches Vermögen)

=

Rentabilität des Gesamtvermögens

×

Leverage-Faktor (Eigenkapitalrentabilität : Gesamtkapitalrentabilität)

=

Eigenkapitalrentabilität nach Ertragsteuern

Eine Veränderung der Eigenkapitalrentabilität kann deshalb auf folgende in obiger Aufgliederung enthaltenen drei Faktoren zurückgeführt werden:

- Veränderung der Umsatzrendite,
- Veränderung des Vermögensumschlages,
- Veränderung der Kapitalstruktur bzw. der Kapitalkosten für das Fremdkapital.

Die Ursachen für die Veränderung der beiden ersten Faktoren lassen sich entsprechend dem Return on Investment-Schema weiter analysieren. Die Analyse der Veränderung der Kapitalstruktur bzw. der Kapitalkosten erfolgt außerhalb des Return on Investment-Schemas.

VII. Eigenkapitalwachstum durch Selbstfinanzierung

Das Eigenkapitalwachstum durch Selbstfinanzierung in % des Eigenkapitals wird wie folgt ermittelt:

$$\frac{\text{Ergebnis nach Ertragsteuern ./. nicht ausgezahlte kumulative Vorzugsdividende ./. Dividendenausschüttung}}{\text{durchschnittliches Eigenkapital}} = \frac{\text{Eigenkapitalwachstum durch Selbst-}}{\text{finanzierung in \% des Eigenkapitals}}$$

Der Eigenkapitalzuwachs durch Selbstfinanzierung dient der Erhaltung der Ertragskraft des Unternehmens und soll aus finanzwirtschaftlicher Sicht die Zahlung einer gleichbleibenden Dividende sichern.

Beurteilungsmaßstab für eine angemessene Höhe kann das Wachstum eines Unternehmens sein.

Da aufgrund einer stetigen Inflation die Gewinne der Unternehmen in der Regel Scheingewinne enthalten, sollte sich zur Vermeidung einer Scheingewinnausschüttung – sofern der Scheingewinnanteil am Gewinn des Unternehmens nicht bekannt ist – das Eigenkapitalwachstum durch Selbstfinanzierung in % des Eigenkapitals mindestens an der Inflationsrate orientieren.

O. Rendite und Börsenbewertung

I. Allgemeines

Börsenbewertung hat mit Bilanzanalyse im engeren Sinne nichts zu tun, da die Börsenbewertung von Ertragserwartungen ausgeht, während es sich bei der Bilanzanalyse um eine Analyse der vergangenen und gegenwärtigen Vermögens-, Finanz- und Ertragslage handelt. Da es aber Ziel einer Bilanzanalyse ist, Aussagen über die mögliche oder wahrscheinliche zukünftige Entwicklung des Unternehmens zu machen, ist es angebracht, sowohl die von der Börsenbewertung abhängigen Rendite-Kennzahlen (z. B. Kurs/Gewinn-Verhältnis) als auch die von der Börsenbewertung unabhängigen Rendite-Kennzahlen (z. B. Ergebnis je Aktie) einer Bilanzanalyse hinzuzufügen und zu durchleuchten.

Außerdem sollten – zumindest wenn sich die Rentabilitätskennzahlen bei der Bilanzanalyse und die Rendite-Kennzahlen bei der Börsenbewertung zu widersprechen scheinen – weitere Recherchen vorgenommen werden.

II. Ergebnis je Aktie

Unter Ergebnis je Aktie (EPS = earnings per share) versteht man das Verhältnis des Unternehmensergebnisses zur Anzahl der Aktien. Es wird nach den folgenden Formeln errechnet, die beide zu demselben Ergebnis gelangen:

$$\frac{\text{Unternehmensergebnis}}{\text{gewichteter Durchschnitt der Anzahl der Aktien}} = \text{Ergebnis nach Steuern je Aktie}$$

oder

$$\frac{\text{Unternehmensergebnis} \times \text{Aktiennennbetrag}}{\text{ggewichteter Durchschnitt des gezeichneten Kapitals}} = \text{Ergebnis nach Steuern je Aktie}$$

Sollte eine Gesellschaft Vorzugsaktien ausgegeben haben, bietet es sich an, den Zähler um die Dividende auf die Vorzugsaktien und den Nenner um die Vorzugsaktien zu reduzieren.

Diese Kennzahl ist hauptsächlich zum Zeitvergleich und weniger zum Unternehmensvergleich geeignet, da das Ergebnis nach Steuern je Aktie vom gezeichneten Kapital und nicht vom Eigenkapital insgesamt abhängt.

In der Praxis wird teilweise auch der Cash-flow je Aktie ermittelt. Diese Kennzahl ist irreführend, da der Cash-flow keinen Gewinn darstellt. Der Cash-flow ist zwar ein Analyseinstrument bei der Bilanzanalyse, ist aber als Rendite-Kennzahl je Aktie ungeeignet.

Falls ein Unternehmen Aktienoptionen gewährt hat oder aus anderen Gründen Bezugsrechte auf neue Aktien bestehen, kann man das verwässerte Ergebnis je Aktie (diluted earnings per share) ermitteln.

III. Kurs/Gewinn-Verhältnis (KGV)

Das Kurs/Gewinn-Verhältnis (KGV), auch price-earnings ratio (PE) genannt, wird wie folgt ermittelt:

$$\frac{\text{Börsenkurs}}{\text{Gewinn je Aktie}} = \text{Kurs/Gewinn-Verhältnis}$$

Diese Kennzahl drückt aus, zum Wievielfachen des Gewinnes des letzten Geschäftsjahres die Aktie an der Börse bewertet wird. Manchmal wird auch der geschätzte Gewinn des laufenden oder nächsten Geschäftsjahres dem Börsenkurs gegenübergestellt.

Bei dem Kurs/Gewinn-Verhältnis handelt es sich um eine reziproke Rentabilitätskennzahl, d.h. der Kehrwert zeigt die Rentabilität auf den Börsenkurs an, wobei die Gewinne in der Regel nur teilweise ausgeschüttet wurden.

Während es sich bei der Eigen- und Gesamtkapitalrentabilität um die Rentabilität des in den Büchern des Unternehmens ausgewiesenen Kapitals handelt, drückt das Kurs/Gewinn-Verhältnis die Rentabilität der Anteile an dem Unternehmen, bewertet zum Börsenkurs, aus.

Ein hohes Kurs/Gewinn-Verhältnis, d.h. eine niedrige Rentabilität in der Vergangenheit, muß keinesfalls eine teure Aktie bedeuten, sondern läßt darauf schließen, daß an der Börse in Zukunft mit höheren Erträgen gerechnet wird.

Durch einen Vergleich der Kurs/Gewinn-Verhältnisse in der Vergangenheit läßt sich erkennen, wie die Gewinnaussichten des Unternehmens an der Börse im Verhältnis zu dem Gewinn des letzten Geschäftsjahres beurteilt worden sind.

Durch einen Vergleich der aktuellen Kurs/Gewinn-Verhältnisse zwischen verschiedenen Unternehmen der Branche lassen sich die an der Börse gehegten unterschiedlichen Gewinnerwartungen für die einzelnen Unternehmen gegenüber deren letztem Gewinn feststellen.

Ein hohes Kurs/Gewinn-Verhältnis bedeutet für das Unternehmen, daß es ggf. Kapitalerhöhungen zu sehr günstigen Bedingungen vornehmen kann.

Die Anzahl der Aktien × Börsenkurs ergibt den Börsenwert eines Unternehmens.

Es ist auch üblich, den Börsenwert eines Unternehmens zuzüglich der Finanzschulden = Unternehmenswert (EV = enterprise value) mit dem EBIT oder EBITDA zu vergleichen.

IV. Dividendenrendite

Während das Kurs/Gewinn-Verhältnis die erwirtschaftete Rentabilität in Verbindung zum Börsenkurs zeigt, wird mit der Dividendenrendite der tatsächliche von dem Unternehmen ausgeschüttete Betrag als Renditemaßstab benutzt.

Die Dividendenrendite errechnet sich wie folgt:

$$\frac{\text{Dividende}}{\text{Börsenkurs}} = \text{Dividendenrendite}$$

Es ist zwar zur Vervollständigung der Informationen über eine Gesellschaft im Rahmen einer Bilanzanalyse interessant, die Dividendenrendite zu kennen, sie hat aber keinen großen Aussagewert.

Um die tatsächliche Rendite einer Aktienanlage, d. h. den Kapitalanlagenutzen, während eines Jahres zu messen, müßte der Kapitalanleger der Dividendenrendite noch die Wertsteigerung in Form von realisierbaren Kursgewinnen hinzurechnen bzw. die Kursverluste abziehen sowie die Erlöse aus Bezugsrechten und den Wert von Abspaltungen hinzufügen. Für einen Kapitalanleger ist sie die wichtigste Rendite-Kennzahl. Bei einer Bilanzanalyse hat diese Berechnung des Kapitalanlagenutzens keine Bedeutung.

V. Bilanzkurs, Börsenkurs und Kurs/Buchwert-Verhältnis

Der Bilanzkurs ist das Verhältnis des bilanziellen Eigenkapitals zum gezeichneten Kapital und errechnet sich wie folgt:

$$\frac{\text{bilanzielles Eigenkapital}}{\text{gezeichnetes Kapital}} \times 100 = \text{Bilanzkurs}$$

Er ist eine substanzorientierte Größe.

Dem Bilanzkurs kommt eine gewisse Bedeutung allenfalls im Vergleich zum Börsenkurs zu.

Der Börsenkurs errechnet sich wie folgt:

$$\frac{\text{Preis (Kurs) einer Aktie}}{\frac{\text{Nominalwert einer Aktie}}{\text{(gezeichnetes Kapital : Anzahl der Aktien)}}} \times 100 = \text{Börsenkurs}$$

Der Börsenkurs ist eine ertragsorientierte Größe.

Der Unterschied zwischen Bilanzkurs und Börsenkurs setzt sich aus

den stillen Reserven des Unternehmens und
dem Goodwill (kapitalisierte Überrendite)

zusammen, wobei die Höhe der beiden Teile nicht bekannt ist.

Das Kurs/Buchwert-Verhältnis ergibt sich aus folgender Formel

$$\frac{\text{Börsenkurs je Aktie}}{\text{Buchwert je Aktie}}$$

oder

$$\frac{\text{Börsenwert der Gesellschaft}}{\text{Eigenkapital}}$$

Falls die Bilanz einer Gesellschaft Geschäfts- oder Firmenwerte enthält, ist die Kennzahl aussagefähiger, wenn die Geschäfts- oder Firmenwerte vom Eigenkapital abgezogen werden.

Je höher dieses Verhältnis über 1 liegt, desto höher werden von der Börse die stillen Reserven und der Goodwill eingeschätzt.

Die Unterschiede zwischen dem Bilanzkurs und dem Börsenkurs bzw. die Veränderung des Kurs/Buchwert-Verhältnisses im Zeitverlauf zeigen, in welcher Höhe die kapitalisierten Ertragserwartungen der Börse von dem bilanzierten Eigenkapital abweichen.

Interessanter zu wissen wäre der Unterschied zwischen dem um die stillen Reserven bereinigten Bilanzkurs und dem Börsenkurs, da hierbei dem von den Unternehmen investierten Eigenkapital (Nettosubstanzwert) die kapitalisierten Ertragserwartungen der Börse (Ertragswert) gegenübergestellt und der Goodwill (kapitalisierte Überrendite) ermittelt werden könnte.

Aber sowohl das für einen Außenstehenden kaum feststellbare oder nur annähernd schätzbare investierte Eigenkapital (Nettosubstanzwert) als auch die geringe Aussagefähigkeit des Goodwill lassen es angeraten erscheinen, in der Regel keine weiteren Recherchen und Analysen vorzunehmen.

VI. Ausschüttungsquote

Die Ausschüttungsquote zeigt das Verhältnis des ausgeschütteten Gewinnes im Verhältnis zum gesamten Gewinn (./. Anteile Dritter).

Für eine Bilanzanalyse ist die Ausschüttungsquote nicht von Bedeutung. Wichtiger ist die Höhe des einbehaltenen Gewinnes im Verhältnis zum Eigenkapital, die in Abschnitt N VIII Eigenkapitalwachstum durch Selbstfinanzierung besprochen wurde. Wichtig ist es auch zu prüfen, ob der ausgeschüttete Gewinn nicht das nachhaltig erzielbare Ergebnis übersteigt, d. h. es sollte festgestellt werden, ob ein Substanzverzehr vorliegt.

P. Zukünftige Entwicklung des Unternehmens

Ziel einer Bilanzanalyse ist es, Aussagen über die mögliche oder wahrscheinliche zukünftige finanzielle Entwicklung, d.h. die Ertrags- und Finanzkraft eines Unternehmens, zu machen.

Die Ertrags- und Finanzkraft beruht hauptsächlich auf den Betriebsergebnissen eines Unternehmens, und die Betriebsergebnisse eines Unternehmens werden nachhaltig im wesentlichen durch die folgenden Faktoren bestimmt:

– Markt,
– Produkte,
– Kosten,
– Qualität des Managements.

Mit Ausnahme der Kosten ist darüber aus den Jahresabschlüssen unmittelbar nichts zu erfahren. Aus diesem Grunde kann man aus einer isolierten Bilanzanalyse, d.h. einer Bilanzanalyse, die nicht Bestandteil einer Unternehmensanalyse ist oder in die keine zusätzlichen Informationen hineingeflossen sind, nur wenig Aussagen über die zukünftige finanzielle Entwicklung eines Unternehmens ableiten.

Auf die wenigen in den Jahresabschlüssen enthaltenen Indikatoren für die mögliche oder wahrscheinliche zukünftige finanzielle Entwicklung eines Unternehmens sowie auf andere Themen, die die zukünftige finanzielle Entwicklung eines Unternehmens betreffen und in einem engen Zusammenhang mit einer Bilanzanalyse stehen, wird nachstehend eingegangen.

I. Wachstum

1. Verhältnis Sachanlagenzugänge zu Abschreibungen

Ein Indikator für das Wachstum eines Unternehmens ist das Verhältnis der Sachanlagenzugänge ./. Erlöse aus Sachanlagenabgänge = Nettoinvestitionen zu den Abschreibungen, d.h. die Kennzahl

$$\frac{\text{Nettoinvestitionen}}{\text{Abschreibungen auf Sachanlagen}} = \text{Investitionsüberschuß}$$

Diese Kennzahl wird auch Wachstumsquote genannt.

Eine Kennzahl über 1 zeigt grundsätzlich ein Wachstum des Unternehmens und eine Kennzahl unter 1 ein Schrumpfen des Unternehmens an. Bei einem Schrumpfen dürfte man die Kennzahl allerdings nicht mehr als Wachstumsquote bezeichnen, sondern müßte sie Substanzerhaltungsgrad nennen.

Aus folgenden Gründen ist diese Aussage jedoch einzuschränken:

- Es müßten bei der Berechnung der Kennzahl nicht die tatsächlichen, sondern die nutzungsgerechten Abschreibungen angesetzt werden.
- Wegen der Inflation dürften in obiger Kennzahl nur Abschreibungen auf Basis von Wiederbeschaffungspreisen berücksichtigt werden.
- Der technische Fortschritt drückt sich in den meisten Fällen in höheren Preisen für Sachanlagen aus. Eine Kennzahl 1 würde deshalb bereits ein Schrumpfen des Unternehmens bedeuten.
- Die Investitionen müssen in Zukunft nicht unbedingt gewinnbringend sein. Es könnte sich um Fehlinvestitionen im Produktionsbereich oder um – evtl. aus Prestigegründen vorgenommene oder überfällige – Investitionen im Verwaltungs- und Sozialbereich handeln.
- Wegen möglicher Investitionsstöße darf nicht nur ein Jahr, sondern es müssen mehrere Jahre bei der Ermittlung der Kennzahl zugrunde gelegt werden.

Neben den Sachanlagenzugängen dürften relativ hohe Zugänge bei den Anzahlungen auf Anlagen, den Anlagen im Bau und den Grundstücken auf Wachstumsabsichten des Unternehmens in der Zukunft hinweisen.

In die Beurteilung des Investitionsüberschusses im Hinblick auf ein erwartetes Wachstum des Unternehmens sollten auf jeden Fall die Investitionsüberschüsse der Wettbewerber mit einbezogen werden.

Der reziproke Wert dieser Kennzahl, nämlich

$$\frac{\text{Abschreibungen auf Sachanlagen}}{\text{Nettoinvestitionen}} = \text{Investitionsdeckung}$$

sagt aus, in welchem Maße die Investitionen aus Abschreibungen finanziert werden konnten.

An diesem Beispiel – Investitionsdeckung = reziproker Wert des Investitionsüberschusses – zeigt sich, daß man sich vor übereilten und einseitigen Interpretationen von Kennzahlen hüten muß. Ein hoher Investitionsüberschuß bedeutet nämlich gleichzeitig eine niedrige Investitionsdeckung, was mit einem leichten Hauch von unsolider Finanzierung behaftet sein könnte, und eine hohe Investitionsdeckung, die ein Zeichen für finanzielle Stabilität ist, kann gleichzeitig auch ein Zeichen für die Stagnation eines Unternehmens sein.

2. Forschungs- und Entwicklungskosten und andere Kosten mit Investitionscharakter

Ein weiterer Indikator für das Wachstum ist die Höhe der Forschungs- und Entwicklungskosten, und zwar absolut als auch im Zeit- und Branchenvergleich. Bei den Forschungs- und Entwicklungskosten handelt es sich in Wirklichkeit um Vorleistungen für die Zukunft, d. h. Investitionen, die abgegrenzt werden müßten.

Die Kenntnis der Höhe der Kosten für Forschung und Entwicklung läßt eine bessere Abgrenzung der Vergangenheitsergebnisse und mittels Zeit- und Branchenvergleich pauschale Schlüsse für das Wachstum des Unternehmens in der Zukunft zu.

Gemäß HGB ist ein getrennter Ausweis der Forschungs- und Entwicklungskosten nicht vorgesehen. Sie können beim Umsatzkostenverfahren zusammen mit den Herstellungskosten der zur Erzielung der Umsatzerlöse erbrachten Leistungen, was sie in der Tat nicht sind, oder unter den sonstigen betrieblichen Aufwendungen in einer Summe ausgewiesen werden. Viele Unternehmen zeigen jedoch in einem gesonderten Posten die Forschungs- und Entwicklungskosten in der Gewinn- und Verlustrechnung. Informationen über die Forschung und Entwicklung sollten gemäß § 289 Abs. 2 HGB im Lagebericht enthalten sein.

Nach den IAS/IFRS (nicht nach US-GAAP) sind Entwicklungskosten (nicht Forschungskosten) zu aktivieren, wenn gewisse Voraussetzungen erfüllt sind.

Um jedoch genauere Annahmen über die langfristige Unternehmensentwicklung machen zu können, bedarf es detaillierterer Informationen, z. B. über Art der Forschungs- und Entwicklungskosten, Stand der Forschung und Entwicklung und erzielte und erwartete verwendungsfähige Ergebnisse der Forschung und Entwicklung. Auch ist es interessant zu wissen, inwieweit Kosten für abgebrochene oder wahrscheinlich demnächst abzubrechende Forschungs- und Entwicklungsprojekte in den Forschungs- und Entwicklungskosten enthalten sind (siehe Abschnitt M IV/8.1.2 Forschungs- und Entwicklungsaufwendungen).

Ähnliches wie für die Forschungs- und Entwicklungskosten gilt für andere Kosten, die Investitionscharakter haben, wie z. B.

- Kosten für die Erschließung neuer Märkte,
- Kosten für die Markteinführung neuer Produkte,
- außergewöhnliche Werbekampagnen,
- Kosten für die Anwerbung hochqualifizierter Mitarbeiter,
- außergewöhnliche Kosten der Informationstechnologie.

Auch bei diesen Kosten ist es interessant zu wissen, inwieweit darin »Fehlinvestitionen« enthalten sind. Konkrete nachvollziehbare Angaben darüber sind jedoch in der Regel in Jahresabschlüssen nicht zu finden.

3. Geschäftsentwicklung im Verhältnis zur Branche

Ein wichtiger Erfolgsindikator für die Zukunft ist die Veränderung des Marktanteils eines Unternehmens. Die Höhe des Marktanteils kann man aber nicht aus dem Jahresabschluß entnehmen.

Hinweise auf die Veränderung des oder der Marktanteile des zu analysierenden Unternehmens gibt ein mehrjähriger Vergleich zwischen den Umsatzveränderungen des zu analysierenden Unternehmens und den Umsatzveränderungen der Branche und der wesentlichen Wettbewerber. Schwierigkeiten bei der Analyse dieser Umsatzveränderungen bereitet dabei die Tatsache, daß die meisten Unternehmen einer Branche nicht in gleichem Umfang in einem oder mehreren exakt abgrenzbaren Märkten tätig sind, und daß sich die einzelnen Teilmärkte oft unterschiedlich entwickeln.

Es lohnt sich, Veränderungen der Umsatzentwicklung und der Kostenstruktur des zu analysierenden Unternehmens gegenüber der Branche und den wichtigsten Wettbewerbern als Hebel dafür zu benutzen, um zusätzliche Informationen von dem Unternehmen über Marktanteile, Produkte und Wettbewerber zu erfragen.

Die Begründung für die Veränderung der Marktanteile kann Hinweise auf die zukünftige Ertragslage des Unternehmens geben.

Die wichtigsten Gründe für die Veränderung der Marktanteile wären:

– Einführung neuer oder verbesserter Produkte durch das zu analysierende Unternehmen oder durch Wettbewerber,
– Ausbau der Vertriebsorganisation und/oder Erhöhung des Werbebudgets des zu analysierenden Unternehmens oder der Wettbewerber,
– Ausscheiden von Wettbewerbern,
– Neueintritt von Wettbewerbern,
– Kauf von Unternehmen oder Marken durch das zu analysierende Unternehmen,
– Preiskampf.

Für die Schätzung von zukünftigen Ergebnissen kann als Grundsatz gelten:

Die Erhöhung der Marktanteile von heute sind die Gewinne von morgen.

Den verschiedenen Gründen für die Veränderung der Marktanteile ist dabei ein unterschiedliches Gewicht beizumessen. Insbesondere bei Preiskämpfen ist obiger Grundsatz sehr fragwürdig.

II. Restrukturierungen

Ein Indikator für die zukünftige Entwicklung des Unternehmens können Restrukturierungskosten sein. Ein Unternehmen entschließt sich zu einer Restrukturierung, wenn es glaubt, daß der Unterschied zwischen dem abgezinsten Cash-flow nach einer Restrukturierung und dem abgezinsten Cash-flow vor einer Restrukturierung größer als die Restrukturierungskosten ist.

Obwohl sich Restrukturierungskosten aufgrund von Maßnahmen zur Korrektur der bisherigen Geschäftspolitik ergeben und somit wirtschaftlich von den bisher erzielten Ergebnissen abzuziehen wären, ist ihre finanzielle Wertung teilweise mit einer Investition vergleichbar. Ähnlich ist auch die Restrukturierung der Informationstechnologie eines Unternehmens zu werten.

Ohne Restrukturierung dürften die Ergebnisse bzw. die Cash-flows des Unternehmens in der Zukunft gegenüber der Vergangenheit wahrscheinlich niedriger ausfallen. Für den Analysten gilt es deshalb, sich eine Meinung darüber zu bilden, inwieweit durch die Restrukturierung ein abzusehender Ergebnisverfall gestoppt werden konnte und inwieweit durch die Restrukturierung in Zukunft wahrscheinlich eine Ergebnisverbesserung eintreten wird.

III. Früherkennung negativer Unternehmensentwicklungen mit Hilfe der multivariaten Diskriminanzanalyse

1. Allgemeines

Bilanzanalytiker sind immer bestrebt, Prognosen zu erstellen. Wegen des vergangenheitsbezogenen Informationsmaterials ist das – wie bereits weiter oben ausgeführt – nur sehr beschränkt möglich.

In der Literatur (Altmann, Baetge, Baetge/Beuter/Feidicker, Baetge/Huß/Niehaus, Beaver, Beermann, Bleier, Feidicker, Hauschildt, Huß, Niehaus, Weibel, Weinrich) wurde deshalb versucht herauszufinden, welche Kennzahlen sich am ehesten für Prognosen eignen. Kennzahlen, die die tatsächliche Entwicklung voraussagen, gibt es allerdings nicht, sondern nur solche, die auf ein hohes Risiko hinweisen.

Man hat solche Kennzahlen mit Hilfe der multivariaten Diskrimininanzanalyse gefunden. Es kristallisierte sich dabei heraus, daß sich solvente und insolvenzgefährdete Unternehmen durch folgende Kennzahlen – teilweise in abgewandelter Form – besonders unterschieden:

– Eigenkapitalquote,
– Eigenkapital- und Gesamtkapitalrentabilität bzw. »Cash-flow-Rendite«,
– Umschlag des Umlaufvermögens,
– Verhältnis Umlaufvermögen zu kurzfristigem Fremdkapital,
– dynamischer Verschuldungsgrad.

Praktisch ist durch die in der Literatur beschriebenen Diskriminanzanalysen der wissenschaftliche Beweis für eine alte Kaufmannsweisheit geliefert worden, nämlich daß Unternehmen, die

– ein niedriges Eigenkapital haben,
– nur eine geringe oder sogar eine negative Gewinnspanne erzielen,
– im Verhältnis zum Umsatz zu hohe Vorräte und Außenstände besitzen,
– verhältnismäßig hohe kurzfristige Schulden ausweisen und
– lange Fristen zur Schuldentilgung benötigen,

leicht insolvent werden können.

2. Beschreibung der multivariaten Diskriminanzanalyse

Diskriminanzanalyse (Unterscheidungsanalyse) ist ein statistisches Verfahren zur Analyse von Gruppenunterschieden. Es ermöglicht, Elemente einer Grundgesamtheit (hier Unternehmen) in zwei (hier solvente und insolvenzgefährdete Unternehmen) oder mehrere Gruppen durch ein oder mehrere Merkmale (hier Kennzahlen der Bilanzanalyse) mit einer bestimmten Wahrscheinlichkeit zu unterscheiden. Anders ausgedrückt heißt das, mit Hilfe der Diskriminanzanalyse werden Kennzahlen der Bilanzanalyse auf ihre Tauglichkeit zur Früherkennung negativer Unternehmensentwicklungen getestet.

Benutzt man nur ein Merkmal (Kennzahl), so spricht man von einer univariaten Diskriminanzanalyse. Werden mehrere Merkmale benutzt, dann handelt es sich um eine multivariate Diskriminanzanalyse.

Als Ergebnis einer multivariaten Diskriminanzanalyse erhält man eine Diskriminanz-funktion, d.h. eine verdichtete Kennzahl. Sie besteht bei der Bilanzanalyse aus der Addition und eventuellen Subtraktion der entsprechend ihrer statistischen Bedeutung für eine möglichst maximale Trennung zwischen solventen und insolvenzgefährdeten Unternehmen gewichteten Kennzahlen. Die maximale Trennung ist dann gegeben, wenn die Distanz zwischen den Kennzahlenmittelwerten der beiden Gruppen möglichst groß und die Streuung der Kennzahlenwerte innerhalb einer Gruppe möglichst klein ist.

Die Diskriminanzfunktion, d.h. ein Bonitätsindikator, der aus einer verdichteten Kennzahl besteht, soll helfen, nicht untersuchte Unternehmen in solvente und insolvenzge-fährdete Unternehmen mit möglichst wenig Fehlklassifikationen zu unterscheiden. Die Brauchbarkeit einer multivariaten Diskriminanzanalyse für die Früherkennung negativer Unternehmensentwicklungen hängt von der Anzahl der Fehlklassifikationen ab.

Eine multivariate Diskriminanzanalyse für eine Bilanzanalyse erfolgt kurz zusammen-gefaßt in folgenden Schritten:

Es wird eine möglichst große Gruppe von Unternehmen, die in den letzten Jahren insolvent geworden sind (Testgruppe), und eine gleich große Gruppe ähnlicher Unternehmen, die in den letzten Jahren solvent geblieben sind (Kontrollgruppe), zusammengestellt.

Man ermittelt, durch welche Merkmale, auch Diskriminanzvariablen genannt (hier Kenn-zahlen der Bilanzanalyse), sich beide Gruppen in mindestens drei aufeinanderfolgenden Jahren voneinander unterscheiden. Hierbei werden möglichst viele Kennzahlen unter-sucht. Die Diskriminanzanalyse wählt die Kennzahlen aus, die den größten zusätzlichen Beitrag zur Trennung der Gruppen leisten.

Die Diskriminanzvariablen (Kennzahlen der Bilanzanalyse) werden gewichtet und zu einer Diskriminanzfunktion verknüpft. Die Gewichtung hängt von der statistischen Bedeu-tung der jeweiligen Kennzahl ab. Dabei gehen eine Rentabilitätskennzahl und der Ver-schuldungsgrad meistens mit einer hohen Gewichtung in die Diskriminanzfunktion ein.

Es wird ein Trennwert (cut-off-point) oder Trennkorridor ermittelt. Er wird so gewählt, daß die Fehlklassifikationen möglichst gering sind, d.h. daß solvente Unternehmen mög-lichst nicht als insolvenzgefährdet und insolvenzgefährdete Unternehmen möglichst nicht als solvent eingestuft werden. Wird ein Trennkorridor gewählt, bedeutet das, daß ein Teil der Unternehmen weder als solvent noch als insolvent gefährdet eingestuft wird, weil eine klare Klassifizierung nicht möglich ist. In der Vergangenheit hat sich gezeigt, daß die Trennfähigkeit einer Diskriminanzfunktion aufgrund von 3–4 Kennziffern, d.h. wenn die Diskriminanzfunktion mindestens eine Rentabilitätskennzahl, den Verschuldungsgrad und die Umschlagshäufigkeit des Umlaufvermögens erfaßt, der Trennfähigkeit einer Diskri-minanzfunktion von bis zu 30 Kennziffern kaum unterlegen ist.

Die ermittelte Diskriminanzfunktion ist abschließend an einer möglichst großen Zahl von Kontrollstichproben zu testen. Dabei ist zu prüfen, ob die Kennzahlen von Unternehmen, die nicht zur Ermittlung der Diskriminanzfunktion benutzt wurden, zu den gleichen Ergebnissen führen, d.h. ob sie solvente von insolvenzgefährdeten Unternehmen trennen. Falls dies nicht der Fall ist, muß der gesamte Vorgang wiederholt werden.

Ebenfalls auf einer einzigen aus mehreren Kennzahlen verdichteten Kennzahl beruht die Bilanzanalyse mit Hilfe künstlicher neuronaler Netze. Die Ermittlung dieser verdichteten Kennzahl ist jedoch wesentlich aufwendiger. Es wird auf die diesbezügliche Literatur verwiesen (Baetge, Krause, Uthoff, Jerschensky).

Wegen der zu verarbeitenden großen Datenmengen wird in der Praxis ein Bilanzana-lytiker kaum vor der Aufgabe stehen, eine multivariate Diskriminanzanalyse oder ein künstliches neuronales Netz für eine Bilanzanalyse zu entwickeln (Baetge nahm z.B. je 393 Jahresabschlüsse von gesunden und kranken Unternehmen auf, die von je 131 gesunden und kranken Unternehmen stammten; insgesamt lagen der Entwicklung des BP-14 10515 Jahresabschlüsse gesunder und 912 Jahresabschlüsse kranker Unternehmen zugrunde). Aus diesem Grunde kann auf eine detaillierte Beschreibung verzichtet werden.

3. Kritische Würdigung der Bilanzanalyse mit Hilfe der multivariaten Diskriminanzanalyse

Mit Hilfe der multivariaten Diskriminanzanalyse wie auch der erwähnten künstlichen neuronalen Netze wird versucht, aufgrund empirischer Analysen die Kreditwürdigkeit von Unternehmen in einem einzigen Wert auszudrücken. Es handelt sich um einen verdichteten Wert, der Symptome andeutet. Will man die Ursachen für eine negative Unternehmensentwicklung wissen, müssen zusätzliche Recherchen angestellt werden. Darüber hinaus wird der Vorteil dieser »modernen« Verfahren der Bilanzanalyse (wie sie von Baetge, Küting/Weber und Rehkugler/Podding genannt werden), nämlich einen komplexen Sachverhalt in einer einzigen Zahl auszudrücken, durch die Anzahl der Fehlklassifizierungen und die Grauzone, d.h. die Fälle, bei denen eine klare Klassifizierung nicht möglich ist, sehr relativiert und ihre Verwendbarkeit begrenzt.

Es gibt folgende Kritikpunkte:

– Jahresabschlüsse sagen etwas über die Vergangenheit und nichts über die Zukunft aus. Aus dem Zahlenwerk von Jahresabschlüssen geht nicht hervor, ob und wenn ja in welcher Intensität sich eine negative Unternehmensentwicklung in Zukunft fortsetzt. Aus einer fundierten und qualitativ hochwertigen Bilanzanalyse, nicht aber aus einer aus Jahresabschlüssen ermittelten verdichteten Kennzahl, lassen sich jedoch aus der Vielzahl der genutzten Informationen Erkenntnisse über die wahrscheinliche zukünftige Entwicklung eines Unternehmens ableiten.
– Ein Wechsel in der Unternehmensleitung und eine Änderung der Unternehmenspolitik, die wesentliche strukturelle Veränderungen zur Folge haben können, werden bei der multivariaten Diskriminanzanalyse oder künstlichen neuronalen Netzen nicht berücksichtigt.
– Die bei einer multivariaten Diskriminanzanalyse und bei künstlichen neuronalen Netzen ermittelte verdichtete Kennzahl ist das Ergebnis der Analyse einer großen Anzahl von Unternehmen. Branchenspezifische oder sogar unternehmensspezifische Besonderheiten, unterschiedliche Finanzierung der Unternehmen (z.B. Leasingverbindlichkeiten, die nicht bilanziert werden, gegebene Sicherheiten), Veränderungen auf dem Kapitalmarkt (Zinsniveau), derivative Finanzinstrumente und der jeweilige Konjunkturzyklus werden in der Regel nicht berücksichtigt. Auch die Größe des Unternehmens, die Rechtsform und eine Konzernzugehörigkeit finden oft keine Beachtung.
– Die unterschiedlichen Rechnungslegungsnormen, wie HGB, IAS und US-GAAP, finden bei der Ermittlung der Diskriminanzfunktion, d.h. der Ermittlung des Unterschiedes zwischen der Gruppe der solventen Unternehmen und der Gruppe der insolventen Unternehmen, keine Berücksichtigung.
– Jahresabschlüsse, insbesondere deutsche Jahresabschlüsse, können bilanzpolitisch erheblich gefärbt sein. Nach dem HGB ist es z.B. möglich, negative Unternehmensentwicklungen durch stille Auflösung stiller Reserven zu vertuschen. (Bei-

spiel: Die Daimler-Benz AG wies im Jahresabschluß 1993 nach dem HGB einen Gewinn von 615 Mio. DM und im Jahresabschluß nach US-GAAP einen Verlust von 1.839 Mio. DM aus.) Bilanzpolitisch gefärbte Jahresabschlüsse – die man eigentlich gefälschte Rechenschaftsberichte nennen sollte – können somit bei einer Bilanzanalyse nur mit Hilfe der multivariaten Diskriminanzanalyse oder künstlicher neuronaler Netze zu groben Fehlklassifikationen führen.

– Bei Unternehmen aus neuen Branchen ist keine Bilanzanalyse mit Hilfe der multivariaten Diskriminanzanalyse oder künstlicher neuronaler Netze möglich, da wegen zu kurzer Geschichte dieser Unternehmen keine Diskriminanzfunktion ermittelt werden kann. Auch bei speziellen Branchen (z. B. Banken) kann man wegen der ungenügenden Anzahl insolventer Unternehmen in dieser Branche keine Diskriminanzfunktion ermitteln. Bei Unternehmen mit hohen immateriellen Vermögenswerten – die Anzahl solcher Unternehmen und der Umfang der immateriellen Vermögenswerte nimmt sehr stark zu –, bei denen oft sehr unterschiedliche Bilanzierungspraktiken angewendet werden, dürften Bilanzanalysen mit Hilfe der multivariaten Diskriminanzanalyse oder künstlicher neuronaler Netze zu einer hohen Anzahl von Fehlklassifikationen führen.

– Zwischenabschlüsse und andere Informationen der jüngsten Vergangenheit, die eine Änderung der wirtschaftlichen Lage in der Zukunft andeuten können, werden nicht berücksichtigt.

– Es gibt Bedenken bei der Anwendung der statistischen Verfahren.

– Die Anzahl der Fehlklassifizierungen und die Grauzone, d. h. die Fälle, bei denen eine klare Klassifizierung nicht möglich ist, sprechen nicht für eine hohe Qualität der multivariaten Diskriminanzanalyse und der künstlichen neuronalen Netze.

– Das Ergebnis der Klassifizierung kann von einem Externen nicht nachvollzogen werden.

Die Bilanzanalyse eines Unternehmens nur auf einer Bilanzanalyse auf Basis einer multivariaten Diskriminanzanalyse oder künstlicher neuronaler Netze, d. h. auf einem aus mehreren Kennzahlen zusammengesetzten Bonitätsindikator, aufzubauen, würde selbst bei einer Bilanzanalyse im Rahmen einer Kreditwürdigkeitsprüfung – ganz zu schweigen von einer Bilanzanalyse, die dem Gesetz zur Kontrolle und Transparenz im Unternehmensbereich (KonTraG) Genüge tun soll oder sogar bei einer Bilanzanalyse aus der Sicht eines Anteilseigners oder potentiellen Erwerbers – der Sache aus folgenden Gründen nicht gerecht:

– Eine solche Analyse berücksichtigt nur die Risiken und läßt Chancen (z. B. Forschungsergebnisse, neue Produkte) außer acht.

– Es findet keine Ursachenforschung statt. Nur eine strategische Analyse der mittel- und langfristigen Chancen und Risiken läßt in Verbindung mit einer Bilanzanalyse eine wirkliche Prognose zu.

– Markt- und Produktanalysen und eine Beurteilung des Managements lassen Krisenfälle oft eher erkennen, zumal solche Krisensituationen durch Bilanzpolitik für einen kleinen Zeitraum verschleiert werden können.

Die Diskriminanzanalyse und die künstlichen neuronalen Netze eignen sich somit nur für eine erste überschlägige Analyse, wie z. B. im Massengeschäft der Banken (z. B. Diskontierung von Wechseln). Eine detaillierte Bilanzanalyse, insbesondere eine Erfolgsanalyse einschließlich einer Analyse der Veränderung der stillen Reserven, und eine Unternehmensanalyse können sie nicht ersetzen.

4. Anwendung in der Praxis

In der Praxis werden multivariate Diskriminanzanalysen von einigen Kreditinstituten genutzt (siehe Meyer, Claus: Kunden-Bilanzanalyse der Kreditinstitute. 2. Aufl., Stuttgart 2000 und Dicken, André Jacques: Kreditwürdigkeitsprüfung. 2., durchgesehene Aufl., Berlin 1999). Die benutzten Kennzahlen und die Gewichtungsfaktoren werden von den Kreditinstituten jedoch nicht bekanntgegeben.

Von der BPA Baetge & Partner GmbH & Co. Auswertungszentrale KG, Münster, kann man sich BP-14 Bilanzbonitäts-Ratings erstellen lassen (Preis 750,– DM zuzüglich MwSt. für die Auswertung eines Unternehmens; ab 5. Unternehmen 500,– DM zuzüglich MwSt.; die Erfassung der Daten hat durch den Kunden zu erfolgen). Das BP-14 wurde 1995 am Institut für Revisionswesen der Westfälischen Wilhelms-Universität Münster (IRW) in Zusammenarbeit mit der BPA Baetge & Partner GmbH & Co. Auswertungszentrale KG entwickelt. Es handelt sich um ein künstliches neuronales Netz. Die in BP-14 verwendeten 14 Kennzahlen sind aus der Literatur bekannt, die Gewichtigungsfaktoren und die zugrundeliegenden Entscheidungen jedoch nicht (Baetge, Jörg: Bilanzanalyse. Düsseldorf 1998).

In diesem Zusammenhang kann folgender Artikel aus der »Blick durch die Wirtschaft« vom 23. 12. 1992 von Interesse sein:

Zweifel am ›Fortbestand‹ ohne Bedeutung
Britische Gesellschaften scheitern mit und ohne Warnung im Testat

Ein eingeschränktes Testat eines britischen Abschlußprüfers wegen Zweifels am Fortbestand des Unternehmens hat wenig zu bedeuten. Das Unternehmen mag durchaus fortbestehen, wie umgekehrt Unternehmen mit uneingeschränktem Testat bereits zum Scheitern verurteilt sind. Diese ernüchternde Erkenntnis hat sich aus einer Untersuchung der City University Business School in London von 107 börsennotierten Aktiengesellschaften ergeben, die in den Jahren 1977 bis 1986 ihre Tätigkeit aufgeben mußten.

Seit 1985 enthält das britische Aktiengesetz Vorschriften, wonach die Posten im Abschluß der Gesellschaft unter dem Gesichtspunkt eingestellt und bewertet werden müssen, daß das Unternehmen über die nächsten zwölf Monate weiterarbeiten wird. In den Bestimmungen über die Prüfung der Unternehmens-Abschlüsse wird das Prinzip des »weiterarbeitenden Unternehmens« als »fundamentales Konzept« bezeichnet. Hat der Prüfer Zweifel, so muß er das den Aktionären zur Kenntnis geben, zum Beispiel mit Hinweisen darauf, daß schwere Verluste entstanden sind, daß die laufenden Verbindlichkeiten die kurzfristigen Aktiva übersteigen, daß die Geschäftsleitung über eine Umschuldung verhandelt. Er muß klarmachen, daß angesichts dieser Gefahren die Aktiva niedriger bewertet, auf der Passivseite zusätzliche Vorsorge für neue Verpflichtungen getroffen werden müßte und daß Posten des Anlagevermögens sowie langfristige Verbindlichkeiten als kurzfristige Posten eingestuft werden sollten.

Von den gescheiterten Gesellschaften hatten nur 26 Prozent einen solchen Hinweis als Teil des Testats. Aber weitere 71 Prozent mit einem solchen schwerwiegenden Hinweis überlebten. Der Anteil derer von ihnen, die nach einer solchen Warnung scheiterten, war nicht höher als der Anteil derer, die ohne eine solche Warnung scheiterten. Diese Ergebnisse bestätigen die Notwendigkeit, daß der Prüfer sich mit der Geschäftsleitung ausführlicher darüber unterhält, was sie zu ihrer Überzeugung vom Fortbestand des Unternehmens veranlaßt. Es gibt Vorschläge, daß ihm auferlegt werden sollte, zum Beispiel die Fälligkeitstermine bedeutender Schuldpositionen, die Chancen laufender gerichtlicher Prozesse, die Gefahr von Arbeitsstreitigkeiten und anderes näher ins Auge zu fassen. In der Untersuchung wird der Verdacht geäußert, daß manche Abschlußprüfer vor solchen Hinweisen im Testat zurückschrecken aus Furcht, die Gesellschaft als Kunden zu verlieren. Es scheint, daß die sehr großen Wirtschaftsprüfer-Gesellschaften sich nicht anders verhalten als die kleinen.

Dieser Artikel dürfte zeigen, daß die Beurteilung des Fortbestandes eines Unternehmens, wie sie auf Grund des KonTraG seit zwei Jahren durch den Abschlußprüfer auch in Deutschland vorzunehmen ist, nicht einfach auf Basis von Bewertungsmaßnahmen, durch Angabe weniger Kennzahlen oder mit Hilfe der multivariaten Diskriminanzanalyse bzw. künstlicher neuronaler Netze ohne Berücksichtigung zukunftsrelevanter Informationen vorgenommen werden sollte, sondern einer fundierten und qualitativ hochwertigen Bilanzanalyse bedarf.

Wer sich mehr für die Früherkennung negativer Unternehmensentwicklungen und die »legalen Bilanzmanipulationen« britischer Aktiengesellschaften, die sowohl dem EG-Bilanzrecht als auch der »true and fair view« verpflichtet sind, interessiert, findet sie in dem Bestseller: Terry Smith: Accounting for Growth – Stripping the Camouflage from Company Accounts, London, 1992. Der Verfasser dieses Bestsellers ist einer der renommiertesten Bilanzanalytiker der Londoner City. Gemäß Presseberichten sollte das Buch auf Druck eines analysierten Unternehmens nicht erscheinen, und der Verfasser wurde auf Druck dieses Unternehmens von einem Investmenthaus entlassen.

IV. Früherkennung negativer Unternehmensentwicklungen durch eine Ratingagentur

1. Allgemeines

Die Kritik an der Früherkennung negativer Unternehmensentwicklungen mit Hilfe der multivariaten Diskriminanzanalyse und künstlicher neuronaler Netze gaben Anlaß, auch die Früherkennung negativer Unternehmensentwicklungen durch eine Ratingagentur darzustellen. Wesentliche Kritikpunkte waren, daß die multivariate Diskriminanzanalyse und künstliche neuronale Netze

- nur die Symptome und keine Ursachen für mögliche negative Unternehmensentwicklungen zeigen,
- keine Erkenntnisse über die zukünftige Entwicklung bieten,
- unternehmensspezifische und branchenspezifische Besonderheiten sowie die konjunkturelle Lage nicht berücksichtigen,
- die unterschiedlichen Rechnungslegungsnormen, insbesondere die bilanzpolitischen Möglichkeiten der nach dem HGB erstellten Jahresabschlüsse, nicht berücksichtigen.

2. Rating durch eine Ratingagentur

Im Prinzip ist die Vorgehensweise bei einem Rating ähnlich der bei einer fundierten und qualitativ hochwertigen Bilanzanalyse. Der Unterschied besteht hauptsächlich darin, daß bei einem Rating die zusätzlichen Informationen, die das Geschäftsrisiko betreffen, ein sehr starkes Gewicht haben. Bei einem Rating wird ein Gesamturteil über die Bonität in Form eines Symbols veröffentlicht, das subjektiv ist und von Dritten nicht in allen Einzelheiten überprüfbar ist.

Die Vorgehensweise einer Ratingagentur ist mit der Früherkennung negativer Unternehmensentwicklungen mit Hilfe der multivariaten Diskriminanzanalyse und künstlicher neuronaler Netze, da hier nur Bilanzkennzahlen verarbeitet werden, absolut nicht vergleichbar.

Nachstehend werden kurz die Ratingagenturen, die Funktion und die Ziele des Rating, der Ablauf eines Ratingverfahrens und das Ergebnis eines Rating geschildert.

a) Die Ratingagenturen

Die ältesten und international führenden Ratingagenturen sind Moody's Investors Service und Standard & Poor's Corporation. Moody's Investors Service und Vorgänger von Standard & Poor's Corporation wurden Anfang dieses Jahrhunderts in den USA gegründet. In den USA existieren noch weitere Ratingagenturen, wie Fitch IBCA, die eine gewisse internationale Bedeutung hat, und Duff & Phelps.

Von nationaler Bedeutung gibt es darüber hinaus noch Ratingagenturen in Japan. In einigen europäischen Ländern gibt es Ratingagenturen von einer gewissen nationalen Bedeutung, sie wurden aber teilweise von Standard & Poor's aufgekauft.

Rating bedeutet die Beurteilung von Kreditrisiken. In der Regel werden Ratings bestimmten Emissionen, z.B. bestimmten lang- oder den kurzfristigen Schuldverschreibungen, erteilt, d.h. einzelne Finanzinstrumente werden geratet. Für Banken gibt es auch ein Depositen-Rating, d.h. ein Rating für alle Spar-, Sicht- und Termineinlagen im Privatkundengeschäft und für das Interbankengeschäft. Rating bedeutet somit nicht die Beurteilung der Aktien eines Unternehmens.

Ratings werden in der Regel von den Emittenten in Auftrag gegeben. Es kommt aber auch vor, daß Ratingagenturen ohne Auftrag des Emittenten handeln. In diesem Falle stehen den Ratingagenturen nur die öffentlich zugänglichen Informationen zur Verfügung.

Ratings werden nicht nur von Ratingagenturen, sondern auch von Kreditinstituten zur Beurteilung des Kreditrisikos bei ihren eigenen Kunden vorgenommen. Die Ratings der einzelnen Kreditinstitute sind unterschiedlich gestaltet und mit den Ratings der Ratingagenturen kaum vergleichbar.

Die nachfolgenden Ausführungen beziehen sich nur auf die seit langer Zeit bestehenden Ratingagenturen.

b) Funktion und Ziele des Rating

Ein Rating ist die Meinung einer unabhängigen Ratingagentur über die Wahrscheinlichkeit der zeitgerechten und vollständigen Bezahlung von Zins- und Tilgungsverpflichtungen eines Schuldners. Die Ratingklassifizierung soll ein Maßstab für die Messung des Ausfallrisikos sein. Ein Rating hilft dem Emittenten, eine Emission leichter zu plazieren, und dem potentiellen Gläubiger, sein Ausfallrisiko besser einzuschätzen und sein Kreditportfolio unter Risiko-/Renditegesichtspunkten besser zu strukturieren.

c) Ablauf eines Ratingverfahrens

Von der Beantragung bis zur Bekanntgabe des Ergebnisses eines Rating können ein bis zu drei Monate vergehen. Die Analyse erfolgt auf Basis der Daten der letzten fünf Geschäftsjahre und der Plandaten des laufenden und der nächsten Geschäftsjahre.

Neben den von börsennotierten Unternehmen veröffentlichten Informationen sind von der Gesellschaft zusätzliche Unterlagen zu liefern.

Die zusätzlichen Unterlagen betreffen die Beschreibung des Unternehmens, insbesondere die Unternehmensstrategie, eine detaillierte Beschreibung der einzelnen Geschäftsbereiche mit quantitativen und qualitativen Informationen und detaillierter Darstellung der Wettbewerbssituation, Informationen zur finanziellen Steuerung und Kontrolle des Unternehmens, zum Planungs- und Berichtswesen und zur Informationstechnologie. Ferner sind Angaben über Maßnahmen der Aufsichtsbehörden, Rechtsstreitigkeiten, wichtige Verträge und mögliche Akquisitionen zu machen. Bei Unternehmen, die nach dem HGB bilanzieren, gehören außerdem eine Vielzahl von Informationen zu dem Jahresabschluß dazu, damit der Informationswert des Jahresabschlusses IAS- bzw. US-GAAP-Niveau erreicht. Die Ratingagenturen geben detaillierte Hinweise zu ihren Informationswünschen.

Die Ratingagenturen machen zunächst eine Analyse des Länderrisikos des Sitzlandes des Unternehmens, weil die Schuldverschreibungen international gehandelt werden. Anschließend erfolgt eine Analyse der Rahmenbedingungen der Branche, wie Wachstumsaussichten bzw. rückläufige Entwicklungen, Chancen und Risiken des technologischen Wandels, staatliche Regulierung und konjunkturelle Abhängigkeiten. Mit der Analyse der Rahmenbedingungen einer Branche ist eine Analyse der Wettbewerbsintensität, einschließlich der Markteintrittsbarrieren, verbunden.

Die Analyse des Geschäftsrisikos umfaßt eine ausführliche Analyse der Stärken und Schwächen der Marktposition und aller Bereiche des Unternehmens.

Nach Vornahme obiger Analysen (Länderrisiko, Branchenrisiko, Geschäftsrisiko) erfolgt eine Untersuchung des Finanzrisikos, die im wesentlichen aus einer umfassenden Bilanzanalyse besteht.

Abschließend werden das Management und seine Strategie beurteilt. Besonders wichtig ist hierbei, wie das Management bei neuen Entwicklungen am Markt und bei Krisensituationen reagiert. Die Qualität des Managements ist praktisch kaum quantifizierbar, weshalb seine Beurteilung zwangsläufig sehr subjektiv ist.

Auf Basis der vorgenommenen Analysen erstellt die Ratingagentur eine Unternehmenspräsentation. Diese wird der Unternehmensleitung in einem 1–2 Tage dauernden Gespräch vorgestellt. Der Vorstandsvorsitzende hat dabei über die Strategie des Unternehmens, der Finanzvorstand über die finanzielle Situation und die Leiter der Geschäftsbereiche über die Entwicklung ihrer Geschäftsbereiche zu referieren, damit sich die Analysten ein endgültiges Bild über das Unternehmen verschaffen können.

Die Erstellung der Unternehmensbeurteilung erfolgt durch ein Ratingkomitee. Es besteht aus mehreren Personen, die die Branche und das Umfeld des Emittenten kennen.

Die geplante Vorgehensweise der neuen deutschen Ratingagenturen ist mehr oder weniger anders als die der oben erwähnten Ratingagenturen Moody's und Standard & Poor's. Die Vorgehensweise von EuroRatings AG kommt der von Moody's und Standard & Poor's am nächsten. Bei URA Unternehmens Ratingagentur AG und RS Rating Services AG zeichnet sich eine gewisse, jedoch unterschiedliche Standardisierung ab. Baetge & Partner werden sehr standardisiert vorgehen; es handelt sich um die Zusammenfassung des BP-14 Bilanzbonitäts-Rating mit der Auswertung der Informationen der Creditreform-Wirtschaftsauskünfte. Informationen über die Entwicklung des Rating in Deutschland können dem Internet unter www.everling.de entnommen werden.

d) Ergebnis eines Rating

Als Ergebnis eines Rating vergibt die Ratingagentur ein Ratingsymbol. Das Ergebnis des Rating ist nicht nur eine Auswertung von Kennzahlen, sondern es umfaßt auch die Auswertung aller für eine Bonitätsbeurteilung relevanten Faktoren. Grundsätzlich gilt, je besser die künftigen Cash-flows aufgrund der vorhandenen Informationen voraus- gesagt werden können und je größer die Sicherheitsmarge zwischen dem Cash-flow und den Zahlungsverpflichtungen aus dem Schuldendienst ist, desto besser ist das Rating.

Nachstehend werden die Ratingsymbole von Moody's Investors Service und Standard & Poor's mit Angabe ihrer Bedeutung für langfristige und kurzfristige Schuldverschreibun- gen wiedergegeben (entnommen aus Büschgen/Everling: Handbuch Rating. Wiesbaden 1996):

Moody's Ratings für langfristige Schuldverschreibungen

Aaa: Aaa gerateten langfristigen Schuldverschreibungen wird die höchste Qualität beigemes- sen. Sie bergen das geringste Anlagerisiko in sich und werden allgemein als »erstklassig« bezeichnet. Die Zinszahlungen sind durch eine große oder ungewöhnlich stabile Sicher- heitsmarge gewährleistet und die Rückzahlung des Kapitals wird als sicher angesehen. Obwohl sich die verschiedenen Sicherungselemente durchaus ändern können, wird dies – sofern abschätzbar – aller Wahrscheinlichkeit nach die fundamental starke Stellung solcher Emissionen nicht beeinträchtigen.

Aa: Aa gerateten langfristigen Schuldverschreibungen wird eine hohe Qualität beigemessen. Zusammen mit Aaa gerateten Schuldverschreibungen bilden derartige Emissionen die Gruppe der sogenannten »Güteklasse«. Sie sind jedoch unterhalb der bestbewerteten Schuldverschreibungen anzusiedeln, da Sicherheitsmargen vergleichsweise geringer sein können und die Ausprägungen der Sicherungselemente stärker schwanken. Des weiteren können andere Faktoren das langfristige Risiko größer erscheinen lassen, als dies bei Aaa gerateten Wertpapieren der Fall ist.

A: A geratete langfristige Schuldverschreibungen weisen viele günstige Anlageeigenschaften auf und sollten als Wertpapiere der oberen Mittelklasse angesehen werden. Kriterien, die Zins- und Kapitalrückzahlung sichern sollen, werden als angemessen betrachtet. Gleich- wohl können Faktoren vorliegen, die eine Anfälligkeit für Verschlechterungen in der Zukunft erkennen lassen.

Baa: Baa geratete langfristige Schuldverschreibungen werden als Wertpapiere von mittlerer Qualität angesehen (d. h. sie besitzen weder einen hohen noch niedrigen Deckungsgrad). Die Sicherung von Zins- und Kapitalrückzahlungen erscheint gegenwärtig angemessen. Gleichwohl können bestimmte Gütekriterien fehlen oder sich längerfristig als nicht ver- läßlich herausstellen. Entsprechende Schuldverschreibungen lassen eine hochgradige Investmentqualität vermissen und bergen bereits spekulative Elemente in sich.

Ba: Ba geratete langfristige Schuldverschreibungen werden als Wertpapiere mit spekulativen Elementen angesehen; ihre Bedienung muß als nicht gut gesichert eingestuft werden. Der Spielraum für Kapitaldienst kann häufig sehr moderat ausfallen und ist für die Zukunft weder unter guten noch schlechten Bedingungen eindeutig gewährleistet. Entsprechende Wertpapiere sind durch die Ungewißheit der Verhältnisse charakterisiert.

B: B gerateten langfristigen Schuldverschreibungen fehlen üblicherweise die Eigenschaften einer erstrebenswerten Kapitalanlage. Die Zuverlässigkeit des Kapitaldienstes bzw. die Einhaltung anderer Emissionsbedingungen über einen längeren Zeitraum kann gering sein.

Caa: Caa geratete langfristige Schuldverschreibungen haben ein geringes Standing. Entsprechende Wertpapiere können sich bereits in Zahlungsverzug befinden, oder aber der Kapitaldienst ist akut gefährdet.

Ca: Ca geratete langfristige Schuldverschreibungen stellen hochspekulative Titel dar. Entsprechende Wertpapiere befinden sich oftmals bereits in Zahlungsverzug oder werden durch andere Vertragsverletzungen belastet.

C: C geratete langfristige Schuldverschreibungen sind in die niedrigste Kategorie eingestuft worden. Entsprechende Wertpapiere haben extrem schlechte Voraussetzungen, jemals echte Anlageeigenschaften zu entwickeln.

Moody's Ratings für langfristige Schuldverschreibungen finden – sofern im Einzelfall angegeben – auch Anwendung auf erstrangige Zahlungsverpflichtungen von Banken und auf Verbindlichkeiten von Versicherungsgesellschaften aus erstrangigen Policen und Forderungen mit einer Ursprungslaufzeit von mehr als einem Jahr. Verbindlichkeiten, die auf der Unterstützung durch Dritte basieren – beispielsweise durch Berücksichtigung von Bürgschaften oder Bankgarantien – sind ausgenommen, sofern sie nicht ein eigenes Rating erhalten haben.

Anmerkung:
Moody's verwendet in den Ratingkategorien Aa bis B numerische Unterteilungen. Die Zahl »1« bedeutet, daß entsprechende Schuldverschreibungen in das obere Drittel der Ratingkategorie einzuordnen sind, während »2« und »3« das mittlere bzw. das untere Drittel anzeigen.

Moody's Ratings für kurzfristige Schuldverschreibungen

Moody's Ratings für kurzfristige Schuldverschreibungen sind Meinungen über die Fähigkeit eines Emittenten, seine erstrangigen Schuldverschreibungen vollständig und termingerecht zurückzuzahlen. Entsprechende Schuldverschreibungen haben eine Ursprungslaufzeit von höchstens einem Jahr, sofern nicht ausdrücklich anders gekennzeichnet.

Moody's verwendet die nachfolgenden Ratingkategorien für die Einstufung von Emittenten entsprechend ihrer relativen Fähigkeit zur Erfüllung von Zahlungsverpflichtungen. Die ersten drei Kategorien haben Investmentqualität.

Prime-1: Emittenten (oder unterstützende Dritte), die Prime-1 geratet werden, verfügen in herausragender Weise über die Fähigkeit, ihre erstrangigen kurzfristigen Schuldverschreibungen zu bedienen. Eine als Prime-1 geratete Schuldendienstfähigkeit ist gewöhnlich durch die folgenden Merkmale gekennzeichnet:

– Führende Marktstellung in gut etablierten Wirtschaftszweigen
– Hohe Kapitalrentabilität
– Konservative Kapitalstruktur mit nur moderatem Fremdkapitalanteil und hoher Werthaltigkeit der Aktiven
– Hohe Deckung finanzieller Belastungen durch laufende Erträge und hohes internes Cash Flow-Aufkommen
– Sicherer Zugang zu verschiedenen Finanzmärkten und Quellen alternativer Liquidität.

Prime-2: Emittenten (oder unterstützende Dritte), die Prime-2 geratet werden, verfügen in gutem Maße über die Fähigkeit, ihre erstrangigen kurzfristigen Schuldverschreibungen zurückzuzahlen. Für gewöhnlich wird dies durch die oben genannten Merkmale dokumentiert, wobei einzelne Faktoren in dieser Kategorie weniger stark ausgeprägt sein können. Ertragstrends und Deckungskennzahlen sind zwar solide, jedoch eher Schwankungen unterworfen. Die Kapitalstruktur ist angemessen, aber stärker von externen Faktoren abhängig. Alternative Liquidität ist reichlich vorhanden.

Prime-3: Emittenten (oder unterstützende Dritte), die Prime-3 geratet werden, verfügen in befriedigender Weise über die Fähigkeit, ihre erstrangigen kurzfristigen Schuldverschreibungen zurückzuzahlen. Branchen- und Marktentwicklungen haben üblicherweise einen stärkeren Einfluß auf den Emittenten. Schwankungen von Ertrag und Rentabilität können sich in der Sicherheitsmarge für die Schuldenbedienung niederschlagen und zeitweise einen relativ hohen Verschuldungsgrad erfordern. Alternative Liquidität ist in angemessenem Umfang vorhanden.

Not Prime: Emittenten, die als Not Prime eingestuft werden, fallen in keine der Prime-Ratingkategorien.

Standard & Poor's Ratings für langfristige Schuldverschreibungen

AAA   Dies ist das höchste von S&P vergebene Rating. Außergewöhnlich große Fähigkeiten zur Zinszahlung und Kapitalrückzahlung.

AA   Sehr große Fähigkeit zur Zinszahlung und Kapitalrückzahlung. Nur geringfügige Unterschiede zur höchsten Bewertungsstufe.

A   Starke Fähigkeit zur Zinszahlung und Kapitalrückzahlung, jedoch etwas anfälliger gegenüber nachteiligen Auswirkungen von Veränderungen äußerer Umstände und wirtschaftlicher Bedingungen als die höher eingestuften Schuldtitel.

BBB   Ausreichende Fähigkeit zur Zinszahlung und Kapitalrückzahlung. Derartige Schuldtitel verfügen normalerweise über ausreichende Schutzparameter, jedoch können nachteilige wirtschaftliche Bedingungen zu einer verminderten Zahlungsfähigkeit führen.

Es wird davon ausgegangen, daß die mit BB, B, CCC, CC und C bewerteten Schuldtiteln in bezug auf die Fähigkeit zur Zinszahlung und Kapitalrückzahlung vorherrschend spekulative Merkmale aufweisen. BB gibt die niedrigste, C die höchste Spekulationsklasse an. Zwar verfügen auch derartige Schuldtitel in den meisten Fällen über gewisse Qualitäts- und Schutzmerkmale, eine größere Rolle jedoch spielen die hohen Unsicherheitsfaktoren bzw. die erheblichen Risiken gegenüber nachteiligen Bedingungen.

BB   Geringere kurzfristige Anfälligkeit gegenüber Zahlungsverzug als bei den anderen als spekulativ eingestuften Schuldtiteln. Unterliegt jedoch aktuellen Unsicherheiten oder Risiken gegenüber nachteiligen Geschäfts-, Finanz- oder Wirtschaftsbedingungen, die zu einer unzulänglichen Fähigkeit zur fristgerechten Leistung von Zins- und Kapitalzahlungen führen können.

B   Höhere Anfälligkeit gegenüber Zahlungsverzug, verfügt jedoch gegenwärtig über die Fähigkeit zur Zinszahlung und Kapitalrückzahlung. Es ist wahrscheinlich, daß nachteilige Geschäfts-, Finanz- oder Wirtschaftsbedingungen die Fähigkeit oder Bereitschaft zur Zinszahlung und Kapitalrückzahlung beeinträchtigen.

CCC   Aktuell nachweisbare Anfälligkeit gegenüber Zahlungsverzug. Zur fristgerechten Zinszahlung und Kapitalrückzahlung sind günstige Geschäfts-, Finanz- oder Wirtschaftsbedingungen zwingend erforderlich. Im Falle nachteiliger Geschäfts-, Finanz- oder Wirtschaftsbedingungen gilt es als unwahrscheinlich, daß die Fähigkeit zur Zinszahlung und Kapitalrückzahlung aufrechterhalten werden kann.

CC   Dieses Rating wird normalerweise an Schuldtitel vergeben, die vorrangigen Schuldtiteln nachgeordnet sind, für die ein tatsächliches oder angenommenes CCC-Rating erteilt wurde.

C   Dieses Rating wird normalerweise an Schuldtitel vergeben, die vorrangigen Schuldtiteln nachgeordnet sind, für die ein tatsächliches oder angenommenes CCC-Rating erteilt wurde. Es kann ebenfalls angewandt werden, um unverzüglich bevorstehenden Zahlungsverzug anzuzeigen.

D   Schuldtitelemission ist in Zahlungsverzug oder Schuldner hat Konkursverfahren angemeldet. Das D-Rating wird erteilt, wenn die Leistung der Zins- oder Kapitalzahlungen am Fälligkeitsdatum nicht erfolgt ist, selbst wenn die entsprechende Nachfrist noch nicht abgelaufen ist – es sei denn, S&P ist der Überzeugung, daß solche Zahlungen innerhalb dieser Nachfrist tatsächlich geleistet werden.

+/–   Die Ratings von AA bis CCC können durch Hinzufügen eines Plus- oder Minuszeichens abgeändert werden, um die relative Stellung innerhalb der Hauptbewertungskategorien zu verdeutlichen.

           Wurde das tatsächliche oder angenommene Rating der erstrangigen Schuldtitel eines Emittenten mit AAA beziffert, so werden die hierzu nachgeordneten Schuldtitel mit AAA oder AA+ bewertet. Ist das tatsächliche oder angenommene Rating der erstrangigen Schuldtitel eines Emittenten niedriger als AAA, jedoch höher als BB+, so werden die hierzu nachgeordneten Schuldtitel im Normalfall um eine Stufe niedriger bewertet als die erstrangigen Schuldtitel. Wurde z. B. den erstrangigen Schuldtiteln das Rating A zugeteilt, so würden die nachgeordneten Schuldtitel normalerweise mit A– bewertet. Ist das tatsächliche oder angenommene Rating der erstrangigen Schuldtitel eines Emittenten BB+ oder niedriger, so werden die nachgeordneten Schuldtitel im Normalfall um zwei Stufen niedriger bewertet als die erstrangigen Schuldtitel.

Standard & Poor's Ratings für Commercial Papers

Ein S&P-Rating für Commercial Papers ist eine aktuelle Bewertung der Wahrscheinlichkeit der fristgerechten Zahlung von Schuldverschreibungen mit einer ursprünglichen Laufzeit von bis zu 365 Tagen, wie z. B. bei von Industrieunternehmen emittierten kurzfristigen Schuldtiteln (Commercial Papers). Zusätzlich zum normalen Rating für langfristige Schuldtitel kann dieses Rating auch für langfristige Schuldtitel vergeben werden, wenn diese eine Bestimmung enthalten, die es dem Besitzer ermöglicht, die Schuldverschreibungen in weniger als einem Jahr wieder in das Unternehmen einfließen zu lassen. Mittelfristigen Schuldverschreibungsprogrammen werden langfristige Ratings zugeordnet.

Ratings werden in mehrere Kategorien aufgegliedert, von A-1 für die hochwertigsten Obligationen bis D für die qualitativ niedrigsten.

A-1   Diese höchste Kategorie zeigt an, daß ein hoher Sicherheitsgrad bezüglich fristgerechter Zahlung besteht. Schuldverschreibungen mit besonders ausgeprägten Sicherheitsmerkmalen werden zusätzlich mit einem Pluszeichen (+) gekennzeichnet.

A-2   Fähigkeit zur fristgerechten Zahlung ist zufriedenstellend. Jedoch ist der relative Sicherheitsgrad niedriger als für die mit A-1 gekennzeichneten Emissionen.

A-3   Ausreichende Fähigkeit zur fristgerechten Zahlung. Derartige Schuldtitel sind jedoch anfällig gegenüber nachteiligen Auswirkungen von veränderten Umständen als die höher eingestuften Schuldtitel.

B   Nur spekulative Fähigkeit zur fristgerechten Zahlung.

C   Kurzfristige Schuldtitel mit zweifelhaft erscheinender Zahlungsfähigkeit.

D   Die Obligation ist in Zahlungsverzug.

Definition des Ratingausblicks von S&P

Der S&P Rating-Ausblick ist eine Einschätzung der potentiellen Richtung eines langfristigen Ratings für einen Schuldtitel eines Emittenten über eine mittelfristige oder langfristige Zeitspanne. Bei der Festlegung eines Ratingausblicks werden alle Veränderungen in der Wirtschaft und/oder den grundlegenden geschäftlichen Bedingungen berücksichtigt. Ein Ausblick ist nicht unbedingt ein Hinweis auf eine Veränderung des Ratings oder auf eine künftige Aufnahme in die Credit-Watch-Liste.

Positiv: Gibt an, daß das Rating heraufgestuft werden könnte.
Negativ: Bedeutet, daß das Rating herabgestuft werden könnte.
Stabil: Gibt an, daß die Wahrscheinlichkeit für eine Veränderung der Ratings gering ist.

Darüber hinaus vergeben Ratingagenturen noch Ratingsymbole für

- Vorzugsaktien,
- kurzfristige Finanzgeschäfte, im wesentlichen derivative Finanzinstrumente (Counter-party-Ratings),
- Bankdepositen,
- Financial Strength-Ratings für Banken,
- Financial Strength-Ratings für Versicherungen,
- Investmentfonds.

Das Rating wird laufend überprüft und ggf. geändert. Wenn sich die Wahrscheinlichkeit einer Bonitätsveränderung des Emittenten erhöht, wird das Rating zunächst auf eine Überwachungsliste (»Watch List« oder »Credit Watch«) gesetzt, und der Emittent und die Öffentlichkeit werden davon informiert.

e) Kritik

Das Rating besteht aus einem einzigen Symbol mit der Angabe der dem Symbol zugrundeliegenden Informationen. Es wird nicht gesagt, wie die einzelnen Informationen gewichtet worden sind. Die von Dritten rechnerisch nicht nachvollziehbare Ermittlung des Rating ist der Preis dafür, daß in dem Rating nicht nur quantitative Daten wie Bilanzkennziffern, sondern auch qualitative Informationen, zum Teil sogar vertrauliche Informationen und von dritter Seite erhaltene Informationen, verarbeitet sind.

Die Nutzung von qualitativen Informationen kann auch dazu führen, daß zwei Ratingagenturen unterschiedliche Ratings vergeben. Nicht zuletzt diese Tatsache ist ein Beweis dafür, daß ein Rating nicht immer genau berechnet werden kann.

Da eine Bilanzierung nach dem HGB nicht betriebswirtschaftlichen Erfordernissen entspricht, das Niveau der Leistungen deutscher Wirtschaftsprüfer im Vergleich zu den USA nicht hoch ist und eine strenge Kapitalmarktaufsichtsbehörde wie in den USA, die das Recht, Wirtschaftsprüfern oder Wirtschaftsprüfungsgesellschaften vorübergehend die Lizenz zu entziehen, in Deutschland nicht existiert, kann es ein Schwachpunkt beim Rating durch eine Ratingagentur in Deutschland sein, wenn sich die Ratingagentur voll auf den Bericht und das Testat des Wirtschaftsprüfers verläßt und wesentliche Fakten, die Einfluß auf die Bonität des Unternehmens haben, nicht erkennt. Zum Beispiel wurde die Emission einer geratenen Anleihe der Flowtex im letzten Moment gestoppt, da der Betriebsprüfer des Finanzamtes und nicht der Wirtschaftsprüfer festgestellt hatte, daß wesentliche Teile des Vermögens nicht existierten.

Vergleicht man die Kritik an der Früherkennung negativer Unternehmensentwicklungen mit Hilfe der multivariaten Diskriminanzanalyse oder künstlicher neuronaler Netze mit der Kritik an der Früherkennung negativer Unternehmensentwicklungen mit Hilfe des Rating, so stellt man zwei wesentliche Unterschiede fest. Beim ersten Fall werden nur wenige Bilanzkennzahlen, deren Logik nicht immer erklärbar ist, standardisiert zu einem objektiven Gesamturteil, ausgedrückt in einer einzigen Kennzahl, verarbeitet, wobei die Gewichtung der einzelnen Bilanzkennzahlen meistens nicht bekannt gegeben wird. Die Bilanzkennzahlen können bilanzpolitisch gefärbt sein. Zukunftsrelevante Informationen werden nicht verarbeitet. Im zweiten Fall dagegen, d. h. beim Rating durch eine Ratingagentur, werden sämtliche verfügbaren quantitativen und qualitativen Informationen, die die Zukunft des Unternehmens beeinflussen können, durch ein Ratingkomitee, das die Branche und das Umfeld des Unternehmens kennt, ausgewertet. Die vom Unternehmen erhaltenen Informationen werden auf Vollständigkeit und Plausibilität hinterfragt. Ein auf Basis von qualitativen Informationen vergebenes Rating, das die Wahrscheinlichkeit zukünftiger Zahlungsausfälle ausdrücken soll, kann immer nur subjektiv ermittelt werden. Eine Bekanntgabe der Gewichtung der Informationen, die von den einzelnen Mitgliedern des Ratingkomitees bei der Festsetzung des Rating unterstellt wurde, erfolgt nicht; sie wäre auch wenig sinnvoll.

3. Wesentliche Unterschiede eines Rating durch eine Ratingagentur gegenüber einer Bilanzanalyse im Rahmen einer Kreditwürdigkeitsprüfung durch ein Kreditinstitut

Es bestehen die folgenden wesentlichen Unterschiede:

- Beim Rating durch eine Ratingagentur haben die zusätzlichen Informationen ein wesentlich höheres Gewicht.
- Eine Ratingagentur sollte ein höheres Branchen-Know-how besitzen, ein Kreditinstitut kennt die lokalen Verhältnisse besser.
- Die Kosten eines Rating durch eine Ratingagentur sind wesentlich höher.
- Beim Rating durch eine Ratingagentur werden in der Regel eine einzelne langfristige Schuldverschreibung oder die kurzfristigen Schuldverschreibungen eines Unternehmens unter Berücksichtigung der Sicherheiten geratet, während bei der Kreditwürdigkeitsprüfung die Zahlungsfähigkeit eines Unternehmens analysiert wird.
- Bei einem von einem Unternehmen beantragten Rating ist die »Macht« der Ratingagentur stärker, sensible Informationen (z. B. über das Management) zu erhalten, als bei einem Kreditinstitut, das mit dem Kreditkunden erstmalig oder stärker ins Geschäft kommen möchte. Andererseits ist es möglich, daß der Kreditgeber aufgrund der bisherigen Geschäftsbeziehungen und der räumlichen Nähe bereits nicht allgemein zugängliche Informationen besitzt.
- Das Rating wird veröffentlicht, die Kreditwürdigkeitsprüfung nicht. Das Rating muß deshalb »allumfassend« sein, weil es in der ganzen Welt publiziert wird, während die Kreditwürdigkeitsprüfung nur die speziellen Bedürfnisse des Kreditgebers in Hinblick auf seine individuelle Kreditentscheidung berücksichtigen muß.
- Das Ergebnis eines Rating ist die Vergabe eines Ratingsymbols. Die Vergabe eines Ratingsymbols ist für die Ratingagentur verkaufsfördernder als ein umfassendes verbales Krediturteil, da es den Nutzern des Rating, die die Auswahl unter vielen Schuldverschreibungen haben, schnelle Entscheidungen ermöglicht. Bei einer Kreditwürdigkeitsprüfung ist ein Ratingsymbol nicht unbedingt notwendig, da der Analyst jeweils nur einen einzelnen Kredit und dessen Höhe zu beurteilen hat. Bei einer Kreditwürdigkeitsprüfung kann das verbale Krediturteil individueller und deutlicher formuliert werden, da es nicht veröffentlicht wird.

V. Beurteilung des Fortbestandes und der Risiken der künftigen Entwicklung des Unternehmens nach dem KonTraG

Nach § 317 Abs. 2 HGB hat der Abschlußprüfer den Lagebericht/Konzernlagebericht darauf zu prüfen, ob er insgesamt eine zutreffende Vorstellung von der Lage des Unternehmens/Konzerns vermittelt. Dabei ist auch zu prüfen, ob die Risiken der künftigen Entwicklung zutreffend dargestellt sind.

Aufgrund des § 321 Abs. 1 HGB hat der Abschlußprüfer *»über Art und Umfang sowie über das Ergebnis der Prüfung schriftlich und mit der gebotenen Klarheit zu berichten. In dem Bericht ist vorweg zu der Beurteilung der Lage des Unternehmens oder Konzerns durch die gesetzlichen Vertreter Stellung zu nehmen, wobei insbesondere auf die Beurteilung des Fortbestandes und der künftigen Entwicklung des Unternehmens unter Berücksichtigung des Lageberichts und bei der Prüfung des Konzernabschlusses von Mutterunternehmen auch des Konzerns unter Berücksichtigung des Konzernlageberichts einzugehen ist,...«.*

Um diese im HGB vorgesehenen neuen Pflichten des Abschlußprüfers erfüllen zu können, wird sich der Abschlußprüfer nicht nur mit dem Jahresabschluß und dem internen Kontrollsystem, sondern auch mit der Unternehmensstrategie, der Entwicklung der einzelnen Geschäftsbereiche, den Produkten des Unternehmens, der Wettbewerbssituation, dem Planungs- und Berichtswesen und den im Unternehmen angewendeten Kennzahlen und Steuerungsgrößen befassen müssen, um sich ein Bild von den Stärken und Schwächen des Unternehmens machen zu können.

Diese neuen Pflichten des Abschlußprüfers besagen aber auch, daß sich der Abschlußprüfer nicht nur mit der ihm vorgelegten Rechnungslegung nach dem HGB, die nicht betriebswirtschaftlichen Erfordernissen entspricht, begnügen darf, sondern sich um weitere Informationen bemühen muß, wie sie bei einer Rechnungslegung nach IAS/IFRS vorgesehen sind.

Der Abschlußprüfer kann somit seinen Pflichten nicht mehr mit einer simplen Kennzahlenaufstellung, d.h. nur auf Basis von Vergangenheitszahlen, die zudem noch bilanzpolitisch gefärbt sein können, und nicht mehr mit verbalen Äußerungen, wie z.B. »die Position... hat sich von Euro... um Euro... auf Euro... erhöht, was einer Zunahme von...% entspricht«, nachkommen.

Der Abschlußprüfer kann seine Aufgabe dadurch erfüllen, indem er eine fundierte und qualitativ hochwertige Bilanzanalyse unter Einbeziehung aller verfügbaren zusätzlichen Informationen über das Unternehmen und seine Umwelt vornimmt. Sie bietet den Empfängern des Prüfungsberichtes die Möglichkeit, sich auch selbst ein Urteil über das Risiko zu bilden und darauf aufbauend Entscheidungen zu treffen.

Eine Bilanzanalyse lediglich auf Basis einer multivariaten Diskriminanzanalyse und künstlicher neuronaler Netze, die nur auf dem Vergleich von Jahresabschlußkennzahlen mit anderen solventen und insolventen Unternehmen in der Vergangenheit beruht und die nicht direkt Ursachen-/Wirkungszusammenhänge zeigt, genügt den Anforderungen des KonTraG nicht.

VI. Darstellung der zusätzlichen Angaben und Informationen

Im Rahmen der Bilanzanalyse sind auch alle zusätzlichen Angaben und Informationen im Jahresabschluß, Lagebericht und im Geschäftsbericht sowie die zusätzlichen Informationen, die man sich für eine Bilanzanalyse möglichst beschaffen sollte (siehe Abschnitt A III 2) im Hinblick auf die künftige Entwicklung des Unternehmens auszuwerten.

Über die Risiken der künftigen Entwicklung des Unternehmens hat der Abschlußprüfer aufgrund des KonTraG zu berichten (siehe vorigen Abschnitt).

Dem Bilanzanalysten obliegt es, alle Chancen und Risiken der künftigen Entwicklung des Unternehmens ausgewogen darzustellen. Dieser Teil der Bilanzanalyse gewinnt zunehmend an Bedeutung, da der Erfolg heutiger Unternehmen immer weniger von den in der Bilanz ausgewiesenen materiellen Vermögensgegenständen, als immer mehr von immateriellen Werten abhängt, die in einer »nackten« Bilanz nicht erscheinen. Außerdem kann man aus den Ergebnissen der Vergangenheit immer weniger als bisher die wahrscheinlichen zukünftigen Ergebnisse eines Unternehmens entnehmen; vielmehr sagen die Informationen über die Unternehmensstrategie, die Reaktionsfähigkeit eines Unternehmens auf die Veränderungen im Markt und die Chancen und Risiken eines Unternehmens, neben den vorhandenen und entstehenden immateriellen Werten im weitesten Sinne des Wortes, immer mehr etwas über den wahrscheinlichen zukünftigen Erfolg eines Unternehmens aus. Bei jungen Unternehmen, über deren Entwicklung in der Vergangenheit fast keine Informationen vorliegen, ist die Analyse der Werthaltigkeit der Produkte und Dienstleistungen, die von dem Unternehmen angeboten werden, von großer Bedeutung.

Für die Darstellung der zusätzlichen Angaben und Informationen der künftigen Entwicklung gibt es kein Schema. Sie ist unternehmensindividuell vorzunehmen, wobei branchenspezifische Kennzahlen und die unternehmensspezifischen Wettbewerbsvor- und -nachteile sehr genau zu analysieren sind (siehe auch Abschnitt Q V Balanced Scorecard).

Q. Analyse der Unternehmenswertsteigerung (Shareholder Value)

I. Mängel der Rentabilitätsanalyse auf Basis der herkömmlichen Rentabilitätskennzahlen

Wie in Abschnitt N Rentabilitätsanalyse und Kennzahlensystem Return on Investment gezeigt, haben die dargestellten Kennzahlen viele Nachteile. Der größte Nachteil ist, daß die Bezugsgrößen auf Buchwerten beruhen und deshalb mehr oder weniger bewertungsabhängig sind oder keinen Bezug zum Kapitaleinsatz haben (z.B. Umsatzrendite). Die üblichen Rentabilitätskennzahlen berücksichtigen beim Kapitaleinsatz weder den Faktor Zeit noch den Risikoaspekt. Sie können somit nichts darüber aussagen, ob die Ergebnisse über oder unter den Kapitalkosten liegen, d.h. ob das Unternehmen Werte schafft oder vernichtet. Aus diesen Kennzahlen ist auch nicht zu entnehmen, inwieweit erzielte Gewinne ausgeschüttet werden können. Da diesen Kennzahlen auch keine Plan- oder Sollzahlen gegenübergestellt werden und von den Unternehmen in der Regel keine konkreten Angaben über ihre Kennzahlen gemacht werden, kann man aus den üblichen Rentabilitätskennzahlen kaum Rückschlüsse auf die zukünftige finanzielle Entwicklung des Unternehmens ziehen. Im Gegenteil, diese Kennzahlen fördern die kurzfristige Betrachtungsweise.

Ein weiterer Nachteil ist, daß die immateriellen Werte eines Unternehmens nicht direkt aus dem Jahresabschluß ersichtlich sind. Zu den immateriellen Werten gehören nicht nur die immateriellen Vermögensgegenstände, sondern auch die nicht einzeln bewertbaren immateriellen Werte wie Produktivität der Forschung und Entwicklung, hoher Stand der Informationstechnologie, selbstgeschaffene und gepflegte Marken, Kundenbeziehungen, Mitarbeiter-Know-how. Die immateriellen Vermögenswerte betragen oft ein Vielfaches des in der Bilanz ausgewiesenen Vermögens. Dies trifft hauptsächlich auf Unternehmen zu, deren Sachanlagevermögen im Verhältnis zum Geschäftsumfang relativ gering ist (z.B. Softwarehersteller, Internetunternehmen, Medienunternehmen, Dienstleistungsunternehmen).

Die Mängel der in Abschnitt N dargestellten Kennzahlen versucht man dadurch zu beheben, indem man sich einer Analysemethode und Kennzahlen bedient, die nicht auf einer Aufwands-/Ertragsrechnung und Buchwerten, sondern auf einer Einzahlungs-/Auszahlungsrechnung, d.h. dem Cash-flow, oder auf erheblich korrigierten Buchwerten und Ergebnissen und der Marktkapitalisierung des Unternehmens beruhen. Zusätzlich können nichtfinanzielle Kennzahlen Berücksichtigung finden. Bei der Einzahlungs-/Auszahlungsrechnung wird auch der Zeitpunkt der erwarteten Ein- und Auszahlungen durch Diskontierung berücksichtigt, und es werden die aus Marktdaten abgeleiteten risikoadjustierten Eigenkapitalkosten, d.h. nicht der buchhalterische Gewinn, in das Shareholder Value-Konzept einbezogen. Darüber hinaus können diese Kennzahlen tiefer gegliedert und mit Werttreibern (Value Driver/Performance Driver), z.B. Umsatzrendite, Kapitalumschlag, verbunden werden, so daß sie nicht nur Symptome, sondern auch Ursache-Wirkungs-Verhältnisse anzeigen und dadurch der Unternehmenssteuerung dienen können.

In vielen Geschäftsberichten von Unternehmen kommt das Wort Shareholder Value vor. Man hat aber den Eindruck, daß es sich meistens um ein Lippenbekenntnis handelt, da keine Berichterstattung mit konkreten nachvollziehbaren Zahlen über die langfristige Unternehmensentwicklung in Form einer Unternehmenswertveränderungsrechnung erfolgt. Der Leser des Geschäftsberichtes erfährt auch nichts darüber, in welcher Form im einzelnen ein praktikables entscheidungs-, ziel- und wertorientiertes Konzept der Unternehmenssteuerung angewandt wird. Vielleicht dient es nur dazu, die variablen Vergütungen der Mitglieder des Vorstandes festzulegen. Um dem Finanzanalysten zu helfen, leichter Informationen über die Unternehmensentwicklung zu fordern und zu analysieren, d.h. die Wertsteigerung oder Wertvernichtung des Unternehmens beurteilen zu können, werden in den folgenden Abschnitten der Gedanke des Shareholder Value vertieft und in der Praxis angewendete Methoden der Messung des Shareholder Value erläutert.

II. Shareholder Value-Konzept

Das Shareholder Value-Konzept, auch Maximierung bzw. Steigerung des Unternehmenswertes oder Wertmanagement-Konzept genannt, ist im Prinzip alt und einfach, seine Umsetzung dagegen seit einigen Jahren sehr aktuell und oft nicht richtig realisiert.

Nach dem Shareholder Value-Konzept soll ein Unternehmen den Marktwert des Eigenkapitals langfristig steigern. Das bedeutet, die Investitionen sollen mindestens die Kapitalkosten, d.h. die Fremd- und Eigenkapitalkosten, decken und das zur Verfügung stehende Kapital ist in die beste Verwendungsmöglichkeit zu lenken. Das Modewort »Shareholder Value« ist aus betriebswirtschaftlicher Sicht somit nichts Neues und bezeichnet eine Selbstverständlichkeit.

In der Praxis war man allerdings in der Vergangenheit zu stark auf den Gewinn und weniger auf die Kapitalkosten fixiert. Deshalb machte man sich auch nicht viele Gedanken über die Schaffung von geeigneten Unternehmenssteuerungssystemen für die volle Durchführung eines Shareholder Value-Konzeptes. Ein wesentlicher Grund für die unzureichende Berücksichtigung des Gedankens des Shareholder Value ist auch die Tatsache, daß die Interessen der Unternehmensleitung mit den Interessen der Anteilseigner (Shareholder), die die Risikoträger des Unternehmens sind, nicht identisch sind. Infolge des globalisierten und deregulierten Kapitalmarktes und der zunehmenden Macht der institutionellen Kapitalanleger, insbesondere der amerikanischen institutionellen Kapitalanleger, änderten sich die Verhältnisse in den letzten zwei Jahrzehnten zunehmend. Die gestiegene Macht der institutionellen Kapitalanleger hat den Unternehmen deutlich gemacht, daß Eigenkapital nicht umsonst zu haben ist, und es auch nicht genügt, etwas Gewinn zu erzielen, sondern man muß mindestens die Kapitalkosten erwirtschaften.

Eine Unternehmensleitung ist daran zu messen, in welchem Maße sie den Marktwert des Eigenkapitals des Unternehmens (Shareholder Value) erhöht hat. Die anderen Anspruchsgruppen des Unternehmens (Stakeholder) wie Mitarbeiter, Gläubiger, Fiskus, Umwelt sind natürlich vorab zu berücksichtigen, da den Anteilseignern (Shareholder) nur die in Zukunft erwarteten ausschüttungsfähigen Gewinne, die eine Residualgröße sind, zustehen, die den Marktwert des Unternehmens ergeben.

Ein Shareholder Value-Konzept soll nicht nur dazu dienen, den Shareholder Value zu messen, sondern soll auch eine Hilfe bei der operativen und strategischen Unternehmenssteuerung, insbesondere bei der Steuerung des Unternehmens durch eine gezielte Investitions- und Desinvestitionspolitik, sein.

Es gibt in der Praxis drei verschiedene Ansätze, wie man versucht, den Shareholder Value zu messen. Sie werden im folgenden Abschnitt vorgestellt.

III. Messung des Shareholder Value

1. Discounted Cash-flow – DCF

Die erste ausführliche Darstellung der Renditemessung mit Hilfe des Discounted Cash-flows stammt von Rappaport (Rappaport, Alfred: Creating Shareholder Value – The New Standard for Business Performance. New York/London 1986; inzwischen gibt es eine deutsche Übersetzung der 2. Auflage dieses Buches unter dem Titel: Shareholder Value – Ein Handbuch für Manager und Investoren. 2., vollständig überarbeitete und aktualisierte Auflage. Stuttgart 1999). Eine Weiterentwicklung dieser Gedanken findet sich bei Copeland, Tom/Koller, Tim/ Murrin, Jack/McKinsey & Company: Valuation Measuring and Managing the Value of Companies. 2. Auflage, New York 1994; deutsche Übersetzung unter dem Titel: Unternehmenswert – Methoden und Strategien für eine wertorientierte Unternehmensführung. Frankfurt/New York 1998). Die Ansätze von Rappaport und Copeland u. a. unterscheiden sich nicht im Prinzip, sondern nur in Details, auf die hier nicht eingegangen wird.

Der Unternehmenswert für die Anteilseigner wird mit Hilfe der abgezinsten Zahlungsüberschüsse (Discounted Cash-flow) berechnet. Den abgezinsten Zahlungsüberschüssen ist das evtl. vorhandene nicht betriebsnotwendige Vermögen zu Marktpreisen hinzuzufügen.

Um den Discounted Cash-flow zu ermitteln, sind folglich langfristige Cash-flow-Planungen, d. h. je nach Branche und Strategie für 5–10 Jahre, zu erstellen, und für das Ende der Planungsperiode ist ein Endwert (Barwert sämtlicher zukünftiger Cash-flows nach der Planungsperiode) zu berechnen, in den die finanziellen Auswirkungen der Strategie des Unternehmens eingehen. Durch den Discounted Cash-flow wird somit eine Verbindung zwischen der strategischen Unternehmensführung und dem quantitativen Wertmanagement geschaffen. Der Discounted Cash-flow zeigt klar, daß sich nur solche Strategien lohnen, die mindestens die Kapitalkosten decken.

Der Cash-flow der Planungsperiode und der Endwert werden mit dem gewichteten Kapitalkostensatz (WACC = weighted average capital costs) abgezinst. Die Eigenkapitalkosten werden dabei nicht auf Basis der Buchwerte, sondern auf Basis des Marktwertes des Eigenkapitals ermittelt. Sie werden mit Hilfe des Capital Asset Pricing Model (CAPM) bestimmt.

Das DCF-Konzept basiert auf der Kapitalwertmethode zur einmaligen Beurteilung von Investitionsprojekten. Im Unterschied zur Kapitalwertmethode erfolgt bei dem DCF-Konzept im Rahmen der wertorientierten Unternehmenssteuerung eine Ermittlung des Wertes der neuen und der existierenden Projekte und Geschäftsfelder nicht einmalig, sondern laufend, d. h. zu bestimmten Periodenenden.

Einzelheiten zu der Discounted Cash-flow-Methode können dem Buch Born, Karl: Unternehmensanalyse und Unternehmensbewertung. 2. Aufl., Stuttgart 2003, entnommen werden.

2. Cash Flow Return on Investment – CFRoI

Das Cash Flow Return on Investment-Konzept wird von der The Boston Consulting Group (BCG) propagiert und geht auf das Beratungsunternehmen Holt Value Associates zurück, das von BCG erworben wurde. Es ist in dem Buch Lewis, Thomas G.: Steigerung des Unternehmenswertes – Total Value Management. Landsberg 1994, beschrieben.

Der CFRoI ist ein interner Zinsfuß für bestehende Geschäfte.

Die Berechnung des CFRoI beruht auf aktualisierten Anschaffungskosten, Cash-flow-Schätzungen über die Nutzungsdauer und einem Endwert. Bei den Cash-flows wird von gleich hohen Beträgen über die Dauer der Nutzung des Geschäftes ausgegangen. Bei den aktualisierten Anschaffungskosten, der Bruttoinvestitionsbasis, handelt es sich um die ursprünglichen Investitionsausgaben, d. h. vor Abzug der kumulierten Abschreibungen, jedoch zuzüglich eines Inflationsausgleichs, zuzüglich des Nettoumlaufvermögens. Immaterielle Vermögensgegenstände werden, obwohl sie einen Einfluß auf den Cash-flow haben, nicht berücksichtigt.

Der Brutto-Cash-flow wird aus dem bereinigten Jahresergebnis ermittelt und versteht sich vor Investitionen in das Anlage- und das Nettoumlaufvermögen, vor Zinsaufwendungen und nach Ertragsteuern. Die Nutzungsdauer des Anlagevermögens wird aus dem letzten Jahresabschluß entnommen, indem die Anschaffungs- und Herstellungskosten durch den jährlichen linearen Abschreibungsbetrag dividiert werden. Der Endwert besteht aus den nicht abnutzbaren Vermögensgegenständen (nicht abschreibbares Anlagevermögen und Nettoumlaufvermögen), die gedanklich am Ende der Nutzung des Geschäftes veräußert werden und die den letzten Brutto-Cash-flow erhöhen.

Die Kapitalkosten werden aus dem Kapitalmarkt abgeleitet, aber nicht mit Hilfe des Capital Asset Pricing Model (CAPM) ermittelt, da Lewis erhebliche Bedenken gegen deren Ermittlung, insbesondere gegen den darin enthaltenen β-Faktor, hat.

Der CFRoI zeigt die durchschnittliche Rendite auf das in einem Unternehmen oder einem Geschäftsfeld zu einem bestimmten Zeitpunkt in der Vergangenheit investierte Kapital (Bruttoinvestitionsbasis). Er ist somit eine Rentabilitätskennzahl für das laufende Geschäft. Das CFRoI-Konzept zeigt nicht die Rentabilität des aktuell gebundenen Kapitals, da es auf inflationierten Investitionen in der Vergangenheit basiert und immaterielle Werte nicht berücksichtigt. Es ist weniger geeignet zur Bewertung von Investitionsprojekten.

Auf Basis des CFRoI läßt sich eine Unternehmenswertsteigerung, der Cash Value Added (CVA), wie folgt ermitteln:

CVA = (CFRoI – Kapitalkosten) × Bruttoinvestitionsbasis

3. Economic Value Added – EVA

Das Economic Value Added-Konzept wird von der amerikanischen Unternehmensberatungsgesellschaft Stern Stewart & Co. propagiert (Stewart, G. Bennett: The Quest for Value – The EVA™ Management Guide. Harper Collins publishers. USA 1990).

Der Economic Value Added (wirtschaftliche Wertschöpfung) wird nicht aus dem Cash-flow, sondern aus modifizierten Jahresabschlußdaten abgeleitet. Das bedeutet, der Economic Value Added geht von Aufwendungen und Erträgen unabhängig vom Zahlungszeitpunkt aus und ist somit eine periodenbezogene Größe. Stewart (S. 2) bezeichnet den Economic Value Added als »operating profits less the costs of all the capital employed to produce these earnings«. Economic Value Added ergibt sich somit aus der realisierten Rendite einer Investition abzüglich der auf das eingesetzte Kapital entfallenden Kapitalkosten. Es handelt sich somit um den Betrag, der über die von den Anteilseignern erwartete Mindestrendite hinausgeht.

EVA = (Kapitalrendite – Kapitalkosten) × eingesetztes Kapital

Economic Value Added kann sowohl für ein ganzes Unternehmen als auch für einzelne Projekte und Geschäftsfelder angewendet werden.

Um das EVA-Konzept anwenden zu können, sind die zugrunde zu legenden Jahresabschlußdaten erheblich zu modifizieren.

Das investierte Kapital wird ermittelt, indem die Bilanzsumme

– um Posten gekürzt wird, die nach Ansicht von Stewart nicht zur Kapitalbasis gehören,
– um Eigenkapital-Äquivalente (d.h. Reserven, die nicht in der Bilanz ersichtlich sind) korrigiert wird,
– um nicht bilanzierte Leasingverpflichtungen erhöht wird,
– um nicht verzinsliches Fremdkapital ermäßigt wird.

Das Kapital ist im Regelfall wie folgt zu korrigieren:

	Bilanzsumme
./.	marktgängige Wertpapiere
./.	Anlagen im Bau
./.	passive latente Steuern
./.	nicht betriebsnotwendiges Vermögen
./.	Wertberichtigung auf Forderungen
+	Lifo-Reserve und andere Unterbewertungen des Vorratsvermögens
+	kumulierte Abschreibungen auf den Geschäfts- oder Firmenwert
+	nicht bilanzierter Geschäfts- oder Firmenwert bei der Interessenzusammenführungsmethode
+	Aufwendungen für Forschung und Entwicklung, Produktentwicklung oder Markteinführung ./. anteilige Abschreibungen
+	Reserven aufgrund außerordentlicher Abschreibungen in den Vorjahren
+/./.	kumulierte sonstige außergewöhnliche Aufwendungen bzw. Erträge nach Steuern
+	sonstige Reserven, wie z.B. Rückstellungen für Garantie- und Gewährleistungsverpflichtungen
+	nicht bilanzierte Leasing- und Mietobjekte
+	nicht verzinsliches Fremdkapital, z.B. Verbindlichkeiten aus Lieferungen und Leistungen, sonstige nicht verzinsliche Verbindlichkeiten, passive Rechnungsabgrenzungsposten, Steuerverbindlichkeiten
=	investiertes Kapital (Eigenkapital und Fremdkapital)

Dem Ergebnis sind die Veränderungen in der Höhe der Eigenkapital-Äquivalente hinzuzufügen bzw. von ihm abzuziehen, die Zinsaufwendungen für nicht bilanzierte Leasingverpflichtungen sind hinzuzufügen und die Ertragsteuern sind von dem Ergebnis abzuziehen.

Das Ergebnis ist im Regelfall wie folgt zu korrigieren:

	Betriebsergebnis (net operating profit)
+	Abschreibungen auf den Geschäfts- oder Firmenwert
+	Erhöhung der Wertberichtigung auf Forderungen
+	Erhöhung der Lifo-Reserve und Korrektur anderer Unterbewertungen des Vorratsvermögens
+	Zinsaufwendungen für nicht bilanzierte Leasing- und Mietobjekte
+	Erhöhung des Barwertes der kapitalisierten Aufwendungen für Forschung und Entwicklung, Produktentwicklung oder Markteinführung
+	sonstige betriebliche Erträge
+	Erhöhung der sonstigen Rückstellungen
./.	zahlungswirksame Ertragsteuern
+/./.	Ertragsteuern auf nicht betriebliche Erträge und Aufwendungen
./.	Steuerschuld (Steuerentlastung durch die Fremdkapitalzinsen)
=	korrigiertes Betriebsergebnis nach Ertragsteuern (net operating profit after taxes – NoPaT)

Weitere Korrekturen beim Kapital und beim Ergebnis sind im Einzelfall denkbar. Al Ehrbar (Ehrbar, Al: Economic value added – EVA, der Schlüssel zur wertsteigernden Unternehmensführung. Wiesbaden 1999, S. 10) spricht von über 120 möglichen Verzerrungen.

Der Economic Value Added – EVA einer Periode ergibt sich aus dem korrigierten Betriebsergebnis nach Ertragsteuern (net operating profit after taxes – NoPaT) abzüglich der Kapitalkosten. Der Kapitalkostensatz entspricht wie bei der DCF-Methode dem WACC.

Der Economic Value Added – EVA ist zur Performance-Messung des Unternehmens und der einzelnen Geschäftsfelder des Unternehmens in der Vergangenheit gedacht.

Um einen für die Anteilseigner geschaffenen Mehrwert zu messen, hat Stewart den Begriff Market Value Added (MVA) gebildet. Es ist der Marktwert des Unternehmens abzüglich des investierten Kapitals, d. h. es handelt sich um den Barwert der zukünftigen Übergewinne. Der Market Value Added (MVA) zuzüglich des investierten Kapitals ergibt den Marktwert des Gesamtkapitals. Während der Economic Value Added (EVA) zur Messung der Performance in der Vergangenheit gedacht ist, soll der Market Value Added (MVA) zur Schätzung des Barwertes der Investitionen in der Zukunft dienen. Dies setzt jedoch die Erstellung von Plan-Jahresabschlüssen für einen sehr langfristigen Zeitraum in der Zukunft voraus.

4. Beurteilung und Vergleich der verschiedenen Methoden der Messung des Shareholder Value

Das DCF-Konzept eignet sich besonders gut zur Beurteilung von Investitionsprojekten.

Das DCF-Konzept ist zukunftsorientiert und stimmt voll mit dem Shareholder Value-Konzept, d. h. der langfristigen Steigerung des Marktwertes des Eigenkapitals, überein. Es ist ein ideales Steuerungsinstrument, da es sowohl die finanziellen Auswirkungen der langfristigen Strategie eines Unternehmens anzeigt als auch bei entsprechender Gestaltung eine Beurteilung der Höhe der Ergebnisse im Vergleich zu den Kapitalkosten ermöglicht.

Bei der Performance-Messung hat die DCF-Methode den Nachteil, daß die bei der Ermittlung des Discounted Cash-flows eines Investitionsprojektes verwendeten Cash-flow-Daten mit den im Rechnungswesen verwendeten Aufwands-/Ertragsdaten nicht direkt vergleichbar sind. Dieser technische Nachteil läßt sich jedoch beheben, indem für die einzelnen Geschäftsfelder und ihre Untereinheiten wertorientierte Ziele ermittelt werden. In der Berichterstattung sind diese Ziele mit den Ist-Zahlen zu vergleichen. Die Berichterstattung berücksichtigt den Faktor Zeit, erstreckt sich über mehrere Perioden und eignet sich deshalb besonders gut zur Unternehmenssteuerung. Die Messung der Performance der Unternehmensleitung beruht auf Schätzungen zukünftiger ungewisser Größen. Es müssen deshalb Maßnahmen getroffen werden, um diese Manipulationsmöglichkeiten zu minimieren. Dies ist z. B. dadurch möglich, daß Anreizsysteme nicht von der Steigerung des Unternehmenswertes eines Geschäftsjahres, sondern mehrerer Geschäftsjahre abhängig gemacht werden.

Das DCF-Konzept ist zukunftsgerichtet und mit der üblichen Performance-Messung auf Basis von korrigierten oder unkorrigierten Vergangenheitswerten nicht vergleichbar. Es führt wegen seiner guten Durchschaubarkeit kaum zu Akzeptanzproblemen.

Das EVA-Konzept dient der Performance-Messung des Unternehmens und der einzelnen Geschäftsfelder des Unternehmens, indem es anzeigt, wie hoch Unternehmenswert in einer vergangenen Periode geschaffen oder vernichtet wurde. Es eignet sich nicht zur Beurteilung von Investitionsprojekten.

Das EVA-Konzept ist an die Daten des Rechnungswesens angebunden. Die Daten des Rechnungswesens müssen jedoch durch eine Vielzahl von Korrekturen, insbesondere zur Berücksichtigung der stillen Reserven, erheblich bereinigt werden.

Das EVA-Konzept enthält Bewertungsprobleme, wie die Abschreibung des Geschäfts- und Firmenwertes und die Kapitalisierung und Abschreibung der Aufwendungen für Forschung und Entwicklung, Produktentwicklung oder Markteinführung.

Falls das ermittelte investierte Kapital den Marktwert übersteigt, wird der Economic Value Added zu niedrig, und falls das ermittelte investierte Kapital unter dem Marktwert liegt, wird der Economic Value Added zu hoch ausgewiesen. Dies kann negative Folgen für die Unternehmenssteuerung haben.

Das EVA-Konzept ist am meisten mit bisher üblichen Performance-Messungen vergleichbar. Das erleichtert trotz der vielen Bereinigungen die Akzeptanz.

EVA-Konzept und CFRoI-Konzept beheben zwar Mängel der Rentabilitätsanalyse der herkömmlichen Kennzahlen, sie sind aber keineswegs ein ideales Steuerungskonzept, da sie wegen ihrer Orientierung an korrigierten Buchwerten nicht zukunfts-, sondern vergangenheitsorientiert sind. Mit Hilfe des EVA-Konzeptes und des CFRoI-Konzeptes läßt sich lediglich der Unterschied zwischen dem Istergebnis einer Periode und dem Sollergebnis einer Periode in Höhe der Kapitalkosten auf ein fragwürdig ermitteltes investiertes Kapital bzw. Bruttoinvestitionsbasis feststellen. Eine Entscheidungshilfe bei der Unternehmenssteuerung sind das EVA-Konzept und das CFRoI-Konzept nicht. Diese Konzepte üben lediglich Druck aus, sich um jeden Preis von Geschäftsfeldern zu trennen, die nicht die Kapitalkosten auf ein fragwürdig ermitteltes Kapital bzw. Bruttoinvestitionsbasis erwirtschaften. Sie üben keinen Druck aus, einen möglichst günstigen Verkaufspreis für Desinvestitionen zu erzielen, was nicht im Sinne des Shareholder Value-Konzeptes ist. Das CFRoI-Konzept hat außerdem den Nachteil, daß Geschäftsbereiche versucht sind, sich von Geschäftsfeldern zu trennen, die mehr als die Kapitalkosten erwirtschaften, deren CFRoI aber unter dem durchschnittlichen CFRoI des Geschäftsbereiches liegt, um durch eine solche Desinvestition den durchschnittliche CFRoI des Geschäftsbereiches zu erhöhen.

Da der Faktor Zeit beim EVA-Konzept und CFRoI-Konzept nicht angemessen berücksichtigt wird, läßt sich ein Vergleich einer auf Basis des Discounted Cash-flows vor dem Investitionszeitpunkt ermittelten Rentabilität eines Investitionsprojektes mit der später erzielten Rentabilität nicht direkt vornehmen.

Das CFRoI-Konzept dient der Performance-Messung des Unternehmens und der einzelnen Geschäftsfelder des Unternehmens, indem es anzeigt, wie hoch Unternehmenswert in einer Periode geschaffen oder vernichtet wurde. Es kann aber beim Vergleich von auf stagnierenden Märkten tätigen Geschäftsfeldern mit auf expandierenden Märkten tätigen Geschäftsfeldern wegen der fehlenden Berücksichtigung der genutzten und der geschaffenen immateriellen Werte zu Fehlentscheidungen führen. Es eignet sich nicht zur Beurteilung von Investitionsprojekten und Strategien.

Das CFRoI-Konzept ist an die Daten des Rechnungswesens angebunden.

Gegen die Art der Berechnung des Bruttoinvestitionswertes, gegen die Art der Schätzung der Nutzungsdauer, die Festsetzung von konstanten Cash-flows, die Ermittlung eines Endwertes auf Basis der nicht abnutzbaren Vermögensgegenstände und die Nichtberücksichtigung der immateriellen Vermögensgegenstände bestehen jedoch erhebliche Bedenken. Außerdem wird auf die Problematik des internen Zinsfußes hingewiesen.

Das CFRoI-Konzept fördert relativ stark die kurzfristige anstatt die langfristige Gewinnmaximierung, da Aufwendungen für Forschung und Entwicklung, Produktentwicklung oder Markteinführung voll das Ergebnis belasten und nicht das investierte Kapital erhöhen und beim Endwert keine immateriellen Vermögensgegenstände und kein Geschäfts- oder Firmenwert berücksichtigt werden. Das hat zur Folge, daß stagnierende Geschäftsbereiche eher zu gut eingeschätzt und expandierende Geschäftsbereiche eher zu schlecht eingeschätzt werden. Geschäftsfelder, die mit einem hohen Anteil alter Sachanlagen arbeiten, werden wegen des Ansatzes des Wiederbeschaffungsneuwertes in der Regel zu ungünstig dargestellt. Die gemachten Einwände können katastrophale Folgen für die Unternehmenssteuerung haben.

Das CFRoI-Konzept kann von allen drei Konzepten wegen schwerer Verständlichkeit am ehesten zu Akzeptanzproblemen führen.

Kurze Zusammenfassung:

DCF ist zukunfts- und entscheidungsorientiert und kennt nur das Problem der Unsicherheit der Zukunft. Das ist ein natürliches und in der Unternehmenspraxis nicht wegzudenkendes Problem, dem man sich stellen muß.

EVA und CFRoI sind vergangenheits- und kontrollorientiert und bieten eine relativ einfache Möglichkeit der Performance-Messung. Sie haben Probleme mit der Bewertung der Ist-Zahlen der Vergangenheit. Das kann, insbesondere beim CFRoI, zu Fehlentscheidungen führen.

IV. Balanced Scorecard

Finanzielle Kennzahlen sagen nur etwas über die Erfolge in der Vergangenheit aus. Sie sagen nichts darüber aus, in welchem Umfang immaterielle Vermögenswerte im weitesten Sinne des Wortes selbst geschaffen oder sogar vernichtet wurden. Rückschlüsse auf die zukünftigen Erfolge lassen sich aus finanziellen Kennzahlen nur bedingt ziehen. Hier setzt

Balanced Scorecard an (übersetzt etwa: ausgewogenes Berichtswesen, d. h. ausgewogenes Verhältnis finanzieller und nichtfinanzieller Kennzahlen). Balanced Scorecard ist die zielkonforme und nachvollziehbare Umsetzung und Messung unternehmenswertorientierter Strategien und Visionen in den Unternehmensbereichen.

Zur Beurteilung der erwarteten künftigen Erfolge bedarf es zusätzlicher nichtfinanzieller Kennzahlen sowie qualitativer Ziele und Informationen. Wichtig ist, daß diese nichtfinanziellen Kennzahlen und qualitativen Ziele und Informationen in einem kausalen Zusammenhang mit den finanziellen Kennzahlen und Zielen stehen, d. h., daß durch sie eine Ursache-Wirkungs-Beziehung zum Ausdruck gebracht wird und die Umsetzung der Unternehmensstrategie relativ früh gemessen werden kann.

Balanced Scorecard ist ein strategisches System, das den gesamten Planungs-, Steuerungs- und Kontrollprozeß eines Unternehmens umfaßt. Mit Balanced Scorecard werden die treibenden Faktoren des zukünftigen finanziellen Erfolges gemessen. Es ist praktisch eine Vertiefung des Shareholder Value-Konzeptes durch eine bewußt langfristige Betrachtungsweise. Für zukunftsorientierte Unternehmen, bei denen große Investitionen in die Ausbildung der Mitarbeiter, in neue Mitarbeiter, neue Produkte, neue Verfahren und neue Märkte anfallen, und die nicht mit kurzfristigen finanziellen Erfolgen gemessen werden können, ist Balanced Scorecard besonders gut geeignet. Nähere Einzelheiten können aus dem Buch Kaplan, Robert S./Norton, David P.: Balanced Scorecard. Stuttgart 1997, entnommen werden.

In der Praxis in Deutschland ist das Konzept des Balanced Scorecard noch kaum durchgehend verwirklicht, und es wird bisher so gut wie nie in Geschäftsberichten in nachvollziehbarer Form darüber berichtet.

Die Einrichtung eines leistungsfähigen Balanced Scorecard-Konzeptes bedarf einer genauen Analyse des Unternehmens und ist sehr unternehmensindividuell vorzunehmen.

Kaplan/Norton nennen auf Seite 42 zur Ziel- und Kennzahlenbildung vier Scorecard-Perspektiven und dazu einige allgemeine Kennzahlen, wobei sie darauf hinweisen, daß zusätzliche unternehmensindividuelle Kennzahlen von besonderer Bedeutung sind:

Perspektive	*Allgemeine Kennzahlen*
finanzwirtschaftliche Perspektive	*ROI und »economic value added« (EVA)*
Kundenperspektive	*Zufriedenheit, Treue, Markt- und Kundenanteil*
interne Perspektive	*Qualität, Reaktionszeit, Kosten, Einführung neuer Produkte*
Innovationsperspektive	*Mitarbeiterzufriedenheit und Zugriff auf Informationssysteme*

Zur Analyse der Unternehmenswertsteigerung gehört auch die Analyse der Anreiz- und Vergütungssysteme des Unternehmens. Neben der Beurteilung der angemessenen Höhe der Vergütung in Hinblick auf den gewünschten Erfolg für das Unternehmen ist zu analysieren, inwieweit Mitarbeiter, von denen der zukünftige Erfolg des Unternehmens in entscheidendem Maße abhängt, durch Anreiz- und Vergütungssysteme an das Unternehmen gebunden werden.

Es wird deshalb an dieser Stelle auch auf die Analyse der Wertschöpfung pro Mitarbeiter (siehe Abschnitt M VI), d. h. die Messung der Effizienz des Personaleinsatzes in den einzelnen Geschäftsfeldern, aufmerksam gemacht, da der Anteil der Personalkosten, insbesondere bei innovativen Unternehmen, im Verhältnis zu den Kapitalkosten immer höher wird.

V. Erkenntnisse für die Bilanzanalyse

Eine fundierte Bilanzanalyse setzt umfangreiche Informationen über das Unternehmen und seine Umwelt voraus. Der Bilanzanalytiker sollte deshalb anstreben, daß sein Wissens- und Erkenntnisstand dem der Unternehmensleitung möglichst nahe kommt, und er sollte auch viele Einzelheiten darüber in Erfahrung bringen, wie das Unternehmen gesteuert wird, damit er auf einer ähnlichen Informationsbasis wie die Unternehmensleitung von seinem Standpunkt aus die Zukunft des Unternehmens beurteilen kann. Allgemeine vollmundige Sprüche der Unternehmensleitung über die Anwendung des Shareholder Value-Konzeptes und die bloße Nennung eines Prozentsatzes der Eigenkapitalkosten sind nicht ausreichend, sondern es bedarf hierzu konkreter Angaben über die jetzige Unternehmensplanung und damit verbundener Unsicherheiten und Risiken sowie eines Vergleiches früher bekannt gegebener Pläne mit der Ist-Situation.

Der Bilanzanalytiker sollte deshalb darauf drängen, daß die Unternehmensleitung nicht nur das finanzielle Ergebnis kommentiert, sondern auch mitteilt, welche Ziele sie bei der Umsetzung ihrer Strategie in den einzelnen Unternehmensbereichen bisher konkret erreicht hat, damit der Bilanzanalytiker die langfristige finanzielle Entwicklung des Unternehmens besser beurteilen und somit eine Analyse der Unternehmenswertsteigerung vornehmen kann.

Für die interne Überwachung und die externe Berichterstattung über die Zielerreichung der Strategie des Unternehmens bietet sich idealerweise Balanced Scorecard an.

Die Analyse der Unternehmenswertsteigerung hilft Wirtschaftsprüfern und Aufsichtsräten ihren in dem Abschnitt P V angegebenen Pflichten gemäß dem Gesetz zur Kontrolle und Transparenz im Unternehmensbereich (KonTraG) nachzukommen.

Nach einer Arbeit von Pellens/Tomaszewski/Weber (Pellens, Bernhard/Tomaszewski, Claude/Weber, Nicolas: Wertorientierte Unternehmensführung in Deutschland – Eine empirische Untersuchung der DAX 100-Unternehmen. In: DB, 53. Jg. [2000], S. 1825–1833) wendeten Anfang 2000 von 59 untersuchten Konzernen (24 DAX- und 35 M-DAX-Unternehmen)

6	(10,2%)	die Umsatzrendite
15	(25,4%)	traditionelle Erfolgsgrößen (z.B. modifizierter Jahresüberschuß)
9	(15,3%)	traditionelle Renditeziffern (Eigen- und Gesamtkapitalrendite)
10	(16,9%)	wertorientierte Erfolgsgrößen (z.B. EVA)
13	(22,0%)	wertorientierte Renditeziffern (z.B. CFRoI)
6	(10,2%)	keine zentrale Kennzahl

zur Performance-Messung als zentrale Steuerungskennzahl an. Gegenüber einer Vergleichsstudie von 1997 hat der Einsatz von wertorientierten Kennzahlen erheblich zugenommen.

R. Kennzahlenaufstellungen und elektronische Datenverarbeitung

I. Allgemeines

Die elektronische Datenverarbeitung, insbesondere Personal Computer machen es heute möglich, aus vorliegenden Jahresabschlüssen durch einmalige Eingabe in kürzester Zeit Zahlen in vielfältiger Form gegenüberzustellen und somit einen umfangreichen Zahlenfriedhof mit einer Unzahl von Kennzahlen zu produzieren. Dem Bilanzanalytiker mag so etwas dienlich sein, um sich schnell und rationell Erkenntnisse aus einem umfangreichen Datenmaterial zu verschaffen und evtl. Hinweise für weitere Recherchen zu erhalten. Den Leser einer Bilanzanalyse kann ein solcher Zahlenfriedhof verwirren.

Sinn macht eine solche Kennzahlenaufstellung allenfalls, wenn sie auch ausgewertet wird. Hierbei kann der Personal Computer nicht helfen, sondern hier sind der wirtschaftliche Sachverstand, die Erfahrungen und die Intuition des Bilanzanalytikers gefordert.

Es gilt deshalb, die Möglichkeiten der elektronischen Datenverarbeitung zu nutzen, ohne daß der Leser einer Bilanzanalyse in überflüssigen Kennzahlen ertrinkt.

Anzumerken ist an dieser Stelle, daß Versuche unternommen worden sind, die elektronische Datenverarbeitung mit Hilfe von Expertensystemen (siehe Böttner/Dräger u.a., Huch und Zündorf) für die Bilanzanalyse zu nutzen. Hierbei verarbeitet das System nicht nur Daten, sondern auch von einem oder mehreren Experten, d.h. Bilanzanalytikern, eingegebenes Wissen und Erfahrungen. Das System liefert auf Basis dieses Wissens und dieser Erfahrung sowie eingegebener Schwellenwerte Analyseergebnisse unter Benutzung von Textbausteinen. In der Praxis arbeitet die Deutsche Bundesbank mit einem Expertensystem. Es dient dazu, die Zahl der bei einer vorhergehenden Diskriminanzanalyse nicht klar als solvent oder insolvenzgefährdet eingestuften Unternehmen zu verringern (Deutsche Bundesbank, Monatsbericht Januar 1999).

Expertensysteme sind weniger dazu geeignet, einem Bilanzanalytiker als Hilfe bei der Bilanzanalyse zu dienen, sie könnten aber evtl. bilanzanalytisch unerfahrene Personen bei der Bilanzanalyse unterstützen. Für eine fundierte und qualitativ hochwertige Bilanzanalyse eignen sich solche schematisch erstellten Bilanzanalysen nicht.

II. Kennzahlenanalyse

Bei einer Bilanzanalyse ist daran zu denken, daß jede Veränderung von Kennzahlen die Veränderung des Verhältnisses von zwei Zahlen zueinander zum Ausdruck bringt. Aus einer solchen Veränderung des Verhältnisses von zwei Zahlen lassen sich Hinweise auf mögliche wirtschaftliche Tatbestände entnehmen, die aus der Veränderung einer einzelnen Zahl nicht hervorgehen.

Jeder Veränderung von Kennzahlen kann

– verschiedene Ursachen haben und/oder
– auf einer Veränderung der Bilanzpolitik beruhen.

Die qualifizierte Interpretation der Kennzahlen erfordert somit einen entsprechenden Zeitaufwand des Bilanzanalytikers, insbesondere wenn er versucht, sein Urteil durch weitere Recherchen besser zu fundieren.

Bei der Durchführung einer Bilanzanalyse sollte sich der Bilanzanalytiker bewußt sein, zu welchem Zweck und für welches Ziel die Bilanzanalyse benötigt wird, um Schwerpunkte bilden zu können und um sich im Interesse des Lesers auf die im gegebenen Falle wesentlichen Tabellen und Kennzahlen sowie ihre Auslegung zu beschränken. Durch diese Beschränkung bei gleichzeitiger zusätzlicher Verarbeitung von weiteren Informationen (z. B. über die Bewertung einzelner Posten, über die den einzelnen Posten des Jahresabschlusses zugrundeliegenden Mengen) und andere Kenntnisse über das Unternehmen (z. B. geschichtliche Entwicklung, Produktionsverfahren, Kapazitätsauslastung, Verkaufssortiment, Kunden) und seine Umwelt (z. B. Branchenberichte, Wettbewerber, Markanteile) kann der Bilanzanalytiker dem Leser qualitativ mehr bieten.

Die in dem folgenden Abschnitt gezeigten Tabellen und Kennzahlen sind eine allgemeine Empfehlung, müssen aber nicht immer bei jeder Bilanzanalyse verwendet werden. In einzelnen Fällen können auch zusätzliche Tabellen und Kennzahlen von Nutzen sein.

Eine gute Bilanzanalyse zeichnet sich durch eine sinnvolle Nutzung sämtlicher vorhandener Möglichkeiten und eine individuelle Kommentierung aus.

Die vorstehenden Ausführungen gelten nicht nur bei der Erstellung einer Bilanzanalyse für Dritte, sondern sollten sinngemäß auch berücksichtigt werden, wenn man in irgendeiner Art eine Bilanzanalyse für den »Eigenbedarf«, d. h. für sich persönlich, durchführt.

III. Kennzahlenaufstellungen

Um eine Bilanzanalyse zügig durchführen zu können, ist es angebracht, folgende Informationen und Kennzahlen zusammenzustellen:

1. allgemeine Informationen über das Unternehmen und die Branche
2. aufbereitete und mit Gliederungskennzahlen versehene Bilanzen und Gewinn- und Verlustrechnungen sowie Indexreihen einschließlich eines Profils der Bilanzpolitik und dessen Interpretation
3. mit Gliederungskennzahlen versehene Kapitalflußrechnungen
4. bereinigte Gewinn- und Verlustrechnungen und das Ergebnis nach DVFA/SG bzw. Überleitung auf einen Jahresabschluß nach IAS/IFRS
5. Informationen nach Geschäftsfeldern
6. Informationen nach Regionen
7. zusammengefaßte kurzfristige Liquiditätsanalyse
8. zusammengefaßte langfristige Liquiditätsanalyse sowie Vermögens- und Kapitalanalyse
9. Zusammenfassung von Erfolgskennzahlen
10. Zusammenfassung von Rentabilitäts-(Return on Investment)Kennzahlen
11. Rendite-Kennzahlen und Börsenbewertung

Es ist individuell zu beurteilen, ob Vergleichszahlen nur für den Branchendurchschnitt und den Branchenführer für das letzte Geschäftsjahr oder für mehrere Wettbewerber und für mehrere Geschäftsjahre gegenübergestellt werden. Zumindest für die Erfolgskennzahlen dürfte ein kombinierter Betriebs- und Zeitvergleich angebracht sein.

Nachstehend wird gezeigt, in welchen Abschnitten des Buches Informationen und Kennzahlen zu den einzelnen Berichtspunkten bei einer Bilanzanalyse zusammengefaßt dargestellt wurden, bzw. es werden Vorschläge für Kennzahlenaufstellungen gemacht:

1. Allgemeine Informationen über das Unternehmen und die Branche

Anregungen über die Zusammenstellung von allgemeinen Informationen über das Unternehmen und die Branche können aus dem Abschnitt A III 2 entnommen werden. Weitere Informationen sind evtl. im Lagebericht und Prüfungsbericht enthalten.

2. Aufbereitete und mit Gliederungskennzahlen versehene Bilanzen und Gewinn- und Verlustrechnungen sowie Indexreihen einschließlich eines Profils der Bilanzpolitik und dessen Interpretation

Ein Beispiel für aufbereitete und mit Gliederungskennzahlen versehene Bilanzen und Gewinn- und Verlustrechnungen einschließlich Indexreihen ist in den Abschnitten G I–V dargestellt. Anregungen für die Erstellung des Profils der Bilanzpolitik und seine Interpretation finden sich in Abschnitt A VII.

3. Mit Gliederungskennzahlen versehene Kapitalflußrechnungen

Ein Modell einer Kapitalflußrechnung zeigt Abschnitt H.

4. Bereinigte Gewinn- und Verlustrechnungen und Ergebnisse nach DVFA/SG

Welche Möglichkeiten ggf. bestehen, Gewinn- und Verlustrechnungen zu bereinigen, sind aus dem Vorschlag für ein Modell zur Bereinigung der Gewinn- und Verlustrechnungen und den hierzu gegebenen Erläuterungen in Abschnitt M IV zu entnehmen. Die Erläuterungen zum Ergebnis nach DVFA/SG sind in Abschnitt M V enthalten. Hinweise für eine Bereinigung des Ergebnisses könnten auch die Ausführungen über den geschätzten Steuerbilanzgewinn in Abschnitt E III 3 s geben.

5. Informationen nach Geschäftsfeldern

Beschreibung der Geschäftsfelder

Umsatzerlöse	(insgesamt 3–8 Jahre)		....		Umsatzwachstum jährlich	ø in .... Jahren
	T€	%	T€	%	% % % % % % %	%
Geschäftsfeld A						
Gesamtumsatz						
./. Innenumsatz	——	–	——	–		
Außenumsatz	——	——	——	——		
Geschäftsfeld B						
Gesamtumsatz						
./. Innenumsatz	——	–	——	–		
Außenumsatz	——	——	——	——		
Geschäftsfeld C						
Gesamtumsatz						
./. Innenumsatz	——	–	——	–		
Außenumsatz	——	——	——	——		
Geschäftsfeld D						
Gesamtumsatz						
./. Innenumsatz	——	–	——	–		
Außenumsatz	——	——	——	——		
Geschäftsfeld E						
Gesamtumsatz						
./. Innenumsatz	——	–	——	–		
Außenumsatz	——	——	——	——		
Geschäftsfeld F						
Gesamtumsatz						
./. Innenumsatz	——	–	——	–		
Außenumsatz	——	——	——	——		
Summe						
Gesamtumsatz		100		100		
./. Innenumsatz	——	–	——	–		
Außenumsatz	══	100	——	100		
Überleitung	——		——			
Summe Umsatzerlöse						
(Außenumsatz)	══		══			

Angaben über Abnehmer der Innenumsätze der einzelnen Geschäftsfelder

Angaben zu Umsätzen mit Großkunden

Hinweise auf Umsatzveränderungen, die auf Akquisitionen, Desinvestitionen und Änderung des Konsolidierungskreises zurückzuführen sind

Angaben zum Gesamtmarkt; Entwicklung des Marktanteils der einzelnen Geschäftsfelder sowie Marktanteil des Branchenführers

Betriebsergebnisse	(insgesamt 3–8 Jahre)				Ergebniswachstum	
	....		....		jährlich	ø in .. Jahren
	T€	%	T€	%	% % % % % % %	%
Geschäftsfeld A						
Geschäftsfeld B						
Geschäftsfeld C						
Geschäftsfeld D						
Geschäftsfeld E						
Geschäftsfeld F	——	——	——			
Summe		100		100		
Überleitung	——		——			
EBITA Konzern	══		══			

(insgesamt 3–8 Jahre)

	....	....
	T€	T€

Abschreibungen

Geschäftsfeld A
Geschäftsfeld B
Geschäftsfeld C
Geschäftsfeld D
Geschäftsfeld E
Geschäftsfeld F
Summe
Überleitung
Abschreibungen des
   Unternehmens

Buchwert der Vermögenswerte

Geschäftsfeld A
Geschäftsfeld B
Geschäftsfeld C
Geschäftsfeld D
Geschäftsfeld E
Geschäftsfeld F
Summe
Überleitung

Investiertes Kapital

Investitionen

Geschäftsfeld A
Geschäftsfeld B
Geschäftsfeld C
Geschäftsfeld D
Geschäftsfeld E
Geschäftsfeld F
Summe
Überleitung
Investitionen des
   Unternehmens

Forschungs- und Entwicklungskosten
(soweit Informationen vorliegen)

Geschäftsfeld A
Geschäftsfeld B

(insgesamt 3–8 Jahre)

	....	....
	T€	T€
Geschäftsfeld C		
Geschäftsfeld D		
Geschäftsfeld E		
Geschäftsfeld F	————	————
Summe		
Überleitung	————	————
Gesamt	════	════

Informationen, die zum Verständnis der Berichterstattung nach Geschäftsfeldern bzw. der Segmentberichterstattung notwendig sind (z.B. Verrechnungspreise zwischen den Geschäftsfeldern/Regionen, Abweichungen vom Grundsatz der Stetigkeit, Effekte aufgrund der Änderung der Bilanzierungs- und Bewertungsmethoden, Informationen zur Überleitung auf den Konzernabschluß)

Zusätzliche Informationen, wichtige Ereignisse nach Ablauf des Geschäftsjahres und Ausblick (je Geschäftsfeld)

	%	%
Umsatzrendite vor Steuern		
Geschäftsfeld A		
Geschäftsfeld B		
Geschäftsfeld C		
Geschäftsfeld D		
Geschäftsfeld E		
Geschäftsfeld F	————	————
Summe		
Überleitung	————	————
Konzern	════	════

Gesamtkapitalrentabilität vor Steuern		
Geschäftsfeld A		
Geschäftsfeld B		
Geschäftsfeld C		
Geschäftsfeld D		
Geschäftsfeld E		
Geschäftsfeld F	————	————
Summe		
Überleitung	————	————
Konzern / investiertes Kapital	════	════

	%	%
Investitionsüberschuß (Wachstumsquote)		
Geschäftsfeld A		
Geschäftsfeld B		
Geschäftsfeld C		
Geschäftsfeld D		
Geschäftsfeld E		
Geschäftsfeld F	———	———
Summe		
Überleitung	———	———
Konzern	═══	═══

(insgesamt 3–8 Jahre)

	....	....
Zahl der Mitarbeiter		
Geschäftsfeld A		
Geschäftsfeld B		
Geschäftsfeld C		
Geschäftsfeld D		
Geschäftsfeld E		
Geschäftsfeld F	———	———
sonstige	———	———
Konzern	═══	═══

6. Informationen nach Regionen

| | (insgesamt 3–8 Jahre) | | | | Umsatzwachstum | |
	....		....		jährlich	ø in .. Jahren
Umsatzerlöse nach Absatzmärkten	T€	%	T€	%	% % % % % %	%
Region A						
Region B						
Region C						
Region D						
Region E						
Summe	═	100	═	100		

Angaben über Abnehmer der Innenumsätze der einzelnen Regionen

Angaben zu Umsätzen mit Großkunden

Hinweise auf Umsatzveränderungen, die auf Akquisitionen, Desinvestitionen und Änderung des Konsolidierungskreises zurückzuführen sind

Angaben zum Gesamtmarkt; Entwicklung des Marktanteils in den einzelnen Regionen sowie Marktanteil des Branchenführers

	(insgesamt 3–8 Jahre)			
	....		....	
	T€	%*	T€	%*
Buchwert der Vermögenswerte				
Region A				
Region B				
Region C				
Region D				
Region E				
Region F				
Summe				

(insgesamt 3–8 Jahre)

	....		....	
	T€	%*	T€	%*
Investitionen				
Region A				
Region B				
Region C				
Region D				
Region E				
Region F				
Summe				

Exportquote des
Mutterunternehmens   %   %

7. Zusammengefaßte kurzfristige Liquiditätsanalyse

	(insgesamt 3–8 Jahre)		Zum Vergleich	
	....	....	Branchen-durchschnitt	Branchen-führer
1. Netto-Umlaufvermögen in T€				

Liquiditätskennzahlen
2. Liquidität 1. Grades in %
   (Barliquidität)
3. Liquidität 2. Grades in %
   (Liquidität auf kurze Sicht)
   (quick, liquid oder acid-test ratio)
4. Liquidität 3. Grades in %
   (Liquidität auf mittlere Sicht)

Umschlagshäufigkeit des Umlaufvermögens [*]
5. Umschlagshäufigkeit der Forderungen
   aus Lieferungen und Leistungen
6. Umschlagshäufigkeit der Vorräte
   insgesamt
7. Umschlagshäufigkeit des übrigen Umlaufvermögens (ohne flüssige Mittel)
8. Umschlagshäufigkeit des Umlaufvermögens insgesamt (ohne flüssige Mittel)

	(insgesamt 3–8 Jahre)	Zum Vergleich Branchen- durchschnitt	Branchen- führer

Umschlagsdauer des Netto-Umlaufvermögens in Tagen *)

9. in Anspruch genommenes Zahlungsziel
   der Kunden in Tagen
   von verbundenen Unternehmen und
   Beteiligungen
   von übrigen Kunden

10. Lagerdauer der Vorräte insgesamt
    in Tagen

11. Zahlungsziel der Kunden und Lager-
    dauer der Vorräte (9. + 10. = 11.)

12. in Anspruch genommenes Lieferanten-
    ziel in Tagen
    mittels Verbindlichkeiten aus
    Lieferungen und Leistungen
    mittels Schuldwechsel

13. Umschlagsdauer des Nettoumlauf-
    vermögens

14. Liquiditätsvergleichsindex

15. notwendige Anzahl Tagesumsätze zur
    Begleichung der Verbindlichkeiten aus
    Lieferungen und Leistungen
    einschließlich Schuldwechsel
    davon Schuldwechsel

16. Angaben zur potentiellen Liquidität
    (z. B. vereinbarte Kreditlinien, ein-
    geleitete Kapitalerhöhung, Beleihungs-
    möglichkeiten, nicht betriebsnot-
    wendiges Vermögen)

---

*) Die Umschlagsdauer ist ein Kehrwert der Umschlagshäufigkeit und bringt somit keine zusätzlichen Erkenntnisse über den Umschlag des Umlaufvermögens. Zusätzliche Erkenntnisse ließen sich dadurch erreichen, daß man die Umschlagshäufigkeit auf Basis der durchschnittlichen Bestände und die Umschlagsdauer der Posten des Netto-Umlaufvermögens – sofern möglich – auf Basis der Endbestände und der Umsatzerlöse bzw. Herstellungskosten des letzten Quartals oder des letzten Halbjahres errechnen würde.

8. Zusammengefaßte langfristige Liquiditätsanalyse sowie Vermögens- und Kapitalanalyse

	(insgesamt 3–8 Jahre)	Zum Vergleich	
	....	Branchen-durchschnitt	Branchen-führer

Verhältnis Eigenkapital zu Anlagevermögen
  (Deckungsgrad I)
Verhältnis Eigenkapital und langfristiges
  Fremdkapital zu Anlagevermögen
  (Deckungsgrad II)
Verhältnis Eigenkapital und lang- und mittel-
  fristiges Fremdkapital zu Anlagevermögen
  (Deckungsgrad III)
Nettoverschuldung
Pensionsrückstellungen
Verschuldungsgrad (gearing)
Dynamischer Verschuldungsgrad
  (Tilgungsdauer) auf Basis Finanzver-
  bindlichkeiten
Abschreibungsgrad
Leverage-Risiko (Verhältnis Gewinn vor
  Zinsen und Steuern zu Zinsen)
Leverage-Risiko (Verhältnis Gewinn vor
  Zinsen, Steuern und Abschreibungen auf
  Geschäfts- oder Firmenwerte zu Zinsen)
Leverage-Risiko (Verhältnis Cash-flow und
  Zinsen zu Zinsen)
Leverage-Faktor (Eigenkapitalrentabilität:
  Gesamtkapitalrentabilität)
Altersstruktur bzw. technischer Stand der
  Sachanlagen
Abschreibungsquote
Analyse der Angemessenheit der
  Abschreibungen auf Sachanlagen
Korrigierte Eigenkapitalquote
Gesamtkapitalumschlag (Umsatzerlöse zu
  investiertem Kapital)
Innenfinanzierung = Cash-flow (einbehaltene
  Gewinne + Abschreibungen + Zunahme
  langfristige Rückstellungen) in Prozent der
  Zugänge (abzüglich der Abgänge) in Sach-
  und Finanzanlagen
(Durchschnitt der letzten 5 Jahre =   %)

9. Zusammenfassung von Erfolgskennzahlen

		Zum Vergleich	
(insgesamt 3–8 Jahre)		Branchen-	Branchen-
....	....	durchschnitt	führer

1. Bruttoergebnis vom Umsatz [*]

2. Betriebsergebnis vom Umsatz

3. Ergebnis vor Zinsen und Ertragsteuern (EBIT) im Verhältnis zu den Umsatzerlösen

4. Ergebnis vor Zinsen, Ertragsteuern und Abschreibungen auf Geschäfts- oder Firmenwerte (EBITA) im Verhältnis zu den Umsatzerlösen

5. Ergebnis vor Zinsen, Ertragsteuern, Abschreibungen auf Anlagevermögen und Abschreibungen auf Geschäfts oder Firmenwerte (EBITDA) im Verhältnis zu den Umsatzerlösen

[*] beim Gesamtkostenverfahren aus dem Jahresabschluß nicht zu entnehmen, evtl. schätzen

10. Zusammenfassung von Rentabilitäts (Return on Investment)-Kennzahlen

		Zum Vergleich	
(insgesamt 3–8 Jahre)		Branchen-	Branchen-
....	....	durchschnitt	führer

Eigenkapitalrentabilität vor Ertragsteuern
Eigenkapitalrentabilität nach Ertragsteuern
Gesamtkapitalrentabilität vor Ertragsteuern
Gesamtkapitalrentabilität nach Ertragsteuern
Rentabilität des Eigenkapitals und der verzinslichen Verbindlichkeiten vor Ertragsteuern
Rentabilität des Eigenkapitals und der verzinslichen Verbindlichkeiten nach Ertragsteuern

Analyse des Return on Investment

		Zum Vergleich	
(insgesamt 3–8 Jahre)		Branchen-	Branchen-
….	….	durchschnitt	führer

Umsatzrendite (Gewinn nach Ertragsteuern
  + Zinsen (1 – Ertragsteuern) : Umsatz-
  erlöse)
×
Vermögensumschlag (Umsatzerlöse :
  durchschnittliches Vermögen)
=
Rentabilität des Gesamtvermögens
×
Leverage-Faktor (Eigenkapitalrentabilität :
  Gesamtkapitalrentabilität)
=
Eigenkapitalrentabilität nach Ertragsteuern

Krisensignalwerte

		Zum Vergleich	
(insgesamt 3–8 Jahre)		Branchen-	Branchen-
….	….	durchschnitt	führer

$$\frac{\text{Brutto-Cash-flow aus laufender Geschäftstätigkeit}}{\text{Anlagevermögen + Nettoumlaufvermögen}}$$

$$\frac{\text{Brutto-Cash-flow aus laufender Geschäftstätigkeit + Erhöhung ./. Verminderung langfristige Rückstellungen}}{\text{Anlagevermögen + Nettoumlaufvermögen}}$$

11. Rendite-Kennzahlen und Börsenbewertung

(insgesamt 3–8 Jahre)

_____ .....   _____ ....

Höchstkurs

Tiefstkurs

Kurs Geschäftsjahresende

Ergebnis unverwässert je Aktie

Ergebnis verwässert je Aktie

Kurs/Gewinn-Verhältnis

Dividende je Aktie

Dividendenrendite

Anzahl der ausgegebenen Aktien

Börsenwert

Unternehmenswert (Börsenwert +
Nettoverschuldung ./. flüssige Mittel)

Kurs/Buchwert-Verhältnis

IV. Sonstige weniger nützliche und unnütze Kennzahlen und deren Aussagewert

In der deutschen Literatur über Bilanzanalyse werden außer den in diesem Buch erwähnten noch viele andere Kennzahlen genannt. Soweit Erläuterungen dazu gegeben werden, wird in aller Regel nicht gesagt, welchen Aussagewert diese Kennzahlen haben sollen.

Man muß über die Bedeutung einer Kennzahl nicht vollkommen einer Meinung sein, und es ist jedem selbst überlassen, welche Kennzahlen er bildet. Auch mag es bestimmte Branchen und Gelegenheiten geben, bei der bestimmte Kennzahlen üblich oder angebracht sind, die in diesem Buche nicht erwähnt sind. Man muß sich aber bewußt bleiben, daß zu viele Kennzahlen, insbesondere wenn sie nicht zu einem Kennzahlensystem gehören und nur einen unbedeutenden oder sogar keinen Aussagewert haben, von einer eingehenden Bilanzanalyse ablenken. Der Verfasser möchte deshalb vor der Versuchung, die bei den heutigen Datenverarbeitungsmöglichkeiten besonders groß ist, warnen, unnütze Kennzahlenfriedhöfe zu erstellen.

S. Beurteilung der Vermögens-, Finanz- und Ertragslage

In Abschnitt A II wurde gesagt:

Bilanzanalyse ist die Darstellung und Beurteilung der gegenwärtigen und vergangenen Vermögens-, Finanz- und Ertragslage eines Unternehmens durch

- die Auswertung der in den Jahresabschlüssen enthaltenen und anderer zur Verfügung stehenden Informationen und Daten,
- die Aufbereitung und Bereinigung der Jahresabschlüsse und
- die Bildung von Kennzahlen.

Zweck einer Bilanzanalyse ist es zu erkennen, welche aus den Jahresabschlüssen ersichtlichen Faktoren die wirtschaftliche Entwicklung des Unternehmens beeinflußten.

Ziel einer Bilanzanalyse ist es, Aussagen über die mögliche oder wahrscheinliche zukünftige finanzielle Entwicklung des Unternehmens zu machen, um dadurch Hilfen für Kredit-, Investitions-, Personal- und Rationalisierungsentscheidungen zu geben.

Aussagen über die zukünftige finanzielle Entwicklung eines Unternehmens beinhalten

- die Beurteilung der Finanzkraft, d. h. der statischen und dynamischen Liquidität, und
- die Beurteilung der Ertragskraft, d. h. der Fähigkeit, in Zukunft Erträge erzielen zu können.

Sie ermöglichen die Feststellung, ob das Unternehmen Ertrags- und Wachstumschancen durch Investitionen oder andere Vorleistungen (z.B. Forschung, Einführungsphase von Produkten) tatsächlich nutzen und ggf. kritische Situationen überwinden kann.

…

Zwischenziel einer Bilanzanalyse sollte es sein, mit Hilfe der im Laufe einer Bilanzanalyse aufkommenden Fragen zu versuchen, gezielter weitere Informationen zu erhalten.

…

Endziel einer Bilanzanalyse ist es, aufgrund der Beurteilung der Finanz- und Ertragskraft Konsequenzen zu ziehen, d. h. wirksame Entscheidungen besser treffen zu können, um z. B.

- Krediturteile für kurz- oder langfristige, gesicherte oder ungesicherte Kredite abzugeben,
- Entscheidungen über den Kauf oder Verkauf von Unternehmen, Unternehmensanteilen oder Aktien vorzubereiten,
- das Management zu beurteilen und über seine Entlastung und Weiteranstellung zu entscheiden oder
- interne Maßnahmen zur Verbesserung der wirtschaftlichen Lage des Unternehmens zu ergreifen.

Die Darstellung der gegenwärtigen und vergangenen Vermögens-, Finanz- und Ertragslage, d. h. die Aufbereitung und Bereinigung der Jahresabschlüsse und die Bildung von Kennzahlen, wurde in den vorhergehenden Abschnitten ausführlich beschrieben.

Die Beurteilung der Vermögens-, Finanz- und Ertragslage bedeutet die Interpretation der Jahresabschlüsse und der Kennzahlen unter Auswertung der zusätzlich vorhandenen Informationen in einer sachverständigen Gesamtschau.

Eine solche Interpretation der Jahresabschlüsse und Kennzahlen muß

- je nach dem individuellen Ziel der Bilanzanalyse,

- entsprechend den unterschiedlichen Informationsmöglichkeiten vor und während einer Bilanzanalyse,
- je nach der dem Bilanzanalytiker oder dem Empfänger der Bilanzanalyse zur Verfügung stehenden Zeit und
- abhängig davon, ob es sich um eine Bilanzanalyse für den Eigenbedarf oder für Dritte handelt,

sehr verschieden ausfallen. Nicht zuletzt spielen auch der unterschiedliche wirtschaftliche Sachverstand und die Erfahrung des Bilanzanalytikers eine Rolle.

Diese Gründe legen es nahe, in dem Buch kein ausführliches Beispiel für eine Beurteilung der Vermögens-, Finanz- und Ertragslage eines Unternehmens in Form eines Kommentars zu Jahresabschlüssen und Kennzahlen zu geben.

Ein einziges Beispiel würde dem Ziel des Buches,

- keine nichtssagenden schablonenhaften Antworten auf die möglichen verschiedenen Ursachen von Kennzahlenänderungen zu geben,
- sondern die entsprechenden Fragen aufzuwerfen und zu versuchen, sie während der Bilanzanalyse zu klären, und
- somit Bilanzanalyse als Teil der Unternehmensanalyse zu verstehen,

entgegenlaufen.

Eine Vielzahl von Beispielen würde jedoch ein ganzes Arbeitsbuch füllen. Eine solche Lösung könnte bei dem Leser Langeweile aufkommen lassen und wäre deshalb wenig zweckdienlich.

Eine Beurteilung der Vermögens-, Finanz- und Ertragslage, d.h. ein Kommentar zu Jahresabschlüssen und Kennzahlen, sollte – neben den aufbereiteten und bereinigten Jahresabschlüssen sowie den Kennzahlenaufstellungen – grundsätzlich folgendes beinhalten:

- zum Verständnis der wirtschaftlichen Lage des Unternehmens notwendige allgemeine Informationen über das Unternehmen und seine Umwelt (Produkte, Absatzgebiete, Wettbewerbsverhältnisse, Marktanteile, Branchenentwicklung),
- weitere bekannte Informationen, die für die Beurteilung der zukünftigen Entwicklung des Unternehmens notwendig sind,
- zusammengefaßte Erläuterung des Bilanzprofils und daraus gezogene Schlüsse,
- Kommentierung der Entwicklung der beeinflußbaren Kosten und ihre Bedeutung für die Zukunft,
- Kommentar zu den (wesentlichen) Veränderungen und Hinweise auf mögliche oder wahrscheinliche Ursachen (den Grund der Wahrscheinlichkeit durch Analyse verschiedener Daten und Kennzahlen mit unterschiedlichem Informationsinhalt festzustellen versuchen),
- Kommentar, ob Kennzahlen in Einklang oder in Widerspruch zu anderen Informationen über das Unternehmen und seine Umwelt stehen,
- Vergleich mit Branche und Haupt-Wettbewerbern und ggf. Aussagen über Ursache für unterschiedliche Entwicklung,
- Vergleich mit Normen (z.B. »goldene Bankregel«),
- offene Fragen,
- zusammengefaßtes Urteil über Liquidität und Rentabilität mit Blick auf die Zukunft.

Den unterschiedlichen Zielen einer Bilanzanalyse und den Wünschen der Empfänger kann hierbei durch entsprechende Schwerpunkte und einem unterschiedlichen Umfang der einzelnen Punkte Rechnung getragen werden.

Anhang

Welche Vorteile gewährt die doppelte Buchhaltung dem Kaufmanne! Es ist eine der
schönsten Erfindungen des menschlichen
Geistes, und ein jeder gute Haushalter sollte
sie in seine Wirtschaft einführen.

Johann Wolfgang von Goethe,
in Wilhelm Meisters Lehrjahre, I, 10

Einführung in die Bilanzierung und die doppelte Buchführung

I. Bilanzierung

Das Wort Bilanz kommt aus dem Italienischen (bilancia) und bedeutet Waage oder Gleichgewicht. Es ist auf die lateinische Wortverbindung »bis« (zweimal, doppelt) und »lanx«
(Waagschale, Schüssel) zurückzuführen.

In der Bilanz werden zwei Seiten derselben Sache, nämlich die Mittel einer Unternehmung, in übertragenem Sinne als zwei Waagschalen, die immer gleich hoch sein
müssen, dargestellt. Die linke Seite der Bilanz zeigt die Verwendung der Mittel, d.h. in
welchen Vermögensgegenständen die Mittel angelegt sind, und die rechte Seite der Bilanz
die Herkunft der Mittel, d.h. von wem die Mittel stammen.

Beispiel einer Bilanz:

Aktiva	Bilanz zum 31. Dezember		Passiva
	€		€
Anlagevermögen		Eigenkapital	2.000.000
Gebäude	800.000		
Maschinen	600.000	Fremdkapital	
		Lieferantenver-	
Umlaufvermögen		bindlichkeiten	600.000
Vorräte	1.200.000	Bankverbindlich-	
Forderungen	800.000	keiten	900.000
flüssige Mittel	100.000		
	3.500.000		3.500.000

Mittelverwendung = Mittelherkunft

Die Gleichung lautet immer:

$$\text{Vermögen} = \text{Fremdkapital} + \text{Eigenkapital}$$

oder

$$\text{Vermögen} ./. \text{Fremdkapital} = \text{Eigenkapital}$$

Die Höhe des Eigenkapitals ergibt sich somit aus dem Wert des Vermögens abzüglich Fremdkapital.

Die auf der linken Seite einer Bilanz aufgeführten Posten werden Aktiva und die auf der rechten Seite Passiva genannt.

Bei einer *Bilanz* handelt es sich um die Darstellung der *Vermögens- und Finanzlage* zu einem *Stichtag*.

Vergleicht man die Bilanzen von zwei verschiedenen Stichtagen, d.h. zu zwei verschiedenen Zeitpunkten (z.B. Jahresende und Jahresanfang), so entspricht der Unterschied des Eigenkapitals zwischen dem Jahresende und dem Jahresanfang dem Gewinn oder Verlust des Geschäftsjahres, sofern keine Einlagen oder Entnahmen während des Geschäftsjahres getätigt wurden.

Die Ursachen für den Gewinn oder Verlust des Geschäftsjahres kann man aus einem Bilanzvergleich nicht entnehmen. Hierzu bedarf es einer Gewinn- und Verlustrechnung, in der alle Erträge und Aufwendungen zwischen den zwei Bilanzstichtagen zusammengefaßt gegenübergestellt werden. Als Unterschied zwischen den Aufwendungen und Erträgen ergibt sich der Gewinn oder Verlust einer Periode, z.B. Geschäftsjahr (Zeitraum), der mit dem Unterschied zwischen dem in den Bilanzen am Anfang und Ende einer Periode (zwei verschiedene Zeitpunkte) ausgewiesenen Eigenkapital identisch ist.

Die *Gewinn- und Verlustrechnung* stellt somit die *Ertragslage* eines Unternehmens während eines *Zeitraums* dar.

II. Doppelte Buchführung

Bilanzen und Gewinn- und Verlustrechnungen ergeben sich aus den laufenden Aufzeichnungen in den Konten der Buchhaltung (Ausnahme: die Eröffnungsbilanz, d.h. die Bilanz, in der ein Unternehmen zu Beginn der Geschäftstätigkeit die vorhandenen Vermögensgegenstände und das Kapital einträgt, und Sonderbilanzen, wie z.B. Auseinandersetzungsbilanz, Fusionsbilanz, Insolvenzbilanz), wobei laut Gesetz am Jahresende das tatsächliche Vorhandensein der in der Bilanz aufgeführten Vermögensgegenstände durch eine Inventur nachgewiesen werden muß. Falls das nicht möglich ist, sind die Aufzeichnungen der Buchhaltung zu berichtigen.

In der Buchhaltung werden zu Beginn eines Geschäftsjahres die einzelnen Posten der Eröffnungsbilanz bzw. der Schlußbilanz des letzten Geschäftsjahres auf einzelne Konten übertragen, und während des Geschäftsjahres werden sämtliche Geschäftsvorfälle, d.h. Vermögensänderungen oder -umschichtungen (z.B. der Kauf oder Verkauf von Waren, die Ausgaben für Löhne, Mieten, Gebühren, Steuern), auf den Konten lückenlos festgehalten. Man kann somit die doppelte Buchführung als permanente Aktualisierung der Eröffnungsbilanz bzw. der letzten Bilanz ansehen.

Die Salden der Konten ergeben zum Bilanzstichtag (z.B. Jahresende) nach Vornahme von notwendigen Wertkorrekturen (z.B. Abschreibungen für die Abnutzung des Sachanlagevermögens und Wertberichtigungen für zweifelhafte Forderungen) die Bilanz und Gewinn- und Verlustrechnung.

Während einer Periode lassen sich aus den Konten der Buchhaltung die Entwicklung und der Stand der einzelnen Forderungen und Verbindlichkeiten, der anderen Vermögenswerte und die bis dahin erzielten Erträge und die Aufwendungen entnehmen.

Da die Bilanz zwei Seiten (Mittelverwendung und Mittelherkunft) hat, muß auch in der Buchführung jeder Geschäftsvorfall zweimal = doppelt aufgezeichnet werden. Wegen dieser doppelten Aufzeichnung spricht man heute von der doppelten Buchführung. (Der Begriff »doppelte Buchführung« stammt ursprünglich daher, daß alle Geschäftsvorfälle einmal chronologisch im Grundbuch und einmal systematisch im Hauptbuch = Konten aufgezeichnet wurden.)

Da es sich bei der Bilanz um zusammengefaßte Posten handelt, sind die einzelnen Posten der Bilanz in der Buchhaltung auf eine Vielzahl von Konten aufzuteilen. Während beispielsweise die Bilanz nur einen Posten Forderungen aus Lieferungen und Leistungen enthält, wird in der Buchhaltung dagegen für jeden einzelnen Kunden ein Konto geführt.

Die Konten der Vermögenswerte enthalten auf der linken Seite den aus der linken Seite der Bilanz übernommenen Anfangsbestand und die Zugänge während des Geschäftsjahres und auf der rechten Seite die Abgänge des Geschäftsjahres. Bei dem Konto Forderungen enthält somit die linke Seite neben dem Bestand der Forderungen zum Jahresanfang sämtliche Rechnungen des Jahres an den Kunden und auf der rechten Seite des Kontos sämtliche Zahlungen des Kunden.

Die Kapitalkonten enthalten auf der rechten Seite den aus der rechten Seite der Bilanz übernommenen Anfangsbestand und die Zugänge während des Geschäftsjahres und auf der linken Seite die Abgänge des Geschäftsjahres, sowie den Saldo am Schluß des Geschäftsjahres, der in die Bilanz eingeht. Bei dem Konto Lieferantenverbindlichkeiten – siehe Beispiel – enthält somit die rechte Seite neben dem Bestand der Verbindlichkeiten zum Jahresanfang sämtliche Rechnungen des Jahres von den Lieferanten, und auf der linken Seite des Kontos sind sämtliche Zahlungen an die Lieferanten gebucht.

Beispiel eines Kontos (vergleiche Geschäftsvorfälle weiter unten):

Soll		Lieferantenverbindlichkeiten		Haben
	€			€
Bankverbindlichkeiten	100.000	Bilanz 1.1.20..		600.000
flüssige Mittel	470.000	Vorräte		460.000
Bilanz 31.12.20..	490.000			
	1.060.000			1.060.000

Die linke Seite eines Kontos nennt man Soll-Seite und die rechte Seite Haben-Seite. Die Texte auf den Konten sind die in den Geschäftsvorfällen angesprochenen Gegenkonten. In der Praxis steht die Kontenbezeichnung nicht im Wortlaut, sondern in Form einer Konto-Nummer. Zusätzlich wird auf dem Konto die Nummer des Beleges und evtl. ein kurzer Buchungstext angegeben.

Die Konten, dic zur Aufzeichnung der im Laufe des Jahres angefallenen Aufwendungen und Erträge dienen, können naturgemäß keinen Anfangs- und Endbestand enthalten.

Die Summe der einzelnen Aufwands- und Ertragskonten wird am Jahresende auf das Gewinn- und Verlustkonto übertragen. Übersteigen die Erträge die Aufwendungen, so wurde in dem Geschäftsjahr ein Gewinn erzielt, der auf das Konto Eigenkapital übertragen wird und der das Eigenkapital erhöht. Übersteigen die Aufwendungen die Erträge, so wurde in dem Geschäftsjahr ein Verlust erzielt, dessen Übertrag auf das Konto Eigenkapital zu einer Minderung des Eigenkapitals führt.

Gedanklich kann man somit die Aufwands- und Ertragskonten als Unterkonto des Kontos Eigenkapital betrachten. Da die Aufwendungen das Eigenkapital mindern und Erträge das Eigenkapital erhöhen, müssen somit die Aufwendungen auf der linken Seite eines Kontos und die Erträge auf der rechten Seite eines Kontos gebucht werden.

Weil die Summe der Aktiva und Passiva einer Bilanz gleich sein muß, muß auch der aus dem Gewinn- und Verlustkonto auf das Eigenkapital übertragene Gewinn oder Verlust eines Geschäftsjahres exakt mit der Veränderung des Eigenkapitals zwischen Anfang und Ende eines Geschäftsjahres übereinstimmen. Die doppelte Buchhaltung ermittelt somit das Ergebnis einer Periode zweimal = doppelt, nämlich einmal in der Gewinn- und Verlustrechnung und einmal in der Bilanz. Diese Systematik bietet eine hohe Kontrollmöglichkeit.

Beispiele von verschiedenen Geschäftsvorfällen und ihre Buchung:

€

1. Kunde bezahlt Forderungen   530.000
   flüssige Mittel = Soll
   Forderungen = Haben
   Buchhalter machen daraus einen Buchungssatz,
   der im vorliegenden Fall hieße:
   flüssige Mittel an Forderungen

2. Zahlung von Lieferantenverbindlichkeiten durch Erhöhung
   der Bankverbindlichkeiten   100.000
   Lieferantenverbindlichkeiten an Bankverbindlichkeiten

3. Kauf von Waren auf Ziel   460.000
   Vorräte an Lieferantenverbindlichkeiten

4. Barzahlung von Lieferantenverbindlichkeiten   470.000
   Lieferantenverbindlichkeiten an flüssige Mittel

5. Zahlung von Gehältern   90.000
   Personalaufwand an flüssige Mittel

6. Zahlung von Zinsen   18.000
   Zinsen an flüssige Mittel

7. Abschreibungen auf Gebäude   8.000
   Abschreibungen auf Maschinen   12.000
   Abschreibungen an Gebäude
   Abschreibungen an Maschinen

8. Zahlung von Steuern   40.000
   Steuern an flüssige Mittel

€

9. Mieterträge   3.000
   flüssige Mittel an sonstige Erträge

10. Verkauf von Waren auf Ziel   800.000
    Forderungen an Umsatzerlöse

Die Buchungssätze 1–9 sprechen nur Bestandskonten (1--4), ein Aufwands- und ein Bestandskonto (5–8) oder ein Bestands- und ein Ertragskonto (9) an. Mit dem letzten Geschäftsvorfall (10) werden sowohl Veränderungen auf zwei Bestandskonten als auch ein Aufwands- und ein Ertragskonto angesprochen; er erfordert deshalb zwei Buchungssätze. Diese zweite Buchung erfolgt oft erst am Ende der Periode. Im vorliegenden Fall wird unterstellt, daß der Einkaufspreis 75 % des Verkaufspreises beträgt. Der zweite Buchungssatz lautet somit wie folgt:

Wareneinsatz an Vorräte   600.000

Würde man die weiter oben dargestellte Bilanz als Bilanz zu Beginn des Geschäftsjahres (= Schluß des letzten Geschäftsjahres) betrachten, und hätte es sonst keine Geschäftsvorfälle gegeben, so sähen die Bilanz am Schluß des Geschäftsjahres und die Gewinn- und Verlustrechnung wie folgt aus:

Bilanz

Aktiva	zum 31. Dezember ….		Passiva
	€		€
Anlagevermögen		Eigenkapital	2.035.000
Gebäude	792.000		
Maschinen	588.000	Fremdkapital	
		Lieferantenver-	
Umlaufvermögen		bindlichkeiten	490.000
Vorräte	1.060.000	Bankverbindlich-	
Forderungen	1.070.000	keiten	1.000.000
flüssige Mittel	15.000		
	3.525.000		3.525.000

Gewinn- und Verlustrechnung
für die Zeit vom 1. Januar bis 31. Dezember ….

	€		€
Aufwendungen für		Umsatzerlöse	800.000
bezogene Waren	600.000	sonstige Erträge	3.000
Gehälter	90.000		
Abschreibungen	20.000		
Zinsen	18.000		
Steuern	40.000		
Gewinn	35.000		
	803.000		803.000

In den Buchungen sind Geschäftsvorfälle enthalten, die

	Beispiele
Einzahlungen (= Zufluß von Liquidität)	Kunde bezahlt Forderungen, Mieterträge
und	
Auszahlungen (= Abfluß von Liquidität)	Barzahlung von Lieferanten-verbindlichkeiten, Zahlung von Gehältern, Zinsen, Steuern
Einnahmen (= Anspruch von Geld)	Verkauf von Waren auf Ziel
und	
Ausgaben (= Anspruch auf Geldabgänge)	Kauf von Waren auf Ziel
Aufwendungen (= Verbrauch von Werten)	Wareneinsatz, Zahlung von Gehältern, Zinsen, Steuern, Abschreibungen
und	
Erträge (= Entstehung von Werten)	Verkauf von Waren auf Ziel, Mieterträge

betreffen. Sie sind Bestandteil der externen Rechnungslegung (Bilanz und Gewinn- und Verlustrechnung).

Wie die Beispiele zeigen, können die Geschäftsvorfälle teilweise zwei Begriffen zugeordnet werden, z. B. bei dem Verkauf von Waren auf Ziel handelt es sich um Einnahmen (Anspruch von Geld) und um einen Ertrag (Entstehung von Werten), bei der Zahlung von Gehältern, Zinsen oder Steuern handelt es sich um eine Auszahlung (Abfluß von Liquidität) und gleichzeitig um Aufwendungen (Verbrauch von Werten). Bei den Abschreibungen handelt es sich dagegen nur um Aufwendungen (Verbrauch von Werten). Die Auszahlung ist vorher bei der Investition erfolgt.

Nicht behandelt wurden die Geschäftsvorfälle, die in einem Industriebetrieb die interne Rechnungslegung (Kostenrechnung) betreffen. Hierbei handelt es sich um die Verrechnung von

Kosten (= wertmäßiger betriebszweckbezogener Güterverzehr)

und

Erlösen bzw. Leistungen (= wertmäßige betriebszweckbezogene Güterentstehung).

Bei der externen Rechnungslegung und somit bei der Bilanzanalyse wird das letzte Begriffspaar nicht benötigt. Wenn im HGB und in der kaufmännischen Praxis von Kosten, z. B. Werbekosten, die Rede ist, dann sind das im betriebswirtschaftlichen Sinne keine Kosten, sondern Aufwendungen.

Die kurze Erläuterung der Begriffe wurde gegeben, da bei der Bilanzanalyse auf die ersten drei Begriffspaare zurückgegriffen wird.

III. Geschichte der doppelten Buchführung

Interessant ist, daß die erste geschlossene Darstellung der doppelten Buchführung bereits im Jahre 1494 von dem italienischen Mönch und Mathematiker Luca Pacioli in dem Abschnitt »De Computis et Scriptures« seiner Schrift »Summa de Arithmetica, Geometria, Proportioni e Proportionalità« dargestellt wurde. Hier handelte es sich nicht um eine theoretische Abhandlung, sondern um die Darstellung der Praxis in Venedig.

Das Grundprinzip der doppelten Buchführung ist damals und heute gleich.

Da es sich damals um einzelne wenige Handelsgeschäfte handelte, wurde nach jedem Geschäft der Verlust oder Gewinn ausgerechnet und auf dem Gewinn- und Verlustkonto gebucht.

Pacioli schreibt dazu (zitiert nach Stiegler, J. P.: Fünf Jahrtausende Buchhaltung):

> »Nach jedem anderen Konto folgt ein Anrufen des sich ergebenden Gewinnes und Verlustes oder, wie Du je nach der Gegend sagen willst, Nutzens und Schadens oder Vorteils und Nachteils, in dem sich alle anderen Konten Deines Hauptbuches immer ausgleichen müssen, wie dies in dem Abschnitt über die Bilanz entwickelt werden wird. Wenn Du an einer Ware verloren hast, auf deren Konto in Deinem Hauptbuche mehr im Soll verbleibt als im Haben, dann wirst Du seinem Haben nachhelfen, um es mit dem Soll auszugleichen, und zwar um soviel, wie ihm fehlt. Dann wirst Du auf die Sollseite des Gewinns- und Verlustkontos gehen und sagen: Gewinn und Verlust Soll am Tage usw. für die und die Ware. Wäre von besagter Ware mehr im Haben als im Soll, so wirst Du umgekehrt verfahren. Dieses Konto (das Gewinn- und Verlust-Konto) muß man dann noch mit demjenigen des Kapitals abschließen, welches das letzte in allen Hauptbüchern und folglich der Zufluchtsort aller anderen Konten ist, wie Du vernehmen wirst.«

Während seinerzeit das Gewinn- und Verlustkonto ein laufendes Konto war, auf dem das Ergebnis jedes einzelnen Geschäftsvorfalls festgehalten wurde, handelt es sich heute bei dem Gewinn- und Verlustkonto, wie weiter oben erläutert, um eine Zusammenfassung sämtlicher Aufwendungen und Erträge einer Periode. Auf die damalige Praxis ist deshalb die heute noch übliche, aber irreführende Bezeichnung »Gewinn- und Verlustrechnung« anstatt Aufwands- und Ertragsrechnung zurückzuführen.

Die doppelte Buchführung, die, wie vorstehende Ausführungen zeigen, ebenso einfach wie effizient ist, hat jedoch auch ihre Tücken. Hiervon handelt der folgende Abschnitt.

IV. Bewertung

Bei der bisherigen Beschreibung des Systems der doppelten Buchführung und der Bilanzierung wurde stillschweigend unterstellt, daß die Wertansätze der einzelnen Geschäftsvorfälle und der Bilanzposten eindeutig festgelegt sind. Dies trifft jedoch in vielen Fällen nicht zu. Eindeutig festgelegt sind im Prinzip nur die Wertansätze für die Geschäftsvorfälle des laufenden Geschäfts, nämlich für

- die Aufwendungen, die gleichzeitig mit Geldausgaben verbunden sind,
- die Anschaffungskosten der Sach- und Finanzanlagen, der Rohstoffe und Waren und
- die berechneten Umsatzerlöse für Lieferungen und Leistungen.

Es gibt jedoch viele zu buchende Geschäftsvorfälle, die nicht auf tatsächlichen Ausgaben oder realisierten Kaufverträgen beruhen, sondern bei denen es sich um Bewertungsmaßnahmen handelt. Im wesentlichen gehören dazu:

Abschreibungen auf Sachanlagen und immaterielle Vermögensgegenstände
Der Abnutzung des Sachanlagevermögens und der Wertminderung der immateriellen Vermögensgegenstände ist durch Abschreibungen, d.h. durch eine planmäßige und evtl. auch die außerplanmäßige Verminderung der Buchwerte dieser Vermögensposten, Rechnung zu tragen.

Abschreibungen auf Finanzanlagen
Bei einer voraussichtlich dauernden Wertminderung sind Abschreibungen auf Finanzanlagen vorzunehmen.

Abschreibungen auf das Umlaufvermögen
Für Wertminderungen beim Umlaufvermögen (z.B. bei Vorräten wegen gesunkener Preise oder für zweifelhafte oder uneinbringliche Forderungen) sind Abschreibungen zu berücksichtigen.

Rückstellungen
Für dem Grunde und/oder der Höhe nach ungewisse Verbindlichkeiten (z.B. für Pensionen, Gewährleistungen, Sozialpläne, Prozeßrisiken), für drohende Verluste aus schwebenden Geschäften (z.B. für Einkaufskontrakte wegen gefallenem Marktpreis oder für Verluste aus langfristigen Fertigungsaufträgen mit Festpreisvereinbarung) und bestimmte Aufwendungen (z.B. Aufwendungen für Abraumbeseitigung) sind bei der Erstellung eines Abschlusses durch Bildung einer Rückstellung unter den Passiva die entsprechenden Aufwendungen in der Gewinn- und Verlustrechnung zu berücksichtigen.

Rechnungsabgrenzung
Ausgaben vor der Abschlußerstellung, soweit sie Aufwendungen für eine bestimmte Zeit nach der Abschlußerstellung darstellen (z.B. vorausgezahlte Mieten), und Einnahmen vor der Abschlußerstellung, soweit sie Erträge für eine bestimmte Zeit nach der Abschlußerstellung darstellen (z.B. im voraus erhaltene Mieten), sind in der Gewinn- und Verlustrechnung periodengerecht abzugrenzen, d.h. nicht im Jahr der Zahlung zu berücksichtigen, sondern in dem Jahr, in dem die entsprechende Leistung erbracht wurde.

Herstellungskosten
Selbsterstellte Vermögensgegenstände sind mit den Herstellungskosten zu bewerten. Hier können sich Zurechnungsprobleme ergeben. Sie sind in Deutschland besonders groß, da das HGB in § 255 Abs. 2 die Herstellungskosten in Pflichtbestandteile und Wahlbestandteile aufteilt (siehe Abschnitt E I 5a Vorräte, *Bewertung und Bewertungsspielräume*).

So einfach einerseits das System der doppelten Buchführung und der Bilanzierung ist, so komplex können andererseits Probleme der Bewertung bei der Bilanzierung sein.

Die Literatur über Bilanzen beschäftigt sich deshalb vornehmlich mit Bewertungsfragen und mit den Gestaltungsmöglichkeiten des Jahresabschlusses durch den Bilanzersteller.

Um eine fundierte und qualitativ hochwertige Bilanzanalyse vornehmen zu können, ist eine relativ ausführliche Kenntnis der Bewertungsmöglichkeiten notwendig. Dem wird in dem vorliegenden Buch bei der Besprechung der einzelnen Posten des Jahresabschlusses Rechnung getragen.

Aus dem nächsten Abschnitt ist zu entnehmen, daß es für die Bewertung im Rahmen der Grundsätze ordnungsmäßiger Buchführung Bilanzierungs- und Bewertungsgrundsätze gibt, die jedoch durch im Gesetz vorgesehene Ansatz- und Bewertungswahlrechte durchlöchert werden. Außerdem ist man bei der Bewertung auf Schätzungen angewiesen, die Ermessensspielräume beinhalten.

V. Grundsätze ordnungsmäßiger Buchführung (GoB)

1. Allgemeines und Geschichte der GoB

Die Grundsätze ordnungsmäßiger Buchführung haben eine lange Tradition, nämlich

- *als Gepflogenheiten sorgfältiger Kaufleute* (Entwurf eines HGB nebst Denkschrift in der Fassung der dem Reichstag gemachten Vorlage, Berlin 1897),
- *was man in der Praxis ordentlicher und ehrenwerter Kaufleute für richtig hält* (Schmalenbach, ZfhF 1933, S. 255 ff.),
- *als allgemeines Bewußtsein der anständigen und ordentlichen Kaufmannschaft* (BFH vom 12.5.1961).

Lange Zeit galten nur die »Gepflogenheiten sorgfältiger Kaufleute« und ähnliche Versionen als Auslegungsgrundsätze für die GoB.

Tatsächlich waren die praktizierten GoB in der Vergangenheit so unbefriedigend, daß der Gesetzgeber sich mehrmals (1931, 1937, 1959, 1965, 1985) gezwungen sah, einzelne Punkte der GoB zu kodifizieren. Diese Kodifikation entsprach teilweise nicht dem bis dahin praktizierten Gewohnheitsrecht.

Im HGB wird an mehreren Stellen (z.B. § 238 Abs. 1, § 243 Abs. 1, § 264 Abs. 2 Satz 1) auf die Grundsätze ordnungsmäßiger Buchführung verwiesen. An keiner Stelle im Gesetz werden sie aber zusammengefaßt definiert.

Sieht man die Literatur im einzelnen durch, so kommt man zu dem Ergebnis, daß weder vollkommene Übereinstimmung über die Grundsätze herrscht noch der Inhalt einzelner Grundsätze einheitlich gedeutet wird.

Besonders unbefriedigend war bisher, daß nicht Sachverständige, sondern die Bilanzersteller als Interessenten die GoB bestimmten und somit die Spielregeln festlegten, und daß die Bilanzleser, z.B. Finanzanalysten, bei der Festlegung der Spielregeln, d.h. der GoB, überhaupt nicht gefragt wurden.

Soweit in der Vergangenheit durch Gerichte entschieden wurde, wie die GoB auszulegen sind, waren es Finanzgerichte, die unter steuerlichen Gesichtspunkten entschieden.

Die GoB sind als eine Art Grundsätze der Rechnungslegung in den Fällen zu betrachten, in denen keine konkreten Vorschriften bestehen oder sich Auslegungsprobleme bei gesetzlichen Vorschriften ergeben. Bedauerlicherweise ist es aber so, daß die GoB in manchen Fällen durch steuerrechtliche Vorschriften, die man aus der Sicht eines Bilanzlesers als ordnungswidrig bezeichnen sollte, durchbrochen werden können.

Inzwischen sind die GoB zu einem großen Teil im HGB durch einzelne gesetzliche Regelungen konkretisiert. Teilweise sind sie aber bis heute weder durch den Gesetzgeber noch durch Erlasse, Verordnungen oder Verlautbarungen anderer Institutionen (z. B. Institut der Wirtschaftsprüfer) geregelt.

2. Systematisierung der GoB

Da die aus dem Verhalten der Bilanzierenden in der Vergangenheit praktizierte Ableitung der GoB nicht befriedigend gelungen ist, wurden Versuche unternommen, die GoB systematisch festzulegen. Am besten ist dies Leffson gelungen (siehe Leffson, Ulrich: Die Grundsätze ordnungsmäßiger Buchführung, 7., revidierte und erweiterte Aufl., Düsseldorf 1987). Die folgenden Ausführungen beruhen darauf.

Leffson unterteilt die GoB in zwei Gruppen, nämlich in

- die Grundsätze der Dokumentation und
- die Grundsätze der Rechenschaft.

Bei der ersten Gruppe, den Grundsätzen der Dokumentation, handelt es sich um Fragen der Buchführung. Hierbei geht es um die Datenerfassung, -aufbereitung und -speicherung. Ein Teil dieser Grundsätze ist in § 238 und § 239 HGB geregelt. Die Behandlung der Grundsätze der Dokumentation braucht aber im Rahmen eines Buches über Bilanzanalyse nicht vertieft zu werden.

Bei der zweiten Gruppe, den Grundsätzen der Rechenschaft, unterscheidet Leffson zwischen oberen und unteren Grundsätzen der Rechenschaft. Von den oberen Grundsätzen der Rechenschaft ist auf die unteren Grundsätze der Rechenschaft zu schließen.

Zu den oberen Grundsätzen der Rechenschaft, d. h. der Erstellung von Jahresabschlüssen, zählen

- die Rahmengrundsätze, d. h. die Grundsätze
  • der Richtigkeit und Willkürfreiheit,
  • der Klarheit und
  • der Vollständigkeit,
- die Abgrenzungsgrundsätze, d. h.
  • die Grundsätze der Abgrenzung der Sache und der Zeit nach,
  • das Realisationsprinzip und
  • das Imparitätsprinzip,
- die ergänzenden Grundsätze, d. h.
  • der Grundsatz der Stetigkeit und
  • das Prinzip der Vorsicht.

Bei den Rahmengrundsätzen sollte es sich um Selbstverständlichkeiten handeln, die in diesem Buch nicht vertieft zu werden brauchen.

Nach dem unter den Abgrenzungsgrundsätzen aufgeführten Realisationsprinzip gelten die Aufwendungen zum Zeitpunkt des Werteverzehrs und die Erträge zum Zeitpunkt der Rechnungserstellung als realisiert. Der Zahlungszeitpunkt ist nicht maßgeblich. Bei langfristigen Fertigungsaufträgen ist diese Festlegung des Realisationszeitpunktes umstritten.

Nach dem Imparitätsprinzip sind wegen des die Grundsätze ordnungsmäßiger Buchführung dominierenden und weiter unten besprochenen Vorsichtsprinzips erkennbare zukünftige negative Erfolge einzelner Geschäfte so früh wie möglich, zukünftige positive

Erfolge der einzelnen Geschäfte jedoch erst bei ihrer Realisierung im Jahresabschluß zu erfassen. Durch das Imparitätsprinzip wird das Realisationsprinzip teilweise eingeschränkt und eine Bilanzanalyse erheblich beeinträchtigt.

Der unter den ergänzenden Grundsätzen aufgeführte Grundsatz der Stetigkeit besagt, daß Unternehmen ihre Erfassungs-, Bewertungs- und Ausweismethoden nicht laufend willkürlich ändern dürfen, weil dadurch die Vergleichbarkeit aufeinanderfolgender Jahresabschlüsse sehr beeinträchtigt wird.

Das Prinzip der Vorsicht geht auf den Gedanken des Gläubigerschutzes zurück. Danach soll der Kaufmann Vermögen und Schulden vorsichtig bewerten, d. h. sich im Zweifelsfalle eher ärmer rechnen als er in Wirklichkeit ist.

Interpretiert man das Vorsichtsprinzip auf diese traditionelle Art und Weise, so kann man es als eine Art Überprinzip auffassen, dem alle anderen Grundsätze unterzuordnen sind, und es nicht nur als einen ergänzenden Grundsatz betrachten.

In der neueren Literatur (siehe Leffson) wird das Vorsichtsprinzip nur eng als Verfahrensregel für Schätzungen gesehen, das im wesentlichen durch das Realisations- und Imparitätsprinzip verwirklicht wird.

Da das Vorsichtsprinzip bisher in Deutschland nirgends genau kodifiziert ist und in der Literatur unterschiedlich weit interpretiert wurde, ist es nicht verwunderlich, daß es auch in der Praxis unterschiedlich weit ausgelegt und oft als Vorwand für bilanzpolitische Maßnahmen zur Schaffung stiller Reserven verwendet wurde.

Die Interpretation des Vorsichtsprinzips auf traditionelle Art und Weise kann genau die gegenteiligen Folge haben, wenn ein Bilanzersteller aus bilanzpolitischen Gründen in schlechten Geschäftsjahren von einer übervorsichtigen zu einer sehr vorsichtigen und weiter zu einer vorsichtigen bis zu einer etwas vorsichtigen Bewertung übergeht. Dann löst er nämlich die in guten Geschäftsjahren gebildeten stillen Reserven stillschweigend auf, täuscht somit den Gläubigern in schlechten Geschäftsjahren eine bessere Ertragslage vor und weist oft noch Gewinne aus, obwohl schon Verluste entstanden sind. Das Vorsichtsprinzip bietet somit nur vermeintlich einen Gläubigerschutz.

Stille Reserven könnte man somit, soweit sie durch Bildung von Ermessensreserven oder sogar von Willkürreserven (bei deutschen Kapitalgesellschaften verboten) entstanden sind, auch als Verlustverschleierungspotential bezeichnen.

Das Vorsichtsprinzip wird durch diese breite Interpretationsmöglichkeit, besonders durch die traditionelle Art der Auslegung, zum Schreck der Bilanzanalytiker.

3. Im HGB kodifizierte GoB

Abschließend seien die durch das Bilanzrichtlinien-Gesetz im HGB kodifizierten und für alle Kaufleute geltenden Bilanzierungs- und Bewertungsgrundsätze, die auch bisher schon als Grundsätze ordnungsmäßiger Buchführung zu betrachten waren, aufgeführt:

– Grundsatz der Klarheit und Übersichtlichkeit
– Fristgerechte Aufstellung

  § 243 Aufstellungsgrundsatz. (1) Der Jahresabschluß ist nach den Grundsätzen ordnungsmäßiger Buchführung aufzustellen.
  (2) Er muß klar und übersichtlich sein.
  (3) Der Jahresabschluß ist innerhalb der einem ordnungsmäßigen Geschäftsgang entsprechenden Zeit aufzustellen.

- Grundsatz der Vollständigkeit
- Saldierungsverbot

§ 246. **Vollständigkeit. Verrechnungsverbot.** (1) Der Jahresabschluß hat sämtliche Vermögensgegenstände, Schulden, Rechnungsabgrenzungsposten, Aufwendungen und Erträge zu enthalten, soweit gesetzlich nichts anderes bestimmt ist.

(2) Posten der Aktivseite dürfen nicht mit Posten der Passivseite, Aufwendungen nicht mit Erträgen, Grundstücksrechte nicht mit Grundstückslasten verrechnet werden.

- Bilanzidentität
- Grundsatz der Fortführung der Unternehmenstätigkeit
- Einzelbewertung
- Grundsatz der Vorsicht
- Imparitätisches Realisationsprinzip
- Periodenabgrenzung
- Bewertungsstetigkeit

§ 252. **Allgemeine Bewertungsgrundsätze.** (1) Bei der Bewertung der im Jahresabschluß ausgewiesenen Vermögensgegenstände und Schulden gilt insbesondere folgendes:

1. Die Wertansätze in der Eröffnungsbilanz des Geschäftsjahrs müssen mit denen der Schlußbilanz des vorhergehenden Geschäftsjahrs übereinstimmen.

2. Bei der Bewertung ist von der Fortführung der Unternehmenstätigkeit auszugehen, sofern dem nicht tatsächliche oder rechtliche Gegebenheiten entgegenstehen.

3. Die Vermögensgegenstände und Schulden sind zum Abschlußstichtag einzeln zu bewerten.

4. Es ist vorsichtig zu bewerten, namentlich sind alle vorhersehbaren Risiken und Verluste, die bis zum Abschlußstichtag entstanden sind, zu berücksichtigen, selbst wenn diese erst zwischen dem Abschlußstichtag und dem Tag der Aufstellung des Jahresabschlusses bekanntgeworden sind; Gewinne sind nur zu berücksichtigen, wenn sie am Abschlußstichtag realisiert sind.

5. Aufwendungen und Erträge des Geschäftsjahrs sind unabhängig von den Zeitpunkten der entsprechenden Zahlungen im Jahresabschluß zu berücksichtigen.

6. Die auf den vorhergehenden Jahresabschluß angewandten Bewertungsmethoden sollen beibehalten werden.

(2) Von den Grundsätzen des Absatzes 1 darf nur in begründeten Ausnahmefällen abgewichen werden.

4. Grundsätze ordnungsmäßiger Buchführung (GoB) und Rechnungslegung nach IAS/IFRS

Weitere Informationen zu den Grundsätzen ordnungsmäßiger Buchführung (GoB) sind in Abschnitt A VI 2 dieses Buches enthalten. Außerdem wird auf Abschnitt C VIII 3 IAS/ IFRS, US-GAAP und HGB im Vergleich hingewiesen, besonders auf die Absätze Aussagefähigkeit des Jahresabschlusses, Ziele der Rechnungslegung, wirtschaftliche Betrachtungsweise sowie Generalnorm und fair presentation.

VI. Zielsetzung und Adressatenkreis der Bilanzen, insbesondere der Handelsbilanz und der Steuerbilanz

Bilanzen – richtiger müßte es heißen Jahresabschlüsse oder Abschlüsse – lassen sich nach ihrer Zielsetzung und dem Adressatenkreis in Handels- und Steuerbilanzen einteilen.

Handelsbilanzen sind nach handelsrechtlichen Vorschriften aufzustellen und dienen zur Information der Unternehmensleitung, der Gesellschafter, der Aktionäre, der Kreditgeber, der Arbeitnehmer und der Öffentlichkeit.

Steuerbilanzen – genauer gesagt Ertragsteuerbilanzen – sind gemäß § 5 Abs. 1 Einkommensteuergesetz (EStG) nach steuerlichen Vorschriften (Vorschriften über die Bewertung gemäß § 6 EStG, Vorschriften über Absetzung für Abnutzung oder Substanzverringerung gemäß § 7 EStG, Vorschriften über Sonderabschreibungen bzw. Bewertungsfreiheit oder steuerbegünstigte Rücklagen gemäß § 51 Abs. 1 Nr. 2 EStG) erstellte Bilanzen und dienen der Finanzverwaltung zur Ermittlung des steuerpflichtigen Gewinns.

Handelsbilanzen (Jahresabschlüsse) ergeben sich aus dem Abschluß der Buchführung zum Ende eines Geschäftsjahres.

Für die Steuerbilanz ist zwar ebenfalls der Abschluß der Buchführung, d. h. die Handelsbilanz, die Ausgangsbasis, was man als die Maßgeblichkeit der Handelsbilanz für die Steuerbilanz bezeichnet (Maßgeblichkeitsprinzip). Zusätzlich sind noch gewisse steuerrechtliche Bewertungsvorschriften zu beachten, so daß das handelsrechtliche Ergebnis von dem steuerrechtlichen Ergebnis abweichen kann. Die Steuerbilanz ist somit eine von der Handelsbilanz abgeleitete Bilanz.

In der Praxis ist es aber so, daß sich die HGB-Handelsbilanz nach der Steuerbilanz richtet, weil im Steuerrecht (§ 5 Abs. 1 EStG) vorgeschrieben ist, daß gewisse steuerrechtliche Bilanzierungswahlrechte, d. h. Steuervergünstigungen (z. B. Sonderabschreibungen und steuerbegünstigte Rücklagen), nur in Anspruch genommen werden können, wenn sie auch in der Handelsbilanz berücksichtigt werden, obwohl eine solche Bilanzierung das Ziel der Handelsbilanz verfälscht. Diese Rückwirkung der Steuerbilanz auf die Handelsbilanz bezeichnet man als umgekehrte Maßgeblichkeit. Sie gilt nur für den Einzelabschluß, nicht jedoch für den weiter unten erläuterten Konzernabschluß.

Das Handelsrecht gewährt gewisse Aktivierungs- und Passivierungswahlrechte, Bilanzierungshilfen und bestimmte Bewertungswahlrechte, die das Steuerrecht nicht gewährt. In der Handelsbilanz ist es deshalb eher als in der Steuerbilanz möglich, das Vermögen niedriger und die Schulden höher zu bewerten, d. h. eine vorsichtige Bewertung und eine Ergebnisverschleierung vorzunehmen.

Soweit Unternehmen ihre Handelsbilanz nicht veröffentlichen müssen (nicht unter das Publizitätsgesetz fallende Einzelunternehmen und Personengesellschaften) gibt es für sie kaum einen Grund, zwei Bilanzen zu erstellen. Für sie ist die Steuerbilanz gleichzeitig auch die Handelsbilanz (Einheitsbilanz).

Ähnlich dürfte es sich bei den Gesellschaften mit beschränkter Haftung verhalten, die zwar seit 1987 publizitätspflichtig sind, der Publizitätspflicht jedoch wegen unzureichender Sanktionsmöglichkeiten der Registergerichte nur zu etwa 10 % nachkommen.

Sollten nicht veröffentlichungspflichtige Unternehmen oder Gesellschaften mit beschränkter Haftung eine Handels- und eine Steuerbilanz erstellen, ist damit zu rechnen, daß die nicht geschäftsführenden Gesellschafter, die Kreditgeber und der Betriebsrat Einsicht in die Steuerbilanz verlangen.

Aus ausschüttungs- und informationspolitischen Gründen (Dividendenkontinuität und Glättung von Ergebnissen) dürften die Publikumsaktiengesellschaften sowie die Großunternehmen, die unabhängig von der Rechtsform gemäß Publizitätsgesetz ihre Jahresabschlüsse zu veröffentlichen haben, zwei getrennte Bilanzen erstellen.

Zu den Handelsbilanzen zählen neben den handelsrechtlichen Jahresabschlüssen auch die nach handelsrechtlichen Vorschriften aufzustellenden Sonderbilanzen (Eröffnungsbilanz = Gründungsbilanz, Umwandlungsbilanz, Fusionsbilanz, Auseinandersetzungsbilanz, Vergleichsbilanz, Konkursbilanz, D-Markeröffnungsbilanz in den neuen Bundesländern).

Nach dem HGB haben Mutterunternehmen in der Rechtsform der AG, KGaA und der GmbH (Kapitalgesellschaften) seit 1987 zusätzlich einen Konzernabschluß zu erstellen und zu veröffentlichen, in den grundsätzlich alle in- und ausländischen Tochterunternehmen einzubeziehen sind. Der Konzernabschluß beinhaltet die summarische Zusammenfassung aller Vermögens- und Schuldposten in der Konzernbilanz und aller Aufwendungen und Erträge in der Konzern-Gewinn- und Verlustrechnung der in den Konzernabschluß einbezogenen Unternehmen (Konsolidierungskreis), wobei die innerkonzernlichen Beteiligungsverhältnisse und Lieferungs- und Leistungsbeziehungen zu eliminieren sind. Dadurch finden im Konzernabschluß nur die Geschäftsvorfälle mit den außerhalb des Konsolidierungskreises stehenden Unternehmen ihren Niederschlag.

In der Praxis ist es üblich, außer den handelsrechtlich vorgeschriebenen Jahresabschlüssen Zwischenabschlüsse, meistens Zwischenbilanz genannt, nach handelsrechtlichen Grundsätzen aufzustellen, jedoch nicht zu veröffentlichen. Gesellschaften, deren Aktien zur amtlichen Notierung an einer Wertpapierbörse zugelassen sind, haben jedoch einen Halbjahresbericht zu veröffentlichen, in dem mindestens die Umsatzerlöse und das Ergebnis vor oder nach Steuern sowie Erläuterungen hierzu enthalten sein müssen.

VII. Bilanztheorien oder Bilanzauffassungen

1. Vorbemerkungen

Leser, die nur praxisnahes Wissen über Bilanzen erwerben wollen, können diesen Abschnitt überschlagen, da die Kenntnis von Bilanztheorien zur Erstellung von Bilanzanalysen nicht notwendig ist.

Sollte der Leser jedoch glauben, wie es viele Nichtbilanzfachleute oft tun, daß eine ordnungsmäßige Bilanz auch »richtig« sein muß, so kann das Lesen dieses Abschnitts von praktischem Nutzen sein. Denn er wird spätestens bei der Beschäftigung mit Bilanztheorien, die man überspitzt auch als ein Theoriegezänk der wahrheitssuchenden Wissenschaftler bezeichnen kann, belehrt, daß eine ordnungsmäßige Bilanz nicht »richtig« sein muß.

2. Allgemeines

Die Schwierigkeiten einer »richtigen« Bewertung bei der Bilanzierung wurden auch in der Betriebswirtschaftslehre erkannt. Deshalb haben sich deutsche Wissenschaftler mit diesem

Thema beschäftigt. Dies führte zur Entwicklung von Bilanztheorien, die im wesentlichen Bewertungstheorien sind.

Bei den Bilanztheorien geht es in erster Linie darum, ob die Vermögensrechnung (= Bilanz) oder die Erfolgsrechnung (= Gewinn- und Verlustrechnung) dominiert oder ob die Bewertungsprobleme beider Rechnungen gleichzeitig lösbar sind.

Für die Praxis haben die Bilanztheorien wenig Auswirkungen. Die Beschäftigung mit den Bilanztheorien kann aber dem Leser selbst im Rahmen dieser kurzen »Einführung in die Bilanzierung und die doppelte Buchführung« helfen, die Problematik der Bewertungsfragen besser zu durchschauen.

Die Vielfalt der bilanztheoretischen Auffassungen, die sich oftmals nur in Teilbereichen unterscheiden, ist kaum mehr zu überschauen.

Die drei wesentlichen, d.h. die klassischen Bilanztheorien, werden nachfolgend kurz vorgestellt:

3. Dynamische Bilanztheorie

Die dynamische Bilanztheorie (siehe Schmalenbach, Eugen: Grundlagen der dynamischen Bilanzlehre, 1. Aufl. 1919 bis Dynamische Bilanz, 13. Aufl. 1962) stellt die Gewinn- und Verlustrechnung in den Mittelpunkt. Gemäß Schmalenbach soll der Jahresabschluß in erster Linie nicht der Vermögensdarstellung dienen, sondern ein Instrument der Erfolgsrechnung sein und somit der Ermittlung vergleichbarer Periodenerfolge und der Überwachung der Wirtschaftlichkeit dienen.

Die exakte Periodenabgrenzung ist somit der wichtigste Grundsatz der dynamischen Bilanztheorie.

Schmalenbach geht von dem Gedanken der Totalerfolgsrechnung für die gesamte Lebensdauer eines Unternehmens aus. In einer solchen fiktiven Rechnung ergibt der Überschuß aller erfolgswirksamen Einnahmen über die erfolgswirksamen Ausgaben den Totalerfolg, wodurch sich eine Bilanz erübrigt. Wegen der Langlebigkeit der Unternehmungen sind jedoch regelmäßige Zwischenrechnungen zur Ermittlung eines möglichst genauen Periodenerfolges notwendig.

Diese Zwischenrechnungen führen zur Bilanz. Die Bilanzen werden dadurch zum Sammelbecken für diejenigen Einnahmen (z.B. Anzahlungen von Kunden) und Ausgaben (z.B. Vorauszahlungen an Lieferanten, Vorräte, noch abnutzbares Anlagevermögen), die nicht in der abzurechnenden Periode, aber später erfolgswirksam zu verrechnen sind. Außerdem müssen in der Bilanz alle Aufwendungen und Erträge, die in der abzurechnenden Periode noch keine Ausgaben (Verbindlichkeiten für schon verbrauchte, jedoch noch nicht bezahlte Aufwandsgüter) oder Einnahmen (fertige Erzeugnisse, Forderungen aus Lieferungen) geworden sind, antizipiert werden. Jedes Aktivum wird somit erklärt als künftige Einnahmen oder künftiger Aufwand (Vorleistungen) und jedes Passivum als künftige Ausgaben oder als künftige Leistung (Nachleistungen). Die Bilanz stellt somit ein umfassendes Abgrenzungskonto dar und dient nicht der Erkenntnis eines Zustandes, sondern von Bewegungen. Daher kommt der Name »Dynamische Bilanz«. Nach Schmalenbach ist die Bilanz die Darstellung des »Kräftespeichers der Unternehmung« und nichts anderes als eine Sammlung transitorischer und antizipativer Posten. Er bezeichnet die Bilanz als »Dienerin der Erfolgsrechnung«.

Schmalenbach betont, daß sich das wirkliche (Fortführungs-)Vermögen bilanziell nicht bestimmen läßt. Da nach Schmalenbach die entscheidende Aufgabe der Bilanz die Bestimmung des Gewinns ist, nimmt er eine verzerrte Vermögensbilanzierung in Kauf.

4. Statische Bilanztheorie

Jahresabschlüsse, deren primärer Zweck die Vermögensdarstellung ist, wurden von Schmalenbach statische Bilanzen genannt. Begründet wurde diese Bilanztheorie von Hermann Veit Simon, einem Juristen, in seinem erstmals 1886 in Berlin erschienenen Buch »Die Bilanzen der Aktiengesellschaften und der Kommanditgesellschaften auf Aktien«. Bei Simon handelt es sich um den ersten bekannten Versuch, die Bilanz theoretisch zu erfassen. Im Laufe der Zeit haben sich viele Autoren (zunächst Hügli, Schär und Leitner, dann Nicklisch und Rieger und später Le Coutre, der sie zur totalen Bilanz weiterentwickelte) mit der statischen Bilanztheorie beschäftigt. Es gibt somit keine einheitliche statische Bilanztheorie.

In der statischen Bilanztheorie dient die Bilanz der Vermögensermittlung. Da der Gewinn als Vermögenszuwachs betrachtet wird, führt nach Auffassung der »Statiker« die richtige Vermögensermittlung über den Reinvermögensvergleich zweier Bilanzen zum richtigen Gewinn des Geschäftsjahres. Die Gewinn- und Verlustrechnung stellt nach der ursprünglich strengen statischen Auffassung eine Sonderrechnung dar, die zwar buchhaltungstechnisch mit der Bilanzrechnung verbunden ist, aber mit Größen eigener Art (Aufwendungen und Erträge) rechnet. Die Gewinn- und Verlustrechnung wird nicht zusammen mit der Bilanz, sondern als neben der Bilanz stehend angesehen.

Nach Auffassung von Schmalenbach ist jedoch die gleichzeitige Ermittlung von Vermögen und Gewinn nicht möglich.

5. Organische Bilanztheorie

Unter dem Eindruck der Inflation nach dem Ersten Weltkrieg wurde die organische Bilanztheorie entwickelt (siehe Schmidt, Fritz: Die organische Tageswertbilanz, 1. Aufl. 1921, 3. Aufl. 1929, Nachdruck 1951). Nach Schmidt hat die Bilanz die Aufgabe, den Erfolg und das Vermögen richtig festzustellen.

Diese Doppelaufgabe ist durch eine beiden Zwecken gerecht werdende Bewertung durchzuführen. Deshalb beschäftigt sich die organische Bilanztheorie schwerpunktmäßig mit Bewertungsfragen.

Die Bezeichnung »organisch« wurde von Schmidt gewählt, weil er das Unternehmen als Zelle »im Organismus der Gesamtwirtschaft« sieht.

Kernpunkt der organischen Bilanztheorie ist die Eliminierung aller Geldwertänderungen. Die Gewinnermittlung und die Bewertung der Wirtschaftsgüter haben so zu erfolgen, daß nicht nur eine nominelle, sondern auch eine substantielle Kapitalerhaltung, d.h. die Erhaltung der betrieblichen Leistungsfähigkeit, erreicht wird. Deshalb ist es notwendig, echte Gewinne und Scheingewinne zu trennen. Als echter Gewinn wird der positive Unterschied zwischen dem Verkaufspreis und dem Wiederbeschaffungspreis zum Verkaufstag aufgefaßt. Scheingewinn ist der Unterschied zwischen dem Wiederbeschaffungspreis am Verkaufstag und dem Anschaffungspreis.

Nach der organischen Bilanztheorie müßten sämtliche Vermögensgegenstände und Schulden zum Tageswert am Bilanzstichtag angesetzt werden. Der Erfolg ist aufzuteilen in Umsatzerfolg und Erfolg von Preisänderungen. Letzterer ist nicht ausschüttungsfähig und auf einem gesonderten Vermögenswertveränderungskonto zu erfassen, das ein Unterkonto des Eigenkapitalkontos ist.

Durch die Bewertung der Vermögensgegenstände zum Tageswert sind Abschreibungen folglich auf Basis von Wiederbeschaffungspreisen zu verrechnen.

6. Bedeutung für die Praxis

Die von Wissenschaftlern entwickelten Bilanztheorien oder Bilanzauffassungen haben für die Jahresabschlüsse in der Praxis unmittelbar keine Bedeutung.

Man kann weder die Handelsbilanz noch die Steuerbilanz einer Bilanztheorie zurechnen.

Aufgrund der Bilanzierungsvorschriften könnte man die Handelsbilanz als statische Bilanz mit vielen Elementen einer dynamischen Bilanz bezeichnen.

Die Steuerbilanz müßte von ihrem Zweck her eine dynamische Bilanz sein, da das Ziel der Steuerbilanz eine periodengerechte Gewinnermittlung ist. Tatsächlich ist sie aber wegen des nach § 4 Abs. 1 EStG durch Bilanzvergleich zu ermittelnden Gewinnes und der Maßgeblichkeit der Handelsbilanz für die Steuerbilanz ähnlich wie die Handelsbilanz eine statische Bilanz mit vielen Elementen einer dynamischen Bilanz.

Die Gedanken der organischen Bilanztheorie haben grundsätzlich keinen Eingang (Ausnahme: Übertragung der durch Veräußerung aufgedeckten stillen Reserven, Rücklage für Preissteigerungen, Lifo-Bewertung) in das deutsche Handels- und Steuerrecht gefunden. In Hochinflationsländern werden sie jedoch in die Tat umgesetzt.

Abkürzungsverzeichnis

ADS	Adler/Düring/Schmaltz
AG	Die Aktiengesellschaft
AktG	Aktiengesetz
ARB	Accounting Research Bulletins
Aufl.	Auflage
BB	Betriebs-Berater
BBK	Betrieb und Rechnungswesen
BeBiKo	Beck'scher Bilanzkommentar
BetrAVG	Gesetz zur Verbesserung der betrieblichen Altersversorgung
BFH	Bundesfinanzhof
BFuP	Betriebswirtschaftliche Forschung und Praxis
BilKoG	Gesetz zur Kontrolle von Unternehmensabschlüssen
BilMoG	Bilanzrechtsmodernisierungsgesetz
BilReG	Bilanzrechtsreformgesetz
BiRiLiG	Bilanzrichtlinien-Gesetz
BMF	Bundesminister der Finanzen
BStBl.	Bundessteuerblatt
DB	Der Betrieb
DBW	Die Betriebswirtschaft
Diss.	Dissertation
DMBilG	D-Markbilanzgesetz
DRSC	Deutsches Rechnungslegungs Standards Committee e. V.
DStR	Deutsches Steuerrecht
EGHGB	Einführungsgesetz zum Handelsgesetzbuch
EHUG	Gesetz über elektronische Handelsregister und Genossenschaftsregister sowie das Unternehmensregister
EStDV	Einkommensteuer-Durchführungsverordnung
EStG	Einkommensteuergesetz
EStR	Einkommensteuer-Richtlinien
FASB	Financial Accounting Standards Board
FAZ	Frankfurter Allgemeine
GAAP	Generally Accepted Accounting Principles
GmbH	Gesellschaft mit beschränkter Haftung
GmbHG	Gesetz betreffend die Gesellschaften mit beschränkter Haftung
GoB	Grundsätze ordnungsmäßiger Buchführung
HFA	Hauptfachausschuß des Instituts der Wirtschaftsprüfer
HGB	Handelsgesetzbuch
hrsg.	herausgegeben
Hrsg.	Herausgeber
HWR	Handwörterbuch des Rechnungswesens

IAS	International Accounting Standard
IASB	International Accounting Standards Board
IASC	International Accounting Standards Committee
IASCF	International Accounting Standards Committee Foundation
IDW	Institut der Wirtschaftsprüfer
IFRS	International Financial Reporting Standards
INF	Die Information über Steuer und Wirtschaft
i. V. m.	In Verbindung mit
IWB	Internationale Wirtschafts-Briefe
KapAEG	Kapitalaufnahmeerleichterungsgesetz
KapCoRiLiG	Kapitalgesellschaften und Co-Richtlinie-Gesetz
KonTraG	Gesetz zur Kontrolle und Transparenz im Unternehmensbereich
krp	Kostenrechnungspraxis
KSt	Körperschaftsteuer
KStG	Körperschaftsteuergesetz
NWB	Neue Wirtschafts-Briefe
PdR	Praxis des Rechnungswesens
PublG	Gesetz über die Rechnungslegung von bestimmten Unternehmen und Konzernen (Publizitätsgesetz)
RIW	Recht der Internationalen Wirtschaft
S.	Seite
SEC	Securities and Exchange Commission
SFAS	Statement of Financial Accounting Standards
Sp.	Spalte
StB	Der Steuerberater
StuW	Steuer und Wirtschaft
T€	Tausend €
TransPuG	Transparenz- und Publizitätsgesetz
WiSt	Wirtschaftswissenschaftliches Studium
WiSu	Das Wirtschaftsstudium
WPg	Die Wirtschaftsprüfung
WPK	Wirtschaftsprüferkammer
ZfB	Zeitschrift für Betriebswirtschaft
ZfbF	Zeitschrift für betriebswirtschaftliche Forschung
ZfhF	Zeitschrift für handelswissenschaftliche Forschung
ZGR	Zeitschrift für Unternehmens- und Gesellschaftsrecht

Literaturverzeichnis

Adler/Düring/Schmaltz: Rechnungslegung und Prüfung der Unternehmen, Kommentar. 6. Aufl., 10 Teillieferungen, Stuttgart 1995–2000

Ahlert, Dieter/Franz, Klaus-Peter/Göppl, Hermann (Hrsg.): Finanz- und Rechnungswesen als Führungsinstrument, Herbert Vormbaum zum 65. Geburtstag. Wiesbaden 1990

Albach, Horst: »Finanzierungsregeln« und Kapitalstruktur der Unternehmung. In: Finanzierungshandbuch, hrsg. von F. Wilhelm Christians. 2., völlig überarb. und erw. Aufl., Wiesbaden 1988, S. 599–626

Albach, Horst/Klein, Günter: Harmonisierung der Rechnungslegung in Europa. Die Umsetzung der 4. EG-Richtlinie in das nationale Recht der Mitgliedstaaten der EG. Ein Überblick. Wiesbaden 1988

Albach, Horst/Klein, Günter (Hrsg.): Harmonisierung der Konzernrechnungslegung in Europa. Wiesbaden 1990

Alewell, Karl: Die Bilanzierung von Werbeinvestitionen. In: ZfB, 34. Jg. (1964), S. 516–530

Alexander, David/Archer, Simon: European Accounting Guide. Third edition, San Diego u.a. 1998

Alsheimer, Herbert: Das den tatsächlichen Verhältnissen entsprechende Bild der Vermögens, Finanz- und Ertragslage. In: RIW, Heft 8/1992, S. 645–647

Arbeitskreis »Externe Unternehmensrechnung« der Schmalenbach-Gesellschaft – Deutsche Gesellschaft für Betriebswirtschaft e. V.: Ergebnis je Aktie. In: ZfbF, 40. Jg. (1988), S. 138–148

Arbeitskreis »Externe Unternehmensrechnung« der Schmalenbach-Gesellschaft – Deutsche Gesellschaft für Betriebswirtschaft e. V.: Empfehlungen zur Vereinheitlichung von Kennzahlen in Geschäftsberichten. In: DB, 49. Jg. (1996), S. 1989–1994

Arbeitskreis »Rechnungslegungsvorschriften der EG-Kommission« der Gesellschaft für Finanzwirtschaft in der Unternehmensführung e. V. (GEFIU): Thesen zu ausgewählten Problemen bei der Anwendung des Bilanzrichtlinien-Gesetzes. In: DB, 39. Jg. (1986), S. 1985–1988, 2553–2556

Arbeitskreis »Rechnungslegungsvorschriften der EG-Kommission« der Gesellschaft für Finanzwirtschaft in der Unternehmensführung e. V. (GEFIU) zum Arbeitspapier des Accounting Advisory Forums der EG-Kommission vom Juli 1992: Währungsumrechnung im Einzel- und Konzernabschluß. In: DB, 46. Jg. (1993), S. 745–748

Arbeitskreis Weltabschlüsse der Schmalenbach-Gesellschaft – Deutsche Gesellschaft für Betriebswirtschaft e. V.: Aufstellung internationaler Konzernabschlüsse. Wiesbaden 1979

Aron, Paul H.: Japanese P/E Ratios in an Environment of Increasing Uncertainty. In: Handbook of International Accounting, hrsg. von Frederick D. S. Choi, New York u.a. 1991, Chapter 8

Arpan, Jeffrey S./Radebaugh, Lee H.: International Accounting and Multinational Enterprises. 2nd edition, New York u.a. 1985

Arthur Andersen's International Professional Standards Group: GAAP Analysis, 1997 Edition. 1997

Aschfalk, Bernd/Hellfors, Sven/Marettek, Alexander (Hrsg.): Unternehmensprüfung und -beratung. Festschrift zum 60. Geburtstag von Bernd Hartmann. Freiburg i. Br. 1976

Auer, Kurt V. (Hg.): Die Umstellung der Rechnungslegung auf IAS/US-GAAP. Erfahrungsberichte. Wien, Frankfurt 1998

Baden, Kay: Wie es euch gefällt. In: manager magazin, Juni 1992, S. 130–141

Baetge, Jörg (Hrsg.): Der Jahresabschluß im Widerstreit der Interessen. Düsseldorf 1983

Baetge, Jörg (Hrsg.): Das neue Bilanzrecht – Ein Kompromiß divergierender Interessen? Düsseldorf 1985

Baetge, Jörg (Hrsg.): Rechnungslegung und Prüfung nach neuem Recht. Düsseldorf 1987

Baetge, Jörg: Bilanzanalyse und Bilanzpolitik – Vorträge und Diskussionen zum neuen Recht. Düsseldorf 1989

Baetge, Jörg: Möglichkeiten der Früherkennung negativer Unternehmensentwicklungen mit Hilfe statistischer Jahresabschlußanalysen. In: ZfbF, 41. Jg. (1989), S. 792–811

Baetge, Jörg (Hrsg.): Konzernrechnungslegung und -prüfung. Düsseldorf 1990

Baetge, Jörg (Hrsg.): Rechnungslegung, Finanzen, Steuern und Prüfung in den neunziger Jahren – eine Vortragsreihe. Düsseldorf 1990

Baetge, Jörg (Hrsg.): Probleme der Umstellung der Rechnungslegung in der DDR – Vorträge und Diskussionen zum neuen Recht. Düsseldorf 1991

Baetge, Jörg (Hrsg.): Rechnungslegung und Prüfung. Düsseldorf 1992

Baetge, Jörg: Harmonisierung der Rechnungslegung – haben die deutschen Rechnungslegungsvorschriften noch eine Chance? In: Internationalisierung der Wirtschaft, hrsg. von der Schmalenbach-Gesellschaft – Deutsche Gesellschaft für Betriebswirtschaft e. V., Stuttgart 1993

Baetge, Jörg (Hrsg.): Rechnungslegung und Prüfung – Perspektiven für die neunziger Jahre. Düsseldorf 1993

Baetge, Jörg (Hrsg.): Die deutsche Rechnungslegung vor dem Hintergrund internationaler Entwicklungen. Düsseldorf 1994

Baetge, Jörg: Bilanzen. 4., überarb. Aufl., Düsseldorf 1996

Baetge, Jörg: Konzernbilanzen. 3., erw. und überarb. Aufl., Düsseldorf 1997

Baetge, Jörg: Bilanzanalyse. Düsseldorf 1998

Baetge, Jörg (Hrsg.): Auswirkungen des KonTraG auf Rechnungslegung und Prüfung. Düsseldorf 1999

Baetge, Jörg/Apelt, Bernd: Publizität kleiner und mittelständischer Kapitalgesellschaften und Harmonisierung der Rechnungslegung. In: BFuP, 44. Jg. (1992), S. 393–411

Baetge, Jörg/Beermann, Thomas: Vergleichende Bilanzanalyse von Abschlüssen nach IAS/US-GAAP und HGB. In: BB, 55. Jg. (2000), S. 2088–2094

Baetge, Jörg/Beuter, Hubert B./Feidicker, Markus: Kreditwürdigkeitsprüfung mit Diskriminanzanalyse. In: WPg, 45. Jg. (1992), S. 749–761

Baetge, Jörg/Fischer, Thomas R.: Externe Erfolgsanalyse auf der Grundlage des Umsatzkostenverfahrens. In: BFuP, 40. Jg. (1988), S. 1–21

Baetge, Jörg/Grünewald, Andreas: Überblick über das D-Markbilanzgesetz. In: NWB, Nr. 44 vom 29. 10. 1990, S. 3409–3420

Baetge, Jörg/Huß, Michael/Niehaus, Hans-Jürgen: Die statistische Auswertung von Jahresabschlüssen zur Informationsgewinnung bei der Abschlußprüfung. In: WPg, 39. Jg. (1986), S. 605–613

Baetge, Jörg/Huß, Michael/Niehaus, Hans-Jürgen: Neue Methoden der Jahresabschlußanalyse für die Abschlußprüfung. Anmerkungen zu den Beiträgen von Neubert und Weinreich. In: WPg, 40. Jg. (1987), S. 351–353

Baetge, Jörg/Jerschensky, Andreas: Beurteilung der wirtschaftlichen Lage von Unternehmen mit Hilfe von modernen Verfahren der Jahresabschlußanalyse – Bilanzbonitäts-Rating von Unternehmen mit Künstlichen Neuronalen Netzen. In: DB, 49. Jg. (1996), S. 1581–1591

Baetge, Jörg/Paskert, Dierk/Stibi, Bernd: Bilanzpolitik in den Jahresabschlüssen nach der DM-Eröffnungsbilanz. In: DB, 44. Jg. (1991), S. 397–400

Ballwieser, Wolfgang: Die Analyse von Jahresabschlüssen nach neuem Recht. In: WPg, 40. Jg. (1987), S. 57–68

Bartram, Werner: Einblick in die Finanzlage eines Unternehmens aufgrund seiner Jahresabschlüsse. In: DB, 42. Jg. (1989), S. 2389–2395

Baumann, Karl Hermann: Die Segment-Berichterstattung im Rahmen der externen Finanzpublizität. In: In Bilanz- und Konzernrecht, Reinhard Goerdeler zum 65. Geburtstag, hrsg. von Hans Havermann, Düsseldorf 1987

Bayerlein, Klaus Peter/Kunert, Manfred: Zukunftsorientierte kennzahlenunterstützte Unternehmensanalyse. In: Betriebswirtschaftliche Blätter, 39. Jg. (1990), S. 388–393

Beaver, William H.: Financial Ratios as Predictors of Failure. In: Empirical Research in Accounting: Selected Studies 1966, Supplement to Volume 4 of the Journal of Accounting Research, Baltimore 1967

Beaver, William H.: Zur Effizienz des Kapitalmarkts: Gegenwärtiger Stand der Forschung. In: BFuP, 35. Jg. (1983), S. 344–358

Becker, Raimund J.: Beurteilung der Sanierungsfähigkeit. In: DB, 41. Jg. (1988), S. 561–566

Becker, Wolfgang: Konzernrechnungslegung. Handelsrechtliche Grundlagen. Wiesbaden 1989

Becker, Wolfgang: Abgrenzung latenter Steuern im Rahmen der Konzernrechnungslegung. In: DB, 44. Jg. (1991), S. 1737–1742

Beermann, Klaus: Prognosemöglichkeiten von Kapitalverlusten mit Hilfe von Jahresabschlüssen. Diss., Düsseldorf 1975

Behringer, Stefan: Cash-flow und Unternehmensbeurteilung – Berechnungen und Anwendungsfelder für die Finanzanalyse. 9., neu bearbeitete Aufl., Berlin 2007

Beine, Frank/Porstmann, Mark: Überleitung vom HGB-Abschluß zu US-GAAP Statements. In: BB, 53. Jg. (1998), S. 995–1001

Beisse, Heinrich: Die Generalnorm des neuen Bilanzrechts und ihre steuerrechtliche Bedeutung. In: Handelsbilanz und Steuerbilanz. Band 2, Wiesbaden 1989, S. 15–31

Beisse, Heinrich: Grundsatzfragen der Auslegung des neuen Bilanzrechts. In. BB, 44. Jg. (1990), S. 2007–2012

Bender, Jürgen: Wertschöpfungsrechnungen als Instrument der erfolgswirtschaftlichen Bilanzanalyse. In. DStR, 29. Jg. (1991), S. 1601–1609

Benes, Daniel M.: Quantitative Analyse österreichischer Konzernabschlüsse 1994. Wien 1997

Benzel, Wolfgang/Wolz, Eduard: Jahresabschluß und Bilanzen verstehen. Risiken erkennen – Potentiale ausschöpfen. Mit kommentierten Beispielen. Regensburg, Düsseldorf 1998

Berger, Karl-Heinz: Leasing-Bilanzierung und Bilanzanalyse. In: Unternehmensprüfung und -beratung. Festschrift zum 60. Geburtstag von Bernhard Hartmann, hrsg. von Bernd Aschfalk, Sven Hellfors, Alexander Marettek, Freiburg i. Br. 1976, S. 193–204

Bernstein, Leopold A./Wild, John J.: Financial Statement Analysis – Theory, Application, and Interpretation. Sixth Edition, Boston/Mass. u. a. 1997

Berschin, Herbert H.: Kennzahlen für die betriebliche Praxis. Wiesbaden 1980

Berschin, Herbert H.: Bilanzen lesen und richtig interpretieren. Was der Jahresabschluß über die Lage eines Unternehmens verrät. Heidelberg 1981

Bertschinger, Peter: Das neue schweizerische Aktienrecht – Auswirkungen auf Rechnungslegung und Prüfung im Einzel- und Konzernabschluß. In: WPg, 45. Jg. (1992), S. 65–73

Bertschläger, Peter: Praxis der Schweizer Konzernrechnungslegung. In: DBW, 50. Jg. (1990), S. 199–203

Bethmann, Andreas: Zeitliche Reichweite der nach dem DMBilG gebildeten Sonderposten – Anwendung des DMBilG auf Jahresabschlüsse im Jahr 2000? In: DB, 44. Jg. (1991), S. 2297–2300

Bethmann, Andreas: Aufstellung der auf die D-Markeröffnungsbilanz folgenden Jahresabschlüsse – Anmerkungen zu den Verpflichtungen, die die Treuhandanstalt ihren Unternehmen auferlegt. In: DB, 45. Jg. (1992) S. 2305–2308

Bieg, Hartmut/Regnery, Peter: Bemerkungen zur Grundkonzeption einer aussagefähigen Konzern-Kapitalflußrechnung. In: BB, Beilage 6 zu Heft 11/1993

Biener, Herbert: Die Möglichkeiten und Grenzen berufsständischer Empfehlungen zur Rechnungslegung. In: Bilanz- und Konzernrecht, Reinhard Goerdeler zum 65. Geburtstag, hrsg. von Hans Havermann, Düsseldorf 1987

Biener, Herbert: Die negativen Aspekte der Harmonisierung. In. Rechnungslegung und Prüfung – Perspektiven für die neunziger Jahre, hrsg. von Jörg Baetge, Düsseldorf 1993, S. 171–189

Bitz, Horst: Risikomanagement nach KonTraG. Stuttgart 2000

Bitz, Michael/Schneeloch, Dieter/Wittstock, Wilfried: Der Jahresabschluß. 3. Aufl., München 2000

Black, Andrew/Wright, Philip/Bachman, John E./Price Waterhouse: Shareholder Value für Manager. Konzepte und Methoden zur Steigerung des Unternehmenswertes. Frankfurt/M., New York 1998

Blättchen, Wolfgang/Kienast, Philippe: Der Einfluß des Nouveau Plan Comptable revisé 1982 auf die Bilanzanalyse. In: WPg, 37. Jg. (1984), S. 97–105

Bleier, Ernst: Unternehmensanalyse aus dem Jahresabschluß. Risikoklassifikation mit Hilfe von Diskriminanzfunktionen. Wien 1989

Blochwitz, Stefan/Eigermann, Judith: Unternehmensbeurteilung durch Diskriminanzanalyse mit qualitativen Merkmalen. In: ZfbF, 52. Jg. (2000), S. 58–73

Blüthmann, Heinz: Reiz der Reserven. Konzerne verstecken gern einen Teil ihrer Gewinne. In: Die Zeit, 17. August 1990

Bötzel, Stefan: Diagnose von Konzernkrisen. Köln 1993

Born, Karl: Arbeitsmappe Unternehmensanalyse und Unternehmensbewertung. Stuttgart 1991

Born, Karl: Rechnungslegung international. Konzernabschlüsse nach IAS, US-GAAP HGB und EG-Richtlinien. 2., aktualisierte, überarbeitete und erweiterte Aufl., Stuttgart 1999

Born, Karl: Unternehmensanalyse und Unternehmensbewertung. Mit einer CD-ROM von Friedhelm Dietz. 2., aktualisierte und erweiterte Aufl., Stuttgart 2003

Braatz, Frank: Besonderheiten der künftigen Rechnungslegung im Beitrittsgebiet aufgrund des DMBilG. In: DB, 45. Jg. (1992), S. 1149–1155

Braun, Alfred: Weisen wir in den Bilanzen den richtigen Gewinn aus? In: STuW 1987, S. 214–216

Braune/Streck: Praktische Methoden der Bilanzanalyse und Bilanzkritik. Landsberg am Lech 1981

Briese, Ulrich: Rückstellungen für drohende Verluste aus Lieferverpflichtungen. In: DB, 27. Jg. (1974), S. 2361–2365

Bringmann, Ernst-Rainer/Sandbaumhüter, Norbert: Bilanzanalyse nach den neuen EG-Richtlinien mit MULTIPLAN. Wiesbaden 1989

Brooks, Jermyn Paul/Mertin, Dietz: Neues deutsches Bilanzrecht. Deutsch-englische Textausgabe mit Erläuterungen. 3. Aufl., Düsseldorf 1996

Bucher, Jürgen H.: Zu den inflationsbedingten Fehlern der Anschaffungswertbilanz. In: ZfB, 55. Jg. (1985), S. 495–514

Buchmann, Peter: Das Testat des Wirtschaftsprüfers – Was ist es wirklich wert? Was läßt sich verbessern? In: Der Langfristige Kredit, 22/96, S. 9–16

Buchner, Robert: Bilanzanalyse und Bilanzkritik. In: HWR, Sp. 218–228, Stuttgart 1970

Buchner, Robert: Grundzüge der Finanzanalyse. München 1981

Budde, Wolfgang Dieter: Das Verhältnis des »True and Fair View« zu den Grundsätzen ordnungsmäßiger Buchführung und zu den Einzelrechnungslegungsvorschriften. In: Einzelabschluß und Konzernabschluß, Band 1, hrsg. von Winfried Mellwig, Adolf Moxter, Dieter Ordelheide. Wiesbaden 1988, S. 27–45

Budde, Wolfgang Dieter/Clemm, Hermann/Ellroth, Helmut/Förschle, Gerhart/Hoyos, Martin (Hrsg.): Beck'scher Bilanz-Kommentar. Der Jahresabschluß nach Handels- und Steuerrecht. 4., völlig neu bearbeitete Aufl., München 1999

Bühner, Rolf: Das Management-Wert-Konzept. Strategien zur Schaffung von mehr Wert im Unternehmen. Stuttgart 1990

Bühner, Rolf (Hrsg.): Der Shareholder-Value-Report. Erfahrungen, Ergebnisse, Entwicklungen. Landsberg/Lech 1994

Bühner, Rolf/Sulzbach, Klaus (Hrsg.): Wertorientierte Steuerungs- und Führungssysteme. Shareholder Value in der Praxis. Stuttgart 1999

Büschgen, Hans E.: Wertpapieranalyse. Stuttgart 1966

Büschgen, Hans E.: Die Bedeutung des Verschuldungsgrades einer Unternehmung für die Aktienbewertung und seine Berücksichtigung im Aktienbewertungsmaßstab. In: Beiträge zur Aktienanalyse 4/1966 der DVFA

Büschgen, Hans E.: Problematik externer Gewinnschätzungen bei Aktienanalysen. In: Handelsblatt, 12. Oktober 1971

Büschgen, Hans E.: Liegt der optimale Verschuldungsgrad bei 100 %? In. ZfB, 48. Jg. (1978), S. 999–1006

Büschgen, Hans E./Everling, Oliver (Hrsg.): Handbuch Rating. Wiesbaden 1996

Büttner, Ulrich/Dräger, Uwe u. a.: Expertensysteme zur Jahresabschlußanalyse für mittlere und kleine Unternehmen. In: ZfB, 58. Jg. (1988), S. 229–251

Bundesanzeiger (Hrsg.): Die Publizitätspflicht multinationaler Unternehmen. Erläuterungen zu den Leitsätzen der OECD. Köln 1991

Burgard, Horst: Empirische Bilanzforschung in der Praxis. In: BFuP, 35. Jg. (1983), S. 303–320

Burgard, Horst: Bilanzanalyse aus Sicht der Kreditinstitute. In: DStR, 29. Jg. (1991), S. 291–294, 324–327

Burger, Anton: Jahresabschlußanalyse. München, Wien 1995

Busse von Colbe, Walther: Aufbau und Informationsgehalt von Kapitalflußrechnungen. In: ZfB, 1. Ergänzungsheft, 36. Jg. (1966), S. 82–114

Busse von Colbe, Walther: Kapitalflußrechnungen als Berichts- und Planungsinstrument. In: »Schriften zur Unternehmensführung«, Band 6/7, Wiesbaden 1986, S. 9–28

Busse von Colbe, Walther: Entsprechen die neueren Regelungen für die Umrechnung ausländischer Abschlüsse zur Aufstellung von Weltbilanzen den Grundsätzen ordnungsmäßiger Buchführung? In: Der Wirtschaftsprüfer im Schnittpunkt nationaler und internationaler Entwicklungen. Festschrift zum 60. Geburtstag von Klaus v. Wysocki, hrsg. von Gerhard Gross, Düsseldorf 1985

Busse von Colbe, Walther: Der Konzernabschluß als Bemessungsgrundlage für die Gewinnverwendung. In: Bilanz- und Konzernrecht, Reinhard Goerdeler zum 65. Geburtstag, hrsg. von Hans Havermann, Düsseldorf 1987

Busse von Colbe, Walther: Die neuen Rechnungslegungsvorschriften aus betriebswirtschaftlicher Sicht. In: WPg, 40. Jg. (1987), S. 117–126 und in: ZfbF, 39. Jg. (1987), S. 191–205

Busse von Colbe, Walther/Becker, Winfried/Berndt, Helmut/Geiger, Klaus M./Haase, Heidrun/Schellmoser, Friedrich/Schmitt, Günter/Seeberg, Thomas/Wysocki, Klaus v. (Hrsg.): Ergebnis je Aktie nach DVFA/SG. Gemeinsame Empfehlung der DVFA und der Schmalenbach-Gesellschaft zur Ermittlung eines von Sondereinflüssen bereinigten Jahresergebnisses je Aktie. 3., grundlegend überarbeite Aufl., Stuttgart 2000

Busse von Colbe, Walther/Chmielewicz, Klaus: Das neue Bilanzrichtlinien-Gesetz. In: DBW, 46. Jg. (1986), S. 289–347

Busse von Colbe, Walther/Chmielewicz, Klaus/Gaugler, Eduard/Laßmann, Gert (Hrsg.): Betriebswirtschaftslehre in Japan und Deutschland: Unternehmensführung, Rechnungswesen und Finanzierung. Stuttgart 1988

Busse von Colbe, Walther/Lutter, Marcus (Hrsg.): Die Rechnungslegung in den Ländern der Europäischen Gemeinschaft und in den USA. Arbeitsbericht Nr. 7 des Instituts für Unternehmensführung und Unternehmensforschung der Ruhr-Universität Bochum. 2. Aufl., Bochum 1978

Busse von Colbe, Walther/Müller, Eberhard (Hrsg.): Planungs- und Kontrollrechnung im internationalen Konzern. Düsseldorf, Frankfurt 1984

Busse von Colbe, Walther/Ordelheide, Dieter: Konzernabschlüsse. Rechnungslegung für Konzerne nach betriebswirtschaftlichen Grundsätzen und gesetzlichen Vorschriften. Mit Text und Erläuterung der 7. EG-Richtlinie. 6., vollständig neu bearbeitete Aufl., Wiesbaden 1993

C&L Deutsche Revision (Hrsg.): Konzernabschlüsse '95: Ausweis – Gestaltung – Berichterstattung. Ergebnisse einer Untersuchung von 100 großen Konzernen. Düsseldorf 1997

Chmielewicz, Klaus: Anmerkungen zum Umsatzkostenverfahren. In: DBW, 47. Jg. (1987), S. 165–176

Chmielewicz, Klaus: Gesamt- und Umsatzkostenverfahren der Gewinn- und Verlustrechnung im Vergleich. In: DBW, 50. Jg. (1990), S. 27–45

Chmielweicz, Klaus/Schweitzer, Marcell (Hrsg.): Handwörterbuch des Rechnungswesens. 3., völlig neu gestaltete und ergänzte Aufl., Stuttgart 1993

Choi, Frederick D. S. (Hrsg.): International Accounting and Finance Handbook. Second Edition, New York u. a. 1997

Choi, Frederick D. S./Levich, Richard M.: International Accounting Diversity and Capital Market Decisions. In: Handbook of International Accounting, hrsg. von Frederick D. S. Choi, New York u. a. Chapter 7

Choi, Frederick D. S./Mueller, Gerhard G.: International Accounting. 2nd edition, Englewood Cliffs/ New Jersey 1992

Christians, F. Wilhelm (Hrsg.): Finanzierungshandbuch. 2., völlig überarb. und erw. Aufl., Wiesbaden 1988

Cisch, Theodor B.: Neue Bundesländer: Pensionsrückstellungen für Zusatzrenten aufgrund der Anordnung vom 9. 3. 1954. In: DB, 44. Jg. (1991), S. 2301–2302

Clemm, Hermann: Bilanzpolitik und Ehrlichkeits-(»true and fair view«-)Gebot. In: WPg, 42. Jg. (1989), S. 375–366

Clemm, Hermann: Jahresbilanzen – ein Gemisch von Wahrheit und Dichtung? In: DStR, 28. Jg. (1990), S. 780–783

Coenenberg, Adolf G.: Inflationsbereinigte Rechnungslegung – Diskussionsstand in Deutschland. In: AG, 20. Jg. (1975) Nr. 5, S. 113–120

Coenenberg, Adolf G.: Der Jahresabschluß deutscher und japanischer Kapitalgesellschaften – Grundlagen für einen Vergleich deutscher und japanischer Rechnungslegungskonventionen nach Verabschiedung des Bilanzrichtlinien-Gesetzes. In: Betriebswirtschaftslehre in Japan und Deutschland, hrsg. von Walther Busse von Colbe, Klaus Chmielewicz, Eduard Gaugler, Gert Laßmann, Stuttgart 1988, S. 57–90

Coenenberg, Adolf G.: Externe Ergebnisquellenanalyse für große Kapitalgesellschaften nach dem HGB 1985. In: Unternehmungserfolg, Planung – Ermittlung – Kontrolle, Walther Busse von Colbe zum 60. Geburtstag, hrsg. von Michel Domsch, Franz Eisenführ, Dieter Ordelheide, Manfred Perlitz. Wiesbaden 1988, S. 89–106

Coenenberg, Adolf G. (Hrsg.): Bilanzanalyse nach neuem Recht. Landsberg am Lech 1989

Coenenberg, Adolf G. unter Mitarb. von Bettina Bischof …: Jahresabschluss und Jahresabschlussanalyse. Betriebswirtschaftliche, handelsrechtliche, steuerrechtliche und internationale Grundsätze – HGB, IFRS und US-GAAP. 20., überarbeitete Aufl., Stuttgart 2005

Coenenberg, Adolf/Schmidt, Franz: Umsatzüberschuß und Kapitalflußrechnung als Instrumente der finanzwirtschaftlichen Bilanzanalyse. In: BFuP, 28. Jg. (1976), S. 416–439

Coenenberg, Adolf G./Schmidt, F./Werhand, M.: Bilanzpolitische Entscheidungen und Entscheidungswirkungen in manager- und eigentümerkontrollierten Unternehmen. In: BFuP, 35. Jg. (1983), S. 321–343

Coopers & Lybrand: International Accounting Summaries – A Guide for Interpretation and Comparison. Second edition, New York u. a. 1993

Copeland, Tom/Koller, Tim/Murrin, Jack: Unternehmenswert. Methoden und Strategien für eine wertorientierte Unternehmensführung. Frankfurt/M., New York 1993

Csik, Andreas/Schneck, Albin: Fremdwährungsumrechnung in einem Weltabschluß. In: WPg, 36. Jg. (1983), S. 293–299, 329–338, 361–368

Daimler-Benz AG: Das Geschäftsjahr 1989. Stuttgart 1990

Daimler-Benz AG: Das Geschäftsjahr 1992. Stuttgart 1993

Damant, David: Accounting Standards: Europe and the World. In: European Accounting Focus, may 1989, S. 14–15

Dellmann, Klaus: Kapitalflußrechnungen – eine Bestandsaufnahme. In: DBW, 47. Jg. (1987), S. 471–489

Dellmann, Klaus: Renaissance des Cash Flow. Anmerkungen zum Statement of Financial Accounting Standards No. 95 – Statement of Cash Flows. In: BB, 43. Jg. (1988), S. 1630–1634

Deutsche Bundesbank: Monatsbericht Januar 1999

Deutsche Treuhand-Gesellschaft (Hrsg.): Betriebliche Altersversorgung und Jahresabschluß. Grundlagen – Gestaltungsmöglichkeiten – Belastungsvergleiche. Düsseldorf 1987

Deutsche Vereinigung für Finanzanalyse und Anlageberatung (DVFA), Kommission zur Bildung eines einheitlichen Gewinnbegriffes: Empfehlung zur Bildung eines einheitlichen Gewinnbegriffes zur Erleichterung der vergleichenden Aktienbeurteilung. In: Beiträge zur Aktienanalyse, Heft 7/1968 der DVFA

Deutsche Vereinigung für Finanzanalyse und Anlageberatung (DVFA), Publizitätskommission: Arbeitsschema und Erläuterungen zur Ermittlung des Ergebnisses nach DVFA. In: Beiträge zur Aktienanalyse, Heft 13/1975 der DVFA

Deutsche Vereinigung für Finanzanalyse und Anlageberatung (DVFA), Publizitätskommission: Arbeitsschema und Erläuterungen zur Ermittlung des Ergebnisses nach DVFA. 3. aktualisierte Fassung unter Berücksichtigung der Körperschaftsteuerreform 1977. In: Beiträge zur Aktienanalyse, Heft 18/1979 der DVFA

Deutsche Vereinigung für Finanzanalyse und Anlageberatung (DVFA), Kommission für Methodik der Finanzanalyse. Arbeitsschema und Erläuterungen zur Ermittlung des Ergebnisses nach DVFA. In: Beiträge zur Wertpapieranalyse, Heft 24/1987 und 24/II/1988 der DVFA

Dicken, André Jacques: Kreditwürdigkeitsprüfung. 2., durchgesehene Aufl., Berlin 1999

Dinter, Hans: Die Bewertung von Pensionsverpflichtungen nach dem Bilanzrichtlinien-Gesetz. In: AG, 31. Jg. (1986) S. 218–223

Döllerer, Georg: Grundsätze ordnungswidriger Bilanzierung – Systematische Fehler in Bilanzen. In: BB, 37. Jg. (1982), S. 777–781

Dörner, Dietrich: Wann und für wen empfiehlt sich das Umsatzkostenverfahren. In: WPg, 40. Jg. (1987), S. 154–159

Dörner, Dietrich/Menold, Dieter/Pfitzer, Norbert (Hrsg.): Reform des Aktienrechts, der Rechnungslegung und Prüfung. KonTraG – KapAEG – EuroEG – StückAG. Stuttgart 1999

Domsch, Michel/Eisenführ, Franz/Ordelheide, Dieter/Perlitz, Manfred (Hrsg.): Unternehmenserfolg, Planung – Ermittlung – Kontrolle, Walther Busse von Colbe zum 60. Geburtstag, Wiesbaden 1988

Drukarczyk, Jochen: Zur Brauchbarkeit der Konzeption des »ökonomischen Gewinns«. In: WPg, 26. Jg. (1973), S. 183–188

Dusemond, Michael: Quotenkonsolidierung versus Equity-Methode – Kritische Analyse der Vorteilhaftigkeit anhand praxisrelevanter Kennzahlen. In: DB, 50. Jg. (1997), S. 1781–1785

Eckes, Burkhard/Fentz, Volker/Flick, Peter/Totzek, Alfred/Weigel, Wolfgang: Bilanzanalyse-Kommentar nach IFRS. Heidelberg 2006

Ehleben, Hansjochen: Ein Gütesiegel auf Abwegen? Betrachtungen zur Wirtschaftsprüfung. In: Der Langfristige Kredit, 22/96, S. 17–20

Ehrbar, Al: Economic Value Added – EVA. Der Schlüssel zur wertsteigernden Unternehmensführung. Wiesbaden 1999

Eidel, Ulrike: Moderne Verfahren der Unternehmensbewertung und Performance-Messung. Kombinierte Analysemethoden auf der Basis von US-GAAP-, IAS- und HGB-Abschlüssen. Herne, Berlin 1999

Eisolt, Dirk: Unterschiede in der Bilanzierung und Bewertung von Kapitalgesellschaften in Deutschland und Großbritannien. In: DB, 39. Jg. (1986), S. 1237–1241

Eisolt, Dirk: Die rechtlichen Grundlagen der amerikanischen Konzernrechnungslegung. In: AG 5/1993, S. 209–232

Eisolt, Dirk: Der Konzernabschluß in Deutschland und den USA. Vergleichende Darstellung der Vorschriften über Inhalt, Form, Ansatz und Bewertung. In: RIW, Heft 4/1993, S. 309–319

Elkart, Wolfgang/Pfitzer, Norbert (Hrsg.: Schitag Ernst & Young Gruppe): D-Markeröffnungsbilanz und Folgeabschlüsse. Heidelberg 1991

Engel-Bock, Jürgen: Bilanzanalyse leicht gemacht. Eine Arbeitshilfe für Betriebsräte, Wirtschaftsausschußmitglieder und Arbeitnehmervertreter in Aufsichtsräten. Köln 1990

Engels, Wolfram: Bilanzwert. In: Wirtschaftswoche, Nr. 19, 6.5.1988, S. 174

Ernst, Christoph/Seibert, Ulrich/Stuckert, Fritz: KonTraG, KapAEG, StückAG, EuroEG (Gesellschafts- und Bilanzrecht). Textausgabe mit Begründungen der Regierungsentwürfe, Stellungnahmen des Bundesrates mit Gegenäußerungen der Bundesregierung, Berichten des Rechtsausschusses des Deutschen Bundestages. Düsseldorf 1998

Ernst, Gernot: Internationale Entwicklungstendenzen in der Rechnungslegung und ihre Einwirkungen auf Börsen und die Börsenaufsichtsbehörden. In: Das vereinigte Deutschland im europäischen Markt. Bericht über die IDW Fachtagung 1991, Düsseldorf 1992

Everling, Wolfgang: Gegenüberstellung altes – neues Recht. In: bilanz & buchhaltung, 34. Jg. (1988), S. 135–137

Eymüller, Theo: Bilanzanalyse als Informationsinstrument für Entscheidungen. In: BFuP, 28. Jg. (1976), S. 399–407

Fédération des Experts Comptables Européens: Comparison of the European Community Fourth Directive with International Accounting Standards. Brussels 1990

Fédération des Experts Comptables Européens: 1992 FEE analysis of European accounting and disclosure practices. London und New York 1992

Federmann, Rudolf: Bilanzierung nach Handelsrecht und Steuerrecht. Ein Grundriß der Gemeinsamkeiten, Unterschiede und Abhängigkeiten der Einzelabschlüsse mit systematischen Übersichten und unter besonderer Berücksichtigung der Rechnungslegung von Kapitalgesellschaften. 8., aktualisierte Aufl., Berlin 1990

Feldt, Martin/Olbrich, Thomas/Wiemeler, Manfred: Die Wahl des Ausweisverfahrens für die Gewinn- und Verlustrechnung nach § 275 HGB. In: DB, 40. Jg. (1987) S. 2320–2324

Ferk, Hans: Jahresabschluß und Prüfung von ausländischen Tochtergesellschaften nach neuem Konzernrecht – Tochterunternehmen in Österreich, der Schweiz und den USA. Stuttgart 1991

Fischer, Andrea/Haller, Axel: Bilanzpolitik zum Zwecke der Gewinnglättung. Empirische Erkenntnisse. In: ZfB, 63. Jg. (1993), S. 35–59

Fischer, Joachim/Ringling, Wilfried: Grundsätze des Umsatzkostenverfahrens. Eine Analyse aus kostenrechnerischer und bilanzpolitischer Sicht. In: BB, 43. Jg. (1988), S. 442–449

Förschle, Gerhart/Klein, Hans-Georg: Zur handelsrechtlichen Bilanzierung und Bewertung der betrieblichen Altersversorgungspflichten. In: DB, 40. Jg. (1987), S. 341–348

Forster, Karl-Heinz: Zur Aufstellung der DM-Eröffnungsbilanz in den neuen Bundesländern. In: WPg, 43. Jg. (1990), S. 665–674

Foster, George: Financial Statement Analysis. Englewood Cliffs/N. J. 1978

Foulke, Roy A.: Practical financial statement analysis. Sixth edition, New York u. a. 1968

Franz, Klaus-Peter: Rechnungslegung in der Europäischen Gemeinschaft. In: technologie & management, 38. Jg. (1989), S. 20–27

Franz, Klaus-Peter: Probleme der kurzfristigen Ergebnisrechnung von Unternehmungen in Hochinflationsländern. In: BFuP, 43. Jg. (1991), S. 263–274

Freidank, Carl-Christian: Zielsetzungen und Instrumente der Bilanzpolitik bei Aktiengesellschaften. In: DB, 37. Jg. (1982), S. 337–343

Freidank, Carl-Christian: Auswirkungen des Umsatzkostenverfahrens auf die Rechnungslegung von Kapitalgesellschaften. In: DB, 41. Jg. (1988), S. 1609–1617

Fridson, Martin S.: Financial Statement Analysis. A Practitioner's Guide. Second Edition, New York u. a. 1995

Fuchs, Hermann/Gerloff, Otto: Die konsolidierte Bilanz. Köln 1954

Funk, Joachim: Der Goodwill aus der Sicht des Konzernabschlusses und der Unternehmensbewertung. In. Unternehmungserfolg, Planung – Ermittlung – Kontrolle, Walther Busse von Colbe zum 60. Geburtstag, hrsg. von Michel Domsch, Franz Eisenführ, Dieter Ordelheide, Manfred Perlitz, Wiesbaden 1988, S. 157–167

Gail, Winfried/Greth, Michael/Schumann, Roland: Die Maßgeblichkeit der Handelsbilanz für die Steuerbilanz in den Mitgliedstaaten der Europäischen Gemeinschaft. In: DB, 44. Jg. (1991), S. 1389–1400

Gatzen, Manfred: Die Gewinn- und Verlustrechnung nach dem Umsatzkostenverfahren – eine beliebig gestaltbare Rechnung? In: WPg, 40. Jg. (1987), S. 461–470

Gburek, Manfred/Krüger, Ursula: Reigen der Rechner. In: Wirtschaftswoche, Nr. 30, 22. 7. 1988, S. 30–38

Gebhardt, Günther: Zur Aussagefähigkeit von Währungserfolgen in Einzel- und Konzernabschlüssen. In: Unternehmenserfolg, Planung – Ermittlung – Kontrolle, Walther Busse von Colbe zum 60. Geburtstag, hrsg. von Michel Domsch, Franz Eisenführ, Dieter Odelheide, Manfred Perlitz, Wiesbaden 1988, S. 169–185

Gebhardt, Günther/Langenbucher, Günther/Lederle, Herbert: Meinungen zum Thema »Unternehmenssteuerung und Rechnungslegung von Unternehmen in Hochinflationsländern«. In: BFuP, 43. Jg. (1991), S. 336–348

Gebhardt, Günther/Pellens, Bernhard (Hrsg.): Rechnungswesen und Kapitalmarkt. ZfbF Sonderheft 41. Düsseldorf, Frankfurt/M. 1999

Gerhart, S.: Theorie und Praxis inflationsbereinigter Jahresabschlüsse im angelsächsischen Bereich. Dargestellt am Statement of standard accounting practice No. 16. Frankfurt/Main 1985

Gieske, Friedhelm: Erfolgs- und Finanzanalyse. In: Finanzierungshandbuch, hrsg. von F. Wilhelm Christians, 2., völlig überarbeitete und erweiterte Aufl., Wiesbaden 1988, S. 715–744

Gimmy, Heinz: Rechnungslegung und Prüfung der portugiesischen Kapitalgesellschaften. In: RIW, 11/1992, S. 908–916

Gimmy, K. Heinz/Scholtissek, Wolfgang: Der Einzelabschluß der Kapitalgesellschaften in Spanien. In: RIW, 32. Jg. (1986), S. 357–371

Gimpel-Kloos, Brigitte: Die Ausübung nationaler Wahlrechte im Hinblick auf die Zielsetzung der 4. EG-Richtlinie, dargestellt am Beispiel Großbritanniens und der Bundesrepublik Deutschland. Heidelberg 1990

Glade, Anton: Die Gewinn- und Verlustrechnung nach dem Umsatzkostenverfahren – Grundsatzfragen und Probleme. In: BFuP, 39. Jg. (1987), S. 16–32

Glunz, Theodor/Peters, Hubert: Bilanzierung von betrieblichen Versorgungsleistungen in den USA nach SFAS No. 106. In: DB, 44. Jg. (1991), S. 1289–1292

Gmelin, Hans Jörg: Währungsumrechnung im Einzel- und Konzernabschluß. In. WPg, 40. Jg. (1987), S. 597–605

Goebel, Andrea: Möglichkeiten der Entschlüsselung von Konzernkrisen mit der Methodik der integrativen Konzernabschlußanalyse. Bergisch Gladbach, Köln 1995

Goebel, Andrea: Die Aussagefähigkeit der Rechnungslegung von Konzernen. Eine kritische Analyse unter Berücksichtigung aktueller Erscheinungsformen von Konzernen. In: DStR, 34. Jg. (1996), S. 637–643

Göllert, Kurt: Auswirkungen des Bilanzrichtlinien-Gesetzes auf die Bilanzanalyse. In: BB, 39. Jg. (1984), S. 1845–1853

Göllert, Kurt/Ringling, Wilfried: Bilanzanalyse nach dem Bilanzrichtlinien-Gesetz: Fallbezogener Kennzahlenvergleich. In: Die Bank, Heft 3/1986, S. 124–133

Göllert, Kurt/Ringling, Wilfried: Erste Abschlüsse nach neuem Recht: Testmaterial für die Analysepraxis. In: Die Bank, Heft 10/1986, S. 527–531

Göllert, Kurt/Ringling, Wilfried: Bilanzrecht. Einführung in Jahresabschluß und Konzernabschluß. Heidelberg 1991

Goerdeler, Reinhard: Bilanzierung und Publizität im internationalen Vergleich. In: ZfbF, 34. Jg. (1982), S. 235–248

Gräfer, Horst: Bilanzanalyse. Traditionelle Kennzahlenanalyse des Einzeljahresabschlusses, kapitalmarktorientierte Konzernjahresabschlussanalyse – mit Aufgaben, Lösungen und einer ausführlichen Fallstudie. 9., wesentlich überarbeitete Aufl., Herne, Berlin 2005

Gräfer, Horst: Anlayse des Jahresabschlusses. In: BBK, Nr. 11, Nr. 15, Nr. 19, Nr. 22 und Nr. 2, 1991 und 1992, S. 77–94, 525–543, 757–774, 979–990, 1121–1136

Gräfer, Horst: Annual Report – der US-amerikanische Jahresabschluß. Ein praktischer Leitfaden zum Verständnis und zur Analyse US-amerikanischer Geschäftsberichte. Stuttgart 1992

Gräfer, Horst/Demming, Claudia (Hrsg.): Internationale Rechnungslegung. Stuttgart 1994

Gräfer, Horst/Sorgenfrei, Christiane: Rechnungslegung. Bilanzierung, Bewertung, Gestaltung. Herne, Berlin 1997

Graham, Benjamin: Analyse und Strategie langfristiger Aktienanlage (Übersetzung von »The Intelligent Investor«, New York). Zürich 1975

Graham, Benjamin/Dodd, David L./Cottle, Sidney: Security Analysis – Principles and Technique. New York 1962

Grimm, Horst: Bilanzanalyse und Bilanzkennzahlen. In: Steuerberater-Handbuch. Bonn 1988. S. 1689–1717

Groll, Karl-Heinz: Erfolgssicherung durch Kennzahlensysteme. 4. erw. Aufl., Freiburg i. Br. 1991

Grosjean, René Klaus: Wie lese ich eine Bilanz? Ein Crashkurs für Nicht-Fachleute. 7., erw. und aktualisierte Aufl., Düsseldorf 1997

Gross, Gerhard (Hrsg.): Der Wirtschaftsprüfer im Schnittpunkt nationaler und internationaler Entwicklungen. Festschrift zum 60. Geburtstag von Klaus v. Wysocki. Düsseldorf 1985

Grunwald, Egon/Grunwald, Stephan: Bonitätsanalyse im Firmenkundengeschäft. Stuttgart 1999

Günther, Thomas/Hübl, Gudrun/Niepel, Mirko: Insolvenzprognose anhand unterjähriger Unternehmensdaten. In: DStR, 38. Jg. (2000), S. 346–352

Haase, K. D.: Gewinne nur fürs Auge? In: Wirtschaftswoche, Heft 32 vom 3. 8. 1973, S. 32–34

Haeger, Bernd/Zündorf, Horst: Altes und neues Bilanzrecht im Vergleich. Stuttgart 1986

Härle, Dietrich: Finanzierungsregeln und Liquiditätsberuteilung. In: Finanzierungshandbuch, hrsg. von Hans Janberg, Wiesbaden 1970, S. 89–110

Häusler, Harald/Holzer, Peter: Entwicklung und Status der Kapitalflußrechnung in der modernen Praxis. In: DB, 41. Jg. (1988), S. 1405–1411

Hahn, Dietger: Zum Inhalt und Umfang der Unternehmungsanalyse als bisheriges und zukünftiges Aufgabengebiet des Wirtschaftsprüfers. In: Unternehmensprüfung und -Beratung. Festschrift zum 60. Geburtstag von Bernhard Hartmann, hrsg. von Bernd Aschfalk, Sven Hellfors, Alexander Marettek, Freiburg i. Br. 1976, S. 31–53

Hahn, Klaus: Beteiligungscontrolling auf Basis von US-GAAP und IAS. In: krp Sonderheft 3/99, S. 79–86

Haindl, Georg: Zur Vergleichbarmachung der Datenbasis zur finanzwirtschaftlichen Analyse der Bilanzen nach AktG 1965 und dem Bilanzrichtlinien-Gesetz. In: DB, 39. Jg. (1986), S. 1686–1691

Hakelmacher, Sebastian: Vom simplen Jahresabschluß zur anspruchsvollen Kapitalflußrechnung. In: WPg, 35. Jg. (1982), S. 79–82

Haller, Axel: Das Verhältnis von steuerrechtlicher und »handelsrechtlicher« Rechnungslegung in den USA. In: DBW, 48. Jg. (1988), S. 723–733

Haller, Axel: Die »Generally Accepted Accounting Principles«. Die Normen der externen Rechnungslegung in den USA. In: ZfbF, 42. Jg. (1990), S. 751–777

Haller, Axel: Die Jahresabschlußerstellung der Europäischen Aktiengesellschaft nach dem Statut-Entwurf der EG-Kommission. In: DB, 43. Jg. (1990), S. 1573–1579

Haller, Axel: Die Rolle des International Accounting Standards Committee bei der weltweiten Harmonisierung der externen Rechnungslegung. In: DB, 46. Jg. (1993), S. 1297–1305

Haller, Axel: Die Grundlagen der externen Rechnungslegung in den USA. Unter besonderer Berücksichtigung der rechtlichen, institutionellen und theoretischen Rahmenbedingungen. 4., unveränderte Aufl., Stuttgart 1994

Haller, Axel: Wertschöpfungsrechnung. Stuttgart 1997

Haller, Axel/Raffournier, Bernard/Walton, Peter (Hrsg.) unter Mitarbeit von Brigitte Eierle: Unternehmenspublizität im internationalen Wettbewerb. Ins Deutsche übertragen und wesentlich bearbeitet von Axel Haller und Brigitte Eierle. Stuttgart 2000

Hammerschmidt, Jost: Inflationsrechnung im Unternehmen. Ergebnisrechnung, Kalkulation, Planung. Freiburg i. Br. 1984

Hardes, Wolfgang: Modellgestützte Erfolgsausweisplanung mit betrieblichen Versorgungsverpflichtungen. Diss., Witten 1983

Hardes, Wolfgang: Zur Bewertung von Pensionsrückstellungen. In: DB, 38. Jg. (1985), S. 1801–1806

Harms, Jens E.: Ausweisfragen bei der Bewertung »at equity«. In: BB, 42. Jg. (1987), S. 935–940

Harms, Jens E.: Das Aussetzen der Equity-Methode. In: BB, 42. Jg. (1987), S. 1426–1429

Harms, Jens E./Küting, Karlheinz: Das Dilemma der Eigenkapitalbeurteilung im Rahmen der externen Bilanzanalyse. In: BB, 38. Jg. (1983), S. 1067–1072

Harrmann, A.: Bilanzanalyse für die Praxis unter Berücksichtigung moderner Kennzahlen. 2., überarbeitete und erweiterte Aufl., Herne, Berlin 1986

Harrmann, Alfred: Gesamt- und Umsatzkostenverfahren nach neuem Recht. In: BB, 41. Jg. (1986), S. 1813–1817

Harrmann, Alfred: Das DVFA-Ergebnis nach neuem Recht. In: BB, 43. Jg. (1988), S. 723–733

Hauptfachausschuß des IDW: Geänderter Entwurf einer Verlautbarung zur Währungsumrechnung im Jahres- und Konzernabschluß. In: WPg, 39. Jg. (1986), S. 664–667

Hauschildt, Jürgen: Erfolgs-, Finanz- und Bilanzanalyse: Analyse der Vermögens-, Finanz- und Ertragslage von Kapital- und Personengesellschaften. 3. völlig überarb. Aufl., Köln 1996

Hauschildt, Jürgen/Kortmann, Hans-W.: »Sonstige finanzielle Verpflichtungen« (§ 285 Nr. 3 HGB) als Gegenstand der Berichterstattung – eine empirische Analyse. In: WPg, 43. Jg. (1990), S. 420–425

Hauschildt, Jürgen/Leker, Jens (Hrsg.): Krisendiagnose durch Bilanzanalyse. 2. neu bearb. und erw. Aufl., Köln 2000

Havermann, Hans: Zur Berücksichtigung von Preissteigerungen in der Rechnungslegung der Unternehmen (Teil I). In: WPg, 27. Jg. (1974), S. 423–433

Havermann, Hans: Die Equity-Bewertung von Beteiligungen. In: WPg, 40. Jg. (1987), S. 315–320

Havermann, Hans: Das neue Bilanzrecht. In: Wertpapier Nr. 21 vom 9. Okt. 1987, S. 1013–1014

Havermann, Hans (Hrsg.): Bilanz- und Konzernrecht. Festschrift zum 65. Geburtstag von Reinhard Goerdeler. Düsseldorf 1987

Havermann, Hans: Der Aussagewert des Jahresabschlusses. In: WPg, 41. Jg. (1988), S. 612–617

Hax, Karl: Geldwertänderungen und Rechnungswesen. In: HWR, Stuttgart 1970, Sp. 553–558

Hecker, Rainer: Ein Kennzahlensystem zur externen Analyse der Ertrags- und Finanzkraft von Industrieaktiengesellschaften. In: Beiträge zur Aktienanalyse, Heft 17/1978 der DVFA

Heidemann, O.: Auswirkungen des Bilanzrichtlinien-Gesetzes auf das bilanzpolitische Instrumentarium. In: INF 1987, Nr. 5, S. 97–99

Heigl, Anton: Die Pflichtprüfung des Jahresabschlusses der AG im Vergleich der Bundesrepublik Deutschland mit den USA und Japan. In: WiSt, Heft 7/1986, S. 333–339

Heinen, Edmund: Handelsbilanzen. 12., neubearbeitete Aufl., Wiesbaden 1986

Heintges, Sebastian: Bilanzkultur und Bilanzpolitik in den USA und in Deutschland. Einflüsse auf die Bilanzpolitik börsennotierter Unternehmen. Sternenfels, Berlin 1996

Helbling, Carl: Bilanz- und Erfolgsanalyse. 8., überarbeitete Aufl., Bern, Stuttgart, Wien 1992

Helfert, Erich A.: Techniques of financial analysis. 8th edition, Burr Ridge, Boston, Sydney 1994

Hellmer, Jörg: Externe Jahresabschlußanalyse. In: BBK, Nr. 6/1990, S. 229–238

Helpensteller, Rudolf: Bilanzielle Behandlung von Ausgleichsansprüchen aus Verträgen mit Handelsvertretern gemäß § 89 b HGB n. F. In: DB, 30. Jg. (1977), S. 2386–2389

Henning, Bettina: Bilanzierung latenter Steuern. Bochum 1982

Henscheid, Matthias: Ökonomische Wirkungen der umgekehrten Maßgeblichkeit. In: BB, 47. Jg. (1992), S. 1243–1248

Henseler, Edmund: Unternehmensanalyse, Grundlagen der Beurteilung von Unternehmen. Stuttgart u. a. 1979

Herter, Ronald N.: Unternehmenswertorientiertes Management (UwM). Strategische Erfolgsbeurteilung von dezentralen Organisationseinheiten auf der Basis der Wertsteigerungsanalyse. München 1994

Herz, Robert H./Dittmar, Nelson W., Jr./Lis, Stephen J./Decker, William E., Jr./Murray, Ronald J.: The Coopers & Lybrand SEC Manual. Seventh Edition, New York u. a. 1997

Hesse, Kurt/Fraling, Rolf: Wie beurteilt man eine Bilanz? 19., überarbeitete Aufl., Wiesbaden 1995

Hesse, Kurt/Fraling, Rolf/Fraling, Wolfgang: Wie beurteilt man eine Bilanz? 20., überarbeitete Aufl., Wiesbaden 2000

Heubeck, Klaus/Engbroks, Hartmut: Die Bewertung mittelbarer Pensionsverpflichtungen im Falle von Unterstützungskassen. In: DB, 40. Jg. (1987), S. 285–288

Hieber, Otto L.: Ökonomische Analyse der Passivierungspflicht für Pensionsverpflichtungen nach neuem Bilanzrecht. Zugleich ein Beitrag zur Unternehmensbewertung. In: WPg, 40. Jg. (1987), S. 531–539

Hilke, Wolfgang: Bilanzpolitik – Jahresabschluß nach Handels- und Steuerrecht. Mit Aufgaben und Lösungen. 5., völlig überarbeitete und erweiterte Aufl., Wiesbaden 2000

Hirsch, Hermann: Bilanzanalyse und Bilanzkritik. Wiesbaden 1997

Hirte, Erich: Die Bewertung langfristiger Rückstellungen. DB, 24. Jg. (1971), S. 1313–1318

Hoch, Gero: Bilanzpolitik und neues Rechnungslegungsrecht. In: bilanz & buchhaltung, 33. Jg. (1987), Heft 4, S. 129–139

Hoch, Gero: Zur Entwicklung der Jahresabschlußanalyse. In: bilanz und buchhaltung, 33. Jg. (1987), Heft 12, S. 477–484

Höfer, Reinhold: Grundlagen der Bilanzierung bei Unterstützungskassenzusagen und die Bewertung des Kassenvermögens. In: BB, 42. Jg. (1987), S. 1143–1146

Höfer, Reinhold/Leblond, R. M./Oppermann, D./Pisters, M./Weber, C.-P.: Die neue Rechnungslegung für Versorgungsverpflichtungen von deutschen US-Töchtern. Stuttgart 1988

Höffken, Ernst: Die Bedeutung der Bilanzanalyse im Rahmen von Informationsrechnungen als Grundlage für unternehmerische Entscheidungen. In: BFuP, 28. Jg. (1976), S. 408–415

Hofer, Rudolf: Bilanzanalyse. Arbeitsbuch zu Bilanzen, Erfolgsrechnungen, Kapitalflußrechnungen, Cashflow, Kennzahlen mit durchgerechneten Beispielen und 158 Aufgaben. 3., durchgesehene Aufl., Bern 1985

Hofmann, Rainer: Internationaler Vergleich der materiellen bilanzpolitischen Möglichkeiten großer Kapitalgesellschaften im Einzel- und Konzernabschluß. Wien 1997

Hofmann, Rolf: Aussagewert und Grenzen der Unternehmensanalyse auf der Grundlage publizierter Quellen. In: DB, 27. Jg. (1974), S. 1993–1999, 1441–1445

Hofmann, Rolf: Bilanzkennzahlen. Industrielle Bilanzanalyse und Bilanzkritik. 4., neu bearbeitete Aufl., Wiesbaden 1977

Holdhof, Glenny: Das Bilanzierungsverhalten mittelständischer Unternehmen – Eine empirische Untersuchung. Stuttgart 1988

Holzer, H. Peter: International Accounting. New York u. a. 1984

Holzer, Peter/Häusler, Harald: Die moderne Kapitalflußrechnung und die internationale Konzernrechnungslegung. In: WPg, 42. Jg. (1989), S. 221–231

Holzer, Peter/Jung, Udo: Der Beitrag von zahlungsstromorientierten Kapitalflußrechnungen (Statement of Cash Flows) zur Beurteilung der Qualität des Jahresergebnisses. In: WPg, 43. Jg. (1990), S. 281–288

Honda, Jun-ichi: Die Handelsbilanzen der japanischen Aktiengesellschaft aufgrund des Börsengesetzes und des HGB. In: Betriebswirtschaftslehre in Japan und Deutschland, hrsg. von Walther Busse von Colbe, Klaus Chmielewicz, Eduard Gaugler, Gert Laßmann, Stuttgart 1988, S. 91–100

Hopcroft, Terry: Rechnungslegung und Grundsätze der Abschlußprüfung in Großbritannien und Deutschland – Ein Vergleich. Accounting and Auditing Standards and Principles in the United Kingdom and Germany – A Comparison. Düsseldorf 1995

Hosterbach, Ernst: Abschlußprüfung und Buchführung – Erfüllt unser Rechnungswesen die Ansprüche des Abschlußprüfers? In: DB, 43. Jg. (1990), S. 1929–1934

Hostettler, Stephan: Economic Value Added (EVA). Darstellung und Anwendung auf Schweizer Aktiengesellschaften. Bern, Stuttgart, Wien 1997

Hub, Hanns/Strebel, Heinz: Neuere Methoden der Erfolgsanalyse anhand veröffentlichter Jahresabschlüsse. In: WPg, 29. Jg. (1976), S. 264–271, 299–307

Huch, Burkhard: EDV und Bilanzanalyse. In: Handwörterbuch des Rechnungswesens, hrsg. von Klaus Chmielewicz und Marcell Schweitzer, Stuttgart 1993, Sp. 429–436

Hulle van, Karel: Harmonization of Accounting Standards trhoughout the EC. In: European Accounting Focus, 1989, S. 11–13

Hulle van, Karel: Angleichung und/oder gegenseitige Anerkennung. In: Rechnungslegung und Prüfung – Perspektiven für die neunziger Jahre, hrsg. von Jörg Baetge, Düsseldorf 1993, S. 191–205

Hummel, Wolfgang: Probleme der Umrechnung von Jahresabschlüssen aus Hochinflationsländern. Frankfurt a. M. u. a. 1987

Husemann, Walter/Jungen, Dirk: Der handelsrechtliche Jahresabschluß in Italien. In: WPg, 42. Jg. (1989), S. 264–275

Husmann, Rainer: Defizite der handelsrechtlichen Konzernrechnungslegung aus der Sicht des Bilanzanalysten. In: DStR, 35. Jg. (1997), S. 1659–1964

Iino, Toshio/Inouye Ryoji: Financial Accounting and Reporting in Japan. In. International Accounting, hrsg. von H. Peter Holzer, New York u. a. 1984, S. 369–380

Institut der Wirtschaftsprüfer (Hrsg.): Wirtschaftsprüfer-Handbuch 1985/86. 9. Aufl., Band II, Düsseldorf 1986

Institut der Wirtschaftsprüfer (Hrsg.): Wirtschaftsprüfer-Handbuch 1996. 11. Aufl., Band I, Düsseldorf 1996

Institut der Wirtschaftsprüfer: Das vereinigte Deutschland im europäischen Markt: 16.–18. Oktober 1991 in Berlin (Bericht über die Fachtagung 1991 des Instituts der Wirtschaftsprüfer in Deutschland e. V.). Düsseldorf 1992

International Accounting Standards Committee (Hrsg.): International Accounting Standards 1999 (Deutsche Ausgabe). Stuttgart 1999

Invernizzi, Giorgio/Molteni, Mario: Analisi di bilancio e diagnosi strategica. Strumenti per valutare posizione competitiva, vulnerabilità, patrimonio intangibile. Mailand 1990

Jacobs, Otto H.: EDV-gestützte Jahresabschlußanalyse als Planungs- und Entscheidungsrechnung. München 1989

Jenks, Jeremy C./Jenks, Robert W.: Wertpapieranalyse mit dem IBM-Personalcomputer. Landsberg 1984

Jerschensky, Andreas: Messung des Bonitätsrisikos von Unternehmen. Krisendiagnose mit Künstlichen Neuronalen Netzen. Düsseldorf 1998

Jonas, Heinrich H.: Zur Ermittlung des Jahresergebnisses nach DVFA. Brauchbarkeit für die Aktienanalyse. In: DB, 28. Jg. (1975), S. 2285–2289

Jonas, Heinrich H.: Währungsumrechnung und Aussagewert des Weltabschlusses. In: DB, 30. Jg. (1977), S. 2337–2344

Jung, Udo: Währungsumrechnung im Konzernabschluß. Zur Ableitung von Grundsätzen ordnungsmäßiger Währungsumrechnung. Marburg 1991

Jung, Willi: US-amerikanische und deutsche Rechnungslegung. Düsseldorf, Frankfurt 1979

Jung, Willi A. R./Isele, Horst/Groß, Christoph: Rechnungslegung in den USA im Vergleich zu den deutschen Rechnungslegungsvorschriften. In: Rechnungslegung, Prüfung, Wirtschaftsrecht und Steuern in den USA, hrsg. von Erik Sonnemann, Wiesbaden 1989, S. 53–94

Kaderli, Rudolph J.: Das Geheimnis der Börse: Die Anlagestrategie. Thur 1977

Käfer, Karl: Kapitalflußrechnungen. 2., unveränderte Aufl., mit einer ergänzenden Einführung von Paul Weilenmann, Stuttgart 1984

Kaplan, Robert S./Norton, David P.: Balanced Scorecard. Strategien erfolgreich umsetzen. Stuttgart 1997

Katz, Thomas E.: Die Aussagefähigkeit konsolidierter Konzern-Abschlüsse für externe Berichtsempfänger. In: AG, 20. Jg. (1975), S. 57–62

Keller, Kalina: Finanzwirtschaftliche Analyse von US-GAAP-Jahresabschlüssen. Frankfurt am Main u. a. 2007

Kempe, Hans H. (Hrsg.): Der konsolidierte Abschluß. Unter Berücksichtigung der 4. und der 7. EG-Richtlinie. Würzburg, Wien 1983

Kerth, Albin: Moderne Kennzahlen zur Beurteilung der Kreditwürdigkeit einer Unternehmung. In: BBK, Nr. 16/1990, S. 629–632

Kerth, Albin/Wolf, Jakob: Bilanzanalyse und Bilanzpolitik. München, Wien 1986

Kerviler, Isabelle de: Zur Transformation der 4. EG-Richtlinie in Frankreich. In: WPg, 37. Jg. (1984), S. 261–267

Keun, Friedrich/Laumann, Elke/Tenhumberg, Ewald: Rechnungslegungsvorschriften in den Niederlanden. In: IWB, Nr. 12/1992, S. 487–502

Keun, Friedrich/Scherler, Astrid/Strothotte, Hans-Wilhelm: Rechnungslegungsvorschriften für den Einzelabschluß in Frankreich. In: IWB, Nr. 3/1993, S. 127–142

Kieso, Donald E./Weygandt, Jerry L.: Intermediate Accounting. 9th edition, New York 1998

Kirchner, Christian/Schwartze, Andreas: Umsetzung der EG-Rechnungslegungsrichtlinien in nationales Recht – Die Ausübung der Wahlrechte durch die Mitgliedstaaten. In: WPg, 38. Jg. (1985), S. 397–404

Kirsch, Hanno: Finanz- und erfolgswirtschaftliche Jahresabschlussanalyse nach IFRS. München 2004

Klatte, Volkmar: Zur Transformation der GmbH & Co.-Richtlinie in deutsches Recht. In: DB, 45. Jg. (1992), S. 1637–1643

Klein, Georg A.: Unternehmenssteuerung auf Basis der International Accounting Standards. München 1999

Klein, Hans-Dieter: Konzernbilanzpolitik. Heidelberg 1989

Klingebiel, Norbert: Balanced Scorecard als Verbindungsglied externes – internes Rechnungswesen. In: DStR, 38. Jg. (2000), S. 651–655

Kloos, Gerhard: Die Transformation der 4. EG-Richtlinie (Bilanzrichtlinie) in den Mitgliedstaaten der Europäischen Gemeinschaft. Eine Analyse der verbliebenen Rechnungslegungsunterschiede aufgrund von nationalen Wahlrechtsausnutzungen. Berlin 1993

Knorr, Elisabeth: Transformation der 7. EG-Richtlinie in Belgien. In: WPg, 42. Jg. (1989), S. 295–301

Koberg, Ann-Kristin: Bilanzkennzahlen – was ändert sich durch das EG-Recht? In: io Management Zeitschrift, Nr. 9/1992, S. 96–98

Koch, Helmut: Zur Frage der Jahreserfolgsrechnung bei inflationären bzw. deflationären Preisänderungen – die Konzeption der synchronen Erfolgsrechnung. In: ZfB, 54. Jg. (1984), S. 824–841

Köhler, Roland: Bilanzpolitische Gestaltungsmöglichkeiten der Einzelbilanz nach neuem Handelsrecht. In: Die steuerliche Betriebsprüfung, 29. Jg. (1989), S. 49–58

Köllhofer, Dietrich: Moderne Verfahren der Bilanz- und Bonitätsanalyse im Firmenkundengeschäft der Bayerischen Vereinsbank AG. In: ZfbF, 41. Jg. (1989), S. 974–981

König, Ulrich-Karl: Bilanzrichtlinien-Gesetz: Neue Probleme für die Bilanzanalyse. In: Betriebswirtschaftliche Blätter, 35. Jg. (1986), S. 210–218

König, Ulrich-Karl: Neues EBIL: Maschinelle Auswertung von Jahresabschlüssen nach dem Bilanzrichtlinien-Gesetz. In: Betriebswirtschaftliche Blätter, 36. Jg. (1987), S. 50–59

König, Ulrich-Karl: Das Bilanzrichtlinien-Gesetz aus dem Blickwinkel der Bilanzanalyse bei Kreditinstituten. In: DStR, 26. Jg. (1988), S. 123–127

Kommission der Europäischen Gemeinschaften: Die Angleichung des Bilanzrechts in der Europäischen Gemeinschaft. Probleme bei der Anwendung der vierten Richtlinie über den Jahresabschluß von Kapitalgesellschaften. Brüssel, Luxemburg 1990

Kommission Rechnungswesen im Verband der Hochschullehrer für Betriebswirtschaft e. V.: Stellungnahme zur Umsetzung der 7. EG-Richtlinie (Konzernabschluß-Richtlinie). In: DBW, 44. Jg. (1984), S. 267–277

Kottke, Klaus: Bilanzstrategie und Steuertaktik. 3. völlig neu bearbeitete Aufl., Herne, Berlin 1978

Kottke, Klaus: Wenn Steuerberater Investitionsrechnung und Bilanzanalyse trainieren. In: Blick durch die Wirtschaft, 17. Oktober 1991, S. 7

KPMG Deutsche Treuhand Gruppe (Hrsg.): Investitionen in den neuen Bundesländern – Fördermaßnahmen, Restrukturierungen, Unternehmenskauf. Düsseldorf 1992

Krebs, Mathias: UNEX – Ein Expertensystem für quantitative und qualitative Unternehmensanalysen. Frankfurt a. M. u. a. 1991

Krehl, Harald: Der Informationsbedarf der Bilanzanalyse, Ableitung und empirische Validierung eines Fragenkatalogs zur Analyse von Jahresabschlüssen. Diss., Kiel 1985

Krehl, Harald: Konzernbilanzanalyse: Viele Vorschriften – Viel Arbeit – Viel Nutzen? In: BFuP, 41. Jg. (1989), S. 355–372

Kresse, Werner/Kotsch-Faßhauer, Lieselotte/Leuz, Norbert: Buchen, Bilanzieren, Prüfen. Ratgeber zum Bilanzrichtlinien-Gesetz. Stuttgart 1986

Krumnow, Jürgen: Bilanzanalyse auf der Basis der neuen Rechnungslegungsvorschriften. In: ZfbF, 37. Jg. (1985), S. 783–807

Kubin, Konrad W.: Die Konzernrechnungslegung in den USA. In: Rechnungslegung, Prüfung, Wirtschaftsrecht und Steuern in den USA, hrsg. von Erik Sonnemann, Wiesbaden 1989, S. 95–120

Kubin, Konrad W./Lück, Wolfgang: Zur funktionalen Währungsumrechnungsmethode in internationalen Konzernabschlüssen. Anmerkungen zum Grundsatz Nr. 52 der FASB. In: BFuP, 36. Jg. (1984), S. 357–383

Kühnberger, Manfred/Stachuletz, Rainer: Kritische Anmerkungen zu einigen neueren Entwicklungen in der Bilanzpolitik. In: DWB, 46. Jg. (1986), S. 356–372

Küppers, Christoph: Der Firmenwert in Handels- und Steuerbilanz nach Inkrafttreten des Bilanzrichtlinien-Gesetzes – Rechtsnatur und bilanzpolitische Spielräume. In: DB, 41. Jg. (1986), S. 1633–1639

Küting, Karlheinz: Betriebswirtschaftliche Steuerberatung: Jahresabschlußanalyse mit Hilfe betriebswirtschaftlicher Kennzahlen. In: DStR, 24. Jg. (1986), Beihefter zu Heft 15

Küting, Karlheinz: Jahresabschlußanalyse als Kennzahlenrechnung. In: DStR, 29. Jg. (1991), S. 1324–1329, S. 1358–1362

Küting, Karlheinz: Abschied von der bloßen Kennzahlen-Arithmetik. In: Blick durch die Wirtschaft, 24. April 1991

Küting, Karlheinz: Die Angleichung der Bilanzen in der EG ist nicht gelungen. Höherer Stellenwert des Konzernabschlusses / Die Anlayse wird schwieriger. In: FAZ, 23. Januar 1992

Küting, Karlheinz: Analyse der Rentabilität. In: DStR, 30 Jg. (1992), S. 265–270

Küting, Karlheinz: Möglichkeiten und Grenzen einer betragsmäßigen Ergebnisanalyse (Teil I). In: DStR, 30. Jg. (1992), S. 369–374

Küting, Karlheinz: Grundlagen der qualitativen Bilanzanalyse. In: DStR, 30. Jg. (1992), S. 691–695 und S. 728–733

Küting, Karlheinz: Besonderheiten der Konzernabschlußanalyse. In: DStR, 30. Jg. (1992), S. 1334–1338 und 1374–1378

Küting, Karlheinz: Europäisches Bilanzrecht und Internationalisierung der Rechnungslegung. In: BB, 48. Jg. (1993), S. 30–38

Küting, Karlheinz: Der Wahrheitsgehalt deutscher Bilanzen. In: Das Rechnungswesen auf dem Prüfstand. Antworten auf die Konzernierung der deutschen Wirtschaft im Spannungsfeld der Globalisierung, hrsg. von Karlheinz Küting und Claus-Peter Weber, Frankfurt/M. 1997, S. 103–126

Küting, Karlheinz: Neuere Ansätze der Bilanzanalyse – Externe unternehmenswertorientierte Performancemessung. In: BBK, Beilage zu Nr. 1/2000

Küting, Karlheinz: Streitgespräch »Auf Messers Schneide«. In: manager magazin, 30. Jg. (2000), S. 151–161

Küting, Karlheinz/Bender, Jürgen: Das Ergebnis je Aktie nach DVFA/SG. In: BB, Beilage 16 zu Heft 30/1992

Küting, Karlheinz/Kaiser, Thomas: Externe Liquiditätsanalyse auf der Grundlage veröffentlichter Jahresabschlüsse. In: DStR, 30. Jg. (1992), S. 1142–1146 und 1180–1184

Küting, Karlheinz/Kessler, Harald: Finanzwirtschaftliche Bilanzanalyse: Grundlagen und Investitionsanalyse. In: DStR, 30. Jg. (1992), S. 994–999

Küting, Karlheinz/Kessler, Harald: Finanzwirtschaftliche Bilanzanalyse: Finanzierungs- und Horizontalanalyse. In: DStR, 30. Jg. (1992), S. 1029–1034

Küting, Karlheinz/Kuhn, Ulrich: Möglichkeiten und Grenzen der bilanziellen Erfolgsspaltung. In: DStR, 30. Jg. (1992), S. 122–127 und 154–159

Küting, Karlheinz/Langenbucher, Günther (Hrsg.): Internationale Rechnungslegung. Festschrift für Claus-Peter Weber zum 60. Geburtstag. Stuttgart 1999

Küting, Karlheinz/Mohren, Stephan: Jahresabschlußpublizität und Datenbanken. In: BB, Beilage 2 zu Heft 3/1992

Küting, Karlheinz/Pfuhl, Joerg: Bilanzanalytische Auswertung der D-Markeröffnungsbilanzen. In: BB, Beilage 12 zu Heft 19/1992

Küting, Karlheinz/Siener, Friedrich: Die finanzwirtschaftliche Aussagekraft des Cash-Flow im Rahmen der externen Konzernabschlußanalyse. In: BB, Beilage 6 zu Heft 6/1990

Küting, Karlheinz/Weber, Claus-Peter: Der Übergang auf die neue Rechnungslegung. Fallstudie zur Umstellung des Einzelabschlusses auf das neue Bilanzrecht. 4., durchgesehene Aufl., Stuttgart 1986

Küting, Karlheinz/Weber, Claus-Peter: Bilanzanalyse und Bilanzpolitik nach neuem Bilanzrecht. Stuttgart 1989

Küting, Karlheinz/Weber, Claus-Peter/Zündorf, Horst: Die Equity-Methode im Übergang auf die neue Konzernrechnungslegung. In: BB, 42. Jg. (1987), S. 1496–1502

Küting, Karlheinz/Weber, Claus-Peter/Zündorf, Horst: Praxis der Konzernbilanzanalyse – Grundsatzfragen zur Erstellung einer Konzernstrukturbilanz. Stuttgart 1990

Küting, Karlheinz/Weber, Claus-Peter unter Mitarbeit von Sven Hayn und Joerg Pfuhl: Internationale Bilanzierung. Rechnungslegung in den USA, Japan und Europa. Herne, Berlin 1994

Küting, Karlheinz/Weber, Claus-Peter (Hrsg.): Handbuch der Rechnungslegung. Kommentar zur Bilanzierung und Prüfung. 4., grundlegend überarbeitete und wesentlich erweiterte Aufl., Stuttgart 1995

Küting, Karlheinz/Weber, Claus-Peter: Handbuch der Konzernrechnungslegung. Kommentar zur Bilanzierung und Prüfung. 2., grundlegend überarbeitete Aufl., Stuttgart 1998

Küting, Karlheinz/Weber, Claus-Peter (Hrsg.): Wertorientierte Konzernführung. Das Rechnungswesen im Konzern. Stuttgart 2000

Küting, Karlheinz/Weber, Claus-Peter: Die Bilanzanalyse – Beurteilung von Abschlüssen nach HGB und IFRS. 8., grundlegend überarbeitete Aufl., Stuttgart 2006

Küting, Karlheinz/Zündorf, Horst: Die Praxis des Equity-Accounting. In: BB, 43. Jg. (1988), S. 872–881

Kuhn, Ulrich: Bilanzanalyse mit Hilfe des statistischen Verfahrens der Diskriminanzanalyse. In: DStR, 29. Jg. (1991), S. 1504–1511

Kungl, Willi: Bewegungsbilanzen und Kapitalflußrechnungen. In: Steuerberater-Handbuch. Bonn 1988, S. 1718–1745

Kupsch, Peter: Zur Bewertung der Rückstellungen für drohende Verluste aus schwebenden Liefergeschäften. In: DB, 28. Jg. (1975), S. 942–946

Kuroda, Masatoshi: Externe Rechnungslegung der Großunternehmen Japans. In: DBW, 41. Jg. (1981), S. 433–446

Kuroda, Masatoshi: Der konsolidierte Abschluß in Japan – ein Vergleich mit dem Konzernabschluß in Deutschland sowie dem konsolidierten Abschluß nach der 7. EG-Richtlinie. In: ZfbF, 37. Jg. (1985), S. 924–935

Kuroda, Masatoshi: Externe Rechnungslegung der Aktiengesellschaften Japans. In: Forumsbeiträge zum Rechnungswesen in Japan, hrsg. von Walther Busse von Colbe und Gert Laßmann, Bochum 1989

Kußmaul, Heinz: Darstellung der Shareholder Value-Ansätze. In: StB, 50. Jg. (1999), S. 382–390

Lachnit, Laurenz: Systemorientierte Jahresabschlußanalyse. Weiterentwicklung der externen Jahresabschlußanalyse mit Kennzahlensystemen, EDV und mathematisch-statistischen Methoden. Wiesbaden 1979

Lachnit, Laurenz: Multivariate Analyse- und Prognosemöglichkeiten auf Jahresabschlußbasis zur Unternehmensbeurteilung und Aktienkursprognose. In: ZfB, 51. Jg. (1981), S. 589–603

Lachnit, Laurenz: Externe Erfolgsanalyse auf der Grundlage der GuV nach dem Gesamtkostenverfahren. In: BFuP, 39. Jg. (1987), S. 33–53

Lachnit, Laurenz: Erfolgsspaltung auf der Grundlage der GuV nach Gesamt- und Umsatzkostenverfahren. In: WPg, 44. Jg. (1991), S. 773–783

Lachnit, Laurenz: Deutsche Bundespost Telekom im Spiegel der externen Jahresabschlußanalyse. In: DB, 46. Jg. (1993), S. 545–552

Lachnit, Laurenz: Der Daimler-Benz-Konzern in der externen Jahresabschlußanalyse. In: DB, 49. Jg. (1996), S. 2137–2145

Lachnit, Laurenz: Bilanzanalyse. Grundlagen – Einzel- und Konzernabschlüsse – Internationale Abschlüsse – Unternehmensbeispiele. Wiesbaden 2004

Lachnit, Laurenz/Ammann, Helmut/Müller, Stefan: Wesen und Besonderheiten der Konzernabschlußanalyse. In: DStR, 35. Jg. (1997), S. 383–388

Lachnit, Laurenz/Ammann, Helmut/Müller, Stefan: Teilkonzernabschlußanalyse als Instrument der Konzernabschlußanalyse – Theoretische Grundlagen und praktische Umsetzbarkeit. In: DStR, 35. Jg. (1997), S. 550–556

Lachnit, Laurenz/Ammann, Helmut/Müller, Stefan/Wulf, Inge: Probleme einer international ausgerichteten Jahresabschlußanalyse – Exemplarische Darstellung anhand einer vergleichenden Betrachtung des dual nach HGB und US-GAAP erstellten Daimler-Benz-Konzernabschlusses. In: DB, 51. Jg. (1998), S. 2177–2184

Lachnit, L./Ammann, H./Müller, St./Wulf, I.: Geschäfts- oder Firmenwert als Problem der Konzernabschlußanalyse. In: WPg, 52. Jg. (1999), S. 677–688

Lachnit, Laurenz/Freidank, Carl-Christian (Hrsg.): Investororientierte Unternehmenspublizität – Neue Entwicklungen von Rechnungslegung, Prüfung und Jahresabschlußanalyse. Wiesbaden 2000

Lätsch, Roland: Die Rechnungslegung nach dem neuen Bilanzrichtlinien-Gesetz (Ohne Konzernrechnungslegung). Das Handbuch für die Praxis. 2., überarbeitete Aufl., Freiburg i. Br. 1987

Lanfermann, Josef/Niehus, Rudolf/Streim, Hannes/Zimmerer, Carl: Meinungen zum Thema »Neue Entwicklungen in der Harmonisierung der Rechnungslegung«. In: BFuP, 44. Jg. (1992), S. 441–455

Lange, Christoph: Jahresabschlußinformationen und Unternehmensbeurteilung. Stuttgart 1989

Leffson, Ulrich: Cash Flow – weder Erfolgs- noch Finanzierungsindikator! In: Aktuelle Fragen der Unternehmensfinanzierung und Unternehmensbewertung. Festschrift für Kurt Schmaltz, hrsg. von Karl-Heinz Forster und Peter Schumacher, Stuttgart 1970, S. 108–127

Leffson, Ulrich: Bilanzanalyse. 3., verbesserte Aufl., Stuttgart 1984

Leffson, Ulrich: Transnationale Einflüsse auf das deutsche Bilanzrecht. In: Der Wirtschaftsprüfer im Schnittpunkt nationaler und internationaler Entwicklungen. Festschrift zum 60. Geburtstag von Klaus v. Wysocki, hrsg. von Gerhard Gross, Düsseldorf 1985

Leffson, Ulrich: Die Grundsätze ordnungsmäßiger Buchführung. 7. revidierte und erweiterte Aufl., Düsseldorf 1987

Leffson, Ulrich: Die beiden Generalnormen. In: Bilanz- und Konzernrecht. Festschrift zum 65. Geburtstag von Reinhard Goerdeler, hrsg. von Hans Havermann, Düsseldorf 1987, S. 315–326

Leffson, Ulrich/Rückle, Dieter/Großfeld, Bernhard: Handwörterbuch unbestimmter Rechtsbegriffe im Bilanzrecht des HGB. Köln 1986

Lehner, Susanna Walpurga: Unternehmensanalyse. Vorschlag für ein umfassendes Informationssystem zur Beurteilung und laufenden Beobachtung des Bonitätsrisikos, hrsg. von Wilhelm Bühler, Wien 1984

Lehwald, Klaus-Jürgen: Reform der Rechnungslegung im europäischen Gesellschaftsrecht. In: Gesellschaftsrecht in der Europäischen Gemeinschaft, hrsg. von der Bundesstelle für Außenhandelsinformation (BfAI), Köln 1991, S. 247–295

Leitner, Friedrich: Bilanztechnik und Bilanzkritik. 8. und 9., neu bearbeitete Aufl., Berlin, Leipzig 1929

Leker, Jens/Wieben, Hans-Jürgen: Unternehmensbeurteilung unter Anwendung traditioneller und neuer Verfahren der Bilanzanalyse. In: DB, 51. Jg. (1998), S. 585–590

Leker, Jens/Cratzius, Michael: Erfolgsanalyse von Holdingkonzernen. In: BB, 53. Jg. (1998), S. 362–365

Leonardi, Hildegard: Externe Erfolgsanalysen auf der Grundlage handelsrechtlicher Jahresabschlüsse. Möglichkeiten und Grenzen des Analyseinstrumentariums im Lichte der Rechnungslegungsvorschriften des Bilanzrichtlinien-Gesetzes von 1985. Bergisch Gladbach, Köln 1990

Lev, Baruch: Financial statement analysis, a new approach. Englewood Cliffs/N. J. 1974

Lewis, Thomas G. unter Mitarbeit von Stelter, Daniel M./Casata, Thomas/Reiter, Monika: Steigerung des Unternehmenswertes. Total Value Management. Landsberg/Lech 1994

Liener, Gerhard: Internationale Unternehmen brauchen eine globalisierte Rechnungslegung. In. ZfB, 62. Jg. (1992), S. 269–292

Loehr, Helmut: Finanzierungsaspekte und Aktienanalyse. In: Beiträge zur Aktienanalyse, 11/1972 der DVFA

Lohse, Günter: Aufstellung und Analyse von Weltabschlüssen in der Bundesrepublik Deutschland. Kiel 1977

Lohse, Günter: Jahresabschlußanalyse. 1. Teil: Grundlagen, Struktur- und Erfolgsanalyse. 2. Teil: Finanzanalyse und Umsatzanalyse. Obertshausen 1979

Lohse, Günter: Möglichkeiten und Grenzen der Bilanzpolitik im Rahmen der neuen Rechnungslegungsvorschriften. In: PdR, Nr. 3/1986, S. 9–39

Lorson, Peter: Möglichkeiten und Grenzen der Break-Even-Analyse als Instrument der Betriebsanalyse. In: DStR, 30. Jg. (1992), S. 300–307

Luckey, Günter: Bilanzen und Steuern. 4., vollständig überarbeitete Aufl., Stuttgart 1992

Ludewig, Rainer: Bildung von Rückstellungen für drohende Verluste aus dem Auftragsbestand. In: DB, 27. Jg. (1974), S. 101–104

Ludewig, Rainer: Möglichkeiten der verdeckten Bilanzpolitik für Kapitalgesellschaften auf der Grundlage des neuen Rechts. In: ZfB, 57. Jg. (1987), S. 426–433

Ludewig, Rainer: Aktuelle Fragen aus der Arbeit des IDW. In: WPg, 45. Jg. (1992), S. 761–766

Lück, Wolfgang/Jung, Udo: Währungsumrechnung im Konzernabschluß. In: WiSu, Nr. 2/1988, S. 91–97

Lück, Wolfgang/Jung, Udo: Internationale Konzernrechnungslegung und Inflation. In: BFuP, 43. Jg. (1991), S. 275–293

Lurkin, Paul/Descendre, Nadine/Lievens, Danielle: Etats financiers. Analyse et interprétation. Brüssel 1990

Lutter, Marcus: Rechnungslegung als Rechenschaftslegung. In: Das vereinigte Deutschland im europäischen Markt. Bericht über die IDW-Fachtagung 1991, Düsseldorf 1992

Lutz, Joachim: Steuerliche Behandlung betrieblicher Pensionspläne deutscher US-Tochterunternehmen. In: DB, 39. Jg. (1986), S. 1995–1996

Macharzina, Klaus/Scholl, Rolf F.: Internationale Vereinheitlichung der Rechnungslegung. In: DBW, 44. Jg. (1984), S. 229–252

Mandl, Dieter/Bertl, Romuald: Betriebs- und Bilanzanalyse-Handbuch. Wien 1981

Martens, Hans Jürgen: Transformation der 4. EG-Richtlinie in Frankreich. In: WPg, 36. Jg. (1983), S. 1–9, 44–55

Mascheretti, Sergio/Merusi, Sergio: Guida all'analisi di bilancio. Mailand 1991

Matschke, Manfred Jürgen: Externe Schätzung von Scheinerfolgen aus aktienrechtlichen Jahresabschlüssen – dargestellt am Beispiel der BASF AG für das Jahr 1972. In: BFuP, 27. Jg. (1975), S. 276–306

Matt, J.-M./Mikol, A.: L'image fidèle, la doctrine et la loi. In: Revue Française de Comptabilité, No. 174 (1986), S. 39–50

Mayer, Andreas: Auswirkungen des Bilanzrichtlinien-Gesetzes auf die externe Analyse der Einzelabschlüsse von Kapitalgesellschaften: eine theoretische Untersuchung. In: Beiträge zum Rechnungs-, Finanz- und Revisionswesen, Band 25, hrsg. von Adolf Gerhard Coenenberg und Klaus v. Wysocki, Frankfurt am Main 1989

McKenzie, Wendy: Financial Times Guide to Using and Interpreting Company Accounts. Second Edition, London 1998

Meilicke, Wienand: Eine unheilige Allianz zwischen Bilanzfriseuren und dem deutschen Fiskus. In: BB, 41. Jg. (1986), S. 1369–1376

Mellwig, Winfried/Moxter, Adolf/Ordelheide, Dieter (Hrsg.): Einzelabschluß und Konzernabschluß. Beiträge zum neuen Bilanzrecht, Band 1, Wiesbaden 1988

Mellwig, Winfried/Moxter, Adolf/Ordelheide, Dieter (Hrsg.): Handelsbilanz und Steuerbilanz. Beiträge zum neuen Bilanzrecht, Band 2, Wiesbaden 1989

Mengele, Andreas: Shareholder-Return and Shareholder-Risk als unternehmensinterne Steuerungsgrößen. Stuttgart 1999

Meyer, Claus: Geschäftsbericht und Jahresabschluß der Kapitalgesellschaft. Eine Analyse der ersten veröffentlichten Abschlüsse nach dem Bilanzrichtlinien-Gesetz als Leitfaden für Aufstellung, Gestaltung und Offenlegung. Stuttgart 1987

Meyer, Claus: Betriebswirtschaftliche Kennzahlen und Kennzahlen-Systeme. 2., erw. und überarb. Aufl., Stuttgart 1994

Meyer, Claus: Kunden-Bilanz-Analyse der Kreditinstitute. Eine Einführung in die Jahresabschlußanalyse und in die Analyse-Praxis der Kreditinstitute. 2. Aufl., Stuttgart 2000

Meyer, Peter: Ausgewählte Fragen zur Vereinheitlichung der Rechnungslegung in der EG. In: Das vereinigte Deutschland im europäischen Markt. Bericht über die IDW-Fachtagung 1991, Düsseldorf 1992

Michel, Rudolf/Althaus, Burkhard: Probleme und Erfahrungen beim Aufbau einer PC-gestützten Jahresabschlußanalyse unter Anwendung von Multiplan. In: BKK, Nr. 17/1990, S. 667–682

Möller, Hans Peter: Probleme und Ergebnisse kapitalmarktorientierter empirischer Bilanzforschung in Deutschland. In: BFuP, 35. Jg. (1983), S. 285–302

Möller, Hans Peter: Bilanzkennzahlen und Ertragsrisiken des Kapitalmarktes. Eine empirische Untersuchung des Ertragsrisiko-Informationsgehaltes von Bilanzkennzahlen deutscher Aktiengesellschaften. Stuttgart 1986

Möller, Hans Peter/Schmidt, Franz (Hrsg.): Rechnungswesen als Instrument für Führungsentscheidungen. Festschrift für Adolf G. Coenenberg zum 60. Geburtstag. Stuttgart 1998

Mohren, Stephan W.: Bilanzanalyse auf der Grundlage von Datenbanken. In: DStR, 30. Jg. (1992), S. 658–663

Mohren, Stephan W.: Der Jahresabschluß – Was leisten Datenbanken? Stuttgart 1992

Morris, Richard: Predicting Failure: A Failure in Prediction? In: Accountancy, December 1997, S. 104–105

Moxter, Adolf: Betriebswirtschaftliche Gewinnermittlung. Tübingen 1982

Moxter, Adolf: Bilanzlehre, Bd. I: Einführung in die Bilanztheorie. 3., vollständig umgearbeitete Aufl., Wiesbaden 1984

Moxter, Adolf: Bilanzlehre, Bd. II: Einführung in das neue Bilanzrecht. 3., vollständig umgearbeitete Aufl., Wiesbaden 1986

Müller, Eberhard: Praktische Bilanzierungsprobleme im Vergleich USA/Deutschland. In: ZfbF, 34. Jg. (1982), S. 249–257

Müller, Eberhard: Rechnungslegung in Spanien nach Übernahme der EG-Richtlinien. In: DB, 43. Jg. (1990), S. 1625–1631

Müller, Herbert: Die Umrechnung der Jahresabschlüsse ausländischer Konzernunternehmen und die Verrechnung der daraus resultierenden Umrechnungsdifferenzen. Der Versuch einer Weiterentwicklung durch das Prinzip der Wertäquivalenz. Bochum 1986

Müller, Horst: Konzernabschluß nach neuem Bilanzrecht aus Sicht des Analysten. In: Die Bank, 1/1988, S. 35–40

Müller, Klaus: Die Währungsumrechnung im Rahmen der internationalen Konzernrechnungslegung. Zur Entwicklung von Grundsätzen ordnungsmäßiger Währungsumrechnung und eines darauf aufbauenden Umrechnungsvorschlages unter Berücksichtigung der derzeitigen internationalen Diskussion. Frankfurt a. M., Bern, New York 1985

Müller, Michael/Leven, Franz-Josef (Hg.): Shareholder Value Reporting. Veränderte Anforderungen an die Berichterstattung börsennotierter Unternehmen. Wien, Frankfurt 1998

Nahlik, Wolfgang: Praxis der Jahresabschlußanalyse. Recht – Risiko – Rentabilität. Wiesbaden 1989

Neubert, Helmut: Über den Aussagewert von Jahresabschlüssen. Kritik und methodische Anregungen zu dem Beitrag von Baetge/Huß/Niehaus. In: WPg, 40. Jg. (1987), S. 349–351

Neubert, Helmut: Einnahmen und Ausgaben als dritte Dimension der Unternehmenssteuerung. In: Blick durch die Wirtschaft, 2. Juli 1991

Neuhauser, Lenz: Neue Vorschriften über den Jahresabschluß öffentlich notierter US-Gesellschaften. In: DB, 34. Jg. (1981), S. 753–755

Neumann, Horst: Bilanzpolitik in den Unternehmen der neuen Bundesländer nach der DM-Eröffnungsbilanz. In: Betrieb und Wirtschaft, 4/1992, S. 105–107

Neumann, Horst: Erfolgswirtschaftliche Analyse der Unternehmen. In: Betrieb und Wirtschaft, 6/1992, S. 181–184

Niehaus, Manfred: Rechnungslegungs-, Prüfungs- und Publizitätsvorschriften in den USA. In: Deutsche Unternehmen auf dem amerikanischen Markt, hrsg. von Henning von Boehmer, Stuttgart 1988, S. 77–93

Niehus, Rudolf J.: Companies Act 1981: Transformation der 4. EG-Bilanzrichtlinie in Großbritannien. In: AG, 28. Jg. (1983), Nr. 9, S. 233–241

Niehus, Rudolf J.: Zur Transformation der 4. EG-(Bilanz-)Richtlinie in den Mitgliedstaaten der Europäischen Gemeinschaft. Überblick und erste Würdigung. In. ZGR, 4/1985, S. 536–566

Niehus, Rudolf J.: Entwicklungstendenzen in der Rechnungslegung. In: WPg, 39. Jg. (1986), S. 117–123

Niehus, Rudolf J.: Wertaufholung und umgekehrte Maßgeblichkeit. In: BB, 42. Jg. (1987), S. 1353–1359

Niehus, Rudolf J.: Zur Harmonisierung der Rechnungslegung in der EG. In: ZfbF, 39. Jg. (1987), S. 266–273 und WPg, 40. Jg. (1987), S. 248–252

Niehus, Rudolf J.: Der Anhang in nationaler und internationaler Betrachtung. In: Handelsbilanz und Steuerbilanz, Band 2, Wiesbaden 1989, S. 181–216

Niehus, Rudolf J.: 7. EG-Richtlinie = »US GAAP«? – »Duale« Konzernrechnungslegung in Frankreich – Anmerkungen und Überlegungen aus deutscher Sicht. In: WPg, 44. Jg. (1991), S. 1–8 und 34–39

Niehus, Rudolf J.: Der Wirtschaftsprüfer des vereinten Deutschlands – ein freier Beruf in dem Einen Markt. In: Das vereinigte Deutschland im europäischen Markt. Bericht über die IDW-Fachtagung 1991, Düsseldorf 1992

Niessen, Hermann: Der Grundsatz der Maßgeblichkeit der Handels- für die Steuerbilanz und das europäische Bilanzrecht. In: RIW, 38. Jg. (1992), S. 292–293

Nobach, Kai: Bedeutung der IAS/IFRS für die Bilanzpolitik deutscher Unternehmen. Herne, Berlin 2006

Nobes, Christopher/Parker, Robert: Comparative International Accounting. Fifth edition, London u. a. 1991

Ohne Verfasserangabe: Fragwürdige Bilanzen. In: DB, 1. Jg. (1948), S. 1–2

Opitz, Marcus: Rechnungslegung in Deutschland und Frankreich – Vergleich des Schutzes von Gesellschaftern und Dritten aus EG-rechtlicher Sicht. In: RIW, 38. Jg. (1992), S. 570–573

Ordelheide, Dieter: Konzern und Konzernerfolg. In: WiSt, Heft 10, Oktober 1986, S. 495–502

Ordelheide, Dieter: Kapitalkonsolidierung und Konzernerfolg. In: ZfbF, 39. Jg. (1987), S. 292–301

Ordelheide, Dieter: Kaufmännischer Periodengewinn als ökonomischer Gewinn. Zur Unsicherheitsrepräsentation bei der Konzeption von Erfolgsgrößen. In: Unternehmungserfolg, Planung – Ermittlung – Kontrolle, Walther Busse von Colbe zum 60. Geburtstag, hrsg. von Michel Domsch, Frank Eisenführ, Dieter Ordelheide, Manfred Perlitz, Wiesbaden 1988, S. 275–302

Ordelheide, Dieter/KPMG (Hrsg.): TRANSACC – Transnational Accounting. London 1995

Ossadnik, Wolfgang: Die Darstellung der Finanzlage im Jahresabschluß der Kapitalgesellschaft. In: BB, 45. Jg. (1990), S. 813–818

Ossadnik, Wolfgang: Auswirkungen der Umrechnung von Fremdwährungsabschlüssen auf die Lagedarstellung des Konzerns – Eine Untersuchung zu Spielräumen bei der Wahl von Umrechnungsmethoden und deren Konsequenzen für den Informationsgehalt der Rechnungslegung. In: WPg, 44. Jg. (1991), S. 285–294, 327–332

Otte, Hans-Heinrich: Harmonisierte Europäische Rechnungslegung. In: ZfbF, 42. Jg. (1990), S. 505–525

Otto, Jens Peter: Neue Rechnungslegungsvorschriften in Japan. In: WPg, 53. Jg. (2000), S. 178–191

Packmohr, Arthur: Bilanzpolitik und Bilanzmanagement. Leitlinien für die optimale Gestaltung des Jahresabschlusses mit Checkliste der bilanzpolitischen Aktivitäten. Köln 1984

Palepu, Krishna G./Healy, Paul M.: Business Analysis & Valuation – Using Financial Statements. 4th edition. Mason, OH 2008

Pape, Ulrich: Theoretische Grundlagen und praktische Umsetzung wertorientierter Unternehmensführung. In: BB, 55. Jg. (2000), S. 711–717

Parker, R. H.: Understanding Company Financial Statements. Hardmondsworth/Middlesex 1972

Paschen, Iris: Zur Publizitätspraxis der GmbH. In: DB, 45. Jg. (1992), S. 49–53

Paul, Walter: Finanzmanagement mit Hilfe von Kennzahlen – dargestellt am Beispiel der BASF. In: ZfbF, 50. Jg. (1990), S. 1076–1107

Peemöller, Volker H./Hüttche, Tobias: Zum Informationsgehalt von D-Markeröffnungsbilanz und Folgeabschlüssen. In: WPg, 45. Jg. (1992), S. 209–221

Peemöller, Volker H./Hüttche, Tobias: Auswirkungen des D-Markbilanzgesetzes auf die Bilanzanalyse. Düsseldorf 1992

Pelka, Jürgen/Niemann, Walter (Hrsg.): Beck'sches Steuerberater-Handbuch 1998/99. München 1998

Peller, Philip R./Schwitter, Frank J.: A Summary of Accounting Principle Differences Around the World. In: Handbook of International Accounting, hrsg. von Frederick D. S. Choi, New York u. a. 1991, Chapter 4

Penman, Stephen H.: Financial Statement Analysis and Security Valuation. 3rd edition. Boston u. a. 2007

Pereira, Vivian/Paterson, Ron/Wilson, Allister: UK/US GAAP Comparison – A comparison between UK and US accounting principles. Third edition, London 1994

Perlitz, Manfred: Empirische Bilanzanalyse. In: ZfB, 49. Jg. (1979), S. 835–849

Perridon, Louis/Steiner, Manfred: Finanzwirtschaft der Unternehmung. 10. überarb. Aufl., München 1999

Pfaff, Dieter/Bärtl, Oliver: Wertorientierte Unternehmenssteuerung – Ein kritischer Vergleich ausgewählter Konzepte. In: ZfbF, Sonderheft 41/1999, S. 85–115

Pfleger, Günter: Die neue Praxis der Bilanzpolitik. Strategien und Gestaltungsmöglichkeiten im handels- und steuerrechtlichen Jahresabschluß. 4., völlig überarbeitete und erweiterte Aufl., Freiburg i. Br. 1991

Pfleger, Günter: Bilanz-Lifting. Legale und illegale Praktiken zur Schönung von Bilanzen. Freiburg i. Br. 1999

Piltz, Dieter: Wechselkursverluste in der Inflationsbilanzierung. In: Die steuerliche Betriebsprüfung, 30. Jg. (1990), S. 193–196

Plattner, Friedrich/Weber, Michael: Betriebsergebnisermittlung in Hochinflationsländern. In: BFuP, 43. Jg. (1991), S. 294–309

Potthoff, Erich: Entwicklung der Wirtschaftsprüfung seit Schmalenbach. In: WPg, 41. Jg. (1988), S. 601–605

Pougin, Erwin: Bilanzpolitik. In: Schriften zur Unternehmensführung. Bd. 10, Bilanzpolitik und Bilanztaktik (Hrsg. H. Jacob), Wiesbaden 1969

Price Waterhouse: European Companies Handbook 1991. London 1991

Price Waterhouse: Financial Reporting – An International Survey. 1995

PricewaterhouseCoopers: International Accounting Standards – Similarities and Differences – IAS, US GAAP and UK GAAP. 1998

Probst, Herbert: Mehr angloamerikanische Rechnungslegung in der EG durch geänderte Verfahren? In: BFuP, 44. Jg. (1992), S. 426–440

Rappaport, Alfred: Shareholder Value. Ein Handbuch für Manager und Investoren. 2., vollst. überarb. und aktualisierte Aufl., Stuttgart 1999

Rehkugler, Heinz/Poddig, Thorsten: Bilanzanalyse. 4., völlig überarbeitete und erweiterte Aufl., München, Wien 1998

Reige, Jürgen: Der Herstellungskostenbegriff im Umsatzkostenverfahren. In: WPg, 40. Jg. (1987), S. 498–506

Reinhart, Alexander: Die Auswirkungen der Rechnungslegung nach »International Accounting Standards« auf die betragsmäßige Ergebnisanalyse deutscher Jahresabschlüsse. In: BB, 53. Jg. (1998), S. 1355–1361

Renneke, Frank: Internationale Bilanzanalyse – Überleitung von HGB auf US-GAAP und Analyse der Folgewirkungen abweichender Bilanzierungsvorschriften. München 2004

Reuter, Edzard: Bilanzierung in Ländern mit hohen Inflationsraten aus der Sicht einer multinationalen Großunternehmung. In: Das neue Bilanzrecht – Ein Kompromiß divergierender Interessen? hrsg. von Jörg Baetge, Düsseldorf 1985, S. 178–208

Reuter, Edzard: Analyse von Weltabschlüssen nach Bilanzrichtlinien-Gesetz. In: Finanzierungshandbuch, hrsg. von F. Wilhelm Christians, 2., völlig überarbeitete und erweiterte Aufl., Wiesbaden 1988, S. 745–768 und in: ZfB, 58. Jg. (1988), S. 285–303

Richter, Frank/Honold, Dirk: Das Schöne, das Unattraktive und das Häßliche an EVA & Co. In: Finanz Betrieb, 2. Jg. (2000), S. 265–274

Richter, Gerd: Bewertung von Versorgungsverpflichtungen aus Unterstützungskassenzusagen. In: BB, 42. Jg. (1987), S. 1432–1435

Richter, Heiner: Die Generalklausel des § 264 Abs. 2 HGB und die Forderung des true and fair view. In: BB, 43. Jg. (1988), S. 2212–2219

Riebell, Claus: Das neue Bilanzrecht. Auswirkungen auf die künftige Bilanzanalyse. 2., überarbeitete Aufl., Stuttgart 1987

Riebell, Claus: Die Konzernbilanzanalyse nach neuem Recht. In: Betriebswirtschaftliche Blätter, 39. Jg. (1990), S. 231–237, 265–273

Riebell, Claus: Die Konzernbilanzanalyse – Das Auswerten nationaler und internationaler Konzernabschlüsse im Spiegel von Bilanzrecht und Bilanzpolitik. 2., überarbeitete und erweiterte Aufl., Stuttgart 1999

Riebell, Claus: Die Praxis der Bilanzauswertung. 8., erweiterte und aktualisierte Aufl., Stuttgart 2006

Riebell, Claus/Grün, Dietrich-Jürgen: Cash-Flow und Bewegungsbilanz. Instrumente zur Analyse des Jahresabschlusses. 3., neu bearb. Aufl., Stuttgart 1999

Riemer, Rudy: Bilanz- und Betriebsanalyse unter Berücksichtigung des Bilanzrichtlinien-Gesetzes. 3. Aufl., Bonn 1987

Rietmann, Peter: Die Bilanzanalyse, aus der Sicht des Abschlußprüfers. Diss., Winterthur 1970

Roberts, Clare/Weetman, Pauline/Gordon, Paul: International Financial Accounting – A Comparative Approach. London u. a. 1998

Rösler, Joachim: Bilanzanalyse durch Vergleich von projizierten mit realisierten Jahresabschlüssen. Eine empirische Untersuchung über Projektionstechniken in der Bilanzauswertung und ihre Einsatzmöglichkeiten. Kiel 1986

Rost, Peter: Der internationale Harmonisierungsprozeß der Rechnungslegung. Theorie, Praxis, Perspektiven. Frankfurt/M. u. a. 1991

Rutteman, Paul: Future harmonisation of accounting in Europe – is it in sight? In: European Accounting Focus, october 1989, S. 14–15

Sahner, Friedhelm: Die Befreiungen von der Verpflichtung zur Konzernrechnungslegung in den einzelnen Mitgliedstaaten. Zum Stand der Transformation von Artikel 6 bis 11 der Siebenten EG-Richtlinie. In: BFuP, 41. Jg. (1989), S. 338–354

Sahner, Friedhelm/Häger, Michael: Konzernbilanzpolitik im Rahmen der Kapitalkonsolidierung gem. § 301 HGB. In: DB, 41. Jg. (1988), S. 405–412

Sahner, Friedhelm/Kammers, Heinz: Bilanzpolitik im Einzelabschluß und der Grundsatz der Bewertungsstetigkeit gem. § 252 Abs. 1 Nr. 6 HGB. In: BB, 43. Jg. (1988), S. 1077–1081

Saudagaran, Shahrokh M./Solomon, Morton B.: Worldwide Regulatory Disclosure Requirements. In: Handbook of International Accounting, hrsg. von Frederick D. S. Choi, New York u. a. 1991, Chapter 5

Sauter, Douglas: Remodeling the house of GAAP. Proposed changes in the GAAP hierarchy may be the most extensive ever. In: Journal of Accountancy, July 1991, S. 30–37

Schedlbauer, Hans: Bilanzanalyse in der Praxis. In: DB, 31. Jg. (1978), S. 2425–2430

Scheffler, Eberhard: Bilanzen richtig lesen – Rechnungslegung nach HGB und IAS/IFRS. 7. überarbeitete und erweiterte Aufl., München 2006

Schellein, Horst: Rechenschaftslegung mittelständischer Unternehmen an der Schwelle zum EG-Binnenmarkt – Eine Aufgabe auch für den Wirtschaftsprüfer. In: WPg, 42. Jg. (1989), S. 601–607

Schleis, Konrad: Börsengewinne dank besserer Aktienkurs-Prognose. Niederglatt/ZH 1984

Schlembach, Helmut: Die Gewinnschätzung aus den Steuern. In: Beiträge zur Aktienanalyse 3/1965 der DVFA

Schlembach, Helmut: Die Bewertung von Aktien. 3. Aufl., München 1973

Schmidt, Fritz: Die organische Tageswertbilanz. Wiesbaden 1951

Schmidt, Peter J.: Wird die Handelsbilanz zur Steuerbilanz? In: WPg, 44. Jg. (1991), S. 605–610

Schneeloch, Dieter: Bewertungsstetigkeit in Handels- und Steuerbilanz. In: WPg, 40. Jg. (1987), S. 405–417

Schneeloch, Dieter: Bilanzpolitik und Grundsätze der Maßgeblichkeit. In: DStR, 28. Jg. (1990), S. 96–104

Schneeloch, Dieter: Bilanzpolitische Überlegungen zur Erstellung der DM-Eröffnungsbilanz. In: BB, 46. Jg. (1991), S. 25–34

Schneider, Dieter: Wozu Reform des Jahresabschlusses? In. Der Jahresabschluß im Widerstreit der Interessen, hrsg. von Jörg Baetge, Düsseldorf 1983, S. 131–156

Schneider, Dieter: Eine Warnung vor Frühwarnsystemen – Statistische Jahresabschlußanalysen als Prognosen zur finanziellen Gefährdung einer Unternehmung? In: DB, 38. Jg. (1985), S. 1489–1494

Schneider, Dieter: Erste Schritte zu einer Theorie der Bilanzanalyse. In: WPg, 42. Jg. (1989), S. 633–642

Schneider, Dieter: Betriebswirtschaftslehre. Band 2: Rechnungswesen. München, Wien 1994

Schneider, Dieter: Marktwertorientierte Unternehmensrechnung: Pegasus mit Klumpfuß. In: DB, 51. Jg. (1998), S. 1473–1478

Schneider, Manfred/Menn, Bernd-Joachim: Dynamische Informationspolitik im Spannungsfeld nationaler und internationaler Rechnungslegungsnormen – Dargestellt am Beispiel der Segmentpublizität des Bayer-Konzerns. In: Finanz- und Rechnungswesen als Führungsinstrument, Herbert Vormbaum zum 65. Geburtstag, hrsg. von Dieter Ahlert, Klaus-Peter Franz, Hermann Göppl, Wiesbaden 1990

Schnettler, Albert: Betriebsanalyse. 2., neu bearbeitete Aufl., Stuttgart 1960

Schoenfeld, Hanns-Martin W.: Grundsätze der Rechnungslegung in den USA. In: ZfB, 51. Jg. (1981), S. 290–311

Scholtissek, Wolfgang: Der Jahresabschluß in Frankreich nach dem Plan comptable révisé 1979. In: WPg, 34. Jg. (1981), S. 711–721

Scholtissek, Wolfgang: Der Jahresabschluß in Großbritannien – Ein Überblick über die Vorschriften des Companies Act 1981. In: DB, 37. Jg. (1984), S. 1533–1537

Scholtissek, Wolfgang: Der Jahresabschluß von Kapitalgesellschaften in Belgien. In: DB, 38. Jg. (1985), S. 501–505, S. 560–564

Scholtissek, Wolfgang: Der Jahresabschluß von Kapitalgesellschaften in Luxemburg. In: DB, 38. Jg. (1985), S. 1409–1415

Scholtissek, Wolfgang: Der konsolidierte Abschluß in Frankreich. Überblick über das Gesetz. No. 85–11 vom 3.1.1985. In: RIW, 31. Jg. (1985), S. 467–472

Scholtissek, Wolfgang: Die Rechnungslegung der Aktiengesellschaft in der Schweiz nach geltendem und künftigem Recht. In: DB, 39. Jg. (1986), S. 761–767

Scholtissek, Wolfgang: Überblick über den Jahresabschluß im Vereinigten Königreich. In: RIW, 32. Jg. (1986), S. 697–704

Scholtissek, Wolfgang: Überblick über die Rechnungslegung der Aktiengesellschaft und der Gesellschaft mbH in den Niederlanden. In. DB, 40. Jg. (1987), S. 1372–1378

Scholtissek, Wolfgang: Ergänzung der Vorschriften über den Konzernabschluß in Frankreich. In: RIW, 33. Jg. (1987), S. 283–289

Scholtissek, Wolfgang: Überblick über die Rechnungslegung der Companies in der Republik Irland nach dem Companies (Amendment) Act 1986. In: RIW, 33. Jg. (1987), S. 437–444

Scholtissek, Wolfgang: Überblick zur neuen Rechnungslegung der Kapitalgesellschaften in Griechenland. In: DB, 41. Jg. (1988), S. 1557–1560

Scholtissek, Wolfgang: Prüfung des Konzernabschlusses in Frankreich. Überblick über den Guide der Compagnie Nationale des Commissaires aux Comptes 1987. In: RIW, 34. Jg. (1988), S. 194–201

Scholtissek, Wolfgang: Reform der Rechnungslegung in Österreich. In: RIW, 34. Jg. (1988), S. 715–723

Scholtissek, Wolfgang: Grundzüge der Konzernrechnungslegung in Griechenland – Zur Umsetzung der 7. EG-Richtlinie. In: WPg, 42. Jg. (1989), S. 99–103

Scholtissek, Wolfgang: Überblick über die Konzernrechnungslegung in Großbritannien. In: RIW, 36. Jg. (1990), S. 32–41

Scholtissek, Wolfgang: Konzernrechnungslegung in der Schweiz. In: RIW, 36. Jg. (1990), S. 375–382

Scholtissek, Wolfgang: Konzernrechnungslegung in Belgien. In: RIW, 36. Jg. (1990), S. 646–654

Scholtissek, Wolfgang: Die künftige Konzernrechnungslegung in Österreich. In: RIW, 37. Jg. (1991), S. 228–234

Schredelseker, Klaus: Der Nutzen von Bilanzinformationen für Kapitalanlageentscheidungen. In: Der Wirtschaftsprüfer im Schnittpunkt nationaler und internationaler Entwicklungen. Festschrift zum 60. Geburtstag von Klaus v. Wysocki, hrsg. von Gerhard Gross, Duesseldorf 1985

Schruff, Wienand: Streitgespräch »Auf Messers Schneide«. In: manager magazin, 30. Jg. (2000), S. 151–161

Schult, Eberhard/Brösel, Gerrit: Bilanzanalyse – Unternehmensbeurteilung auf der Basis von HGB- und IFRS-Abschlüssen. 12., völlig neu bearbeitete und erweiterte Aufl., Berlin 2008

Schulte, Karl-Werner (Hrsg.): Aktienanalyse und neues Bilanzrecht. 2. Aufl., Bergisch Gladbach, Köln 1989

Schultz, Ursula: Der Stetigkeitsgrundsatz im Konzernabschluß. In: WPg, 43. Jg. (1990), S. 357–369

Selchert, Friedrich W.: Möglichkeiten einer Schätzung des Steuerbilanzgewinns anhand des handelsrechtlichen Jahresabschlusses einer Aktiengesellschaft nach der Körperschaftsteuerreform. In: BB, 33. Jg. (1978), S. 509–516

Selchert, Friedrich W.: Der Bilanzansatz von Aufwendungen für die Erweiterung des Geschäftsbetriebs. In: DB, 39. Jg. (1986), S. 977–983

Selchert, Friedrich W.: Das Sonderverlustkonto gem. § 17 Abs. 4 DMBilG im Konzernabschluß nach HGB. In: DB, 45. Jg. (1992), S. 537–541

Selchert, Friedrich W.: Windowdressing – Grenzbereich der Jahresabschlußgestaltung. In: DB, 49. Jg. (1996), S. 1933–1940

Selling, Heinz-Jürgen: Die Umsetzung der EG-Bilanz- und Konzernabschlußrichtlinie in Spanien. In: RIW, 39. Jg. (1989), S. 965–983

Serfling, Klaus/Marx, Marita: Die Bedeutung der Richtlinie SFAS No. 95 für die Praxis der Kapitalflußrechnung – Eine Analyse vor dem Hintergrund der Verlautbarung HFA 1/1978. In: WPg, 44. Jg. (1991), S. 345–350

Sieben, Günter/Gatzen, Manfred/Husemann, Walter: Die Abschlußprüfung als Beitrag zu einer betriebswirtschaftlichen Unternehmensanalyse. In: WPg, 41. Jg. (1988), S. 606–612

Siegwart, Hans: Der Cash-flow als finanz- und ertragswirtschaftliche Lenkungsgröße. Stuttgart 1989

Siegwart, Hans/Mahari, Julian I./Caytas, Ivo G./Sander, Stefan: Management Controlling. Stuttgart 1990

Siener, Friedrich: Der Cash-Flow als Instrument der Bilanzanalyse. Praktische Bedeutung für die Beurteilung von Einzel- und Konzernabschluß. In: Schriften zur Bilanz- und Steuerlehre, Band 6, hrsg. von Karlheinz Küting und Günter Wöhe, Stuttgart 1991

Smith, Terry: Accounting for Growth. Stripping the Camouflage from Company Accounts. London 1992

Sonnemann, Erik (Hrsg.): Rechnungslegung, Prüfung, Wirtschaftsrecht und Steuern in den USA. Wiesbaden 1989

Sonnemann, Erik: Institutionelle und konzeptionelle Grundlagen der externen Rechnungslegung in den USA. In: Rechnungslegung, Prüfung, Wirtschaftsrecht und Steuern in den USA. Wiesbaden 1989, S. 17–52

Sonnemann, Erik/Lohse, Dieter: Änderungen am D-Markbilanzgesetz. In: Betriebs-Berater 1991, Supplement Deutsche Einigung – Rechtsentwicklungen, Folge 20, S. 14–22

Spicer & Oppenheim: The Spicer & Oppenheim Guide to Financial Statements Around the World. New York u. a. 1989

Staehle, Wolfgang H.: Kennzahlen und Kennzahlensysteme als Mittel der Organisation und Führung von Unternehmen. Wiesbaden 1969

Staks, Hansjoachim: Konzernbilanzpolitik im Übergang zum neuen Bilanzrecht. In: BFuP, 41. Jg. (1989), S. 325–337

Steiner, Manfred/Jaschke, Thomas: Finanzwirtschaftliche Analyse des Jahresabschlusses nach neuem Recht. In: BFuP, 40. Jg. (1988), S. 22–36

Steiner, Manfred/Rössler, Martin: Zukunftsorientierte Bilanzanalyse und ihre Prognosequalität. In: BFuP, 28. Jg. (1976), S. 440–453

Steiniger, Wolfgang: Das neue dänische Gesetz über die Rechnungslegungsvorschriften für Aktiengesellschaften und Gesellschaften mit beschränkter Haftung. In: AG, 28. Jg. (1983), S. 243–248

Steinle, Kurt: Weltabschluß. Die Konsolidierung des Abschlusses einer inländischen Obergesellschaft und der Abschlüsse ihrer in- und ausländischen Beteiligungsgesellschaften zu einem sogenannten Weltabschluß. In: BB, Beilage 3 zu Heft 17/1971

Stewart, G. Bennett, III: The Quest for Value –The EVA^{TM} Management Guide. New York 1990

Stiegler, J. P.: Fünf Jahrtausende Buchhaltung. Von der Urkartei auf Tontafeln bis zur Elektronik in der Buchhaltung. 3. erweiterte Aufl., Stuttgart 1958

Strobel, Wilhelm: Änderung des D-Markbilanzgesetzes im Regierungsentwurf zur Privatisierungs-rechtsreform. In: BB 1991, Supplement Deutsche Einigung – Rechtsentwicklungen, Folge 19, S. 18–27

Tacke, Helmut R.: Jahresabschlußanalyse in der Praxis. Herne, Berlin 1997

Tanski, Joachim S.: Bilanzpolitik und Bilanzanalyse nach IFRS – Instrumentarium, Spielräume, Gestaltung. München 2006

Todd, Rebecca/Sherman, Ron: International Financial Statement Analysis. In: Handbook of Inter-national Accounting, hrsg. von Frederick D. S. Choi, New York u. a. 1991, Chapter 9

Tonkin, David: World Survey of Published Accounts. An Analysis of 200 Annual Reports from the World's Leading Companies. London 1989

Treuhandanstalt: DM-Eröffnungsbilanz – Wahlrechte und Prüfungsbericht. In: BB, 46. Jg. (1991), S. 107–108

Uhlir, H./Steiner, P.: Wertpapieranalyse. Heidelberg, Wien 1986

Unzeitig, Eduard/Köthner, Dietmar: Shareholder Value Analyse. Entscheidungen zur unternehme-rischen Nachhaltigkeit – Wie Sie die Schlagkraft Ihres Unternehmens steigern. Stuttgart 1995

Uthoff, Carsten: Erfolgsoptimale Kreditwürdigkeitsprüfung auf der Basis von Jahresabschlüssen und Wirtschaftsauskünften mit Künstlichen Neuronalen Netzen. Stuttgart 1997

Vause, Bob: Unternehmensanalyse für Anleger. Geschäftsberichte, Bilanzen und Finanzkennzahlen richtig beurteilen. Frankfurt/M., New York 1999

Vellmann, K. H.: Das Bilanzrichtliniengesetz und die GuV-Rechnung nach dem Umsatzkostenver-fahren. Eine praxisorientierte Darstellung aus der Sicht des Controllers. In: Controller-Magazin, 3 /1987, S. 105–114

Verrando, Jean-Marie: Le diagnostic d'entreprise. In: Economie et comptabilité, juin 1983, S. 3–10

Viel, Jakob: Betriebs- und Unternehmungsanalyse. 3. Aufl., Zürich 1969

Vogler, Gerhard/Mattes, Helmut: Theorie und Praxis der Bilanzanalyse. Interne und externe Bilanz-analyse als Informationsmittel und Instrument modernen Managements. 2., ergänzte Aufl., Berlin 1976

Vollmuth, Hilmar J.: Bilanzen richtig lesen, besser verstehen, optimal gestalten. 8. Aufl., Planegg/ München 2007

Wagenhofer, Alfred: Bilanzierung und Bilanzanalyse. Theoretische Grundlagen und praktische An-wendung. 2. vollständig neu bearbeitete Aufl., Wien 1988

Wagenhofer, Alfred: Informationspolitik im Jahresabschluß. Freiwillige Informationen und strategi-sche Bilanzanalyse. Heidelberg 1990

Wagner, Franz W.: Zum Informationsgehalt einer inflationsbereinigten Rechnungslegung. In: ZfB, 56. Jg. (1986), S. 219–243

Waldmann, Ludwig/Waldmann, Dieter: Das Rechnungslegungsgesetz. Ein Kurzkommentar für den Praktiker. Wien 1992

Weber, Claus-Peter: Das Bilanzrichtlinien-Gesetz in der praktischen Anwendung. In: DB, 41. Jg. (1988), S. 1–10

Weber, Claus-Peter: Praxis der Kapitalkonsolidierung im internationalen Vergleich. In: Schriften zur Bilanz- und Steuerlehre, Band 8, hrsg. von Karlheinz Küting und Günter Wöhe, Diss., Stuttgart 1991

Weber, Claus-Peter/Damm, Uwe/Haeger, Bernd/Zündorf, Horst: Die Übergangsvorschriften des Bi-lanzrichtlinien-Gesetzes. In: DB, Beilage Nr. 17/86 zu Heft Nr. 31 v. 1.8.1986

Weber, Helmut Kurt: Wertschöpfungsrechnung. Stuttgart 1980

Weber, Jürgen: Einführung in das Rechnungswesen – I. Bilanzierung. 5., aktualisierte und neu gestaltete Aufl., Wiesbaden 1996

Weber, Jürgen/Schäffer, Utz: Balanced Scorecard & Controlling. Implementierung – Nutzen für Manager und Controller – Erfahrungen in deutschen Unternehmen. Wiesbaden 1999

Wehrheim, Michael: Die Diskriminanzanalyse als Mittel der Bonitätsprüfung. In: BBK, Nr. 21/1998, S. 1077–1084

Weibel, Peter F.: Die Aussagefähigkeit von Kriterien zur Bonitätsbeurteilung im Kreditgeschäft der Banken. Eine empirische Untersuchung. Bern und Stuttgart 1973

Weilbach, Erich A.: Zum Unfug der »Grundsätze ordnungswidriger Bilanzierung«. In: BB, 41. Jg. (1986), S. 160–163

Weinreich, Günter: Bilanzanalyse aus Finanzsicht – ein zukunftsorientiertes Instrumentarium zur Unternehmensdiagnose. In: WPg, 46. Jg. (1993), S. 225–235

Weinrich, Günter: Kreditwürdigkeitsprognosen. Steuerung des Kreditgeschäfts durch Risikoklassen. Wiesbaden 1978

Weinrich, Günter: Ein Verfahrensvorschlag zur Erkennung bilanzieller Risiken. In: WPg, 40. Jg. (1987), S. 341–349

Welcker, Johannes/Thomas, Eckhardt: Finanzanalyse. München 1981

Wengel, Torsten: Genußrechte im Rahmen der Bilanzanalyse. In: DStR, 38. Jg. (2000), S. 395–400

Werner, Thomas/Padberg, Thomas/Kriete, Thomas: IFRS-Bilanzanalyse – Grundlagen, Vorgehensweise, Fallbeispiele. Stuttgart 2005

Werner, Ute: Die Berücksichtigung nichtnumerischer Daten im Rahmen der Bilanzanalyse. In: WPg, 43. Jg. (1990), S. 369–376

Wesner, Peter: Bilanzierungsgrundsätze im Wertpapierrecht der U. S. A. Wiesbaden 1984

Westermann, Bernhard: Gesetzliche Bestimmungen zum Inhalt, zur Gliederung und zur Veröffentlichung des Jahresabschlusses in Belgien. In: WPg, 38. Jg. (1985), S. 404–414

Westermann, Bernhard: Amerikanische latente Steuern in deutschen Wertabschlüssen – Zugleich ein Beitrag zu FAS 96. In: WPg, 42. Jg. (1989), S. 257–264

White, Gerald I./Sondhi, Ashwinpaul C./Fried, Dov: The Analysis and Use of Financial Statements. Second Edition, New York u. a. 1997

Wiedmann, Harald: Die Stetigkeit nach neuem Recht und ihr Einfluß auf Bilanzanalyse und Bilanzpolitik. In: BFuP, 40. Jg. (1988), S. 37–49

Wiedmann, Harald/Euler, Gerd: Internationale Entwicklungen im Inflation Accounting: Eine vergleichende Darstellung. In: BFuP, 43. Jg. (1991), S. 310–335

Wild, John J./Subramanyam, K. R./Halsey, Robert F.: Financial Statement Analysis. 9th edition, New York 2007

Winnefeld, Robert: Bilanz-Handbuch. München 1997

Wlecke, Ulrich: Währungsumrechnung und Gewinnbesteuerung bei international tätigen Unternehmen. Düsseldorf 1989

Wohlgemuth, Frank: IFRS: Bilanzpolitik und Bilanzanalyse – Gestaltung und Vergleichbarkeit von Jahresabschlüssen. Berlin 2007

Wöhe, Günter: Möglichkeiten und Grenzen der Bilanzpolitik im geltenden und im neuen Bilanzrecht. In: DStR, 23. Jg. (1985), S. 715–721, 754–761

Wöhe, Günter: Bilanzpolitische Spielräume nach neuem Handelsrecht. In: BFuP, 40. Jg. (1988), S. 50–64 und in: Der Schweizer Treuhänder, 61. Jg. (1987), Heft 10, S. 371–377

Wöhe, Günter: Bilanzierung und Bilanzpolitik. 8., völlig neubearbeitete und erweiterte Aufl., München 1992

Wuermli, Richard J./Oberle, Andreas: Das neue schweizerische Aktienrecht. In: IWB, Nr. 21/1991, S. 853–856

Wysocki, Klaus v. (Hrsg.): Kapitalflußrechnung. Stuttgart 1998

Wysocki, Klaus v./Dietl, Roland/Glaubig, Jürgen/Heinrich, Thomas/Rammert, Stefan/Wenzler, Christian: Die D-Markeröffnungsbilanz 1990. 2. Auflage unter Berücksichtigung der Änderung des D-Markbilanzgesetzes von 1991, Stuttgart 1991

Wysocki, Klaus v./Wohlgemuth, Michael: Konzernrechnungslegung. 4., völlig neu bearbeitete Aufl., Düsseldorf 1996

Zentralverband Elektrotechnik- und Elektronikindustrie e. V.: ZVEI-Kennzahlensystem. 4. veränderte Auflage, Frankfurt/M. 1989

Zimmerer, Carl: Die Bilanzwahrheit und die Bilanzlüge. Wiesbaden 1979

Zimmerer, Carl: Bilanzmanipulationen. In: DBW, 39. Jg. (1979), S. 459–465

Zimmerer, Carl: Die von der Unternehmensbewertung abgeleitete Bilanz. In: DBW, 49. Jg. (1989), S. 796–799

Zimmerer, Carl: Bei Durchsicht der Bilanzen. Was deutsche Spitzenunternehmen in ihren Geschäftsberichten verschweigen. Düsseldorf 1992

Zimmerer, Carl: Industriebilanzen lesen und beurteilen. 7., neu bearbeitete und erweiterte Aufl., München 1991

Zingel, Harry: Bilanzanalyse nach HGB. Weinheim 2007

Zündorf, Horst: Bilanzanalyse mit Expertensystemen. In: DStR, 30. Jg. (1992), S. 553–556 und 593–596

Namensverzeichnis

Stichwortverzeichnis